예술로서의 삶

Life as Art : Aesthetics and the Creation of Self
by Zachary Simpson

ⓒ 2012 by Lexington Books
Korean Translation Copyright ⓒ 2016 by Galmuri Publishing

First published in the United States
by Lexington Books, Lanham, Maryland U.S.A.
Translated and published by permission. All rights reserved.

Korean edition is published by arrangement with Lexington Books through Guy Hong Agency.

 카이로스총서39

예술로서의 삶 Life as Art

지은이 재커리 심슨
옮긴이 김동규·윤동민
펴낸이 조정환
책임운영 신은주
편집 김정연
디자인 조문영
홍보 김하은
프리뷰 김새롬·김영철

펴낸곳 도서출판 갈무리 **등록일** 1994. 3. 3. **등록번호** 제17-0161호
1쇄 2016년 6월 29일
2쇄 2017년 4월 25일
종이 화인페이퍼 **출력·인쇄** 예원프린팅 **라미네이팅** 금성산업 **제본** 은정제책

주소 서울 마포구 동교로18길 9-13 [서교동 464-56]
전화 02-325-1485 **팩스** 02-325-1407
website http://galmuri.co.kr e-mail galmuri94@gmail.com

ISBN 978-89-6195-139-5 04160 / 978-89-6195-003-9(세트)
도서분류 1. 철학 2. 미학 3. 서양철학 4. 예술이론 5. 정치철학

값 26,000원

이 도서의 국립중앙도서관 출판예정도서목록(CIP)은 서지정보유통지원시스템 홈페이지(http://seoji.nl.go.kr)와 국가자료공동목록시스템(http://www.nl.go.kr/kolisnet)에서 이용하실 수 있습니다.(CIP제어번호 : CIP2016013762)

예술로서의 삶

니체에서 푸코까지

재커리 심슨 지음
김동규·윤동민 옮김

LIFE AS ART
Aesthetics and
the Creation of Self

Zachary Simpson

갈무리

일러두기

1. 이 책은 Zachary Simpson, *Life as Art : Aesthetics and The Creation of Self*, Lanham, Maryland : Lexington Books, 2012를 완역한 것이다.
2. 인명은 본문에서 처음 1회에 한해 원어를 병기하였다.
3. 작품명은 혼동을 야기할 수 있다고 생각되는 경우를 제외하고는 본문에서 원어를 병기하지 않는다.
4. 원문에서 이탤릭체로 강조된 부분은 고딕체로 강조했다.
5. 본문과 주석에 들어 있는 [ ] 안에 내용은 저자가 덧붙인 것이며, 옮긴이가 이해를 돕기 위해 덧붙인 경우 [─ 옮긴이]로 표기하였다.
6. 단행본, 전집, 정기간행물, 보고서에는 겹낫표(「」)를, 논문, 논설, 기고문 등에는 홑낫표(「」)를 사용하였다.
7. 본문에 등장하는 핵심 문헌들의 한국어판은 모두 참고문헌에 수록하였다.
8. 용어 "art of living"의 경우, 맥락에 따라 삶의 방법이나 방식을 가리킬 때는 "삶의 기술"로, 예술작품이나 미학과 관련할 때는 "삶의 예술"로, 두 가지 모두를 포괄하거나 넓은 의미에서 기술할 때는 "삶의 기예"로 번역하였다.

갈무리 출판사에서 한국어로 『예술로서의 삶』을 출간해 주신 것에 대해 감사의 뜻을 전합니다. 이 일은 저에게 큰 기쁨으로 다가옵니다. 저는 한국이 유럽철학과 북미철학을 진지하게 연구하는 튼튼한 전통을 가지고 있다는 사실을 잘 알고 있습니다. 저의 책이 현재 한국의 미학이론, 메타윤리학, 그리고 비판이론 분야에 걸쳐 이루어지고 있는 대화의 풍경 일부로 자리하게 되기를 간절히 소망합니다.

어떤 작가가 말한 것처럼, 책은 출간 이후 끔찍한 운명을 겪는 경향이 있습니다. 한 권의 책이 출간 될 때에, 저자는 저술하는 동안 야기되었던 물음들 때문에 괴로움을 겪게 되지만, 이내 그것은 지나가고, 사라지거나 망각되기에 이릅니다. 그렇지 않으면, 설상가상으로, 해당 저자는 어떤 염려들에 대해 기실 전혀 염려할 필요가 없었다는 점을 깨닫습니다. 이와 관련해서 『예술로서의 삶』도 예외가 아닙니다.

마지막까지, 『예술로서의 삶』의 탄생에 걸쳐 오랫동안 남겨졌던 두 가지 물음이 있었습니다. 이는 각각 다양한 차원에서 해결되어 온 문제이기도 합니다. 독자들도 책을 읽으면서 차차 이해하시겠지만, 『예술로서의 삶』은 현상학자들, 비판이론가들, 그리고 실존주의자들의 미학이론을 활용하면서 일관적인 윤리적 입장을 개관하고자 합니다. 그들이 윤리와 관련하여 미학적 명령에서 모형화된 윤리를 증명하는 방식과 이러한 입장들을 다시 추적하는 것은 그 자체로 중요한 과제입니다. 하지만 『예술로서의 삶』은 이러한 입장들이 일관적인 윤리적 입장의 서로 다른 계기들을 구성하는 한, 그 이상의 일을 하게 됩니다.

그런데 제가 주목한 것처럼, 이러한 일관성은 논리적인 것도 아니고 유기적인 것도 아닙니다. 예술을 이상적인 삶을 논의하기 위한 하나의 메커니즘으로 활용하는 다양한 운동들은 (헤겔이 했던 것처럼) 변증법적으로 끼워 맞춰지는 것이 아닙니다. 그러한 운동들은 그 자체로 이상적 삶에 관한 단일한 이야기를 제공하는 것으로 이해되면 안 됩니다. 오히려, 현상학, 비판이론, 그리고 실존주의의 다양한 미학적 명령들을 한데 모을 수 있는 유일한 방식은, 실천적으로, 제가 이 책에서 요약한 미학적 원리를 생생하게 적용하는 것입니다. 이처럼, 본서에는 예술로서의 삶에서의 다양한 계기들의 체계적 위계화가 존재하지 않습니다. 반면, 우리의 삶에 예술을 적용하기 위해 요청되는 필연적인 시학은 존재합니다. 이러한 실천적 예술은 상황적이고, 개인적이며, 임시적입니다. 이런 이유로, 논리적으로 어떤 다른 것에 선행하거나 그보다 상위에 위치하는 것으로 간주될 수 있는 계기는 없습니다. 제가 정의했던 것처럼, 예술로서의 삶은 예술의 다양한 차원들에 같은 무게를 둡니다. 또한, 예술의 다양한 구성요소들이 우리의 삶 내부에 편중되는 방식에 관해서 말하자면, 이는 개인에게 달린 일입니다. 나는 적어도 이것을 '삶의 기술'art of living로 간주합니다.

물론, 이러한 쟁점을 해명함에 있어서, 우리는 예술로서의 삶의 특정한 구성요소들이 불필요한 것으로 간주될 가능성을 남겨둡니다. 결국, 『예술로서의 삶』은 적어도 한 가지 필수적인 것을 제시합니다. 예술적 삶은 외견상 분기점들이 서로 항구적이고 직접적인 관계 속에 설정된－비판적이고 현상학적인－예술 내부에서 발견된다는 점만큼은 틀림없다는 사실 말입니다. 실제로, 내가 파악한 것처럼, 삶의 기술은 예술의 비판적 차원과 현상학적 차원이 서로를 자극하고 강화시키는 관계방식을 설정하는 일을 가능하게 하는 사례들과 실천들을 발견하는 일입니다.

개념과 실행하는 데 존재하는 이러한 모호함 탓에, 많은 사람이 예술로서의 삶의 다양한 차원들의 중요성에 의문을 던졌습니다. 가장 흔한 것은, 동료들과 탐구자들이 예술로서의 삶 내부에 종교의 자리가 있는지에 대해 던진 의문이었습니다. 이 문제의 복잡함은 어느 정도 의도적인 것입니다. 『예술로서의 삶』은 처음부터 예술을, 우리의 삶을 이야기화하기 위한 수단으로서의 종교적·정치적 비유들을 '대체하는' 것으로 보이는 역사적-이론적 현상으로 간주했습니다. 결과적으로, 내가 이 책에서 도입한 언어가 종교적인 것이었던 만큼, 이는 종교적 상상에 의존합니다. 이것은 오로지 예술로서의 삶이 종교적 메타윤리에 대한 세속적 유비로 간주될 가능성을 강화시켰습니다.

이 쟁점은 두 가지 방식으로 해명될 수 있습니다. 첫째, 내가 명시한 대로, 종교적인 것의 요소 - 계시 - 는, 그것이 체화된 지적 사유를 통해 열린 공간 내부에 있는 독특한 가능성인 한, 예술로서의 삶 내부에 하나의 자리를 가질 수 있습니다(6장 이하를 보십시오). 다음으로, 저는 종교적인 것이 예술로서의 삶 내부에 더 큰 공간을 제공할 수 있다고 주장하고 싶습니다. 종교적인 것이 세심한 방식으로 재구성되는 한에서 말입니다. 예를 들어, 내가 3장에서 한정시킨 아도르노의 '형이상학' 개념은 하나님의 나라라는 그리스도교적 관념과 공명하는 선취적이면서 심지어는 예언적인 관념입니다. 이와 유사하게, 마르쿠제도 환상을 특정한 내재적인 사회적·정치적 의도를 현실화하는 수단으로 도입합니다. 마지막으로, 푸코의 파르헤지아 개념은 허구화하는 것이면서 형이상학적인 것으로 여겨질 수 있는 방식으로 구성될 수 있습니다. 이러한 각각의 실례들, 환상, 이야기성, 그리고 형이상학은 종교적 언어를 반영하거나 종교적 언어에서 빌려 온 것들을 받아들인 것입니다. 저는 이러한 활용이 의도적일 뿐만 아니라 필연적이기도 하다고 주장하고 싶습니다.

하지만 이것은 한 가지 경고와 더불어 도래해야 합니다. 종교나 종교적 언어가 예술로서의 삶의 건축물을 대체하는 지점은 없습니다. 다시 말해, 종교는 예술로서의 삶 내부의 실존적이거나 미학적인 특정 명령들에 비해 부차적인 것입니다. 따라서 예술로서의 삶은 형이상학, 의례, 또는 특정 종교적 상상과 같은 종교적 개념들과 실천들을 도입하지만, 이것들은 언제나 미학적으로 정의된 메타윤리적 명령에 사로잡혀 있습니다.

끝으로, 『예술로서의 삶』의 출간 이후 가장 비판적으로 제시된 대화는 개념상의 가능한 결여를 볼 수 있게 해 주었습니다. 독자들도 곧 보시겠습니다만, 『예술로서의 삶』은 특정한 미학적 명령을 따라서 자신의 삶을 개인이 구성하는 방식에 거의 전적으로 의존하고 있습니다. 이제 저는 예술로서의 삶이라는 이러한 개인주의적 개념이 실천적이고 철학적인 이유에서 공동체에 대한 새로운 강조와 더불어 교정되어야 한다고 생각해야 할 이유를 갖게 되었습니다. 실천적으로 말해서, 예술적 삶은 아직 현실화되지 않은 일군의 가치들을 현실화하기 위한 지속적인 시도입니다. 저는 이것이 더욱 강건한 공동체 개념을 요구한다고 주장하고 싶습니다. 이는 저의 다음 저술에서 다루어질 예정입니다. 철학적으로, 가치의 구성과 실현은 특정 가치를 현실화하기 원하는 어떤 사람들과 더불어 또 다른 어떤 사람들에게 그것들을 요구합니다. 우리는 선택된 공동체에 참여해야 하고 공동체와 우리 자신이 예술적 이상들의 실현에 가장 큰 도움을 줄 수 있는 방식들을 보아야 합니다. 저는 이후 쓰게 될 저술에서 이 점을 논의할 계획을 하고 있습니다. 예술적 이상은 의례와 공동체를 요구합니다.

저는 이러한 염려들이 하나의 전체로서의 기획을 해치지는 않았다고 주장하고 싶습니다. 오히려, 이 염려들은 자율적이고 상대적으로 새로운 일관적인 메타윤리적 입장을 구성하는 일에 대한 도전적 제안들을 보여 줍니다. 저의 선생님은 비평이나 제안이 "틀린 것이라 하더라도 전부 다 옳은 길을 제시하는 것"이라는 말씀을 자주 해 주셨습니다. 저는 『예술로서의 삶』이 이런 식으로 생각되기를 제안하는 바입니다. 이러한 예술로서의 삶이라는 '틀린' 것일 수도 있는 영역은, 실제로 새로운 통찰과 제안이 가장 잘 발견될 수 있는 장소일 수 있습니다.

2014년 7월

오클라호마, 노만에서

재커리 심슨

한국어판 지은이 서문 5

**1부 예술로서의 삶에
    대한 소개**

1장 앞으로의 길 ——————————— 14

2장 댄디즘 그리고 삶과 예술의 동일성 ——— 32

3장 니체의 이상적 유형들 ——————— 51

서론 51
방법 54
니체의 이상적인 유형들 62
결론 109

2부 저항

4장 테오도르 아도르노의
    부정적 사유와 유토피아 ——————— 113

저항을 위하여 113
사유의 역할 123
예술, 미학 그리고 이것들과 사유의 관계 131
미학과 구원 148
결론 160

예술
로서의
삶

5장   헤르베르트 마르쿠제와 예술적 개인 —— 164

　개혁을 위하여　164

　조작화, 예술 그리고 혁명　176

　"예술작품으로서의 사회"와 혁명적인 주체의 추구　191

　결론　208

3부　긍정　　　　6장　마르틴 하이데거와 시적 사유 ————— 214

　들어가며　214

　사유　224

　시와 시적 사유　240

　결론　261

7장   메를로-퐁티와 마리옹에게서 존재 사유 — 266

　들어가는 말　266

　메를로-퐁티 : 표현적 신체-주체　273

　장-뤽 마리옹과 (내재적인) 계시의 가능성　315

　결론 : 예술적 삶 안에서 체화된 시적 사유　333

4부 창조

8장 알베르 카뮈의 삶-예술가 —————— 340

윤리로의 이행 340

카뮈의 삶-예술가 344

9장 푸코의 실존의 미학 —————— 390

들어가는 말 390

권력과 저항 397

자기의 실천 425

결론 459

10장 예술로서의 삶 465

감사의 글 476

보충 문헌 479

참고 문헌 480

옮긴이의 말 486

인명 찾아보기 489

용어 찾아보기 492

1부 예술로서의 삶에 대한 소개

Introducing Life as Art

1장

앞으로의 길

내가 무엇을 할 것이며 무엇을 하지 않을 것인지를 말해 줄게. 내가 더 이상 믿지 않
게 된 것은, 그것이 나의 가정이든, 나의 조국이든, 나의 교회든, 결코 섬기지 않겠어.
그리고 나는 삶이나 예술의 어떤 방식으로든 나 자신을 가능한 한 자유로이, 가능
한 한 전적으로 표현하고자 노력할 것이며, 나 자신을 옹호하기 위해서 내가 스스로
허용할 수 있는 유일한 무기인 침묵, 망명 및 간계를 사용하도록 하겠어.

― 제임스 조이스, 『젊은 예술가의 초상』―

　　제임스 조이스James Joyce의 '예술가', 스티븐 디덜러스Stephen Daedalus는
저항과 창조를 동시에 명령한다. 한편으로, 우리 중 많은 사람처럼, 스티븐
디덜러스는 전통적으로 아일랜드와 서구의 삶을 구성했던 관습들과 생각
들을 거부한다. 교회, 가정, 또는 심지어 통일된 문화적이고 정치적인 삶까
지도 말이다. 그렇지만, 디덜러스의 거부는 그러한 개념들과 구조들이 그를
그 자신이게 해 주었던 도구적인 의미 그 이상의 중요한 것은 아니었다는
어떤 인정으로도 이해될 수도 있다. 익숙한 비유를 인용하자면, 이것은 디
덜러스의 삶을 떠받치는 것이면서도, 일상의 사건들과 공간들이 근거하는
의미의 초월적 원천으로는 되돌아가지 못하게 하는 부재이다.

　　하지만 다른 한편으로, 『젊은 예술가의 초상』에서 디덜러스의 맹세는
비록 확실한 출구는 아니지만 어떤 활로를 상정한다. 그는 자신으로 하여
금 완전히 새로운 어떤 것을 만들 수 있도록 해 주는, 삶과 예술의 정점에
있는 표현방식을 찾고 싶어 한다. 확실히 이 창조적인 행동은 현재 존재하

는 방편에 의존하지만, 그것은 명백하게 독자적인 것이기도 하다. 즉, 그것은 "[그의] 영혼의 대장간" 안에서 조성될 수 있는, 예술적인 형태와 양식을 필요로 하는 원료이다. 장인과 테크네[기술]techne의 수호신인 그리스의 명장 다이달로스Daedalus에 충실하자면, 스티븐 디덜러스는 창조하려는 긍정적인 노력으로 그의 거부가 보여 주는 부재를 충족시킨다.

이 책은 스티븐 디덜러스의 청년 시기를 특징짓는 부재와 창조 사이의 주름을 고려한다. 20세기 초에는 조이스의 디덜러스와 자연주의 문학 그리고 실존주의 철학과 신학에서처럼, 역사적으로뿐만 아니라 규범적으로 부재에 대한 자각이, 즉 모든 지배적인 의미의 상실과 동시에 타자에 대한 의미를 체계적으로 제거하는 구조들을 부정하라는 요구가 존재한다. 그리고 그 주름의 다른 측면에는, 많은 책과 현대의 실례가 입증하는 것처럼[1], 의미 또는 어떤 새로운 자기를 창조하고자 하는 갈망이 존재한다. 그것이 일시적이거나 심지어 잠정적일 뿐이라는 것을 우리가 깨달을 때조차 말이다.

나는 조이스가 화필, 피아노, 끌과 관련한 어떤 분명한 기술도 없는 예술가 '디덜러스'를 사용하여 이 두 특징을 연결시킨 점은 문학 그 이상의 의미에서 타당했다고 생각한다. 왜냐하면, 스티븐이 하는 것처럼, 우리는 모든 초월적인 의미의 부재에 있어서 우리 자신으로부터 어떤 것, 즉 우리의 삶에 의미를 부여해 줄 뿐만 아니라 우리가 겪는 싸움과 연관된 것들에 의미를 부여해 주는 어떤 것을 창조해야 하기 때문이다. 전통적인 상징들과 은유들 그리고 이야기들을 잃어버리면서, 우리는 우리 스스로 유연하고 알맞은, 무엇보다도, 창조적이고 저항적인 영감을 보유할 필요가 있다는 사실을 발견한다. 그리고 이 영감은, 거의 틀림없이, 예술의 본질이다.

---

1. 예술로서의 삶과 현대 메타윤리학에 대한 다른 논의들에 관심이 있는 사람들은 부디 책의 뒷부분에 있는 「보충 문헌」을 보라.

디덜러스와 그와 같은 사람들은 그들이 저항의 행위와 자기 창조의 행위의 연결점들을 보여 주기 때문에 우리에게 유익하다. 더욱이 그들은 이러한 일들이 예술과 예술적인 창조의 본성에 의해 밝혀질 수 있다는 점을 드러낸다. 그러므로 의미의 상실과 그러한 상실의 잠재적인 회복에 대한 사회학적이고 실존적이며 심리학적인, 심지어 정치적인 물음은 예술적인 관심사에 대한 성찰로서 이해될 수 있다. 즉, 저항과 창조에 대한 명령은 많은 사람에게 미학에 대한 물음이 된다는 것이다.

사실 이러한 생각은 철학적인 역사를 가진다. 유럽의 낭만주의 시기만큼이나 일찍, 철학자들은 봉건제도의 고비, 민족 국가들의 발흥, 권력의 중심이었던 유럽 교회의 쇠퇴 그리고 민족주의와 민주주의적 사회 운동들의 시작과 같은 일들이 형성했던 역사적인 분위기에서 삶, 사유 그리고 행동에 대해 미학적인 기준을 적용하기 시작했다. 이런 운동들은 종교적이거나 과학적인 또는 경제적인 기준을 우리의 삶에 적용하는 대신, 아름다움이나 추함의 의미를 성취하기 위한 존재방식들을 구상하고 급증하는 민주적 대중들과 차이를 두고 자연에 대한 초기의 지향을 회복하기 위해 미학적 기준에 의지했다. 그리고 이런 운동들은 서로 이질적임에도 불구하고, 우리의 삶을 예술작품으로 이해하고 변형시킬 수 있는 가능성이라는 하나의 공통된 교리를 고수했다.

한편, 앞선 이 운동은 곧 미학과 아름다움의 본성에 대한 폭발적인 담론의 증가를 의미했다. 1750년 바움가르텐Gottlieb Baumgarten의 "미학"이라는 용어 사용[2]은 그 용어를 철학적인 어휘로 만들었고, 곧이어 칸트Immanuel Kant의 독창적인 세 번째 비판서, 『판단력 비판』이 뒤따라 출판되었다. 그 후에 곧 실러Friedrich von Schiller, 셸링Friedrich Wilhelm Joseph von Schelling, 피히

---

2. Reginald Snell, "Introduction," in *On the Aesthetic Education of Man : In a Series of Letters*, trans., Reginald Snell (New Haven : Yale University Press, 1954), 5.

테Johann Gottlieb Fichte, 헤겔Georg Wilhelm Friedrich Hegel, 쇼펜하우어Arthur Scho-penhauer에 의해 미학에 관한 논문들과 편지들이, 그리고 "미학"에 대한 악명 높은 부정적인 평가를 보여 주는 키에르케고르Søren Aabye Kierkegaard의 『철학적 단편에 부치는 비학문적인 해석』까지 출판되었다. 그 각각의 담론들은 아름다움의 본성과 미학적인 것의 역할을 분석함과 동시에, 하나같이 모두 보다 일반적인 관찰이 허위임을 보여 준다. 18세기 말에서 19세기 초, 특별히 독일 관념론에서, "미학적인" 것은 점차 인식론, 형이상학, 그리고 학문의 역할과 함께 철학적 관심의 중심이 되었다.

이 운동의 초기 미학으로의 진출은, 그리스, 로마, 기독교 수도사들, 그리고 특별히 르네상스와 초기 근대 시기의 귀족적인 엘리트들의 미학적 전통을 회복하려는 의식적인 노력과 함께[3], 우리가 살아가고 생각하는 방식에 미학적 기준을 적용하려는 일군의 담론들로 진행되었다. 예술이나 예술가의 본성에 대한 이론적인 담론들에서 구체화된 것들을 고려하여 삶을 변경하는 것은 어떤 의미가 있는가? 예술은 어떻게 일상의 문제들에 영향을 미칠 수 있는가? 종교가 한때 그랬던 것처럼, 예술은 세계 안에서 의미를 재발견하고 또한 사회의 변화를 일으키는 수단으로써 효율적으로 사용될 수 있는가? 이것들이 예술의 본성에 대한 탐구뿐만 아니라 개인적이고 사회적인 삶을 재구성할 수 있는 상징들을 자율적으로 보존하는 것으로서의 예술의 가능성을 밀어붙였던 물음들이다.

이 사유방식에는 완전히 고유한 어떤 것이 존재한다. 왜냐하면, 종교적, 문화적, 경제적, 과학적 또는 생물학적 규범들을 우리가 어떻게 살고 사유하는가를 판단하는 토대로서 취하는 실존적인 사변의 다른 형태들과는 달리, 미학은 아주 주관적이고 보통은 논쟁적인 수단인 예술을 실존적인

---

3. 예를 들어, Stephen Greenblatt, *Renaissance Self-Fashioning: From More to Shakespeare* (Chicago: University of Chicago Press, 1983)를 보라.

이론화를 위한 최고의 원천이자 은유로 사용했기 때문이다. 보통 종교, 학문 심지어 정치적이고 경제적인 영역들조차 역사적이고 문화적이거나 또는 보편적인 현상을 그들의 기초로 가지는 반면에, 칸트 이래로 널리 정의되었었던 것처럼, 예술은 대체로 주관적이고 개인적이며 심지어는 말로 표현할 수 없는 것으로 이해된다. 그래서 윤리적 지혜의 잠재적 원천으로서의 예술과 미학으로의 방향설정은 개인화로의 일반적인 추세를 보여 주는 징후이면서 또한 자율성과 저항의 경향들을 보여 준다.

삶과 사유에 대한 미학적 이론을 주장하고자 하는 수많은 목소리를 고려해 볼 때, 이 책의 목적은 칸트 이래로 예술과 미학적인 것을 자신들에게 영감을 주는 것으로 주장했던 다양한 운동들에 대한 어떤 개요를 제시하는 것이 아니다. 심지어 "진정으로" 미학적이거나 윤리적인 그 입장이 무엇일 수 있는지에 대해서 규범적으로 명시하지도 않는다. 예술 그 자체의 본성과 미학적인 이론화를 발생시킨 역사적인 상황들 둘 다를 고려해 볼 때, 그러한 행동은 정당화될 수 없을 것이다. 차라리 여기에서 과제는 19세기에서 유래하는 미학적인 계보 일부분을 검토하는 것이며 미학적 기준을 우리가 살아가고 사유하는 방식을 구상하기 위한 주된 방편으로 사용하는 독특하고 내적으로 일관성 있는 구조적인 입장을 기술하는 것이다. 이 입장은 "예술로서의 삶"으로 알려지게 될 것이다. 다음의 지면들에서, 예술로서의 삶은 우리가 어떻게 살아가고 사유해야 하는지를 구상하는 하나의 방식, 즉 서구의 진보된 사회에서의 여러 가지 위기들에 대해 대응하되, 그 위기들의 범위와 현실화에서 저항할 뿐만 아니라 긍정하는 행동의 형식들을 제안하는 방식으로 드러날 것이다. 예술로서의 삶은 과거의 역사적이고 철학적인 전통들과 현재를 인정하고 수정하는 일을 엄격하게 고수하는 것에 기초하지만, 우리가 미래를 살아갈 수 있고 미래를 창조할 수 있는 하나의 방식으로 드러날 것이다.

이 책은 칸트와 헤겔 이래로 우리가 예술과 미학을 합리성의 제한과 대상이라는 설명으로밖에 고려할 수 없다는 역사적이고 철학적인 인정으로 시작한다. 왜냐하면 칸트와 헤겔 둘 다에게서, 예술은 이성을 각각 제한하거나 개방시키는 일과 상상력의 활동을 연결시키는 결정적인 역할을 수행하기 때문이다. 기술적인 의미에서, 이것은 미학에 대한 설명이 인식론에 의존한다는 것을 의미한다. 그러나 보다 규범적인 의미에서, 만일 우리가 (내가 제안하는 것처럼) 미학적인 통찰들을 삶의 방식을 구성하는 수단으로 사용할 수 있다면, 칸트와 헤겔의 작업은 그러한 반성이 원칙적으로 우리가 어떻게 사유하는가에 대한 설명에 규제를 받아야 한다는 사실을 분명하게 할 것이다.[4] 그래서 예술로서의 삶이 만일 진지하게 칸트와 헤겔의 도전을 받아들인다면, 그것은 인식론과 미학의 유의미하고 일관성 있는 종합을 구성하는 능력에 의존한다.

물론 부정적인 의미에서, 인식론과 관련하여 미학을 설명하는 일은 미학적인 반성 또는 예술작품들 자체에서의 근본적인 약점, 즉 예술작품들은 독립된 담론의 영역들로서 고유하게 존재할 수 없다는 사태를 드러낼 수 있다. 그러나 보다 긍정적인 의미에서 이 둘의 지속적인 연관은 예술로서의 삶의 핵심에 놓여 있는 사유와 미학적인 것 사이의 잠재적으로 고유한 관계를 시사한다. 예술적인 삶의 발전은 그 자체로 미학적인 설명들에 의해 영향을 받을 수 있는 숙고의 과정들을 통해 미학의 구성적인 전개에 의존할 수 있다. 따라서 만일 예술로서의 삶이 미학의 역사적인 인물들과 계속 대화해야 한다면, 그것은 미학적인 통찰을 우리가 살아가는 방식에 적용함으로써 그렇게 해야 할 뿐만 아니라, 그에 더하여, 합리성·미학·윤리학 사이의 관계를 끊임없이 명확하게 함으로써 그렇게 해야 한다. 예술적인

---

4. 그리고 적어도 칸트의 경우에는, 어떻게 우리가 행동해야 하는가에 대한 설명에 제약을 받아야 한다.

삶이 우리가 사유하고 행동하며 세계를 이해하는 방식을 문제화할 뿐 아니라 또한 이런 물음들을 체계화하려는 결연한 노력인 만큼, 그것은 오직 철학적으로만 존재할 수 있다.

『예술로서의 삶』은 사유, 행위, 그리고 미학이 예술로서의 삶에 대한 모든 일관성 있는 이론의 핵심적인 이론적 기초를 형성한다는 가설적인 인정에 근거하여 진행된다. 더욱이 미학과 사유의 상호의존성은 항상 암시적으로든 명시적으로든 인식론적이거나 미학적인 반성의 공통적인 대상에 대한 전념을 통하여 매개된다. 예를 들어, (2부를 보면) 비판이론에서 미학과 사유는 둘 다 지배적인 이성에 의해 고통을 받았던 대상들을 드러낸다. (6장을 보면) 동일한 것이 마르틴 하이데거Martin Heidegger의 저작에서는 "세계"라 불릴 수 있다. 그러나 이 매개적인 "제3항"은 보통 함축적이며 단지 유용하고 체험적인 어떤 것으로 불릴 수 있을 뿐이다. 왜냐하면, 다음 장에서 볼 것처럼, 미학과 사유는 보통 우리의 사유와 행동을 지배하는 용어들을 다시 형성하는 더 큰 기획의 일환으로 결합하여 사용되기 때문이다. 그래서 다음의 각각의 분석들은 미학과 사유가 공통의 목적에 의해 결속되어 있지만 구분되는 영역들이라는 가설로 시작함에도 불구하고, 실제로 사유와 미학적인 것이 아주 미묘하고 몹시 모호한 관계이며, 따라서 둘 다 분리할 수 없을 정도로 서로 얽혀 있다는 점을 밝혀낸다. 증명될 것처럼, 예술로서의 삶은 사유와 미학이 행동하고 이해하고 창조하는 문제들에 영향을 미칠 수 있는 방식들과 이 둘의 관계를 끊임없이 강화함으로써 작동한다.

물론 예술과 사유의 관계는 예술로서의 삶에 이르는 단지 하나의 반성의 축일 뿐이다. 예술로서의 삶에 대한 또 다른, 그리고 마찬가지로 매우 중요한 차원은 미학적인 담론들을 심화시켰던, 당시 서구 유럽의 역사적이고 종교적인 상황이다. 칸트와 헤겔의 저작들은 서구 유럽에서의 초기 민족 국가의 투쟁과 의회 민주주의의 발생이라는 환경에서 조성되었다. 그리고 이 화합의 기간이 지나고 식민지의 확장, 빅토리아니즘, 2차 세계대전과 유대인 대학살이 도래했다. 그것들에 뒤이어, 냉전 시대에는 개인들의 삶과 과학기술의 확장에서의 정부의 역할 증대가 나타났고 그것은 환경 파괴와 핵으로 인한 멸망이라는 전망을 가져왔다. 이런 발전들은 서구 유럽에서의 교회의 역할 쇠퇴 그리고 물질적이고 종교적인 전통 생활방식의 상실과 함께 나타나거나, 또는 그것들과 상관관계가 있다. 신의 죽음이라는 니체Friedrich Wilhelm Nietzsche의 선언이 있기도 전에, 1천5백 년의 서구 문화에 대한 도덕적, 우주론적 그리고 종교적인 지주들은 무너지고 있었거나 간단하게 대체되고 있었던 것이다.

예술로서의 삶은 이 역사적이고 문화적인 그리고 종교적인 동요의 상황에서 끊임없이 고려되었다. 그리스, 로마 등의 문화들은 미학적인 반성을 사유방식과 행동방식을 형성하는 데 사용했고, 예술적인 삶은 엘리트, 종교적인 인물 또는 예술 애호가가 보통 선택하는 유효한 문화적 선택지였다. 그러나 서구 유럽 사회에서 나타났던 예술로서의 삶은 그것이 만일 거부가 아니라면, 항상 삶과 사유의 지배적인 형태들에 대한 어떤 응답으로 고안되었다. 이런 목적에서, 니체와 보들레르Charles Baudelaire 같은 인물들은 급증하는 19세기 유럽의 민주주의 국가들을 거부하는 한편, 20세기에 아도르노Theodor Wiegengrund Adorno, 하이데거, 마르쿠제Herbert Marcuse, 카뮈Albert Camus, 메를로-퐁티Maurice Merleau-Ponty, 그리고 푸코Michel Foucault는 각각 인간, 대지 그리고 신비를 세계대전, 종족학살 그리고 표준화와 심한 차별이라는 아주 교묘한 전략으로 침해하고 억압했던 방식들을 거부한다. 만일 예술로서의 삶이 현재의 삶과 사유의 형태들을 유의미하게 형성하는 것이라면, 그것은 삶과 정치 그리고 믿음의 지배적인 형태들로부터 저항과 자율성을 위한 유효한 선택지를 제시해야 한다.

그래서 다음의 분석들은 사유와 미학의 관계와 특정한 반성의 대상들에 대한 이것들의 헌신을 해명하는 일에 더하여, 예술로서의 삶이 지배적이거나 관리되는 현실들에 대한 거부와 저항의 형태로 끊임없이 구축되는 방식들을 검토할 것이다. 그러나 이것들은 서로 관련 없는 분석이 아니다. 사유와 미학의 관계와 그러한 관계로부터 발생하는 구조적인 제안들은 그 자체로 저항과 응답의 형태여야 한다. 즉, 현대의 상황에 대한 응답은 우리가 생각하는 방식에 대한 철학적인 검토뿐만 아니라 예술의 본성에 대한 철학적인 검토에서도 구체화되어야 한다. 이것들은 함께 고려되면서, "미학적"일 뿐만 아니라 동시에 현재의 실재들과의 관계에서 대안적인 존재방식들을 형성할 수 있는 삶과 존재와 사유에 대한 형태들을 제안해야 한다.

예술로서의 삶이 생기게 된 역사적인 상황에 대한 두 번째 차원이 있다. 지난 200년간의 불의와 공포의 시대는 우리의 삶에 의미meaning와 의의significance를 부여하는 전통적인 형태들의 상실과 함께 나타났다. 당연히 예술로서의 삶은 그 스스로 그것에 대한 해결책인 체하지 않으며, 하물며 의미의 상실과 현대 사회에서의 소외와 불안의 실증적인 느낌에 대한 어떠한 해결책인 체도 하지 않는다. 그러나 앞서와 같이, 예술로서의 삶은 현대 사회에서의 소외, 허무주의 그리고 대상화의 여러 과정에 대한 하나의 응답이다. 하지만 그것은 오직 저항을 통해서만 응답하는 것은 아니다. 긍정적인 의미에서, 그것은 외적인 지지나 정당화를 추구하지 않고 매일의 삶에 의미와 의의를 부여하는 방법들을 발견하고자 한다. 예술로서의 삶은 전통적으로 종교적인 것을 위해 마련된 세계에 대한 개방성을 고려하는 사유방식과 존재방식들을 구성함으로써 의미를 (재)발견하고, 본질적으로 긍정적인 사유의 실천과 방식들의 기초를 세움으로써 매일의 삶에 의미와 의의를 부여한다. 그렇게 함으로써, 예술로서의 삶은 의미의 형태들을 삶과 사유의 일관된 방식으로 회복시키고 통합시키는 치유적인 활동으로 이해될 수 있다. 모든 초월적인 의미의 부재에서, 예술로서의 삶은 내재적인 세계를 되찾고 정당화하는 방식들을 발견해야 한다. 알게 되겠지만, 이것은 시간과 공간을 바꾸고 이것들을 구원하고자 시도함으로써 발견된다.

그래서 예술로서의 삶은 저항의 형태이어야 할 뿐만 아니라 또한 의미가 실현될 수 있고 세계가 회복되고 개혁될 수 있는 철학적인 실천으로서 이해되어야 한다. 이 때문에 나는 다음의 분석에서 예술로서의 삶에서 구별되지만, 상호보완적인 이 두 개의 맥락, 곧 저항에 대한 요구와 내재성에 대한 근본적인 긍정에 관해 기술할 것이다. 짧게 말하면, 예술로서의 삶은 부정적으로 전개될 뿐만 아니라 긍정적으로도 전개되는 삶과 사유의 방식들을 형성하기 위해, 미학과 사유의 이론들을 연결시키는 다면적인 개념으로 이해될 것이다.

물론 우리가 예술로서의 삶이라는 개념을 발전시킬 수 있는 또 다른 방식들은 분명히 존재한다. 역사적이고 철학적인 의미에서 삶에 대한 미학화는 (혼합된 전망들로) 과거 150년 사이의 수많은 사상가에 의해 검토되어 왔었다. 그리고 앞서 언급했던 저자들이 "예술로서의 삶"의 사상가로 생각될 수 있는 사람들의 전부는 아니긴 하지만, 그러한 많은 논의가 그들을 다루었다. 보다 구성적인 관점에서 보자면, 다른 계통의 사람들과 철학들 또한 예술로서의 삶에 대한 규범적인 개념들을 제기했다고 볼 수 있다. 예를 들어, 19세기의 삶-예술가인 댄디들은 (다음 장에서 보겠지만) 그들의 삶과 예술작품의 분명한 유비를 이해했다. 마찬가지로 우리의 규정에 의하면, 조르쥬 바타이유George Bataille, 칼 융Carl Jung, 또는 이탈로 칼비노Italo Calvino와 같이 다양한 사상가들의 작업들도 예술로서의 삶이라는 명칭의 범위에 들어가는 것으로 이해될 수 있다.

따라서 나는 여기서 예술로서의 삶에서 적합한 입장(과 그러므로 부적합한 입장)이라 여겨지는 것을 결정하기보다는 공통의 원천들과 대단히 중요한 일련의 주제들에 관여함으로써 내가 예술로서의 삶에 대한 일관성 있는 개념이라 생각하는 것을 구성하고자 했다. 그리고 이것은 다음의 논의가 과거 150년 사이의 역사적으로, 철학적으로 그리고 사회학적으로 탐구된 예술로서의 삶에 대한 보다 넓은 개념을 다루지 않는다는 것을 의미한다. 여기에는 하나는 실천적이고 다른 하나는 철학적인 두 가지 이유가 있다. 실천적으로는, 예술로서의 삶으로 이해될 수 있는 다양한 생각을 조망하는 일이, 그러한 인물들에 대한 2차 문헌은 말할 것도 없이, 하나의 책의 영역을 간단하게 넘어서기 때문이고, 철학적으로는, 다음의 논의가 예술로서의 삶의 구성적인 입장에 대한 정식화는 물론 미학적 계보에 대한 역사적인 평가의 시도인 만큼, 그 자체로 철학과 미학의 측면에서 공통적이며 공명하고 상호보완적인 영역들에 적합한 방편들에만 의존하기 때문이다. 이런 점에서, 『예술로서의 삶』에는 예술로서의 삶이라는 주제를 다루고 있다고 이해될 수 있고 아마도 그렇다고 판단하기에 정당하기까지 한 많은 흥미로운 철학들을 다루지 않는다는 부정적인 측면이 있다.

앞선 부정적인 측면과 더불어, 나는 내가 아래에서 검토하는 각각의 인물들과 연관된 중요한 2차 문헌 또한 다루지 않는다. 그러한 일이 대체로 사상가들이 제공하는 명료함과 통찰들을 뒷전으로 밀어두게 하는 만큼, 그 일은 실용적이지 않을 뿐만 아니라 바람직하지도 않을 것이다. 본서에서 제시된 짧은 목록의 문헌들에 해당하는 것들은 책의 뒷부분에 첨부된 「추가 참고 문헌」을 확인하면 알게 될 것이다.

다음의 지면들에서, 나는 앞서 지시된 맥락을 따라 예술로서의 삶에 대한 이중적인 논증을 시작하고자 한다. 나는 현대의 일련의 철학적이고 문학적인 계보들을 통해 미학과 사유의 이론들의 이중적인 전개과정을 기술함으로써, "예술로서의 삶"을 과거 200년 동안의 철학들 가운데 내재하는 개념으로서 검토할 뿐만 아니라 저항적이고 긍정적이며 균형 잡힌 입장을 유지하는 일관성 있는 개념으로 전개하고자 한다. 다음의 분석들 각각은, 적어도 후자의 의미에서, 미학적인 지침에 따라 우리의 삶을 구성하는 목적을 지니고 있는 내적으로 일관성 있는 입장에 기여할 것이다.

나의 입장은 이하 분석들의 지표가 되는 체계를 제공하는 프리드리히 니체의 작업에 기초한다. 니체는 자신의 작업 전체에 걸쳐 일련의 "이상적 유형들"[5]을 도입함으로써 예술로서의 삶을 위한 근본적인 언어를 창조한다. 이상적인 유형은 긍정적이며 정의롭고 해방된 삶을 창조하기 위해 학문Wissenschaft과 예술Kunst을 명랑하게 결합하는 사람이다. 여기서 학문은 사유의 한 형태로서 저항적이고 해체적인 것으로 그리고 대중의 도덕과 전통의 제한들에서 우리를 해방시키는 것으로 이해된다. 그리고 예술은 우리에게 과거와 미래 그리고 현재에 대한 긍정을 가능하게 하는 가상을 신중하게 사용하는 것으로 이해된다. 그러므로 예술적인 삶은 이상적인 자기(또는 자기들)를 창조하기 위해 학문과 예술 사이에서, 부정과 긍정 사이에서 "춤추는" 것으로 이해된다.

이러한 니체의 작업은 이중적인 의미에서 유익한데, 첫째로, 그것은 저항적일 뿐만 아니라 계시적인 자기를 창조하기 위해 사유와 미학을 결합함으로써 우리가 어떻게 예술적으로 살 수 있는지를 보여 주는 하나의 강력한 전형을 제공한다. 둘째로, 그리고 나의 분석을 위해 더욱 중요한 의미에서, 니체의 저작은 뒤따를 분석들을 위한 근본적인 방법(건축술)을 제공한다. 여기서 간주하는 것처럼, 만일 니체의 언어, 개념, 지표가 되는 은유들이 이후에 예술로서의 삶이라는 개념 안에서 공명한다면, 우리는 니체의 중심적인 직관들을 통해 예술로서의 삶을 연구할 수 있을 것이다. 그러므

---

5. 예를 들어, 비극 시인, 자유정신, 미래의 철학자, 차라투스트라, 디오니소스적인 예술가 그리고 위버멘쉬(übermensch).

로 니체 이후에 탐구된 주제들 그리고 실제로 예술로서의 삶 전체는 비록 내용 면에서는 현대적이지만, 영감의 측면에서는 니체의 것으로 이해되어야 한다.

그러나 이것은 예술로서의 삶이 그 자체로 니체에 대한 숙고이거나 이후 다양한 저자들이 니체에 대한 숙고를 자신의 사유에 포함했던 방식임을 의미하지 않는다. 비록 니체가 이후 공명을 불러일으킬 일련의 주제들과 개념들을 확립할 만큼 예술로서의 삶에 대해 근본적이긴 하지만, 그의 작업 각각은 예술로서의 삶의 중요한 차원이 되는 예술의 본성, 정의와 긍정의 개념들 또는 "삶의 기술"에 충분하게 주의를 기울이지 않았다. 더욱이, 아래의 저자들 각각은 니체에게서 영감을 받았지만, 니체에 의해 좌우되지는 않는다. 니체의 작업은 특정한 반성의 주제들과 방식들을 확립함에 있어서 중요하지만, 그를 따르는 전통은 예술로서의 삶에 대한 그의 개념이나 그가 의도한 주제와 관련된 것들에 매이지 않는다. 비판이론, 현상학 등은 다른 명령들을 따르고 다른 요구들에 응답한다. 그래서 예술로서의 삶은 니체를 통해 형태를 갖추지만, 니체를 따르는 사상가들은 자신만의 방향을 계획한다.

니체 철학의 주제들에 대한 첫 번째 개념적 확장은 비판이론의 저작에서 발견되며, 이는 4장과 5장에서 검토된다. 테오도르 아도르노와 헤르베르트 마르쿠제는 부정적인 사유, 곧 객체가 훼손되어 있다는 점을 일깨우고 관리되는 현실에 저항하게 만드는 목적을 가진 사유의 양식들을 강화시키는 데에 예술과 미학에 대한 설명이 사용될 수 있는 방식들을 보여 준다. 예술이 부정적인 것처럼, 사유 또한 아주 부정적이다. 예술은 부정적인 사유를 강화하는 데 도움을 주고, 훼손된 실재와 형이상학적으로 이상적인 비실재가 서로 충돌하도록 도와준다. 이 점에서, 예술은 인간이 그들 자신과 그리고 타자와 궁극적으로 화해하는 세계에 대한 건설적인 이미지를 창조하도록 도와줄 수 있으며, 그래서 예술은 또한 긍정적인 기능을 가진다.

마르쿠제의 작업은 특히 이 점에서 유익하다. 마르쿠제는 아도르노의 부정의 미학을 받아들일 뿐만 아니라, 대체로 그의 맑스주의로 인해, 감각성으로서의 미학이론 또한 받아들이는데, 이 감각성으로서의 미학은 지배와 억압의 최소화를 통하여 물질적·감정적·정신적 필요들이 충족되는 사회에 대한 비전을 제공한다. 마르쿠제의 후기 저작들에서, 이 개념은 구성된 사회적 현실이나 개인의 삶이 예술작품의 부정적이고 긍정적인 차원들을 반영하게 되는 "예술작품으로서의 개인/사회"로 알려지게 된다. 그러므로 예술적인 삶은 특정한 방식으로 "사유하는" 것일 뿐만 아니라 삶에 대한 보다 정의롭고 즐거운 형식들을 창조하고자 하는 것이다.

비판이론의 작업은 3부와 대조를 이루는데, 3부는 마르틴 하이데거, 모리스 메를로-퐁티 그리고 장-뤽 마리옹이 세계로의 체화된 개방성과 책임이라는 개념, 또는 마리옹의 경우에는, 계시라는 개념을 각각 공식화하는 작업을 보여 준다. 특히 하이데거와 메를로-퐁티의 작업은 시와 사유의 깊은 친밀성을, 두 용어가 "시적 사유"에서, 즉 존재와 존재 사건을 위한 사유의 형식에서 효과적으로 결합될 수 있는 방식으로 보여 준다. 그리고 메를로-퐁티의 지각의 역할에 있어서의 신체에 대한 독창적인 설명, 곧 체화된 시적 사유라는 개념을 고려하는 결정적인 부분이 여기에 보태지는데, 이 개념은 신체의 다양한 양상들을 통해 현상들의 주변 세계가 계속 개방되는 사태로 신체의 역할을 보여 준다.

세계에 대한 개방성은 내재성을 통해 세계의 현상에 헌신함을 시사하고, 나타나는 모든 것을 보호하고 목격하고자 하는 갈망을 의미한다. 현상학의 작업이 긍정의 형식으로서 이해될 수 있는 것은 이런 의미에서이다. 그리고 마리옹이 인정하는 것처럼, 만일 우리가 의식적인 반성의 구조들을 초과하는 그러한 경험의 가능성을 받아들인다면, 현상학이 그 스스로를 계시의 가능성으로 개방하는 것 또한 이런 의미에서 이해될 것이다. 예술과 사유의 결합은 그러한 것으로서 내재적인 것에 대한 긍정과 기존의 실재들에 근거하는 종교적인 의식의 형태에 대한 재발견을 개시한다.

비판이론과 현상학의 작업은 모두 예술과 사유가 저항이나 긍정으로 동화될 수 있거나 결합될 수 있는 방식들을 보여 줄 것이다. 이것들은 예술작품 그 자체로부터 얻어진 예술로서의 삶의 두 기둥, 즉 비판적 반성 능력과 생생하고 감각적인 세계를 제시하는 일을 구성한다. 예술작품이 그 자신 안에 부정뿐만 아니라 긍정을, 부재뿐만 아니라 창조를 보유하는 것처럼, 예술적인 삶 또한 마찬가지이다. 더욱이, 비판이론과 현상학은 독특한 미학적 숙고의 대상들을 가진 구분된 영역들로 이해되어야 하는 동시에, 총체적으로 예술작품의 본질을 통하여 세계를 살아가고 보고 경험하는 예술적인 형식들을 창조하려는 윤리학과 사유의 규범적인 개념들을 연결시키는 담론들로 보일 수도 있다. 예술로서의 삶의 두 차원은 예술, 사유 그리고 행동 사이의 관계를 끊임없이 강화함으로써 작동하며, 따라서 그것들은 그 자체로 통일된 예술적인 존재방식으로 결합하게 된다.

2부와 3부의 작업이 예술로서의 삶에서 저항과 긍정이라는 두 기둥을 구성하는 것으로 이해될 수 있는 것처럼, 4부에서 카뮈와 푸코의 사유는 예술로서의 삶에서의 미학적 윤리학으로 제시된다. 즉, 카뮈와 푸코는 2부와 3부의 작업이 일상의 삶에서 실현될 수 있는 방식들을 보여 주는 종합적 틀을 제공한다. 카뮈에게 이것은 전략적인 사유 개념과 예술작품의 창조적인 개념의 형태로 나타난다. 미학적인 것과 사유의 이런 측면들은 몇몇 이상적인 유형들이 그들의 일상적인 삶에서 창조성, 연대성, 자율성 그리고 완벽주의라는 미학적인 특징들을 드러내 보이는 카뮈의 일련의 특징적인 연구들에서 증명된다. 유사하게 푸코의 미학적인 윤리학은 현재와 현재의 가능한 저항의 측면들에 대한 끊임없는 문제화를 통하여 작동하며 일상의 삶의 다양한 양상들을 통한 자기 구성의 가능한 방식들을 제공한다. 카뮈와 푸코에 의해 제시된 미학적 윤리학은 모두 예술적인 삶을 사는 일에 헌신하는 자기 또는 다수의 자기를 구성하라 명령하는 기술들과 사유 방식들을 고안해 낸다.

미학적 사유와 행동이라는 두 형식의 정식화를 통하여, 예술로서의 삶은 저항적일 뿐만 아니라 긍정적인 자기를 구성하는 일에 헌신하는 통일적인 운동으로 이해될 수 있다. 예술적인 삶은 저항과 긍정, 부정과 인정의 행동들이 체험된 실존의 다양한 양상들을 통하여 구체화되는 것이다. 예술적인 삶을 창조하는 일은 신체, 마음, 대지, 타자들을 보호하고 신성화하는 동시에 그것들을 실현하기 위한 공간을 만드는 매일의 실천들에 주의를 기울이는 능력에 달려 있다.

예술로서의 삶은 많은 계기, 예컨대 특정한 담론 방식들의 실패와 미학의 발흥, 미학과 사유를 연결하는 판단 형식들의 정식화 그리고 미학적인 삶의 방식의 실천에 의해 좌우된다. 그러나 뒤따르는 나의 논의의 목적은 예술로서의 삶이 역사적-철학적인 현상으로 이해될 뿐 아니라 그것이 최고의 미학적인 통찰들을 자유롭고 의미가 충만한 삶을 창조하는 삶의 방식들과 연결하는 하나의 통일된 개념으로 이해될 수도 있는 방식들을 보여 주는 것이다. 부분들의 총합보다 더 큰 자기를 창조함으로써 생기는 예술적인 삶에 대한 이러한 아주 강력한 개념은 서로 전혀 다른 역사적이고 철학적 계보들을 효과적으로 융합시킨다. 예술로서의 삶은 과거에 기반을 두면서도 미래에 충실하며 현재에 대해 긍정하는, 삶과 사유와 봄의 방식으로서 가장 바람직하게 이해된다.

우리가 다음 장에서 볼 것처럼, 예술로서의 삶에는 어떤 조건이 달려 있다. 그것은 하나의 본질이 다른 하나에 대한 기초로써 사용되는 예술과 삶의 관계가 기껏해야 유비적이라는 사실이다. 이것은 노먼 맥클린Norman Maclean 의 『흐르는 강물처럼』A River Runs Through It에서 시적으로 표현되었다. 호탕한 동생 폴이 송어를 잡아 낚싯줄로 감아올리는 것을 지켜보는 장면에서, 노먼은 다음과 같이 생각한다:"그 순간 나는 확실하고 명백하게 알았다. 완벽함이란 바로 이런 것임을 말이다……동생은 내 앞에 있었지만, 빅 블랙풋 강둑 위에 있는 것이 아니라, 지구 위에, 모든 법칙에서 자유로이, 마치 예술작품처럼 전시되어 있었다……그러나 나는 또한 삶은 예술작품이 아니라는 사실을, 그리고 그 순간은 지속될 수 없다는 사실을 확실하고 명백하게 알아버렸다."

특별히 동생의 끔찍한 죽음 이후에, 노먼은 삶과 예술 사이의 어떠한 통일도 볼 수 없었다. 이것은 두 가지 의미를 갖는다. 하나는 우리가 문자 그대로 예술작품이 될 수 없다는 것이다―폴의 예술가적인 기교는 그 강둑 위에 남아 있거나, 기억 속에서 사라졌다. 심지어 노먼이 예술적인 것으로 생각했던 자율성과 완전성은 우리에게 주어지지 않는다. 19세기의 댄디들 같이 문자 그대로 예술작품이 되고자 했던 사람들은 결과적으로 단지 아름다움과 자기 완전성을 과시하려는 자들을 대표하는 얼굴이 되었을 뿐이다. 문자 그대로 예술작품으로서, 그들의 삶은 얄팍한 허울이나 승화된 오만을 보여 주는 것이었다.

또 다른 의미에서, 삶 그 자체는 예술과 동일한 법칙들을 따르지 않는다. 삶은 완벽할 수도 없고 아름답지도 않다. 노먼과 그의 동생이 낚시하던 강과 같이, 삶은 순식간에 지나가며 모든 도덕적인 의미 저편에 존재한다. 하지만 우리는 낚시를 하면서 적어도 일시적으로는 순간적인 것과 신비로운 것을 즐길 수 있다. 이것이 니체 이후에 우리가 받아들이게 되는 긍정이다. 그리고 맥클린이 인정하는 것처럼, 이것이 삶이 예술로서 존재할 수 있는 유일한 양식이다.

그래서 우리는 예술작품과 같아질 수 있고 자율성과 완전성을 위해 분투하지만, 그 유사성은 항상 일시적이다. 그러므로 예술로서의 삶은 의미와 자율성의 부재를 인식하고 이것들에 응답하는 자기들을 창조하는 일에 끊임없이 그리고 전략적으로 헌신하게 된다. 하지만 이 기획은 성공이 보장되거나 현실에서 실현된다고 장담할 수 없다. 그렇지만 이 기획은 맥클린이 그의 소설에서 다음과 같이 증언하는 것처럼 숭고하면서도 어쩌면 우리가 할 수 있는 최선의 것일 수 있다. "삶을 고요하게 흥분시키는 것들 중 하나는 너 자신에게서 잠시 떨어져 서서 너 자신이 아름다운 어떤 것의 창조자가 되는 것을 차분하게 살펴보는 일이다. 그것이 단지 흩날리는 재일지라도 말이다."

2장

댄디즘 그리고 삶과 예술의 동일성^{Life *is* Art}

소개했던 것처럼 예술로서의 삶이라는 개념은 예술적인 방식들을 따르는 하나의 삶의 구조라는 흥미로운 가능성을 제시한다. 이후의 논의는 일차적으로 니체에서부터 발생하여 푸코까지 이어지는 일련의 철학적인 사변의 흐름들에 초점을 맞출 것이다. 하지만 이러한 계통적 서술은 단일한 현상으로 이해되어서는 안 된다. 왜냐하면 다른 형태의 예술로서의 삶이 역사적으로 존재했으며, 그것들 중 많은 것이 예술에 대한 섬세한 의식과 미학적인 것을 실존화하는 일관성 있고 타당한 방식들을 만들어 내었기 때문이다.

19세기 초부터 지금까지 예술로서의 삶의 다양한 유형들을 제시하는 것이 이 책의 과제는 아니지만, 예술로서의 삶의 타당한 형태에 대한 하나의 역사적인 예로 "댄디즘"과 1800년대 프랑스와 영국에서의 이 댄디즘을 지지한 많은 사람을 제시하는 것은 유익할 것이다. 댄디즘은 미학적인 충동을 검토하는 데 있어 흥미로운 수단들을 제시할 뿐만 아니라 우리의 삶의 방식에 대한 모든 미학화에 잠재하는 위험요소들을 또한 보여 주고, 이

점에서 댄디즘이 예술로서의 삶을 검토하는 데에 없어서는 안 될 시금석을 제공하기 때문이다. 주장컨대, 니체·아도르노·푸코 등에게서 보이는 미학적인 명령들은 또한 삶과 예술의 완전한 종합을 시도하며, 따라서 삶이 예술이 되는 댄디즘에서도 나타난다. 더욱이, 댄디즘은 정치적이지도 현상학적이지도 않은 예술의 개념을 사용한다. 댄디들에게 "예술"은 아름다움, 외양 그리고 치장을 의미한다. 그래서 미학적인 삶은 아름다움이 나타날 수 있는 영역이 된다. 그러므로 댄디즘은 예술로서의 삶으로 유혹하는 – 그러나 오도하는 – 매력적인 어떤 것처럼 보인다.

일반적으로는 샤를 보들레르의 것으로 보이지만, 댄디즘은 그 기원을 17, 18세기 유럽의 귀족적인 관습까지 거슬러 밝혀낼 수 있는 하나의 작은 역사적인 현상이다. 이후 200년 동안, 댄디즘은 바르베 도르비이Barbey d'Aurevilly, 샤를 보들레르, 그리고 오스카 와일드Oscar Wilde와 같은 인물들에게서 사회적인 행동규범으로서뿐 아니라 또한 철학적인 탐구의 주제로서 시대적인 현상들을 만들어 냈다. 각각의 경우에서 댄디즘은 댄디 그 자신 안에 우월한 의식을 창조하고, 외모, 옷, 행동, 성적 편력, 지적 관심사 그리고 사회적 지위에 대한 세심한 주의를 통하여 성취될 수 있는 결과를 하고자 하는 자기 표현의 방식이었다. 19세기 영국의 댄디 조지 브루멀George Brummell에 대한 전기작가 바르베 도르비이는 이러한 미적이고 실존적인 욕구를 다음과 같이 정의한다.

> 댄디즘은 사회적이고 인간적인 동시에 지적인 것이다. 댄디즘은 저 혼자 걸어 다니는 한 벌의 옷이 아니다!⋯⋯댄디즘을 이루는 것은 옷을 입는 특별한 방식이다⋯⋯. 후줄근한 옷을 입어도 댄디가 될 수 있다⋯⋯댄디즘은 살아가는 방식에 관한 총체적인 이론이며⋯⋯존재방식이다.[1]

댄디즘은 우리의 외모를 변화시키고자 할 뿐만 아니라 우리의 온 존재를 바꾸고자 했다. 댄디즘은 자기를 반성하는 하나의 방식으로서 우리로 하여금 세계와의 관계 속에서 자신을 볼 수 있게 해주는 완전히 실존적인 관점으로 그 스스로를 제시하고자 했다. 그리고 외형과 외모에 대한 강조를 고려해 볼 때, 그 자기는 창조된 예술품, 하나의 예술작품으로 이해될 수 있었다. 엘렌 모어스Ellen Moers는 보들레르의 방식의 댄디즘을 깊이 숙고하면서 이 점을 다음과 같이 표현한다. "보들레르의 삶의 세부적인 양식들은 너무 사소해서 원칙에 비추어 면밀히 검토될 필요가 없는 것이 아니다. 너무 심오해서 습관과 몸짓으로 표현될 수 없는 원칙은 없다. 이런 의미에서, '예술 애호가들 중 그의 수많은 추종자에게서처럼, 그에게 삶과 예술은 하나였다."[2] 댄디즘에서 삶과 예술의 통합은 완벽한 예술적 인물, 곧, 그 스스로를 "무로부터 창조되는 하나의 예술품"으로 보았던 댄디에게서 성취되는 것이었다.[3]

댄디는 예술작품과 예술가를 모범으로 삼는 자기 표현의 방식이 되었다. 그러나 댄디즘은 의도적으로 예술-세계나 미학이론을 기준으로 삼고자 하지 않았다. 댄디의 용어로 평가하자면, 댄디 그 자신이 우리가 예술작품들에 적용하는 기준일 뿐만 아니라 예술작품인 것이었다. 그래서 버나드 호웰스Bernard Howells가 주목하는 것처럼, 댄디의 주제들은 독자적이고 자기 창조적인 것으로서 다음과 같이 표면화된다 : "삶의 목적은 문화, 즉 자기를 존속시키고 성장시키며 결단력 있게 만들어 주는 하나의 일관되고 통일적인 문화를 생산하는 것이다."[4] 댄디가 그 자체로 하나의 예술작품으로

1. J.A. Barbey d'Aurevilly, *Of Dandyism and of George Brummell*, trans., D. Ainslie (Dent Publishing, 1897), 20.
2. Ellen Moers, *The Dandy : Brummell to Beerbohm* (New York : Viking Press, 1960), 274, 강조는 저자.
3. Donna C Stanton, *The Aristocrat as Art : A Study of the Honnete Homme and the Dandy in Seventeenth and Nineteenth Century French Literature* (New York : Columbia University Press, 1980), 43.

서 인식되는 것처럼, 다른 예술작품들과는 달리, 그를 평가하는 기준은 그 자신이다. 댄디는 예술가이면서 동시에 예술작품이며, 예술의 기준이다. 즉, 그가 자신의 표현 기준에 합당했는지 그렇지 못했는지 그리고 그가 관중으로부터 바랐던 결과를 성취하는지에 댄디의 운명이 달려 있는 것이다.

물론 "결과"는 정확하게 댄디가 성취하고자 하는 것이었다. 댄디를 규정하는 자기 표현과 외모의 일관성에 대한 세심한 주의는 잠재적인 관중에게서 최대한의 결과를 성취하도록 만들어진 의식과 관습을 통해 형성되었다. 샤를 보들레르가 주목하는 것처럼, 이 점에서 사람들의 이목을 끄는 사람으로서 댄디는 반향을 일으키는 주제가 된다.

세계를 바라보고 세계의 바로 그 중심에 있되 그 세계에서는 보이지 않는 그러한 것들은 자신들을 쉽게 언어적인 규정들에 내주지 않는 독립적이고 열정적이며 공정한 정신들[댄디들]이 느끼는 몇 가지의 작은 즐거움들이다……. 삶을 사랑하는 자로서 그는 또한 이 군중들만큼이나 거대한 거울에 비유될 수 있다. 그리고 움직임 하나하나로 삶의 모든 다양한 양식을 제시하고 삶을 구성해가는 모든 요소 가운데 흐르는 우아함을 제시하는, 의식을 가진 만화경에도 빗댈 수 있다. 그것은 비자아를 갈망하는 자아이며, 매 순간 자아를 항상 불안정하고 순간적인 삶 그 자체보다 더 생생한 에너지로 나타내는 것이다.[5]

반향을 일으키는 외모에 대한 이미지들의 우아함과 그 운용은 댄디의 특

---

4. Bernard Howells, *Baudelaire : Individualism, Dandyism, and the Philosophy of History* (Oxford : LEGENDA Publishing, 1996), 25. 또한, Moers, 17을 보라.

5. Charles Baudelaire, *Selected Writings on Art and Literature*, trans., P.E. Charvet (New York : Penguin Book, 1992), 400.

징들인데, 이를 통해 표현과 치장에 아주 정통한 댄디는 군중들로 하여금 그에게서 그가 선택한 이미지들을 한층 더 강렬하고 생생하게 보도록 만든다. 이 이미지는 댄디즘의 사유에서 공통적인 것이다. 도리안 그레이 Dorian Gray라는 댄디에 대한 오스카 와일드의 다음 기술은 이것을 훌륭하게 반영했다.

> 그렇다. 그 청년은 조숙했다. 아직 봄인데 그는 벌써 수확물을 거두고 있었다. 청년의 뛰는 심장과 열정이 그에게 있었고, 그는 자의식을 키워 가고 있었다. 그를 바라보는 것은 즐거운 일이었다. 그의 아름다운 얼굴, 아름다운 영혼과 더불어 그는 하나의 경이로운 사물이었다. 그것이 어떻게 끝날 것인지, 어떻게 끝날 운명인지는 조금도 중요하지 않았다. 그는 야외극이나 연극에 등장하는 우아한 인물 중 한 사람 같았다. 그 사람이 느끼는 기쁨은 우리에게서 멀리 떨어진 것으로 보이지만, 그가 느끼는 슬픔은 우리에게 아름다움이라는 감각을 일깨우고, 그의 상처는 마치 붉은 장미와 같았다.[6]

그레이의 우아하고 "아름다운 영혼"은 자기 의식적인 댄디에 의해 이루어지는 이상화된 표현 형식이었다. 그러한 표현의 결과가 일차적으로 자만과 심지어 나르시시즘을 목표로 삼긴 했지만, 우리는 반향을 일으키는 댄디의 외모가 또한 아름다움, 섬세함 그리고 그 청년의 감각을 이해하기 위한 이상적인 수단이었다는 사실을 과소평가할 수 없다.

그러나 댄디의 내적인 역동성에도 불구하고, 댄디의 핵심적인 동기는 표현과 현상의 다면적인 매체가 되려는 그의 욕망에 있다. 그래픽 아티스

---

6. Umberto Eco and Girolamo de Michelle, *History of Beauty*, trans., Alastair McEwen, ed., Umberto Eco (New York : Rizzoli, 2004), 335에서 재인용.

트 콩스탕탱 기^{Constantin Guys}에게 헌정한 「현대 삶을 그리는 화가」라는 기본 에세이에서, 보들레르는 댄디를 "전체 세계에 속한 사람, 그 세계를 이해하고 그 세계의 관습 뒤에 있는 신비롭고 정당한 근거들을 이해하는 사람"으로 기술한다.[7] 그리고 다른 경우에는 댄디를 "학자"로 언급하기도 한다.[8] 하지만 두 주제 모두 댄디즘 문학에서 가장 많이 반복되는 신조인 거리 두기^{detachment}와 무관심^{indifference}에 비하면 아무것도 아니다. 여기서, 그 세계의 학자다운 사람은 사실상 자기 표현과 자기 의식의 엄밀함을 충족시키는 귀족적인 관습인 "차가운 거리 두기"라는 태도를 가진다. 보들레르가 결론을 내리는 것처럼, "댄디는 신중하고 우아한 태도의 일환으로 초연해하거나 속마음과 다르게 행동한다."[9] 무관심과 "초연한" 태도의 전체 전통을 숙고하면서, 엘렌 모어스는 댄디를 "외관상 완벽하면서 내심 어떤 것에도 신경을 쓰지 않는 사람이며, 오로지 의례적인 취향을 통한 자기완성에만 전념하는 사람"으로 상정한다.[10] 댄디라는 인물에게서 무관심과 거리 두기는 관중들을 발판 삼아 댄디 그 자신의 우월성과 사회적인 지위를 강화하도록 돕는다. 댄디는 특정한 귀족적인 행동방식들을 이용하고 인상적으로 그것들을 강조함으로써 관중들에게 그가 실제로 우월하고 경외할 만한 가치가 있다는 인상을 효과적으로 창조한다. 댄디가 가치를 인정받거나 획득하는 것은 오직 예술작품으로서만 가능하다 — 댄디의 가치는 오직 귀족적이고 지적이며 사회적인 품위에 대한 생생한 인상을 창조하는 동시에, 하나의 예술작품처럼, 관중들로 하여금 거리를 두고 그 자신을 감상하도록 만들 수 있는 한에서만 평가된다.

---

7. Baudelaire, 396~97.
8. Baudelaire, 381.
9. Baudelaire, 399.
10. Moers, 13.

그러한 결과들의 힘은 끊임없이 강화되며 금욕주의에 버금가는 세세한 것들에 대한 수고스러운 주의를 통해 댄디 그 자신에게 다시-흡수된다. 여기서 아름다움이라는 중심적인 목적이 각각의 것을 넘어서 수위를 차지한다. 따라서 댄디들은 "자신의 모든 추종자를, 그들의 성격이 아무리 열정적이고 독립적이라 할지라도, 엄격하게 규제하는 준엄한 규약을 가진다……이런 인물들은 자신의 인격에서 아름다움에 대한 사상을 함양하고 자신들의 열정을 만족시키며 감각하고 사유하는 것 외에 어떠한 직업도 가지지 않는다."[11] 댄디즘은 오직 그 자신의 방식으로만 평가될 수 있다. 이런 용어들은, 보들레르와 다른 사람들이 명확하게 밝힌 것처럼, 주로 아름다움을 성취하는 것이며, 이차적으로는, 외모의 과시를 통한 기쁨을 성취하는 것이다. 이런 식으로 댄디즘과 그것의 특이한 희생은 "우리가 또한 고통에 대한 스파르타식의 자질 — '절대 우리 스스로 놀라지 않는 자랑스러운 만족'을 보이도록 요구받는" 일종의 나르시시즘적인 금욕주의와 비슷해지기 시작한다.[12]

댄디즘이 종종 바르베 도르비이와 보들레르에 스며들어 있는 주제인 일종의 수도 생활과 동일시되는 것은 이런 이유 때문일 것이다. 수도사들은 댄디에게 자기의 성장과 예술적인 실존을 제시하는 데에 관심을 쏟는 이상적인 이미지, 그리고 아마도 댄디의 그러한 면모를 돋보이게 하는 이미지를 제공한다. 엘렌 모어스가 주목하는 것처럼, "그래서 댄디의 치장하는 의식, 스포츠의 위험함과 혹독함에 대한 그의 중독은 통제에 전념하는 하나의 형태로 이해될 수 있다……우아함과 독창성에 대한 댄디의 신조는 가장 엄격한 수도규칙만큼이나 높은 수준을 요구한다."[13] 또는 외젠 수

---

11. Baudelaire, 419.

12. Richard Pine, *The Dandy and the Herald : Manners, Mind and Morals from Brummell to Durrell* (New York : ST. Martin's Press, 1988), 20.

Eugène Sue의 말에서처럼, "댄디즘은 트라피스트 수도회의 규칙만큼이나 엄밀하게 준수되어야 하는 규칙들이 있는 형제애의 종류 중 하나이다."[14] 물론 댄디와 수도사 사이에는 현저한 차이들이 있다. 그러나 수도사의 이미지는 여전히 댄디에게 유익한 보조역할과 이상을 제공한다. 왜냐하면, 수도사라는 인물에게서 우리는 고귀한 목적을 위해 훈련하고 자기를 절제하는 하나의 강력한 사례를 보기 때문이다. 댄디즘이 명백하게 수도생활의 목적론을 부정하긴 하지만, 댄디즘은 하나의 고귀한 이상(이 경우에는 어떤 예술적인 것)에 이르기 위해 자기를 수단으로 삼는, 그런 자기 규제와 통제의 입장을 유지하려고 한다. 수도사의/금욕적인 이상은 그러므로 하나의 시금석일 뿐만 아니라 댄디를 돋보이게 하는 역할을 한다.

수도사의 이미지를 끌어들이는 것은 또 다른 측면에서 중요한데, 그것은 댄디즘이 종교적인 것과 관련하여 명백하게 대안적인 존재방식으로서 언급되기 때문이며, 더 정확히 말하면, 댄디즘이 일반 종교의 실패에 대한 역사적인 결과로서 이해되었기 때문이다. 그래서 그러한 실패에 뒤이어, 댄디 그 자신은 자기에 대한 새로운 의식으로 안정감을 주는 것이 되어야 했다. 보들레르는 이 점을 "사실, 나는 댄디즘을 일종의 종교로 고려하는데, 이것은 완전히 잘못 생각하는 것이 아니었다"[15]라고 분명하게 언급한다. 자기에 대한 주목, 세부적인 것에 대한 고상화, 일상적인 것의 완전한 신성화 ─ 모든 것은 예술적인 가치에 일종의 종교적인 질서를 부여하는 댄디의 특징들이다. 버나드 호웰스는 다음과 같이 덧붙인다. "만일 댄디즘이 [보들레르]에게서 매우 중요하게 여겨지는 것이라면, 그것은 댄디즘이 이런 모

---

13. Moers, 282.
14. Stanton, 195에서 재인용.
15. Stanton, 216에서 재인용. 또한, 비니(Vigny)가 "예술은 근대의 종교이며 근대의 정신적인 믿음이다"라고 언급하는 213쪽에서의 비니에 대한 그의 인용을 보라.

든 형태의 믿음들의 붕괴와 연결되고 그것의 특징에서 하나의 대안적인 유아론적 신화와 비극의 지위를 떠맡기 때문이다."[16] 다른 한편으로, 댄디 그 자신은 하나의 무신론적 선언, 즉 인간성의 독립에 대한 후기-계몽주의적인 진술로 이해될 수 있다.[17] 두 경우들에서 댄디는 갈가리 찢긴 신을 발견하며 그 자신을 신으로 선언한다. 틀림없는 것은 사실 댄디즘이 19세기 프랑스의 세속화에 의해 만들어진 단절과 그리고 지적인 측면에서의 신의 죽음과 밀접한 관계가 있다는 것이다. 댄디는 탐미주의뿐만 아니라 지성주의 둘 모두에 의한 신의 죽음을 상징화하는 하나의 강력한 이상적 유형의 역할을 한다. 물론 뒤이어 발생하는 자기 산출에 대한 하나의 대안적인 유형의 역할을 하기도 한다.

그러나 우리는 너무 성급하게 댄디즘에 대한 유일한 원인으로 신의 죽음을 선언해서는 안 된다. 또 다른 의미에서, 그리고 마찬가지로 매우 적절한 의미에서 자기 경영의 귀족적인 규칙으로서 댄디즘의 발흥은 19세기 유럽에서의 초기 민주주의 운동 그리고 이에 수반되는 지주층과 부유층 간의 차이의 상실과의 직접적인 관련에서 일어났기 때문이다. 보들레르(그리고 이후의 니체)와 같은 인물들에게, "모든 곳을 휩쓸고 모든 것을 동일한 수준으로 환원시키는" 민주주의의 발흥은 "이런 경이로운 전사들의 마지막 흔적을 망각의 물결로 쓸어버리는" 거의 신화적인 유럽의 영웅주의의 종말을 암시했다.[18] 다른 경우들에서, 보들레르는 댄디즘을 "데카당스 시대의 영웅주의의 마지막 광채"[19]를 상징하는 것으로 이해한다. 댄디즘이 민주주의에 대응하여 유실된 귀족적인 영웅주의를 회복하고 동시에 민주주

---

16. Howells, xix.
17. 예를 들어, Richard Pine, 62를 보라.
18. Baudelaire, 422.
19. Baudelaire, 421.

의적인 사회질서와 관련된 대중들을 부정하는 이중적 운동으로 항상 인식되는 것은 보들레르, 도르비이 그리고 비어봄Max Beerbohm과 같은 다른 인물들의 저작에서 아주 분명히 나타난다. 『미의 역사』에서 움베르토 에코는 그 지점을 다음과 같이 잘 정리한다.

> 산업사회의 억압, 거대한 익명의 군중을 수용하는 거대 도시의 확장, 확실히 미학적인 것을 중시하지 않는 새로운 계급의 부상에 직면하여, 새로운 재료들의 순수한 기능성을 과시하는 새로운 기계들의 형식에 감정이 상한 예술가는 자신의 이상이 위협받는 것을 느꼈고, 점진적으로 확산되어 가는 민주적 사고를 적대적인 것으로 지각하게 되어 자신은 "다르게" 행동하기로 결심하게 된다.[20]

그래서 댄디는 무관심을 숨길 필요가 없다. 그것은 19세기에 사실로 받아들여졌던 인간성의 도구화와 같이 통속적인 모든 것에 대한 진실한 경멸에서 탄생한 하나의 문화적인 태도이다.

이 두 가지 동기, 즉 민주주의에 대한 거절과 전통적인 유럽 종교의 쇠퇴는 후기-낭만주의 시대의 댄디즘의 영역 배후에서 주도적인 추동력을 형성한다. 댄디스트들이 종종 댄디를 하나의 무기력한 기획자로 볼 뿐만 아니라 종교적이거나 새로운 민주주의적인 유형에 대한 하나의 대체 유형으로 이해하는 것은 이런 의미에서이다. "예술" 그리고 하나의 반향적인 미학적 토대로서의 댄디의 예술적인 기능은 유럽사회에서 종교와 귀족의 전통적인 역할을 대체하거나 찬탈하는 것으로 이해되는 포괄적인 개념들이다. 호웰스는 댄디즘 저작의 이 측면을 요약하면서, "여기서 드러나는 것은 지

---

20. Eco, 329~30.

속적으로 종교적인 대상들을 언급함으로써 형이상학적인 비극을 감추는, 신의 죽음과 역사의 죽음 그리고 자기의 죽음을 다루는 작가로서의 보들레르에 대한 하나의 초상이다"라고 단언한다.[21] 그러므로 이런 종교적인 대상들에 대한 언급은 "잃어버렸던 것을 위한 대체물로서의 예술에 대한 보들레르의 인식"[22]을 구성한다. 확실히, "예술"은 보들레르에게서 하나의 결정적인 의미, 즉 살아 있는 하나의 예술작품으로서 댄디 그 자신에 의해 탁월하게 제시되는 것이라는 의미를 가진다. 전통적인 종교의 존재방식들로부터 미학적인 것으로의 이 이행 때문에, 보들레르와 다른 댄디즘 작가들은 댄디를 아름다움을 묘사하고 산출하기 위한 하나의 본보기로 보았을 뿐만 아니라 19세기 유럽의 민주주의적인 실험과 종교(의 실패)에 의해 야기된 문제들에 대한 결정적인 해결책으로 보았다. 댄디는 사회적인 데카당스와 자기 표현이 유럽의 사회적이고 정치적인 관습에서 중요한 역할을 유지했던 이전 시대를 상기시킬 뿐만 아니라 예술과 미학적인 것이 사실상 민주적인 것과 종교적인 것을 대체하는 새로운 시대의 도래를 알리는 이중적인 기능을 제공했다.

댄디를 종교적인 것을 대체하는 유형으로 보는 움직임은 다른 운동들, 즉 영웅적인 댄디가 잃어버린 종교의 특성들뿐만 아니라 재능이 있는 예술가들의 특성들을 떠맡는 것을 보여 주는 댄디를 칸트의 "천재" 개념의 연장으로 확장시키는 일과 아주 밀접한 관계에 있다. 이런 맥락에서 보들레르는 콩스탕탱 기가 "천재"를 "자기 확신, 아주 멋진 편안한 태도, 그리고 그것들과 더불어 가장 다정한 친밀감에서부터 가장 흠잡을 데 없는 거절까지, 하나의 프리즘같이, 모든 색조를 발산하는 공손함을 갖춘 자로 고려한다"[23]는 사실을 인용한다. 댄디의 눈에 "천재성"은 단순하게 평범한 것을 미

---

21. Howells, xxviii.
22. Howells, xxviii.

학적인 것으로 변형시키고, 상상력을 마음껏 발휘하는 능력이 아니다. 그것은 또한 새로운 것에 대한 수용력이며 관심을 불러일으키는 참신한 외형적 모습들을 근원적으로 남아 있게 만들고 끊임없이 제시하는 능력이다. 이 때문에, 바르베 도르비이는 근원성의 예술[24]을 완전히 익혔다고 하며, 그리고 보들레르가 다음과 같이 언급하는 것처럼, 그러한 근원성은 항상 청년다운 표현 속에 존재한다. "그러나 천재란 단지 의지적으로 되찾은 아이의 상태, 이제는 그 자신을 표현할 수 있는 남자의 신체적 수단을 갖춘 아이의 상태, 모르는 사이에 축적된 모든 경험에 질서를 가져올 수 있도록 만드는 분석적인 지성을 갖춘 아이의 상태에 지나지 않다."[25] 천재성이란 댄디가 어린 시절의 잃어버린 놀라움을 "되찾고" 그에게 세계에 대한 새로운 해석-과 표현-을 가능하게 하는 수단이다. 종교적인 것에 대한 댄디의 찬탈은 세계에 대한 독특한 경험을 요청하고 일깨우는 새로운 가면들과 모습들을 빚어내는 그의 능력에서 완성된다.

그러나 우리는 댄디즘의 글들에서 반복되는 수사로서 언급되는 천재에 너무 많은 것을 부여해서는 안 된다. 왜냐하면, 천재적인-댄디가 그 되찾음을 위해 근원성에 열중하고 있는 바로 그때, 그의 의도가 세계는 인간의 변형과 미화에 대한 끊임없는 필요에서 존속한다는 이해에 근거를 두기 때문이다. 그러한 미학은 "완전성"perfection을 지향하고,[26] 인간은 불완전한 자

---

23. Baudelaire, 377. 또한, 특히 들라크루아(Delacroix)의 천재 개념과 관련하여서는 368쪽과 376쪽을 보라.

24. Stanton, 149를 보라.

25. Baudelaire, 398.

26. 보들레르가 다음과 같이 주장하는 Baudelaire, 365~66을 보라:"좋은 그림, 그리고 이 그림을 만들어 냈던 신뢰할 만하고 가치가 있는 꿈들은 세계와 같이 창조되어야 한다. 우리가 그것을 보는 것처럼, 마치 그 창조는 몇몇 창조물들의 결과처럼, 항상 나중의 것에 의해 완성되는 앞선 것처럼, 그래서 조화롭게 만들어진 그림은 일련의 보충된 그림들로 구성된다. 각각 새로 생긴 측면은 꿈에 실재를 부여하고 그 그림을 완전성의 어떤 정도까지 상승시킨다."

연 세계에 대해 주석을 단다. 즉, 보들레르가 진술하는 것처럼, 그리고 보다 고전적인 미학을 반영하여 말하자면, "아름답고 참신한 모든 것은 이성과 계산의 산물이다."[27] 그 시대 댄디즘의 저술들에서, 아름다움은 항상 예술가적인 기술 그리고 인간의 창조와 동일시되었다. 미학적인 이상을 따르면, 모든 것은 불완전하게 주어진 것을 완전하게 만들기 위해 창조되었다.

그러므로 댄디가 만일 표현과 치장의 예술가로 이해된다면, 그가 또한 완전성과 예술의 발전에 대한 탁월한 양상이라는 사실은 놀랍지 않다. 댄디에게 삶은 예술이다. 스탠튼Donna Stanton은 그 점을 잘 포착한다: "근대성의 상징, '일시적인 것, 덧없는 것, 우연적인 것,' 예술로서의 자기는 혼자 힘으로 절대적인 아름다움이라는 '신적인 디저트 케이크'를 지상에서 소화할 수 있도록 만드는 '자극적인 포장지'이다."[28] 보들레르에게 댄디는 의심할 여지없이 예술가와 예술작품의 통일뿐만 아니라 댄디의 과제에 대한 시각적인 측면과 그 과제를 상기시키는 측면을 담은 칭호인 "화가-시인"이 된다.[29] 화가-시인은 아름다움을 실존의 일상적인 요소에 불어넣기 위해 일한다. 의상, 식습관, 외양, 그리고 몸짓들은 댄디가 일하는 데 사용하고 그가 어떤 일을 그의 예술과 함께 성취하도록 돕는 수단들로 손쉽게 변형된다. 조지 브러멀은 그래서 "예술이 자신의 아내와 같은 것이었고, 의상과 태도에서 그가 성취한 것들은 살아 있는 명작들이었던"[30] 그러한 개인으로, 또는 보들레르가 똑같이 분명한 어조로 언급하는 것처럼, "결국 그 자신의 이상적인 이미지를 보게 되었던 사람"으로 묘사될 수 있었다.[31] 댄디는 오직 완전성, 영웅주의 그리고 천재를 매개할 뿐이다. 만일 댄디 그 자신이 예

---

27. Baudelaire, 425. 또한, 367쪽과 426쪽뿐만 아니라 Eco, 340을 보라.
28. Stanton, 182.
29. Baudelaire, 367.
30. Moers, 263.
31. Baudelaire, 391.

술작품이라면 말이다. 그러므로 댄디즘이 성취하는 것은 예술과 예술가의 절대적인 통일, 즉 댄디 그 자신을 이상적인 예술작품에서 요구되는 완전성과 아름다움의 전형으로 보여 주는 — 합리적으로 강요하는 — 통일이다.

예술가와 예술의 이 동일성은 서구에서 "예술로서의 삶"에 해당하는 최초의 개념으로 드러난다. 그것의 중심적인 개념은 실현, 완전성, 민주주의에 대한 반항, 종교적인 것의 대체, 그리고 천재가 끊임없이 그의 외모를 바꾸는 과정에서 그리고 관중들로부터 미학적인 반응을 일으키는 과정에서 존재하는 어떤 인물에서 표현될 수 있을 뿐이라는 인식에 기초한다. 미학적으로, 이것은 예술이 그 자체로는 **예술을 위한 예술**l'art pour l'art로서 나타날 수 없다는 사실을 의미한다. 오히려 작품과 전시의 예술적인 과정들이 삶 그 자체에 적용되어야 한다. 그런 다음에야 댄디는 하나의 "살아 있는 예술작품"[32], 즉 자신의 공적인 삶을 "아름다움을 성공적으로 보여 주는 전형으로 변형시키기 위해 예술작품처럼 '가꾸고' 형성해 나가야 하는" 매개로 이해하는 존재가 되고자 하는 그의 진정한 목적을 성취할 수 있다. "예술로서의 삶이란, 삶이 예술에 바쳐지는 것이 아니다. 예술이 삶에 적용되는 것이다."[33] 물론 댄디와 더불어 "예술로서의 삶"은, 아마도 문자 그대로 그것의 대부분의 형태에서는, 삶과 예술의 정확한 동일성으로 이해된다. 이것은 예술이 (나중에 더 논의될 것처럼) 우리의 삶의 형식을 규정할 뿐만 아니라 그것이 우리의 고유한 실존의 바로 그 목적임을 의미한다.

그러므로 댄디에게 예술로서의 삶은 예술가적인 기교의 방법들과 예술 그 자체의 규범들을 문자 그대로 우리 고유의 삶에 적용하는 것을 의미한다. 그러나 댄디즘은 미학을 우리의 삶에 적용하는 것 이상을 주장한다:댄디즘에 있어서, 삶은 예술처럼 되는 것이 아니었다. 오히려, 삶은 긍정

---

32. Stanton, 155.
33. Eco, 334.

적으로 예술 그 자체로 여겨졌다. 긍정적인 의미에서, 이것은 우리의 삶의 사소한 것들에 대한 진지한 집중, 지독한 자기 훈련을 보여 주었던 외모와 식습관, 예절, 그리고 관계들에 대한 금욕주의, 신의 죽음 이후의 자기 형성에 대한 기민한 자각을 강조했다. 이러한 점이, 단지 함축적으로라도, 예술은 역사적으로 그리고 미학적으로 그 자체로 불충분했다는 인식을 나타냈다면, 댄디와 더불어, 예술은 사유와 마찬가지로 미학적일 뿐만 아니라 정치적인 목적을 가진 자기를 산출하기 위해 사용되는 것이었다.[34]

　　그러나 댄디즘은 또한 예술로서의 삶 일반 안에 부정적인 가능성들이 있음을 표명하는 어떤 치명적인 차원을 간직하고 있다. 왜냐하면, 댄디에게 예술이 작품과 전시로서 이해되는 바로 그만큼, 댄디의 삶은 극단적인 인위성으로 향하는 성향이 있을 수 있기 때문이다. 오스카 와일드가 언급한 적이 있는 것처럼, "삶의 첫 번째 의무는 될 수 있는 한 인위적이 되는 것이다."[35] 와일드에게 이것은 창조, 생존, 가면들에 대한 상존하는 욕구를 의미했다.[36] 그러나 이 가면들은 (우리가 다음 장에서 볼 것처럼) 다른 태도와 성향을 요구하는 단순히 선택가능한 정체성이 아니라 우월함과 차이의 감각을 창조하는 하나의 수단이었다. 스탠튼이 언급하는 것처럼, 이 "인위적인" 자기는 "정교한 유혹의 방법을 통해 우월함에 대한 인정을 받아 내도록 고안된 것이다."[37] 댄디의 자기표현은 완전성으로서의 아름다움을 위한 것일 뿐만 아니라, 관중들 안에서 열등감이라는 반응을 창조하도록 명백하게 의도되는 것이기도 했다. 댄디는 모든 면에서 우월한 자가 되고자 했다. 그리고 그의 외모는 그의 지위에 대한 외향적인 과시였다. "이런 세련된

---

34. 나는 이런 의미에서 푸코의 「계몽이란 무엇인가?」에서 댄디즘에 대한 그의 긍정적인 인용을 본다. 푸코와 댄디즘의 관계에 대해서는 9장을 보라.

35. Moers, 301에서 재인용.

36. 오스카의 가면에 대해서는, Pine, 51 이후 그리고 73을 보라.

37. Stanton, 30.

경쟁에서, 신체, 몸짓, 장신구, 태도, 그리고 화법을 포함하는 기호들의 체계로 변형되는 자기는 다른 사람들을 매혹시키고 자신의 우월함을 내세우려는 전략을 수립한다."[38]

댄디가 우월함의 감각을 창조하는 것을 목적으로 삼는 바로 그때, 댄디는 동시에 댄디즘 그 자체의 핵심에 위치하는 "자아에 대한 신앙"을 충족시킨다.[39] 댄디즘의 충동은 완전하게 내향적이다. 게다가, 스탠튼이 요약하는 것처럼, "댄디는 그의 행로에서 대부분의 인간에 대한 완전한 무관심으로 침착함을 유지한다."[40] 실제로 댄디의 자기 구성은, 기능적 유아론의 한 형태, 즉 타자들의 가치는 말할 것도 없이, 그들의 현전에 대한 무시를 자신의 예술가적 기교를 위한 소재들로 사용한다.[41] 그리고 유사하게 댄디의 "나르시시즘적" 충동은 또한 도덕적 정적주의와 무위의 한 형태이기도 하다. "와일드는 그가 다른 곳에서 댄디에게 했던 것처럼, 누군가가 되고자 존재하지만 아무것도 하고 있지 않는 엘리트들로 비평가를 평가한다. 예술은 행위에 대한 그의 피난처이다. 왜냐하면 우리가 실제 현실의 추악한 위험들로부터 우리 자신들을 보호할 수 있는 것은 '예술을 통하여 그리고 오직 예술을 통해서만' 가능하기 때문이다."[42] 여기서 완전하게 수동적인 도덕적 이상을 형성하는 것은 우월함의 감각과 합쳐진 댄디의 나르시시즘이다. 무엇보다도 댄디의 목적은 하나의 댄디가 되는 것이다. 그의 미학적인 이상은 참여를 위한 어떠한 필요도 부정하는 것이다. 그 참여가 정치적이든 사회적이든 그 외의 것이든 간에 말이다.

---

38. Stanton, 7.
39. Baudelaire, 420.
40. Stanton, 86.
41. 예를 들어 "그러므로 '개인주의의 미학'은 항상 의사소통의 필요를 완전히 없애버리는 일종의 비합리주의와 나르시시즘으로 미끄러지기 쉽다"고 언급하는 Howells, xvii을 보라.
42. Moers, 302.

그러므로 댄디즘은 예술로서의 삶에 대한 생명력 있고 역사적으로 일관성 있는 표현으로서 삶에 대한 미학화에 내재하는 주된 위험 중 하나를 제시한다. 댄디즘은 충동들과 우리의 매일의 삶에 대한 통제를 요구하는 엄격한 자기 훈련과 마찬가지로 자기와 예술 사이에서 나타나는 동일성을 드러내기는 하지만, 예술로서의 삶의 가장 매혹적인 - 그러나 가장 위험한 - 측면인 자기의 예술작품으로의 전환을 제시하기도 한다. 대체로, 이 위험은 댄디즘을 특징짓는 미학의 특정한 결함, 곧 귀족적인 가치들과 취향의 완벽주의를 기반으로 하는 미학은 정적주의적이고 귀족주의적일 수밖에 없다는 점에서 기인한다. 더욱이, 댄디즘에서의 사유에 대한 설명은 사유가 단지 관중에게 충격적인 느낌과 열등감을 불러일으키려는 미학적 이상을 돕는 것으로만 존재하기 때문에 빈약하다. 댄디즘의 삶은 예술적이지만, 이것이 사용하는 예술적이고 인식적인 반성은 범위와 세련됨에서 제한되어 있다.

주장컨대, 이것은 댄디즘이 예술가와 예술작품 사이에서 만들어 내는 동일성 때문이다. 댄디즘에서 삶과 사유는 예술작품의 본질을 모방하지 않는다. 그것들이 예술이다. 그렇게 해서, 사유가 자기의 외모가 주는 인상들의 전략적인 표현으로 이해될 수밖에 없는 것처럼, 예술은 표현·치장·완벽주의의 하나의 형태로서 이해될 수밖에 없다. 즉, 댄디즘의 결핍된 미학과 인식론은 삶과 예술작품의 동일시라는 더 큰 결점을 보여 주는 징후라는 말이다. 댄디들이 취하는 우월함과 무관심의 태도는 예술가와 예술작품 사이에서 얻어지는 동일성의 직접적인 결과이다.

이러한 반성들로부터 예술로서의 삶에 대한 어떠한 생산적인 개념도 예술가와 예술작품은 구별해야 한다는 점이 분명해진다. 예술작품뿐만 아니라 삶-예술에 대해서도 고유한 자율성이 있음이 틀림없다. 이 요구는 예술가에 대한 더 풍부한 개념을 가능하게 함과 동시에 결정적이고 다른 것으로 완전히 동화되지 않은 예술의 기능을 보존한다. 이런 의미에서, 댄디즘은 다음과 같은 반성을 돋보이게 하는 것으로 제시될 수 있다 : 댄디즘은 예술로서의 삶에 대한 생명력 있는 형식을 제시하는 반면에, 우리가 살아가고 보고 생각하는 방식에 대한 철학적으로 또는 윤리적으로 적합한 규범들을 제공하지는 못한다. 이 결함은 삶-예술가가 예술작품의 본질적인 특징들을 따라 살아가는 이후의 내용에서 정정될 것이다. 그러나, 또한 제시될 것처럼, 댄디즘이라는 유령은 예술로서의 삶에서 유효한 선택지로 남아 있으며 예술적인 삶은 계속해서 자신의 그림자로 돌아봄으로써만 살게 되고 사유될 수 있다. 예술적인 삶이 무엇이 될 수 있는지를 이해하고자 한다면 말이다.

많은 이들에게 예술로서의 삶은 폭력적이고 나르시시즘적이며 피상적이거나 강박적으로 보일지도 모른다. 그리고 틀림없이 삶의 미학화는, 댄디들이 모두 아주 잘 보여 주는 것처럼, 그것 안에서 이런 목소리들의 가능성을 품고 있다. 서론에서 명시했던 것처럼, 우리의 삶을 예술작품으로 보는 것은 다양한 해석들을 가능하게 하는데, 예술 그 자체에 대한 본성을 제시한다면 어떠한 해석도 허용된다. 그래서, 선험적으로, 예술로서의 삶에서 고유한 것으로 분명하게 표시되어야 하는 하나의 입장은 존재하지 않는다. 그러한 입장은 예술로서의 삶이 요구하는 예술가적 기교를 훼손할 것이다. 그러나 삶에 대한 미학적인 접근에는 잠재적인 결점에 대응하는 방법들이 존재한다. 삶과 예술을 직접적으로 동일시하는 모든 입장이 예술로서의 삶에서 요구되는 비판적인 거리를 포기해 버리긴 하지만, 댄디즘에 대한 앞선 분석은 삶과 예술의 잠재적인 동일시를 미리 방지하는 하나의 방법이다.

비록 그것이 댄디들만큼이나 문자주의적이지는 않지만 폭력적이고 비합리적이거나 쾌락주의적으로 보일 수 있는, 그러한 예술로서의 삶을 공식화하는 다른 방법들이 있다. (예를 들어, 우리는 − 바타이유가 하는 것처럼 − 살아가는 방법에 대한 영감을 주는 것으로서 특정한 초현실주의 예술의 사용을 앞선 비판들에 걸려드는 것으로 상상할 수 있다.) 그래서 나는 기꺼이 내가 이하에서 제안하는 것이 예술로서의 삶을 보는 유일한 방식이 아니라는 점을 인정한다. 오히려 그것은 비합리주의적인 요소들과 합리주의적인 요소들을 예술작품 안에서 조화시키고자 하는, 예술로서의 삶에 대해 반성하는 하나의 방식이다. 내 생각에는 미학적인 경험의 어떤 차원을 발견하는 예술에 대한 모든 반성의 형식은 그 미학적 경험을 초과하지 않을 수 없다. 그래서 다름에 대한 분석, 규정, 그리고 고려의 세심한 절차를 통하여 예술 안에서 이질적인 요소들을 조정하는 예술로서의 삶에 대한 개념이 우리에게 필요하다. 그러한 입장은 발견될 수 있는 예술로서의 삶에 대한 유일한 형식일 수는 없지만 예술로서의 삶에 대한 보다 좁은 개념에서 발견되는 월권행위들과 결함들을 피하는 것이다. 예술로서의 삶은, 만일 그것이 책임감 있고 창조적이며 목표-지향적인 것이라면, 미학적인 의미를 개방할 수 있는 사유의 형태에 더하여 예술의 본성에 대한 더 풍성한 개념을 요구한다. 이것들은 다름에 대한 존중과 그리고 예술 안에서의 이원적인 명령들과 조화된 배치 형식들과의 결합을 필요로 한다. 내가 다음의 장에서 제시하는 것은 미학에 대한 이러한 보다 풍성한 개념이며 그것에 뒤따라 제안되는 분석과 윤리의 형식들이다.

이 주도적인 개념을 염두에 두고, 다음 장에서 나는 구성적으로 예술로서의 삶을 과거 빅토리아시대의 댄디의 이상들로 확장하고 우리가 부정적으로 그리고 긍정적으로 살아가고 생각하는 방식에 대한 보다 신뢰할 만한 개념으로 밀고 나아가며 예술의 열정과 지식의 냉철함을 조화시키는 인물인 삶-예술가에 대한 근본적인 시야를 제공하는 니체로 넘어가겠다.

3장

니체의 이상적 유형들

서론

프리드리히 니체는 자신의 가장 초기 저작 중 하나인 『인간적인 너무
나 인간적인』에서 "삶은 가장 중요한 의미가 있는 드물고 개별적인 순간들
과 기껏해야 저 순간들의 그림자들로 우리 주변을 부유하는 수없이 많은
간격으로 구성된다"고 가정한다. 그리고 그는 삶의 한가운데에서, 그러한
사건들이 드문 것을 슬퍼하기보다는, 그러한 순간들을 붙잡아야 한다고 주
장한다. 왜냐하면, 그것들은 드물 뿐만 아니라 "실제적인 삶의 교향곡에서
의 간격들이며 휴식시간들"이기 때문이다.[1] 앞서 노르만 맥린과 마찬가지로,

---

1. Friedrich Nietzsche, *Human, All Too Human : A Book for Free Spirits* [HATA], trans.
   Marion Faber and Stephen Lehmann (Lincoln, NE : University of Nebraska Press, 1984),
   aphorism 586. 이후부터 니체에 대한 모든 인용은 경구 번호와 관련된 곳, 곧 경구가 들어
   있었던 절을 언급할 것이다. 또한, 나는 각각의 경우에서 니체의 표준 학술 판본을 사용할
   것이고 완전한 제목 대신 각각의 저작에 대한 약어를 사용할 것이다. 대부분의 경우 나는
   니체 저작의 인용들에 괄호를 붙여 독일어 원문을 포함했다. 그리고 모든 경우에 독일어 원
   문은 Friedrich Nietzsche, *Sämtliche Werke : Kritische Studienausgabe in 15 Bänden*, eds.

프리드리히 니체는 삶과 예술의 모든 동일성을 제거한다. 스티븐 디덜러스 그리고 심지어 맥런 소설의 등장인물들과 같이, 우리는 예술과 유사한 어떤 것을 구축할 수 있고, 실존의 "교향곡"에서 그것이 말하고자 하는 바를 들을 수 있는 극히 짧은 의미의 순간만을 가진다. 실제로 니체가 끝까지 긍정하는 것처럼, 현실 그 자체는 무질서하고 도덕과 관계없으며 인간적인 의도를 신경 쓰지 않는다. 그래서 이상적인 삶은 – 또는 그 자체로 이상적인 어떤 것에 기초를 두는 삶은 – 모방하는 것이 아니라 창조하고 파괴하는 것이다. 삶 그 자체의 무질서하고 원초적인 요소를 고려할 때, 니체는 이상적인 삶이란 예술의 명령과 지식의 명령 사이에서 한 쪽을 선택하는 것이라 제안한다.

니체 이전의 사람들은 철학적으로 지식뿐만 아니라 예술도 이상적인 삶을 구성하는 데 있어 결정적인 것으로 이해했다. 칸트의 세 번째 비판인 『판단력 비판』은 훌륭하게 – 미학에 가장 알맞은 것으로 이해되는 – 판단을 그의 도덕적인 체계와 인식론적인 체계를 연결시켜 주는 것으로 보았다. 칸트 연구자로서, 프리드리히 실러는 예술을 도덕적 자기 입법과 완전한 자율성을 성취하는 데에 결정적인 것으로 보거나 그렇지 않더라도 예술이 그것을 성취하기에 충분하다고 보았다. 또 다른 사람으로 헤겔은 (이념의 감각적인 실현으로서) 미학을 철학의 성취와 종교에서의 정신의 완전한 자각을 위한 필수적인 예비단계로 만들었다. 그리고 앞선 장에서 본 것처럼, 댄디들은 삶을 예술적이고 귀족적인 표현을 위한 매개로 보았다.

그러나 니체는 다르다. 니체에게 예술은 지식에 선행하는 것 또는 도덕과 철학으로 이끄는 수단으로 이해되는 것이었을 뿐만 아니라, 더 정확히 말하면, 지식과 함께 이상적인 삶의 중심적인 요소로도 이해되는 것이었다. 이상적인 삶은 단순히 철학적이거나 도덕적인 삶이 아니었다. 그보다 그 삶

Giorgio Colli and Mazzino Montinari (Munich : Deutscher Tauschenbusch Verlag, 1999) 의 해당 판본에서 인용했다.

은 창조적인 삶, 곧 그것의 도덕적이고 철학적인 명령들이 부분적으로 미학적인 고려들로 인해 고취되는 삶이었다. 니체 덕분에, 우리는 예술을 더는 단순하게 철학적인 탐구의 대상이 아니라 개인이 자신의 이상적인 삶을 창조하기 위해 사용할 수 있는 일차적인 도구 중 하나로 삼는 독특한 운동을 만난다. (댄디들과는 반대로) 삶과 예술의 동일성뿐만 아니라 지식에 대한 예술의 종속 또한 거부함으로써 니체는 예술로서의 삶을 탄생시킨다.

이 특이성은 니체의 탈-유신론적post-theistic이고 포스트모던적인 성향에 빚지고 있는 것처럼 보인다. 니체는 신을 믿을 수 없는 존재일 뿐만 아니라 꾸며낸 존재로 이해하는 "신의 죽음"과 마찬가지로, 자기라는 것은 확고한 데카르트적 주체가 아니라 생산되고 형성되며 정교하게 만들어지는 것이라는 사실을 깨달았다. 그래서 우리는, 실러에게서처럼, 우리가 완전한 도덕과 시민성을 끝까지 함양할 수 있도록 만드는 미학적인 "능력"을 가질 수 없다. 마찬가지로 19세기 중반의 댄디들의 경우와 같이, 우리는 예술작품과도 동일시 될 수 없다. 그런데 만일 확고한 자기가 존재하지 않는다면, 자기는 항상 형성되는 과정 속에 존재할 것이다. 우리의 특징과 예술작품의 동일성이 기껏해야 규제적인 이상일 뿐인 방식으로 말이다. 따라서 자기는 능력들 또는 자아에 대한 우리의 이전의 확신을 상실하고, 창조의 대상이 된다. 그리고 아래에서 보게 될 것처럼, 자기 창조를 위한 목적뿐 아니라 수단 또한 대부분 예술과 미학에서 비롯된다.

그래서 니체에게 이상적인 삶은 자기 도야의 지평과 목적 그리고 방법을 예술과 지식이라는 두 세계로부터 취하는 것이다. 이상적인 삶은 예술과 사유의 연결을 강화함으로써 구축되는 것이며, 따라서 이 둘은 창조된 자기로 통합된다. 이런 점에서 우리는 니체를 예술로서의 삶에 대한 최초의 사상가로 이해할 수 있을 뿐만 아니라 더 나아가 예술과 사유의 관계를 논리적으로나 변증법적으로 매개 되는 것이 아닌 새로운 관계로 설정하는 최초의 탈-관념론적 사상가로 볼 수 있다. 더 정확하게 말하자면, 니체에게서, 예술과 사유는 이 각각의 명령을 동시에 따를 것을 선택하는 개인의 삶과 경험으로 통합된다. 이런 방식으로, 니체는 예술로서의 삶에 대한 발상뿐만 아니라 이상적인 삶이 예술적이고 인식적인 고려들을 자기를 규정하고 창조하는 행동들과 통합하는 예술로서의 삶의 근본적인 구조에 대한 시초를 제공한다.

이상적인 삶에 대한 니체의 정식이 필연적으로 미학에 대한 물음(들), 자기 창조 그리고 사유/지식에 대한 설명에 달려 있다는 예비적인 고찰을 고려해 볼 때, 본 장의 과제는 이상적인 삶에 대한 니체의 규범적인 개념과 그것과 미학 그리고 사유와의 복잡한 관계를 밝히는 것이다. 나는 이 과제를 예술로서의 삶에 대한 니체의 직관들을 그의 저작을 통하여 창조된 일련의 은유적인 "이상적 유형들"에서 드러나는 것으로서 이해하는 분석 방법의 개요를 서술함으로써 시작하겠다. 이런 이상적 유형들을 검토하면서, 우리는 사유의 저항성과과 비판성을 예술의 가상들과 통합하는 인물로서 이상적 유형에 대한 일관된 묘사와 만난다. 은유와 개념들의 풍성함을 통해, 니체의 예술적인 삶은 예술과 사유, 긍정과 저항, 파괴와 창조, 끝까지 자기를 완성하려는 모든 것과 실존에 대한 근본적인 긍정이 병치된 영역들을 제시하고 통합하는 것으로 이해된다.

방법

나는 니체가 예술과 사유를 특별하게 정의된 것으로, 즉 이상적인 삶을 창조하는 목적과 수단 둘 모두를 정의하는 데 도움을 주는 반성의 방식으로 이해한 만큼, 근본적인 언어와 예술로서의 삶의 건축술을 창안했다고 주장한다. 게다가 니체는 긍정과 저항의 긴장만큼이나 예술과 사유의 긴장이 논리적으로 또는 하나가 다른 하나에 종속됨으로써 매개되는 것이 아니라 이 긴장을 행동과 실험에서 드러내 보임으로써 예술과 사유가 매개되는 것이라고 끊임없이 주장한다.

하지만 이런 통찰들은 니체에 의해 체계적인 방식으로 제공되지 않는다. 오히려 니체는 많은 개념들을 내버리고 장난스럽게 다른 것들을 해체하며 과장이 섞인 말과 은유를 즐기면서 이상적인 삶의 위상을 두리뭉실하게 탐구한다. 그래서 니체의 이상적인 삶에 대한 직관들을 탐구하기 위해서는 그 직관들이 발견될 수 있는 은유들과 특성들을 통하여 그가 예술로서의 삶을 개념화하는 과정을 탐구하는 어떤 수단이 필요하다. 이러한 한층 문학적인 분석방법은 니체의 은유의 배치와 대안적인 특성들의 창조를, 아직 존재하지 않는 규범적인 철학을 명백히 밝히려는 보다 위대한 노력의 일환으로 보는 사라 코프만Sarah Kofman과 질 들뢰즈Gilles Deleuze의 작업에서 영감을 받았다. 정확한 문학적, 예술적 또는 논리적 목적을 명시하는 대신에, 코프만은 니체의 저작에서 각각의 "개념이 (또 다른) 은유를 나타낸다"고 주장하며, 은유들을 관련된 다른 개념들을 구상하는 방법이 되도록 만든다.[2] 코프만이 언급하는 것처럼, 이것은 개념들을 은유들 안에서 살아 숨 쉬게 하는, 니체의 저작을 해석하는 "예술적 모형"이며, 그 은유-형성의 과정은 끊임없는 변화 속에서 존재한다.[3] 니체의 은유사용은 문학적 충동의 산물이거나 충동을 신비화하는 산물이 아니다. 그것은 아직 전례를 가지지 않고 아마도 논리적으로는 모순적인 어떤 철학을 분명히 표현하려는 한결같은 시도의 일환이다.

---

2. Sarah Kofman, *Nietzsche and Metaphor*, trans., Duncan Large (Stanford, CA: Stanford University Press, 1993), 15.

3. Kofman, 33.

이 해석은 니체를 "개념적 페르소나들"을 통해 자신의 개념들을 형성하는 인물로 보는 들뢰즈에 의해 확장된다. 들뢰즈와 가타리Félix Guattari의 『철학이란 무엇인가?』에서 개념적인 페르소나들은 철학이 전형으로 삼는 은유적인 인물들이다. 대부분의 철학에서 철학이 전형으로 삼는 사람은 암시적이다. 그러나 "니체에게 있어서는 관련된 개념적 페르소나들이 결코 암시적으로 남아 있지 않다……. 니체에게 있어서나 다른 경우에 있어서나, 개념적 페르소나들은 역사적 인물들이나 문학 또는 소설의 주인공들에 대한 신화의 구현이 아니다. 플라톤에게 있어서의 소크라테스Socrates라는 인물이 역사적 소크라테스가 아니듯이, 니체의 디오니소스도 더는 신화의 디오니소스가 아니다."4 니체를 한층 신화적으로 읽는 것과는 반대로, 들뢰즈는 니체의 디오니소스, "미래의 철학자" 그리고 다른 인물들을 철학을 살아 있는 것으로서 개념화하려는 의도적인 시도로 이해한다. 개념적인 페르소나들은 니체의 철학이 구조와 형식을 제공받을 수 있는 무대를 제공한다.

소크라테스 이전의 사람들, 로마인들, 유대인들, 그리스도, 적그리스도인, 카이사르, 보르자, 차라투스트라 등 집합적인 것들이든 개인적인 것들이든 니체의 텍스트 속에서 오가는 이런 고유명사는 기표들도 아니며 기의들도 아니다. 그것들은 차라리 대지일 수도 있고 하나의 책일 수도 있는 신체에 새겨진 강도를 가리킨다……. 여기에 일종의 유목주의, 즉 고유명사들에 의해 지칭되는 강도들, 유일한 신체로 살게 되고 경험되는 동시에 서로를 상호 침투하는 그러한 강도들의 끊임없는 자리이동이 존재한다.5

4. Gilles Deleuze and Félix Guattari, *What is Philosophy?*, trans. Hugh Tomlinson and Graham Burchell (New York : Columbia University Press, 1994), 65.
5. Gilles Deleuze, "Nomad Thought," in *The New Nietzsche : Contemporary Styles of Interpretation*, trans. and ed., David B. Allison (New York : Dell Publishing, 1977), 146. 또한, 그가 다음과 같이 언급하는 Deleuze, *Nietzsche and Philosophy*, trans. Hugh Tomlinson

들뢰즈에 의하면, 개념적 페르소나들은 니체의 철학을 살아 있게 하는 것이 구체화된 것이다. 그것들은 상호의존적이지만 자기 지시적이며 개별적이다. 니체의 은유에 대한 코프만의 개념과 같이, 그것들은 또한 개념들을 지시함과 동시에 서로를 지시한다.

그러나 니체가 개념적 페르소나들을 사용하는 것은 단지 은유들을 풍부하게 하고 새로운 개념적인 독자성을 창조하기 위한 수단이 아니다. 그것은 하나의 철학적 개념의 강도를 그 개념의 구체적인 전형을 구상함으로써 풍부하게 하고 상세히 논하는 수단이다. "그래서 강도는 하나의 신체에서 그리고 하나의 고유명사의 [강도가] 이동하는 외부 아래에서 그 강도가 이동하면서 새긴 것과의 관계를 통해서만 경험될 수 있다. 그러므로 고유명사는 항상 하나의 가면, 즉 동인을 감추는 가면이다."[6] 각각의 잇따르는 페르소나는 하나의 신체 안에서 하나의 개념이 살아 있을 수 있고 "새겨질" 수 있는 방식들을 비추는 거울이다. 그러나 이런 페르소나들은 정확하게 "가면들"로 여겨진다. 창작의 과정은 또한 은폐시키고 유예시키는 과정이기도 하다. 거기서 페르소나의 각각의 이미지는 앞선 경험을 재평가하게 만드는 새로운 경험을 야기한다. 코프만이 언급하는 것처럼, "니체의 근원성은 그가 은유들을 모아 그것들이 서로를 대신하게 만들고 완전히 새로운 모습을 정형화된 이미지에 부여하여 전통적인 은유들을 비웃는 동시에 그것들을 재평가하게 만드는 데 있다."[7]

들뢰즈와 코프만은 정확하게 니체의 글에서 급증하는 은유들의 다양

(New York : Columbia University Press, 1983), x를 보라 : "왜냐하면 어떠한 명제는 그 자체로 화자의 존재방식 또는 현존 방식을 표현하는 일련의 증상들, 말하자면 그가 그 자신과 다른 사람들과 함께 유지하거나 유지하려는 힘들의 상태이다……이런 의미에서 명제는 항상 존재 방식, '유형'을 반영한다."

6. Deleuze, "Nomad Thought," 146~47.

7. Kofman, 60.

성과 개념적 페르소나들에 주목한다. 각각의 페르소나는 독자를 하나의 개념 또는 어떤 구체화된 실재에 대한 강렬한 경험으로 끌어들이고자 한다. 은유들은 니체가 아직 전형들을 가지지 않았던 어떤 철학을 구상하는 수단이다. 니체의 자기 평가는 이 해석에 동의한다. 일찍이 출판되지 않은 그의 「비도덕적 의미에서의 진리와 거짓에 관하여」에서, 니체는 다음과 같이 선언한다.

> 그렇다면 진리는 무엇인가? 이동하는 한 무리의 은유들, 환유들, 의인화이다. 간단히 말해서 시적으로 그리고 수사학적으로 강화되고 변형되며 꾸며져서 이를 오랫동안 사용한 민족에게는 확고하고 규범적이며 구속력을 가지는 것으로 여겨지는 인간관계들의 총계이다. 진리들은 우리가 그것들에 대해 그것들이 가상이라는 사실을 망각해 버린 그런 가상이다.[8]

니체의 진술은 여기서 기술적descriptive이며 "진리들"이 정확한 언어적인 등가를 허용하지 않는 일련의 확고하지 않은 관계들에 대한 은유로 이해되는 방식을 설명한다. 그러나 니체가 그의 고유한 기획을 규정하는 것으로 이해하는 것은 정확하게 이 은유의 형성, 배가, 강화의 과정이다. 그리고 그가 『이 사람을 보라』에서 인정하는 것처럼, 이런 은유들은 또한 페르소나일 수 있다. "나는 다만 개인을 우리로 하여금 일반적이지만 서서히 다가오면서 규정하기 어려운 재앙을 볼 수 있도록 만들어 주는 강력한 확대경처

---

8. Nietzsche, "On Truth and Falsity in an Extra-Moral Sense [OTF]," in *Early Greek Philosophy and Other Essays*, trans. and ed., Oscar Levy (New York : Russell & Russell, Inc., 1964), section 1. 또한, 그가 다음과 같이 주장하는 *Philosophy in the Tragic Age of the Greeks* [PT], trans. Marianne Cowan (Washington, DC : Regnery Publishing, 1998), 11을 보라 : "그는 하나의 비유를 통해, 다시 말해서 전혀 논리적이지 않은 것을 통해 다른 모든 사물들에 스며들고 그것들로 살아간다."

럼 이용할 뿐이다."9 여기서 개념이나 상황에 대한 통찰을 가능하게 하는
은유 또는 "확대경"은 개인 또는 그가 이후에 "유형"이라고 언급하는 것이
다.10 이런 유형들은 하나의 삶의 방식, 개념적 페르소나의 전형으로 보아
야 한다. "위대한 인간들은, 위대한 시대처럼, 엄청난 힘이 축적되어 있는 폭
발물이다; 그들이 존재하기 위해서는 항상 역사적으로 그리고 생리학적으
로 장기간에 걸쳐 힘이 모이고 축적되고 절약되며 보존되는 일이 선행되어
야 한다."11 그래서 다비드 슈트라우스David Strauss, 바그너Richard Wagner, 쇼
펜하우어, 예수 그리고 소크라테스와 같이 회자되는 인물들은 니체에게서
결정적인 주목을 받는다. 물론 이것은 그들이 그 자체로 니체가 논쟁할 만
한 수고를 들일 가치가 있어서가 아니라 그들이 존재 방식의 전형이고 일련
의 개념들과 가치들의 화신들이기 때문에 그렇다.

그러한 인물들은 또한 가치, 위계질서, 그리고 이것들이 최상의 형태로
표현되는 사유의 전형일지도 모른다. 그래서 니체는 존경 어린 어조로 괴테
Johann Wolfgang von Goethe를 다음과 같이 서술한다.

---

9. Nietzsche, *Ecce Homo* [EH; 이 책은 일반적으로 『도덕의 계보학』과 묶여 있다], trans. Wal-
ter Kaufmann, R.J. Hollingdale, ed. Walter Kaufmann (New York : Vintage Books, 1969),
"Wise," 7.
10. 니체는 *Ecce Homo*와 후기 저작들에서 끊임없이 "유형들"에 대해 말한다. EH, "Untimely,"
1, 3; "Zarathustra," 1, 2, 3과 (인간 존재자들의 최고의 유형이라 말하는) 6; "Beyond," 2; 그
리고 "Destiny," 5을 보라. 또한, 유형들의 여러 가지 목록이 있는 Nietzsche, *Twilight of the
Idols* [TI], trans, R.J. Hollingdale (New York : Penguin Books, 1990), "The Problem of
Socrates," 2; "Expeditions of an Untimely Man," 1을 보라. 그리고 ("더욱 가치 있고 더욱
살 만한 가치를 지니며 보다 더 미래를 보증할 수 있는 자로서 우리는 어떤 유형의 인간 존
재를 육성해야만 하며 육성하려고 해야만 하는가"라고 말하는) *The Antichrist* [A], trans.,
R.J. Hollingdale (New York : Penguin Books, 1990), 3과 (구세주의 유형이라 말하는) 42를
보라.
11. TI, "Expeditions," 44. 또한, 니체가 다음과 같이 이와 비슷한 주장을 하는 PT 서문을 보
라 : "과제는 우리가 항상 사랑해야 하고 존경해야 하는 것, 훗날의 어떤 계몽을 통해서도 우리
에게서 박탈할 수 없는 것, 즉 위대한 각각의 인간 존재자들을 해명하는 것이다."

그는 하나의 전체를 위해 자신을 훈련했으며, 그 자신을 **창조했다**······ 괴
테는 강하고 고귀한 교양을 소유하며 모든 신체적인 기예에 능숙하고 자
기 자신을 감독하며 자기 자신에게 경외심을 품는 인간존재, 타고날 수 있
는 모든 범위의 모든 것들을 자신에게 감히 허용하며 이런 자유를 누릴
만큼 충분히 강한 인간존재를 상상했다······ 그래서 **해방된** 정신은 기쁨
을 주고 신뢰가 가는 숙명론을 겸비한 채 우주 한가운데 서 있다. 단지 분
리되고 개별적일 뿐인 것은 거절될 수 있고, 전체 속에서는 모든 것이 구속
받고 긍정될 수 있다는 **믿음**을 가지고서 말이다 ─ **그는 더는 부정하지 않는
다**······ 그러나 그러한 믿음은 가능한 온갖 믿음 중에서 가장 최고의 믿음
이다. 나는 그 믿음에 디오니소스라는 이름으로 세례를 주었다.[12]

괴테는 자기 형성, 성실, 그리고 자유의 극점nadir을 상징할 뿐만 아니라, 결
정적으로, 니체의 디오니소스적 이상에 대한 실례이다. 니체에게, 괴테는 해
석상 니체의 최상의 이상을 위한 세계-역사적 인물과 개념적 페르소나의
기이한 혼합물로 변형되었다. 니체의 규범적인 이상은 역사적인만큼 허구
적인 인물인 "괴테"라는 페르소나를 통하여 나타난다.

　니체가 역사적인 인물들을 사용하는 것은, 비록 그들이 학자들에게서
가장 많은 주목을 받았긴 하지만, 주장컨대, 개념적인 페르소나들을 형성
하려는 니체의 시도들 중 소수에 지나지 않는다. 실제로 그의 수많은 개념
화는 내가 이후로 "이상적인 유형들"이라고 묘사하는, 개념에 대한 이상적
인 구체화와 철학적이고 예술적인 가능성의 지평을 나타내는 허구화된 개
념적 페르소나의 구성에서 존립한다. 이 장의 나머지 과제로 그러한 인물
들의 본질을 규명하는 일이 남아 있음에도 불구하고, 이상적인 유형들의

---

12. TI, "Expeditions," 49.

역할은 니체의 저작에 대한 해석에서 가장 중요한 것으로 여겨져야 한다. 예를 들어, 스티븐 힉스Steven Hicks와 앨런 로젠베르그Alan Rosenberg는 니체가 이상적 유형을 구성하고 사용하는 것에 대한 이해가 "그의 방향과 전개를, 지적으로뿐만 아니라 목적한 대로, 제대로 이해하는 데 있어 본질적"이라고 주장한다.[13] 니체가 한결같이 은유를 사용하고 특히 자신의 고유한 철학을 표현하고 공들여 만드는 수단으로 역사적이고 이상적인 유형을 사용하는 것을 고려해 볼 때, 니체의 이상적 삶이라는 개념에 대한 해석은 이상적 유형에 대한 그의 특징지음에 달려 있다. 만일 그 이상적 유형이 개념적 페르소나, 즉 살아가고 존재하는 특정한 방식에 대한 전형으로 이해된다면, 이상적 유형에 대한 검토는 예술로서의 삶에 대한 니체의 통찰들과 이상적인 유형이 예술과 사유의 관계를 검토하는 방식들을 드러내야 한다.

그래서 이상적 유형에 대한 검토는 니체가 구성하는 예술로서의 삶이라는 개념을 탐구하기 위한 가능한 수단이다. 니체의 다양한 이상적 유형들이 묘사되고 개념화되며 종종 신화화되는 방식들을 탐구함으로써, 우리는 비로소 니체의 저작을 관통하는 이상적인 삶의 차원들을 이해할 수 있다. 만일 니체가 예술과 사유, 부정과 긍정의 미학적 종합을 구상한다면, 그것은, 곧 특정한 삶의 방식을 표현하기 위한 이상적인 유형, 장소 그리고 가면의 창조와 그것들의 특징을 나타냄으로써 행해질 것이다.

현재의 이 해석적인 틀로, 이 장의 나머지에서 우리는 니체의 초기 저작(『그리스 비극 시대의 철학』에서부터 『반시대적 고찰들』에까지)에서 그의 "실증주의적 시기"(『인간적인 너무나 인간적인』과 『아침놀』), 그의 "중기 저작"(『즐거운 학문』과 『차라투스트라는 이렇게 말했다』), 그의 후기 저작(『선악의 저편』에서부터 『힘에의 의지』를 포함하는 그의 광기로의 하강까

---

13. Steven V. Hicks and Alan Rosenberg, "Nietzsche and Untimeliness: The 'Philosopher of the Future' as the Figure of Disruptive Wisdom," *Journal of Nietzsche Studies* 25 (2003): 2.

지)에 이르기까지 이상적인 유형들의 역할을 살펴볼 것이다. 아래의 내용
은 이상적 유형들의 증식을 보여줄 것이다. 그리고 이 이상적 유형들은 긍
정적이고, 자기 의식적으로 기만적이며, 틀림없이 창조적인 그런 삶을 창조
하는 결정적인 과제를 위해 예술과 사유 둘 다를 사용하는 자들로 일관되
게 이해될 것이다.

니체의 이상적인 유형들

『그리스 비극 시대의 철학』에서부터 『반시대적 고찰』까지

　니체의 미학, 그러니까 예술로서의 삶에 대한 니체의 통찰을 검토하려
는 모든 시도는 첫번째로 출판된 그의 저작, 『비극의 탄생』에 대한 해석에
서 시작해야 한다. 거기서, 그리고 바로 뒤따라 출간된 저작에서, 니체는 그
리스 비극의 아폴론적 요소와 디오니소스적 요소에 대한 묘사와 그것들
간의 상호작용, 그리고 비극이 철학과 비극 예술가의 규범적인 역할을 발전
시킨 것에 대한 그의 평가를 통해 예술로서의 삶에 대한 자기 생각을 정초
한다. 초기 그리스 연극에서의 이 결정적인 긴장을 발전시키고 검토함으로
써, 니체는 이후에 예술로서의 삶을 위한 건축술, 즉 디오니소스적인 실존
을 긍정하기 위해 예술의 가상들과 합리성이 조화를 이루는 건축술을 확
립한다.

　『비극의 탄생』은 주로 소크라테스 이전 비극의 디오니소스적인 요소
에 대한 니체의 찬사로 꾸며진다. 그러나 『비극의 탄생』은 니체가 종종 역
설적으로 "꿈만-같은", "개별화하는"(개별화의 원리principium individuationis),
"합리적인" 그리고 "완전하게 만드는"이라는 용어로 묘사하는 초기 그리
스 비극의 아폴론적 요소에 대한 평가에 있어서도 중요하다. 어떤 의미에

서, 『비극의 탄생』은 디오니소스적이면서도 아폴론적이다. 아폴론적인 것의 꿈만 같은 상태는 비극의 관객을 비극 그 자체의 합리적 요소들을 통해 개방되는 완전한 영역으로 이동하게 한다. 존 살리스John Sallis가 설명하는 것처럼, "아폴론의 이미지들에서 일상의 원천들과 일상의 것들은 완전해진다－즉, 아폴론적인 상태에는, 완전성의, 고귀한 진리의 어떤 반짝임이 존재한다."[14] 아폴론적인 것은 관객이 대안적인 실재로 이동되는 것과 같은 방식으로 세계를 완전하고 아름답게 만들며 "은폐시키는"[15] 미학적인 공간을 창조한다. 그러한 것으로서, 아폴론적인 환영회와 관련된 느낌은 종종 니체에 의해 도취Rausch, 즉 창조된 비극적 공간에 대한 대안적인 의식으로 관객이 이동하는 사태로 묘사된다.

그러나 그것은 최고의 이상, 즉 디오니소스적인 명칭으로는 자기 기만이다. 초기 그리스 비극의 아폴론적인 요소는 그것이 니체가 창조적이고 진보하는 존재의 근거로, 그리고 삶과 고통 그리고 죽음의 심연Abgrund으로 묘사하는 디오니소스적인 것의 출현이나 인식을 위한 미학적 공간을 개방하는 정도의 효용을 갖는다.

디오니소스적인 예술에서……동일한 자연이 진실하고 꾸밈없는 목소리로 우리에게 외친다:"나처럼 되어라! 나는 현상의 끊임없는 변화 가운데 영원히 창조적이며 근원적인 어머니이며, 영원히 실존을 강요하고, 이 현상의 변화에 영원히 만족하는 자이다!"[16]

---

14. John Sallis, *Crossings: Nietzsche and the Space of Tragedy* (Chicago: University of Chicago Press, 1991), 29.
15. Sallis, 37을 보라.
16. Nietzsche, *The Birth of Tragedy* [BT] *and the Case of Wagner* [CW], trans., Walter Kaufmann (New York: Vintage Books, 1967), BT, 16.

비극의 관객을 아폴론적인 것의 입구에서 변천과 변화, 그리고 덧없음이라는 디오니소스적 심연으로 몰고간다. 거기서 우리는 "창조적이며 근원적인 어머니"와의 연합으로 내몰린다. 개인은 아폴론적인 장막의 보호를 받음에도 불구하고, 세속적인 생성의 집단적인 광란으로 떨어진다.

이 이동은 아폴론적인 것과 디오니소스적인 것의 끊임없는 긴장을 요구하는 아주 위험한 여정이다. 디오니소스적인 것이 우리를 포기로 몰아가고 아폴론적인 것은 개별화를 위해 분투하기 때문에 연합은 균형을 유지한다. 디오니소스적인 광란은 아폴론적인 합리성과의 긴장 관계에 있음에 틀림없다. 그리고 디오니소스적인 심연은 항상 아폴론적인 것의 꿈만-같은 분위기를 통하여 이해되어야 한다. 『비극의 탄생』에서 아폴론적인 것과 디오니소스적인 것의 이 복잡한 상호작용은 비극 예술가, 즉 "실재와의 신비적인 연합을 경험하고 이 연합을 표현하기 위해 그것을 음악으로 변형시키는" 사람에 의해 성취된다.[17] 니체의 미학은 타인들을 안전하게 디오니소스적인 심연의 영역으로 이동시키려고 아폴론적인 것과 디오니소스적인 것의 긴장을 항상 유지하는 디오니소스적 비극 예술가와 그리스 비극의 관객 사이에서 머뭇거린다. 예술가는 비극의 아폴론적인 요소들과 디오니소스적인 요소들의 창조적인 힘들을 해방시키는 개인으로 평가되어야 한다.

> 그러나 그 주체가 예술가인 한, 그는 이미 자신의 개인 의지에서 해방되었고, 말하자면, 매개자가 되었는데, 그것을 통해서 진정으로 존재하는 하나의 주체는 외관상 자신의 해방을 축하한다.…… 전체의 희극 예술이 우리의 진보와 교육 때문에 상연되는 것은 아니며 우리가 저 예술 세계의 본래의 창조자인 것도 아니다. 그와 반대로, 우리는 어쩌면 우리가 이미 예술

---

17. J.P. Degenaar, "Nietzsche's View of the Aesthetic," *South African Journal of Philosophy* 4, no. 2 (1985):40.

세계의 진정한 창조자를 위한 영상들이고 예술적인 투영이며 우리는 우리가 생각하는 최상의 존엄성을 예술작품에 부여한다고 가정해도 될 것이다—왜냐하면 오직 **미학적 현상**으로서만 실존과 그 세계는 영원히 **정당화**되기 때문이다.[18]

많은 사람에게, 이것은 니체의 미학에서의 구원론적인 전회, 삶의 구원과 정당화에 대한 절실한 필요를 시사한다. 그러나 한층 더 중요한 것은 그 자신과 마찬가지로 관객들로 하여금 삶이 미학적 현상으로 "정당화"된다는 사실을 이해하게 하는, 예술가에게 맡겨진 역할이다. 앞서 인용한 것은 니체의 구원론을 제시하기보다는, 어떤 관점을 삶에 가져오고 그 관점을 정당화하는 비극 예술가의 중심적인 역할과 니체의 미학에서 비극의 치유적인 지위를 모두 드러낸다.

예술작품들의 미학과 예술가들의 미학 사이에서의 망설임은 『비극의 탄생』에서와 그 이후 니체의 미학에서 결정적인 것을 제공한다. 칸트의 제3 비판서 『판단력 비판』과 미학에 대한 실러의 저작에 존재했던 긴장을 밀어붙이면서, 니체의 미학은 점점 더 "천재"와 예술가를 우선하는 방향으로 움직이고, 결국 예술과 예술가의 구별을 없애 버린다. "천재가 예술가적 창조의 행위에서 세계의 이 근원적 예술가와 융합되는 한에서만, 그는 예술의 영원한 본질을 조금이나마 알게 될 것이다……그는 주체인 동시에 대상이며, 또한 시인이면서 배우이고 관객이기도 하다."[19] 디오니소스적인 예술가는 그의 작품과 하나가 된다. 비극배우는 "더 이상 예술가가 아니다. 그는 예술작품이 되어 버린 것이다. 근원적 연합이라는 최상의 환희를 위하여 모든 자연의 예술적 힘은 이 격렬한 **도취**^{Rausch}에서 자신을 드러낸

18. BT, 5.
19. BT, 5.

다."[20] 여기서 예술가는 잠깐이긴 하지만 예술의 대상과 하나가 되는 능력을 소유한다 − 예술가는 예술을 위한 매개일 뿐만 아니라 그 스스로 예술이 될 수도 있다.[21]

그러나 니체는 그러한 어떤 동일시가 일반적으로 인정된 거짓에 기초하고 있다는 사실을 재빨리 깨달았다. 더 정확히 말하면, 예술은 그 자체로 거짓인데, 예술가와 예술의 동일성은 그러한 가상에 기초한다는 것이다. 모든 사람이 진정으로 예술가가 되는 창조에서, "꿈의 세계의 아름다운 가상은, 모든 조형 예술의 전제 조건이다……."[22] 예술은, 그것이 변화하는 세계로부터 단순성과 선형성을 해방시켜야 하기 때문에, 필연적으로 가상이다. 니체는 그러한 필연성을 『반시대적 고찰』에서 다음과 같이 인정한다.

> 예술이 묘사하는 투쟁은 삶의 실재하는 싸움을 단순화한 것이다; 예술의 문제들은 인간의 행위와 욕망에 대한 무한하게 복잡한 계산을 축약해 놓은 것들이다. 그러나 예술의 위대함과 불가결성은 정확하게 그것이 세계를 보다 단순하게 **나타내는** 일을 할 수 있고 삶의 수수께끼에 대한 보다 간단한 해법을 만들어 낼 수 있다는 점에 놓여 있다…… 이 우회로를 보존하기 위해 예술이 현존한다.[23]

거듭 말하지만, 만일 예술이 가상적일 뿐이고 스스로 가상에 불과하다는

---

20. BT, 1.

21. Lesley Chamberlain, *Nietzsche in Turin : The End of the Future* (London : Quartet Books, 1996), 73, 그녀가 다음과 같이 제시하는 곳을 보라 : "예술적으로 다시 형성된 인간은 아폴론적인 요소들과 디오니소스적인 요소들을 그 자신 안에서 혼합시키는 일을, 개인적인 꿈과 집단적인 열광의, 위풍당당한 형식과 인정된 혼돈의 융합을 마침내 성취할 것이다……."

22. BT, 1.

23. Nietzsche, *Untimely Meditations* [UM], trans., R.J. Hollingdale (Cambridge : Cambridge University Press, 1997), IV : 4.

것을 의식하고 있다면, 예술은 구원하는 능력을 지닌 것으로 이해된다. 우리는 비극 예술가가 하는 것처럼, 예술 그 자체에 의해 생산된 가상들을 통해 예술의 대상과의 합일에 이를 수 있다. 의식적으로 예술의 자기 기만으로 들어가면서, 비극 예술가는 예술의 대상 – 존재 – 에 굴복당하는 일 없이 그것에 몰두하게 될 수 있다. 그렇게 함으로써 그는 잠깐이지만 그리스 비극과 같이 디오니소스의 심연으로 안전하게 들어가고 그것을 자각하게 된다.

그래서 니체의 미학에서 예술이나 미학적인 것에 대한 모든 해석을 진행하는 사람은 예술가 그 자신이다. 『비극의 탄생』에서 이 인물은 그리스 비극배우이다. 후에 『반시대적 고찰』에서도 니체는 "배우이자 시인이며 작곡가"인 "열광적인 극작가"에 대해 말한다.[24] 하지만 그러한 인물은 단지 비극배우나 극작가일 필요가 없다. 심지어 니체의 초기 저작들 안에서 그는 철학자를 비극배우와 동등하게 이해하는 태도를 취한다. 왜냐하면 철학자가 세계들 사이를 매개하고 아폴론적인 삶의 요소들과 디오니소스적인 삶의 요소들의 이상적인 종합을 위한 전형을 제공하기 때문이다. "그래서 철학자가 존재의 실상에 대해 가지는 관계처럼, 미학적으로 민감한 인간은 꿈의 실상에 대해 같은 관계를 가진다. 그는 철저하고 열렬한 관찰자이다. 왜냐하면, 이러한 이미지들은 그에게 삶에 대한 어떤 해석을 제공하기 때문이다……"[25] 철학자의 작품은 이질적이고 상충하는 존재의 영역들과 비극의 예술을 매개하는 예술가의 작품과 비슷해진다. 예를 들어, 니체는 『그리스 비극 시대의 철학』에서 다음과 같이 주장한다.

[철학자는] 조형예술가처럼 관조적이면서 통찰력 있고, 종교인처럼 동정적

---

24. UM, IV:7. 또한, 앞서 제시했던 BT, 1에서 인용한 것과의 유사성에 주목하라.
25. BT, 1. 또한, UM, III:7을 보라.

이며, 과학자처럼 목적과 인과관계들을 찾는 사람임에도 불구하고, 그리고 심지어 그 자신이 대우주로 확장되는 것을 느낌에도 불구하고, 그는 세계의 반영으로서 그 자신을 냉철하게 바라보는 방식인 특정한 냉정함을 시종일관 유지한다. 이것은 그 자신을 이질적인 사람으로 변형시키고 그런 이질적인 사람의 말투로 말하도록 변형시키지만 이 변형을 그 자체로 바깥 세계에 존재하는 운문에 투사할 수 있는 인물인 극예술가를 특징짓는 냉정함과 동일한 것이다.[26]

철학자는 과학자, 예술가, 종교적인 사람과 유사하게 그려진다. 비록 그가 자기 기만에 굴복하진 않지만 말이다. 철학자는 가면을 쓰진 않지만, 실재를 보다 냉정하게 볼 수 있기 때문에 예술가보다 더 위대한 사람이 될 수 있다. "철학자의 눈이 존재를 응시하는 모습을 상상해 보자. 그는 존재의 가치를 새로이 규정하길 원한다. 왜냐하면, 그것은 사물을 판단하고 드러내며 의미를 부여하는 입법자인 모든 위대한 사상가의 고유한 과제였기 때문이다."[27] 철학자는 예술가가 성취하는 이해와 황홀을 동일한 정도로 성취할 수 있지만, 이때의 환영은 항상 실재와 관련된 미학적인 것을 측정하고 판단하는 능력에 의해 완화된다. 철학자는 실존의 디오니소스적인 차원들과 아폴론적인 차원들을 매개하는 비극배우의 기술들 그리고 도취와 가상을 맥락화하는 철학적 능력을 효과적으로 결합한다. 그래서 표면적으로는 예술가가 세계를 비판적으로 긍정하는 일을 발생하게 하는 자기 의식적인 가상에 관여하지만, 철학자는 예술을 존재 그 자체의 맥락 안에 위치시키는 그의 능력에서 예술가를 능가할 수 있다. 이상적인 예술가는 이상적인 철학자가 존재와 관계하는 것처럼 의식적인 가상과 관계한다.

---

26. PT, 3.
27. UM, III:3.

니체의 초기 단계는 이 단계의 주된 이상적인 유형들인 비극 예술가와 철학자 사이의 긴장을 형성하고자 하진 않는다. 하지만 그들은 분명하게 우주가 기능하기 위한 일반적이고 합리적인 원칙들을 기술하는 플라톤적인 학자에 반대하는 사람이다. "학문Wissenschaft은 미덕이 신성함과 관련되는 것처럼 지혜와 관련되지 않는다. 학문은 차갑고 건조하며, 사랑이 없고, 불충분함과 열망 같은 심오한 감정에 관해서는 아무것도 모른다."[28] 『비극의 탄생』의 말로 하면, 학문과 소크라테스적인 것은 "지식으로 세계를 바로잡을 수 있고, 학문Wissenschaft으로 삶을 인도할 수 있으며, 실제로 개인을 해결 가능한 문제들의 제한된 영역 안에 국한시킬 수 있다"고 믿으며, "'나는 그대를 원한다. 그대는 인식될 만한 가치가 있다'고 그로 하여금 삶에 대해 명랑하게 말할 수 있도록 만드는 디오니소스적이지 않은" 것이다.[29] 이것이 니체의 다른 많은 초기 저작들뿐만 아니라 『비극의 탄생』의 후반부를 명백하게 특징짓는 긴장이다. 학자는 예술가와 철학자에게서 각각 특징지어진 비극과 철학적 이상을 위험하게 보이게 하는 인물로 이해된다.[30]

그래서 니체의 초기 작업에서 드러나는 것은 두 이상적 유형의 구조, 즉 서로 전혀 다른 아폴론적인 세계와 디오니소스적인 세계를 능숙하게 융합시키는 비극 예술가와 철학자의 구조이다. 비록 철학자는 또한 양극단을 명확하게 보긴 하지만 말이다. 이런 두 인물은 표면적으로는 소크라테스적인 학자와 아주 다른데, 소크라테스적인 학자의 합리성과 냉철함은 비극 예술가와 철학자가 존재를 낯설고 순수한 것으로 보는 일을 방해한다. 니체는 소크라테스적인 학자를 비극배우와 철학자에 대한 부정적인 이미

---

28. UM, III:6.

29. BT, 17.

30. 이것은 이하의 니체의 저작들에서 그 방향에 있어 보다 실증주의적이고 유물론적인 학문 (Wissenschaft)이라는 개념과 대조적이다.

지로 구성하면서 아폴론적인 관점의 한계와, 그것과 디오니소스적인 관점의 필연적인 긴장을 드러낸다. 적어도 니체의 초기 저작에서, 이 조치는 예술로서의 삶이 분명하게 예술의 가상들과 존재의 실상, 합리성과 도취, 창조와 파괴의 균형 상태임을 보여 준다. 이런 개념들, 특히 합리성과 학문Wissenschaft이라는 개념은 니체가 바그너와 결별하고 초기 저작에서 발견되는 많은 개념을 변형시키는 다음의 시기에서 보다 완전하게 전개된다.

『인간적인 너무나 인간적인』에서부터 『아침놀』까지

니체가 바그너와 결별하는 시기에, 그는 「방랑자와 그의 그림자」라는 글이 들어 있는 『인간적인 너무나 인간적인』과 『아침놀』Morgenröte이라는 책을 출간한다. 두 책 모두 일반적으로 초기 작업에서 보이는 예술에 대한 호소를 그만두고 (학문으로서) 학문적인 것에 대한 한층 애정 어린 수용 쪽으로 움직이는 니체의 "실증주의적 시기"에 속한 것으로 여겨진다. 나는 이 견해가 니체의 미학의 주목할 만한 연속성과 그가 예술과 학문 둘 다에 부여한 중요한 가치를 무시하기 때문에 많은 설명의 요점을 놓치고 있다고 생각한다. 그와 같은 견해를 통해, 이 시기의 니체의 작업은 그의 초기의 많은 개념의 확장과 변형 둘 다를 나타내고 따라서 이상적인 삶은 예술적인 가상과 냉철한 합리성의 섬세한 균형에 기초한 것으로 여겨지게 된다. 그러나 예술적인 삶은 어쨌든 자기 기만과 절대 기만당하지 않고자 하는 의지 사이에서 머뭇거리는 것이며, 니체가 잠정적으로만 해결하고자 한 긴장상태이다. 이 긴장은 일련의 이상적인 유형들을 구성하는 그의 작업에서 또다시 나타난다.

니체의 "실증주의"를 고려해 볼 때, 아마도 가장 주목할 만한 것은 이 시기 그의 작업을 특징짓는 이상적인 유형들의 절대적으로 고유한 의미이다. 『반시대적 고찰』에서 니체가 사용하는 용어를 상기해 보면[31], 그는 『인간적인 너무나 인간적인』과 『아침놀』둘 다에서[32] 그의 주된 개념적 페르소나로서 **자유정신**freie Geist("해방된 정신"으로도 번역되는[33])이라는 용어를 끊임없이 사용한다. 수많은 예에서, 자유정신은 자유로이 사는 사람, 변화(또는 위대한 분리Loslosung [34])를 겪는 사람, 그리고 자기의 고유한 가치들을 창조하는 사람으로 묘사된다. 니체는 (1887년에 저술한) 『인간적인 너무나 인간적인』의 서문에서, 자유정신을 다음과 같이 들뢰즈의 개념적인 페르소나들과 어울리는 논조로 묘사한다:

> 그래서 나는 내가 필요했던 "자유정신들"freien Geister을 또한 창안해 냈다……그러한 "자유정신들"은 존재하지 않으며, 존재했던 적도 없다 — 그러나 내가 말했던 것처럼, 나는 그때 자유정신들이라는 동료가 필요했다……언젠가 그러한 자유정신들이 존재할 수 있다는 것……나는 그것을 결코 의심하고 싶지 않다. 나는 이미 그들이 천천히, 천천히 오고 있는 것을 보고 있다…….[35]

니체는 그러한 인물들이 거의 항상 미래적이라는 사실을, 그리고 미래에 가치를 부여하는 피조물이라는 사실을 알고 있다. 그리고 대안적인 독해에서, 그들은 미래의 사람들일 뿐만 아니라 미래를 사유할 수 있는 사람들이

---

31. UM, III:3과 7.
32. 니체의 "자유정신"이라는 용어사용에 대한 예를 들자면, Nietzsche, *Daybreak : Thoughts on the Prejudices of Morality* [D], trans., R.J. Hollingdale, eds. Maudemarie Clark and Brian Leiter (Cambridge : Cambridge University Press, 1997), 56, 146, 179, 192, 그리고 (그가 "보다 강하고 오만한 정신"이라고 언급하는) 514를 보라. 그리고 『인간적인 너무나 인간적인』 서문 3과 6; 30, 34, 264, (자유정신이 "홀로 나는" 것을 선호하는) 426, 431, (자유정신으로서 소크라테스에 대해서 말하는) 433, 그리고 595를 보라.
33. EH, "Human," 1.
34. 예를 들어, HATH 서문을 보라.
35. HATH, 서문 2.

기도 하다. "미래의 인간들die zukunftigen Menschen은 언젠가 [믿음 없이 사는] 이런 방식으로 과거의 모든 가치평가를 다룰 것이다. 우리는 자발적으로 그것들을 다시 한 번 철저하게 겪어 봐야 하며, 그것들에 반대되는 것들 또한 철저하게 겪어 봐야 한다……"36

하지만, 니체는 우리가 그러한 미래의 자유정신들을 철저하게 겪어봐야 한다고 제안하는 바로 그때, 또한 자유정신에 상응하는 다른 개념적 페르소나, 곧 "사상가"Denker를 명시한다.37 여러 측면에서 사상가는 자유정신과 유사한 것 같다. "사상가는 몇 년 동안이나 계속 자기 자신을 자신의 본성에 거슬러 사유하도록 강제할 수 있다. 즉, 그는 자기의 내면에서부터 우러나오는 사상을 따르지 않고 오히려 하나의 직책, 규정된 일정, 자의적인 종류의 근면이 그에게 강요하는 것처럼 보이는 것들을 추구하도록 강제할 수 있다."38 그러나 다른 경우에 사상가는 자유정신보다 더 이지적인 함축을 지닌다. 사상가가 종종 "인식하는 사람"Erkennenden 39 그리고 "모든 정복자·발견자·선원·모험가와 마찬가지로 대담한 도덕성을 가지고 있으며, 자신이 완전한 악으로 간주되는 것을 감수해야 하는" 사람으로 묘사되는 "탐구자"Forschern와 동일시되는 것처럼 말이다.40 그래서 이 예들을 볼 때 사상가는 자유정신의 대안으로 취급되는 것이 아니라는 사실은 분명하다. 오히려 사상가는 그 자신 안에 자유정신의 특징들과 함께 이해될 수 있는 탐구, 지식 그리고 탈-도덕성이라는 추가적인 특징들을 지니는 인물이다.

---

36. D, 61. 또한, 니체의 "미래를 사유하는 사람"(kunftigen Denkers)이라는 용어사용에 대해서는 D, 547을 보라.

37. 니체의 사상가라는 용어사용에 대한 몇 가지의 예들에 대해서는 D, 505, 507, 510, 530 그리고 555을 보라.

38. D, 500.

39. D, 550.

40. D, 432. 또한, 이 예에서 일인칭 복수형을 사용하는 것에 주목하라.

니체가 자유정신의 유사어로 사상가라는 용어를 사용하는 것은 또한 그의 개념적 페르소나에 대한 강조를 사유와 그것에 수반되는 은유들과 유비들 그리고 이미지들에 대한 강조로 바꾸는 결과를 만든다. 그래서 니체는 보다 칸트적인 용어 ─ "천재"Genie ─ 를 그 용어가 그 용어 이면의 보다 관념론적인 의미로만 해석되지 않도록 자유정신들과 사상가들이라는 더욱 일반적인 명칭 아래 포함시켜 사용한다. 자유정신은 "천재라는 용어를 작품이 아니라 하나의 작품으로서 그 자신을 위해, 즉 자기 자신을 통제하고 자신의 상상력을 정화하며, 쇄도하는 과제들과 착상들을 정리하고 선택하는 일을 위해 천재를 사용하는 저 힘을 행사"[41]하는 자로서 나타난다. 여기서 천재에게서 아주 잘 나타나 있는 사유는 자신을 통제하고, 자기를 다스리는 형식을 부과하며, 삶이라는 과제에 명확성을 부여하는 것으로 쓰인다. 니체가 주목하는 것처럼, 그것은 우리 자신이 우리 자신을 하나의 "작품"으로, 즉 공들여 만들어진 하나의 완전한 예술작품과 유사한 하나의 삶으로 만드는 것을 가능하게 하는 것이다. 그래서 천재의 기능은, 조르그 살라쿠아르다Jorg Salaquarda가 주목하는 것처럼, "완전하게 살도록 우리를 매혹하는"[42] 것, 즉 우리의 삶의 다듬어지지 않은 요소를 보다 완전한 어떤 것으로 변형시키는 능력이다.

　　자유정신을 사상가와 천재에 의해 보충되는 것으로서 이해하는 움직임은 또한 니체가 『그리스 비극 시대의 철학』과 『반시대적 고찰』에서 검토했던 철학자라는 개념으로의 전회를 촉진시킨다. 사상가, 자유정신 그리고 천재라는 페르소나들과 공명하는 철학자라는 개념은 세련된 전형으로 다

---

41. D, 548. 또한, 천재라는 개념이 자유정신이라는 개념을 생기게 한다는 점에 대해서는 HATH, 231을 보라. 그리고 천재는 "오류, 악덕, 희망, 망상 그리고 그 밖에 많은 비금속뿐만 아니라 많은 귀금속도 던져 버린다"는 258을 보라.

42. Jorg Salaquarda, " 'Art Is More Powerful Than Knowledge': Nietzsche on the Relationship between Art and Science," *New Nietzsche Studies* 3, no. 4(1999):6.

시 나타난다.

> 불 속에 넣었다가 적시에 꺼낸 밤처럼 부드럽고 맛있고 영양이 풍부해
> 진 사람들과 사귀기를 원한다면, 우리가 너무 많은 것을 바라는 것일
> 까?……이런 사람들을 우리는 철학자라고 부를 것이다. 그리고 그들 자신
> 은 변함없이 더욱 겸손한 이름을 발견할 것이다.[43]

철학자는 이제 완전한 단계까지 자기를 형성한 인물로 나타난다. 천재와
같이 그는 그 스스로를 "하나의 작품으로" 이해하는 인물이며 사유의 자
질, 스스로에게 부과한 분리[44] 그리고 미래적인 성향을 통하여 완전하게
되는 어떤 인물이다. 이 때문에 이 단계의 니체의 작업, 이상적인 삶의 결
정적인 특징과 수단이 되는 것은 예술적인 가상보다는 사유에 훨씬 더 가
깝다.

이전에 『비극의 탄생』에서처럼, 철학자와 자유정신은 니체 미학의 중
심에 있는 예술가라는 개념적인 페르소나와 함께 제시된 표현이다. 니체의
예술가는 인간들을 특정한 방법으로 살도록 그리고 삶 그 자체를 긍정하
도록 매혹한다.

마찬가지로 비극 시인은 삶에 대한 자신의 이미지들을 통해 삶에 악의를

---

43. D, 482.
44. 이것과 관련하여, 우리는 또한 UM, III:7과 IV:10에서 니체가 "방랑자"(wanderer)라는 용
어를 사용하는 것을 볼 수 있을 것이다. 안젤로 카란파(Angelo Caranfa)는 그의 "The Aes-
thetic Harmony of How Life Should Be Lived:Van Gogh, Socrates, Nietzsche," *Journal of
Aesthetic Education*, 35, no. 1 (2001)에서 그것을 다음과 같이 묘사한다:"니체는 '방랑자'를
끊임없이 자신의 '산발적인' 경험들을 그것들이 하나의 예술작품이 될 때까지 빚고 다시 빚
는 개인으로 묘사한다……방랑자의 '대담함'과 '안목'은 우리에게 경험을 구성하고 재구성
하는 수단을 제공한다."

품게 되는 것을 원하지 않는다! 오히려 그는 이렇게 외친다:"이렇게 흥분시키고 쉽게 변하며 위험하고 어두침침하면서도 종종 태양처럼 작렬하는 존재, 그것은 매력적인 것들 중에서도 최고로 매력적인 것이다! 삶은 모험이다—삶에서 어떤 생각을 받아들이든 간에 삶은 항상 모험이라는 성격을 유지할 것이다!"[45]

이것은 니체가 예술에서의 최고의 매력으로 언급하는 도취의 정신을 통하여 다시 한 번 행해진다. "그러나 [고통에 시달릴 때에] 사람들은 자신을 도취시키는 것들Rausch에 의존하는 데 익숙하다. 예를 들어 예술에 의존하는 데 익숙하다. 그러나 이것은 그들에게도 예술에게도 또한 해가 된다!"[46] 니체가 그리스 비극에서 최고의 매력으로 보았던 의식의 최상의 상태들로 이끄는 도취와 매혹은 이제 뚜렷하게 예술의 특징이 된다. 도취는 우리로 하여금 존재를 그것이 존재하는 그대로 보도록 유도하는 것이다.

앞에서 보았던 것처럼, 이것은 기만 그리고 가상의 구성적인 사용을 통하여 성취된다. 그러나 니체의 작업에서 이 기간은 예술을 기만적이고 가상적이며 심지어 어쩌면 해로운 것으로 보려는 보다 결연한 노력을 나타낸다.[47] 『인간적인 너무나 인간적인』과 『아침놀』의 많은 부분에서, 니체는 예술에 의해 종종 자행되는 "거짓"을 명백하게 밝히기 위해 피나는 노력을 한다. 예술은 세계를 지나치게 단순화하고 가상적으로 해석하도록 강요한

---

45. D, 240.

46. D, 269.

47. 예를 들어, 기만으로서의 예술이라는 주제에 대해서는 D, 233, 306, 337을 보라. 그리고 니체가 다음과 같이 주장하는 HATH, 160을 보라:"예술은 자신의 내면에 대한 인간의 본성적인 무지에서 비롯된다……:예술은 자연과학자나 철학자를 위한 것이 아니다." 또한, 들뢰즈가 다음과 같이 언급하는 『니체와 철학』, 102를 보라:"예술은 거짓의 가장 고귀한 힘이며, 그것은 오류인 한에서의 세계를 확대하고 거짓말을 신성화하고, 속이려는 의지를 우월한 이상으로 만든다."

다. 몇몇 부분들에서 예술의 가상적인 본성은 우리로 하여금, 그리스인들의 경우에서처럼, 경외하는 마음으로 존재를 대하며 살도록 만드는 창조적인 허구를 유용하게 만든다. 그러나 다른 부분들에서는 정확하게 예술의 가상적인 본성을 보다 학문적인 해석, 곧 예술가와 예술작품에 의해 부과된 단순화된 것들을 명백하게 설명하는 해석에 내어 주는 것처럼 보인다.

> 예술가Kunstler는 그의 작품이 오직 그것이 즉흥적인 것이라는 믿음을 불러일으킬 때에만 완전한 효과가 있다는 것을 안다……자명한 것으로서 예술에 대한 학문은 이 가상에 가장 확고하게 반대해야 하며 그 학문을 예술가의 함정으로 몰아넣는, 지성이 내리는 잘못된 판단들과 자기 멋대로 행하는 행위들을 지적해야 한다.[48]

이런 진술들을 학문이 예술의 대체물이라는 의미로 이해하는 것은 어렵지 않다. 니체는 예술 그 자체의 "함정들"을 분명하게 할 수 있고 아마 근절할 수 있는 것으로 명백하게 언급되는 학문적인 탐구("예술이라는 학문")의 주제를 예술의 가상(들)이라고 반복적으로 명시한다. 이런 의도에서 니체는 다음과 같이 주장한다:"예술에서, 우리는 진정으로 자유롭게 만들어 주는 철학적 학문philosophische Wissenschaft으로 더 쉽게 넘어갈 수 있다"[49], "학문적인 인간wissenschaftlche Mensch은 예술적인 인간이 더 발전된 것이다."[50] 예술은 예술의 가상들을 명백하게 만들고 그렇게 함으로써 그것의 매혹적이면서도 종종 해로운 힘을 제거하는 학문에 의해 대체된다.

그래서 니체는 "실증주의 시기"에서 예술을 학문에 비해 부차적인 자리

---

48. HATA, 145.
49. HATA, 27.
50. HATA, 222.

에 위치시킨다. 왜냐하면, 니체의 일반적인 정의 아래, 모든 오류와 기만을, 이것들이 예술적이든, 종교적이든, 문화적이든 또는 다른 것들이든 상관없이, 명백하게 만드는 것이 학문이기 때문이다.[51] 그러나 니체는 결코 그러한 탐구와 해체의 본성에 관해서는 입장을 분명히 하지 않는다. 몇몇 부분들에서 학문에 관한 주장들은 과장되게 보인다. 니체는 분명하게 학문이 "참되고 실제적인"[52] 것에 대한 척도일 수 있다고 주장한다. 또 다른 부분에서는, 학문은 오류와 허식을 근절하는 일을 일차적인 의무로 삼는 다면적인 비판의 방법이다. 그러한 오류 중 하나는 실체론적이고 형이상학적인 사유이다. 그러한 해체적인 기획은 삶에 도움이 될 수 있으며, 비극의 기획과 예술을 통하여 한번은 발생할 수 있는 세계에 대한 긍정을 되찾는다. 니체가 언급하는 것처럼, "[삶의 정신을] 탈환했던 것은 오직 학문이었다. 그 탈환은 죽음에 대한 다른 모든 표상과 죽음을 넘어선 모든 삶을 동시에 거부할 때 하지 않으면 안 되는 것이었다."[53] 그래서 학문은 비판적인 해체의 수단이 되며, 오류, 단순성, (예술의 한 형태인) 가상을 근절하는 수단이 된다.

불행하게도 학문적인 사유를 비판적인 회의주의의 하나의 형태로 이해하자는 니체의 제안에는 그러한 사유가 행해지는 방법에 관한 결정적인 진술이 부족하다. 아마 이 시기의 저작들은 학문적인 사유 그 자체에 대한 실례일 것이다. 그러나 니체 이전에 칸트와 (5장에서 볼 것처럼) 니체 이후의 아도르노와는 달리, 니체는 어떻게 학문이 ― 엄밀한 탐구 방법으로서 ― 수행되는지에 대해 명백하게 언급하지 않는다. 차라리 예술가, 자유정신 등을

---

51. 앞선 주석에서 언급했던 것처럼, 니체 저술의 초기 시기의 학문의 역할과 실증주의 시기에서의 "학문"의 역할을 구별하는 것은 중요하다. 중기와 후기 저작들에서, 학문은 명백하게 초기 저작들에서 취해진 학문에 대한 플라톤적인 함의보다 더 유물론적이고 해체적인 경향을 의미하도록 의도된다.

52. D, 270.

53. D. 72.

특징짓는 것에 맞추어, 니체는 더욱 문학적이고 은유적인 형태로 학자의 심리학을 묘사하는 방식을 택한다. "우리는 우리를 전체적으로 좀 더 냉철하고 좀 더 회의적으로 만들어 주며 특히 불타오르는 궁극적인 진리에 대한 믿음의 이야기들을 식혀줄 학문의 정신Geist der Wissenschaft을 상기시켜야 한다……"⁵⁴ 다른 경우, 니체가 외로운 방랑자라는 인물을 계속해서 사용하는 것을 상기해 보면, 그는 학문적인 인간을 고독의 풍경 속에 사는 사람으로 묘사한다.

> 학문적인 본성들은 이와 반대로 모든 종류의 생각들을 가지고 있는 재능이 학문적인 정신에 의해 가장 엄격하게 규제되어야 한다는 점을 알고 있다……그의 수호신은 그가 가는 어디에서든 그가 오직 실제적인 것, 확고한 것, 참된 것에서만 즐거움을 느낄 수 있도록 그 정신으로 하여금 열대 초목뿐만 아니라 사막도 지나가게 한다.⁵⁵

방랑자, 자유정신, 그리고 사상가에 대한 그의 유사한 언급들을 의지해 볼 때, 학문적인 본성은 세밀하게 통제되는 연구, 인간의 창조, 가상들, 그리고 더 거창한 어조로 말하자면, "실제적인 것"에 대한 회의로 이해될 수 있다. 학자의 냉철함, 성실함 그리고 단호한 체념은 니체가 학자의 성격에 대한 모든 형태로 분명히 보여 주고자 하는 우상들을 파괴하는 과제를 위해서 필연적으로 보인다. 학문적인 본성이 자신의 창조물들과 조심스럽게 거리를 두는 만큼, 학자는 예술가를 능가한다.

일반적으로, 앞선 묘사는 종종 니체의 "실증주의" 그리고 이 시기에서의 학문적이고 비판적인 탐구에 대한 그의 수용에 관한 최종적인 발언으

---

54. HATA, 244. 또한, HATA, 635를 보라.
55. HATA, 264.

로 이해된다. 그러나 이것은 결정적으로 그가 학문에 부여한 위치, 즉 이상적인 유형들과 예술로서의 삶의 본성에 대한 그의 표현에 중심이 되는 그 위치를 무시한다. 나는 니체가 학문을 예술과 마찬가지로 순수하게 수단적으로 평가한다고 주장한다. 니체에게 학문은 일관성 있는 "작품"으로서의 이상적 유형들 자체의 형성과 완전성을 위해 그 이상적인 유형이 사용하는 도구이다. 니체는 『인간적인 너무나 인간적인』에서 "이중 두뇌"double brain 라는 개념으로 이것을 기막히게 묘사한다.

> 이제 학문이 자기를 통해서는 점점 더 적은 기쁨밖에 얻지 못하고 형이상학, 종교 그리고 예술의 편안함에 대한 의심을 통해서는 점점 더 많은 기쁨을 취한다면, 인류가 자기의 모든 인간성을 빚지고 있는 욕망의 가장 큰 원천은 메말라 버릴 것이다. 그러므로 고귀한 문화는 인간에게 이중 두뇌, 두 개의 공간, 이를테면, 학문을 경험하는 공간과 학문이 아닌 것을 경험하는 공간을 제공해야 한다. 그 두뇌는 혼란 없이 병렬적이고 서로 분리가 능하며, 서로 독립적으로 되어 있어야 한다. 우리의 건강은 이것을 요구한다. 한 영역에는 동력원이 놓여 있고 다른 영역에는 조절기가 놓여 있다.[56]

가상으로서의-예술은 동력원으로서, 학문은 "조절기"regulator로서 요청되고 이것은 명확성과 안정장치를 "고귀한 문화"higher culture를 만드는 기획에 제공한다. 순수하게 학문적인 관점은 거부된다. 우리가 실재를 보다 충분하게 경험하기 시작하는 것은 오직 학문과 더불어 예술의 가상들을 간직할 때만 가능하다. 니체는 이 이중 두뇌라는 주제를 (명백하게 272절에서 언급했던) 학문과 예술에 의해 해방된 힘들에 대한 감탄이 시적인 것에 도달하

---

56. HATA, 251.

는 273절에서 계속 다룬다:

그러나 열정과 활력이 속박에서 벗어나고 힘이 마르지 않는 샘에서 용암처럼 계속해서 흘러나오는 그러한 영역들에 머무름으로써, 그[자유정신?]는, 적당한 시기에 그 영역에서 떨어져 나오기만 한다면, 훨씬 더 빨리 앞으로 나아가게 될 것이다. 그의 발은 날개를 달고 있고, 가슴은 더 참을성 있게, 더 평온하고 더 길게 호흡하는 법을 배웠다.[57]

이중 두뇌를 지닌 인물은 이제 자유정신, 철학자 그리고 사상가의 쾌활한 결의·힘·기운으로 가득 차 있다. 이상적인 유형은 예술적인 가상과 학문적인 신중함이라는 이중적인 힘들을 해방시키고 둘의 힘을 이용한다. 두 힘을 통해서만 우리는 자유정신이 된다. 이제 그 당면한 과제가 모호하게 남지 않도록, 니체는 이 마지막 긴 인용에서 자기 문화와 학문과 예술의 창조적인 융합을 과감하게 주장한다.

어떤 사람이 학문의 정신에 마음을 빼앗긴 것과 마찬가지로 조형예술 또는 음악을 사랑했다고, 그리고 그는 한쪽 힘을 파괴시키고 다른 한쪽 힘을 완전히 폭발시킴으로써는 이 모순을 끝내는 것이 불가능하다고 생각한다는 가정을 해 보자. 그렇다면, 그에게 남아 있는 유일한 것은 두 힘이 함께 거주할 수 있는 하나의 큰 문화 체계를 그 자신으로부터 세우는 수밖에 없다. 비록 그 두 힘이 저 체계의 양 극단에 놓일지라도 말이다. 즉, 필요한 경우, 어떠한 돌발적인 싸움도 조정할 수 있고 그들 사이를 중재하는, 좀 더 우세한 힘을 지닌 중간 힘들이 그들의 거처를 마련하게 하는 수밖

---

57. HATA, 273.

에 없다는 것이다.[58]

앞서 말한 예술과 학문의 개념들로 이중 두뇌에 대한 니체의 공표는 명백해진다. 이상적인 유형들은 기운과 열정, 결의와 냉철함을 우리의 삶에 부여하는 서로 다른 두 힘으로서 예술과 학문을 사용할 수 있다. 앞서 디오니소스적인 것과 아폴론적인 것의 사례에서처럼, 예술적인 것의 가상들은 학문적인 것의 합리성에 의해 완화될 수 있으며, 예술가의 창의적인 정신은 학자의 딱딱한 진리들에 의해 반박될 수 있다. 여기서 드러나는 것은 "그 자신으로부터의 문화"를 만드는 자기이며, 예술의 힘을 학문의 냉철함 그리고 진리와 혼합하는 독특한 개인이며, 가능한 것의 영역을 규제하고 우리로 하여금 실재를 다른 시선으로 보도록 유도하는 개인이다.

이중 두뇌의 이미지가 기가 막힌 것임에도 불구하고, 그 이미지는 어떻게 그러한 혼합이 발생할 수 있는지에 대한 명백한 세부사항은 제공하지 않는다. 아마, 우리는 다음과 같이 삶에 대한 구성적인 은유들로서 실험과 일치하는 이미지들을 빈번하게 사용하는 니체의 시도를 통해 그 학문적인 정신을 이해할 수 있을 것이다. "우리는 실험이며, 그렇게 존재하기를 원하도록 하자!"[59], "우리는 우리 자신을 실험해도 된다! 그렇다. 인류는 이제 그렇게 할 권리를 가진다!"[60] 다른 부분에서 니체는 "삶의 지혜의 예술"das Kunstuck der Lebensweisheit, 곧 예술에 대한 니체 자신의 이론으로부터 추론되는 것이라면, 확실하게 자기-의식적인 가상과 세계-완전성을 포함하는 그런 예술에 대해 언급한다.[61] 여기서 자기는 실험을 위한 매개, "자기의 고

---

58. HATA, 276, 강조는 저자.
59. D, 453.
60. D, 501. 또한, HATA, preface, 4.
61. D, 376.

귀한 문화'를 산출할 수 있는 장소로 보인다. 자기는 학문에 의해 균형 잡힌 예술의 새로운 반복을 산출하기 위한 항상 변화하는 토대가 된다.

예술과 학문의 종합에 대한 또 다른 은유는 예술들로부터 얻어진 것, 즉 춤에 대한 것일 수 있다. 니체에게 춤은 대담할 뿐만 아니라 귀족적인 일이기도 하며, 우아함, 힘 그리고 섬세함의 힘들 사이에서 미끄러지듯 움직이는 것이다. "유희에도 싫증이 나고 새로운 필요들 때문에 일을 해야 할 아무런 이유를 갖지 못한 사람은 때때로 떠다니는 것과 춤이 관계하고 춤과 걷는 것이 관계하는 것처럼 유희와 관계하는 제3의 상태, 즉 더없이 행복하고 평화로운 동작에 대한 열망을 통해서 이러한 상황을 극복한다. 이것이 행복에 대한 예술가와 철학자의 비전이다."[62] 떠다님, 유희, 우아함은 여기서 예술가와 철학자, 가상의 정신과 종합의 정신을 제대로 묘사하는 이미지들과 연결된다. 주장컨대, 니체는 실험, 유희 그리고 춤에 대한 은유들을 끊임없이 언급함으로써 예술과 학문의 관계에 대한 변증법적인 해석에 반대한다. 이런 이유로 "우리는 춤이 여러 충동 사이에서 싫증이 나 이리저리 휘청거리는 것과 같은 것이 아니라는 사실을 기억해야 한다. 고귀한 문화앞서 인용한 것을 보라는 과감한 춤과 비슷하게 보일 것이고, 우리가 말했던 것처럼, 그래서 그것에는 많은 힘과 유연성이 필요할 것이다."[63] 만일 "고귀한 문화"를 위해 이중 두뇌의 양 극단이 조정 가능하다면, 그러한 종합은 철학자와 예술가의 우아한 춤과 비슷할 것이다. 학문과 예술, 냉엄한 진리와 가상은 변증법적으로나 논리적으로가 아니라 "제3의 상태", 대립되는 영역들 사이를 종합하는 예술을 통해서 합쳐지는 것이다.

니체의 "실증주의적" 시기는 그래서 삼중적인 운동으로 특징지어진다.

---

62. D. 611. 강조는 저자. 또한, 여기서 니체가 "제3의 상태"라는 용어를 사용하는 것과 실러에 의해 언급되는 것 사이의 유사성에 주목하라.
63. HATA, 278.

이 시기 동안, 다양한 이상적인 유형들이 제시되고 특징지어지는데, 특히 자유정신·철학자·사상가라는 가장 강력한 존재가 그것들이다. 니체가 이러한 인물들을 특징짓는 방식들은 그의 두 번째 변화, 잘못된 우상들을 파괴하고 주변 세계에 관해 탐구하는 일을 자신의 과제로 삼는 "학문"의 비판적인 본성을 강조하는 일을 나타낸다. 마지막 변화에서, 니체는 이런 더욱 지적인 특징들을 개인의 삶 안에서 예술의 가상들과 함께 고려되는 것으로 이해한다. 그렇게 함으로써, 이상적인 유형은 제약, 이상적인 것(이지만 일시적인 것)을 향한 운동, 실험이라는 특징들을 갖는 작품, 자기의 문화를 자기 자신으로부터 창조한다. 이 새로운 자기는 자기 두뇌의 이중적인 부분들을 논리적으로 종합하는 것이 아니라 체험lived experience의 맥락 안에 두 요소를 명랑하게 결합하는 우아한 춤을 통해 종합한다.

『즐거운 학문』에서 『차라투스트라는 이렇게 말했다』로

니체의 『즐거운 학문』과 한층 문학적인 『차라투스트라는 이렇게 말했다』는 그가 이상적인 유형들을 발전시키는 데 있어 새로운 시기, 즉 예술적인 것과 사유에 훨씬 더 무거운 역할을 부여하고 이상적인 유형을 존재에 대한 보다 창조적인 긍정으로 밀고 나가는 시기를 특징짓는다. 그러나 니체의 작업의 이 시기에는 그의 앞선 노력과의 주목할 만한 연속성이 있으며, 그러므로 우리는 앞의 시기의 많은 것을 그의 후기 사유를 위한 지도 체계로서 상정할 수 있다. 니체의 작업에서 이 시기는 이상적인 유형들에 대한 그의 목록을 기반으로 하되 그것을 확장시킴으로써 예술과 사유의 관계를 심화시킨다 — 결국 그것들은 "즐거운 학문"으로 혼합된다. 비판적인 개념적 특징들이 또한 거기에 더해지긴 하지만 말이다. 이 시기의 니체의 작업에서, 이상적인 유형은 존재를 근본적으로 긍정하는 일에 전념하고 그 자신의 삶의 "시인"이 되는 것에 헌신하는 자기를 만들기 위해 예술과 학문을 사용하는 사람이 된다.

이 시기에서 니체의 사유의 지층학적 본성은 그가 이전에 부여했던 특징들을 기반으로 하는 방식들에서 가장 명백하게 보인다. 예를 들어, 니체는 끊임없이 자유정신[64], 방랑자[65], 철학자[66], 사상가[67], 지식을 쫓는 구도자Leidenschaft des Erkennden [68], 예술가[69]라는 용어를 사용한다. 예술가에 대해서 그리고 비극과 디오니소스적인 심오한 영역을 개방하는 비극의 역할에 대한 자신의 초기저작을 상기하면서, 니체는 다음과 같이 진술한다:

사람들이 제각기 자신이 어떤 존재이고, 무엇을 경험하고, 무엇을 원하는가를 기분 좋게 보고 들을 수 있도록 그들에게 눈과 귀를 제공했던 이들은 오직 예술가들, 특히 무대 예술가들뿐이었다. 일상적인 인간들 속

---

64. 니체가 "정신의 모험가들"을 "예술가들"로 말하는 Nietzsche, *The Gay Science* [GS], trans., Walter Kaufman (New York : Vintage Book, 1974), preface, 4와 282를 보라; 그리고 정신이 각성을 경험하는 *Thus Spoke Zarathustra* [Z], trans., Walter Kaufman (New York Penguin Books, 1978), "Metamorphoses"를 보라. 그리고 니체가 다음과 같이 주장하는 "On the Famous Wise Men"을 보라 : "그러나 개들에게 미움 받는 늑대처럼 민중에게 미움 받는 자, 그런 자야말로 자유정신이며 속박을 거부하는 자, 숲속에 살며 그 누구도 경배하지 않는 자이다……진실하다. 신이 존재하지 않는 사막으로 가 우러러 공경하는 자신의 마음을 깨어 부순 자를 나는 그렇게 부른다……사막에는 예로부터 진실한 자, 자유정신을 소유한 자들이 주인으로서 살아왔다."

65. GS, 287, 309 그리고 380을 보라. 그리고 차라투스트라가 "방랑자"와 동일시되는 Z, Prologue, 2, "On Great Events", "The Wanderer", "The Leech", "The Retired"를 보라.

66. 철학자가 "자유정신"과 동일시되는 GS, 289, 343을 보라. 그리고 372(우리 현대인들과 미래인들은 철학자다)를 보라.

67. 사상가에 대해서는 다음과 같이 말하는 GS, 110을 보라 : "이제 사상가란 진리에의 충동은 또한 생명을 보존하는 힘이라는 사실이 입증된 이후에도 여전히 진리에의 충동과 생명을 보존케 하는 오류가 그의 안에서 서로 투쟁을 벌이는 존재를 의미한다……진리가 어디까지 체화를 견딜 수 있는가? 이것이 제기되고 있는 물음이며 이루어지고 있는 실험이다." 앞서 보았던 것처럼, 사상가는 실험을 경험할 수 있고 진리를 향한 학문적인 태도를 조성할 수 있는 개인으로 이해된다.

68. GS, 351.

69. GS, 59를 보라.

에 감추어져 있는 주인공들을 흠모하도록 가르쳤고 우리가 자신을 영웅으로 바라보게 하는 기술을 가르쳤던 것도 오직 무대 예술가들뿐이었다…….[70]

예술가는 여전히 가상을 통해 진리를 드러내는 과정과 관련한다. ─ 그는 우리에게 우리 자신뿐만 아니라 우리를 둘러싼 세계를 볼 수 있는 능력을 제공한다. 그것이 조금은 가상적이라 하더라도 말이다. 유사하게, 철학자는 종합과 자기 반성을 통해 존재를 변화시킬 수 있는 개인으로 남아 있다:

> 많은 종류의 건강 상태를 경험했고 항상 다시 경험하고 있는 철학자는 그만큼 많은 종류의 철학을 또한 경험했다: 그는 단순히 자신의 상태를 매번 가장 정신적인 형식과 그 자신에게서 멀리 떨어진 것으로 변형시킬 수밖에 없다: 이러한 변형의 예술이 철학이다……삶 ─ 우리에게 우리 자신인 모든 것을 끊임없이 빛과 불꽃으로 변화시키는 이 삶은 또한 우리와 만나는 모든 것, 그야말로 우리가 할 수 있는 모든 것이다.[71]

예술가뿐만 아니라 철학자는 삶을 한층 놀랄 만하고 균형 잡혀 있으며 긍정적인 어떤 것으로 변형시키는 그들의 능력을 변함없이 지키고 있다. 『반시대적 고찰』에서처럼, 철학자는 삶의 요소들을 변형시키기 위해 갖가지의 경험들을 거치는 반면에, 예술가는 시각과 상상력을 갈고닦음으로써 그렇게 한다. 니체의 이전 작업의 맥락에서, 경험/실험을 창조적인 변형을 위한 소재로 사용하는 사람은 철학자와 이상적인 유형이다.

---

70. GS, 78.
71. GS, preface, 3. 또한, 동일한 책에서 빛과 불꽃의 유사한 이미지에 의존하는 니체의 시 "Ecce Home"를 보라.

이런 한층 익숙한 인물들에게, 니체는 이상화된 존재의 본성과 그것과 예술의 그리고 사유의 관계를 해명하는 데 도움을 주는 개념적 페르소나의 새로운 모습을 덧붙인다. 니체는 『선악의 저편』에서는 보다 일관되게 그 용어에 의지하는 것을 보여 주고, 『즐거운 학문』에서는 "고귀한 천성"hohere Natur 72을 언급하며 영원한 회귀를 바라는 첫 번째 개념적 페르소나로서 나타나는73 "세상을 등진 자"der Entsagende, "이 긍정하는 자"dieser Bejahende 74라는 두 개의 병렬적인 개념적 페르소나를 소개하기도 한다. 그리고 부정, 학문의 비판적 도구는 다시 한 번 긍정적인 예술가적 충동과 관련된 것으로 이해된다.

그러나 니체의 가장 잘 알려진 개념적 페르소나, 『차라투스트라는 이렇게 말했다』에서의 위버멘쉬übermensch는 이 부가적인 인물들을 능가한다. 니체는 명백하게 이전의 그의 이상적 유형들의 핵심 특징들의 일부를 위버멘쉬와 그의 예언자, 차라투스트라의 특징에 포함시킨다. 예술과 가상, 비판적 사유, 분리, 부정, 교육에 대한 욕망 그리고 마지막으로 긍정이라는 특징을 말이다. 그러나 신의 죽음이라는 니체 자신의 선언을 고려하자면, 대지에 대한 위버멘쉬의 근본적인 긍정은 형이상학적인 용어들로 수행될 수 없다. 더 정확히 말하면, 니체의 접근은 완전히 내재적이며, 원칙적으로는 그의 시간 개념에 의존하거나, 위버멘쉬의 경우에는, 미래와 현재에 영향력과 중대함을 부여하기 위해 위버멘쉬의 시간적 지위에 대한 일관된 유예에 의존한다. 이런 태도에서, 위버멘쉬는 "되어야 하는"sollen 75 사람, "아마vielleicht 올"76 사람과 같이 끊임없이 미래적인 용어들로 언급된다. 그래서 위버멘쉬

---

72. GS, 3. 그의 가장 후기 저작들에서 여기서의 "천성"(Natur)이라는 용어를 친근하게 사용하는 것에 주목하라.
73. GS, 285를 보라.
74. GS, 27.
75. Z, prologue, 3.

의 예언자인 차라투스트라는 다음과 같이 말하게 된다:"오 차라투스트라여, 너는 앞으로 출현해야 할 자의 그림자로서 가야sollst 한다."77 니체가 위버멘쉬라는 인물에 대해 언급할 때 사용하는 시간적인 용어들은 항상 독일어의 조건을 나타내는 동사……일 것이다sollen/should, ……임이 틀림없다mussen/must, ……일지도 모른다kommen/to come와 일시적으로 아마도vieleicht/perhaps라는 용어로 꾸며진다.

만일 위버멘쉬가 어쨌든 유예되는 조건적인 미래에 있다면 우리에게는, 특별히 차라투스트라와 같은 인물들과 이상적인 유형들에게는, 그러한 인물들을 위한 길을 예비하는 일이 의무로 남아 있다. "언제라도 '올'werden kommen 것이지만 아직은 존재하지 않는 소수의 사람을 위해, 엄청난 양의 까다롭고 심지어 더럽기까지 한 일들이 먼저 행해질 필요가 있다."78 피상적인 수준에서 미래적인 조건명제들에 대한 사용이 이상적인 특징의 창조를 설명하는 방식으로 이해될 수 있긴 하지만, 시간적인 유예를 사용하는 것은 미래와 현재에 가치를 부여하는 위버멘쉬에 관한 철학적인 목적에 도움을 준다. "영원회귀"가 존재했던 모든 것을 구원함으로써 과거에 가치를 부여하는 데 반하여, 미래에 대한 위버멘쉬의 유예는 미래와 현재에 — 그에게서 고귀한 유형의 인간을 위한 자리를 봄으로써 미래에 가치를 부여하고 그의 도래를 위한 필연적인 조건들을 준비함으로써 현재에 또한 가치를 부여한다. 이 이중적인 운동은 과거를 구원하면서 서로에게 도움을 준다. 차라투스트라는 다음과 같이 언급한다. "나는 저들에게 미래를 위해 일하고

---

76. Z, "On Old and New Tablets," 16.

77. Z, "The Stillest Hour."

78. GS, 102. 또는 Z 이후에 쓴 GS의 마지막 편 288에서 니체는 다음과 같이 진술한다:"언젠가 역사가 그런 인물을 탄생시킬 수도 있다 — 지금으로서는 가장 커다란 요행을 가져다주는 우연한 경우가 결합해도 이루어 낼 수 없는, 대단히 많은 유리한 조건이 만들어졌고 확립되었다면 말이다."

존재했던 모든 것을 창조로써 구제하도록 가르쳤다."[79]

　그래서 차라투스트라가 주목한 것처럼, 미래에 대한 방향설정은 창조 중 하나임이 틀림없다. 우리는 우리가 미래를 가치 있게 여기기 때문에 창조한다. 우리는 우리가 그러한 창조를 긍정할 사람들이 도래하는 것을 보기 때문에 창조한다. 차라투스트라는 반복적으로 미래와 현재를 창조하고 그것들에 가치를 부여하려는 사람들을 찬양한다:"나의 형제들이여, 너희의 정신과 덕이 이 대지의 뜻에 이바지하도록 하라. 그리고 모든 사물의 가치가 너희로 인해 새롭게 정립되도록 하라……그러기 위해서 너희는 창조하는 자가 되어야 한다!"[80] 창조는 대지에 대한 긍정과 직접 결부되어 있다. 우리는 우리가 미래를 가치 있게 여기지 않는 한 긍정할 수 없고 우리가 창조하지 않는 한 미래를 가치 있게 여길 수 없다. 이것이 허무주의의 유령과 가치의 상실에 대한 니체의 탈-유신론적 해법이다. 이것 때문에, 『차라투스트라는 이렇게 말했다』에는 수태와 창조의 과정에 관한 많은 언급이 흩어져 있다. "창조. 그것은 고통으로부터의 위대한 구원이며 커지는 삶의 빛이다……너희 창조하는 자들이여, 실제로 너희의 삶에는 쓰디쓴 죽음이 허다하게 있어야 한다……새로이 태어난 어린아이가 되기 위해 저 창조하는 자는 또한 출산하는 어머니, 해산의 고통을 각오한 어머니가 되고자 해야 한다."[81] "너희 창조하는 자들이여. 너희 안에는 정결하지 못한 것이 많다. 너희 또한 어미가 되어야 했기 때문이다."[82] 탄생, 수태 그리고 창조는

---

79. Z, "On Old and New Tablets," 3.

80. Z, "On the Gift-Giving Vurtue," 2

81. Z, "Upon the Blessed Isles." 또한, Z, "On Immaculate Perception"을 보라.

82. Z, "On the Higher Man," 12. 또한, Z, "On Involuntary"뿐만 아니라 니체가 다음과 같이 말하는 "On Old and New Tablets," 12도 보라:"너희는 너희 **아이들**의 나라를 사랑해야 한다. 이 사랑이 너희의 새로운 귀족적 기품이 되고 더없이 먼 바다에 있는, 아직 발견되지 않은 땅이 되도록 말이다!……너희가 너희 아버지의 아이들이었다는 사실을 너희의 아이들에게 보상해 주어야 한다. 그렇게 함으로써 지난날의 것 모두를 구원해야 한다!"

본질적으로 미래에 가치를 두고 현재의 일과 준비에 대한 필연성을 미래에 부여한다. 니체의 창조적인 이미지는 긍정에 대한 그의 근본적인 기획에 도움을 주기 위해 요청된다.

창조에 대한 심오한 이미지들은 『차라투스트라는 이렇게 말했다』의 머리말에서 제시된 니체의 변형들과 깊이 공명하는데, 이 해석에 의하면, 아이가 미래와 대지의 근본적인 긍정의 전형이 되는 것처럼, 낙타는 일, 노동, 그리고 수태의 상징이 된다.[83] 그러나 이 근본적인 긍정은, 앞서 "긍정하는 자"에서처럼, 과거에 있었던 것에 대한, 즉 대지를 긍정하지 않는 가치들에 대한 확실한 부정과 항상 병행되어야 한다. 그러므로 사자는 낙타와 아이의 변형에 참여한다. "그리고 선의 창조자이든 악의 창조자이든, 진실로, 그는 먼저 파괴자가 되어 가치들을 부숴버려야 한다. 그래서 최상의 악은 최상의 선에 속하게 된다. 그러나 이것은 창조적이다."[84] 그런데 흥미롭게도, 니체는 그러한 부정을 사랑의 형식으로, 창조 그 자체의 부분으로 이해한다. 차라투스트라가 시적으로 다음과 같이 언급하는 것처럼 말이다. "나의 경멸과 경고의 새는 늪으로부터가 아니라, 오직 사랑으로부터 날아오를 것이다."[85] 앞선 두 시기의 니체의 작업에서처럼, 비판적이고 합리적인 요소는 그래서 창조와 긍정의 과정들에서 본질적인 것으로 이해된다.

니체는 이 비판적 긴장을 염두에 두고 학문의 역할을 언급한다. 학문이 그의 앞선 시기에서처럼 동등하게 격상된 지위를 더는 유지하지 못하지만 말이다. 학문은 여전히 "망상과 오류가 인간의 지식과 감각의 조건이라는 자각"이다.[86] 즉, 『인간적인 너무나 인간적인』을 상기하면, 학문은 "문

---

83. 낙타의 상징에 대해서는, Z, "On the Spirit of Gravity," 2를 보라. 낙타는 또한 사막에서 생존할 수 있는 고됨과 노동의 상징이다.
84. Z, "On Self-Overcoming."
85. Z, "On Passing By."
86. GS 107. 또한, 112를 보라.

제들을 따져보고 평가하는 일이며 판단을 내리는 일"이다.[87] 다시 말하면, 학문은 가상을 막아 내는 것이다. 예를 들어, 『차라투스트라는 이렇게 말했다』에서 이 점은 다음과 같이 서술된다. 고귀한 인간들이 (아마, 바그너에 대한 필명인) 예언가에 의해 도취되었을 때, "저 정신의 양심을 지닌 자 Gewissenhafte des Geistes만은 걸려들지 않았다. 그는 재빠르게 마술사에게서 하프를 낚아채고는 소리쳤다:……그대, 사기꾼이여, 교활한 자여, 알 수 없는 욕망과 혼란으로 우리를 유혹하고 있구나……화 있을지어다. 이 자와 같은 마술사를 경계하지 않는 자유정신 모두에게!"[88] 학문이라는 용어의 어간인 'Wissen-'을 지속적으로 활용함으로써, 니체는 양심적인 사람들, 양심의 역할, (종종 니체에게 지식Wissen으로 사용되는) 지식을 특징짓는다. 여기서 "정신의 양심적인" 사람들은 학자의 역할, 가상, 오류 그리고 (아마 니체 그 자신이 희생자가 된 주문인) 마법을 막는 역할을 수행한다.

그런데 이런 의미에서 니체가 "학문"이라는 용어를 사용하고 그 단어를 가지고 말장난을 하는 것이 『즐거운 학문』을 특징짓는 많은 오류에 밀려나 버렸다. 니체는 학문이라는 용어를 사용함으로써, (보통 형용사 'naturalisch-'를 동반하는) "자연 과학"이라는 개념을 상정하지 않았다. 오히려 그는 그 용어를 보다 일반적으로 사용했으며, 자신이 "학문이라는 용어로 의미했던 바는 그 용어의 가장 넓은 의미를 전제한다"[89]는 것을 보여 준다. 그리고 니체는 "학문"이라는 용어에서 그것의 더 실증주의적인 함의 일반, 곧 그의 이전 저작 시기에서의 분명한 경향성을 제거한다. 학문에 대한 순전히 부정적인 개념을 넘어서는 더 넓은 개념으로의 이 움직임은 니체가

---

87. GS, 293. 또한, 앎(Wissen)이 의식(Gewissen)의 대상마저 만든다는 308을 보라.
88. Z. "On Science."
89. Babette Babich, "Nietzsche's 'Gay' Science," in *A Companion to Nietsche*, ed. Keith Ansell Pearson (Malden, MA:Blackwell Publishing, 2006), 103.

다음과 같이 기대하는 『즐거운 학문』의 서두에서 나타난다. "학문이 행동의 목표들을 제거할 수 있고 그것들을 근절할 수 있는가가 증명된 이후에, 학문은 그러한 목표들을 제시할 수 있든 어떻든, 그 이후에는 모든 종류의 영웅주의를 만족시킬 수 있는 실험이 있을 것이다⋯⋯."[90] 학문은 단지 파괴의 예술에 불과한 것이 아니라, 보다 야심 차게, 또한 실험과 창조의 기술이어야 한다. 『인간적인 너무나 인간적인』과 『아침놀』에서의 한층 냉철한 학문은 이전 시기의 방법론과 비판성을 전유하지만 고상한 이상, 즉 삶에 헌신하기 위한 필연적인 조건을 또한 덧붙이는 즐거운 학문에 의해 개선된다.

그런데 유사한 움직임이 니체의 예술 개념에도 일어난다. 앞선 두 시기에서처럼, 예술은 자기 기만과 가상으로 유지된다. 니체는 빈번하게 호메로스의 "시인들은 거짓말을 많이 한다"[91]는 말의 변형된 형태들을 언급하며, 『차라투스트라는 이렇게 말했다』에서, 그리고 그의 사후에 출간된 『디오니소스 찬가』*Dionysian Dithyrambs*에서도 나오는 다음의 시를 제시한다.

시인일 뿐이다!
한 마리의 짐승, 교활한, 약탈하고, 어슬렁거리는,
속일 수밖에 없는,
알면서도 기꺼이 속일 수밖에 없는
먹이를 탐하는,
다채로운 가면을 쓰는,
그 자신을 위해 가면을 쓰고,
그 자신의 희생물인
그런 자가 진리의 구애자라고?

---

90. GS, 7.
91. 예를 들어 GS, 84를 보라.

아니다! 어릿광대일 뿐이다. 시인일 뿐이다![92]

거짓말하는, 교활한, 가면을 쓴다는 경멸적인 언어에도 불구하고, 이는 부정적인 평가가 아니다. 니체의 "가장 위대한 창조," 차라투스트라는 가상이라는 기능의 중요성을 보여 주는 다음과 같은 말을 한다. "그러나 일찍이 차라투스트라가 네게 무슨 말을 했다는 것인가? 시인들이 너무나도 많은 거짓말을 한다고? 그러나 차라투스트라 또한 시인이다. 너는 이제 그가 여기서 진실을 말했다고 믿는가?"[93] 사실 차라투스트라는 몇 번이나 그 자신을 가상과 자기기만의 예술을 행하는 시인이라고 말한다.[94]

차라투스트라는 이상적 유형들, 즉 도래하는 위버멘쉬의 세대를 선언하는 바로 그 순간에 자기 망상의 예술을 행하는 예언자–예술가가 된다.[95] 그는 또한 학문적인 인간이며, 삶을 부인하는 가상들에 저항하고 존재의 냉엄한 진리들을 추구한다. 차라투스트라는 사실상 이전의 글들에서 구상된 철학자, 즉 "이중 두뇌"를 가지고, 근본적인 긍정을 가져오는 예술적인 가상과 부정의 즐거운 학문을 실행할 수 있는 철학자가 된다. 차라투스트라는 존재를 구원하는 데에 필요한 가상을 수행하며(아마 이런 가상 중 하나는 영원회귀일 것이다), 그러한 가상들이 광기 또는 현실 도피적이 되지 않도록 만드는 비판적 자기의식과 세계에 대한 자각을 수행한다.

그래서 이전 시기처럼 학문의 비판성과 예술의 가상은 이상적인 유형

---

92. Z, "The Song of Melancholy," 3. 또한, *Dionysian Dithyrambs*, 1을 보라.

93. Z, "On Poets,"

94. 예를 들어, (차라투스트라에게 그리고 차라투스트라에 의해 요청된) Z, "On Redemtion," "Is he a poet? or truthful?" 그리고 그가 "나는 내가 아직도 시인일 수밖에 없다는 사실을 부끄럽게 생각하노라"라고 언급하는 Z, "On Old and New Tablets," 2를 보라.

95. 이런 의미에서, **위버멘쉬** 자체는 차라투스트라에 의해 수행된 자기 기만의 형식으로 이해될 수 있다.

의 구성에 대하여 수단적인 가치를 갖는 것으로 이해된다. 학문이 천천히 그것의 높아진 지위를 내려놓으므로, 그것은 예술과 함께 하나의 방법으로 이해된다. 니체 그 자신은 이것을 다음과 같이 1인칭 복수형으로 언급한다. "아니다. 회복기의 환자인 우리에게 예술이 필요하다면 그것은 다른 예술이어야 한다. 조롱조의, 가볍고, 일시적이고, 신처럼 방해를 받지 않고, 신이 만든 것 같은 예술, 밝은 불꽃처럼 구름 없는 하늘로 솟아오르는 예술이어야 한다! 무엇보다도 예술가를 위한 예술, 오로지 예술가만을 위한 예술이어야 한다!"[96] 학문에 관해서는 다음과 같이 말한다 : "자유정신은 학문 앞에서도 자유를 획득한다."[97] 이것은 정확하게 니체가 주장하고자 하는 태도이다. 각각이 공생적이지만 서로에 대해 적대적인 학문과 예술이라는 두 원천을 사용하여 자유롭지만 강요된 "자유를 획득하는 것" 말이다. 니체의 이상적인 유형들은 그러한 종합을 "필요로 한다." 그러한 종합이 긍정과 창조적인 회복이라는 그들의 과제를 인도하고 심화시키기 때문에 그렇다. 예술과 학문Wissenschaft은 이상적인 유형으로 하여금 실험하고 창조하고 그렇게 함으로써 존재를 긍정하도록 만드는 도구들이다.

니체가 그러한 종합에 대해 사용하는 은유들은 틀림없이 예술적이다. 이전 시기에서는 다소 보조적인 개념이었던 춤은 이 시기의 니체의 저술에서는 근본적인 것이 된다. 그가 춤을 명백하게 자기, 예술, 학문 그리고 존재와의 관계를 상기하는 데 사용하는 것처럼 말이다.

미학적 현상으로서 존재는 여전히 우리에게 견딜 만한 것이며, 예술은 우리 자신이 그러한 현상이 될 수 있도록 우리에게 눈과 손, 그리고 무엇보다 선한 양심을 제공한다……광대의 **모자**만큼 우리에게 아주 좋은 것은 없

---

96. GS, preface, 4.
97. GS, 180.

다. ─ 우리는 우리 자신과 관련하여 이것이 필요하다. 우리는 우리의 이상이 우리에게 요구하는 것들에 앞서 자유를 잃지 않기 위해, 신나고 떠돌아다니는 것이며 춤추고 조소적이며 유치하고 황홀한 예술이 필요하다.[98]

여기서 춤을 추는 것 그리고 앞서처럼 미학화된 존재와 직접 관련된 것임이 틀림없는 것은 예술 그 자체이다. 예술은 『비극의 탄생』에서처럼, 존재를 견딜 만하게 하는 것이다. 비록 이제 그 예술이 우아할 뿐만 아니라 기념하는 것이며, 춤을 추며 생동감 넘치는 예술이긴 하지만 말이다. 생동감 넘치는 예술에 대한 이 개념은 춤의 예술을 수행한다고 알려진 이상적 유형들 자체에 의해 보충된다. 예를 들어, 심지어 학문에 대한 자신의 믿음을 의심하는 정신Geist은 다음과 같이 묘사된다:"확실성에 대한 모든 믿음과 모든 바람에 작별을 고하고 공허한 밧줄과 가능성 위에서도 그 자신을 바로 세우고 드리워진 심연 위에서 춤을 추게 될 것이다. 그러한 정신이야말로 탁월한 자유정신일 것이다."[99] 그리고 학문과 결별하는 자유로운 영혼은 명백하게 디오니소스적인 것과 아폴론적인 것에 대한 니체 초기의 저작을 상기시키는 한 문구인 드리워진 심연 위에서 춤을 추는 것으로 묘사된다. 그리고 마침내, 철학자는 또한 춤의 예술을 행하며, 니체의 견해를 따르면 본질적으로 종교적인 예술을 행하는 인물로 나타난다. "그리고 나는 철학자의 정신이 훌륭히 춤추는 자가 되는 것 이상의 무엇을 더 바라야 하는지 알지 못한다. 왜냐하면 춤은 그의 이상이고 또한 예술이며, 결국 그의 유일한 경건이기도 하고 그의 '예배'이기 때문이다."[100] 그러한 어조는 하나의 덕으로서 춤에 대한 많은 언급이 있는 『차라투스트라는 이렇게 말했다』에서

---

98. GS, 107.
99. GS, 347.
100. GS, 381.

계속된다. 예를 들어, 차라투스트라는 "마치 초원에서처럼 늪과 우울함 위에서 춤을 추는 거침없는 폭풍의 정신^{freie Sturmgeist}"을 찬양한다.[101] 또 다른 곳에서, 차라투스트라는 "저 유연하며 설득력 있는 신체, 춤추는 자, 그에 대한 비유와 전형이 자기를 즐거워하는 영혼인 저 사람"을 찬양한다.[102] 그리고 『차라투스트라는 이렇게 말했다』에서 다른 인물들은 끊임없이 그의 춤 때문에 차라투스트라 그 자신을 찬양하며, 그가 "춤추는 자와 같다"[103]고, 그가 "춤추는 자의 덕"[104]을 소유한다고 언급한다.

춤과 걷기에 대한 집요한 호소는 강력한 이미지들에 대한 장황한 설명을 쉽게 불러일으킨다. 그러한 이미지들의 첫 번째는 "즐거운 학문" 그 자체의 정신, 학문과 예술을 긍정을 목표로 하여 창조적으로 결합하는 "따뜻한" 학문에 대한 정신이다. 그러한 이미지는 니체의 이전 저작에서 학문을 위하여 만들어진 대체주의적인 많은 주장을 약화시키고, 예술과 학문의 강력한 관계를 환기시킨다. 예술과 학문은 명랑함과 우아함을 통해 이상적인 유형의 비호를 받는다. 그것들은 이상적인 유형에 의해 긍정적이고 미래에 충실하며 독립적인 삶을 창조하기 위해 사용되는 도구들이다. 요약하자면, 우리는 이상적인 삶을 살기 위해 "춤을 춘다."

춤이라는 이미지에서 예시되는 학문과 예술을 관련시키는 예술은 그래서 니체의 이상적인 유형들에 대한 해석의 중심이 된다. 이 공식은 명랑함과 결합이라는 유사한 이미지들을 불러일으키는 니체의 삶의 기술에 대한 묘사에서 최고조에 달한다.

---

101. Z, "On the Higher Man," 20.

102. Z, "On the Three Evils," 2.

103. Z, prologue.

104. Z. "The Seven Seals," 6.

어떻게 우리는 사물들을 아름답고, 매력적이고 우리에게 바람직한 것으로 만들 수 있을까? 그것들이 그렇지 않을 때 말이다. 그리고 나는 더 정확히 말하면 사물들이 그 자체로서는 결코 아름답지도 매력적이지도 바람직하지도 못하다고 생각한다. 여기서 우리는 의사들에게서 어떤 것을 배울 수 있다……그러나 그러한 착상과 예술작품을 만들어 내는 것에 항상 골몰하고 있는 예술가들에게서 우리는 더 많은 것을 배울 수 있다……왜냐하면 예술이 끝나고 삶이 시작되는 곳에서 그들과 함께 이 교묘한 능력도 대개 끝나기 때문이다:반면에 우리는^{Wir} 우리의 삶의 시인이 되기를 원한다—무엇보다 가장 사소하고, 가장 일상적인 것들에서 말이다.[105]

여기서, 시는 우리의 삶에서 아름다움의 의미를 구축하려는 건설적인 시도를 상징화하기 위해 사용된다. 그러한 시는 정확하게 "예술이 끝나는" 곳에서 시작한다고 하고, 이것은 새로운 예술, 니체의 미학의 주제인 가상의 예술과는 방향과 종류가 다른 자기에 대한 포이에시스[제작]^{poiesis}을 의미한다. 이 "새로운" 예술은 그 방향이 삶의 기술로 향해 있는 것이며 (예술^{Kunst}로서) 예술과 학문의 균형을 창조적이고 실험적으로 이뤄 내는 것이다. 니체는 이 주제를 여기, 곧 "고귀한 인간 존재자"를 살피는 곳에서 계속 이야기한다:

그 자신이 실제로 이 삶을 계속 창조하는 시인이라는 것……시인으로서 그는 확실하게 관조의 능력^{vis contemplativa}과 그의 작품을 반성하는 능력을 소유하고 있지만, 동시에 또한 무엇보다도 행동하는 인간 존재에게는 결여되어 있는 창조의 능력^{via creativa}을 소유하고 있다……사유하며 느끼는 우리는 동시에 이전에는 존재하지 않았던 어떤 것을 실제로 계속해

---

105. GS, 299.

서 형성해 내는 사람들이다:우리는 이 영원히 발전하는, 평가, 책, 비중, 관점, 범위, 긍정과 부정의 세계 전부를 형성해 내는 사람들이다.[106]

그래서 예술적인 것의 이중적인 의미가 존재한다:첫 번째, 예술이 가상, 연기 그리고 은폐를 나타낸다는 한층 수단적인 의미, 두 번째, 예술이 학문의 비판적인 날카로움에 의해 지배되는 미학적인 이상을 따라 "양식을 부여하고" 자기를 구성하는 일과 동일시된다는 의미. 이것은 실질적으로 창조적인 삶이 근본적으로 과거, 현재, 미래에 대해 긍정적인 미학적인 현상으로 이해될 수 있는 "삶의 예술"이 된다. 새로운 가치, 해석, 강조, 긍정 그리고 부정, 학문과 예술을 결합하는 새로운 방법들을 창조함으로써 우리는 자기에 대한 예술가가 되고 이상적인 삶을 형성한다.

> 한 가지가 필요하다 ― 우리의 성격에 "양식을 부여하는 것" ― 곧 위대하고 희귀한 예술 말이다! 이 예술은 자신의 본성이 지닌 모든 힘과 약점을 살펴, 그 모든 것이 예술과 이성으로 보이고 약점조차 눈을 황홀하게 할 때까지, 그것들을 예술적 계획으로 옮기는 사람들에 의해 행해진다…….
> 자기의 고유한 법칙 아래에서 행해지는 그러한 강제와 완전성에서 강력하고 지배욕에 불타는 본성들의 가장 섬세한 유쾌함을 즐기는 것이 그런 본성들을 지닌 사람들일 것이다 werden sein.[107]

시인과 같이, 우리는 예술적인 청사진을 따라 우리의 삶의 요소들을 다듬고 순수하게 만듦으로써 살아간다. 학문은 강제의 요소로서, 예술은 가상과 긍정의 요소로서, 새로운 예술, 삶의 기술은 종합의 요소로서, 창조는

---

106. GS, 301.
107. GS, 290.

탄생과 형성의 과정으로서 소개된다. 니체의 중기 저작들에서 이상적인 삶은 강화될 수 있고 제거될 수 있으며 조용히 제외되는 요소들을 우리가 창조적이고 실험적으로 선택하는 삶의 기술이 된다.

주장컨대, 개념적으로 니체의 이 작업의 시기를 정의하는 것은, 내가 정의했던 것처럼, "삶의 기술"이다. 니체의 이상적인 유형들은 예술과 학문이 실재에 대한 해석을 개선할 뿐만 아니라 자기 실험을 위한 목적을 개선하는 데 수단으로써 사용되는 존재에 대한 포이에시스[제작]의 전형들이 된다. 춤과 창조성에 대한 니체의 지속적인 이미지와 결합할 때, 삶의 기술은 존재에 대한 근본적인 긍정을 위한 개선, 해체, 실험 그리고 창조의 반복되는 과정들로 이해되어야 한다. 삶의 기술은 완전한 작품 – 상호적으로 둘 다에 가치를 부여하는 – 삶-예술가를 성취하기 위해, 명랑하게 자기와 세계에 대한 부정적인 차원들과 긍정적인 차원들의 균형을 잡는 것이다.

『선악의 저편』에서 『이 사람을 보라』까지

많은 측면에서 앞선 시기는 예술로서의 삶이 우리가 어떻게 예술적으로 살 수 있는가에 대한 근본적인 기초를 제시하는 것만큼 예술로서의 삶에 대한 니체의 직관들의 정점을 보여 준다. 이것은 그의 마지막 시기가 이상적인 유형과 삶의 예술에 대한 그의 많은 핵심적인 직관을 진보시키지 않는다고 말하는 것이 아니다. 그의 마지막 시기에서, 니체는 그의 초기 시기의 글들로부터 이전의 많은 주제를 전유하고 거기에 그 주제들의 의미를 바꾸는 문체상의 뉘앙스와 철학적인 뉘앙스 그리고 미학적인 삶을 위한 전체적인 방향성을 포함시킨다. 삶의 예술에 대한 일반적인 특징을 유지하긴 하지만, 니체의 철학적인 다작의 마지막 시기는 이상적 유형이 나아가 철학자와 동일시되고 이상적인 삶의 목표들이 디오니소스적인 실존의 특징에 대한 완성과 긍정 둘 다로 제시되는 기간이다. 니체가 이상적인 삶에 대한 실천적인 윤곽 ─ "선택"이 의미하는 것은 무엇인지, 존재의 근본요소들을 구성하는 것은 무엇인지, 그리고 우리가 어떻게 실제로 실험적인 자기를 창조하기 시작하는지에 대한 검토를 시작하는 것 또한 이 시기에서이다.

지층학적 양식으로 말하자면, 니체는 자신을 끊임없이 다시-전유하는 기획의 일부분으로 이상적인 유형들에 대한 그의 이전의 단계들에 계속해서 지층을 추가한다. 그래서 그의 마지막 시기에서 그는 계속 이상적인 유형들로서 자유정신들[108], 방랑자[109], 사상가[110], 예술가[111], "지식인"[112], 그리고 "고귀한 유형"[113]에 대해 말한다. 흥미롭게도, 『이 사람을 보라』와 『우상의 황혼』에서의 몇몇 중요하지 않은 언급들을 예외로 치면, 위버멘쉬 또는 차라투스트라는 후기 저작들에서 많이 다뤄지지 않는다. 그들은 다만 『차라투스트라는 이렇게 말했다』에서의 인물들로 존재할 뿐이다.

마지막 시기에서 니체의 가장 중요한 이상적 유형은 그가 『그리스 비극 시대의 철학』과 『반시대적 고찰』(특별히 3번과 4번 글) 둘 다에서 구상했던 철학자이다. 후기 저작들에는 이상적인 유형으로서 철학자에 대한 수많은 언급이 들어 있다.[114] 이상적인 유형으로서, 철학자는 학문과 예술이

---

108. 그의 자유정신들이라는 용어 사용에 대해서는, 예를 들어, *On the Genealogy of Morals* [GM], trans., Walter Kaufmann and R.J. Hollingdale, ed., Walter Kaufmann (New York : Vintage Books, 1969), I:9; CW, First Postscript; *Beyond Good and Evil : Prelude to a Philosophy of the Future* [BGE], trans., Walter Kaufmann (New York : Vintage Books, 1989), ("우리 선한 유럽인이며 자유로운, 대단히 자유정신인 우리"라 말하는) 서문, (자유정신들이 미래의 철학자들과 동일시되는) 28, 44, 61, (지식의 독실한 구도자로서 말해지는) 105, 203, 그리고 ("마지막 스토아주의자들"로 말해지는) 227; A, 32, 36과 37을 보라.

109. BGE, 278.

110. BGE, 10.

111. BGE, 250.

112. BGE, 26("지식을 사랑하는 사람"[Liebhaber der Erkenntnis])과 ("잔인함의 예술가와 변용자"로 언급되는) 229를 보라.

113. (고귀한 유형이 "가치를 창조하는 자"로 이해되는) BGE, 260과 (고귀한 인간이 이기주의적으로 이해되는) 265를 보라.

114. 니체가 이상적인 의미에서 "철학자"라는 용어를 사용하는 것에 대해서는 GM, Preface : 2,

라는 이중적인 기획들을 둘 다 자기 형성이라는 이름으로 계속 진행한다. 질 들뢰즈는 이를 다음과 같이 논평한다: "철학자는 철학자로서 복종하기를 그만둔다······그는 오래된 지혜를 명령과 맞바꾼다······그는 오래된 가치를 파괴하고 새로운 가치를 창조한다······그의 학문 전체는 이런 의미에서 입법적이다."[115] 입법과 비판에 대한 요구는 정확하게 철학자를 계속해서 이전의 구체화된 이상적인 유형과 연속적인 것으로 특징지을 뿐만 아니라 니체가 예술가와 학자의 기능들을 철학자에 종속시키는 조치를 시사한다.

유사하게, 『차라투스트라는 이렇게 말했다』 이후, 니체는 그의 이상적 유형들에 대해 구원적인 용어들 외에 더는 어떤 것으로도 말할 수 없어서 철학자라는 용어에 소유격의 시간적 수식어 "미래의"를 덧붙인다. 이 부가는 철학자의 구원적이고 창조적인 기능들을 강화하며 미래적이 되고 연기되는 그의 시간적 지위를 보여 준다. 구원적인 기능은 자유정신들에 대한 니체의 다음 서술에서 드러난다.

그러나 이 썩은 냄새가 나고 자기 회의적인 현재보다 더 독한 시대에서, 언젠가 위대한 사랑과 경멸을 지닌 **구원하는 인간**, 자신을 어떠한 무관심이나 모든 것 너머에 있게 두지 않을 강제력을 소유한 창조적 정신인 그가 우리에게 다가오고 말 것이다······신과 허무를 초극한 이 사람. — 그는 언젠가 올 수밖에 없다.[116]

III:8, 또, Preface, 3, "Wise," 2; CW, Preface; ("자신의 모습에 따라 세계를 창조"하려는 충동을 소유한 사람으로 묘사하는) BGE, 9, (학자와 반대되는 사람으로서 묘사하는) 39, 44, 203 그리고 ("진정한 철학자"는 "자신을 끊임없이 위태롭게 만들며 위험한 게임을 한다"는) 205를 보라.

115. Deleuze, *Nietzsche and Philosophy*, 92.

116. GM, II:24. 또한, GM, III:14를 보라.

게다가 정신은 조건을 나타내는 동사 '……임이 틀림없다'mussen로 특징지어지며, 대지를 구원할 도래하는 자유정신의 미래의, 그리고 아마 필연적인, 방향을 지시한다. 이것은 니체가, 나아가 미래의 철학자들의 조건적인 지위를 지시하는, '아마도'vieleicht라는 단어를 반복적으로 사용하는 것과 짝지어진다.[117] 그들은 유예될 뿐만 아니라 그들의 도래는 결코 완전하게 약속되거나 보장되지 않는다. 니체의 철학자들의 미래적인 차원은 신의 부재 속에서 가치를 생성하는 이중적인 방법으로 달성되는데, 한편으로는 그 철학자들이 도래하는 길을 기대하고 예비하는 것이고 다른 한편으로는 그러한 철학자들을 우리 스스로 바라고 사유하는 것이 바로 그 방법이다. 이것은 가치를 내재적인 것으로 설정하고 시간에 대한 근본적인 긍정과 대지 그 자체를 구축한다.

이제 미래의 철학자로 수정된, 이상적인 유형으로서의 철학자의 재출현은 니체가 『비극의 탄생』의 용어들을 다시-전유함으로써 확대된다. 특히 미학적인 개념일 뿐만 아니라 또한 이상적인 유형으로 그가 다시 사용하기 시작한 "디오니소스적"이라는 용어에 의해서 말이다. 이 가능한 독해는 후기 저작들에서 사실상 아폴론적인 것이 디오니소스적인 것으로 붕괴함으로써 촉진되며, 둘 사이의 구조적인 긴장을 해소하고 아마 미학적 이상에 대한 보다 심오하고 황홀한 그림을 구축할 것이다. 실제로 디오니소스는 이제 아폴론의 특징들을 포함한다고 하며 그래서 디오니소스는 아폴론적인 것의 합리적이고 상상적이며 개체화하는 기획을 떠맡는다. 니체가 언급하는 것처럼, 후기 디오니소스는 파괴적인 과제, "파괴할 때의 기쁨"[118]을 떠맡는다. 초기 글들이 이상적인 유형에서 상정되는 예술과 사유의 해결할 수 없는 긴장을 드러냈다면, 후기 저작들은 이상적인 유형에 대

---

117. 예를 들어, BGE, 2와 223을 보라.
118. EH, "Zarathustra," 8.

한 한층 단일화된 접근을 나타낸다. 여기서 예술, 사유, 학문, 철학 그리고 아폴론적인 것은 많은 이름을 가진 단 하나의 인물, 곧 디오니소스적인 철학자 안에서 통일된다.

이 포괄적인 경향은 학문과 예술에 대한 니체의 후기 저작들에서 더욱 깊이 수행된다. 학문적으로, "학문적인 인간"wissenschaftlichen Menschen과 철학자의 동등성은 일찍이 『선악의 저편』에서 명백하게 된다.[119] 그러나 이 동등성의 의미는 여전히 학문에 부과된 수단적인 가치를 유지시킨다. 학문이 구체적으로 이상적인 유형을 위한 예비적인 예술로 이해되는 것처럼 말이다. "모든 학문Wissenschaften은 지금부터 철학자의 미래의 과제를 위한 길을 예비해야 한다 : 이 과제는 가치의 문제에 대한 해결, 가치들의 위계질서에 관한 규정으로 이해된다."[120] 철학자의 역할에 대한 도구성과 기능적 동등성이라는 이 이중적 개념은 니체가 초기 저작들에서 예술, 즉 유용한 가상에 부여했던 지위를 동일하게 학문에 부여함으로써 유지된다. "최고의 학문은……우리를 이 단순화되고, 철저히 인위적이며, 적당히 가공되고, 적당히 위조된 세계에 매두려고 한다 ― 싫든 좋든 이 학문이 오류를 사랑하는 방식으로 말이다. 왜냐하면, 학문은 살아 있는 것이며, 삶을 사랑하기 때문이다."[121] 이전의 예시들에서 예술과 마찬가지로, 학문은 여기서 자신의 본성을 자각하고 있는 한에서 삶을 긍정하는 것으로 이해될 수 있다. 가상을 통하여 학문은 세계를 긍정한다. 왜냐하면, 학문이 세계를 더 흥미롭게 만들기 때문이다.

거의 비슷한 것이 이제 본질적으로 이상적인 유형을 위한 도구로 여겨

---

119. BGE, 204. 또한, 같은 책 206을 보라.
120. GM, I:17. 또한, 니체가 다음과 같이 언급하는 BGE, 210을 보라 : "그럼에도 불구하고 우리의 새로운 철학자들은 다음과 같이 말하게 될 것이다 : 비판가들[즉 학문적인 인간들]은 철학자의 도구이다. 바로 그 이유로 철학자 그 자체로부터 멀리 떨어진, 도구일 뿐이다!"
121. BGE, 24.

지는 가상적인 본성을 소유한 예술에 관하여 말해진다. 이 시기에서 예술의 긍정적인 역할은 명백하게 예술의 가상적인 본성, 즉 존재의 양상들에 관한 관심을 끌어내고 그것들을 긍정하는 방식으로 은폐하는 예술의 능력을 통하여 알려진다. 그래서 『도덕의 계보학』에서 (그 자체가 하나의 거짓말인) 금욕적인 이상과 반대로 우리에게 필요한 것은 "진정한 거짓말, 참으로 단호한 '진실한' 거짓말"[122]이다. 다시 말하면, 니체가 이후의 몇몇 절에서만 언급하는 것처럼, 예술은 "정확하게 거짓이 신성시되고, 기만하려는 의지가 선한 양심을 소유하는" 저 영역이다.[123] 따라서 예술의 가상은 허구들을 형성하기 위해 그리고 심지어는 본질적인 가치의 부재 속에서 대지에 가치를 부여하는 철학자들을 형성하기 위해 필연적이 된다.

그러나 그의 대부분의 이전 저작과 대조적으로, 니체는 『우상의 황혼』에서 예술의 어떤 목적은 유익한 방식으로 이상적 유형을 도울 수 있다는 점을 분명하게 인정한다. 왜냐하면, 그는 계속해서 예술의 가상적인 본성을 인정하긴 하지만 예술은 "완전한 것으로 변화되고자 하는 충동"[124]이라는 점을 덧붙이기 때문이다. 예술은 그러한 완전성이 결핍된 완전성을 구축한다. 그리고 그러한 예술의 기능은 예술을 가상과 기만으로서 보는 니체의 초기 직관들을 완전히 계승한다.

예술이 있으려면, 어떤 종류의 미학적 행동 또는 미학적 지각이라도 있으려면, 특정한 생리적 선결 조건이 필수 불가결하다:도취⋯⋯도취의 본질은 힘이 상승하는 느낌과 충만함의 느낌이다. 이런 느낌에서 우리는 사물들에게 나누어 주고, 사물들에게 받기를 강요하며, 사물들을 파괴한

---

122. GM, III:19.
123. GM, III:25.
124. TI, "Expeditions," 9.

다 ─ 우리는 이 과정을 **이상화**라고 부른다.[125]

니체의 생생하고 가학적인 언어는 여기에서 적절하다. 예술은 세계에 해석을 강요하기 위해 세계 그 자체에 침투한다. 예술은 이상화와 도취의 과정이면서, 지배와 완성의 과정이기도 하다. "삶의 기술"이라는 니체의 초기 선언을 상기하자면, 예술의 본성에 관한 이 추가적인 주장은 예술로서의 삶을 자기완성을 지향하는 존재방식으로 고양시키는 가치를 가진다. 다듬고 개선하는 과제는 단순하게 우리 자신을 작품으로 만드는 것이 아니라 우리 자신을 잠재적으로 완전한 어떤 것으로 만드는 것을 목표로 한다.

후기 저작에서 극찬한 귀족적인 가치들에 걸맞게, 니체가 미래의 디오니소스적인 철학자들을 위해 유지하기 원하는 것은 정확하게 이상화, 지배, 잠재적인 완성의 과정들이다. 그러한 이상화는 철학자의 창조적이고 긍정적인 기획에 기여하며 예술가로 하여금 심연을 꿰뚫어 보도록 만든다. 이상화는 또한 이상적인 유형들 자체를 창조하는 요소일 수 있고, 이상적인 유형이 거쳐야 하는 새로운 본질들과 자기들을 제공한다. "모든 심오한 정신tiefe Geist에는 가면이 필요하다. 더 나아가 모든 심오한 정신의 주변에는 삶에 관한 모든 말, 한 마디 한 마디, 모든 발걸음을 끊임없이 잘못 해석하는 덕분에, 즉 천박하게 해석하는 덕분에 가면이 계속 자라난다."[126] 이런 가면들은 이상적인 유형이 세계에 제공하는 다양한 해석들이며, 그가

---

125. TI, "Expeditions," 9. 또한, 니체가 다음과 같이 언급하는 24와 10을 보라: "예술이 전부 하는 일이 무엇이란 말인가? 예술은 칭찬하지 않는단 말인가? 예술은 찬미하지 않는단 말인가? 예술은 골라내지 않는단 말인가? 예술은 두드러지게 하지 않는단 말인가? 예술은 사실 이 모든 일을 하면서 특정한 가치 평가들을 **강화하거나 약화시킨다**······예술은 삶의 위대한 자극제이다. 그런데 어떻게 그것이 목적이 없다거나, 목표가 없다거나, **예술을 위한 예술**(l'art pour l'art)로 생각될 수 있단 말인가?"

126. BGE, 40.

창조적인 과정의 일부로서 창조하는 개념적인 페르소나이다. 그리고 자기 실험에 관한 그의 초기의 진술들에 걸맞게, 그러한 가면들은 자기를 형성하는 과정의 일부이다: "미래의 철학자들은 끊임없이 고대하고 있는 사람들이며, 그들이 실험하는 비유적인 전형으로 제공된 내재적인 비판과 자기 소비적인 풍자에서 그리고 그것들을 통하여 그들 자신을 정의하고 다시 정의하는 사람들이다."[127] 이상적인 삶은 새로운 본질들을 창조하고 그것들을 존재에 활용하며 또한 그것들을 평가하는 것이다. 자기완성을 향한 운동은 새로운 자기들이 창조되는 반복적인 과정이다. 이상적인 유형은 스스로 새로운 이상적 유형들을 창조해야 한다.

이전 작업에서의 실험에 대한 그의 검토 덕분에, 니체는 그의 마지막 시기에서 이상적인 유형 그 자체가 생산적인 과정의 일부임이 틀림없다는 점을 분명히 한다. 이런 인물들과 가면들은 창조적인 과정들을 개선하는 "실험", "풍자", 불화와 공명의 페르소나가 된다. 이 실험적이고 통일적인 경향은 니체에 의해 다음과 같이 명백하게 된다.

인간적인 가치와 가치 감정의 영역을 편력하고 다양한 시각과 양심을 지닌 채 높은 곳에서 모든 먼 곳을, 깊은 곳에서 모든 높은 것을, 구석에서 모든 드넓은 곳을 전망할 수 있기 위해서, 아마도 [이상적인 유형] 그 자신은 비판적이고 회의적이며 독단적이면서도 역사적이어야 했을 것이며, 또한 시인이며 수집가이고 여행가이며 수수께끼를 푸는 자이며 도덕가이고 예견하는 자이며 자유정신 등 거의 모든 것이어야만 했을 것이다.[128]

예술과 그것의 생산, 창조성 그리고 자기 가상의 힘은 심리학적인 생산의

---

127. Hicks and Rosenberg, 22.
128. BGE, 211.

창의적인 과정에서 야기된다. 우리는 다양한 자기와 개념적 페르소나를 만들어 내되 그것들을 자기완성의 과정에서 이겨내기 위해 만들어 낸다. 이상적인 삶을 실현하기 위해, 우리는 기꺼이 우리 자신을 하나의 완전한 작품으로 개선하기 위한 다양한 본질들과 존재방식들을 거쳐야 한다. 자기 제작은 끊임없이 본질을 형성하고 실험하며 개정하는 행동들에 달려 있다.

니체의 사유에서 그러한 현상은 더 넓은 양식의 일부, 즉 "진정한 삶 예술가"Artisten des Lebens 129처럼 사는 삶에 대한 그의 지속적인 요청으로 이해되어야 한다. 그의 이전 시기의 저작에서 예술가적 기교에 대한 이중적인 의미를 상기하자면, 니체는 삶의 기술이 긍정적인 이상에 따라 존재의 모든 차원을 통합하기 위해 사용된다는 점을 제안한다.

> "하늘에서나 땅에서나" 본질적인 것은, 다시 한번 말하지만, 오랫동안 한 방향으로 순응하게 되는 것처럼 보인다. 그 때문에, 오랫동안 지상에서의 삶을 가치 있는 것으로 만드는 목적을 가진 어떤 것, 예를 들어: 덕·예술·음악·무용·이성·정신성 — 정화하고 세련되며 열광적이고 신성한 어떤 것이 항상 나타나고 나타났던 것이다.130

그래서 우리의 긍정적인 이상에 의하면, 살아가고 창조하고 사유하는 과제는 우리의 존재를 위한 것이며, 가장 세부적인 것들에까지 이른다. 심지어 "사소한 사항들 — 영양 섭취, 장소, 풍토, 휴양, 이기심의 모든 궤변은 이제껏 중요하다고 받아들여졌던 모든 것보다 상상을 초월할 정도로 중요하

---

129. BGE, 31.
130. BGE, 188.

다."[131] 자기 창조와 자기완성이라는 과제를 회피할 수 있는 것은 아무것도 없다. 이상적인 유형은 창조하고 개선하며 고대하고 부정하는 끊임없는 과정에서 존재해야 한다. 모든 것은 긍정적인 이상, (사유로서) 학문과 예술의 봉사를 요구하는 과제를 따라 정렬되는 것이다:

우리가 어떻게 우리 자신이 되느냐는 물음은 우리가 무엇인지에 대해 가장 희미한 개념조차 가지고 있지 않다는 것을 전제한다. 이런 관점에서는 삶의 실수들, 즉 때때로 옆으로 샌다든지, 길을 잘못 든다든지 하는 것, 주저하는 것, "겸손함", 자기의 과제에서 멀리 떨어진 과제들로 인해 진지함을 허비해 버리는 것 등등마저도 나름의 의미와 가치를 갖게 된다……. 그 사이에, 지배의 운명을 타고난 체계를 세우는 "이념"은 의식 깊은 곳에서 점점 자라나서 — 명령하기 시작한다. 서서히 그것은 우리를 옆길과 잘못된 길에서 제자리로 돌아오게 한다. 그것은 언젠가 전체를 위해 없어서는 안 되는 수단으로서 증명될 개별적인 성질들과 유용한 것들을 준비한다.[132]

이런 진술들은 삶의 기술이라는 니체의 이전 개념을 상당히 수정하고 확장한다. 여기서 삶의 기술은 단순하게 긍정이라는 목적을 위해 사유와 예술의 균형을 맞추는 것이 아니다. 보다 암시적이고 구체적인 어조로, 니체는 명백하게 삶의 기술이 존재의 "사소한 것들", 우리의 식습관, 즐거움을 주는 것들, 가치들, 실수들, 목적들 그리고 우연한 사건들을 선취하는 것임을 증명한다. 삶의 기술은 이런 다양한 존재의 차원들을 예술과 학문의 이중적인 힘으로 지배적인 새로운 이상에 맞춰 변경하는 것이다. 자기 실험과

---

131. EH, "Clever," 10.
132. EH, "Clever," 9.

자기 생산을 위한 근본적인 요소는 삶 그 자체의 사소한 것이다. 오직 일상의 삶의 다양한 양상들을 지배하고 변형시킴으로써 우리는 완성가능성과 특별한 이상을 지향하는 삶을 창조하기 시작한다.

그래서 마지막 시기의 니체의 저술은 이상적인 유형들의 특징들을 개선하고 통합하는 연속의 과정을 보여 준다. 반면에, 이전 시기들에서 니체의 미학과 학문에 대한 이론들은, 이상적인 유형들 자체에 대한 이론과 마찬가지로, 아직은 뚜렷하게 상호의존적인 것들이라 말해질 수 있으며, 니체의 마지막 글들은 이상적인 유형의 특징들, 가치들 그리고 본질에 대한 심오한 통합을 입증한다. 니체는 그렇게 하면서 과거의 이상화된 구조들에 의존하는 한 인물을 제시하지만, 또한 중요한 방향들로 사고방식들을 확장하고 창조성에 대한 차라투스트라의 요청, 이상적 유형의 예술과 학문의 도구적 관계, 그리고 초기 저작들에서 디오니소스적인 특징을 전유한다. 그리고 이것에, 자기완성이라는 이름으로 이상적 유형의 조건적인 본성과, 철학자 안에서의 예술과 학문의 붕괴, 디오니소스의 심연적인 본성, 그리고 계획에 따른 삶의 사소한 것들에 대한 끊임없는 관심 요청, 디오니소스적인 금욕주의가 더해진다.

디오니소스적인 철학자는 삶의 기술을 실천하고, 자기완성이라는 미학적인 이상에 대한 복종을 통하여 "자기 자신"이 된다. 이 과제는 삶을 보다 긍정적으로 만들고 미래를 위해 헌신하도록 만드는 학문과 예술, 사유와 구성적인 가상의 사용을 통해서 계속해서 순수해진다. 니체의 작업의 마지막 시기에서 이상적인 유형은 삶의 지극히 평범하고 사소한 것들과 그것들이 창조성, 부정 또는 긍정을 요구하는 방식들을 통하여 지속적으로 삶의 새로운 방식들을 생산할 뿐만 아니라 존재의 경제를 구축하는 새로운 자기들을 생산하는, 예술적인 삶을 구상하는 수단이 된다.

결론

니체의 전체 작업에 걸쳐 그가 이상적 유형들을 사용하는 사태를 검토하는 일은 삶으로서의 예술에 대한 그의 개념을 해명하는 일련의 해석적인 지평들을 열어놓았다. 초기 저작들에서 아폴론적/디오니소스적 예술가는, 철학자와 함께, 적어도 예비적인 측면에서, 아테네 비극의 아폴론적인 양상들과 디오니소스적인 양상들 간의 종합을 우리가 어떻게 성취할 수 있는지에 대한 유익한 예들을 제공한다. 니체가 급증하는 이상적 유형들의 목록을 학문과 사유의 과정에 대한 더욱 확고한 성격묘사로 보충하기 때문에, 학문적으로 더욱 고양되는 작업 시기 중 이 시기에 중요한 진보가 만들어진다. 니체는 또한 예술의 본성, 즉 예술의 가상과 기만적인 본성에 관한 더욱 영속적인 몇 가지 통찰들을 추가한다. 그의 작업의 세 번째, 네 번째 시기들에서, 니체의 초기 시절에서 발전된 개념적인 도구들은 니체의 점점 확장되는 근본적인 긍정, 자기완성을 향한 운동과 이상적 유형 자체에 대한 확대되는 통일에 의해 사용되고, 다시 전유되며 강화된다.

그러나 앞선 입장들 중 어떤 것도 그 문제에 대한 니체의 "마지막 진술"을 제시하지 않으며, 오히려, 니체의 철학은 창조, 은폐 그리고 개념적 생산의 과정이 계속 진행 중인 삶의 미학화의 일부분임을 드러낸다. 각각의 시기에서, 니체는 새로운 존재방식을 소개할 수 있고 삶과 사유 그리고 창조의 방식의 특징을 나타낼 수 있는 개념적인 페르소나들을 소개한다. 더욱이, 다수의 개념적인 페르소나들은 이상적 유형들의 주된 특징을 나타낸다: 그들은 많은 가면과 본질, 존재방식을 창조하고 이겨내는 사람임이 틀림없다. 사라 코프만이 다음과 같이 능숙하게 설명하는 것처럼 말이다: "철학을 위한 수많은 은유는 철학자의 과제의 다양성을 또한 보여 준다 ─ 인간적인 가치들의 전체 범위를 망라하는 사람이 철학자다……."[133]

여기서 약술된 이상적 유형들은 다양한 연구방식의 원천들을 사용함으로써, 즉 예술과 학문을 사용함으로써 창조적이고 명랑한 실존적인 종합에서 삶의 방식이 철저히 긍정적이고 창조적일 수 있는 방법들을 특징짓는다. 그래서, "미학적 삶"은 필연적으로 아름다움이나 예술작품과의 동일성을 추구하는 것이 아니라 구조적으로 예술과 학문을 자기형성과 근본적 긍정이라는 과제에 대한 끊임없는 개선으로 사용하는 것이다. 니체에게 미학적 삶의 목적은 철학적일 뿐만 아니라 실존적이다. 즉 우리는 대지를 긍정할 뿐만 아니라 자기 형성, 가상, 그리고 진리에 대한 헌신을 실천함으로써 자기를 해방시켜야 한다는 것이다.

이 과제는 니체가 그의 방랑자, 자유정신 그리고 『이 사람을 보라』에서 그 자신의 자전적인 글들의 이미지들을 통해 명백하게 만든 것처럼, 역동적인 철학적 그리고 미학적 목적을 따라 존재의 모든 양상에 대한 개선을 요구한다. 식사·성·종교·정치와 우리의 관계, 심지어 삶의 자리에 대한 우리 자신의 선택은 자기 창조라는 기획에 기여한다. 가상에 대한 창조적인 생산과 학문적인 것의 비판적인 시각은 이런 요소들을 분명하게 만들고 그것들에 의미를 부여한다. 예술과 사유는 삶의 혼란스러운 경험들에 질서를 부여하고, 어떤 의미에서는, 우리가 겪어야만 하는 예술적인 허구이기도 한 통일적인 자기 아래 그것들을 통합시키도록 도와준다. 우리는 끊임없이 삶의 예술에서의 실험들로서 새로운 본질들과 자기들을 창조하며, 각각을 긍정, 부정, 그리고 자기 형성을 위한 새로운 가능성으로 드러낸다. 개념들의 구조와 새로운 자기 정체성들의 창조 둘 다에서 ─ 학문의 해체적인 날카로움뿐만 아니라 예술의 가상들을 활용함으로써, 자유정신은 통합되고 창조적이며 존재를 긍정하고 해방된 하나의 삶을 만든다.

---

133. Kofman, 107.

예술로서의 삶이 니체의 작업에서 약술된 본질적이고 건축술적인 것을 나타내기 때문에, 니체의 기획에 대한 평가는 곧 있을 지면들에서 밝힐 것이다. 만일 예술로서의 삶이 실행 가능한 삶과 사유의 방식일 수 있다면, 그것은 예술과 비판적 사유를 통해 그렇게 행해져야 하며 놀이와 실험을 통해 예술과 사유를 종합함으로써 실행되어야 한다. 니체 이후에 예술로서의 삶은 그의 언어와 은유들 그리고 페르소나들에 대한 흔적들을 지닌다. 그러나 서론에서 주목했던 것처럼, 예술로서의 삶은 니체에 의해 영감을 받긴 하지만, 니체의 고유한 정식화에서는 근본적으로 불완전하다 — 그리고 아마도 실행불가능하다. 그래서 다음의 장들은 니체에 의해 제기된 해체, 긍정, 그리고 자기 실험이라는 주제들을, 그것들이 독자적인 용어들이긴 하지만, 신중하게 강화함으로써 니체의 삶의 예술에 관한 탐구 정신을 따르는 시도를 제시한다. 우리가 볼 것처럼, 이제 드러나는 것은 니체의 작업에서와 같이 이 세 부분의 총합보다 더 큰 자기이다.

Resistance

4장

테오도르 아도르노의 부정적 사유와 유토피아

저항을 위하여

2차 세계대전 때 나치가 벨기에를 점령할 동안, 형식적 초현실주의 화가의 전형인 화가 르네 마그리트Renê Magritte는 평상시 그가 그려 왔던 보다 재현적인 양식에서 벗어나 일련의 "인상주의적인"impressionistic 그림을 그리기 시작했다. 마그리트는 전쟁에 대한 공포와 극단적인 나치 점령에 의해 충격을 받아 캔버스를 밝은 색깔과 파스텔, 부드러운 색조로 채웠고 그의 소재들을 자주 인상주의적으로 연출했다. 물론 마그리트 그림의 소재들 또한 아이러니하고 유머가 넘치며 초현실적인 양식에서는 보통 터무니없는 것이었다. 유럽의 참상에 직면하면서, 마그리트의 그림들은 개념적이고 선형적인 것에서, 생기 있고 심지어는 즐거운 것으로 변화했던 것이다.

많은 이들이 마그리트를 현실 도피적이라 비난하고 싶어 함(그리고 비난했음)에도 불구하고, 그의 인상주의적인 시기는 예술작품에서 가장 중요한 아이러니, 즉 예술이 조금이라도 정치적인 가치를 가진다면, 그것은 오직 (때때로 문자 그대로) 현실에 빛을 비추면서도 현실과는 거리를 유지함으로써만 가능하다는 아이러니를 확립한다. 마그리트는 이 점을 그의 『있는 그대로의 초현실주의』*Surrealism in Full Sunlight: The Experiment Continues*에서 다음과 같이 언급한다. "우리는 햇빛이 단지 거의 항상 비참한 세계를 비춘다는 이유로, 그것을 두려워해서는 안 된다."[1] 그래서 예술은 자신의 완전한 자율성과 대개는 부조리함으로 보통은 말할 수 없는 것에 대한 견해를 주장할 수 있다. (다름 아닌, 재킷을 입고 타이를 매고) 자신의 어깨너머를 어색하게 힐끗 보고 있는 한 마리 돼지의 이미지나, 빈 캔버스를 채우고 있는 두 사람, 그리고 비뚤어진 형태들과 이미지들로 가득한 마그리트의 인상주의적인 예술은 그것들이 세계의 부조리함을 바로 그 세계로부터 끌어냄으로써 보여 주기 때문에 저항적이다. 예술은 자신의 부정성에서 세계가 달리 존재할 수 있음을 드러낸다. 이런 점에서 마그리트의 인상주의적인 작품은 귀스타브 쿠르베Gustave Courbet가 파리 코뮌 실험이 몰락할 때 정물화를 그리는 것을 고집했던 것처럼, 비록 현실과는 조금 거리가 있다 하더라도, 그 작품이 기쁨과 생기로 가득 찬 세계를 강조하는 측면에서 뚜렷하게 이상적이다.

마그리트의 작업은 전쟁이 끝난 후 머지않아 보다 재현적인 전통양식으로 돌아간다. 그러나 마그리트 그 자신은 그의 작품의 혁명적인 가치를 계속해서 고집했으며, 다음과 같이 주장했다. "나의 예술은 자신의 이름으로 삶을 제거하고 있는 부르주아의 이상에 반대하는 한에서만 타당하다."[2] 하지만 마그리트의 작품은 공산주의적인 그의 성향의 흔적들을 지니거나 명백하게 정치적인 표현들 또한 하지 않는다. 다만 그는 언제나 자신의 작품에 대한 정치적인 가치를 주장하면서, 자신의 독창적인 이미지들, 예를

---

1. Magritte Museum website, http://www.musee-magritte-museum.be에서 인용.
2. Magritte Museum website, http://www.musee-magritte-museum.be에서 인용.

들어 많은 양의 물 위에 떠 있는 바위들과 중절모를 쓴 남자들과 같은 그림을 그린다. 이런 점에서 그의 예술은 여전히 자율적이고 개념적이며 부조리하고 그렇게 함으로써 대단히 정치적이고 이상적이다.

이 장과 그 다음 장이 관심을 기울이고자 하는 것은 바로 이 역설이다. 예술은 어떻게 정치적인 가치를 가지는가? 더 나아가, 예술의 혁명적인 가치는 어떻게 그 가치가 실현되는 세계와 그 가치의 분리에 근거하는가? 마지막으로, 추상적이고 자율적인 예술이 어떻게 더 나은 세계를 지시할 수 있는가? 부정적인 예술이 어떻게 또한 긍정적이 될 수 있는가? 이 역설을 해결하고 이 역설의 개념적인 특징을 강조하는 것은 예술로서의 삶의 저항적인 차원을 밝히는 데 도움을 줄 것이다. 왜냐하면, 비록 예술이 아름다운 것이고 도취시키는 것이며 또는 이외의 다른 것들이긴 하지만, 예술은 또한 몹시 정치적이고 유토피아적이 될 수도 있기 때문이다. 마그리트의 부조리주의에서 굉장히 아름답게 발생하는 예술의 이 차원은 예술로서의 삶의 중심축들 중 하나가 된다.

우리는 니체와 함께 사유와 예술의 이질적인 영역들을 구성적인 실존적 종합, 즉 삶의 기술로 융합시키려는 첫 번째 일관된 시도를 보았다. 니체의 이상적 유형들은 긍정적이고 시적이며 진실하게 살기 위해서 예술과 사유를 사용하는 방법을 드러내는 역동적인 구상들이다. 미래의 디오니소스적인 철학자, 자유정신, 그리고 극 예술가와 사상가는 모두 우리가 어떻게 합리성과 가상에 대해 비판적인 성향을 유지하여 그것들 각각에 희생되지 않을 수 있는지를 보여 주는 분명한 예들이다.

니체 이후에 예술로서의 삶으로 취해진 형식은 다음과 같은 그의 이상적 유형들에 의해 특징지어진 근본적인 동인을 기반으로 한다. 만일 우리가 예술적으로 살고자 한다면, 그것은 예술과 학문, 가상과 합리성, 디오니소스적인 실존의 차원과 아폴론적인 실존의 차원들의 창조적인 종합을 통하여 가능할 것이라는 사실 말이다. 그래서 니체 그 자신이 예술적인 삶의 본성을 완성하거나 완전히 상세하게 설명하지 않았음에도 불구하고, 그는 그 이후의 예술로서의 삶의 본질적인 구조와 전개방식을 개념화한다.

이런 점에서, 이 장과 이후의 장들은 니체의 예술로서의 삶에 대한 예비적인 개념화에서 두 가지 결정적인 특징들을 취한다. 첫 번째 특징은 예술적인 삶이 다음의 세 가지 요소들로 구성될 수 있다는 점이다. 1) 존재, 가상 그리고 실재와 합리성의 한계들, 그리고 니체에 의해 종종 "냉철한" 것으로 고려되는 이상적인 삶의 학문적 정신에 대한 비판적 검토, 2) 가상, 도취 그리고 경험을 통하여 니체에 의해 알려지는 경험 그 자체에 대한 개시─이것은 삶을 새로이 보라는 요구이다. 설령 그것이 심연, 공포 또는 아름다운 것일지라도 말이다. 그리고 3) 학문적인 것과 합리적이지는 않지만 실험적이고 생생한 실존의 다양한 양상들을 향해 있는 미학적인 것의 종합 또는 삶의 기술. 이런 세 가지 요소들은 니체 이후의 예술로서의 삶의 건축술을 구성하며, 남아 있는 각 장의 주제들이다. 두 번째 특징은 예술로서의 삶이 사유와 미학의 관계를 지속적으로 강화함으로써 작동하며, 따라서 각각 상호 간에 서로에게 영향을 끼친다는 점이다. 이 종합은 궁극적으로 삶의 기술로 성취되지만, 그것은 또한 개별적인 요소들 그 자체로 보일 수 있다.

이 장과 다음의 장들은 니체의 근본적인 언어를 기반으로 하되 이를 심화시키는 맥락에서 정확하게 예술적인 삶을 구성하는 것을 보다 명백하게 설명하고자 한다. 카뮈와 푸코에 대한 마지막 장이 "삶의 기술"을 다룰 것이며 그것이 어떻게 성취될 수 있는가를 다루는 데 반해, 다음 네 개의 장은 예술로서의 삶의 "학문적"이고 "미학적"인 차원들을 다루고자 한다. 헤르베르트 마르쿠제를 다루는 이 장과 다음 장에서는, 특히, 예술로서의 삶의 학문적인 축이 니체에 의해 제시된 것보다 더 완전한 대우를 받게 될 것이다. 그렇게 함으로써, 니체가 학문Wissenschaft으로서 고려했던 것은 사유에 대한 변증법적인 이해, 예술작품에서의 가능한 유토피아의 전개, 그리고 마르쿠제의 경우에는, 더욱 정의롭고 유쾌한 사회와 개인적인 실존의 잠재적인 실현으로 바뀔 것이다.

이 개념적인 변화는 비판적인 미학과 함께 사유를 설명하고 사유와 미학의 상호작용을 설명하는 방식들에 대한 검토를 통하여 성취된다. 비판이론에서, 사유에 대한 니체의 생각은 서구 합리성과 정치에 대한 의도적인 부정으로 냉철하고 해체적으로 확장된다. 학문에 대한 니체의 정신과 사유 그 자체에 대해 사유하라는 비판이론의 요구를 연결시킴으로써, 니체의 이상적 유형들의 냉철하고 합리적인 요소는 몹시 정치적이고 저항적이 된다. 그러나 마그리트의 작품과 아폴론적인 것을 포함하여, 부정은 어떤 것을 더 많이 개방하는 것일 수 있다. 비판적 사유와 예술은, 그것들의 가장 순수한 형식에서, 희망을 위한 가능성과 더 나은 어떤 것에 대한 약속에 헌신한다. 즉, 부정성은 존재에 대한 새로운 시각을 긍정적으로 구상하도록 만든다.

아도르노와 마르쿠제에게 세계는 예술을 필요로 하는데, 그것은 예술이 "잘못된 기관들"과 "잘못된 필요들"을 통해 만들어지는 가상들의 "장막"과 거리를 두도록 만들기 때문이다. 이 점은 비판적 사유에 대해서도 동일하게 서술될 수 있다. 물론 비판적 사유가 예술 그 자체가 가진 자율성은 절대 성취하지 못하지만 말이다. 이런 점에서 예술은 비판적 사유가 원칙적으로 요구하는 것, 즉 손상된 현재, 또는 아도르노가 인용하는 것처럼, "훼손된" 현재에 대한 올바른 인식과 비판적 이해를 실제로 성취한다. 이런 측면에서, 적절하게 추론하는 것은 미학적으로 추론하는 것aesthetic reason이며, 우리에게 발견되지 않는 것을 드러내기 위해 예술을 사용하는 것이다. 그러나 예술은, 그것의 부재를 통하여, 뒤에 남겨진 것, 가능한 것 또는 절대로 완전하게는 주어질 수 없는 것 또한 우리에게 보여 준다. 이렇게 하여, 예술은 이성을 초월하고 혁명적이 되며 미래의 개혁을 위한 새로운 가능성을 설정한다.

그래서 니체가 비판적 사유에 부여했던 것은, 홀로코스트와 냉전 이후, 다름 아닌 미학적 추론과 저항에 대한 요구가 된다. 예술과 이성은 서로 긴장이 발생할 때, 현재에 대한 비판적인 성향이 되고 미래를 위한 가능성들을 드러낸다. 그래서 니체가 옳았던 것처럼, 만일 예술로서의 삶이 해방과 자기 규정을 조망하는 일에 헌신하는 것이라면, 그것은 저항적인 성향과 대안적인 세계에 대한 창조를 통해서 그렇게 해야 한다. 이런 점에서 이 장과 다음 장은 비판적 사유에서 저항으로의 운동, 부정성에서 긍정적인 변형으로의 이행을 자세히 검토한다.

비판이론에 의해 요청된 저항은 전쟁의 참상들과 인종학살, 기근을 낳은 20세기의 역사적·철학적인 상황에 대한 날카로운 인식을 통해 요구된다. 단언컨대, 아도르노의 사유는 그의 전체 사유에 영감을 주는 홀로코스트와 분리될 수 없다. 고통과 인종학살, 억압의 현실은 아도르노의 미학적 이성에 대한 개념화의 배경을 형성한다.

아도르노에게 있어서 역사의 중요성을 고려한다면, 가까운 과거를 규정하는 특징들에서부터 논의를 시작하는 것은 대단히 중요하다. 이런 맥락에서, 현대는 막스 호르크하이머Max Horkheimer와 아도르노가 본 것처럼, "세계가 인간의 대상으로 만들어지는" 시대이다.[3] 그리고, 마르쿠제가 주장하는 것처럼, 이러한 대지와 타자들을 지배하는 확장된 능력은 경험 그 자

---

3. Max Horkheimer and Theodor Adorno, *Dialectic of Enlightenment: Philosophical Fragments* [DoE], trans. Edmund Jephott (Stanford, CA: Stanford University Press, 2002), 5.

체의 변형으로 이어졌다:

> 이러한 경험의 더 큰 맥락, 이 현실적인 경험 세계는, 오늘날도 여전히 가스
> 실과 강제수용소, 히로시마와 나가사키, 미국제 캐딜락과 독일제 메르세
> 데츠, 펜타곤과 크렘린, 핵도시와 중국의 코뮌, 쿠바, 세뇌와 대량학살의
> 세계이다.[4]

인간의 상호작용과 경험에 대한 풍경은 세계대전, 인종학살, 세계화 그리고
현대의 공안 정국 이후 달라졌다. 만일 우리가 예술적인 삶을 시작할 수 있
다면, 그것은 우리가 살아가고, 보고, 생각하는 방식들이 극적으로 달라졌
다는 것을 인정함으로써 그렇게 해야 한다. 그리고 오직 저항의 이러한 요
소들을 기술함으로써, 그리고 그것들이 어떻게 발생했는지를 기술함으로
써, 우리는 예술과 미학의 영향 아래 사유와 삶을 새로이 하는 과제를 시
작할 수 있다.

아도르노와 마르쿠제 두 사람에게, 전후 시기에서의 잠재적인 저항의
가장 중요한 점은 현대 공안 정국의 발생과 국가사회주의 국가가 전형적으
로 보여 주었던 인간의 문화적이고 지적인 행동에 대한 관리이다. 마르쿠제
가 언급하는 것처럼, "오늘날 총체적 관리는 필연적이며 그 수단은 대중적
만족, 시장조사, 산업심리학, 컴퓨터 수학, 그리고 소위 인간관계들의 과학
과 같이 가까이에 있는 것들이다."[5] 현대 서구의 진보된 사회들이 인간적인
필요의 만족을 위한 수단을 확장하긴 했지만, 그러한 진전은 관리되는 태

---

4. Herbert Marcuse, *One-Dimensional Man : Studies tn the Ideology of Advanced Industrial Society* [ODM] (Boston : Beacon Press, 1991), 180.

5. Herbert Marcuse, *Negations : Essays in Critical Theory* [N], trans. Jeremy Shapiro (London : Free Association Books, 1988), xix.

도와 행동의 증가와 결합되어 있었다. 이것은, 아도르노와 마르쿠제가 자주 주목하는 것처럼, "의식의 조작"manipulation of consciousness 6을 일으키고 시장, 문화 미디어, 교육체계, 가족을 통한 가능성들을 추방한다. 마르쿠제가 언급하는 것처럼, "증대된 진보는 증대된 부자유에 의존하고 있는 것처럼 보인다. 산업 문명의 세계를 통하여 인간에 의한 인간의 지배는 범위와 효율의 면에서 점점 더 커지고 있다."7

　　비판이론가들은 더 정의로운 개인과 사회를 만드는 데 있어 사유와 예술의 규범적인 역할을 이 역사적인 역설에 기반을 두어 반성한다. 그럼에도 불구하고 만일 우리가 사회적이고 시민적이며 개인적인 회복을 위한 창조적인 공간을 조성할 수 있다면, 그것은 현재의 모순적인 방편들을 통해서만 가능하다. 진보된 산업사회의 증대된 부와 그것이 인간의 존재 방식들을 제한하고 심지어 억압하는 방식들을 통해서 말이다. 현재는 특정한 행동들과 심지어 삶 그 자체에 대한 조작과 관리에 의해 규정된다. 만일 예술적인 추론과 삶이 현재에 대응해야 한다면, 특정한 목적을 위해 삶을 바꾸는 방식들에 저항해야 한다.

예술로서의 삶에서 그리고 더 일반적으로는 20세기 사유에서 자주 반복되는 주제로, 아도르노와 마르쿠제는 현재에 대한 평가와 해체 그리고 대안들을 제시하는 과제를 철학에 부여한다. 철학은 현재를 명백하게 설명할 뿐만 아니라 고발해야 하며 이와 동시에 관리되고 더럽혀진 현실들의 손아귀에서 우리를 해방시키는 사유 방식들을 만들어 내야 한다. 철학은 또한 예술작품들의 본질을 명백하게 설명하고 예술작품들의 불화를 일으키는 내용을 폭로하며 미학적인 영역에서 제시된 대안들을 보여 주는 과제를

---

6. Herbert Marcuse, *Eros and Civilization* [EC] (Boston: Beacon Press, 1974), 94.

7. Marcuse, EC, 4.

떠맡는다. 요컨대, 철학은 진단적일 뿐만 아니라 치유적이어야 하며, 저항의 요소들을 밝히고 방대한 대안들의 윤곽을 제시해야 한다. 홀로코스트 이후의 철학에 대한 비판이론적인 이해는 사유와 사회의 이상적인 형식들, 그리고 예술을 통한 그것들의 결합을 서구사회에 내재적인 구원의 몇 안 되는 방편 중 하나로서 제시한다.

만일 비판이론과 철학의 비판적 기능을 회복시키려는 시도가 진전될 수 있다면, 그것은 유럽적 사유의 원천들과 현재 그 사유의 한계를 통하여 그렇게 해야 한다. 그런데 비판이론가들은 이미 1930년대에 서구 사회들에서의 부정의의 주된 근원을, 지배를 원하는 데카르트적 주체와, 이 주체와 축약가능하고 조작가능한 객체들의 대립 사이의 총체적인 불균형으로 이해했다. 호르크하이머와 아도르노가 언급하는 것처럼, "존재하는 것들 사이의 다양한 유사성은 [서구사회에서] 의미를 부여하는 주체와 의미 없는 객체 간의 관계, 합리적인 의미와 그것의 우연적인 담지자 간의 개별적인 관계로 대체된다."[8] 데카르트적 코기토로 시작된 (그러나 멀게는 오디세우스가 예언했던) 초월적 주체의 발생은 과학기술과 학문들에서의 엄청난 진보와, 구체적으로는, 천연자원 등의 것들을 지배하고 통제하는 우리의 능력과 결부된다. 아도르노, 호르크하이머, 마르쿠제에게 서구 역사는 점점 더 조작가능해지는 객체에 대한 초월적 주체의 확장을 기술하는 것이다. 아도르노가 언급하는 것처럼, "주체와 객체는 잘못된 동일성으로 통합되었으며, 지배 기구에 대한 대중의 묵인으로 주체와 객체의 이 긴장은 해소되었다……"[9] 그래서 철학이 만일 비판이론가들에 의해 빈번하게 요청되는 치유적 기능을 제공할 수 있다면, 어떻게든 그 주체와 맞서게 만들고 주체와

---

8. Horkheimer and Adorno, DoE, 7. 또한, Marcuse, EC, 109를 보라.
9. Theodor Adorno, *Philosophy of New Music* [PNM], trans. Robert Hullot-Kentor (Minneapolis, MN: University of Minnesota Press, 2006), 21.

객체의 "잘못된 동일성"을 만들어 내는 모든 것에 대한 대상화를 극복함으로써 그렇게 해야 한다.

그런데 이것은 각각 "모든 논리와 모든 언어를, 그것들 모두가 훼손된 전체의 한 부분인 한에서, 거짓으로 만들어 버린 현실을 부정하려는 노력"에 가담하는 인식적이고 미학적인 그리고 구체적인 저항의 행동들을 통해 발생한다.[10] 그리고 마그리트의 인상주의적인 작품처럼, 이것은 공격적으로 해체하는 것과 같고 (아도르노에게서 가장 강력하게 이해되는 것처럼) "비참한 세계"miserable world를 볼 수 있도록 만드는 것과 같을 뿐만 아니라 현재에 반대하는 실재에 대한 새로운 형식들을 구상하기 위해 예술, 사유 그리고 다른 방편들을 구성하고 사용하려는 노력과도 같다. 따라서 니체가 학문의 형식들과 창조성이 균형 잡힌 삶을 구상했던 것처럼, 비판이론은 부정성과 희망의 균형을 맞춤으로써 저항의 행동들을 만들어 내고, 더 나은 어떤 것에 대한 형이상학적 충동과 함께 비판적 해체에 대한 필요성을 만들어 낸다. "훼손된 전체"mutilated whole를 극복하기 위한 철학적 노력은 오직 조화되지 않는 것을 결합할 뿐만 아니라 모든 예술작품들 안에 있는 형이상학적 계기들을 결합하는 행동들을 통하여 존속할 수 있다.

이 장은 아도르노의 저작에서 발견되는 부정적인 사유의 역할과 유토피아적인 희망에서의 그 사유의 잠재적인 목표를 개괄함으로써 진행된다. 비판이론에서의 저항의 형식은 철학적 기획으로서 규격화와 억압의 행동들을 뒷받침하는 대상화의 다양한 형식을 극복해야 한다. 이것은 예술과 이성의 새로운 관계를 구상하기 위해 주체와 객체 사이의 변증법적 대립과

---

10. Herbert Marcuse, *Reason and Revolution : Hegel and the Rise of Social Theory* [RR] (Boston : Beacon Press, 1966), xi. 마르쿠제는 ODM, 183에서 또한 이 명백한 저항의 요소를 제공한다 : "왜냐하면 철학은 비트겐슈타인(Ludwig Wittgenstein)이 그것을 모든 이론에 대한 부정으로, 모든 것을 그것이 존재하는 그대로 두는 일로 선언할 때 주장하는 것과는 반대되는 것이기 때문이다."

그 대립의 방편들에 의지하며, 니체의 학문 개념에서 비판^{Kritik}개념으로 그리고 가상으로서의 예술에서 혁명으로서의 예술로의 변형을 드러낸다. 예술로서의 삶에서 저항의 계기는 예술 그 자체 안에서 발견되는 부정성에 의해 고양되고 주체와 파괴된 객체의 관계를 다시 구상하는 사유의 부정적인 형식들을 위한 가능성에 달려 있다.

사유의 역할

미학적 명령으로 철학적 기획을 회복시키려는 아도르노와 마르쿠제의 시도는 그리스 시대 이후 서구의 지적인 역사를 거치면서 객체들이 점점 주체의 목적과 동일한 것으로서 이해되어 왔다는 그들의 공통된 이해에 의해 활기를 띠게 된다. 객체의 존재는 합리적인 주체의 존재와 구분될 수 없고 그것과 동일한 것으로 이해된다. 그래서 이 잘못된 주객 동일성을 파기하는 것은 비판이론가들, 특히 아도르노의 독창적인 직관이다. 더 나은 삶을 위한 창조적인 공간을 마련하기 위해, 우리는 다른 것들을 강제하는 사유방식과 존재방식을 극복해야 한다. 주체와 인식된 객체의 잘못된 동일성에 반대하는 사유는 우리가 억압적이고 정의롭지 않은 사유방식과 존재방식의 해체를 시작하는 수단이 된다.

이 이해는 주객 관계에 대한 변증법적 이해와 분리될 수 없다. 변증법적인 용어로 말하자면, 현재 지각하고 있는 주객 동일성을 전복시키라는 명령은 객체가 주체로 지양되고 변형된 것으로 지양되며^{aufgeheben} 그렇게 함으로써 주체와 객체의 긴장을 다시 도입하는 헤겔의 변증법을 "고정시키려는" 갈망을 나타낸다. 로버트 훌롯-켄토^{Robert Hullot-Kento}가 언급하는 것처럼, "전체적으로 이해된 아도르노의 철학은 객체의 우위성을 추구한다."[11] 객체를 우선시함으로써, 데카르트적인 동일성의 이성은 정지된다. 즉, 주체와의 구체적인 긴장 속에 처해 있는 객체는 자기의 고유한 정체성을 주체의 정체성 바깥에서 되찾게 된다. 이런 의미에서, 아도르노는 그의 기획의 규범적인 차원들을 다음과 같이 언급한다. "변증법은 비동일성에 대한 일관된 의식이다."[12] 왜냐하면 객체가 자기의 고유한 존재를 되찾는 것은 오직 비동일성, 즉 나 자신의 바깥에 있는 객체에 철저하게 전념하는 일을 통해서만 가능하기 때문이다.

비판이론에서 객체의 회복은 철학 그 자체 안에서부터 만들어진 윤리적 움직임이다. 변증법적 사유를 주체와 객체의 긴장으로 재구성함으로써, 우리는 객체에 우위성을 부여함과 동시에 주체성의 지배적인 역할을 포기한다. 그러나 이것은 객체에 대한 비매개적인 접근을 요청하는 것으로 이해되어서는 안 된다. 오히려, 아도르노뿐만 아니라 마르쿠제에게, 그리고 그들 이전에 칸트와 헤겔도 마찬가지로,[13] 객체는 오직 개념들을 통해서, 즉 객체를 의식에 제시하는 보조적인 관념들을 통해서만 접근될 수 있다. 아도르노는 다음과 같이 말한다. "존재자가 직접적이지 않기 때문에, 그것이 오직 개념을 통해서만 접근할 수 있기 때문에, 우리는 개념에서부터 시작해야 하며, 단순한 소여상태에서부터 시작해서는 안 된다."[14] 그는 더욱 분명한 용어로 다음과 같이 말하기도 한다. "개념 없는 사유는 전혀 사유가 아니다."[15] 객체가 아도르노에게 우선적이긴 하지만, 그것은 개념들을 통해서

---

11. Robert Hullot-Kento, "Right listening and a new Type of Human Being," *The cambridge Companion to Adorno*, ed. Tom Huhn (New York：Cambridge University Press, 2004), 182.
12. Theodor Adorno, *Negative Dialectics* [ND], trans. E.Bb Ashton (New York：Continuum press, 1990), 5.
13. 예를 들어, 칸트의 『순수이성비판』 특히 「초월적 분석론」에 대한 부분을 보라.
14. Adorno, ND, 153.
15. Adorno, ND, 98.

만 접근될 수 있다.

아도르노는 사유에서 개념과 객체 둘 다의 우위성을 주장하면서, 명백하게 사유 그 자체의 형식으로서의 변증법을 언급한다. 우리는 사유하기 위해서 (이것 없이는 개념도 없는) 사유의 대상과 객체들을 개념화하는 주체 둘 다를 가져야 한다. 주체와 객체는 모든 사유의 구성요소이다. 아도르노는 이렇게 말한다. "우리는, 사유함으로써, 주체와 객체의 분리가 직접적으로 사라질 어떠한 입장도 상정할 수 없다. 왜냐하면 그 분리는 각각의 사유에서 내재적이기 때문이다; 분리는 사유 그 자체 안에 내재해 있다."[16] 그러나 헤겔과 맑스Karl Marx와는 아주 대조적으로, 그리고 아도르노의 사유의 저항적인 차원들을 보여 주는 움직임에서, 변증법은 주체와 객체 사이에서 고정된 채 남아 있는 것이다. 다시 말해, 개념적인 종합에서든 역사적인 종합에서든 주체와 객체 그 어느 것도 지양될 수 없다. 객체는 우선적이며 주체는 합리적이지만 제한된 것으로 주어지는 주체와 객체의 분열은 적절한 사유와 철학 일반의 필요불가결한 것sine qua non으로 남아 있다. "주체와 객체의 이원성은 전체이고자 하는 사유의 내재적인 주장에 대해 비판적으로 고수되어야 한다."[17]

사유는 사실 변증법적인 것이라는 규범적인 선언에도, 아도르노는 변증법적일 뿐만 아니라 개념적인 매개 일반의 한계들을 인정한다. 객체들과 특수성에 대한 그의 성향 때문에, 변증법은 모든 가능한 개념화를 넘어서며 그것에 앞서는 객체의 잔여에 의해 본질적으로 제한된다. 즉 어떠한 개념이나 개념들의 집합도 객체를 남김없이 설명할 수 없다는 말이다. (7장에서 살펴보겠지만) 장-뤽 마리옹의 예상되는 어조로 말하자면, 아도르노는 다음과 같이 선언한다. "변증법이라는 명칭은 우선 객체들이 그것들에 대

---

16. Adorno, ND, 85.
17. Adorno, ND, 175.

한 개념들에 남김없이 포섭되지 않으며 이 객체들이 전통적 타당성의 규범과 모순된다는 점을 말할 뿐이다······ 이 이질적인 것은 통일성의 사유와 충돌함으로써 자신을 뛰어넘는다."[18] 혹은, 『미니마 모랄리아』*Minima Moralia*에서 그는 "사유는 자신의 객체에 결코 도달하지 못하기 때문에 그 객체 너머를 목표로 삼아야 한다"고 선언하기도 한다.[19] 객체는 결코 완전하게 도달되지 않는 이해가능성의 지평이다. 그것은 규제적인 이상으로서 존재한다. 개념들은 체험적이며 객체에 대한 더 나은 이해로 인도한다. 비록 개념들이 의식적으로 자신들의 잠정적이며 제한된 지위를 인식하긴 하지만 말이다. 아도르노에게 개념들은 오직 개념 그 자체의 존립가능성을 넘어서고 그 개념을 제한하는 객체들을 **목표**로 삼을 수 있을 뿐이다.

그러므로 우리는 계속해서 객체에 대한 끊임없는 존중 가운데 개념을 사용함과 동시에 개념에 대한 양쪽 한계들을 받아들여야 한다. 그래서 사유는 개념들을 효율적으로 사용하고 객체 자체와 개념들을 반복적으로 비교평가하는 자기 의식적인 실천이 된다. 그럼에도 불구하고 객체가 순수한 개념화에 계속 저항하지만 말이다. 『부정 변증법』에서 아도르노가 주목한 것처럼, 이것은 객체에 개념들의 "성좌들"constellations을 쌓아 놓는, 실증주의와 관념론을 넘어서는 사유의 "제3의 가능성"을 형성한다.[20] 이런 성좌들은 객체를 동일성의 사유의 전체성에 종속시키는 일 없이 사유하기 위한 최고의 선택지를 보여 준다. 성좌들은 객체에 대한 우위성을 회복시키고 대상화하는 사유방식들을 부정한다. 성좌들은 개념적인 유한성에 대한 인식과 더 나은 경험에 대한 요청으로서 우리가 객체를 더 완전하게 이해하는 유

---

18. Adorno, ND, 5.

19. Theodor Adorno, *Minima Moralia : Reflections on a Damaged Life* [MM], trans. E.F.N. Jephcottt (New York : Verso Press, 2005), 127.

20. Adorno, ND, 166을 보라. 또한, 그가 "비판적인 요소"를 사용하고 "사유의 마지막 희망"인 "제3의 길"에 대해 실마리를 주는 MM, 67~68을 보라.

일한 수단이 된다. 아도르노는 이를 『부정 변증법』에서 다음과 같이 언급한다. "객체를 그것의 성좌 속에서 인식한다는 것은 객체에 저장된 과정에 대해 인식하는 것이다. 이론적 사상은 하나의 성좌로서 자신이 해명하고자 하는 개념의 주위를 맴돌며, 마치 잘 보관된 금고의 자물쇠들처럼 그 개념이 열리기를 희망하는 것이다."[21] 그러나 이미 분명해진 것처럼, 금고의 자물쇠와 같이 열리는 객체는 없으며, 자신의 비밀들을 완전하게 드러내는 객체는 없다. 객체는 항상 성좌적인 사유의 지평 너머에 남아 있다.

객체의 우위성을 회복시킴으로써, 성좌적인 사유는 객체들이 전체화하는 동일성의 사유방식들을 통해 변형되었던 방식들을 드러내는 데 도움을 준다. 객체를 다양한 차원들에서 (그중에서도 그것의 사회적, 역사적 그리고 물질적인 양상들에서) 검토함으로써, 우리는 주체와의 관계에서 객체의 잔여와 객체가 순수한 동일성에 저항하는 방식들을 이해하게 된다. 보다 일반적으로, 성좌적인 사유는 우리로 하여금 규격화하는 사유의 형식들에 저항하고 더욱 정의로운 사유방식들을 위한 공간을 개방하도록 만드는 과정을 시작할 수 있게 만든다.

전체화하는 이성 아래에서 고통받았던 객체들을 회복하려는 비판이론 배후의 윤리적인 동기는 원칙적으로 성좌적인 사유와 자신의 한계들에 대한 그 사유의 명백한 의식에 의해 객체가 우선적인 것으로 제시되는 변증법적 사유로의 귀환에 동기를 부여한다. 변증법을 통하여 객체에 우선성을 부여하는 이 방법이 아도르노에겐 "부정 변증법"negative dialectics이 된다. 끊임

---

21. Adorno, ND, 163. 또한, "사물에서 독특한 것을 포착하려는 우리의 노력에서 발생했던, 개념들의 이 구조는 사물의 독특한 측면을 이루는 다양한 양상들 — 침전된 이전의 관계들 — 에 대한 도표 또는 지도를 제공한다"고 알리슨 스톤이 논평하는 Allison Stone, "Adorno and the disenchantment of Nature," *Philosphy and Social Criticism* 32, no. 2 (2006):241을 보라.

없이 주체와 객체의 대립과 긴장을 이해함으로써, 변증법은 주체를 객체에게 넘겨주고, 객체의 역사, 고통 그리고 비동일성에 대한 관점을 가능하게 한다. 이 점에서 아도르노에 동의하면서 마르쿠제는 이 전개과정을 다음과 같이 추적한다.

> 그래서 변증법적 사유는 그 자체로 부정적이 된다. 그것의 기능은 상식에 대한 자기 확신과 자기 만족을 무너뜨리고, 사실들에 대한 힘과 언어에서의 해로운 확신의 기반을 약화시켜……필연적으로 질적인 변화, 곧, 확립된 사태에 대한 논파와 파멸을 이끌어 내는 것이다.[22]

변증법적인 것이 주체성과 실재에 대한 주체의 파악에 있어서 "해로운 확신의 기반을 약화시키는"만큼, 그것은 인식론적으로 (비동일성에 대한 자각을 구축할) 뿐만 아니라 실천적으로도 (확립된 사실들에 대한 우리의 파악에 영향을 미치는) 본질적으로 부정적인 방법이다. 부정 변증법은 표면상 쉽게 납득할 수 있는 확립된 현실에 대한 우리의 파악의 기반을 약화시킨다.

그러나 우리는 부정 변증법에서 전복의 일차적인 원천이 객체 자체라는 사실을 이해해야만 한다. 부정 변증법은 그것의 부정성을 변증법적인 것의 내부에서부터 드러낸다. 그리고 주체의 약화는 객체에 의한 주체의 재배치에 기인한다. 그래서 변증법적 사유는 그 자신의 체계적인 회복을 위한 근원을 제공한다. 이 점을 아도르노는 다음과 같이 설명한다. "사유는……타자에 대한 자신의 우위를 파괴한다. 왜냐하면, 사유는 언제나 이미 그 자체 내에서 타자이기 때문이다."[23] 아도르노와 마르쿠제 두 사람에

---

22. Marcuse, RR, ix.
23. Adorno, ND, 201. 또한, 아도르노가 "변증법적 사유는 그것의 고유한 수단에 의한 논리의 강압을 돌파하려는 시도이다"라고 언급하는 MM, 150을 보라.

게, 이것은 변증법의 논리가, 객체에 대한 책임과 함께, 주체의 동일성의 노동에 맞서 지속적으로 작동한다는 사실을 의미한다. 그래서 참된 사유는 성좌적이고 모형적으로 사유하고 변증법을 통하여 사유하는 것일 뿐만 아니라 "선-변증법적인 단계, 즉 모든 것에는 양면이 있다는 사실에 대한 고요한 증명"에 도달하기 위해 "[그러한 사유에] 헌신하는" 것이다.[24] 아도르노의 사유의 이 차원은 객체를 통해 그 스스로 그 자신의 내용에 면죄부를 주고 "그 자신에 반대하는 사유"를 이끌어 내는 사유에 대한 끊임없는 요구에 의해 재차 긍정된다. 그리고 아도르노가 여기서 주목하는 것처럼, 그러한 사유는 본질적으로 정치적이고 도덕적이다:

> 부정 변증법이 사유의 자기 반성을 요구한다면, 그것은 사유가 참이려면, 어쨌든, 오늘날에도 사유가 참이려면, 사유는 또한 그 자체에 반대하는 사유이어야 한다는 것을 명백히 함의한다. 만일 사유가 극단적으로 개념에 포섭되지 않는 것으로 평가되지 않는다면, 처음부터 그것은 친위대가 희생자의 비명을 들리지 않게 만들기 위해 즐겨 사용한 음악과도 같다.[25]

아도르노가 언급한 사유의 형식은 정확하게 부정적으로 변증법적인 것의 형식이다. 즉, 그것은 객체가 사유에서의 자신의 우위성을 되찾는 과정에 몰두하는 것이다. 이 실천은 자기의 한계들과 타자에 대한 책임을 끊임없이 깨닫게 하기 때문에 아도르노에 의해 그 자체 윤리적으로 이해된다. 부정적이지 않은 사유의 방향은, 아도르노의 이해에 입각하면, 전체화에 가담하는 것이다.

도덕으로서의 철학에 대한 이 호소는 명백하게 "경험"이 [비록 제한된 것

---

24. Adorno, MM, 247.
25. Adorno, ND, 365.

이지만 주체의 객체에의 몰두와 일치한다는 경험의 본성에 대한 아도르노의 사유들에서 되풀이된다. 아도르노가 언급하는 것처럼, "사유와 사물의 불일치를 추구하고 그것을 사물에서 경험하는 것이 변증법적 인식의 과제이다."[26] 그리고 어떤 인상적인 구절에서는, 아도르노의 경험 개념이 "포괄적인 집중"expansive concentration[27]으로 이해되는데, 거기에서는 철학적인 명민함의 척도는 우리가 객체에 몰두하는 정도이다.

> 분명히 반성적인 사유는 정확하고 충분하게 묘사되지 않았었다. 아마도 그것은 포괄적인 집중으로 불릴 수 있을 것이다……참된 사유는 주요 문제에 대한 경험에서 그 자신을 끊임없이 새롭게 해야 한다……그것을 행하기 위한 힘 그리고 결론을 판단하거나 표시하지 않는 것은 철학적인 엄밀함의 본질이다.[28]

불행하게도, "경험", "몰두" 그리고 "집중"이라는 용어에 대한 아도르노의 반복적인 사용은 그 자체로 명백하지 않으며 그것들은 우리가 어떻게 지배적인 사유방식이나 동일성의 사유방식들에 희생시키는 일 없이 객체들을 만날 수 있는지를 나타내지 않는다. 그러나 우리는 아도르노의 전체 사유가지시하는 것을 읽어 내야 한다. 그것은 성좌들 안에서 사유하고, 끊임없이 객체 자체와의 상호작용에서 존재하는 객체들의 모델들을 창조하고, 끊임없이 우리 자신의 사유의 경향들에 반대하여 사유하라는 명령이다. 아도르노에게 윤리적으로 사유하는 것, 그러므로 주체와 객체의 변증법을 고

---

26. Adorno, ND, 153.
27. 여기서 6장에서 설명되는 하이데거의 후기 저작들에서의 "성찰적인 사유"라는 개념과의 잠재적인 관련성에 주목하라.
28. Theodor Adorno, *Critical Models: Intervention and Catchwords* [CM], trans. Henry Pickford (New York: Columbia University Press, 2005), 131.

정하는 것은 지속적인 연구, 변경, 그리고 인내를 통해 객체에 대한 우리의 경험을 되살리는 것을 의미한다.

경험에 대한 이 정식화는, 단언컨대, 홀로코스트 이후 정의의 본성에 대한 아도르노의 결정적인 통찰이다. 사유를 개혁하는 것은 행동을 개혁하는 것이다. 그리고 아도르노에게 사유의 개혁은 주체성에 저항하는 객체에 다시 우선성을 부여하는 일에 달려 있다. 이 과정은 우리 스스로 우리 자신의 한계들을 깨닫게 함으로써, 한계들에 대한 인식을 통해서 또는 타자에 대한 인식을 통해서 시작된다. 그리고 이 과정이 시작되고 나면, 비록 잠정적이긴 하지만 객체를 목적으로 삼는 "성좌들"과 모델들 안에서 다르게 사유하기 시작하는 일이 주체의 과제로 남게 된다. 또는 더욱 실천적인 용어로 말하자면, 다르게 사유하고 비동일적으로 사유하는 과정은 "경험"을 그리고 타자와의 실재적이고 비개념적인 관계를 요구한다. 그래서 아도르노에게 정의와 해방은 추상적일 뿐만 아니라 실천적인 것으로도 여겨진다. 추상적인 것으로서 그것들은 우리 자신에 반대하는 사유의 새로운 형식을 요구한다. 실천적인 것으로서, 그것은 끊임없이 사유 그 자체에 저항하는 진실한 세계에의 참여를 요구한다.

예술, 미학 그리고 이것들과 사유의 관계

예술의 "본성"

불행하게도, 사유의 본성과 철학의 역할에 대한 아도르노와 마르쿠제의 이론은 "경험"이라는 성공적인 개념들을 인정하거나 동일화하는 주체에 대한 제거를 적절하게 개념화하는 데에는 미치지 못한다. 현재 정의된 것처럼, 성좌적인 사유이든 경험이든 객체를 타율성과 서구의 진보된 산업사회들에 의해 부과된 고통에서 해방시키는 데에는 충분하지 못하다. 그래서 다른, 그러나 이를 보완하는 반성의 형식과 행동의 계기가 요구된다. 아도르노에게 이 반성의 형식은 예술에서 그리고 예술의 본성에 대한 미학적인 반성에서 발견될 수 있다. 왜냐하면, 적어도 훼손되지 않은 객체에 대한 진정한 경험이 구상될 수 있는 장소가 예술이기 때문이다. 오직 예술과 미학에 대한 사유의 종합을 통해서만 사유는 진정으로 윤리적이 될 수 있다.

그러나 예술의 상호보완성 또는 심지어 철학에 대한 예술의 필요성과 사유의 과제가 철학 또는 부정 변증법의 포기로 이해되어서는 안 된다. 오히려 아도르노와 마르쿠제 두 사람에게 예술은 여전히 변증법적인 것의 제약들에 구속되며, 그러한 것으로서, "주체성은" 예술작품 안에서 "객체성을 매개한다."[29] 하지만 예술작품들에서 객체의 매개는 개념적이지 않다. 대신 객체는 이미지, 기술, 형식 그리고 예술가에게 주어졌었던 주요 문제에 대한 주체적인 모방 또는 전유aufheben를 통하여 나타난다. 예술작품은 예술가와 예술가의 역사를 통한 그것의 주체적인 매개 때문에 변증법적이다. 그러나 매개의 형식들 – 형식, 양식, 가상 등 – 은 사유의 과정과는 다른 것으로서 예술작품을 특징짓는 것이다.

> 미학적 객체성은 직접적이지 않다. 객체성을 자기의 손안에 쥐고 있다고 생각하는 사람은 그 객체성에 의해 길을 잃는다. 그러나 만일 그 객체성이 매개되지 않는다면, 그것은 예술의 감각적인 현상과 일치할 것이며, 그 자신뿐만 아니라 다른 사람에게도 속할 수 있는 그 객체성의 정신적인 요소를 은폐할 것이다.[30]

29. Theodor Adorno, *Aesthetic Theory* [AT], trans. Robert Hullot-Kento (Minneapolis, MN:University of Minnesota Press, 1997), 266.

30. Adorno, AT, 266.

아도르노에게 "정신적인 요소"는 예상한 대로 모든 작품에 들어가는 주관성이며, 작품들이 배치되는 방식이지만 무시되는 것이다.[31] 그런데 예술을 사유와 유사하게 만들면서도 예술과 잠재적으로 다양한 예술적 표현을 구별하기도 하는 것이 요소들의 이 주관적인 배치이다.

변증법적으로, 우리는 예술을 특수성과 객체성의 기준들에 종속시키지 않고서는 예술을 인식할 수 없다. 그래서 예술이 형식과 양식의 요소들에 대한 주관적인 배치이기 때문에, 예술의 모방적인 본질과 객체들 그 자체로부터 얻어진 내용과 이미지들에 대한 예술의 의존성은 강조되어야 한다. "예술은 심상의 세계를 모방하는 것이며 동시에 통제의 형식들을 통해 세계를 계몽하는 것이다."[32] 예술적인 모방은 모든 사유에서 찾기 힘들고 부분적으로 남아 있는 것, 즉 객체를 드러내고자 하는 집중적인 시도이다. 객체를 표현하려는 이 투쟁은 내용과 끊임없이 불충분한 표현의 수단 간의 긴장을 모든 예술작품에서 형성한다. "대상화하는 기술과 예술작품들의 모방적인 본질 간의 긴장은 대상화에 대해서는 안전하지만 지속적으로 대상화와 유사한 형태로 흘러가는 것, 일시적인 것, 덧없는 것을 구원하려는 노력에서는 해소되지 않았다."[33] 아도르노는 이에 대해 다시 다음과 같이 언급한다.

그러나 모든 예술작품이 당하는 위험의 실제적인 원천은 작품들의 우연적 요인들에 내재하는 것이 아니라 오히려 각각의 예술작품이 그 작품에 내재하는 객체성이라는 환영whippoorwill of objectivity을 따르되, 생산

---

31. 흥미롭게도, 이것은 아도르노가 MM, 142에서 언급하는 것처럼 예술작품의 성격에 대한 핵심적인 기준 중 하나가 된다. "성격은 작품이 그 자체 안에서 대안을 포함하고 그래서 그것들을 지배하는 깊이에 의해 결정된다."
32. Adorno, AT, 218~9.
33. Adorno, AT, 219.

력 — 예술가의 정신과 그의 작업절차들 — 이 그 객체성을 감당할 수 있을 것이라는 어떠한 보증도 없이, 그래야 한다는 사실에 존재한다.[34]

아도르노에게 예술은 여전히 우리가 불완전한 주체와 객체를 남김없이 거머쥘 수 있는, 그리고 표현하려는 그 주체의 시도들 사이에서 굳어져 버린 긴장을 볼 수 있는 일차적인 무대이다. 예술이 신속하게 객체를 표현하려고 시도하는 만큼, 예술의 기능은 성좌적인 사유의 기능과 유사해진다.

그러나 모든 예술의 모방적인 성격은 예술을 철저하게 변증법적으로 만드는 것이다. 예술의 변증법적 본성 때문에, 예술은 그것의 역사적인 상황을 표현한다. 보통 그 상황에 대한 의식적인 전유나 표명과는 상관없이 말이다. 예술에 대한 이 역사적이고 정치적인 의식은 아도르노가 "성공적인" 작품이라고 규정하는 것의 일부분을 형성한다.

> "고통에 대한 의식", 인류가 직면하는 한없는 고통과 이 고통이 주체 그 자체에 남겼던 흔적이 예술에 다음과 같은 것을 발생시켰다 : 지금까지 성취된 계몽을 결코 잠깐이라도 중단시키지는 않되, 가장 최근의 계몽의 시기를 완전히 무색하게 만들고 그 계몽의 실제적 힘으로 계몽을 이미지로 묘사하는 일을 거의 차단하는 어둠을 말이다.[35]

역사적인 대상과 표현 방식들에 의존하는 표현의 주체적인 매개로서, 예술작품은 객체가 겪었던 고통을 개방시킨다. 실제로, 특히 그의 『새로운 음악

---

34. Adorno, AT, 38.
35. Adorno, PNM, 16. 또한, 아도르노가 다음과 같이 언급하는 AT, 84를 보라 : "예술은 그럼에도 불구하고 사회의 진실이다. 가장 본래적인 예술작품들에서 합리적인 세계 질서의 비합리성이 표현되는 한에서 말이다."

철학』에서, 아도르노가 보통 명백히 밝히는 것처럼, 형식과 양식 둘 다 똑같이 예술작품들에 내재하는 역사적인 긴장을 나타낸다. "분열과 틀에 박힌 일관성 사이를 오감으로써, 예술작품들은 제약되고 훼손된 역사를 나타내는 내용을 작품의 요소들에 불어넣는다. 우리가 이것을 감지할 때, 우리는 또한, 간접적으로, 유사한 본능적인 고통을 감지한다."[36] 예술적인 방법들에서 고통의 역사적인 침전은 예술을 보는 사람들로 하여금 시간을 거치면서 객체에 가해졌던 손상을 지각하도록 만든다. 그래서 르네상스는 중세 예술의 단조로움에 저항하고, 인상주의는 고전주의의 명료성에 저항하며, 초현실주의는 현대적인 표현 형식들에서 질서의 체제에 저항한다고 설명될 수 있다.

그래서 객체와 양식 둘 다를 통한 역사적인 매개는 예술이 적절하게 변증법적이 되는 수단이다. 객체는 변형을 겪으며, 주체적인 양식화와 새로운 경험을 통해서 자신의 고통과 훼손의 역사를 표현한다. 역사적이고 심오하게 변증법적인 예술의 본성은 예술이 항상 역사적이고 사회적인 표현수단에 의존하고 객체들을 역사와 사회로부터 변형을 겪었던 것으로서 묘사하려 한다는 점을 의미한다. 본래적인 예술은 예술이 자신의 내용과 양식 둘 다를 통해서 자기 자신이 되었던 과정을 드러내는 만큼 사유를 초월한다.

그런데 예술의 역사적이고 변증법적인 차원은 역설적으로 자신의 주요 문제와 매개 둘 다에 대한 예술의 초월성에 의해 저항에 직면한다. 왜냐

---

36. Stone, 248. 또한, 이것과 관련하여 아도르노가 특히 PNM, 32에서 침전이라는 개념을 사용하는 것을 보라. "주체에게 부과된 물질적인 것의 요구는 오히려 물질적인 것이 그 자체로 침전된 정신이며, 사회적으로 인간 의식에 의해 미리 형성된 것이라는 사실에서 생긴다. 물질적인 것에 대한 이 객관적인 정신은, 지난날의 그리고 스스로가 망각한 주체성으로서, 그것의 고유한 운동 법칙들을 가진다." 그리고 똑같이, PNM, 37에서는 아도르노는 다음과 같이 말한다. "단지 표현주의의 형식들이 아니라, 음악의 모든 형식이 침전된 내용을 가진다. 그 침전된 내용에서, 침전되지 않았다면 망각되었을 것과 더 이상 직접적으로는 말해질 수 없는 것이 존속한다……예술의 형식들은 역사적인 기록들보다 더 정의로운 인간성의 역사를 나타낸다."

하면, 예술의 끊임없는 변증법적인 본성과 함께, 아도르노와 마르쿠제가 예술을 생산과 수용 그리고 대상화의 지배적인 방식들로부터 자율적으로 남아 있는 분리된 영역으로 또한 설정하기 때문이다. 마르쿠제는 다음과 같이 언급한다.

> 물질적인 생산 과정과 예술의 분리는 예술로 하여금 이 과정에서 재생산된 실재를 탈신비화할 수 있도록 만들었다. 예술은 "실재적인" 것을 규정하는 확립된 실재성의 독점에 이의를 제기하되, "실재 그 자체보다 더 실재적인" 허구의 세계를 창조함으로써 이의를 제기한다.[37]

앞에서 다룬 니체와 마찬가지로, 여기서 결정적으로 중요한 것은 예술의 "허구적인" 본성, 그것의 가상적인 – 그러나 실재보다 더 실재적인 – 본성이다. 아도르노에게서, 예술로 하여금 생산적인 실재로부터 자율적으로 남아 있게 하고 "경험적인 세계에 반대되는 또 다른 세계"[38]를 마치 이 다른 세계 또한 자율적인 존재였던 것처럼 산출하게 하는 것은 허구적이거나 "환영"semblance/Schein적인 예술의 특성이다. 허구와 조작으로서, 예술작품은 그 자체로 실재와 구분되며 자신이 주체적인 양식화를 겪었던 것처럼 객체에 대한 환영을 산출한다. 예술작품의 양식화의 본성에 의해, 예술은 주체적으로뿐만 아니라 역사적으로도 매개되며 자율적이 된다. 양식화는 역사가 발생했던 상황을 초월해 있긴 하지만, 동시에 역사의 침전이다. 예술의 자율성은 그것의 역사성과 일치한다.

그러나 이 자율성은 언제나 위험에 직면해 있으며, 주체와 객체의 긴장

---

37. Herbert Marcuse, *The Aesthetic Dimension : Toward a Critique of Marxist Aesthetics* [AD] (Boston : Beacon Press, 1978), 22.

38. Adorno, AT, 1.

을 고정시킴으로써 사유의 변증법적인 본성을 유지하는 것과 같다. 성공적인 예술작품은 오직 자기 자신의 자율성을 유지하면서도 자기의 대상에 충실하게 남아 있다. "예술은 자율적이면서 자율적이지 않다. 예술과 이질적인 것 없이는, 예술의 자율성은 이뤄질 수 없다."[39] 예술은 실재로부터 독립된 것으로 남아 있어야 한다. 예술이 또한 실재를 자기의 표현관계에 포함시키고자 함에도 불구하고 말이다. 예술이 비록 조작가능한 세계의 일부는 아니지만 "세계"와 접촉하는 가운데 실재를 계속해서 자기 안에 포함시키면서도 실재로부터 계속 배제됨으로써만 예술은 자율적인 것으로 존재할 수 있다.

역사로부터의 자율성이 환영에서 얻어지고 환영은 역사에의 의존을 통해서 얻어진다는 이 중심적인 역설은, 아도르노를 따르면, 본래적인 예술작품을 규정하는 것이다. 그러나 이 역설은 기존의 실재에 사회적인 비판의 다양한 형식들을 부과하는 예술의 능력의 본질이다. 객체에 대해 역사적이고 충실한 것으로서 예술작품은 실재를 담고 있다. 그러나 주체적이고 자율적인 것으로서 예술작품은 실재의 기반을 약화시킬 뿐만 아니라 실재를 변형시킨다. 그래서 "예술은 사회에 대한 저항으로 사회적이 된다. 그리고 오직 자율적인 예술로서만 이 입장을 차지한다."[40] 예술, 또는 적어도 성공적인 예술은 자기의 바로 그 본성에 의해 저항적이 된다. 실재는 예술작품에서 변형될 수 있다. 왜냐하면 세계에 대한 자율적인 예술가의 표현을 통해 변형되고 훼손되며 재고될 수 있는 것이 실재이기 때문이다.

예술의 사회적-비판적 본성은 부수적이지 않다. 아도르노뿐만 아니라 마르쿠제에게도 예술이 어쨌든 예술로 남아 있기 위해서는 계속 자율적이고 사회적으로 비판적인 것이어야 한다. 만일 예술이 잘못된 객체성 또는

---

39. Adorno, AT, 6.
40. Adorno, AT, 225.

주체성에 빠진다면, 예술은 선전이나 나르시시즘이 될 것이다. 예술의 본질은 실재에 너무 많이 의존하거나 너무 조금 의존하는 일 없이 사회적인 비판을 유지하는 능력에 놓여 있다. 그래서 이전의 부정적인 사유와 마찬가지로 예술은 본질적으로 "저항"이다.

> 예술은 자기의 사회적인 저항력을 통해 그 스스로 존속한다. 예술이 그 자신을 현실적인 것으로 다루지 않으면, 예술은 상품이 된다. 사회에 대한 예술의 기여는 사회와의 의사소통이 아니라 사회를 극단적으로 매개하는 어떤 것으로 존재하는 것이다. 그것은 저항, 즉 내적인-미학적 발전으로, 모방 없이도 사회적 발전을 재생산하는 저항이다.[41]

예술작품은 객체성 안으로 완전히 함몰되는 일 없이 객체성을 완성시키는 자신의 능력을 통하여 저항한다. 만일 그렇게 함에 있어서 예술작품이 성공한다면, 예술은 자율적으로 남을 것이며 자기가 묘사하려는 바로 그 실재를 계속 바꾸고 재인식할 수 있을 것이다. 확실하게, 이것은 예술이 세계 안에서 직접적으로 기능하는 것으로서의 자기의 역할을 포기하는 것을 의미한다. 성공적인 예술은 현실을 부인하되 그 현실에서 쓸모없는 것이 됨으로써 그렇게 한다. 진보된 산업사회에서 사회적 비판의 가장 참된 형식은 또한 완전히 쓸모없는 것이다. "완전하게 기능적인 세계에서 예술의 기능은 기능 없음이다. 예술이 직접적으로 개입할 수 있거나 개입을 이끌어낼 수 있다고 믿는 것은 순수한 미신이다."[42] 예술의 자율성은 그것의 효과성을 대가로 지불하여 얻어진다. 예술은 순수한 환상이 되지 않도록 실재를 포

---

41. Adorno, AT, 226. 또한, AT, 227을 보라. 또는 PNM, 13에서 아도르노는 다음과 같이 덧붙인다. "예술을 존속시키는 것은 오직 공식적인 문화를 규탄하는 것이다. 공식적인 문화 홀로 화를 냄으로써 그 야만에 대한 옹호에 기여한다."

함해야 하지만 또한 그 실재의 긴장과 고통을 해명하기 위해 그 실재와 거리를 두어야 한다.

저항은 예술의 역사적일 뿐만 아니라 자율적인 본성이 제시되는 예술의 중심부에 놓여 있다. 형식과 양식 그리고 예술적인 표현을 통하여 객체를 전유하고 해석함으로써, 예술은 역사를 통한 객체의 훼손을 드러낸다. 그리고 쓸모없고 자율적으로 남아 있기에, 예술작품은 사회에 동화되지 않는 사회적이고 역사적이며 지적인 비판의 형식이다. 예술은 그것의 객체에 대한 헌신에서 비판적 사유의 편에 서 있지만, 객체들의 훼손과 객체가 발견되는 세계로부터의 자유 둘 다를 표현하는 그 능력에서 사유를 초월한다. 이렇게 하여 예술은 비판적 사유를 인정하지 않았던 객체에 대한 이해를 확보하며, 우리가 볼 것처럼, 윤리적인 사유에서 필연적인 요소가 된다.

예술, 객체 그리고 정신

아이러니하게도, 아도르노와 마르쿠제에게 객체 안에 숨어 있는 역사적이고 사회적인 모순들과 대안들을 표현하는 가장 유능한 수단은 진보된 서구 사회에서 가장 쓸모없는 것이기도 하다. 이런 의미에서 예술작품은 객체를 구상하는 수단으로서 개념성을 보완할 수 있지만, 그럼에도 불구하고 불완전하다. 왜냐하면 그것이 결코 완전하게 대안이나 구체적인 행동방식을 구상할 수는 없기 때문이다. 예술의 가장 고귀한 역할은 불충분하긴 하지만 더 정의로운 사유와 행동의 형식들에서의 필연적인 계기로서 존재하는 것이다. 하지만 예술은 현재에 대한 새로운 대안들을 가정하는 능력으로 인해 비판적 사유를 능가한다. 상상 덕분에, 예술은 아직 존재하지 않는 대안들을 구상할 수 있다.

---

42. Adorno, AT, 320.

만일 일시적으로 예술이 이성의 보조나 보완의 역할을 해야 한다면, 그것은 동시에 이성의 역할을 모사해야 할 뿐만 아니라, 비록 더욱 완전한 형식에서여야 하긴 하지만, 전체화하는 주체성을 끈질기게 대체해야 한다. 그러므로 예술은 성좌적인 사유에 가깝게 객체들을 다뤄야 하며 또한 사유를 불충분한 것으로 드러내야 한다. 아도르노가 그의 『미학이론』에서 끊임없이 예술적인 대상들을 『부정 변증법』에서의 인식적인 대상에 대한 그의 묘사와 유사하게 다루는 것은 바로 이 위상topology을 고려하기 때문이다. 그는 다음과 같이 언급한다:

> 그러나 미학적인 태도는 직접적으로 모방이나 억압이 아니라 오히려 모방이 작동하는, 바꿔 말하면, 모방이 보존되는 과정이다……궁극적으로, 미학적인 태도는 전율할 수 있는 능력으로서 정의되어야 한다……주체성이 아직 주체성이 되는 일 없이 발생하는 그 전율은 타자와 관련된 행동이다……미학적 태도에서 주체와 객체성의 그러한 구성적인 관계는 에로스와 지식을 결합한다.[43]

미학적 대상은 여기서 신체적일 뿐만 아니라 성적으로도 묘사되는 규정되지 않은 개방성에서 접근되어야 한다. 이전 아도르노의 사유 모델들과 마찬가지로, 이 개방성을 통해서 "예술작품은 자신의 타자, 자신의 고유한 본질, 객관화를 향한 운동으로 채워지고 그 이질적인 타자에 의해 동기를 부여받는다."[44] 실제로, 예술작품은 객체를 돋보이게 하고 동시에 객체가 "어

---

43. Adorno, AT, 331.
44. Adorno, AT, 223. 예술에서의 대상에 대한 성실함에 대해서는 또한 다음과 같이 말하는 AT, 11을 보라. "그 자체 안에 부정된 요소, 자기가 부정한 것을 포함하지 않는 예술은 존재하지 않는다."

140 2부 저항

떤 잔여를 남긴다"는 것을 인정하기 때문에, 그것은 또한 변증법적인 것의 전형이 된다. 발터 벤야민Walter Benjamin과 주고받은 사적인 편지들과 같은 아도르노의 많은 저작은 주체와 객체의 상호침투와 긴장을 보여 주었던 변증법적인 예술작품들에 부여한 무게감을 드러낸다.[45] 똑같이 중요한, 많은 미학적 저술들에서 아도르노는 그가 변증법적이지 않은 예술작품들, 즉 스트라빈스키Igor Stravinsky와 심지어 쇤베르크Arnold Schönberg의 추종자들의 음악과 같이 작품의 구성요소들과, 예를 들어, 12음 기법에 의해 그 구성요소들에 부과된 질서 사이의 부조화를 보여 주는 것들에 대해 혹평한다.[46] 이런 반성들에서 알려지는 것은 만일 예술이 홀로코스트 이후 사유를 적절히 보완해야 한다면, 그것은 그 자체로 **변증법적**이어야 한다는 생각이다. 예술은 동일성의 주체와 그 대상의 끊임없이 계속되는 엇갈림을 보여 주어야 한다. 아도르노가 목격한 것처럼, "소외된 객체성과 제한된 주체성의 싸움은 해결되지 않으며 그것의 양립 불가능성이야말로 그것의 진상이다."[47] 예술작품은 그것이 내재적으로 형식, 대상, 그리고 주체의 양식화를 받아들이기 때문에 변증법적일 뿐만 아니라 이것들의 영속적인 긴장 때문에 변증법적이며, 그래서 예술작품은 진리의 전달자, 즉 모든 사유와 모든 관계가 변증법적이라는 진리의 전달자가 된다. 이런 의미에서, 예술의 일차적인 목적이 주체와 객체의 대립을 드러내는 것이기에, 그것은 비판적 사유와 동등하게 된다. 그러나 사유와 예술은 객체에 대한 그들의 헌신에서

---

45. 변증법적인 예술의 덕목에 대해서는, Adorno, "Letters to Walter Benjamin," in *Aesthetics and Politics* (New York: Verso Press, 2007) 112와 121을 보라.

46. 변증법적이지 않은 예술에 대한 비판에 대해서는, AT, 19와 354; PNM, 544 이하를 보라. (12음 기법과 그것이 질서에 부여한 것에 대해서는 "지금 전체성이 의식되고 있다"고 말하는 67과 "대비의 원리가 붕괴한다"고 말하는 73을 보라). 또한, PNM, 105 이하에서 스트라빈스키에 대한 주들을 보라(스트라빈스키의 『봄의 제전』은 권위주의적인 예술이다. 왜냐하면 그것의 단체무도곡에는 "보편과 특수의 모든 변증법적인 것이 전무하기 때문이다.").

47. Adorno, PNM, 81.

는 상충한다.

내가 주장하는 것처럼, 만일 예술이 사유의 과제를 비판적으로 보완하는 것으로 이해된다면, 예술은 똑같이 사유에 대해 변증법적이어야 한다. 그리고 그러한 것으로서 예술은 또한 사유의 주된 특징 중 하나, 즉 (성좌처럼) 대상을 오가는 그것의 끊임없는 운동을 지녀야 한다. 내 생각에, 이 운동은 예술작품에서의 정신Geist, spirit에 대한 아도르노의 주장들과 객체성을 도식화하는 데 있어서의 그 주장들의 불가피한 실패에서 나타난다. 『미학이론』에서 아도르노는 정신을 다음과 같이 묘사한다.

> 현상이 됨으로써 예술작품을 더욱 예술작품으로 만드는 것, 이것이 예술작품들의 정신이다……예술작품들에서 나타나되 예술작품들의 현상과 분리되거나 단순히 그 현상과 동일하다고 간주될 수 없는 것, 다시 말해, 예술작품들의 사실성에서 비사실적인 것이 바로 예술작품들의 정신이다.[48]

정신은 예술적인 형식으로 표현된 객체의 내용에 대한 주체적인 전유와 양식화이다. 헤겔의 용어로 말하자면, 예술에서 정신은 개념의 감각적인 표현이며, 양식화된 물질적인 형식에서 표현된 대상이다. 정신은 그것의 주체로 환원되거나 그것의 객체로 환원될 수 없다. 그것이 둘 다의 종합이기 때문이다. 정신은 주체와 객체의 실체화된 긴장이다. 그러나 헤겔과는 대조적으로, 아도르노의 미학이론에서 정신은 결코 실현되거나 "완성"되지 않는다. 정신은 주관과 객관의 굳어진 긴장 속에 존속한다.

그래서 아도르노의 정신 개념은 더 주체적이거나 객체적인 이해 사이에서 흔들린다. 몇몇 경우들에서, 정신화는 끊을 수 없도록 마음에 연결되

---

48. Adorno, AT, 86. 또한, 277을 보라.

는 것이고 "의식의 진보"처럼 이해된다.[49] 다른 경우들에서, 정신은 예술의 객체에 대한 예술작품의 모방적 태도를 나타내게 된다. "예술작품들의 합리성은 오직 그것이 그것의 완전히 반대인 것에 몰입해 있을 때만 정신이 된다."[50] 정신은 예술작품의 주체적인 요소들과 객체적인 요소들을 매개하고, 둘을 결합하여 세계를 개인적인 양식, 표현 그리고 형식에 종속시키는 "미학적 양식화"를 형성한다.

아도르노의 작업을 통하여 예술의 변증법적인 성격 묘사를 고려했을 때, 정신이 본래적인 모든 예술작품을 구성하는 것으로 이해되는 것은 놀라운 일이 아니다. 물론 이 개념은 예술작품에서 발견되는 정신이 절대적이거나 영원한 것이 아니라는 인식에 의해 조건 지어진다. 이 개념은 단순하게 예술작품에 내재하는 주체와 객체의 매개이다. "예술은 정신이 그것에 내재하는 한에서 변증법적으로 이해되어야 한다. 아무리 정신을 절대적인 것으로 소유하고 정신이 예술에 대해 절대적인 것을 보증하는 데 도움을 준다 하더라도 말이다."[51] 그리고 변증법적인 것과 마찬가지로 예술은 또한 정신적인 것으로서 주체성에 내재하는 모순들과 사유양식들에 대한 잠재적인 대안들을 표현할 수 있다. 예술에서의 정신화는 대상에 새겨진 모순들에 대한 표현뿐만 아니라 그 모순들을 표현하는 데 사용되는 수단들을 가능하게 한다. 이런 식으로, 예술은 아도르노가 지금까지 부정 변증법과 비판이론에만 부여했던 정치적인 힘을 획득한다.

예술이 사회적인 강제, 곧 예술을 활용하고 그렇게 함으로써 화해에 대한 어떤 관점을 개방하는 그런 강제를 반영할 때, 예술은 정신화이다.……완

---

49. Adorno, AT, 92.
50. Adorno, AT, 118.
51. Adorno, AT, 89. 또한, 344를 보라.

강하고 순전히 자연적인 성장을 통해서가 아니라, 오직 정신화를 통해서만 예술작품들은 본성에 대한 지배망을 파괴하고 그들 자신을 본성에 맞춘다. 우리는 오직 내부로부터 나타난다.[52]

『부정 변증법』과 『미니마 모랄리아』에서의 고정된 변증법적인 것과 마찬가지로, 정신화는 주체성이 본성에 대한 자신의 주도권을 풀고 객체들을 그것들의 특수성과 사회적 위치에서 자유롭게 만드는 수단으로 구상된다. 우리는 예술작품에서 객체와 "화해"할 수 있다. 왜냐하면 그 안에서 우리는 객체가 훼손되고 정신화되었던 방식들을 이해하기 때문이고 또한 우리가 객체의 실현되지 않은 가능성들을 보기 때문이다.

주장컨대, 객체에 대한 훼손뿐만 아니라 그것의 실현되지 않을 가능성을 예술로 하여금 실현시키도록 만드는 것은 객체 그 자체에 충실하려는 긴장 속에서 상상했던 객체들에 대한 예술의 묘사이다. 허구적이고 상상된 것으로서 예술적인 대상은 주관적인 양식화를 경험한다. 즉, 그것은 개념화된다. 비록 가상적이고 예술적인 형식에서이긴 하지만 말이다. 헤르베르트 마르쿠제가 예술의 "환영적인" 본성에 관하여 언급한 것처럼, "그럼에도 불구하고 예술작품의 세계는 그 단어의 일상적인 의미에서 '실재하지' 않는다. 그것은 허구적인 실재이다⋯⋯ 허구적인 세계로서, 환영Schein으로서, 그것은 일상의 실재보다 더 많은 진리를 담고 있다."[53] 예술작품의 허구적인 본성은 "일상적인 실재보다 많은 진리"를 지닐 뿐만 아니라 그것의 기원에서 완전하게 정신에 의존한다. 만일 예술이 순수하게 주관적인 것이라면, 그것은 가상을 생산하기 위해 실재를 선취하거나 대상을 바꾸지 않을 것이

---

52. Adorno, AT, 276.
53. Marcuse, AD, 54. 이 장과 다음 장에서 독일어 원문은 오직 번역판이나 원서에 포함되었을 때에만 제시된다.

다. 그리고 만일 예술이 순수하게 객관적이라면, 예술은 순수하게 모방적이며 단지 표상주의에 불과할 것이다. 오직 정신으로서만, 예술은 자기의 바로 그 본성에 있어서 가장 중요한 허구를 생산한다.

그러나 예술작품들의 환영은 그것들의 정신적인 본질에서 비롯한다. 자기의 타자와 분리되고 그 자신을 자기와 반대되는 것에 의존하게 하며 이 대자적인 존재에서 파악할 수 없도록 만드는 어떤 것으로서 정신은 필연적으로 가상이다. 모든 정신은……그 자체로 존재하지 않는 것, 추상적인 것을 존재하도록 만드는 측면을 가진다……[54]

그래서 모든 예술작품에 대해 결정적인 것은 그 자체로 가상인 그들의 정신적인 본성이다. 주관적인 양식화를 통하여 감각적인 형식에서 객체를 표상함으로써, 예술은 단순한 객체나 객체에 대한 주체의 개념화의 발생을 가능하게 하는 것이 아니라 새로운 어떤 것, 즉 상상했던 대상을 가능하게 한다. 그렇게 함으로써 예술은 또한 아직 실현되지 않았으나 상상된 미래를 목표로 하는 동시에 과거와 현재의 흔적들이 남아 있는 허구적인-실재를-또는 허구적으로 만들어진 실재를 창조한다.

가상으로서, 예술은 실재 그 자체로부터 자율적인 형태로 실재를 해방시킨다. 마르쿠제는 다음과 같이 언급한다. "부정되기 위해, 부자유는 예술작품에서 실재의 환영으로 표상되어야 한다. 이 환영이라는 요소는 필연적으로 표상된 실재를 미학적 기준들에 종속시키고 그래서 그 실재에게서 실재 자체의 공포를 제거한다."[55] 필연적인 환영을 통하여, 예술은 부자유와 실재에 대한 관점을 그 자체로 저 실재가 되는 일 없이 산출한다. 그리고 그

---

54. Adorno, AT, 108.
55. Adorno, EC, 144.

렇게 하면서, 예술은 그 자신의 고통과 공포에서 벗어난 실재에 대한 대안적인 모습을 드러낸다. 그것은 다른 어떤 것에 대한 시각이다. 아도르노가 언급하는 것처럼, "환영은 환영적이지 않은 것에 대한 약속이다."[56] 즉, 가상은 가상을 실재로 변형시키기 위한 가능성이다. 예술작품은 단순하게 가상적이지 않다. 오히려 예술작품 안에 있는 가상들이 그 자신에 대한 실재를 드러내고, 아도르노가 넌지시 알려 주는 것처럼, 그것이 그 자신일 수 있는 실재를 드러낸다.

틀림없이, 이것은 전적으로 예술의 자율성에 그리고 환영과 **정신** 사이에서의 예술의 근본적인 긴장에 좌우되는 동시에, 비판적으로 존재하기 위한 예술의 바로 그 기초를 실제로 위협할 수 있는 대단히 정치화된 예술개념이다. 그러나 이것은 예술이 진보된 산업사회에서 처할 수밖에 없는 상황이다. 예술은 변증법적인 것의 구조 **내부로부터**, 즉 그 구조를 통해 동일성의 이성을 약화시키는 최고의 수단이다. 만일 그것이 유일한 수단이 아니라면 말이다. 객체가 간직하고 있는 역사적으로 겪어온 고통을 보여 주면서, 예술은 부정 변증법의 형식이 되고 그래서 탁월한par excellence 사회 비판이 된다. 주관적인 표현을 통해 변형되면서, 예술은 그 자신으로서가 아니라 그 자신일 수 있는 객체를 구상한다. 아도르노는 예술작품과 정신에 부여된 이 희망을 다룬다. "오직 정신이, 가장 진보된 형식에서, 존속하고 그 형식을 감내하는 한에서만, 사회적 전체성의 전체적 지배에 대한 모든 반대가 가능하다."[57]

긍정적인 고통의 존재와 모든 대상에 내재하는 변형을 위한 가능성을 드러냄에 있어서, "모든 본래적 예술작품은 내적으로 혁명적이다."[58] 예술작

---

56. Adorno, ND, 405.

57. Adorno, AT, 234.

58. Adorno, AT, 228.

품은 그렇게 하려는 능동적인 시도 없이 현재의 실재를 고발한다. 예술작품의 고발은 내적이고 자율적인 작품들로서 그것의 본성에 대해 본질적이다. 그것의 내용의 부분이거나 의도된 메시지로서가 아니라 말이다.[59] 아도르노가 자주 말하는 것처럼, 의도적으로 "정치적인" 예술은 선전의 역할을 하거나 관리되는 세계의 부분이 된다. 예술작품은 오직 계속해서 확고부동하게 자율적이고 가상적임으로써 그리고 그것의 변증법적인 본성을 유지함으로써, 의미 있는 사회 비판을 받아들이게 된다. 그렇게 하면서, 예술작품들은 이 작품들이 생산했던 관리되는 세계들에 의해 더럽혀지지 않고 남아 있는 희망을 표현한다.[60] 예술은 현재의 실재에 대한 절망뿐만 아니라 그것의 가능한 반대 안에 있는 희망도 표현한다. 예술작품은 그 자신을 넘어섬으로써, 즉 그것의 고유한 주체와 객체의 매개를 넘어섬으로써, 초월성이 가능하다는 것을 보여 준다. 예술작품이 그것의 실현되지 않은 부재, 모순 그리고 가능성들을 해명하는 허구 또는 가상을 통해야만 하더라도 말이다.

예술의 내적인 초월성에서 표현되는 희망은, 인정하건대, 아도르노의 미학에서 중요하진 않지만 분명한 내용이다. 그러나 주장컨대, 이 희망은 그의 미학의 전체 내용에 생기를 불어넣는다. 사유 그 자체가 점점 더 관리되는 바로 그 순간에 예술이 비판성을 위한 지속적인 피난처를 제공하기 때문에 그렇다. 다음 부분에서 볼 것처럼, 세계에 대한 대안적인 시각방

---

59. 아도르노가 다음과 같이 말하는 Adorno, AT, 232를 보라. "계획적으로 예술작품들에 의해 채택된 정치적인 입장들은 부수적인 현상이며 대개 작품들의 정교화를 침해한다. 그래서 궁극적으로 그것의 사회적으로 참된 내용을 침해한다……사회는 그것 안에서 더욱더 본래적이면 본래적일수록 그것은 의도된 대상이 아니게 된다."

60. 아도르노가 AT, 18에서 다음과 같이 언급하는 것처럼 말이다. "그러나 당연하게도 모든 예술 안에서 부자유를 느끼는 누구라도 관리기구의 증가하는 힘 앞에 직면하여 '아무것도 변하지 않는다'는 부정적인 주장과 더불어 저항을 그만두도록, 복종하도록 유혹받는다. 반면 그 대신에 다른 것과 유사한 모습으로 그것의 가능성이 또한 밝혀진다."

식을 지시할 수 있는 것은 예술작품에 의해 개방된, 비판성과 희망 사이에서 기능하는 이원체이며, 마르쿠제의 경우에는 "예술작품"이 되는 사회이다. 마르쿠제는 예술작품에 본질적인 부정성을 통해 표현된 희망을 표현한다. "예술은 그것의 고유한 형식과 그것의 고유한 '언어'를 창조하면서 확립된 일상적인 실재와는 다른 차원에서, 그리고 이 실재와 적대적인 차원에서 움직인다."[61]

관리되고 훼손된 실재에 대한 저항은 사유의 부정성뿐만 아니라 성공적인 예술작품의 부정성에 달려 있다. 각각의 것은 객체가 주체의 의도된 전체성을 극복하는 방식들을 보여 주어야 한다. 그렇게 함으로써 사유와 예술은 사상과 표현에 손상을 주는 방식들에 의해 초래된 정의롭지 않은 것을 나타내고 바로잡는 수단이 된다. 사유와 예술은 바로잡힌 세계에 대한 그들의 호소에서 하나가 된다. 그러나 그들의 호소는 단순하게 부정적이지 않다. 주체성의 가상들을 해체하고 객체들의 훼손을 드러냄으로써, 그리고 예술의 경우에는 가상 그 자체가 됨으로써, 사유와 예술은 사유의 대안적인 형식들을 위한 비판적인 공간과 미래를 가능하게 한다.

미학과 구원

아도르노와 마르쿠제에게 예술은 진보된 산업사회에서 이성을 보완하는 필연적인 역할을 하며, 때때로 그 이성을 초월한다. 예술작품은 예술의 변증법적인 본성과 자율성 그리고 비판을 위한 가능성을 통하여, 동일성의 이성에 포섭되는 일 없이 성좌적인 사유의 본질을 포착한다. 그러나

---

61. Herbert Marcuse, *Art and Liberation* [Vol4], Collected Papers of Herbert Marcuse, ed. Douglas Kellner, Vol. 4 (New York: Routledge, 2007), 133.

이것은 예술에 대한 어떤 승리주의적인 관점을 의미하지 않는다. 이전의 니체처럼, 아도르노와 마르쿠제는 예술의 환영적인 특징이 지니는 한계들과 그것이 구체적인 사회적 지시 또는 심지어는 예술적인 대상의 본성을 명시하는 개념들을 가정할 수 없다는 사실을 인정한다. 예술이 대상들의 역사를 통합시키고 환영을 사용함으로써 가능한 대안들을 보여줌에도 불구하고, 예술은 객체의 고통에 비추어 그것이 어떻게 보완되어야 하는지를 명시할 수 없다. 아도르노와 마르쿠제는 이 불충분성을 고려하면서 예술작품의 이론적인 보완으로서 미학의 필요성을 주장한다.[62] 예술의 사회적이고 가상적인 본성이 탁월함을 예술에게 부여하고 그것이 예술의 변증법적인 특성을 구성하는 요소임에도 불구하고 그 본성은 또한 예술의 모호함의 원인이다. 예술은 역사적일 뿐만 아니라 가상적이기에 그것과 세계와의 관련을 확인하는 이론적인 분석이 필요하다. 예술이 "완전하게 경험"될 수 있는 것은 오직 분석을 통해서이다. "모든 예술작품은, 만일 그것이 완전하게 경험되는 것이라면, 사유를 필요로 하므로 다른 것이 아닌 모든 제한을 거부하는 사유인 철학이 필요하다."[63] 그래서 현대 사회에서 자율적인 반성의 가장 유용한 수단인 예술작품은 그것의 실천적인 중요성을 이해하고 발전시키기 위해 한층 더 비판적인 사유를 요구한다.

아도르노는 예술에 대해 — 그것의 역사적이고 상상적이며 정신적인 내용을

---

62. Martin Jay, "Is Experience Still in Crisis? Reflections on a Frankfurt School Lament," in *The Cambridge Companion to Adorno*, Ed, Tom Huhn (New York : Cambridge University Press, 2004), 139를 보라 : "미학적 경험은 필연적으로 순수하지 않다. 왜냐하면 그것은 우리가 이미 언급했던 다음과 같은 예술 바깥의 변화에 의해 손상되기 때문이다 : 근대의 전쟁, 정보에 의한 이야기의 대체, 소외시키는 기술, 그리고 자본주의적인 산업화……아도르노는 그래서 미학적 경험의 참된 내용이, 예술에 수반되지만 예술이 필연적으로 결여하고 있는 비판적인 담론의 도구들을 제공했던 철학적이며 사회적인 분석들에 의해 항상 밝혀져야 한다고 강조했다."

63. Adorno, AT, 262.

포함하여 – 비판적으로 사유하는 과제를 미학에 부여한다. 개념들은 예술 작품 안에 있는 비밀들을 그것들의 실천적이고 인식적인 가치에 비추어 해 방시키고 검토하는 수단이 된다.[64] 이런 식으로, 개념들은 예술적인 대상을 그것의 특수성으로 에워싸고 자유롭게 만들며, 객체와 종종 그 뒤에 숨어 있는 것에 우위성을 부여하는 방식들로 작동한다. "예술은 직관할 수 없는 것에 대한 직관이다. 그것은 개념 없이 개념적인 것과 유사하다. 그러나 예 술이 그것의 모방적인, 비개념적인 층위를 해방시키는 것은 개념을 통해서 이다."[65] 앞서 보았던 것처럼, 미학은 희망했던 대상과의 동일성을 결코 성 취하지 못할 것이다. 미학적인 개념들과의 관련에서 예술적인 대상의 초과 가 존재하며, 이것은 항상 존재할 것이다. 이런 사정 때문에, "미학의 과제 는 예술작품을 난해한 대상으로 이해하는 것이 아니다. 현대의 상황에서, 이해될 필요가 있는 것은 이해불가능성이다."[66] 성좌적인 사유와 유사한 측면에서 – 예술이 대상 그 자체와는 다른 매개와 자율성의 수준을 반영한다는 사실을 인식함에도 불구하고 – 미학은 예술작품 안에서 객체를 에워싸야 한 다. 그것은 모든 예술작품에서 규정하기 힘든 것으로 남아 있는 것을 개념 화하려는 구체적이고 끝이 없는 시도이다. 이것 때문에 미학은 객체에 대한 자기 의식적인 탐구이며 이 탐구의 양식화된 대안들이 된다.

아도르노는 보통 미학에서 역사적인 요소들을 분명하게 구분한다.[67]

---

64. 이것은, 늘 그렇듯이, 개념들이 결코 완전하게 예술적인 대상을 압축할 수 없다는 사실을 인식함에 적합해야 한다. 아도르노가 ND, 14에서 다음과 같이 언급하는 것처럼 말이다. "그 래서 예술작품들에 대한 철학적 해석의 목적은 그들을 개념과 동일시하는 것, 그들을 개념 으로 통합시키는 것일 수 없다. 그러나 작품의 진리가 펼쳐지는 것은 그러한 해석을 통해서 이다."

65. Adorno, AT, 96.

66. Adorno, AT, 118. 또한, AT, 347을 보라. "예술철학의 과제는 사변철학이 거의 변함없이 하고자 했던 이해할 수 없는 요소들을 설명하여 제거하는 것 정도가 아니라, 오히려 이해 불가능성 그 자체를 이해하고자 하는 것이다."

67. 예를 들어, 그가 다음과 같이 언급하는 Adorno, AT, 353을 보라: "예술은 그것의 고유한 설

만일 예술이 변증법적이고 그래서 역사적으로 매개된다면, 미학의 과제는 모든 예술작품의 역사적인 특징을 발전시키고 드러내는 일일 것이다. 더욱이, 만일 예술이 환영과 가상이라면, 미학은 예술작품에서 구상된 새로운 대안들을 특징짓기도 해야 한다. 이것은 미학을 철학 그 자체의 규범적인 표현으로 변형시킨다. 즉, 개념들이 자기의 역사성, 고통, 그리고 가능한 미래를 분석의 주제로 갖는 객체와의 겸손한 대화에 나서게 되는 실천으로 변형시킨다. 그리고 확실하게 객체 안에 간직된 사회적인 실재에 대한 평가는 친절한 사유실험이 아니다. 미학은 예술작품에서의 사회적 실재를 드러내고 객체에 대한 훼손뿐만 아니라 객체의 가능성들 또한 보여줌으로써, 제대로 된 "철학"이 결여하고 있는 사회적이고 역사적인 비판의 과제를 수행한다. 루디거 부브너^{Rudiger Bubner}가 요약하는 것처럼, "그래서 철학은 순수한 예술작품들 안에 이미 담겨 있지 않은 것을 덧붙이며, 실제로 그것들 안에 결코 담겨 있을 수 없는 것을 덧붙인다. 즉, 예술작품의 의미를 현존하는 실재에 대한 부정으로 해석하는 일을 덧붙인다."[68] 예술의 사회적이고 역사적인 특징은 그것의 주관적인 변화와 마찬가지로, 그것이 미학에서 분석될 때, 예술적인 대상이 현재하는 실재에 대한 기소로 그리고 대안적인 다른 실재들에 대한 개방으로 이해될 수 있도록 만든다. 아도르노의 미학에서, 이상적인 사유는 그것의 내용뿐만 아니라 목적을 위해 예술작품에 의존하게 된다. 즉 예술은 정의롭고 개혁된 미래를 지향하는 사유의 형식을 정초한다.

그래서 예술은 철학을 통해서 완전하게 사회적·비판적인 것으로 이해

명을 기다린다. 그것은 서로가 서로를 바로잡는, 역사적인 범주들과 미학적인 이론의 요소들을 예술적인 경험과 대면시키는 일을 통해서 체계적으로 성취된다."

68. Rudiger Bubner, "Concerning the Central Idea of Adorno's Philosophy," in *The Semblance of Subjectivity: Essays in Adorno's Aesthetic Theory*, eds. Tom Huhn and Lambert Zuidervaart (Cambridge, MA: MIT Press, 1997), 161.

된다. 미학은, 그리고 미학만이, 예술작품의 사회적이고 역사적이며 구성적인 내용을 예술적인 대상의 본성을 드러내는 것으로 검토할 수 있다. 그리고 예술적인 대상이 분석을 통하여 드러나는 것처럼, 미학 그 자체는 사회적인 실재에 대한 기소로 변형되게 된다. 왜냐하면, 성공적인 예술작품들에서 동일화하는 주체의 본성, 대상 자체의 초과, 정신과 환영의 가상적인 본성, 그리고 객체 자체의 훼손이 모두 예술작품 그 자체에 내재하기 때문이다. 미학은 이 내용을 밝히고, 그러한 것으로서, 현재하는 실재가 문제가 있는 것임을 볼 수 있도록 만드는 매개가 된다. 사유는 예술작품을 **통해야**하는 것이 된다. 미학에 대한 비판이론적인 이해는 효과적으로 사유의 성좌적인 특징을 예술작품의 자율적이고 대상적인 특징들과 결합한다. 성공적으로 사유한다는 것은 미학적으로 사유한다는 것을 의미한다. 아도르노에게 정의롭고 윤리적인 사유는 예술의 자율성과 예술의 정신, 즉 **미학적**인 이성에 의존하는 사유이다.

철학과 예술작품의 상호의존, 즉 내가 여기서 미학적 이성이라고 부르는 것은 비판이론에서 예술과 사유의 깊은 관련성을 드러낸다. 둘 다 사회에 의해 부과된 고통과 피해를 유일하게 바로잡는 자율성과 특수성을 가진 객체의 도움으로 파악되고 실제로 객체에 의해 매개된다. 미학에서, 사유와 예술은 객체를 그것의 특수성에서 개념화하고 표현하는 상호의존적인 방식들로서 만나게 된다.

내가 앞서 언급했던 것처럼, 이 사회적이고 비판적인 능력은 단순하게 이론적인 것이 아니라 그 방향에서 실천적이다. 미학적 이성이 하는 일처럼, 객체의 내부의 고통과 대안들을 드러내는 것은 다른 실재 또는 개혁된 미래를 지시하는 것이다. 마르쿠제가 말하는 것처럼, 예술과 철학 게다가 미학은 미래의 사회 형태들의 지표인 이상적인 것과 현실적인 것 사이의 괴리를 상술하는 일에서 항상 조화를 이룬다. "여기에 과학, 예술 그리고 철학의 근원적인 연결이 있다. 그것은 현실적인 것과 가능적인 것 사이의, 진리인 것처럼 보이는 것과 본래적인 진리 사이의 불일치에 대한 의식이며 이 불일치를 이해하고 정복하려는 노력이다."[69] 이상적인 것과 현실적인 것 사이의 영속적인 차이를 객체에서 경험된 것으로 보여줌으로써, 미학적 이성은 현재의 실재 안에 잠재하는 새로운 가능성들에로 그 자신을 개방한다. 예술적으로 느껴지고 미학적으로 개념화되는 비판적 거리는 객체의 더욱 정의로운 현존을 향한 실천적인 충동에 동기를 부여하는 것이다.

아도르노의 "구원" 개념이 무대에 등장하는 것은 바로 이 결정적인 시점에서이다. "구원받은" 대상은 현재의 실재에 의해 부과된 고통과 피해 바깥에 존재한다. 미학적인 이성은 우리로 하여금 대상과 세계 그 자체에 대한 비판적인 관점과 대안적인 시각을 가능하게 만드는 구원받은 대상을 조망하도록 만든다. 아도르노는 『미니마 모랄리아』의 중요 구절에서 이 구원의 형식을 거의 신학적인 언어로 다음과 같이 말한다.

> 절망에 맞서 책임감 있게 실천될 수 있는 유일한 철학은 모든 사물을 그것들이 그들 자신을 구원의 관점에서 제시하는 그대로 관조하려는 시도이다. 지식은 빛을 가지고 있지 않으나 구원을 통해 세계를 밝힌다. 그 밖에 다른 것은 복원이며 단순한 기술이다. 관점들은 세계를 대체하고 소외시키며, 그것이 어느 날 메시아의 빛에서 드러날 것처럼, 균열과 틈이 있고 결함이 있는 왜곡된 것으로 드러낼 뿐이다.[70]

여기서 아도르노가 말하는 철학은, 내가 그렸던 것처럼, 미학적 이성이다. 미학적 이성은 객체에 대한 훼손에서뿐만 아니라 경우에 따라 **존재했을 수**

---

69. Marcuse, ODM, 229.

70. Adorno, MM, 247.

있는, 또는 마찬가지로 **존재할** 객체를 관조하는 것이다. 여기서 외견상 아도르노의 예기적인 주목은 적절하다. 미학적 이성은 종말론적인 미래에서는 어떤 객체가 존재할 것인지에 대한 전망을 제시하지만, 의도된 종말을 가져올 관점 또한 해명한다. 그래서 이 사유방식은 현재의 실재에 대한 기소일 뿐만 아니라 객체 안에 내재하는 가능성들을 입증함으로써 구원된 미래를 야기할 수 있는 예기적인 창조 방식이다. 오직 비판적 사유를 통해서만, 또는 미학적 이성을 통해서만, 우리는 현재에 존재할 수 있었지만 주어지지 않은 것을 볼 수 있다.

그러나 우리는 아도르노의 구원 개념에서 너무 많은 것을 읽으려 해서는 안 된다. 신학적인 독해와는 반대로, 미학적 이성은 객체와 세계 그 자체의 내재적인 구원을 지향한다. 객체가 견뎌온 고통을 드러냄으로써, 미학은 존재했을 수 있는 것에 전념한다. 동시에 그러한 시각은 존재할 수 있었던 것을 보여 준다. 미학적 이성은 진단함과 동시에 치유하려는 노력이며, 현재를 평가하고 미래를 개혁하려는 이중적인 노력이다. 아도르노뿐만 아니라 또한 마르쿠제의 사유를 정초하는 이 시각은 긍정적으로 유토피아적이며 그들의 작업을 가능하게 하는 미학의 구조적인 양상이다. 아도르노는 이 시각을 모든 예술작품에 대한 그의 명령에서 구체화한다. "모든 예술작품은 무의식적으로 그 스스로에게 그 자신이 유토피아로서 존재할 수 있는지 그리고 어떻게 그럴 수 있는지를 물어야 한다. 항상 오직 예술작품의 요소들의 성좌를 통해서 말이다."[71] 예술작품은 "유토피아적"이다. 그것이 현재하는 실재를 그 실재의 고통과 가능한 구원을 내보이는 방식으로 해

---

71. Adorno, AT, 312. 또한, 아도르노가 다음과 같이 예술의 환상적인 본성에 주목하는 AT, 82~83을 보라: "각각의 진정한 예술작품에서, 존재하지 않는 어떤 것이 나타난다. 그것은 존재하는 것의 이질적인 요소들로부터 생각되지 않는다. 이런 요소들로부터 예술작품들은 암호들이 되는, 그러나, 환상들과 같이, 두 눈앞에서 암호화된 것이 직접적으로 존재하는 어떤 것으로서 세워짐 없이 그러한 성좌들을 배치한다."

석하고 다시 모으며 양식화하는 만큼 말이다. 그러나 이전에 주목한 것처럼, 이 유토피아적인 내용은 오직 미학적인 이성을 통해서만 드러날 수 있다. 오직 예술작품에 의해 매개된, 비판적인 이성을 통해서만 객체들에 대한 자율적이고 긍정적인 시각이 발생할 수 있다.

구원이라는 개념에 대해, 아도르노는 예술과 미학의 힘에 대한 또 다른 전통적인 신학적 개념인 희망을 덧붙인다. 실제로 아도르노에게 예술은 유용한 범주로서 희망을 설정하는 그것의 능력에서 종교적인 것을 대체한다. "심지어 종교적인 것들이 침묵에 빠지는 시대에, 위대한 예술작품들은 전통적인 신학적 문맥보다 더 강력하게 희망을 표현한다."[72] 미학적 이성과 예술은 서구 사회에서 희망을 보존하기 위한 몇 가지 수단 중 하나이다. 만일 오직 그것들이 자율적으로, 사회적으로는 의식적으로, 그리고 상상적으로 남아 있다면 말이다. 종교가 실재에 의해 위태롭게 될 수 있으나, ─ 또는 종교가 실재이긴 하나 ─ 예술작품에 의존하고 구원 가능한 객체에 집중하게 되는 것과는 거리가 있다. 그래서 예술과 미학적 이성은 "한때 문자 그대로 그리고 직접적으로 삶에서 경험되었던 것과 정신에 의해 추방되었던 것을 중화된 상태로 되찾을 수 있다."[73] 예술작품은 대안적인 실재에 대한 필요를 확인할 뿐만 아니라 고통과 역사에 의해 손상되지 않는 객체의 가능성을 보여줌으로써 그 실재를 지시하기도 한다. 이런 이유로, 예술과 미학적 이성은 희망을 위한 저장고 또는 오직 추모와 애도의 형식에서만 존재할 수 있는 것의 "회복"일 수 있다. 그것들은 현재에서 과거에 잃어버렸던 것을 보여 주고 회복을 요구한다.

주장컨대, 그래서 미학에서 존재하는 희망은 미학적 수용과 분석에서 나타남이 틀림없는 애도의 활동에 근거를 둔다. 희망하기 위해서, 우리는

72. Adorno, ND, 397.

73. Adorno, AT, 5.

객체가 훼손되기 전에 상태를 기억해야 할 뿐만 아니라 그러한 상실을 애도해야 한다.

> 빛나는 사물들이 자기의 마법적인 주장들을 포기하고, 주체가 그 사물들에게 부여하고 그 사물들의 도움으로 그 자신이 행사하길 희망하는 힘을 부정하기 때문에, 그 사물들은 친절함의 이미지, 자연에 대한 지배로부터 치유된 행복의 약속으로 변형된다. 이것이 모든 예술의 의미로 전환된 사치의 원역사이다.[74]

"친절함"의 이미지와 "행복의 약속"이라는 말에 대한 아도르노의 강조는 시원적인 역사나 존재로의 전회가 아니다. 오히려 사물들이 존재할 수 있는 대로 존재하는 것은 아니며, 현재의 실재는 객체에 대한 요구들에 미치지 못한다는 냉엄한 인정이다. 예술작품과 미학을 객체 그 자체에 근거하는 새로운 대안들로 나아가게 하는 것은 (존재에 대한 긍정이 아니라) 부재에 대한 실현이다. 마르쿠제는 이것을 날카롭게 포착한다. " '부재하는 사물들'이라 명명하는 것은 존재하는 사물들의 마법을 파괴하는 일이다."[75] 예술은 현재하는 실재에서의 결핍을 확인함으로써 고통에 대한 미학적인 경험을 변형과 희망에 대한 새로운 의식으로 변형시킨다.[76]

---

74. Adorno, MM, 224. 또한, AT, 66을 보라. 여기에서는 예술작품들에서의 자연적 아름다움의 힘은 "그것이 아마도 결코 존재하지 않았던 지배 없는 세계를 상기시키기 때문에 존재하며, 그것의 약함은 이 상기를 통하여 그것이 한때 천재가 나타났던 그 특성 없음에로 사라지기 때문에 존재한다"고 서술한다.

75. Adorno, ODM, 68.

76. Lambert Zuidervaart, "Metaphysics after Auschwitz:Suffering and Hope in Adorno's *Negative Dialectics*," in *Adorno and the Need in Thinking:New Critical Essays*, eds. Colin Campbell, Donald Burke, Kathy Kiloh, Michael K. Palamarek, and Jonathan Short (Toronto:University of Toronto Press, 2007), 147을 보라. "고통에 대한 아도르노의 강조는 희망에 대한 강조로 전환된다. 또는 오히려 고통에 대한 철학적인 표현은 고통의 제거에 대한

예술작품(그리고 그것에 의해 미학적 이성)은 역사, 사회 그리고 주체성에 대한 현전을 통하여 부재를 변증법적으로 확인함으로써 객체들에 대한 잠재적인 변형과 객체를 그것의 충만함에서 보도록 만드는 실재에 대한 개혁을 시사한다. 애도의 행위와 그것의 긍정적인 전환은 예술에서 이 치유적인 운동을 묘사하는 데 사용되는 일련의 개념들을 확장시킴으로써 아도르노의 중심개념인 "형이상학"과 동일시된다. 왜냐하면 아도르노의 형이상학이 현재의 부정성과 긍정성을 고려하고 그것들을 넘어서 사태의 다른 측면들을 보여 주는 사유를 제시해 주기 때문이다. 아도르노는 다음과 같이 언급한다. "형이상학이 숙고해야 하는 것은 개념들이 그럼에도 불구하고 어느 정도로 자기 자신 너머를 볼 수 있는가이다."[77] 요컨대 "형이상학은 소망하는 법을 알아야 한다"고 말한다.[78] 현재를 초월하는 능력은 결국 아도르노의 "형이상학" 개념이 되는 미학적 추론의 특징이다. 예술작품에 의해 조성되고 미학에 의해 소생되는 형이상학적인 개념들은 변화되고 희망적으로 회복된 미래를 설정하기 위해 현재하는 실재에서의 부재를 입증한다. 이런 점에서 형이상학은 미학적 이성의 필연적이고 실천적인 결과물이다.

그러나 예술과 마찬가지로, 형이상학은 "그 자신 너머를 봄"으로써 미래의 실재를 지시할 뿐이다. 그것은 그러한 실재가 무엇이고, 어떻게 생길 수 있는지에 대해 언급할 수 없다. 이 지시 또는 "약속"에 대한 통찰은 아도르노와 마르쿠제의 작업 곳곳에 존재한다. "진정으로 생생하게 경험될 수 있는 것은 아무것도 없다. 만일 삶을 초월하는 어떤 것이 또한 약속되지 않

기대로서의 표현을 수용한다. 아도르노에게 사유에서의 물질적인 필요는 사유 그 자체가 근본적으로 변형되는 근본적으로 변형된 세계에 대한 단상으로 사유를 나아가게 한다."

77. Adorno, ND, 376.

78. Adorno, ND, 407. 다음 구절들을 고려하면, 마르쿠제는 다만 형이상학적 희망에 대한 미학의 한계들에 동의하지 않는다. 이것 때문에, 아도르노는 비판이론가들 사이에서 유일하게 기관과 사회의 개혁에 대한 더 나은 형식들을 주장하지 않는다.

는다면 말이다. 어떤 종류의 개념도 그 너머로 인도하지 못한다."79 형이상학은 현재 너머에 어떤 것을 설정함으로써 존재의 가치를 보장한다. 그렇지만 형이상학 안에 있는 약속은 초월적인 존재로 이해되어서는 안 된다. 오히려 아도르노의 형이상학 개념은 완전하게 시간화되며 따라서 형이상학적인 소망과 그 소망의 미학적 이성에 대한 의존을 통해 성취된 구원은 미래에 존재한다. 이런 식으로 형이상학은 시간을 통한 공간의 개혁에 대해 말한다. 내재적인 것은 내재성 그 자체에 대한 신학적인 변화를 통해서가 아니라 더 나은 미래를 통해 변형될 것이다. 그래서 형이상학에 대한 아도르노의 선언들은 예기적으로 들릴 수 있다. 그것들이 현재를 변형시키는 예언된 미래를 준비하는 한에서 말이다. 변형은 위로부터 오는 것이 아니라, 역시, 현재에 숨어 있는, 그러나 손상된 방편들로부터 온다. 아도르노는 이 형이상학적인 사유의 방향을 다음과 같이 지시한다.

> 형이상학은 다시 살아날 수 없다 ─ 부활의 개념은 생물에 속하지 창조된 어떤 사물에 속하지 않으며 마음의 구조들에서 그것은 비진리를 가리키는 것이다 ─ 그러나 형이상학은 오직 그것의 말에서 사유되었던 것의 실현에서 비롯한다. 예술은 이것을 예취한다. 니체의 저작에는 반-형이상학적 욕설이 넘치지만 어떠한 문구도 차라투스트라의 "순수한 어릿광대, 순수한 시인"만큼 충실하게 형이상학을 묘사하지는 않는다. 사유하는 예술가는 사유되지 않은 예술을 이해한다.80

---

79. Adorno, ND, 375. 또한, J.M. Bernstein, "Why Rescue Semblance? Metaphysical Experience and the Possibility of Ethics," in *The Semblance of Subjectivity : Essays in Adorno's Aesthetic Theory*, eds. Tom Huhn and Lambert Zuidervaart (Cambridge, MA : MIT Press, 1997), 208을 보라 : "초월성은, 결국, 수직적이 아니라 수평적인 ─ 미래의 이 세계의 거주를 향한 ─ 하나의 약속이다."
80. Adorno, ND, 404. 강조는 저자.

니체의 차라투스트라 그리고 예술의 가상적인 본성을 요청하면서, 아도르노는 미학적인 부정성에 대한 비판이론적인 개념과 형이상학에서의 그 개념의 한계 사이의 강한 순환성을 만들어 낸다. 형이상학은 객체들을 개혁하는 일에 전념하고 미학적 이성에 의존하면서, 니체의 예술적인 가상이 되며 미래에 놓여 있는 삶을 위한 가능성들에 대한 해명이 된다. 그래서 아도르노의 형이상학 개념과 그가 그 개념에 도달하기 위해 사용하는 에움길은 인식적이면서도 미학적이며 예술과 저항의 형식을 사용하고 창조와 긍정에 필수적인 비판적 공간을 창조하는 니체의 자기 가상적인 이상적 유형에 대한 비판적인 재해석으로 보일 수 있다. 형이상학은 예술작품과 같이 현재의 방편들과 애도에 근거하는 개혁된 미래를 상상한다.

그러나 니체와 아도르노의 유사성들은 극단적으로 끌어내어져서는 안 된다. 아도르노의 형이상학은, 가상적임에도 그리고 동일화하지 않은 긍정적인 사유의 피난처임에도 불구하고, 여전히 형이상학이 형이상학 자신의 종국에 있는 긍정적인 차원에 도달하기에 앞서 성좌적인 사유, 예술, 가상, 정신 그리고 미학의 변증법적인 풍경을 가로질러야 한다. 겸손하게 객체에 전념하는 것은 오직 사유의 형식을 통해서이고, 형이상학이 실제로 그 자신을 구원받은 유토피아적인 미래를 개념화하는 허구로 제시하는 것은 객체의 고통과 잠재적인 것을 객체 자체와 연결시키는 예술을 통해서이다. 이 방식을 고려하자면, 형이상학은 미학적 이성에서 자라난 것이다. 객체가 겪었던 고통을 냉철하게 입증하고 분석하면서 우리는 또한 사물들이 다른 방식으로 존재할 수 있었다는 사실을 볼 수 있다. 미학적 사유 내의 부정적이고 비판적인 요소는 다른 미래를 위한 긍정적인 형이상학적 시각으로 변형된다. 오직 예술 그리고 미학 내에서 발견된 부정적인 사유와 애도를 통과함으로써만 우리는 세계를 다르게 보는 실재에 대한 현실적인 대안들을 설정하기 시작한다. 진정한 저항, 본래적 형이상학은 부정성을 통해 개방된 비판적인 공간에서 시작된다.

결론

이 장은 서구 사회에서 "객체"가 훼손되었고 손상되었다는 비판이론적인 인식으로 시작했다. 이 객체라는 용어가 모호해 보임에도 불구하고, 변증법적인 이해에 의해 뒷받침되는 "객체"는 단순하게 전지적 주체에 반대하는 모든 것을 의미한다. 그래서 진보된 산업사회에서 정의는 오직 주체들을 보다 공정하게 위치시켜서 주체들이 그들에 반대하는 것 – 지배를 받는 세계 – 과의 관계를 맺을 때에만 생길 수 있다. 이를 위하여 아도르노는 객체의 우위성(그러므로 객체의 존엄성)을 회복시키는 외견상 서로 다른 두 방식, 즉 성좌적 사유와 예술을 제안한다. 전자에서 객체는 끊임없고 무한한 개념화의 주제가 된다. 후자에서 객체는 자율적으로 표상되고 양식화되며 정신화된다. 둘이 결합하여 미학적 이성을 형성할 때, 객체들과 그들의 고통, 역경, 그리고 잠재성은 단순히 예술이나 비판적 사유 각각의 경우에서 더욱더 충분하게 이해된다.

객체 내의 부재와 긍정성에 대한 이 최종적인 인식은 규정할 수 없는 미래에서의 객체들의 가능한 구원을 드러내는 유토피아적인 형이상학으로 그 자체를 개방한다. 미학적 이성은 그것의 전개에서 부정적일 뿐 아니라 긍정적이 된다. 부정적인 것으로서의 미학적 이성은 객체를 그것의 고통과 결핍에서 해명한다. 긍정적인 것으로서, 그것은 객체의 잠재적인 변형을 온전한 것으로 확인한다.

그러나 비규정적인 형이상학적 미래에 대한 가정은 한계를 형성할 뿐만 아니라, 주장컨대, 사유와 예술의 관계에 대한 아도르노의 사유를 결정적인 곤경에 빠뜨린다. 사유와 예술이 서로 긴장에 빠지면서 사유와 예술은 가능한 미래를 해명할 수 있지만, 아도르노의 형이상학은 확고부동하게 유예된다. "예술에 의해 성취된 화해는 허구적이다……그 화해는 현실에 존재하지 않을 뿐만 아니라 먼 유토피아적인 미래에도 영원히 존재하지 않는다."[81] 아도르노는 형이상학적인 사유의 구체화는커녕 어떻게 실재가 변형될 수 있는지에 대해서도 구상하지 않는다. 오히려 그는 그 자체로 윤리적인 것으로서 철학, 예술 그리고 미학적 추론을 구상한다. 그리고 형이상학적인 사유가 해명하는 올바른 사유와 가능성들에 의해 실천되는 것으로서 객체에 대한 충실함의 형식으로 현재에 대한 대안을 예시하는 데 만족한다.

그러나 이것은 아도르노의 사유가 막다른 길을 나타낸다는 사실을 의미하지 않는다. 아도르노 그 자신은 예술, 사유, 그리고 형이상학의 더욱 실천적인 가치를 효과적으로 주장하지 않았지만, 나는 그의 작업이 결정적으로 중요하다고 주장한다. 비록 그것이 다른 설명들에 의해 보완될 필요가 있지만 말이다. 특히 미학적 추론은, 그것의 일반적인 구조에서 (1) 객체에 대한 특수성과 무한성을 진지하게 취급하고 (2) 객체들이 겪는 고통을 이해하며 (3) 그 부재를 잠재적으로 구원된 미래를 보는 데 사용하는 논증의 형식으로서, 예술로서의 삶에 대해 굉장한 가치가 있는 것일 수 있다. 실제로 미학적 추론은 배타적으로 예술작품에 근거할 필요가 없다. 예술이 아도르노로 하여금 확인하도록 한 것은 객체의 자율적이며 양식화된 표현이다. 그러나 보다 넓게 고려하면, 아도르노의 이 규범적인 지시는 자율적이고 지속적으로 객체에 열중해 있으며 창조적이고 심지어 형이상학적으로 중요한 사유의 규정적인 형태들을 규정하는 것처럼 보일 것이다. 아도르노

---

81. Bubner, 159.

가 예술작품에 우위성을 부여할 좋은 이유들을 가짐에도 불구하고 그 이유들은 예술 그 자체를 넘어서는 함축들을 가지는 미학적 추론의 실천적인 가치를 구속할 필요가 없다. 미학적 추론은, 예술의 본성에 의해 고양됨에도 불구하고, 세계의 본성과 잠재적인 것을 해명하는 일에 도움을 줄 수 있다.

사유의 이 형식은 예술로서의 삶에서의 저항과 비판적 차원의 초석을 이룬다. 니체처럼, 아도르노의 작업을 통해 이해된 저항은 개념적 명확성, 부재 그리고 세계의 한계들을 선취하는 어떤 것이다. 그러나 아도르노의 사유는 그것이 비판적 사유의 정확한 형태를 명시하고 부정성이 긍정성으로 변형되는 방식 그리고 해체의 냉철함과 가상의 열렬함의 관계를 보여준다는 점에서 니체를 넘어선다. 이 아주 조심스럽게 설명된 비판적 사유의 개념 그리고 이것과 예술, 미학, 그리고 형이상학과의 관계는 저항이 그 자신을 긍정적으로 사회적이며 정치적인 대안들로 개방하는 방식들을 보여준다.

불행하게도, 아도르노의 사유는 예술과 사유의 연결이 중요함에도 불구하고 잠재적이고 구체적인 대안들을 해명하는 데에는 실패한다. 아도르노의 사유는 형이상학적인 개념들이 어떻게 나타나고 규정될 수 있는지를 설명하는 일에 변함없이 계속해서 저항했다. 이런 이유에서, 헤르베르트 마르쿠제의 작업은 예술로서의 삶에서의 저항적인 차원을 보다 완전하게 검토하기 위해 요구된다. 아도르노의 미학이론에 거의 완전하게 동조하면서 마르쿠제는 미학적 추론에서 제시된 것을 드러내 보이는 구체적인 방식을 설정함으로써 이 결핍을 극복하고자 한다.

르네 마그리트의 더욱 도발적인 그림들 중 하나인 〈강간〉The Rape은 전통적인 초상화에서 한 여성의 두 눈, 코 그리고 입을 그녀의 가슴, 몸체 그리고 성기로 대체한다. 그 여성의 머리카락과 얼굴의 모양은 온전하게 남아 있고 솜씨 좋게 만들어졌다. 그녀의 목은 삭막하고 척박한 배경과 대조적으로 우아하게 뻗어 있고 얼굴로 이어진다.

과도하게 규정된 제목이 없이도, 〈강간〉은 특수한 대상에게서 경험된 상실을, 그리고 이 경우에는 여성에게서 경험된 상실을 지적한다. 그녀의 웃음, 코, 그리고 두 눈은 상징화된 성적인 영역들에 대한 남자의 시선을 통하여, ─ 이 경우에는 직접적으로 ─ 그녀의 가슴·배·성기를 통하여 변모된다. 여성이었던 것은 대상이 되고, 특히, 성충동적인 필요와 욕망들을 통해 순수하게 매개된 대상이 된다. 즉 여성은 사라진다.

그럼에도 불구하고 우리가 더 많은 어떤 것의 가능성을 경험하는 것은 마그리트의 작업으로 발생한 이 부재와 애도를 통해서이다. 비록 관객들에게는 허락되지 않지만, 우리는 그 여성의 웃음을 상상하고, 뒤이어 그녀의 두 눈을 상상하며, 벨기에의 모나리자Mona Lisa를 상상한다. 부재에도 불구하고 〈강간〉은 관객에게 여성에 대한 회복된 시각을 가능하게 한다. 오직 상상력 안에서만 말이다.

5장

헤르베르트 마르쿠제와 예술적 개인

개혁을 위하여

U2의 노래, 〈죽은 자여 일어나라〉Wake Up Dead Man는 아도르노의 미학과 아주 유사하게 두 개의 동시적인 운동으로 시작하는데, 하나는 우리가 마주한 훼손된 세계에 대한 인식이며 다른 하나는 바로 그 세계를 구원하는 어떤 것 — 이 경우에는 진정으로 형이상학적인 사건인 예수의 재림 — 을 위한 기도다. 그러나 노래가 계속될수록, 노래는 예언보다는 오히려 애가가 된다. 비록 밴드는 여전히 애원하고 있지만, 그 노래의 초반에 희망했던 메시아의 도래는 계속 무기한 연기된다. 누구도 오지 않는다. 하지만 이 부재의 한가운데에서 애도는 — 그리고 아마도 현실의 "테이프"를 다시 재생하고자 하는 욕망은 — 유일하게 적절한 응답이긴 하다.

그러나 U2의 음악 전체는 〈죽은 자여 일어나라〉가 시사하는 것처럼 그렇게 절망적이지는 않다. 그 노래 이후에 U2는 북아일랜드에서 연방주의자unionists와 신페인당Sinn Fein 당원들이 두 정당이 평화롭게 통합되기를 반복적으로 애원하는 내용를 담아 작사한 〈제발〉please이라는 곡을 발표한 다. 마찬가지로, U2는 이 당시 오직 정치적인 화해와 비폭력을 통해서 도래할 수 있는 중재에 대한 희망을 다시 발견하게 된다. 그것들에 대한 기도 한 가운데서, U2는 우리보다, 심지어 겉으로 보기에 끝나지 않는 이 싸움의 반대편에 있는 사람들 모두보다 더 중요한, 사랑이라는 해결책을 내비친다. 삼 년 후에 공개한 노래 〈상승〉Elevation에서, 그들은 동일한 사랑의 구현을 반복하고 요청하며 개입 또한 요청한다. U2가 제시한 것처럼, 사랑은 미움, 가난 그리고 폭력의 세계를 구원할지도 모른다. 하지만 사랑은 잠깐이며 보통 부재한다.

U2의 많은 노래는 부재 그리고 사랑을 통한 구원이라는 이 두 부분 사이에 존재한다. 긴 노래들에서, 무의미, 허무주의 그리고 폭력과 고통의 부조리가 애석하게 여겨지고 해명된다. 그리고 이것들과 동일한 힘을 가진 것으로, 동인이면서 또한 속성으로서의 사랑은 고통받는 세계에서의 유일한 내재적인 해결책으로 제시된다. 그래서 이 둘은 하나가 될 때, 화해된 세계에 대한 예술적인 시각을 제공한다. 즉, 오직 공동체와 다른 어떤 것에 대한 창조를 통해서만, 고통받는 세계는 달라질 수 있다.

U2에게 부족한 특별한 예술가적 기교는 느낌과 형식에서 만회된다. 아도르노가 인식한 것처럼, 진보된 산업사회들이 객체들이 겪은 그 고통을 다시 개념화하고 애도하는 일을 행할 수 있는 것은 오직 예술과 미학적 이성을 통해서이다. 더욱이 미학적 이성은 그 자신 너머를 목표로 삼는 상상력을 받아들이며, 현재에는 보류되어 있는 하나의 전체로서의 세계에 대한 긍정적인 변형을 받아들인다. 불행하게도, 아도르노의 부정의 미학은 정확하게 그것이 그 자신의 한계들을 규정하는 결정적인 난국에 봉착한다. 아도르노에 의해 제시된 형이상학은 구체적이지도 실천적이지도 않다. 그것

들은 상상력의 작업으로서 처음부터 실패작이었다. 이런 의미에서, 아도르노의 많은 작업과 같이, 형이상학은 대체로 실천적인 충족을 필요로 하는 초-이성적 개념으로 존재한다. 그것은 기도의 수준에 머물러 있다.

주장컨대, 필요한 것은 그 이상의 어떤 것이다. U2의 경우에, 사랑, 그리고 아마도 평화에 대한 헌신 등은 상상력의 수준에서 존재하는 것을 실현될 수 있도록 만드는 행동들이다. 상상력은 그 자체로 불충분하다. 형이상학적인 상상력은 실천적인 참여와 만나야 한다.

이 장이 세계 안에서 발견되는 고통에 대한 공동체적이고 상상적인 응답을 구상하는 헤르베르트 마르쿠제의 작업으로 전회하는 것은 이런 이유에서이다. 마르쿠제가 대체로 아도르노 미학의 부정의 구조를 자기의 것으로 삼긴 하지만, 그는 또한 아도르노의 근본적인 작업을 결국 고통받는 더욱 생생하고 구체적인 세계에의 참여로 마무리하는 "미학적인" 것의 의미에 대한 보다 실천적인 방향을 통해 초월하려고 한다.[1] 마르쿠제가 논증할 것처럼, 미학 그리고 그것이 제공하는 부정의 방편들은 실제로 아도르노에 의해 구상된 것보다 훨씬 더 풍부할 수 있다. 그것은 추상적인 것에 가까운 아도르노의 형이상학을 초월하는 긍정의 차원을 제공할 수 있다. 실제로, 내가 주장할 것처럼, 마르쿠제의 작업은 아도르노의 미학을 완성한다. 그것이 형이상학적인 희망의 실현을 위한 보다 구체적인 장소론을 규정하는 만큼 말이다. 마르쿠제는 순수하게 미학적인 이성에서 구상된 것을 실현하는 데 필요한 개념적 방편들을 제공한다.

마르쿠제는 아도르노의 엄밀한 미학과 형이상학에 대한 그의 사변

---

1. 이것은 아도르노의 작업에 대한 불만이다. 일찍이 MM, 189에서 아도르노는 "일상적인 삶을 미학화하는" 실천을 부정적으로 특징짓는다. 그리고 CM, 5~6에서 아도르노는 다음과 같이 언급한다. "[철학을 읽는 현대의 독자들은] 철학이 더 이상 한때 자기가 아주 밀접하게 뒤섞여 있었던 우리의 삶을 지배하기 위한 기술들 — 문학적일 뿐만 아니라 비유적인 의미에서의 기술들 — 에 해당하지 않는다는 점을 알아야 한다."

들을 완전히 이해하고 긍정적인 대안들을 설명하려고 시도하면서 아도르노 그 자신에 의해 불가능하거나 매력적이지 않은 것으로 간주된 방향들로 비판이론의 궤적을 확장한다. 위르겐 하버마스Jürgen Habermas가 주시하는 것처럼, "마르쿠제는 아도르노와 반대로 형언할 수 없는 것을 두르기만encircle 하지 않았다. 그는 미래에 대한 대안들에 대해 정직하게 호소했다."[2] 이 "정직한 호소"는 비판이론의 미학에서 드러난 변증법적인 부정성과 객체에의 헌신에서 배운 예술로서의 삶에 대한 몹시 정치적이고 실천적인 차원을 구성한다. 마르쿠제의 사유에서, 미학적 저항은 형이상학적인 희망에 제한되지 않는다. 그것은 미래를 보고 현재를 변화시키라는 요구이다.

그래서 마르쿠제의 작업에서 나타나는 것은 아도르노에 편입하고 아도르노를 초월하는 과정이다. 마르쿠제는 암암리에 아도르노의 미학과 규범적인 인식론의 많은 부분을 제 것으로 삼아, 저항적이면서 즐겁고 정의로운 삶의 방식을 제안한다. 그리고 마르쿠제는 그렇게 하면서 미학이라는 개념을 그것과 부정 변증법과의 순수한 결합에서 그 개념의 그리스적 근원인 아이스테시스aisthesis, 즉 감각성과 느낌이라는 방향으로 수정한다. 마르쿠제는 미학에 대한 이 두 번째 정의를 통해서 실재의 현실들과 단절한 진보된 사회를 위해 더 큰 평등과 기쁨 그리고 고통과 부정의의 축소를 실현하는 방향으로 사회를 이끌어 나가라는 새로운 명령을 전개한다. 이 개념은 결국 산업주의와 과학기술의 방편들을 폭력과 압제를 위해 사용하는 것이 아니라 형이상학적인 희망의 실현을 위해 사용하는 "예술작품으로서의 사회"라는 마르쿠제의 개념이 된다.

하지만 마르쿠제에 의해 구상된 이상적인 사회는 불확실하다. 그리고

---

2. Jürgen Habermas, "Psychic Thermidor and the Rebirth of Rebellious Subjectivity," in *Marcuse : Critical Theory and the Promise of Utopia*, eds., Andrew Feenberg, Robert Pippin, and Charles Webel (London : MacMillan Education, 1988), 3.

그 이유로 마르쿠제는 대안으로 개인이라는 형이상학적 희망을 위한 새로운 주체를 구상한다. 개인은 예술적인 삶의 기초인 비판적 의식과 삶의 방식을 잠재적으로 실현하는 자로 이해된다. 요리에서 섹스, 일labor까지 일상의 삶의 세부적인 것들을 변경함으로써 개인의 삶은 대안적인 미래를 가능하게 하는 수많은 행동들을 통해 현재에 대한 개혁에 헌신하는 예술과 미학의 특징들을 갖는다.

더욱 구체적인 이 방향을 통하여, 마르쿠제는 아도르노의 미학적 이성에서 구체화된 형이상학적 희망을 일상의 삶의 실재들을 돌보는 더 구체적인 실천으로 변형시킨다. 아도르노에 의해 구상된 명확하고 합리적인 저항은 마르쿠제의 작업에서 일상적 저항이라는 실천적인 행동으로 만들어진다. 어떤 면에서, 이 개념적 발전은 정치적이고 사회적인 의미의 실천적인 행동들로 확장될 수 있는 아도르노의 바로 그 인식론적이고 미학적인 철학을 가능하게 한다. 또 다른, 더 넓은 수준에서, 마르쿠제의 작업은 예술로서의 삶에서 저항의 계기가 분명한 개념적 과정 – 미학적 이성 – 뿐만 아니라 또한 기쁨과 공평의 최대화를 목적으로 삼는 일상적인 저항의 행동에 의해서 구성된다는 점을 보여 준다. 예술과 미학의 의미를 계속해서 더 상세히 설명함으로써, 마르쿠제는 애원을 넘어서 유효해지는 예술로서의 삶에서의 필수적인 차원을 개념화한다.

더욱 실천적인 방향을 가지는 마르쿠제의 철학의 목적들은 부분적으로는 그의 철학적이고 개인적인 배경, 곧 맑스주의자로 1918년 독일 혁명에 참여한 것과 1950년대 파시즘과 싸우는 미국 정부를 위해 일한 것 그리고 1960년대와 1970년대의 미국학생운동에 참여한 것과 관련이 있다. 이런 깊이 있는 개인적 일들은 맑스, 프로이트Sigmund Freud 그리고 19세기 독일의 예술가–소설 작가와 같은 사상가들의 더욱 실천적인 작업에 의해 영향을 받았던 그의 철학적인 헌신들에 의해 활기를 띠었다. 헤겔과 칸트의 철학과 같은 전통적인 비판이론의 관심 영역들과 함께 이런 사상가들을 흡수하는 가운데, 마르쿠제는 정치와 문화와 관계를 맺는 더욱 실천적인 철학적 체계를 구상할 수 있었다.

더욱 구체적인 이 관점은 맑스에 대한 마르쿠제의 독해에 의해 예증된다. (적어도 아도르노가 주장하는 측면에서) 대체로 부정의 사상가로서 헤겔에 대한 그의 독해에도 불구하고 마르쿠제는 맑스의 체계의 확고하게 정치적이고 저항적인 특징을 강조한다.

우리는 헤겔의 체계에서 모든 범주가 현존하는 질서로 귀결된다고 말할지도 모른다. 맑스의 경우에는 범주들이 이 질서에 대한 부정을 지시하는 반면에 말이다. 범주들은 심지어 그것의 현재의 형식을 설명할 때조차 사회의 새로운 형식을 목표로 삼는다……맑스의 이론은 모든 개념이 현존하는 질서의 전체성에 대한 기소라는 의미에서 "비판"이다.[3]

헤겔의 체계의 긍정적인 기여는 물질적인 조건들과 산업사회에서 일하는 사람들의 안녕에 맞춰진 맑스의 보다 부정적이고 비판적인 작업에 녹아 있다. 이 구체적인 방향은 직접적으로 맑스의 담론의 보다 정치적이고 저항적인 성향과 연결된다. "[맑스의] 유물론과 적절한 사회 이론을 연결시키는 두 개의 근본적인 요소들이 있다. 그것은 바로 인간의 행복에 대한 관심과 그것이 오직 존재의 물질적인 조건들의 변경을 통해서만 얻어질 수 있다는 신념이다."[4]

맑스의 사유가 유물론적 변증법을 통하여 삶의 실천적인 조건을 개선

---

3. Marcuse, RR, 258.
4. Marcuse, N, 135.

하는 데에 계속 전념하는 만큼, 그것은 그 때문에 부르주아적인 산업사회에서 현재의 생산과 분배의 수단들을 재구성하는 데에 전념하게 만들기도 한다. 마르쿠제의 맑스 독해를 따르면, "올바른 이론은 세계를 변화시키는 것을 목적으로 삼는 실천에 대한 의식이다."[5] 그리고 틀림없이 그러한 변화된 세계라는 목적telos은 부르주아적인 산업주의에 의해 창조된 물질적인 잉여를 사회의 모든 구성원들을 위한 양질의 삶이 무엇인지 긍정적으로 다시 구상하도록 만드는 것이 된다.

> 합리적인 사회라는 맑스의 이념은 사회조직의 원리를 구성하는 것이 labor의 보편성이 아니라 모든 개인의 가능성들을 보편적으로 만족시킬 수 있도록 만드는 질서라는 사실을 함축한다……이성의 이념은 행복의 이념에 의해 대체되었다.[6]

진보된 산업사회에서 새롭게 우선되어야 할 것은 마르쿠제에 의해 일관되게 "행복", 즉 몹시 괴롭고 비인간화하는 일이 (만일 모두 제거되지 않는다면) 감소하고, 존재하기 위해 필요한 것들이 끊임없이 충족되며, 여가, 섹스 그리고 기쁨의 기회들이 최대화되는 삶으로 정의된다. 이것은 원칙적으로 생산성이 "모든 개인의 보편적인 만족"[7]을 지향하는 산업의 산물에 대한 목적들을 재규정함으로써 성취되는 것이지, 겨우 이익의 최대화를 통해서 성취되는 것이 아니다. 맑스에 대한 마르쿠제의 다소 비정통적인 독해에서, 행복이나 만족과 같은 범주들은 위계상 특권을 가지게 된다.

마르쿠제의 사유를 프랑크푸르트학파의 다른 구성원들과 구별하고

---

5. Marcuse, RR, 321.

6. Marcuse, RR, 293.

7. Marcuse, RR, 317.

훨씬 뚜렷한 실천적이고 경제적인 성향을 그의 사유에 제공하는 것은, 아마도 일반적이지는 않지만, 맑스의 원칙들에 대한 이 끊임없는 적용이다.[8] 인간의 행복에 관한 관심과 개인의 해방을 획득하는 데에 필요한 구체적인 물질적 조건들에 대한 이해, 이 모두는 마르쿠제의 사유에 가득하다. 이와 유사하게, 더욱 확장된 맑스와의 만남 이후에, 마르쿠제는 프로이트의 작업을 그의 기획에 긍정적으로 전유하려는 시도에 착수한다.[9] 예를 들어, 마르쿠제는 프로이트의 "현실 원칙"이라는 개념을 진보된 산업사회에서 "수행 원칙"으로 재해석한다. 그리고 억압적인 합리성에 대한 프로이트의 강조는 보존하되 그것을 생산성의 현대적 기준에서 고려한다.

> 끊임없는 확장의 과정에서 탐욕적이고 서로를 용납하지 않는 사회의 원칙인 수행원칙은 지배가 점차 합리화되었던 장기간에 걸친 발전을 전제한다. 사회적 일에 대한 지배는 이제 사회를 확대 재생산하고 더 나은 조건 아래에서 재생산한다.[10]

1955년 이후 대체로 그의 작업을 정의하는 움직임으로, 마르쿠제는 "현실 원칙"이라는 프로이트의 개념을 경제적인 생산성의 측면과 삶을 개선하기 위해 구체적인 정치적 목표들을 억압하는 측면에서 재해석한다. "수행 원

---

8. 마르쿠제의 맑스주의에 대한 철저한 검토에 대해서는, 고전적이고 거의 완벽한 저작인 Douglas Kellner, *Herbert Marcuse and the Crisis of Marxism* (London: MacMillan, 1984)를 보라.
9. 다른 프랑크푸르트학파 사상가들과는 달리, 아도르노는 특히 프로이트의 작업을 받아들이지 않은 사람이다. 아도르노가 다음과 같이 언급하는 MM, 61을 보라:"프로이트의 계몽되지 않은 계몽은 부르주아의 환멸에 넘어간다……그에겐 이성이 단순히 상부구조이기 때문이다. 공적인 철학이 주장하는 것처럼, 아주 충분하게 진리의 역사적인 계기를 통찰했던 그의 심리학주의 때문이 아니라 말이다."
10. Marcuse, EC, 45.

칙"은 진보된 산업사회에서의 인간 존재자와 그들에 수반되는 일과 여가에 대한 조작화를 표상하는 상위 용어이다. 그래서 수행 원칙을 극복하는 일은 마르쿠제의 작업의 주요 관심사항들 중 하나로서 그가 예술로서의 삶을 명확하게 표명하는 이유가 된다. 만일 마르쿠제가 대안적인 현실을 구상하는 수단으로서 미학을 사용하는 것이라면 그 현실은 불가피하게 우리의 물질적인 행복과 심리-사회적인 안녕 둘 다에 관심을 가질 것이다.

프로이트에 대한 마르쿠제의 작업은 또 다른 측면에서 이 분석과 관련되기도 한다. 수행 원칙이 자기에 대한 비합리적이고 비-조작화된 표현들을 제한하고자 하는 만큼, 수행원칙의 주요한 억압의 현장은 성적인 신체이다.[11] 신체에 대한 일상화된 억압의 부분은 성적 관심 자체의 바로 그 영역을 제한하는 일을 포함하고, 따라서 억압은 성기-중심적으로 작동한다. "리비도는 신체의 한 부분에 전념하게 되고 나머지 대부분을 일의 수단으로 사용하기 위해 남겨둔다."[12] 성기를 향해 있는 성적 관심은 신체의 나머지를 탈성화시킬 뿐만 아니라 동시에 성기 외의 부분을 조작가능하게 만드는 중대한 결과를 초래한다. 그래서 신체의 탈성화를 초월하는 것은 즐거움을 회복하는 일에 대한 명령이 될 뿐만 아니라[13] 수행원칙을 전복시키고 자기를 탈조작화하는 수단이 된다. 성적 관심에 대한 이 새로운 형식은 성기-중심적이지 않으며, 즐거움을 줄 수 있는 신체의 다른 부분들로 확장될 것이다. 적어도 이 설명에서 즐거움의 특정한 형식은 저항의 행동일 것이다.

그리고 다음과 같은 프로이트의 또 다른 주제와의 부수적인 관련이 프로이트에 대한 마르쿠제의 창조적인 독해와 더불어 기능한다. 그것은 바

---

11. 여기에 푸코와의 다양한 연결점들이 존재하고 이것들은 8장에서 다루어질 것이다.

12. Marcuse, EC, 48.

13. 유쾌한 신체에 대한 더 자세한 마르쿠제의 초기 사유에 관해서는 N, 176 이하에서 쾌락주의를 설명하는 에세이를 보라.

로 환상이다. 일찍이 (로스앤젤레스에 망명 중이던) 1930년대 프랑크푸르트 학파에 몸담을 때, 마르쿠제는 다음과 같이 선언했다. "합리적인 현실과 현재의 현실 사이의 괴리는 개념적 사유에 의해 연결될 수 없다. 현재, 목적으로서 아직 존재하지 않는 것을 간직하기 위해서, 환상이 요구된다."[14] 마르쿠제의 초기 작업뿐만 아니라 중기 작업에서도 환상은 분리되어 있는 이상과 현실의 영역이 인식적으로 연결되는 정신의 과정으로 일관되게 이해된다.[15] 물론, 프로이트주의자들에게 이것은 꿈의 상태와 합리화된 사회에서의 꿈의 억압과의 연결을 가리킨다. 그러나 마르쿠제에게, 이 작동 규정은 창조성, 가상 그리고 꿈의 산물들을 현실의 산물들과 상상적으로 연결하는 모든 정신적 과정을 포함할 정도로 확장되고 일반화된다. "환상은 전체 정신적 구조에서 가장 결정적인 기능을 한다. 그것은 무의식의 가장 깊은 층위들을 의식의 최상의 산물들(예술)과 연결하고 꿈을 현실과 연결한다……"[16]

앞의 인용에서 마르쿠제가 "예술"을 괄호 안에 넣은 것은 우연이 아니다. 아도르노의 작업에서 예술, 미학, 형이상학의 기능과 유사한 방식으로 상상력의 영역을 효과적으로 가리키는 것이 바로 "의식의 최상의 결과물"로서의 예술이기 때문에 그렇다. 예술은 (그 자율성을 통하여) 현재의 현실을 초월하고 미래의 실재를 가리킬 수 있는 환상에 대한 최상의 표현이 된다.

서로를 용납하지 않는 개별화의 원리Principium individuationis의 세계에서 그리고 그 세계에 반대하여, 상상력은 인류와 연합하고 '태곳적' 과거와 연합하여 모든 개인의 주장을 보존한다……근본적이고 독립적인 정신의 과정으로서, 환상은 고유한 경험, 즉 서로를 용납하지 않는 인간의 현실에

---

14. Marcuse, N, 154.
15. 아도르노의 형이상학 개념에서처럼 말이다.
16. Marcuse, EC, 140.

대한 극복이라는 경험과 일치하는 참된 가치를 가진다. 상상력은 개인과 전체의, 욕망과 실현의, 행복과 이성의 화해를 구상한다.[17]

여기서, 그리고 『에로스와 문명』의 다른 절들에서, 마르쿠제의 상상력과 환상의 개념은 예술적인 작품의 극복으로 이해되지 그것의 창조로 이해되지는 않는다. 예술은 상상력과 현실을 화해시키는 능력을 낳는다. 그러나 그러한 사례들은 환상이 예술적인 표상 배후에 있는 생산적인 힘이라는 생각과 아주 유사하다. "상상력의 진리는 환상 자체가 형태를 취하고 그것이 지각과 이해의 우주를 창조할 때―주관적이면서 동시에 객관적인 우주를 창조할 때 처음 실현된다. 이것은 예술에서 발생한다."[18] 예술에서의 환상의 인과적 역할에 대한 이 외견상의 혼란은 마르쿠제의 미학에서 예술과 환상의 복잡한 관계를 착각하게 한다. 예술은 상상력의 산물이며 또한 상상력의 가장 순수한 표현의 형식이다. 환상은 마치 예술이 적절하게 환상을 표현하는 것처럼 예술을 낳는다.

환상과 상상에 대한 마르쿠제의 작업은 효과적으로 프로이트의 작업과 비판이론의 미학에 대한 그의 종합을 표현한다. 환상(프로이트)과 상상을 비판이론의 미학에 도입함으로써 마르쿠제는 예술을 부정적인 내용에 대한 사회문화적인 표현일 뿐만 아니라, 현재의 사회에 의해 부과된 이상적인 것과 현실적인 것의 구분을 연결하려고 시도하는 의식적이고 무의식적인 가능성들에 대한 표현으로 만드는, 예술작품이라는 현상에 대한 더 넓은 해석을 가능하게 한다. 예술에서 환상과 그것의 표현은 애도하는 일과 고통을 표현하는 일의 부분일 뿐만 아니라 꿈속에서 묘사된 추모, 즐거움, 대안적인 현실들과 깊이 연결된다. 프로이트, 맑스, 아도르노에 대한 마르

17. Marcuse, EC, 143.
18. Marcuse, EC, 144.

쿠제의 구성적인 독해는 예술로서의 삶의 부정적인 차원을 건설적이고 다양한 방향들로 확장한다.

미학을 그것의 사회적·역사적 의미를 넘어 확장하려는 이 욕망은 전체적으로 보아 마르쿠제의 프랑크푸르트학파 참여 이전 작업인 19세기 독일 문학에서의 "예술가-소설"Kunstlerromanen의 작업에 대한 그의 논문에서 가장 명백하게 이해될 수 있다. 거기서 예술가는 존재의 이질적인 영역들을 모아 예술가 그 자신에 의해 구체화된 이상적인 삶으로 만드는 인물로 이해된다. 삶은 문자 그대로 예술이 된다. 예술가의 어려움은 다음과 같이 문제화된다. "[예술가는] 이상과 현실, 예술과 삶, 주체와 객체가 서로 완전히 대립하는 문화의 저주를 견뎌낸다."[19] 이런 대립을 화해시키는 것은 대부분 표면적으로는 소설의 형식으로 주체와 객체의 이중성을 극복하는 환상에 대한 예술가의 작업이 된다. 그러므로 예술가의 이상적인 삶은 삶과 예술의 결합으로 구상된다.

> 예술적인 존재와 부르주아 사회는 더 이상 두 개의 삶의 형식, 두 개의 본질적으로 대립된 개체가 아니다. 그러나 예술가-소설의 문제가 더 이상 시급하지 않게 된 결과, 예술가는 부르주아의 세계로 통합되고 예술과 삶은 통합된다.[20]

마르쿠제는 19세기의 소설가들에게서 그들로 하여금 그들의 현재 상황들의 구분과 고립을 극복하게 만드는 상상력, 초월성 그리고 실존적 헌신의 심오한 결합을 본다. 회고적으로 그의 후기 작업의 관점에서 살펴보면, 통일되고 즐거운 실존을 성취하기 위해 환상, 상상력, 그리고 세계에 대한 비

---

19. Marcuse, Vol4, 78.
20. Kellner, *Herbert Marcuse and the Crisis of Marxism*, 28에서 재인용.

판적 관점을 융합시키는 사람은 예술가-소설가이다. 마르쿠제가 니체와 (8장에서 볼 것처럼) 알베르 카뮈에 동조하는 어조로 언급하는 것처럼, "예술은 삶에 헌신하게 되었고, 오늘날의 경향을 인정하게 되었다. 예술가는 실천가가 되었고, 정치적이고 사회적인 투사가 되었다."[21] 뚜렷이 구분되는 실존의 양 극단, 주체와 객체, 삶과 예술은 예술가-소설 작가 그 자신의 삶과 상상력에서 통일된다. 니체의 이상적인 유형들과 유사하게 예술가-소설 작가는 실존적으로 종합을 성취한다.

그의 논문에서 예술가-소설 작가라는 인물로, 마르쿠제는 그의 나머지 작업에 숨어 있는 실존적인 이상 곧, 부정성, 상상, 위반 그리고 정치적 행동주의가 효과적으로 개인과 결합하는 미학적인 것의 영역을 통한 실존적인 종합을 표현한다. 예술과 미학에 의해 발생되는 ─ 그리고 이후에 비판이론의 미학의 명확함에 의해 보충되는 ─ 부정성은 실천적이고 사회적으로 효과적이 되기 위해 자기의 고유한 예술을 초월하는 예술가에게 동기를 부여하고 영향을 미친다. 이 경우에는 예술가인 혁명적인 주체의 삶에서 환상, 상상력 그리고 저항의 사용은 이후 마르쿠제의 예술적인 삶이라는 개념에 영향을 끼치는 주제들이다. 마르쿠제의 초기 작업에서조차, 예술적으로 산다는 것은 예술작품과 미학에서 발견되는 부정적이고 환상적이며 형이상학적인 차원들을 통해 우리의 의식적이고 잠재의식적이며 신체적인 삶을 돌보는 것을 의미한다.

조작화, 예술 그리고 혁명

---

21. Kellner, "Marcuse, Art, and Liberation," in *Art and Liberation*, ed., Douglas Kellner, Vol. 4, Collected papers of Herbert Marcuse (New York : Routledge, 2007), 14에서 재인용.

앞에서 우리는 철학의 역할과 그것의 정치적이고 사회적인 현실참여에 대한 마르쿠제의 보다 실천적인 방향을 명백하게 드러냈다. 맑스, 프로이트 그리고 19세기 예술가–소설 작가들에 대한 마르쿠제의 독해는 인간의 행복 그리고 안녕과 관련한 사회적, 심리학적 그리고 실존적인 조건들에 적절히 대응하는 철학을 확립한다. 더욱이 그것들은 긍정적인 변화를 위한 잠재적인 요소들, 즉 진보된 산업사회의 이질적인 영역들을 화해시키고 그것들을 개인(앞서의 경우에는, 독일의 예술가–소설 작가)의 삶 안에 종합시키면서 환상의 잠재적인 역할을 드러낸다. 마르쿠제의 초기 작업에서의 이런 맥락에도 불구하고, 저항과 이상적 삶에 대한 그의 체계적인 접근법은 분명하다. 예술이 우리로 하여금 오직 개인의 삶에서 성취될 수 있는 실존의 이질적인 영역 간의 화해를 구상하도록 만든다. 이 초기 논지는 이후 마르쿠제의 작업의 기초를 형성한다.

하지만 마르쿠제는 이상적인 삶을 실체적으로 만드는 가운데 예술의 역할에 대한 그의 개념을 보다 체계적으로 발전시키기 위해, 개인/공동체의 노력을 통해 화해되는 것이 틀림없는 진보된 산업사회에서의 대립을 진단하고 평가하기 시작한다. 오직 실행을 위한 풍경을 적절하게 이해함으로써, 사회와 개인은 현재의 상황을 화해시키고 방지하는 작업을 시작할 수 있다. 저 의도에서 마르쿠제는 다음과 같이 진보된 산업사회에서의 긴장(들)에 대해 사회경제적으로 고찰한다. "(1) 진보된 산업사회는 예견할 수 있는 미래를 위한 질적인 변화를 억제할 수 있다. (2) 이 억제를 파괴하고 사회를 파열시키는 폭력과 경향들이 존재한다."[22] 그래서, 이런 이질적인 요소들을 화해시키는 다른 사회/개인의 실현은 오직 사회 그 자체 내의 경향들을 조작하고 부정함으로써만 발생할 수 있다. 즉, 맑스에 의해 예시되

---

22. Marcuse, ODM, xlvii

는 것처럼, 혁명은 오직 변증법적으로 기존의 생산방식과 분배방식의 전유와 극복aufheben을 통해서만 발생할 수 있다.

아도르노와 마르쿠제의 앞선 고찰을 고려하자면, 그러한 혁명의 목적들은 분명하다. 철학적으로 그리고 미학적으로, 그것은 인간 의식에서 대상의 특수성을 회복시키는 것을 의도한다. 사회적으로 그리고 경제적으로, 그것은 인간에게 고통을 일으키는 합리성과 생산조건들을 변화시키는 것을 의도한다. 마르쿠제는 이 바람을 다음과 같이 잘 표현한다.

> 부자유가 이미 단지 충족에서가 아니라 욕구에 존재하는 한, 그것들은 가장 먼저 해방되어야 한다 — 교육 또는 인간의 도덕적 회복의 행동을 통해서가 아니라 공동체에 의한 생산 수단들의 처분을 포함하는 경제적이고 정치적인 과정, 즉 전체 사회에 대한 필요와 욕구로 생산 과정의 방향을 전환하는 것, 근무일의 단축, 그리고 전체에 대한 관리에 개인이 적극적으로 참여하는 것을 통해서 말이다.[23]

지금의 현실을 긍정적인 변증법으로 극복하려면 사회의 구성원 모두를 위한 삶의 기준들의 평등한 구조를 지향하는 정치적인 해결이 필요하다. 그런 다음에야 사회적 재생산에 동기를 부여하는 "욕구들"이 긍정적으로 변하게 될 것이다. 마르쿠제는 그러한 정치적인 요구의 본성을 부끄러워하지 않는다. "변형은 보편적인 혁명, 다시 말하면, 먼저, 지배적인 조건들의 전체성을 역전시키고, 다음에, 이것을 새로운 보편적 질서로 대체하는 혁명을 요구한다.[24]

그러한 혁명의 윤곽들은 마르쿠제의 생애를 통해 다양한 방식으로

---

23. Marcuse, N, 193.
24. Marcuse, RR, 288.

묘사되었다. 그러나 확실한 최종적인 형태들은 일관되게 남아 있는 마르쿠제의 작업에서 드러난다. 첫 번째는 생산수단들에 대한 변화와 긍정적으로 그 생산수단들을 보다 만족스럽고 즐거운 일의 형태로 방향수정하는 일이다.

> 사람들이 더 이상 노동하지 않아도 되는 것이 아니라 다른 삶을 위해 그리고 아주 다른 관계들에서 노동할 수밖에 없을 것이고, 그들에게 아주 다른 목적들과 가치들이 제시될 수도 있으며, 그들이 아주 다른 도덕성을 감수해야 할지도 모른다는 것이다 ─ 이것은 확정된 체계에 대한 "확실한 부정"이며 해방적인 대안이다.[25]

진보된 산업사회에 의해 창조된 잉여재산에 대한 마르쿠제의 의식에 새겨져 있는 희망은 일하는 시간이 최소화될 뿐만 아니라 개인적으로도 만족을 줄 수도 있는 노동work이라는 즐거운 형태로 일이 변형될 수 있다는 것이다.[26] 이것은 표면상 인간을, 일을 탈인간화하는 형태들에서 해방시킬 것이고 노동자들workers이 이용할 수 있는 자유시간의 양을 증가시킬 것이다. 그리고 희망은 그와 같이 해방의 구체적인 형태가 될 것이다.[27] 마르쿠제가

---

25. Marcuse, N, 256. 마르쿠제는 이후에 이 바람을 Herbert Marcuse, *Towards a Critical Theory of Society* [Vol2], Collected Papers of Herbert Marcuse, ed., Douglas Kellner, Vol. 2 (New York: Routledge, 1988), 51에서 다음과 같이 유사하게 표현한다. "그래서 경제적인 자유는 경제로부터의 자유, 즉 경제적인 힘과 관계들에 의해 규정되는 것으로부터의 인간의 자유를 의미할 것이다. 실존을 위한 일상의 싸움으로부터, 벌어먹는 것으로부터의 자유."
26. Marcuse, N, 191을 보라. "오직 오늘날에만, 확립된 질서 발전의 가장 높은 단계에서, 인간성의 더 높은 질서에 기여하는 객관적인 힘들이 성숙해지는 때에만. 그리고 오직 그러한 변형과 연관된 이론 그리고 실천과 관련해서만, 확립된 질서의 전체성에 대한 비판은 또한 이 질서가 제공하는 행복을 자기의 대상으로 취할 것이다."
27. Marcuse, ODM, 2를 보라. "만일 개인이 더는 어쩔 수 없이 그 자신을 시장에서 자유로운 주체로서 증명했다면, 이 종류의 자유의 실종은 문명의 가장 큰 성취 중 하나일 것이다……인간 실존의 바로 그 구조가 변화될 것이다. 개인은 그에게 이질적인 필요들과 이질

앞서 시사하는 것처럼, 그것은 또한 사회적 그리고 문화적 의식의 방향을 부정의와 비하를 최소화하는 쪽으로 전환할 것이다.

그러한 해방으로 노동자들은 그들 본래의 노동시간을 초과하여 일하는 데 있어서 자유로울 것이며 아마 시장과 문화 산업에 의해 관리되는 것들에 대항하여 그들 자신의 여가 활동을 선택하는 데에서 더 자유로워질 것이다. 그러한 추정은 사회에 의해 관리되는 활동이 부담이 크고 저급한 생산의 형태들에 기생한다는 전제에 의존한다. 그래서 해방된 일의 형태는 일단prima facie 새로운 필요들과 욕구들을 창조할 것이다.

> [사회로부터의 해방은] 새로운 필요들, 질적으로 다른 그리고 심지어 사회에 만연한 공격적이고 억압적인 필요들과는 반대된 다른 필요들의 발생을 전제한다. 해방을 위한 필수적이고, 생물학적인 충동을 지닌, 그리고 물질적인 것뿐만 아니라 부유한 사회의 이데올로기의 장막도 돌파할 수 있는 의식을 지닌 새로운 유형의 인간의 발생을 말이다.[28]

해방된 인간성에 의해 발견되는 "새로운 필요들"은 대안적인 활동과 의식을 창조할 뿐만 아니라 진보된 산업사회의 특징이 되는 억압된 개인과는 다른 종류의 "새로운 유형의 인간"을 창조할 것이다. 마르쿠제에 의해 구상된 새로운 개인은 사회에 의해 관리되는 "만들어진 욕구"에 종속되는 것이 아니라 개인 자신에 의해 자유로이 선택된 욕구들에 근거할 것이다. 그런 가운데, 이런 새로운 개인들은 또한 그 자신들로 하여금 "그들 자신의 필요들을 성장시키고, 연대함으로, 그들 자신의 세계를 만들 수 있게 하는" 혁명과 해

적인 가능성들을 부과하는 일의 세계로부터 해방될 것이다."

28. Herbert Marcuse, *The New Left and the 1960s* [Vol3], Collected Papers of Herbert Marcuse, ed., Douglas Kellner, Vol. 3 (New York: Routledge, 2005), 81.

방의 더 나은 형태들을 위한 기초가 될 것이다. 그 개인들이 "일어나고 있는 것을 감추고 전체에 대한 미친 합리성을 은폐하는 과학기술과 이데올로기의 장막을 찢어 버렸던" 것처럼 말이다.[29] 그러므로 마르쿠제의 작업에는 필요에 대한 재평가와 해방 상호 간의 관계가 존재한다. 탈인간화의 완화는 새로운 필요들과 해방을 실현하는 데 필수적이지만, 해방은 근무조건들과 삶의 조건들을 바꾸는 구조적인 사회 변화의 초래를 요구하는 비판적 공간을 생산하는 데에 필수적이다. 오직 이 이중적인 운동을 통해서만, 개인들은 현재의 탈인간화로부터 자유로운 "그들 자신의 세계"를 만들 수 있다.

마르쿠제는 그러한 변화의 전망에 대해 희망적이면서도 회의적이다. 한 편으로, 맑스적인 변증법의 사유가로서, 마르쿠제는 "억압적인 문명의 바로 그 성취들이 억압의 점진적인 폐지를 위한 전제조건들을 창조하는 것처럼 보인다"는 점을 주장해야 한다.[30] 그러나 다른 한편으로 해방에 반대하는 전체성의 부정적인 운동을 인식하는 자로서, 그는 또한 "해방이 가장 현실적인 것이고, 모든 역사적인 가능성들의 가장 구체적인 것이며 동시에 가장 합리적이고 효과적으로 억압된 것—가장 추상적이고 동떨어진 가능성"이라는 점을 주장한다.[31] 사회의 변증법적인 운동은 해방의 조건들뿐만 아니라 그것과 반대되는 억압counter-repression도 생산한다. 사회의 반대되는 움직임counter-movement에 맞서는 유일한 보루는 그래서 단순하게 혁명적인 주체의 양성이 아니라, (유럽의 프롤레타리아 계급을 지지했던) 맑스와 같이, 오히려 사회의 운동과 그것에 반대되는 운동을 의식하고 있는 비판적 의식의 양성이다.

---

29. Marcuse, Vol2, 158.
30. Marcuse, EC, 5.
31. Marcuse, EC, xv.

해방의 기초를 준비하는 것은 의식의 해방을 여전히 일차적인 과제로 만드는 것이다. 그것 없이 의미들의 모든 해방, 모든 근본적 행동주의는 눈먼 채로 남고, 자멸에 이른다. 정치적인 실천은 여전히 이론에……교육에, 신념에 — 이성에 의존한다.[32]

찰스 라이츠Charles Reitz가 구체적으로 지적하는 것처럼[33], 혁명적인 과제는 교육의 과제이며 진행 중인 의식의 해방 그리고 인간성의 물질적인 해방의 수단과 목적에 대한 전술적인 평가에 달려 있다. 이것은 계속해서 이론에서 재차 새로운 세례를 필요로 한다. 이 세례 없는 혁명적인 목적은 소용없게 될 수 있거나, 아니면 훨씬 더 나쁘게, 그것이 극복하려고 하는 바로 그 타율성에 동화될 수 있다. 그러나, 아도르노와는 달리, 마르쿠제에 있어서 이론으로의 전회는 행동praxis을 통해 시작된다. 미학에서 가장 방대하게 발견되는 의식의 변화는 기능적으로 더 나은 삶을 위한 이차적인 필요로 이해된다. 니체처럼, 마르쿠제는 미학을 이상적인 삶을 창조하기 위한 수단으로서 이해한다.[34]

사회를 개혁하려는 욕망과 그것에 수반되는 생산과 분배의 수단들은 그러므로 이론의 과제와 부정적인 의식의 양성에 착수한다. 문제는 바로 그 산업사회에서의 해방과 인간의 행복이며, 개인들의 삶과 노동조건들의 변화이다. 실제로, 마르쿠제가 해명하는 것처럼, 사회의 개혁은 개인과 사회

---

32. Herbert Marcuse, *Counterrevolution and Revolt* [CRR] (Boston: Beacon Press, 1972), 132. 또한, AD, 32~3을 보라: "그러나 예술에서 변화의 실천과는 동떨어진 것처럼 보이는 것은 미래적인 해방의 실천에서 필수적인 요소로서의 — '아름다운 것의 학문', '구속과 충족의 학문'으로서 인식을 요구한다. 예술은 세계를 변화시킬 수는 없지만 의식의 변화와 세계를 변화시킬 수 있는 남자와 여자의 동기에 기여할 수 있다."

33. Charles Reitz, *Art, Alienation, and the Humanities* (New York: State University of New York Press, 2000)을 보라.

34. 마르쿠제는 미학을 목적 그 자체로서 이해하지 않는다.

를 위한 새로운 존재방식을 가져와야 한다.

그 시각은 사람들이 자신의 현실이었던 무한 경쟁을 중지시키고 그들이
하는 것과 할 수 있는 것을 살펴보는 역사적인 운동에 대한 시각이며, 무
한경쟁을 계속하는 대신, 구매할 수 있고 구매해야 하는 사람들을 위해
언제나 더 많이 더 크게 생산하는 대신, 바로 그 생산 방식과 생산 방향을
전복시키고 그렇게 함으로써 그들의 전체의 삶을 전복시키기로 결정하는
역사적인 운동에 대한 시각이다. 이것은 빈곤을 폐지하는 것을 의미하고
그래서 모든 방편을 확립된 사회가 비유적으로가 아니라 문자 그대로 우
리의 정신적이고 물질적인 공간을 은폐했던 정신적이고 물질적인 쓰레기
를 제거하는 데에 쓰는 것을 의미하며, 평화롭고 아름다운 세계의 건설을
의미한다.[35]

마르쿠제에게 비판적 의식의 양성은 우리가 모두 어떻게 살아야 하는가에
있어서 혁명의 동기를 부여한다. 사유와 이해의 적절한 형태들을 통하여
구축된 비판적 의식은 진보된 산업사회들을 지배하는 물질적인 조건들에
저항하는 삶의 방식의 기초를 놓을 수 있다. 그렇지만 이것은 단순하게 추
상적 개념의 수준이 아니다. 마르쿠제의 요청은 단순히 의식의 개혁에 대한
것이 아니라 개인들이 사회에서 살고 일하며 재창조하는 방식의 개혁에 대
한 것이기도 하다. 관건은 사람들이 자신들의 시간을 어떻게 사용하고 있
고, 무엇이 그들의 걱정거리와 의욕을 차지하고 있는가이다. 마르쿠제는, 이
를 위해, 삶의 질을 떨어뜨리는 형태들을 개선하고 그것들을 다른 삶의 방
식, 스스로 선택하고 즐거움을 주며 정의로운 삶의 방식들로 대체하는 야

---

35. Marcuse, Vol2, 116~17.

심찬 희망을 품는다.

　아마도 적합하게, 마르쿠제의 가치 혁명을 특징짓는 것은 예술이고 미학일 것이다. 미학은 대안적인 현실에 대한 가능성을 미리 보여 줄 뿐만 아니라 즐거움, 더 높은 삶의 수준, 그리고 고통의 감소를 지향하는 새로운 세계의 실현과 개념화에 관여한다. 예술과 미학은 세계의 실천적인 개혁을 위한 기초를 형성한다.

더 정의로운 세계를 위한 실천적인 요구를 실현하기 위해 마르쿠제는 예술과 미학의 방편들에 의지한다. 예술은, 어떤 면에선, 현대 사회에 대한 자율적인 반성의 보고를 제공한다. 동시에, 미학적 추론은 사회와 개인이 교차하는 대안적인 구조에 대한 상상력을 가능하게 만든다. 그러나 또 다른 측면에서, 예술과 미학은 마르쿠제에 의해 그의 철학적 기획의 핵심에 있는 행복과 사회적 정의에 대한 새로운 요구를 포함하도록 다시 정의될 필요가 있다. 아도르노에 의해 예술과 미학에 부여된 의미를 본질적으로 유지하면서 그리고 그것들을 정치적이고 사회적인 목적을 위해 초월하면서, 마르쿠제는 효과적으로 예술과 미학을 사회적인 실천과 행동의 방식들로 변형시킨다.

　이 때문에, 아도르노와 마르쿠제의 미학적 이론 간의 작은 차이가 있음에도 불구하고, 마르쿠제는 이 연구의 목적을 위해 논증적으로 아도르노의 매우 발전된 미학과 인식론을 가정하며 그래서 그것들을 초월한다고 이해될 수 있다.[36] 아도르노를 넘어서, 마르쿠제는 그와 아도르노를 구별시

---

36. 예를 들어, 마르쿠제는 ODM, 63에서 계속해서 화이트헤드(Alfred North Whitehead)의 말로 그가 "위대한 거부"(Great Refusal)라고 부르는 예술의 부정적인 차원에 의존한다 : "의례적이든 아니든, 예술은 부정의 합리성을 포함한다. 진보적인 입장에서, 예술은 위대한 거부이며, 존재하는 것에 대한 저항이다……사회가 그 자신을 재생산하고 사회의 고통을 재생산하는 일의 영역에서 분리되면서, 예술가들이 창조한 예술의 세계는, 그것의 진리에도 불구하고, 계속해서 특권적이고 가상적인 어떤 것으로 남아 있다.

켜 주는 추가적인 명령, 곧 예술은 정치적인 투쟁의 한 부분이 되어야 한다는 명령을 포함시킨다. 그가 『반혁명과 저항』Counter-Revolution and Revolt에서 다음과 같이 언급하는 것처럼 말이다. "그러나 꿈은 인간의 조건들을 상상하는 것이기보다는 그것들을 변화시키는 힘이 되어야 한다. 꿈은 정치적인 힘이 되어야 한다."[37] 또는 더욱 명시적인 언어로 말하면, "예술작품은 현실의 지배적인 질서를 변형시킨다."[38] 마르쿠제는 명백하게 예술을 정치적인 행동에 필요한 비판적 의식의 발전에서 주요한 요소로 만듦으로써 그것을 혁명적인 기획의 부분으로 이해한다. 아도르노가 미학과 부정 변증법이 형이상학으로 끝나는 데 만족했던 반면에, 마르쿠제는 정치적인 차원을 미학의 핵심에 위치시킨다.[39]

예술과 미학을 정치적이고 혁명적인 과제의 핵심에 위치시키는 이 행동은 실제로 예술작품들의 본질적인 자율성을 위협할지도 모른다. 그러나 마르쿠제는 진보된 산업사회에서 비판적 사유의 마지막 흔적을 포기하기에는 정치적 투쟁에 걸려 있는 것이 너무 크기 때문에 그러한 긴장에 만족한다. "오늘날 삶을 위한 투쟁, 에로스를 위한 투쟁은 정치적인 투쟁이다."[40] 실제로 그 혁명적인 기획은 "현재 상태status quo의 비합리적인 합리성 전체를 초월"하고자 하는 자신의 실천적인 목적들을 인도할 수 있는 통합되지 않은 합리성 그리고 상상력의 원천을 요구한다.[41] 현재의 사회적이고 정치

---

37. Marcuse, CRR, 102. 아도르노의 "소망"(wishing) 개념에 대한 반대는 여기서 명백하다.

38. Marcuse, CRR, 81.

39. Douglas Kellner, "Introduction to the Second Edition," in *One-Dimensional Man : Studies in the Ideology of Advanced Industrial Society* (Boston : Beacon Press, 1991), xxxiv : "마르쿠제는 항상 해방을 강조한다. 그리고 이 사유는 삶이 오직 그것의 억압적인 형태들을 제거하는 변혁이 일어난다면 예술과 꿈에서처럼 될 수 있다는 유토피아적인 시각에 의해 고취된다."

40. Marcuse, EC, xxv.

41. Marcuse, Vol2, 114.

적인 현실을 바꾸는 데에 탁월하고 결정적인 것으로 이해되는 것은 그래서 예술, 그리고 예술에 상응하는 반성과 직관의 형식들이다. 실제로, 예술, 상상력 그리고 환상은 진보된 산업사회의 물질적인 조건화뿐만 아니라 인식적인 조건화도 뒤엎을 수 있는 통합되지 않는 합리성의 마지막 흔적들이다. 마르쿠제가 다음과 같이 말하는 것처럼 말이다.

> 예술은 필요성에 복종한다. 그리고 – 혁명의 것들이 아닌 – 그 자신의 것인 자유를 가진다. 예술과 혁명은 세계를 바꾸는 일-해방에서 결속된다. 그러나 그것의 실천에서 예술은 그 자신의 본질적인 요건을 버리지 않으며 그 자신의 고유한 차원을 떠나지 않는다. 예술은 계속 비-조작적이다.[42]

이전에 아도르노에게서처럼, 명백하게 정치적이 되는 예술은 그것의 자율성을 포기할 뿐만 아니라 우리가 초월해야 하는 관리되는 세계의 부분이 된다. 그러므로 예술은 변함없이 자율적으로 남아 있어야 한다. 심지어 혁명의 목적들과 불가분하게 연결됨에도 불구하고 말이다.

예술의 자율성을 유지하는 것은 동등하게 결정적인 또 다른 차원을 가진다. 자율적인 것으로서 예술은 현재 인식 가능한 것의 바깥에 놓여 있는 지금까지 보지 못했던 가능성들을 나타낼 수 있다. 예술은 미학적으로 특징지어진 의식을 예언적이고 투사하는 역할로 변형시킨다. 마르쿠제는 다음과 같이 가정한다. "미학적인 변형은 상상적이다. 그것은 상상적임이 틀림없다. 상상력과는 다른 어떤 능력이 (아직) 존재하지 않는 것에 대한 감각적인 현전을 불러일으킬 수 있단 말인가?"[43] 예술과 미학은 세계를 변형시킬 수 있다. 그것들이 앞으로 실현되어야 하는 미래의 존재방식과 삶의 방식

---

42. Marcuse, Vol2, 105.
43. Marcuse, Vol2, 96.

을 설정하는 만큼 말이다. 앞서 아도르노에게서처럼, 예술은 예언의 신학적인 역할을 상정하고 혁명적인 계기에 이를 수 있는 예기적인 질서를 일으킨다. 일시적으로 세계를 구원하는 것으로서 예술의 역할은 그것의 자율성과 그것의 가상적인 본성에 의존한다.

마르쿠제의 작업이 아도르노의 의미에서의 매우 신학적이고 부정적인 미학에서, 자율적인 예술의 실천적이고 정치적인 차원들을 포괄하는 것으로 이동하는 것은 예술이 삶과 존재의 새로운 가능성들을 투사하기 시작하는 바로 이 단계에서이다. 마르쿠제는 보다 정치-지향적인 미학을 정초하기 위해 그 자신과 아도르노에 의해 발전된 미학적인 기초를 사용한다. 이 기능은 (아도르노에게서처럼) 부정성과 형이상학을 포함할 뿐 아니라 예술의 부정적이고 유토피아적인 차원들을 지양하는 보다 실천적으로 정의된 미학의 개념인 감각성을 포함하도록 미학의 본성을 개방시키는 마르쿠제의 작업에 의해 성취된다.

이 개념적 발전에 대한 실마리는 마르쿠제에 의해 그의 『해방에 대하여』Essay on Liberation에서 제시된다. " '미학적'이라는 용어는 그것의 '감각들과의 관련' 그리고 '예술과의 관련'이라는 이중적 함축에서, 자유로운 환경에서의 생산적이고 창조적인 과정의 특징을 나타내는 데에 도움이 될 수 있다."[44] 여기서 "예술과 관련하는" 미학은 대체로 예술작품들에 대한 미학인 아도르노의 미학에 적합한 영역이라 불릴 수 있다. 이런 점에서 마르쿠제의 사유를 특징짓고 그의 미학이 한층 구체화되고 현실적이 되게 하며, 그렇게 함으로써 미학의 첫 번째 정의를 초월하는 것이 바로 미학의 두 번째 정의 곧, "감각들과 관련함"이다. 마르쿠제는 예술의 두 차원의 역할을 다음과 같이 명백하게 설명한다.

---

44. Herbert Marcuse, *An Essay on Liberation* [EL] (Boston:Beacon Press, 1969), 24. 또한, Kellner, *Herbert Marcuse and the Crisis of Marxism*, 342.

확립된 현실에 대한 규정적 부정은 미학적인 영역이다. 여기서 미학적인 것은 감성이라는, 그리고 예술에 속한다는 이중적인 의미에서 미학적인 것, 즉 형태에 대한 인상을 받아들일 수 있는 능력을 의미한다……나는 그러한 어떤 영역에 대한 이미지와 그 영역의 상상적인 실현이 예술의 목적이며, 예술의 언어는 그러한 영역에 대해 말하는 것이되, 결코 그것에 이를 수 있다는 고려를 하지 않으며, 예술의 권한과 진리는 바로 그 비합리성, 그것이 목표로 삼는 비-존재에 의해 정의되고 입증된다고 믿는다.[45]

여기서 예술의 두 영역은 사회와 혁명적인 명령에 대한 새로운 가능성들, 새로운 규제적인 이상들을 투사하기 위해 서로 의존한다. 예술작품들의 미학은 상상컨대 자율성을 보존하고 미학적 이성의 실천을 통해서 비판적 부정성을 제공하는 기능을 할 것이다. 그에 반해 감각성의 미학은 감각, 일, 그리고 즐거움과 관련하는 세계 안에서 그러한 부정성이 작동하도록 만든다. 미학의 두 번째 의미, 감각성과 늘어나는 행복에 대한 요구의 의미는 부정성과 첫 번째 정의의 개념적 엄밀함에서 발생한다. 이 움직임은 마르쿠제의 개혁에 대한 실천적인 목적이 미학적 추론에서 제시되는 이론적 기초로부터 발생하는 방식들을 보여 준다.

마르쿠제는 미학적인 것의 이 두 번째 정의를 그의 많은 후기 저작에서 심화시키고 사회에서의 감각적이고 즐거운 것의 회복을 다루는 그의 저작의 전면에 위치시켜서, 그것을 혁명적인 기획의 목적들을 중심적으로 규정하는 것으로 만든다. 그는 다음과 같이 말한다. "미학적인 기능이 미학의 중심적인 입장을 맡는 것은 미학과 감각적인 사태의 고유한 관계 덕분이다. 미학적 지각은 즐거움을 동반한다."[46] 감각성으로서의 미학은 마르쿠제로

---

45. Marcuse, Vol4, 116.
46. Marcuse, EC, 176.

하여금 후기-맑스적인 사유에서의 결정적인 빈틈, 즉 비-조작적이며 비-경제적인 측면에서의 혁명적인 실천의 목적을 정의하는 것을 충족시킬 수 있도록 만든다. 미학적 감각성으로, 마르쿠제는 미학적인 것의 부정적이고 유토피아적인 차원들을 보존할 수 있고 그와 동시에 즐겁고 비-억압적인 삶의 방식들의 형태로 미학에 대한 긍정적인 표현도 주장할 수 있다. 그래서 미학의 두 번째 차원은 "자유로운 사회에 대한 일종의 기준"이 된다:

더는 시장에 의해 매개되지 않으며, 더는 경쟁적인 착취 또는 테러에 근거하지 않는 인간관계들의 세계는 자유롭지 않은 사회의 억압적인 만족에서 벗어난 감성을 요구한다. 이제까지 오직 미학적 상상력에 의해서만 투사되었던 현실의 형태들과 양상들에 대해 수용적인 감성을 요구한다.[47]

또는 마르쿠제가 언급하는 것처럼, "미학적인 것의 분과는 이성의 질서에 반대하는 것으로서 감각적인 사태의 질서를 설정한다."[48] 감각적인 차원은 "[억압적인] 이성의 질서"에서 아직 드러나지 않은 가능성들을 드러내고 현재의 체제 안에 잠재하는 보다 유쾌한 가능성들을 가리킨다. 마르쿠제가 정확하게 주목한 것처럼, 만일 그러한 미학적인 것의 개념이 실현된다면, 그것은 합리성뿐만 아니라 현대의 억압적인 상황과 진을 빼놓는 일을 가능하게 만드는 물질적인 조건들도 초월할 것이다. 미학적인 것의 두 번째 정의로 나타나는 감각적인 질서는 표면적으로는 합리성과 현재의 질서의 고통에 저항하는 사회/개인을 위한 비-물질적인 목적을 제공한다.

주장컨대, 망명 당시 프랑크푸르트학파에 몸담을 때에서부터 미학적인 것의 두 의미가 동시에 작동하고 서로를 강화하는 데 도움을 주는 것을

47. Marcuse, EL, 27.
48. Marcuse, EC, 181.

보여 주는 작업인 『미학적 차원』*Aesthetic Dimension*에 이르기까지 마르쿠제의 작업에 퍼져 있는 것은 감각성으로서의 미학적인 것이다. 이 때문에, 마르쿠제는 다음과 같이 언급한다:"예술의 진리는 고전적 관념론의 미학"에 대한 독해에서 발견한 개념인 "감각과 이성의 화해를 통한 감각적인 사태의 해방이다."[49] 철저하게 변증법적인 방식에서, 예술은 이성에 대한 감각적인 표현이다. 그러나 이 마르쿠제의 공식적인 설명에서, 감각적인 사태는 또한 예술작품에서 단순하게 표상되는 것이 아닌 "해방되는 것"을 요구하는 것이다. 그래서 감각성은 예술작품의 목표일 뿐만 아니라 예술작품에 정치적 힘을 부여하는 것이다. 예술은 세계에 대한 표상과 감각의 해방 사이의 주름을 가로지른다. 후자의 의미에서 예술은 인간이 이전과는 다르게 느끼고 볼 수 있도록 만든다. 마르쿠제의 예술의 두 번째 차원에 대한 이 독해는 그리스 전통에서의 아이스테시스의 개념들을 회복[50]시킬 뿐만 아니라 예술과 미학의 자율성을 윤리적 요구와 연결하는 것을 가능하게 하는 추가적인 이로움을 가지고 있다. 미학을 감각성을 포함하도록 확장하는 것은 정치적인 혁명에 대한 요구가 미학적 부정성과 그것의 형이상학적 차원에 놓여 있는 이론적인 기초와 연결되는 마르쿠제의 사유에서의 중요한 변화를 나타낸다. 이런 방식으로 이해된 미학은 감각의 해방에 대한 요구를 포함해야 한다.

이 비판적 부록으로 마르쿠제의 미학은 미학적 추론의 역할과 그것과 실천적 의미의 행동들과의 연결을 명백하게 설명한다. 이 수정된 의미에서 미학은 예술작품에서 발견되는 비판적이고 자율적인 정신을 고취시키는 반성일 뿐만 아니라 느끼고 볼 수 있는 확장된 능력이다. 예술의 해방적인

---

49. Marcuse, EC, 184.
50. 그곳에서 "미학"은 기술적인 작업과 같은 실천적인 일들을 지향하게 되었다. 그리스인들을 통한 푸코의 "미학"의 회복에 대한 8장의 설명을 보라.

가능성은 대안적인 현실들을 구상하고 감각들을 해방하는 그것의 능력에 놓여 있다. 예술과 미학의 본성에 대한 이 확장을 통하여 마르쿠제는 구원된 세계에 대한 미학적인 요구의 핵심에 구체화와 즐거움을 효과적으로 위치시킨다. 그래서 미학적 이성은 더 큰 행복과 느낌에 대한 명령을 포함하는 세계에 대한 대안적인 시각들의 발전이 될 것이다. 그리고 더욱 일반적으로, 마르쿠제의 미학에 대한 확장된 정의는 저항과 부정성의 형태를 전체로서의 미학에 포함시키려는 이론적인 노력을 의미한다. 미학적으로 생각하고 사는 것은 사유와 표현의 감각적인 형식에 대한 요구이다.

"예술작품으로서의 사회"와 혁명적인 주체의 추구

마르쿠제의 감각성을 포함하는 것으로서의 미학의 확장은 그의 전체 기획에 결정적인 것을 입증한다. 부정성으로서의 미학에 대한 보다 전통적인 아도르노의 입장과 유사하게 감각성으로서의 미학이라는 개념을 발전시킴으로써, 마르쿠제는 효과적으로 미학의 두 번째 차원을 첫 번째 차원에서 변증법적으로 발전된 것으로 이해되게 만들었다. 더욱 단순하게 말하자면, 그럼에도 불구하고 정치와 미학적인 추론 둘 다에서의 느낌과 행동에 대한 마르쿠제의 지속적인 요구는 그의 작업을 보다 더욱 실천적이고 생생한 방향으로 이끈다. 단지 미래를 상상하고 구원받은 미래를 가정하는 대신에, 미학적 추론은 이제 감각을 해방시키고 억압의 다양한 형식들을 통해 지속된 고통을 감소시키는 과제를 떠맡는다. 마르쿠제의 예술 이론 가운데, 미학적 추론은 그 핵심부에서 정치적이 된다.

마르쿠제는 다양한 시점에서 이 운동을 인정한다. 미학적 추론이 감각의 해방에 대한 요구로 변형되는 것처럼, 감각적인 차원은 그러므로 "질적으로 다른 사회"[51]의 실현이라는 기획과 서로 떼어놓을 수 없는 관계가 된다.

나는 "살아 있는 예술", 예술의 "실현"이, 오직 더는 착취의 주체나 대상이 아닌, 새로운 유형의 남자들과 여자들이, 그들의 삶과 일터에서 사람들과 사물들의 억압되었던 미학적 가능성들에 대한 시각을 발전시킬 수 있는, 질적으로 다른 사회의 사건일 수 있다고 믿는다. 여기서 미학적이라는 말은 특정한 대상들(예술작품)의 특수한 속성에 관해서가 아니라 맑스가 "세계에 대한 감각적인 전유"라고 불렀던 자유로운 개인들의 이성과 감성에 부합하는 존재의 형태들과 방식들을 의미한다.[52]

여기서 마르쿠제에 의해 검토되는 "살아 있는 예술"은 예술작품에서 표현된 부정성과 감각성을 사회의 구조를 근본적으로 혁신하는 데에 활용하는 것이다. 미학은 즐거움과 필요들의 충족을 지향하는 사회에 대한 지배적인 원천일 수 있다. 게다가 여기서 맑스에 대한 인용은 적합하다. 왜냐하면, 변증법적인 경향에서 감각적인 유미주의는 진보된 산업사회의 바로 그 경향들을 통하여 해방과 즐거움을 지향하는 운동을 형성하는 것이기 때문이다. 단순한 충족과 풍요를 넘어서면서, 사회는 "미학적"이 된다. 사회가 개인의 물질적, 감각적 그리고 정신적인 필요들을 만족시키는 만큼 말이다.

마르쿠제가 그의 생애에 걸쳐 표현했던 것처럼, "미학적 사회"를 지향하는 이 운동은 사회 자체 내에 잠재되어 있지만 탐구되지 않은 가능성들을 통해 일어날 수 있다. 문명은 미학적 사회로의 이행을 가능하게 하는 도구들을 소유한다. 특히 마르쿠제는 끊임없이 과학기술의 향상과 그것의 개인적 만족의 지향을 우리가 더 나은 세계를 성취할 수 있는 수단들

---

51. 즉, 비-조작적 사회를 말한다.
52. Marcuse, Vol4, 119.

로 이해한다.

> [진보된 산업사회에서의] 더 나은 진보는 휴식, 즉 [상품의] 양을 [삶의] 질로
> 전환하는 것을 의미할 것이다. 그것은 본질적으로 새로운 인간 현실의 가
> 능성, 즉 충족된 필수적인 필요들에 근거한 자유 시간에서의 존재를 개방
> 한다. 그러한 조건들 아래 학문적인 투사 그 자체는 초-실용적인 목적들
> 을 위한, 지배의 필수품들과 사치품들 너머의 "삶의 예술"을 위한 시간을
> 마련할 것이다.[53]

"삶의 예술"은 여기서 학문적 기획을 혁명적인 기획으로 그리고 더욱 감각
적인 실존으로 변화시키고 방해받지 않고 그러한 변화에 동기를 부여하는
부분으로 긍정적으로 해석된다. 진정으로 혁명적인 행위는 학문을 예술로
변형시킬 것이며, 또는, 아주 최소한, 미학을 과학기술적인 기획의 목표와
목적을 알리는 데 사용할 것이다. 미학적 이성의 영향 아래, 과학기술은 개
인의 필요들을 충족시키고 더욱 감각적이고 만족스러운 실존의 문명을 지
향할 것이다. 진보된 사회에서 생산된 것의 여분은 부의 축적을 지향하는
것이 아니라 감각적이고 정신적인 필요들의 만족을 지향할 것이다.

　미학을 통한 과학기술적인 기획의 이 긍정적인 회복은 예술로서의 삶
에 대한 마르쿠제의 가장 신랄한 통찰을 형성하게 된다. 만일 과학기술이,
진보된 산업사회에서의 생산과 지식의 지배적인 형식으로서, 미학적 이성
을 보다 확장시킨 마르쿠제의 형식으로 형성될 수 있다면, 그것의 목적들과
수단들 모두는 상당히 변화될 것이다. 그리고 지배적인 것으로서 그것은
사회를 크게 변화시킬 것이다. 이 추정적인 행동은 "예술작품으로서의 사

---

53. Marcuse, ODM, 231.

회"라는 마르쿠제의 고전적 개념을 알려 주는 것이다.

> 오늘날 우리는 두 차원의 가능한 통일 즉 **예술작품으로서의 사회**를 예견할
> 수 있다……이것은 인간의 실존을 해방시키고 평화를 가져오는 가능성
> 들의 실험을 의미한다 ─ 과학기술과 예술의 융합뿐만 아니라 일과 놀이의
> 융합에 대한 발상, 삶의 세계에 대한 가능한 예술적인 형성에 대한 발상이
> 그것이다.[54]

미학적인 사회는, 앞서 독일 예술가-소설과 같이, 예술과 과학기술, 일과 놀
이가 서로 강렬한, 그리고 아마 서로를 동일시하는, 관계가 되는 것으로 언
급된다. 과학기술은 감각성, 즐거움 그리고 놀이에 의해 만들어지며 형성될
것이고, 그러므로 생산성 그 자체는 더 즐겁고 비-억압적이 될 것이다. "예
술작품으로서의 사회"는 감각성과 미학적 추론에 대한 형이상학적 충동들
을 진보된 산업사회에서의 과학기술적이고 공동체주의적인 측면들과 통합
시키는 것을 의미하게 된다.[55] 사회는 공동체를 위해 더 나은 삶을 성취함
과 동시에 또한 더욱 정의로운 미래를 향해 일하는 그것의 확장된 능력에

---

54. Marcuse, Vol4, 128. 또한, Marcuse, Vol3, 83을 보라 : "그리고 이제 나는 끔찍한 개념을 덧
붙인다 : 그것은 미학적 실재 ─ 예술작품으로서의 사회를 의미한다. 이것은 가장 유토피아
적인 것이며, 오늘날 가장 근본적인 해방의 가능성이다." 그리고 추가적인 강조에 대해서는,
EL, 46을 보라 : "[사회를 예술작품으로] 변형시키는 것은 오직 자유로운 사람들이……그들
의 삶을 연대적으로 형성하고 실존을 위한 투쟁이 그것의 힘하고 공격적인 특징들을 상실
하는 환경을 조성하는 방식으로서만 가능하다."

55. 그가 다음과 같이 언급하는 Kellner, "Marcuse, Art, and Liberation," 43을 보라. "예술은
더는 사회적인 삶과 단절된 분리된 공간이 되는 것이 아니라 새로운 사회를 생산하는 것을
돕는 생산적인 힘이 될 것이다." 또한, Barry Katz, *Herbert Marcuse and the Art of Libera-
tion : An Intellectual Biography* (London : Verso Editions, 1982), 189를 보라 : "미학적인 필요
와 목적의 충족은……미학적으로 질서가 잡힌 사회적인 세계의 존재, 또는 인간의 삶의 정
신적이고 물질적인 조건들을 형성하면서 창조적인 상상력이 기술적인 이성과 함께 생산적인
힘으로서 자기의 자리를 차지했던 사회의 존재를 함축할 것이다."

서 "예술작품"이다.

확실하게, 이것은 과학기술 그 자체의 변화로 여겨지고, 또는, 오히려, 생산이 기술, 양식, 그리고 창조의 예술과 같은 것으로 고려되는 고대 그리스 시대의 테크네[기예] 개념의 부활로 여겨진다. 마르쿠제의 프로이트에 대한 독해와 관련할 때, 이것은 감각성에 의해 지배되는 테크네[기예]를 의미하며, 수행원칙의 극복을 의미한다. "예술 – 기예 – 는 삶을 보호하고 삶의 질을 높이는 사태의 가능성들을 해방시킬 것이다. 그것은 사회적인 규모에서, 공격적인 에너지를 삶의 본능에 대한 에너지에 예속시키는 현실 원칙들에 의해 지배될 것이다."[56] 또는 마르쿠제가 일찍이 언급하는 것처럼, 미학적인 과학기술은 또한 억압으로부터의 자유와 해방에 대한 근거가 될 것이다.

자유의 수단이 되기 위해, 학문과 과학기술은 그것들의 현재의 방향과 목적을 변화시켜야 할 것이다. 그것들은 새로운 감성 – 삶의 본능에 대한 요구와 일치하도록 재구성되어야 할 것이다. 그래서 우리는 해방의 과학기술을 말할 수 있으며, 착취와 노역 없는 인간 세계의 형태들을 자유롭게 투사하고 고안하는 학문적 상상력의 산물에 대해 말할 수 있다.[57]

예술적인 사회는 감각성이 새로운 과학기술의 생산과 창조를 특징짓고 승화된 공격성의 형태들이 지배적이지 않은 감각적인 실천들로 해소되는 사회일 것이다. 마르쿠제의 예술적인 사회는 미학적 감수성의 지도로 인간성의 심리적이고 물질적인 필요들과 만날 것이다.

그러나 보다 일반적인 이 명령은 과학기술이 어떻게 테크네[기예], 즉 개인의 이해관계의 만족을 지향하는 창조의 예술이 될 수 있는지를 명시하

---

56. Marcuse, Vol4, 119.
57. Marcuse, EL, 19.

지 않는다. 과학기술의 이 변화를 성취하기 위해, 마르쿠제는 우리가 과학 기술적인 합리성 그 자체를 변형시켜야 한다고 주장한다. "그래서 [학문과 과학기술을 통한] 세계의 합리적인 변형은 인간의 미학적 감수성에 의해 형 성된 현실로 이어질 수 있다."[58] 미학적 추론은 과학기술적 합리성을 특징 짓고, 세계에 대한 조작적인 방향을 느낌, 즐거움, 그리고 비-지배에 근거한 것으로 바꾸는 것이어야 한다. 이것은 마르쿠제의 많은 저작에서 대상들 과 "유희"할 수 있는 능력으로, 그들을 지배하고 강제하는 것과는 반대되 는 것으로 표현된다. "과학기술적인 실험, 학문과 과학기술은 지금까지 숨 겨진 ─ 방법론적으로 숨겨지고 차단된 사람과 사물의, 사회와 자연의 가 능성들과 유희하게 될 것이며 그렇게 될 수 있을 것이다."[59] 과학기술에 의 해 표현된 이성을 변형시키는 유희와 감각성에 대한 이 의미는 명백하게 예 술과 미학에 의한 지배적인 이성의 대체를 함축한다. 예술적인 사회는 감각 적일 뿐만 아니라 부정적인 것으로서 미학적인 것에 근거한 합리성을 가진 과학기술을 위한 조건일 뿐만 아니라 그것의 표현이 된다.

> 그래서 예술의 합리성, 즉 그것의 현실을 "투사"하고 아직 실현되지 않은
> 가능성을 규정하는 그 능력은 세계의 학문적-과학기술적 변형에 의해 입증
> 되고 그러한 변형의 역할을 하는 것으로서 구상될 수 있다. 확립된 기구의
> 시녀이기보다는, 그것의 일과 그것의 고통을 미화하기보다는, 예술은 그것
> 의 일과 그것의 고통을 파괴하기 위한 기술이 될 것이다.[60]

---

58. Marcuse, EL, 31. 또한, Kellner, "Marcuse, Art, and Liberation," 39를 보라. "예술과 과학기 술의 통합에서, 이성은 예술과 만날 것이다. 그리고 그리스 시대에 강조되었던 예술과 기술 의 관련성을 되찾을 것이다. 새로운 과학기술은 보다 미학화된 현실을 창조하는 것을 돕고 삶의 기술의 부분이 될 수 있을 것이다."
59. Marcuse, Vol3, 82.
60. Marcuse, ODM, 239.

이런 식으로, 사회를 작동하는 원칙들, 그러므로 과학기술은 아도르노와 마르쿠제 둘 다에 의해 규정되는 것처럼 미학에서 얻어진다. 미학적인 것으로서 사회를 조정하는 합리성은 미학적 추론에 새겨져 있는 자율적이고 상상적이며 감각적인 명령들에 의해 지배된다.

그래서 미학적인 것의 영향 아래, "예술작품으로서의 사회"의 출현을 가능하게 하는 것은 합리성의 변화이다. 그러한 사회에서, 우리는 "자유로운 사람들의 필요와 목적에 도움이 되는 과학기술과 기술"[61]을 입증할 것이다. 그러나 이것은 그러한 사회를 위해 필요한 조건들을 폭로할 뿐이다. 그리고 그것의 변증법적인 발전의 윤곽을 제시하지 않는다. 아마, 더글라스 켈너Douglas Kellner가 지적한 것처럼, 예술적인 사회의 출현은 예술적인 합리성과 미학적인 테크네[기예]가 서로 동시에 발전되는 것으로 나타나고, 미학적인 것을 사회를 움직이게 하는 원칙이 되도록 만든다.[62] 이 융합은 마르쿠제에 의해 구상된 예술과 과학기술의 상호적인 방식을 드러낸다. 비판적 의식은 미학적 부정성과 감각성을 통해 형성되는 것이었다. 비록 과학기술이 미학을 거쳐 그것의 합리성과 목적들의 변화를 통해 미학적인 것이 될 것이기는 하지만 말이다. 예술과 미학은 의식뿐만 아니라 과학기술의 개혁을 고양시키는 데 있어 전면에 등장한다. 마르쿠제가 언급하는 것처럼,

> 기술은 그래서 예술이 되기 쉬울 것이며, 예술은 실재를 형성하기 쉬울 것이다. 상상력과 이성, 더 높은 능력들과 더 낮은 능력들, 시적인 사유와 학문적인 사유의 대립은 무효가 될 것이다. 새로운 현실 원칙의 출현: 그것 아래서 새로운 감성과 탈승화된 학문적 지성은 미학적 에토스의 창조로

---

61. Marcuse, EL, 56.
62. Kellner, "Marcuse, Art, and Liberation," 44.

결합될 것이다.[63]

마르쿠제의 "새로운 현실 원칙"이라는 개념은 예술의 목적들과 본질이 사회 그 자체에 완전하게 퍼져 있는 것이다. 아마 학문과 시, 상상력과 이성, 그리고 아마 주체와 객체에서 제시되는 소위 반성의 양 극단은 과학기술에 상상력에 대한 유토피아적 요구들과 함께 감성과 이성에 대한 미학적 요구를 불어넣는 미학적 에토스 아래서 통합된다. 진보된 사회를 통해 발생된 대립들은 생산력과 이데올로기의 방향을 바꾸는 미학적 이성에 의해 화해된다.

앞선 논의로부터 미학, 그리고 그것의 예술적인 사회에서의 충만한 영향력이 마르쿠제에게 과학기술의 개혁과 비판적 의식을 함양하는 데 있어 핵심이라는 점은 명백하다. 그러나 마르쿠제는 정확하게 그러한 상호 관계가 어떻게 발생할 수 있는지에 대해 언급하지 않는다. 그리고 그러한 개념들과 그것들의 가치를 사유실험으로 정식화하는 형이상학적 필연성에도 불구하고, 그의 많은 사유는 예술적인 사회의 출현에 대해 회의적이다. 변증법적인 맑스주의자로서, 그러한 사회가 어떻게 발생할 수 있는지에 대한 물음은 필연적으로 그 사회를 누가 발생시키는가에 대한 물음으로 바뀐다. 즉, 누가 사회를 혁신하는 미학적인 의식의 임계량을 성취할 수 있는 혁명적인 주체인가? 의식과 과학기술에서 미학적 혁명을 실현할 수 있는 능력은 혁명적인 주체의 정의와 기능에 달려 있다.

마르쿠제의 비판이론의 토대를 고려하자면, 진보된 산업사회에서 혁명적인 주체가 지속적으로 줄어들었기 때문에, 그는 그러한 혁명에 대한 전망에 비판적이다. 그가 간결하게 언급하는 것처럼, "사유의 독립성, 자율성

---

63. Marcuse, EL, 24. 초기 마르쿠제의 논문에서 자세히 설명되는 주제인 예술, 과학기술, 그리고 사회의 동일성을 다시 주목하라.

그리고 정치적인 반대에 대한 권리는, 개인들의 필요들을 사회가 조직화되는 방식으로 점점 더 만족시킬 수 있는 것처럼 보이는 사회에서, 그 권리들의 기본적인 비판적 기능을 빼앗기고 있다."[64] 맑스의 분석 대상 — 19세기 유럽의 산업국가들이 (그러므로 체제상 소외되고 혁명적인 계급인 프롤레타리아트를 만들어 냈던) 당시의 사람들의 필요들을 충족시킬 수 없었던 반면에, 20세기와 21세기의 서구 사회들은 그 사회의 시민들의 필요를, 그러므로 변화에 대한 필요를 충족시킬 수 있다. 물론, 그러한 사회에서 충족되는 "필요들"은 "정부와 대기업이 후원하는 관리되는 문화 활동들로 바뀌게 된다. — 이것은 그들의 행정권을 대중들의 영혼으로 확장하는 것을 의미한다."[65] 그러나 그렇다 하더라도 그 필요들은 충족된다. 사회의 필요들을 창조할 뿐만 아니라 동시에 그것들을 효과적으로 충족시키는 진보된 사회에서의 이 운동은 만족이라는 가상을 창조한다. 사람들은 여전히 소외되고 억압받으며 고통을 겪긴 하지만 말이다.

그럼에도 불구하고 진보된 서구 사회들의 필요에 대한 억제는 마르쿠제에겐 문제이다. 그것이 비판적으로 특징지어진 미학적 의식을 함양하고 과학기술적 사회의 변화를 가져오는 혁명적인 주체의 생존능력을 감소시키는 만큼 말이다.[66] 이것은 마르쿠제의 사유에서 진정한 위기를 형성한다. 그래서 1960대와 1970년대에, 마르쿠제는 관리 기구 "바깥에 있는" 주체들, 학생 단체들, 흑인 혁명가들, 그리고 여성 단체들의 혁명적인 가능성에 대한 그의 믿음을 표현함으로써 그가 맑스주의에서 떠난 시기에서조차 대안적인 "혁명적 주체"를 찾고자 했다. 그러나 이런 단체들의 혁명적인 가능성

---

64. Marcuse, Vol2, 50.

65. Marcuse, EC, xxiii.

66. 마르쿠제의 작업에서 변혁적인 주체의 고찰에 대해서는, Kellner, *Herbert Marcuse and the Crisis of Marxism*, 300 이후를 보라.

에 대한 마르쿠제의 충성은 말할 것도 없고, 그것들 중 어느 것도 오래가지 않았으며, 마르쿠제의 전체 기획은 맑스주의의 변증법적인 구조에서 완전히 벗어나지 못함으로써 크게 지연되었다. 그는 이 슬픔을 다음과 같이 표현한다. "그래서 새로운 과학기술적인 일-세계는 노동 계급의 부정적인 태도를 강제로 약화시킨다. 후자는 더 이상 확립된 사회의 삶의 모순이 아닌 것처럼 보인다."[67] 만일 노동 계급이 더는 확립된 질서를 부정할 수 없다면, 미래에 대한 미학적 충성에 의해 만들어지고 필요에 대한 만족에 근거하는 마르쿠제의 미학적 사회라는 개념은 실현되지 않는다는 심각한 위험에 처한다. 만일 미학적 의식의 임계량을 창조하기 위한 가능성이 억압된다면, 미학적 삶은 어떻게 실현될 수 있는가?

나는 마르쿠제의 맑스주의가 이 지점에서 막다른 골목에 다다른다고 주장한다. 마르쿠제의 작업이 각각 잠재적인 혁명적 주체로서의 사회와 개인 사이에서 망설이는 것은 이 이유 때문이다. 비록 후자가 남아 있는 마지막 (그리고 최선의) 선택지일 수 있음에도 불구하고 말이다. 마르쿠제 그 자신이 그저 은연중에 인식할 뿐인 운동에서, 미학적 사회에 대한 요구는 개인과 예술적 삶의 형성에로의 전환을 필요하게 만든다.

내가 마르쿠제는 그의 생애에 걸쳐 여러 지점에서 예술로서의 삶에 대한 희망의 마지막 흔적으로서의 개인으로 돌아간다고 주장하는 것은 이 일련의 논증 때문이다. 빌 모이어스Bill Moyers와의 인터뷰에서, 마르쿠제는

---

67. Marcuse, ODM, 31. 또한, Stephen Eric Bronner, "Between art and Utopia : Reconsidering the Aesthetic Theory of Herbert Marcuse," in *Marcuse : Critical Theory and the Promise of Utopia*, eds. Andrew Feenberg, Robert Pippin, and Charles Webel (London : MacMillan Education, 1988), 109를 보라. "그러므로 예술의 해방 가능성은 본래 질적으로 다른 삶의 방식을 제도화하는 것이었고 그것은 지금 현재 상황에 통합되는 것으로 그 자신을 설정하는 그 프롤레타리아 계급의 역사의 행위자로부터 분리되었다."

다음과 같이 말한다.

> 근본적인 변화는 항상 아주 적은 소수와 함께 시작했으며, 주로 아주 적
> 은 소수의 지식인과 함께 시작했다. 그리고 대중들은 경제적이고 정치적인
> 조건들이 준비되었을 때 그리고 그것들에 대한 의식이 그들이 이제 행동
> 을 취해야 한다고 느끼는 정도로 발전되었을 때 그 변화에 참여한다.[68]

비록 맑스주의적인 변증법의 전통적인 주체가 효과적으로 관리되고 흡수
되었다고 하더라도, 마르쿠제는 사회 개혁의 시작은 지식인들과 같은 "아주
적은 소수"에서 시작해야 한다고 믿는다. 그러나 앞선 인용에서, 마르쿠제
는 앞선 개념의 지적이고 경제적인 요소를 근본적으로 개혁하는 이 기획의
개인적 본성을 강조한다.

> 사회의 질적인 변화, 사회주의는 개인들 그 자체에서 새로운 합리성과 감
> 수성이 발생하지 않고서는 가능하지 않다. 각각의 변화의 행위자들의 근
> 본적인 변화 없이는 근본적인 사회적 변화는 없다. 그러나 이 개인의 해방
> 은 부르주아적인 개인들을 넘어서는 초월성을 의미한다. 그것은 부르주아
> 적인 개인의 극복을 의미한다……동시에 부르주아적인 문화가 한때 창조
> 했었던 자기의, 사생활의 차원을 회복하면서 말이다.[69]

혁명적인 기획은 개인의 변화와 미학을 통해 특징지어지는 것으로서 그 개
인의 이성과 (감각성으로서) 감성의 혁명에 달려 있다. 마르쿠제에 의해 말
해지는 개인은 사회적으로 헌신적이며 변화에 대해 예비적이다. 그러나 동

---

68. Marcuse, Vol3, 156.
69. Marcuse, CRR, 48.

시에 그 개인은 본질적으로 부르주아적인 특징들이 강화된 존재이다. 그 개인은 사적이고, 자기를 지향하며 그/그녀의 해방에 대해 명백하게 의식하는 존재이다. 그래서 그들의 계급적인 특성을 초월함으로써만, 개인들은 해방과 사회적 혁명의 필요에 대해 의식하게 될 수 있다. 개인들은 잘못된 필요들과 부여된 요구의 수준을 넘어서고 미학에 의해 특징지어진 이성의 새로운 형식을 지향해야 한다. 이런 이유로, 그리고 문화 산업을 통한 노동 계층과 빈곤층의 무력화를 고려해 볼 때, 오직 몇몇 개인만이 사회적 변화의 행위자가 될 수 있다. 사회적 개혁의 결정적인 요체가 되는 것은 개인들이지 집단이 아니다.

그래서 오직 개인들과 그들의 필요들을 근본적으로 개혁함으로써만, 사회 내의 구조와 관계들을 미학적으로 변화시키는 혁명은 일어날 수 있다. 마르쿠제는 회복되고 개혁된 미래에 대한 그의 맑스주의적인 희망을 미학적으로, 합리적으로 살아갈 수 있고 진보된 산업사회의 억압을 넘어서는 개인의 능력에 맡긴다.

> 삶의 새로운 전체성은 진정으로 변증법적인 방식으로 새로운 개인 안에서 드러난다. 새로운 사회는 개인들 자체에서 시작되나, 허구적인 합의 또는 계약의 결과로서가 아니라, 상충하는 이해관계들과 투표의 시장으로서가 아니라 자유로운 인간의 필요들과 능력들의, 자연적일 뿐만 아니라 합리적인 확장으로서 시작된다.[70]

개인들은 마르쿠제의 사유에서 진정한 혁명을 발생시키는 근원세포로 보일 수 있다. 이 인식은 예술적인 사회에 필요한 미학적 합리성과 감수성을

---

70. Marcuse, Vol2, 124.

이용하려는 다양하게 정의되는 집단에 대한 마르쿠제의 환멸에 의해 야기될 뿐만 아니라, 보통 집단들보다는 개인들이 집단은 행사할 수 없는 어떤 수준의 미학적인 감수성을 자신의 삶에 대해 행사할 수 있다는 그의 믿음에 의해서도 일어난다. 자신의 삶에서 미학적 원칙들을 효율적으로 사용하되, 집단들이 할 수 없는 방식으로 사용하면서 개인들은 진정으로 미학적 추론을 실행할 수 있다.

마르쿠제에 의해 제시되는 그러한 실현의 수단 중 하나는 미학에 맞추어 자신의 필요들을 규정하고 그 필요들을 자신의 삶에서 실현하는 개인의 능력이다. 일반적으로 이것은 본래적인 필요에 대한 자율적인 규정을 의미하고 과도한 고통을 일으키는 미리 정해진 행동들과 필요들로부터의 독립을 의미하며 우리의 삶에서 시행되는 과학기술/기술의 개혁을 의미한다. 그래서 마르쿠제가 언급하는 것처럼, 인위적인 필요들에 대한 현대의 예속 상태는 오직 다음을 통해서 파괴될 수 있다.

오직 가치들의 근본적인 재평가를 목표로 삼는 지배층에 대한 방법론적인 이탈과 거부라는 정치적 실천을 통해서만 말이다. 그러한 실천은 인간 또는 사회와 같은 유기적인 것들이 억압적이지 않고 착취적이지 않은 세계의 잠재적인 형식들을 수용할 수 있도록 사물들을 보고 듣고 느끼고 이해하는 익숙하고 일상적인 방식들과의 단절을 수반한다.[71]

여기서 실천적으로 이탈하라는—사회와 관계를 맺은 채 남아 있으면서도 미리 정해진 필요들을 철회하라는—명령은 우리의 필요들과 그것들이 현재 어떻게 충족되고 있는지에 대한 합리적인 반성을 통해 발생해야 하는 것이다. 마

---

71. Marcuse, EL, 6.

르쿠제가 고찰하는 것처럼, 실천적인 철회와 관련된 결정은 미학적 결과들을 가진다. 그것은 우리가 우리 주변의 세계를 보고 느끼고 이해하는 방식을 변화시킨다. 마르쿠제의 작업을 통하여 드러난 것처럼, 정치적인 행위는 인식론과 상호의존적이다. 즉, 마르쿠제가 말하는 정치적 해방은 미학적 삶과 예술적인 사회에 대해 예비적이다. 드러날 수 있는 미학적 감수성을 위한 공간을 이 해방이 창조하는 만큼 말이다.

그래서 우리는 마르쿠제의 실천적인 이탈에 대한 명령의 정치적 차원을 진지하게 받아들여야 한다. 왜냐하면, 불필요하고 억압적인 수단과 목적을 철회하기 위해서, 우리는 그것들을 발생시켰던 정치적인 구조들을 거부해야 하기 때문이다. 오직 이런 방식으로만, 우리는 마르쿠제가 주장한 보다 진보된 의미에서의 미학적 이성을 갖게 된다. 현재의 것에 대한 이 기소는 다음과 같이 제시된다.

> 삶에 대한 옹호에서:이 구절은 부유한 사회에서 폭발적인 의미를 가진다. 그것에는 신식민주의적인 전쟁과 대량학살에 반대하는 저항, 수감의 위험을 무릅쓰고 징병카드를 태우는 것, 시민권을 위한 투쟁뿐만 아니라 부유함의 죽은 언어를 말하고 깨끗한 옷을 입으며 부의 장치들을 즐기고 부를 위한 교육을 받는 것에 대한 거부가 포함된다.[72]

미학적 삶은 정치적인 삶이 된다. 사회 내의 지배적인 형식들을 포함하는 억압적인 정치적인 제도를 거부하고 거기서 이탈함으로써, 우리는 완전히 미학적인 것으로 특징지어지는 삶을 창조하고 형성하기 시작할 수 있다. 그러한 과정에서 미학은 실천적인 이탈의 (부정적인 것으로서, 거절의) 수단

---

72. Marcuse, EC, xxi.

으로뿐만 아니라 (즐겁고 감각적인 삶이라는) 목적으로서도 언급된다. 우리는 미학적으로 살아간다. 우리가 합리적으로 필요와 즐거움을 결정하고 관리되고 전체화된 사유와 만족의 형태들을 대가로 지불하여 선택적으로 그것들을 충족하는 만큼 말이다.

마르쿠제의 실천적 이탈과 미학적 변형에 대한 요청은 매우 인상적인 방식으로 우리가 옷을 입는 방식에서부터 말하는 방식, 우리가 물질적 필요들을 충족시키기 위해 선택하는 방식들에까지 실존의 모든 측면을 개혁하는 근본적인 실천적 효과를 가진다. 정치적인 거부의 형식들을 지향하는 이 행동과 우리 삶의 소박하고 세세한 것들에 관한 관심은 앞서 니체에게서처럼 즐거움에 대한 금욕을 가리키며, 그 자체로 미학적 실존에 가장 적합한 것으로 제시되는 요소들을 우리가 지속적으로 확인하라는 요청을 받는 실존을 가리킨다. 마르쿠제의 글 곳곳에는 관리되는 세계로부터의 지속적이고 세심한 미학적 해방과 금욕적인 이탈에 의해 개방되는 감수성에 대한 일관된 명령이 존재한다. 다음의 『해방에 대하여』에 들어 있는 놀랄 만큼 아름다운 내용의 인용구에서, 마르쿠제는 정치적이고 금욕적이며 실천적인 실존의 양상들을 혼합하는 미학적인 삶을 요약한다.

그리고 그러한 힘으로서, 예술은 사물들의 특징과 "가상"을 형성함에 있어서 그리고 현실을, 삶의 방식을 형성함에 있어서 필수적인 요소일 것이다. 이것은 예술의 **지양**Aufhebung을 의미할 것이다. 현실적인 것으로부터 미학적인 것을 분리하는 일의 종료를, 그러나 또한 일과 아름다움, 착취와 즐거움의 상업적인 통합의 끝을 의미할 것이다. 예술은 몇몇 그것의 더욱 원시적인 "기술적" 함축 중 일부를 되찾을 것이다. (요리를) 준비하고, 경작하고, 생물들을 키우되, 그 일들에 그 일들의 요소나 감성을 침해하지 않는 형식을 부여하는 예술로서 말이다. — 맛, 관련성 등의 모든 주관적인

다양성을 넘어서는 보편적이고 필수적인 것들 중 하나로서 형식의 상승.[73]

마르쿠제의 사유는 여기서 『이 사람을 보라』에서의 영양, 장소 그리고 기후에 대한 니체의 관심뿐만 아니라 이상적인 유형을 통해 표현된 그의 더욱 개인주의적인 윤리학을 상기시킴과 동시에 그것을 넘어선다. 마르쿠제에게 예술적인 삶은 미학의 부정성과 감수성을 한데 모으고, 특수성의 요구 아래 이성과 사유의 변화와, 현실의 억압적인 요소들로부터 실천적으로 이탈하라는 미학적인 명령을 연결시킨다. 이것들은 요리하고 정원을 가꾸고 사물들과 우리의 관계들이 변형되고 서로를 즐겁고 정의롭게 만드는 예술로서의 삶의 새로운 긍정적인 개념을 가능하게 한다. 일과 "아름다움"은 일상을 미학적인 것에 의한 그리고 이것을 통한 변화의 장소들로 변형시키려 하는 테크네[기술]과 실존의 새로운 포이에시스[제작]으로 변형된다. 마르쿠제의 미학적인 삶은 해방을 위한 수단을 창조할 뿐만 아니라 일상을 향한 새로워진 감수성으로 그 해방의 가능한 표현을 창조한다.

실천적인 용어로, 일상적인 삶의 세부적인 것들에 대한 마르쿠제의 호소는 정치적이고 미학적으로 특징지어진 행동을 우리가 먹고, 사랑하고 특정한 필요들을 충족시키며 나이 들어가는, 겉보기에는 지극히 평범한 사건들의 중심에 다시 가져온다. 마르쿠제에게, 본래적인 정치적 행동은 미학적인 추론의 영향 아래 그 행동의 다양한 측면들을 개혁함으로써 시작할 수 있고 시작한다. 우리는 어떻게 고통을 최소화하는 음식을 살 수 있고, 재배할 수 있으며, 준비할 수 있는가? 극도로 비참한 조건들에서 생산되지 않은 옷들을 우리는 입을 수 있는가? 이것들이 마르쿠제의 물음들인 것 같다. 비록 그것들에 대답하는 수단들은 단순하게 감각적이거나 문화적인 기준들

---

73. Marcuse, EL, 32.

에 근거하는 것도 아니고 미학적 추론과 이것이 수반하는 모든 부정적이고, 대상-지향적이며 유토피아적인 요구들에 근거하지도 않지만 말이다.

확실하게, 마르쿠제는 그가 그의 생애에 걸쳐 주장했던 것처럼 결코 더 직접적인 정치적 행동을 배제하지 않는다. 그러나 마르쿠제가 사회 개혁을 위한 토대를 진보된 산업사회의 부와 수단적인 합리성에 대한 거절에서 시작하는 것으로 보았던 점은 주목할 만하다. 오직 문화, 물질주의 그리고 정치의 복잡한 관계를 "해체함"으로써만, 우리는 사회 그 자체의 물질적인 토대들을 바꾸는 체계적 변화를 정초하기 시작할 수 있다. 그리고 이 변화는 미학적 추론과 그것의 일상적인 대상의 가치 – 그리고 가능한 구원 – 에 대한 관심을 통해 시작해야 한다.

이 정신에서, 나는 감각성과 시적인 개인에 근거한 삶의 새로운 기술들에 대한 마르쿠제의 요청이 진보된 산업사회에서의 예술, 예술적 사회, 사회주의적 혁명에 대한 그의 반성의 종착지라고 주장한다. 실천적인 이탈과 일상의 감각화에 대한 요청에서, 마르쿠제는 사실상 미학과 부정성의 비판 이론적인 개념들을 개인의 구체적인 체험으로 확장했다. 개인은 "미학적"이 되며 그녀가 참여하거나 참여하지 않는 그러한 행동들을 끊임없이 문제화함으로써 저항하게 된다. 우리가 선택하는 그러한 행동들을 고려해 볼 때, 그것들은 미학적인 것의 본성대로 더 즐겁고 정의로우며 자율적이 될 수 있다. 그렇게 하는 가운데, 예술적인 삶에 대한 마르쿠제의 개념은 미학적 추론에서 제시되는 부정성·저항·희망·감각성·정의에 관한 관심을 포착하고 예술로서의 삶에서의 저항과 개혁의 뚜렷한 계기를 형성한다. 오직 – 우리가 먹고, 재배하고 구입하는 것이 무엇인지, 우리가 누구를 위해 일하는지, 왜 하는지에 대한 – 실존의 세부적인 내용들을 개혁함으로써만, 미학적으로 특징지어진 저항이 뿌리를 내리기 시작할 수 있다.

결론

　예술적인 삶에 대한 마르쿠제의 궁극적인 개념과 실존의 정치적, 사회적 그리고 실천적 차원들에 대한 그것의 표현과 더불어, 아도르노의 더욱 냉철한 이론적 작업은 효과적으로 매일의 삶으로 확장된다. 아도르노의 많은 중심적인 개념적 범주를 절묘하게 수정하고 초월함으로써, 마르쿠제는 미학에서 발견된 저항과 부정성이 미학적 삶을 구성하게 될 수 있는 방식들을 보여 준다. 이론과 철학의 역할에 대한 마르쿠제의 더욱 실천적인 방향은 정확하게 후기-홀로코스트적인 세계의 부정의와 공포들에 주의를 기울이고 그것들을 해체하는 데 있어 필수적인 아도르노의 미학의 부정성과 상상력을 자기 것으로 만든다. 마르쿠제는 또한 미학적 추론을 진보된 산업 사회의 도구적인 합리성을 개혁하고 미래를 위한 새로운 대안들을 상정하는 데 있어 결정적인 것으로 이해한다. 그렇게 함으로써 그리고 더욱 감각적이고, 체계적으로 정의로운 사회를 주장함으로써, 마르쿠제는 미학적인 것의 영향 아래 사회의 재구성을 위한 실천적인 구조의 윤곽을 보여 주었다.

　이러한 이유로, 마르쿠제의 작업은 니체에 의해 처음 개념화된 예술로서의 삶의 저항적인 측면을 개선하는 데 있어 극히 중요하다. 마르쿠제의 개념들은 이론적인 것에 기대는 것이 아니라 사회를 개혁하는 구조적으로 사회적이고 개인적인 방식들의 윤곽을 나타내기 위해 이론을 넘어선다. 이 생각은 그의 예술적인 사회라는 개념으로 표현되고, 그 점에서 미학적인 것의 두 의미에 의해 설명되는 과학기술은 보다 해방적이고 즐거운 방향으로 개혁될 수 있다. 불행하게도, 마르쿠제는 그러한 혁명의 행위자들을 결코 완전하게 명시할 수 없었고, 내가 주장하는 것처럼, 그러므로 그는 예술적인 삶의 장소와 예술적인 사회의 잠재적인 근원으로서 개인에 의지해야 한다. 여기서, 개인은 억압적이고 부담되는 사회의 특징들로부터 실천적으로 벗어나는, 감각적이고 만족스러운 실존을 회복할 수 있게 하는 에토스로 이해된다.

이보다 실천적인 요소는 아도르노와 마르쿠제의 이론적인 작업의 가장 중요한 결과물이다. 앞선 장에서처럼, 우리는 미학적으로 생각하기 위해 예술작품들과 미학이론에 끊임없이 주의를 기울일 필요가 없다. 미학적 추론은 주체에 반대하고 구원적인 대안들을 상정하라는 끊임없는 요구에 반대하는 세계의 고통과 현실에 대한 진지한 헌신을 함축한다. 마찬가지로, 우리는 마르쿠제가 규정하는 것처럼 그의 프로이트적이고 맑스적인 체계에 완전히 충실하지 않고도 "미학적으로" 살 수 있다. 오히려 본질적인 것은 매일 일어나는 현실의 사소한 일들을 더 정의롭고 감각적이며 정직한 사회의 형성을 목표로 교정하고 다시 공식화하려는 지속적인 노력이다. 미학적인 것으로 특징지어지는 방식으로 일하고 말하고 요리하고 소비하는 것은 미학적으로 사는 것이다. 이것은 동어반복적인 것처럼 보일지도 모르지만, 그것은 비판이론적인 미학에 잠재하는 이론적인 구조를 나타낼 뿐만 아니라 지극히 평범한 것이 끊임없는 경계와 변형의 대상이 되는 철저한 실존의 아스케시스[훈련]askesis을 나타낸다.

그래서 바로 그 실천적인 의미에서 마르쿠제에 의해 검토된 것으로서의 예술적인 삶은 우리의 삶의 세부적인 것들과 그것들이 함축하는 정의, 고통 그리고 폭력에 대한 끊임없는 관심을 통해 실천되는 것이다. 마르쿠제는 그러한 기획을 위한 구체적인 본보기를 제공하지 않는다. 그것이 정확하게 개별적으로 그리고 상황에 따라 새로운 도전들에 직면하는 것으로 이해될 것이기 때문에 그렇다. 그러나 장소론적으로 마르쿠제의 예술적인 삶은 삶의 "사소한 것들"과 그것들이 어떻게 미학적인 목적들과 공명하는지에 대한 관심을 요청한다. 이러한 더욱 철저한 사회적 변형에 대한 이해는 아마 더 나은 세계에 대한 최상의, 그리고 유일한, 희망이다.

아도르노의 기획에 대한 마르쿠제의 실천적인 실현에서, 우리는 니체의 예술적인 삶에 대한 "부정적인" 계기의 변형을 이해한다. 니체와 유사하게 마르쿠제의 예술적인 삶은 일상의 필요들에 관심을 기울이고 해방의 과제와 만족스러운 삶에 필수적인 것으로서 그것들에 대한 긍정 또는 부정을 나타낸다. 그러한 것으로서, 테크네[기예]라는 그리스적 개념은 세계에 미학적 감수성을 반영하는 것을 긍정적으로 재구성하고 생산과 창조에 대한 예술적인 방향성을 회복시킨다. 비록 마르쿠제에 의해 기술된 미학적인 삶이 학문이나 비판에 대한 니체의 독해의 부정적인 차원을 초월함에도 불구하고 말이다. 왜냐하면 그 미학적 삶은 더욱 철저하게 변증법적인 예술이론, 고통받는 대상에 대한 올바른 강조, 새로운 대안들에 대한 상상력, 그리고 미학적 명령들을 실현함에 있어 예술적인 삶의 역할을 주장하기 때문이다. 마르쿠제의 미학이 예술을 "제작"fabrication으로서 보는 니체의 인식을 넘어선다는 점과 마르쿠제가 예술에 대한 니체의 인식에서 비판적인 의식을 형성하고 긍정적으로 감각화된 실존으로 움직이는 가능성을 본다는 점은 동등하게 중요하다. 아도르노 미학의 정교함뿐 아니라 정치적인 관심의 중요성과 신체에 대한 마르쿠제의 인식 모두 비판이론적인 진보를 예술로서의 삶의 저항적인 차원의 발전에서 필수적인 것으로서 특징짓는다.

예술로서의 삶에서 미학적인 판단의 저항적인 차원이 비판이론의 작업에 의지하는 것은 이런 이유에서이다. 아도르노와 마르쿠제에 의해 개방된 미학의 부정적이고, 형이상학적이며 감각적이고 실천적인 차원들은 니체가 그의 학문에 대한 분석에서 나타낸 예술로서의 삶의 해체적인 계기에 대한 **충족**이다. 예술로서의 삶에서 부정적인 계기는 성좌적이고 감각적인 사유에 대한 설명을 개인의 삶의 일상적인 양상들에서의 실천적이고 구체화된 혁명에 대한 필요와 연결한다. 예술로서의 삶은 사회 안에서 개인을 제한하는 사유방식들, 제도, 그리고 삶의 방식들을 해체하고 다시 형성하려는 노력으로 시작한다. 그러나 마르쿠제가 보여 준 것처럼, 저항에 대한 이 노력은 전면적인 부정성에 만족하지 않으며, 해체의 작업은 항상 현실의 미래적인 형태에 관한 판단으로 시행된다. 니체가 정확하게 인식했던 것처럼, 부정은 항상 긍정과 일치한다. 과거와 현재의 우상들을 해체함으로써, 예술로서의 삶에서 부정적인 계기는 우리로 하여금 미래를 긍정하고 창조하는 일을 시작하도록 만든다.

스티븐 디덜러스와 니체의 이상적인 유형들의 경우들에서처럼, 저항은 긍정과 창조성으로 이어진다. 어떤 의미에서는, 마르쿠제의 이상적 삶에서 발견되는 구조적인 정치적 작업은 그 자체로 긍정적이다. 그것은 정치적이고 미학적인 목표를 실현하기 위한 긍정적인 조치들을 취한다. 또 다른 의미에서, 아도르노와 마르쿠제 같은 사상가들의 부정성과 저항은, 니체의 디오니소스적인 것의 이상화에서 나타났던 것처럼, 긍정의 다른 형식들을 위한 공간을 창조한다. 이것 때문에, 저항은 이중적인 의미에서, 즉 그 자체로 긍정적인 것으로서 그리고 해방적인 것으로서 예술로서의 삶에 있어 결정적이다.

수년 동안, U2는 군중이 "얼마나 오랫동안 이 노래를 불러야 하는가?"How long to sing this song?라는 구호를 외치는 동안, 드럼 연주자만 남을 때까지 한 명씩 밴드 구성원이 무대에서 내려오는 〈40〉이라는 노래로 라이브 공연의 마무리를 장식했다. 『시편』 40편을 상기시키는 마지막 리드미컬한 구호는 다윗이 말했던 죄로부터가 아니라 정치적 억압으로부터의 해방과 도움에 대한 간청이었다. 비록 『시편』과 같이 그 노래가 일찍이 해방을 선언했음에도 불구하고 그 간청은 여전히 남아 있다. 구원은 계속되어야 한다.

마르쿠제에 의해 추구된 그 구원이 순수하게 내재적이고 개인과 사회의 수준에서 존재하긴 하지만, 그는 유사한 간청을 표명한다. 『시편』 작가가 말하는 "가난하고 궁핍한 사람들"은 여전히 도움을 필요로 한다. 여전히 고통받는 많은 사람이 있다. 마르쿠제는 이 간청들에 대한 유일하게 합법적인 대답이 애도와 긍정의 수준에서 존재한다고 제안한다. 오직 가난하고 궁핍하며 고통받는 자들의 외침에 귀를 기울임으로써만, 그리고 새로운 대안들을 제기함으로써만 우리는 우리 자신뿐만 아니라 우리 주위의 세계를 구원하기 시작할 수 있다.

적절하게도, 마르쿠제의 마지막 반성들 중 하나는 "당신이 무엇을 보았든지 / 그것은 가능한 것으로서 존재한다 / 그렇게 그것은 온전해졌다"로 끝나는 괴테의 시 「탑 관리인의 노래」에 대한 것이었다. 마르쿠제에게, 시는 추모와 희망이 서로 얽혀 있는 상태를 나타냈다. 오직 존재했던 것과 존재했을 수도 있는 것을 봄으로써만, 우리는 어떻게 사물이 존재해야 하는지를 볼 수 있다. 긍정과 창조는 애도와 저항의 행동으로 시작한다.

> 마지막 말은 행복이지만, 그것은 추모의 말이다. 그리고 마지막 행에서, 긍정은 슬픔－그리고 저항－의 어조를 지닌다.[74]

---

74. Marcuse, AD, 60.

3부   긍정

Affirmation

6장

마르틴 하이데거와 시적 사유

백로가 살그머니 다가온다
물갈퀴질을 하며,
깃털은 거울로 만들어졌다.

차가운 공기 속에 백합이
떠다니는 것처럼, 그들이 내뿜는
물의 하얀 숨소리를 우리는 듣는다.

백로는 갈대의 음악을
가져오는 자
다리, 부리, 깃털 —
이 모든 것은 저녁 바람의
신성한 악기.

산조차도
멀리서 오는 메시지를 담고 있다
비록 우리가 가까운 것에
더 관심을 가질지라도.
— 아니타 엔드레제, 「트윈 레이크의 노을」[1] —

들어가며

마르틴 하이데거와 현상학의 작업과 더불어, 예술로서의 삶은 부정과
개혁에서 긍정으로 그리고 경험의 개방으로 그 강조점이 변경된다. 아도르

---

1. 이 시는 아니타 엔드레제의 허락을 받아 싣는다. 그녀의 짧은 이야기를 담은 새 책이 발간되
었다. *Butterfly Moon*, University of Arizona Press, 2012.

노와 마르쿠제의 작업이, 우리 주위의 세계를 구원하는 것을 기반으로 삼아 개혁된 사회 및 개혁된 개인의 구축과 저항을 강조한 반면, 현상학은 특정 사유방식과 지배를 통해 은폐되었거나 배후에 숨겨져 있는 세계를 재발견하려고 한다. 비판이론이 예술로서의 삶에 해방과 정의를 위한 추동력을 제공한 반면, 현상학은 세계에 관한 생생하고도 신성한 체험의 가능성을 엿본다.

토착시인 아니타 엔드레제Anita Endrezze의 「트윈 레이크의 노을」은 현상학의 신-낭만주의적 정신 및 현상학의 예술로서의 삶에 대한 기여를 포착해 낸다. 그녀는 간결한 서술을 통해 기억과 강렬함을 떠올린다. 물 위에 어른거리는 백합처럼, 백로는 저녁 식사거리에 슬그머니 다가선다. 백로는 또한 겉보기에 신성하고 신적인 어떤 것의 전조 역할을 한다. 아울러 엔드레제가 음악이나 하모니를 특화시키지는 않았지만, 산이 메시지를 담고 있다는 듯, 산의 언어 역시 저 멀리 놓여 있다. 노을이 지는 장면은 그저 주어진 것 이상의 것을 이야기한다. 새, 물, 꽃, 그리고 산은 단지 그것들 자체 그 이상의 것을 말하고 있다.

「하늘을 사랑한 소녀」와 같은 다른 시에서, 그녀는 앞을 보지 못하는 사람과 보는 사람, 이 두 친구의 만남 같은, 더욱더 깊이 구체화된 이미지를 자아낸다. "또한 거기서, / 나는 하늘을 생각하는 눈 먼 소녀를 만났다 / 그 하늘은 비가 와서 차가워진 쇳덩이 같은 맛이 났다 / 그녀의 눈은 언제나 / 눈꺼풀이라는 멍든 꽃잎으로 뒤덮여 있었다." 엔드레제는 시각을 잃어버리고, 비 오는 날 하늘을 음미하는 그런 체험을 통해 가질 수 있는 동질감을 독자들에게 전달한다. 우정은 이야기하는 자와 눈 먼 소녀 사이를 마주하게 하며, 부재를 통해서 시는 역설적으로 더 큰 심연의 장과 마주하고, 「트윈 레이크의 노을」처럼, 독자들이 특화된 강렬한 체험에 접근할 수 있게, 그들에게 그러한 체험의 통로를 열어 준다.

엔드레제의 작품처럼, 시는 느껴지고, 보여지거나 음미되는 것을 과잉 규정하는 방식을 배제한 채, 개념이나 산문보다 더 큰 심연의 영역과 감각을 창조한다. 그 자체로 개념의 빈곤에서 멀어짐으로써, 시는 경이롭거나 심지어는 신성하기까지 한 방식으로 나타나는 체험을 가능하게 한다. 엔드레제의 백로는 말을 하지 못한다는 점 때문에 비로소 우리에게 말을 건넨다.

또한, 이런 이유로, 현상학에서 시는 그 나타남을 위한 조건을 규정하지 않으면서 체험 안에서의 느낌과 앎의 수용성을 의미화하는 데 이른다. 우리는 엔드레제의 친구를 따라 하늘을 맛볼 수도 있고 그렇지 않을 수도 있다. 그 열림 안에서, 시는 통상 세계 내의 대상들과 같지 않은 나타남의 자유를 대변하는 역할을 한다.

이런 이유로 현상학은, 시를 우리가 살아가고 사유하는 방식을 다시-구상해 내는 강력한 방식으로 이해한다. 만일 아도르노와 마르쿠제가 옳다면, 그리고 수많은 서구의 사상이 지배와 억압으로 형성되었다면, 시도 잃어버린 것을 복원하는 능력을 가진 비판적 사유와 동등한 것이라고 할 수 있다. 비판적 사유가 저항으로 얻어진 것인 반면, 시는 복원과 긍정으로 돌아간다. 시는 그것이 치유적이고 소통적인 것인 한, 엔드레제의 산처럼, 멀리서 들려오는 부름을 들을 수 있도록 만들고 근원적 대상으로 통합된 사유를 가능하게 하는 데 필연적인 것이다. 앞으로 전개될 각 장들에서 분명하게 드러나겠지만, 가장 중요한 것은, 우리가 보통 "가까운 것에 더 관심을 가질지라도" 이러한 부름을 받아들이는 일이다.

2부에서 아도르노와 마르쿠제는, 예술과 미학, 성좌를 형성하는 사유 – 미학적 이성 – 라는 예술 내에서 발견되는 자율성과 저항의 수렴점을 가능하게 한 비판적 운동이, 왜곡된 대상을 특화한다고 이해했다. 아도르노는 미학적 이성을 구속된redeemed 대상의 유토피아를 구상하는 수단으로 삼고, 마르쿠제는 미학적 추론과 예술 내에서 발견되는 감각적이고 자율적인 의무를 반영하는 구체적인 사회적·개인적 재형성을 요구한다. 앞서 시행된 논의에는 음식, 성애, 노동, 또는 소비의 변경 여부와 관련해서, 미학적 규준을 따라 자신의 삶의 다양한 차원을 변형시키는 개인을 위한 마르쿠제의 실천적 요구가 농축되어 있었다. 이런 점에서 아도르노의 예술 이론에 정초된 추상적인 이론적 검토는, 대상들이 일상적 삶의 세부적 내용을 통해 구원을 받는 구체적이고 생동하는 체험으로 변형되었다. 이렇게 함으로써, 저항은 지식의 해체에서 사회의 재구성으로 이동한다. 예술로서의 삶의 '부정적' 계기는 미래를 개혁하기 위한 긍정적 시도와 마찬가지로 불명예와 고통의 모든 형태들에 관한 지속적인 저항을 의미한다.

니체가 계획한 것, 곧 예술로서의 삶을 위한 건축술적인 것에 대한 헌신과 관련해서, 다음 두 장의 목적은 대상에 대한 비판이론적인 강조를 정립하는 것과 긍정적이고 시적인 존재방식과의 긴장 안에서 대상을 재형성하는 것이다. 앞에서 예술로서의 삶 속에 있는 '저항의' 계기를 보여 주었던 것처럼, 다음 두 장에서도 예술로서의 삶의 '적극적' 계기가 나타난다. 이 운동은 다시 한 번 서문과 3장에서 펼친 니체적 기획을 충실하게 이행함으로써 형성된다. 자유정신이 해체적 계기를 요구하는 한, 우리는 저항을 통해 만들어지는 자유 공간이 독특한 실존의 시각을 통해 구속된다는 점에서, 적극적 차원을 요구한다. 이러한 긍정은 나타남의 적극적 수용, 나타남의 세계로의 개방을 통해 도래하는 것이다.

그러므로 이 장 이후로 개괄되는 나타남의 긍정은 앞서 검토된 '부정적' 차원을 통해 균형을 갖게 되는 예술로서의 삶의 '적극적' 계기다. 다시금, 예술로서의 삶 안에 있는 이 차원은 예술과 사유 간의 관계를 강화함으로써 작동한다. 이 둘은 단일한 과정, 곧 시적 사유에 합류하게 된다. 미학적 이성이 성좌적인 사유 안에서 발견되는 부정성의 윤리학과 더불어 예술의 자율성과 불화를 통합시켰던 것처럼, 시적 사유는 성찰적인 사유의 형식을 따라서 시적인 것으로 말미암아 개방되는 공간을 병합해 낸다. 시적 사유는 선취되지 않은 경험의 가능성을 향하는 성향이 된다. 이처럼 시적 사유는, 그것이 세계에 관한 비규정적이고 비조건적인 경험을 하게 하는 용기와 열림을 요구하는 한, 인식의 질서만이 아니라 윤리의 질서에도 속해 있다.

미학적 추론이 미학을 넘어선 사유의 다른 영역에서 일반화될 수 있는 것으로 여겨지는 것처럼, 시적 사유는 시적 단순화를 넘어서고, 매일의 경험 안에서 신비를 인식하고 신비의 나타남을 환영하는 세계로의 사유와 성향을 형성하는 것으로 받아들여질 것이다. 이 열림과 감사의 이중적-결속 때문에, 시적 사유는 실존의 긍정에 대한 니체적 부름의 급진적 확장으로 여겨질 수 있다. 시적 사유 안에서, 경험이 개인적인 것이건, 그것과 동떨어진 것이건, 비극적인 것이건, 그 사유는 마법을 부리고, 체험되며, 환영받는다. 이러한 경험의 급진적 우연성에 대한 헌신과 이에 대한 개방적 수용은 예술로서의 삶에서의 긍정적 계기를 함축한다.

이 장에서부터, 나는 마르틴 하이데거에서 모리스 메를로-퐁티, 그리고 잠정적으로는 장-뤽 마리옹에 이르는 현상학적 궤도를 추적함으로써 '시적 사유'의 발전을 개괄할 것이다. 이 수용과 변형의 굴곡진 노선을 추적함에 있어, 시적 사유는 일상의 지각 경험의 수용과 체현이라는 주제를 민감하게 포착해 낸 메를로-퐁티의 작업에서 경험에의 개방성을 가능하게 하는 능력과 연관되는 개념으로 전개될 것이다. 그런데 나는 하이데거의 현상학에서의 전회의 역할 때문에, 그의 주체에 대한 핵심적 직관과 관련해서 시적 사유에 대한 검토를 시작할 것이다. 이렇게 함으로써, 나는 하이데거의 예술로서의 삶에의 기여는 중차대한 것이면서 불충분한 것이라는 점을 드러낼 것이다. 그는 예술로서의 삶의 긍정적 차원에 관한 근본적 방법과 가정을 규정한다. 우리가 앞으로 보겠지만, 그의 작업은 현상학이 예술로서의 삶 안에서 실천적이고, 구체화되는, 또는 적절한 계기에 이르게 하는 방식을 충분하게 개괄해 내는 데 필요한 신체, 봄(곧 시각적 표상), 그리고 주어짐의 본성에 대한 충분한 설명을 결여하고 있다. 하지만 이것은 우리가 매일의 실천 안에서 존재를 잠재적으로 긍정할 수 있는 방식을 정확하게 이해하는 일을 착수한 하이데거를 **통해서만** 나타난다.

본 장에서는 마르틴 하이데거의 현상학적 작업을 통해서 시적 사유라는 개념을 작동시킬 것이다. 하이데거의 (1936년까지의) 초기 사유가 그의 철학적 발전에서 중대한 것이긴 하지만, 여기서는 하이데거의 후기 사유와 '성찰적 사유' 및 시적인 것이라는 개념의 동시다발적 발전을 더 철저하게 다룬다.[2] 공통의 사건, 나타남의 잠재성에 대한 천착을 통해서, 성찰적 사유 및 시라는 것은 공통적으로 윤리적이고 인식론적인 성향을 가지는 시적 사유로 이해되어야 한다. 그렇게 함으로써, 시적 사유는 그것이 존재하건 존재하지 않건 간에, 가까이서 소리를 내는, 또는 침묵하면서 거리를 두는 엔드레제의 노을과 같은 사유방식과 나타남의 가능성에 충실한 것으로 자신을 드러낸다.

사유의 역할에서의 서로 간의 대립에도 불구하고, 현상학자와 비판이론가는 현대 사회에서의 사유의 규범적 역할 가운데 한 가지 양상에 동의한다. 그것은 다름 아닌 객관주의적 사유 방식에 저항해야 한다는 것이다. 세계대전과 홀로코스트에 대한 응답의 일환으로 철학의 고유하면서도 추상적인 지향 – 존재 – 으로 돌아가자는 애매한 요구를 제기했던 하이데거조차도 객관주의적 사유 방식을 세계대전 및 환경파괴를 포함한 서구를 괴롭혔던 질병의 근거로 간주했다.[3] 그 일이 과학을 통한 세계의 후기-데카르트주의적 대상화에 의해서 일어났건, 기술적인 것을 통한 세계의 변형을 통해

---

2. 이것은 특별히 하이데거의 니체 세미나 내지 『존재와 시간』이 나의 주요 분석 대상이 되지 않음을 의미한다.

서 일어났건, 하이데거와 모리스 메를로-퐁티는 일관성 있게, 객관주의적 사유를 20세기 초반의 끔찍한 사건들의 주요 원인 중 하나로 규정한다.

아도르노를 다룬 4장에서 진술했던 것처럼, 잘못된 객관성의 문턱에다가 핵심적 비판을 자리매김하기 위한 움직임은, 논쟁적인 것임에도 불구하고, 비판이론의 이해에 있어 핵심적인 것이 된다. 하지만 중요한 것은 현상학과 비판이론에 의해 공유된 다음과 같은 공통의 기반이다. 우리는 철학과 철학 고유의 삶을 실천하기 위해서 객관성을 떠나 사유할 수 있어야 한다. 비판이론은 고통스럽고 억압된 대상에의 헌신을 갱신하고 전도시키는 사유 자체를 통해서 객관성이 지향하는 바를 극복하고자 한다. 현상학은 객관적 사유 안에서 잃어버린 경험을 다시 일깨움으로써 혼란의 의미를 강조하려고 한다. 메를로-퐁티는 이 비판적 출발점을 다음과 같이 잘 표현하고 있다.

과학적 지식은 경험의 무게중심을 이동시킨다. 이로 인해 우리는 우리가 보고, 듣고, 느끼는 것을 물리학자들이 파악하는 것처럼 우리의 신체 조직과 세계로부터 연역해 내기 위해, 말하는 법, 듣는 법, 일반적으로 말해

---

3. 한 예로 Martin Heidegger, *What Is Called Thinking?* [WCT], trans. J. Glenn Gray (New York : Harper Torchbooks, 1968), 83을 보라. "모든 인간은 곧 동일한 방식으로 동일한 행복의 동일한 조건 속에 자리하게 된다……. 그런데, 행복의 발명에도 불구하고, 인간은 다음번에 세계대전에 내몰리게 되었다. 깜박거림과 더불어 국가는 평화가 전쟁의 제거라는 것을 알려 주었지만 이 와중에도 전쟁을 제거하는 평화는 전쟁을 통해서만 보호받을 수 있다." 근대 인간성의 어긋남을 불러낸 이러한 주장에 대해서는 또는 하이데거의 『사유에 관한 서술』을 보라. "자기의 고향땅에 머물러 온 사람들은 대체 누구인가? 흔히 그들은 여전히 고향땅에서 쫓겨난 자들보다도 더 고향을 잃어버린 채로 존재한다. 시시때때로 그들은 라디오와 텔레비전에 얽매인다. 매주 영화가 그들을 비일상적인 것으로 내던져주지만 흔히 그것은 순전히 일상적인, 상상의 영역이며 세계 없는 세계의 가상을 선사한다……. 인간의 **뿌리내림**, 인간의 원산지는 오늘날 그 핵심에서부터 위협받고 있다." Martin Heldegger, *Discourse on Thinking* [DoT], trans. John Anderson and E. Hans Freund (New York : Harper Torchbooks, 1966), 45.

서, 느끼는 법을 배우지 못했다.[4]

물론 여기서 교정이 필요한 것이 다음과 같이 암시된다. 객관성이 초래한 손
상을 없애기 위해서, 현상학은 대상을 넘어 인간의 감각 경험 내지 존재론에
서 자기의 근거를 찾는다. 메를로-퐁티가 나중에 진술한 것처럼, "우리는 지
성보다 더 오래된 세계와의 교섭 및 세계에의 현전을 재발견해야만 한다."[5]

메를로-퐁티는, 만일 20세기 및 21세기의 현상학의 동기가 바로 그렇
게 일관된 것이 아니라면, 일관적인 것이 되기 위해서 감각이 울려 퍼지게
해야 한다고 본다. 이것은 지각과 인식의 새로운 풍경을 여는 세계에 관한
선-객관적 포착으로 우리를 일깨운다.[6] 우리가 앞으로 살펴보겠지만, 이러
한 정신에 대해, 하이데거는 하나의 인정 및 열림을 요청한다. 이것은 사유
자체를 일으키는 것이면서 동시에 우리가 사유와 시-존재-를 충분할 정
도로 수용하지 못했다는 점을 인정하게 한다. 메를로-퐁티는 치유적이면
서 구속적인redemptive 용어로 이 재발견의 의미를 반성한다.

성찰을 통해서, 우리는 우리가 잃어버린 것에 대한 이념, '토대'Boden의 존
재, 그리고 무엇보다도 우리가 살아가며, 안식과 운동의 측면에 있는 대지
라는 존재의 존재방식을 다시 배워야 한다. 이것은 그로부터 모든 안식과
운동이 분리된 토대인 존재이며, 신체를 구실로 삼지 않는 존재, 그것들로
부터의 분할을 통해 도출된 '원천'으로서의 존재, '장소'를 가지지 못하는

---

4. Maurice Merleau-Ponty, *Phenomenology of Perception* [PoP], trans. Colin Smith (New York: Routledge Classics, 2002), 266.
5. Maurice Merleau-Ponty, *Sense and Non-Sense* [SNS], trans. Hubert L. Dreyfus and Patricia Allen Dreyfus (Evanston, IL: Northwestern University Press, 1964), 52.
6. 시간적으로, 우리는 현상학이 시간의 발견에 철저하게 몰두해 있는 방식을 이해할 수 있는 반면, 비판이론은 미래의 개혁에 몰두한다.

원천으로서의 존재이자 모든 장소를 에워싼 존재, 노아의 방주가 홍수로부터 살아 있는 피조물을 지켜 주었던 것처럼, 무를 넘어 모든 존재자를 지켜 주는 그런 존재이다.[7]

특별히 아도르노와 관련지어 앞서 살펴본 것처럼, 상실과 회상은 예술로서의 삶을 위한 비판적 이정표다. 그것은 형이상학을 향한 항해를 표시해 주거나 하이데거와 여타 현상학자들처럼, 사유, 감정, 그리고 존재의 선-객관적 존재방식을 표시해 준다. 비판이론처럼, 현상학은 애도작업 및 상징과 분할된 것을 회복시키기 위한 욕망을 통해 자극을 받는다. 그런데, 비판이론과는 대조적으로, 현상학은 미래에서의 개혁이 아니라 손상되기 이전의 경험의 토대를 추구함으로써 작동된다. 그 토대를 찾아감에 있어서는 객관성을 넘어섬으로써, 현상학은 세계-내-존재인 인간을 위한 더 근원적인 원천을 찾는다. 특수한 사유방식과 존재방식을 통해서, 현상학은 잃어버린 세계와의 원초적 접촉을 표현하려고 한다. 객관성을 넘어서려고 함으로써, 현상학은 비판이론적인 미학 안에서 부정적으로만 포착되었던 긍정적이며, 회복적인 차원을 열어 준다. 물론 이러한 운동은 아도르노와 마르쿠제를 통해서 분명하게 고착된 비판적인 윤리적·정치적 상부-토대를 포기하는 위험을 감수한다. 하지만 그것은 예술 자체의 긍정적 차원을 통해 필요한 것이 된다.[8]

이러한 선-객관적 공간을 추론적으로 명확하게 표시해 내기 위해, 현상학은 주체가 경험하고, 해석하며, 그들을 둘러싼 '세계' 내에서 살아가는

---

7. Maurice Merleau-Ponty, *Husserl at the Limits of Phenomenology* [HLP], trans. Leonard Lawlor, eds. Leonard Lawlor and Bettina Bergo (Evanston, IL: Northwestern University Press, 2002), 9.

8. 비극의 아폴론적이며 디오니소스적인 요소에 관한 초기 니체의 분석에서 보여 주었던 것처럼 말이다.

방식을 검토하려고 한다. 분명, 이것은 이성적 접근(데카르트와 칸트처럼)과 관련해서 세계로 나아가는 철학의 방향설정의 변경을 의미한다. 여기서 세계는 우리의 경험을 통해 변형되고 경험 안에서 우리가 거주하는 곳이다. 메를로-퐁티가 진술한 것처럼, "우리의 철학을 위해 남겨진 것은 아무것도 없고 다만 실제 세계를 탐사하기 위해 배치된 것만 존재한다."[9] 만일 우리가 메를로-퐁티와 현상학 일반의 징후를 따른다면, 이 경우 새로워진 철학적 실천은, 우리가 세계에 접근하는 방법을 모호하게 만든 낡은 방법을 벗어던지고, 그 '실제 세계'에 참여하는 것이다. 만일 현상학을 통해 어떤 것이 드러나게 된다면, 그것이 대상 저편의 것을 얻게 한다면, 이 경우 현상학은 객관적 규정에 선행하는 '세계'에 대한 분석을 경유하게 될 것이다.

이것이 바로 다음 두 장에서 채택될 방침이다. '세계' 개념을 대상들의 변형에 앞서 일어나는 자기의식을 정초하는 문제로 들어가는 해석의 진입점으로 사용함으로써, 나는 하이데거·메를로-퐁티·마리옹에게서 나타나는 예술과 사유 사이의 복합적 상호작용을 추적할 것이다. 하이데거의 초기 작품에서 '세계'에 대한 인식은 인간에 대한 실천적 규정방식과 사용으로 이해되고, 이것이 '전회' 이후에는 이해의 상태로 들어가 세계를 수용하게 해 주는 사유와 시의 융합을 지향하는 급진적으로 변형된 입장과 연결된다. 하이데거의 후기 사유에서 '세계'는 시적 사유를 통해 개방된 공간 안에서 나타나는 것이다. 하이데거의 초기 사유 노선은 앞으로 이어질 내용에서 나오겠지만, 시적 사유 개념에서 체화된 시적 사유 개념으로의 전환을 통해 변형되는데, 이것은 신체적 체험의 차원으로 비판적 보충제를 마련해 내는 메를로-퐁티의 지각과 신체에 대한 탐구 작업을 통해 극복되고 지속된다. 체화된 시적 사유는 잠재적으로 마리옹의 계시 개념을 통해 철

---

9. Maurice Merleau-Ponty, *The Merleau-Ponty Aesthetics Reader: Philosophy and Painting* [AR], ed. Galen Johnson (Evanston, IL: Northwestern University Press, 1993), 138.

저해진다. 계시 안에서 어떤 경험은 합리화를 위한 우리의 능력을 초과할 수 있다.

나는 사유의 본성과 예술작품과 사유의 관계에 대한 하이데거의 핵심 통찰을 나타내는 분석과 더불어 출발점을 정렬하기 시작한다. 예술로서의 삶에서 독특한 역할 때문에, 특별히 그의 후기 사유에서의 예술과 사유에 대한 작업의 직접적 재구성이 이어져야 한다. 이러한 반성은, 하이데거의 통찰을 형성하고 세계와 드러남에 관한 매일의 경험을 위한 가능성을 열어 주는 구체화된 시적 사유라는 구성적 개념을 지지하는 이 책의 후반부에서 비판적으로 입증될 것이다. 더 일반적으로, 시적 사유는 예술로서의 삶 안에서의 미학적 추론에 대한 긍정적 반대작용이 된다. 시적 사유 안에서는 현재는 과거에 대한 회상과 주위세계를 향한 열림를 통해 확증된다.

사유

초기 하이데거:복잡한 문제

하이데거의 후기 작업에서 시적 사유를 향한 운동을 검토하기 위해 그의 초기 사유의 핵심 문제제기 중 하나를 짤막하게나마 그려보는 작업은 필연적인 일이다. 우리가 앞에서 진술했던 것처럼, 하이데거 사유의 상당 부분은 사유와 실천에 있어 사유의 변형보다 먼저 일어나는 세계에 관한 선-반성적 경험을 미력하게나마 기술해 내는 시도를 통해 활성화된다. 이것은 하이데거 사유의 윤리적 핵심이자 기획상의 핵심이다. 다시 말해 적어도 세계를 주제화하려는 욕망은 사유를 통한 지배에 선행한다.

이러한 분석을 시작하기 위해, 하이데거는 자신의 스승인 에드문트 후설Edmund Husserl처럼, 독특한 사태와 관계를 맺는 예시적 존재자를 특권화함으로써 논의를 시작한다. 그의 초창기 주요 저작인 『존재와 시간』에서, 하이데거는 현존재Dasein 10를 존재 물음 내지 세계에 관한 물음을 탐구해 들어가는 데 "어떤 우위성"을 갖는 "예시적 존재"로 가리킨다.11 여기에는 타자를 앞서 정의하지 않고서는 주어질 수 없거나 분석될 수 없는, 인간과 세계 간의 불가분의 관계가 존재한다. 하이데거가 차후에 언급했던 것처럼, "만일 현존재가 존재하지 않는다면, 세계도 '거기에' 존재하지 않는다."12 실제로, 하이데거가 『존재와 시간』을 통해 명확하게 제시했던 것처럼, 우리가 세계를 이해하는 일을 시작할 수 있는 유일한 길은 세계에 대한 우리의 구체적 참여를 통해서이다. 그것은 우리의 주위세계로의 실천적이고 물질적인 얽힘을 통해서 주어진다. 하이데거는 자신이 일관적으로 반복하는 철학적 동기에 입각해서 "매일의 현존재의 가장 가까운 세계는 주위세계다"라고 진술하는데,13 분명 이 "주위세계"는 인간의 거주 및 대상의 조작을 통해 표시되는 곳이다. 그러므로 '세계'는 오로지 활동성 자체로부터 알려질 수 있고 인간 활동성과 분리할 수 없는 것이다.

이러한 관찰은 세계의 본질을 곧장 드러내는 대상, 다시 말해 인간의 목적을 위해 요청된 연장과 도구에 관한 하이데거의 고유한 인식을 통해 전개된다. "그것은 가장 가까이 있는 고유한 것인 우리 주위의 사용-대상이다.……사물과 작품 및 궁극적으로 모든 존재자는 도구 존재의 도움을 통해 비로소 이해된다……"14 '도구적' 존재는 세계-내-존재인 인간의 더

---

10. 여기서 내가 '현존재'를 인간 존재자나 인간으로 번역하지 않는 데 주목하라.

11. Martin Heidegger, *Being and Time* [BT], trans. Joan Stambaugh (New York:State University of New York Press, 1996), 5. 또한, 35를 보라.

12. Heidegger, BT, 334.

13. Heidegger, BT, 62. David Halliburton, *Poetic Thinking:An Approach to Heidegger* (Chicago:University of Chicago Press, 1981), 4f를 보라.

14. Martin Heidegger, *Basic Writings* [BW], ed. David Farrell Krell (San Francisco, CA:HarperCollins, 1993), 155.

심원한 현상으로 접근하는 하이데거의 주요 방식이 된다. 일차적으로 그것은 현존재에 대한 유의미하면서도 실천적인 관계의 망을 드러냄으로써 존재한다. 사용 체계를 드러내기 위한 사태의 유용성handiness과 그 잠재적 성격에 관한 더 깊은 인식에 대해, 하이데거는 "내다봄"circumspection이라는 말을 도입한다.[15] 『존재와 시간』을 통해서, 내다봄은 사물과 사물의 잠재적 사용을 향한 선-반성적 방향설정을 나타내는 데 유용한 일로 제시된다. "둘러보는 멀리 내다봄은 손 가까이 있는 것을 이해하지 못한다. 대신에, 그것은 주위세계 내에서 방향을 잡는다."[16] 내다봄 개념을 도입함으로써, 하이데거는 잠재적으로 우리 주위의 세계에의 선-이론적 접근이라는 자신의 약속을 성취할 수 있었다. 세계는 우리 주위의 대상에 관한 탐구, 구체적 참여를 통해 '알려진다.' 이렇게 함으로써, 우리는 특정 대상과 행위가 속해 있는 "적합성의 총체"를 드러낼 수 있다.[17] 우리의 세계는 사태가 구체적 가치와 의미의 대상과의 상호작용을 통해 연관되는 방식에 의해서 우리에게 주어진다.

그런데 우리가 만일 세계 자체로의 인간의 실천적 참여를 통해 어떤 일을 시작하는 경우 세계에의 선-반성적 접근을 얻을 수 없다는 점에서, 나는 세계라는 개념에 대한 하이데거의 방법론적 진입점에 새겨진 흠집을 논증할 수 있다. 이러한 하이데거의 기획의 첩경은, '전회' 이전 그의 마지막 주요 강의인 『형이상학 입문』에서 가장 잘 나타나는데, 여기서 인간의 실천적인 참여에 대한 방법론적 집착은 그의 현상학적 작업의 목적 자체인 세계를 모호하게 만든다. 『형이상학 입문』에서 가장 분명하게 나타난다. 『형이상학 입문』에서 존재(또는 우리의 세계 경험을 정초하는 것)는 "숨겨진 것

---

15. 이 말을 첫 번째 사용한 것으로는 Heidegger, BT, 65.
16. Heidegger, BT, 74.
17. Heidegger, BT, 328.

으로부터 드러나는 문제"로, 그리고 시poetry 안에서 나타나는 것으로 일관성 있게 정의된다.[18] 『존재와 시간』이라는 작품에서 견지된 이러한 정의는 존재와 초래됨 사이의 상호적 관계를 내포한다. 다시 말해 존재는 인간의 노력을 통해서 초래된 존재자가 없이는 경험될 수가 없다.

> 존재라는 것은 빛 안에 서다, 나타나 보이다, 숨겨져 있지 않음 속에서 나타난다는 것을 뜻한다. 이와 같은 일이 일어나는 곳, 다시 말해 존재가 지배하는 곳에는 다음과 같은 것이 거기에 속하는 것으로 함께 이루어진다. 알아들음이란 자신을 현시하는 내적으로 지속하는 것을 수용하는 정지 상태이다.[19]

존재하기 위해서, 존재는 시적인 것을 통해 일어나야만 하고 들려져야 한다. 여기서 존재는 시적인 것을 통해서, 숨겨져 있지 않음으로, 알아들음으로 들어가는 것이다. 하이데거가 진술한 것처럼, 파르메니데스의 말이 다음과 같이 번역된다. "알아들음과 존재는 서로 함께 순응하며 속해 있다."[20] 우리는 시를 통한 드러냄이 없이는 존재나 세계를 가질 수 없다.

그런데 이러한 '초래됨'은 유순한 것이 아니다. 또한, 이러한 과정의 본성을 지시할 때, 하이데거의 언어는 폭력으로 기울어진다. 존재를 초래하는 능력을 나타내는 핵심 용어인 로고스는 "그 힘을 통해 존재가 자신의 중심으로 끌어오는 폭력의 작용"으로 정의된다.[21] 이와 유사하게 언어로서의 인간은 다음과 같은 것으로 정의된다. "그리고 역사라는 것을 전개하는 자로

---

18. Martin Heidegger, *An Introduction to Metaphysics* [IM], trans. Ralph Manheim (New Haven, CT: Yale University Press, 1987), 114.

19. Heidegger, IM, 139.

20. Heidegger, IM, 145.

21. Heidegger, IM, 169.

서의 인간 존재는, 자신의 역사를 통해서, 존재하는 것의 존재를 알아듣고 끌어모으는 로고스다. 이것은 위에서 말한 가장 두려운 일이 일어나는 것을 의미하며, 이와 같은 일어남 안에서, 폭력을 통해서 압도적인 것이 현시되고 그렇게 자리를 잡게 된다는 것을 의미한다."[22] 인간은 탈은폐로부터 존재를 해방시키는 일에 자신을 넘겨준 '기묘한' 존재자다. 존재는 자신을 감추기 때문에, 존재의 초래됨이라는 것은 존재가 순전히 요청되는 것이 아니라 시나 사유 안에서 초래하는 폭력의 작용과 연관된다. 하이데거는 이러한 운동을 다음과 같이 잘 요약하고 있다.

> 이 폭력적인 출발, 파헤침, 포획, 굴종시킴이라는 것을 통해 이것은 바다로, 대지로, 동물로 자신을 열어 보인다. 폭력적인 출발과 파헤침은 단지 언어와 이해와 감정의 분위기와 건축하는 힘이 폭력 안에서 스스로 자제되었을 경우에만 일어난다. 시인의 시적 말함의, 사유가의 기획의, 건축가가 건설에서의, 그리고 국가의 창조적 행위라는 폭력행위는 인간이 지니고 있는 어떤 능력의 발휘가 아니라, 오히려 이 힘들을 통제하고 조화시키는 것이며, 이 힘을 통해 존재하는 것은 있는 그대로 자신을 열어 주며 발견되며, 인간은 존재하는 것들 그 안으로 움직일 수 있는 것이다.[23]

이론의 여지는 있지만, 하이데거의 초기 저작에서는, 이런 식으로 시적인 것, 내다봄의 참된 역할, 다시 말해 존재가 일어나는 바로 그만큼 세계를 포획함, 굴종시킴, 그리고 존재의 열어밝힘이라는 일의 참된 역할이 표

---

22. Heidegger, IM, 171.
23. Heidegger, IM, 157. 할리버튼의 말을 들어 보자. Halliburton, p. 134: "[존재의 작용으로 들어감은 투쟁이며, 폭력의 사용인데, 왜냐하면 존재는 그 자신에게서 나오는 것이 아니기 때문이다. 그것은 현시 안으로─초래되고─현시에 맞서 싸우게 되어 있음에 틀림없다. 그러므로 테크네[기예]는 폭력(deinon)의 근본 성격을 구성한다."

현된다. 존재 자체가 지명될 수 없는 것이긴 하지만, 그것이 시적 폭력과 사유 안에서 존재를 산출하는 현존재의 능력에서 벗어나 있지는 않다. "탈은 폐는 그것이 작품을 통해 성취될 때 일어난다. 그것은 시에서의 말의 작품, 신전과 조각상에서의 돌로 만든 작품, 사유 안에서의 말의 작품, 역사적 장소로서의 **폴리스**의 작품에서 정초되고 보존된다."[24] 하이데거는 일관성 있게 시, 사유, 그리고 건축을 존재가 초래하는 일을 통해 폭력적으로 야기되는 주요 방식으로 지명한다. 이는 내가 주장하는 대로, 우리의 세계가 도출되는 현상학적 범주로서의 내다봄을 사용하는 자연적이며 논리적인 결과이다. 인간의 조작은 이를 통해 세계가 보여질 수 있는 수단으로 특권화되며, 연장을 통해서, 인간의 조작 – 흔히는 폭력 – 이 존재가 사유와 예술 안에서 초래되는 수단이 된다. 폭력의 강압적 사용을 통해서, 인간은 존재의 강제적 드러남을 위한 유일한 자리가 된다. "[현존재는] 다음과 같은 것을 의미한다. 열린 틈으로 정립된 존재, 이것을 통해서 존재의 압도적인 것이 갑자기 침입하여 나타나 보이는 존재, 그리고 이렇게 함으로써 이 열린 틈 자체가 존재에 부딪혀 깨지고 부서져야만 하는 존재."[25]

하이데거의 초기 사유는 존재를 일으키기 위한 시적 폭력의 사용에 관한 충격적인 묘사로 점철된다. 분명한 것은, 이것이 그저 인간이 세계에 참여하는 방식이며 하이데거의 초기 세계-내-존재에 관한 직관의 논리적 결과라는 점이다. 하이데거의 초기 사유에서, 모든 개념적 원천은 존재를 경험하기 위해 세계에 대한 폭력적 강압을 지시한다.

이러한 관점은 장-뤽 마리옹이 잘 인식한 것처럼, 폭력이 존재를 일으

---

24. Heidegger, IM, 191.
25. Heidegger, IM, 163. 또한, IM, 177을 보라. "현존재는 [존재의 압도적 폭력을 꺾기 위한] 이 가능성을 의미없는 돌파구로 소유하는 것이 아니다. 현존재는 존재하는 한 이 가능성 자체이다. 왜냐하면 현존재는 현존재로서 모든 폭력에서 존재에 부딪혀 깨져야 하기 때문이다."

키기 위해 요청되는 한, 존재 자체를 모호하게 하는 문제가 있다. 하이데거의 초기 사유에서, 존재를 일으키는 존재자와 존재 간의 존재론적 차이는 존재하지 않는다.[26] 세계와 세계에 거주하는 존재자는 불가분의 관계에 있다. 이러한 관점이 실천적인 거주 세계에의 접근을 허용할 수 있는 반면, 현상학의 대상을 안전하게 하는 데는 실패한다. 만일 현상학의 의도가 탁월하게도 치유적인 것이라면, 하이데거의 초기 철학은 실패한 기획이다. 왜냐하면 그의 철학은 인간과 세계 사이를 충분히 주제화하지 못했거나 못한 것이기 때문이다. 세계가 그 인식에 있어 인간의 폭력에 의존하는 한, 그것은 모호한 것에 지나지 않는다.

이런 이유로 하이데거의 작업에는, 『형이상학 입문』 이후로, 존재에 대한 해석의 장소로서의 현존재를 탈-특권화하고 존재를 일으키는 것이 아니라 존재에 들어갈 수 있는 시를 이해하기 위한 움직임을 증언하는 방향으로의 결정적 전회가 일어나는 것처럼 보인다. 내다봄 및 목가적 주제로 탁월하게 정초된 초기 작업에 주어진 사유라는 개념 자체는 성찰과 자기 소거로 재해석된다. 더 나아가 시적인 것은 나타남을 위한 예비 작업으로 일어나는 폭력에서부터 변형된다. 1936년 이후 하이데거 사유의 의무는 인간의 실천적 폭력 바깥에서 나타나는 세계에 대한 발견이다. 만일 경험이 확증되는 것이라면, 이 경험은 그 나타남이나 수용으로 제한되지 않는 방식으로 시행되어야 한다.

부름과 응답으로서의 사유

---

26. 나는 여기서 장-뤽 마리옹의 분석에 빚을 지고 있다. 여기서는 존재론적 차이의 문제가 후설과 하이데거에 관한 비판적 논점이 된다. 또한, 결국에 그는 이 문제를 자신의 주어짐에 관한 분석을 시작하는 기초로 삼는다. Jean-Luc Marion, *Reduction and Givenness:Investigations of Husserl, Heidegger, and Phenomenology* [RG], trans. Thomas Carlson (Evanston, IL:Northwestern University Press, 1998), 130~33, 167에서의 몇 가지 비판적 예시들을 보라.

하이데거의 초기 사유는 방법론적 출발점에 기인하는 교착상태에 이른다. 세계의 수용에서 인간 존재자를 특권화함에 있어, 하이데거는 인간의 관심 및 개념화와 무관한 세계를 보존하는 데 실패한다. 세계는 하이데거의 초기 작업에서 충분하게 주제화되지 못했다. 왜냐하면 세계는 인간성으로부터 분리된 것으로는 절대 이해되지 않기 때문이다. 따라서 우리는 1938년에 작성되어 하이데거의 사후에 비로소 출간된 『철학에의 기여』에서 논의를 시작하는데, 이 책은 인간을 명백하게 특권화하거나 인간과 존재 사이의 존재론적 차이를 모호하게 하는 일을 경계하며 회피하는 방식으로, 존재, 세계, 예술, 그리고 사유를 해명한다. 『존재와 시간』의 무거운 도구적 이미지와는 반대로, 우리는 인간과 세계 사이의 의존성에 관한 하이데거의 후기 사유에 관한 면밀한 관찰을 주시한다. "우리가 전적으로 존재하는 한, 우리는 이미 사유를 위한 먹을 것을 주는 일과의 관련성 안에서 존재한다."[27] 인간은 "존재 자체에서부터 존재의 진리로 '던져진' " 자이며, 이렇게 우리는 "존재의 목동"으로 존재하는 것으로 말해질 수 있다.[28] 존재의 목동은 초창기에만 공언된 움켜쥐는 폭력의 원천과 같은 것이 아니다. 제프 말파스Jeff Malpas는 이렇게 말한다.

> 하이데거의 후기 사유의 초점은 [현존재의] 초월 자체를 이해하는 문제가 아니라 이미 [현존재가] 존재의 진리에 속하는 방식을 파악하는 문제로서의 '존재자와 존재의 단순한 하나로 겹쳐짐'이라는 표현과 관련한다.[29]

---

27. Heidegger, WCT, 36.

28. Heidegger, BW, 234.

29. Jeff Malpas, *Heidegger's Topology: Being, Place, World* (Cambridge, MA: MIT Press, 2006), 173.

인간은 손을 댐, 사용, 거주함을 통해 존재라는 출처 안에 여전히 존재한다. 하지만 존재와 세계는 더 이상 인간 조작에 고립되어 종속된 것이 아니다. 오히려 인간이 존재에 '속한다'. 인간은 존재에 넘겨져 있으며, 존재 인식이나 이해에 있어 (폭력적으로 능동적인 것과는 반대되는 것으로) 수용적인 인간이 된다.

이것은 하이데거의 후기철학에서의 그의 '사유'에 대한 설명에서 비롯된 엄청난 결과다. 중후기 작품에서 존재 및 사유와 관련해서 언어는 수용과 응답의 내다봄 및 사용에서부터 그 입지를 바꾸었다. 이것은 1950년 이후의 저술에서 가장 자명하게 나타난다. 그 저술들에서 사유는 흔히 존재의 선물에 대한 응답으로 정의된다. "숙고하기를 바라는 모든 것은 우리를 사유하게 해 준다. 그러나 이러한 선물은 숙고하기를 바라는 것이 언제나 내적으로 숙고되어야 할 것으로 되어 있는 한에서 주어진다."[30] 존재는 일관성 있게, 사유를 스스로 부여하는, 산출하는 것으로서가 아니라 응답으로서의 사유를 요구하는 '선물'로 묘사된다.[31] 하이데거의 후기 작업이 선물성과 존재 사이의 언어적 이중성을 가지고 놀이하는 한, 그것은 독일어 es gibt("그것이 있다[그것이 준다]") 및 프랑스어 il y a로 번역된다.[32] 존재는 '존재하는' 것이면서 사유를 위해 자신을 내어 주는 것이며, 그 다음으로 우리의 사유가 존재에 대한 응답으로 주어진다. 따라서 선물/주어진 것으로의 사로잡힘은 존재를 보호하고 인간의 수용에 넘겨진 것으로서의 존재와 세계를 향하는 존재자로서의 인간으로부터 벗어난 곳을 가리킨다.

이 사안만큼이나 중요한 것이 우리에게 사유를 일으켜 주는 존재의

---

30. Heidegger, WCT, 4.

31. 한 예로 Heidegger, WCT, 121를 보라.

32. Martin Heidegger, *On Time and Being* [TB], trans. Joan Stambaugh (Chicago: University of Chicago Press, 2002), 6, 10. 여기서 하이데거는 이렇게 말한다. "존재에 특징적인 것은 거기를 향해 존재가 속해 있고 그 안에 존재가 포함된 채 머물고 있는 바로 그것이다."

선물의 역할을 의미하는 '부름'이라는 말을 빈번하게 사용하는 하이데거의 언어 사용이다. 그의 초기 저작과 순전하게 대립하는 이 태도에서, 이제 인간은 존재의 부름을 받는 자가 된다. 우리는 다음과 같은 방식으로 화답할 뿐이다.

> 이제 우리는 '부른다'zu heissen라는 말을, '초대하다', '요구하다', '지도하다', '지시하다'라는 동사로 대략적으로 바꿔 쓸 수 있는⋯⋯ 사용하기를 요구받고 있다⋯⋯. 그것은⋯⋯ 우리의 부름을 따라, 우리의 부름을 통해서 다다르게 되는 그 무엇인가를 향해 기대하면서 당도하게 한다는 것을 함축한다.[33]

인간과 존재 모두 서로를 상호적으로 부른다. 여기서 고유한 사유방식은 오로지 기대와 응답 중 하나이다. 따라서 말은 분해와 도전이 아니라 혁신과 소리라는 특징을 나타낸다. 하이데거는 그의 생애 후반부에 다음과 같은 진술을 남겼다. "죽을 자가 말할 때, 그래서 만날 때, 그들은 응답한다. 모든 발화된 말은 이미 응답—대면과 들음으로 나아가는 말함, 답변—이다."[34] 인간은 그들이 부르며 사유와 응답으로 그들을 부르는 세계와의 거듭되는 대화 속에 존재한다. 명령 대신에, 하이데거의 후기 사유는 인간과 세계 사이의 관계의 의미를 나타내기 위해 관계성과 부름이라는 개념에 의존한다.

사유의 본성과 관련한 이러한 전환은 불가피하게 고유한 색다른 사유에 대한 규범적 규정에 기여한다. 도구를 다루고, 집을 짓고, 산출해 낸다는 식의 이미지 대신에(또는 완화시키고 보충하는 일), 하이데거는 경우에 따라 복종과 의존의 이미지를 더 선호한다. 그는 "우리는 특별히 로고스의

---

33. Heidegger, WCT, 117.
34. Heidegger, BW, 418.

방식을 따라 사유하도록 우리를 부르는 부름에 순응해야만 한다"고 진술한다.[35] 또 다른 차원에서, 하이데거는 "지참금"으로서의 사유를 스스로 부여하는 것과 그 사유가 "사유되는 데서 저당을 잡히게 된다"는 점을 가리킨다.[36] 사유의 자세는 다음과 같이 변화된다. 인간은 사유 자체라는 이름으로 사유를 '우리 자신에게 전달하기' 위해, 사유에 자신을 내어 준 선물을 통해서 사유한다. 하이데거의 후기 사유에서, 우리는 우리에게 도래하는 것들에 집중하고 그것들을 겸손함으로 맞이하도록 요구받는다.

이런 점에서, 하이데거는 이로부터 인간과 존재 사이의 차이가 남김없이 논의될 수 있는 관점을 보호하려고 한다. 나타남의 '선물'에 참여함으로써, 우리는 사유에 자신을 내어 준 세계라는 것을 남김없이 볼 수 있다. 하이데거는 이렇게 진술한다.

사유의 본질적 본성이 다음과 같은 것에 대해 사유됨으로써 규정된다. 현전하는 것의 현전, 존재자의 존재……. 또한, 존재자와 존재의 이중성이 그것이다. 이 성질은 사유를 위한 적절한 자양분을 주는 것이다. 또한, 그렇게 주어진 것은 가장 가치 있는 물음의 선물이다.[37]

"사유를 위한 자양분을 주는" 것은 존재자와 존재의 이중성으로, 이 쟁점은 하이데거의 초기 작업 및 현존재와 내다봄에 대한 과도한 강조로 인해 모호해져 버렸다. 하이데거의 후기 사유가 존재자와 존재 간의 차이를 사유하는 방식을 충분히 주제화하지는 않았지만(이하 사건에 대한 항목을 보라), 존재자와 존재의 이중성이 이제 고유한 사유 자체의 주제라는 것을 이

---

35. Heidegger, WCT, 165.
36. Heidegger, WCT, 142~43.
37. Heidegger, BW, 244.

해하는 데는 필수적인 것이 되었다. 우리는 인간과 세계 사이의 존재론적 차이를 사유함으로써 존재에 남김없이 '응답'할 수 있다.

주장하건대, 하이데거의 초기 사유와 후기 사유의 이 차이의 원리는 초창기 작업의 결정적 결함을 치유한다. 후기 작업에서, 인간은 항상-이미 하나의 부분인 세계에 대한 수용과 응답으로 이해되었다. 더 규범적인 의미에서 사유를 실천하는 것은 나타나는 것에 자신을 넘겨주는 일일 수 있다. 이것은 나타남에 대한 열림만큼이나 나타나는 것에 대한 책임도 함께 지시한다. 존재론적 차이를 남김없이 사유하기 위해, 인간은 이전에 사유했던 것과는 다른 것의 가능성을 받아들여야만 한다. 오로지 이 점만이 변형에 앞서는 선-객관적인 것으로 이해될 수 있다.

성찰적 사유와 해방

물론, 자기 자신과 존재 사이의 차이를 단순하게 '사유'하기를 요구하는 것은 그러한 탐구의 끝이 있다는 점이 수반되지 않는 한 공허한 것으로 남을 수 있다. 사유의 내용이 존재론적 차이라는 점은 분명하다. 온전하게 실행된 사유는 차이로 나타나는 것에 자신을 바친다. 그런데 우리는 어떻게 해서 하이데거에게 지속적인 주제였던 존재론적 차이의 사유에 다다르게 되는가? 우리는 어떻게 해서 나타남에 '자신을 바치는가?' 우리는 어떻게 해서 책임이라는 적합한 태도를 도야하는가? 이 물음에 답하는 것이 세계에 대한 공경심을 가지고 사유하는 방식에 대한 중요한 단서를 제공할 것이다.

하이데거가 위의 물음을 던지는 한 가지 방식은 『형이상학 입문』과 『존재와 시간』에 나오는 것처럼,[38] 존재자를 자유롭게 나타나게 해 주는 '존재케 함'이라는 말로 각인된 주제를 강조하는 데서 비롯한다. 하이데거

---

38. BT, 161을 보라. 여기서 하이데거는 '반성적 머무름'에 대해 말한다.

의 후기 사유에서, 존재케-함은 한 가지 유비적 표현을 통해 의미를 나타낸다. 다음과 같이 그것은 계산적 사유로부터 '물러서는 것'으로 말해진다. "……을 향한 첫 발,……경계란 응답하고 상기하는, 그저 표상하는—즉 설명하는—사유로부터 물러서는 것이다……. 물러섬은 함께 응답함 안에서 물러섬의 거주지를 포착한다. 그것은 세계의 존재자를 통해 세계의 존재자 안에서 부름을 받고, 자기 자신 안에서 부름에 답한다."[39] 하이데거가 진술한 것처럼, 존재가 존재케 한다는 것은 표상적이고 조작적인 사유로부터 '물러서는' 것이며 공표되는 것으로서의 존재(그리고 존재자)에 남김없이 응답하는 것이다. 다른 곳에서 존재케 함이란 "존재하는 모든 것을 주재하는, 의미를 관조하는 사유와는 달리", 의미를 나타내는 "성찰적 사유"의 한 형식으로 기술된다.[40] 물론 하이데거는 사유하지 않기를 요청하는 것이 아니다. 오히려 이러한 술어를 사용하는 것은 전략적인 방책이다. 이로부터 그는 미리 그것을 존재와 존재론적 차이를 새롭게 사유하기를 시작하기 위한 사유라고 해석했다. 성찰적 사유는 사유 대상과 사유를 다시 구상하기 위해 객관주의와 계산적 사유 방식을 부정한다.

앞선 인용구에서 하이데거의 '성찰적 사유'라는 말의 사용은 또 다른 이유를 위해 채택된 것이다. 즉, 그것은 초점, 인내의 이미지, 그리고 세계로의 열림을 호소한다. 그 각각은 계산적이고 조작적인 사유와 극명하게 대조된다. 성찰적 사유에서, 우리는 세계가 대상화되거나 개념화되는 이전의 잘 알려진 사유의 형식을 포기한다. 대신에, 성찰적 사유와 물러섬에서 적극적으로 요구된 것은 개념적으로 매개되지 않는 열림의 사유방식이다.[41]

---

39. Martin Heidegger, *Poetry, Language, Thought* [PLT], trans. Albert Hofstadter (San Francisco:Harper and Row, 1971), 179.

40. Heidegger, DoT, 46.

41. Heidegger, BW, 259를 보라.

성찰적 사유의 특징은 세계를 주체와 구별되는 것으로 나타나게 해 주는 것이다. 하이데거의 생각에는 이것이 인간 이해와 존재 체험의 독특성을 침식시키지 않은 채로 보존시켜 준다.

하지만 우리는 수동적 이상으로서의 인내와 수용성을 하이데거의 규범적 명령으로 읽어서는 안 된다. 성찰적 사유는 실제로 존재의 지속적인 멀어짐 및 스스로-은폐함이라는 성격과 마찬가지로 계산적 사유의 위협에 대항하여 끊임없이 유지되어야만 한다. 결국, 하이데거는 계산적 사유 형식에 반대하는 사유 과정을 보호하고 동시에 나타남의 가능성에 복종하는 행위와 윤리로서의 '거주'에 대해 지속적으로 이야기한다. 이보다 더 아늑한 은유가 "존재의 가까움 안에서의 탈자적 거주"로 주어지는데, "왜냐하면 이러한 사유 안에서 사고되는 단순한 어떤 것이 그곳에 있기 때문에, 그것은 철학으로 전승된 표상적 사유와는 매우 다른 것처럼 보인다." 이 경우 핵심은 "사유를 경험하는……물음으로 들어가게 하는 물러섬에서 감추어진다."[42] 거주함은 또한 경험되는 근본 물음을 통해 표기된다. 즉, 주장컨대, 거주함은 그것이 존재 부근에 머무르고 표상적 사유 자체를 의문시하는 한에서 성찰적 사유이다. 물음을 통해서, 그리고 아마도 이전의 사유 형태를 부정함으로써, 우리는 지금까지 보류된 세계에 대한 체험을 위한 가능성을 개방한다. 이러한 가까움과 열림의 의미는 다음과 같이 거주함과 밀접하게 연관된 건축building의 본성에 대한 하이데거의 주석에서 환기된다. "그런데 이 짓다bauen라는 단어는 또한 땅을 갈고 포도나무를 재배하는, 보존하고 염려하는, 동시에 소중하게 여기고 보호하는 것을 의미한다. 이러한 건축은 오로지 염려함이다 — 그것은 그 고유한 조화의 열매를 숙성시키는 성장으로 기울어진다."[43] 건축과 거주함의 은유로 가득 찬, 하이데거

---

42. Heidegger, BW, 246.
43. Heidegger, BW, 349.

가 구상한 사유는 미리 규정된 나타남이 아니라 나타남을 위한 가능성을 단호하게 보호하고 나타난 것에 대해 책임을 지는 것이다.

거주함으로서의 사유는 끊임없이 관리, 재배, 그리고 관리인으로서의 직분이라는 은유를 통해서 존재자와의 차이에도 불구하고 나타나는 존재의 힘을 보호하려는 전체적인 어조를 환기시키는 능동적 이미지다. 사유는 조작하거나 '행하는' 것이 아니라 존재가 들어갈 수 있는 자유로운 공간을 관리한다. 사유는 사태를 다루고, 조작하고, 또는 개념화한다는 의미에서의 '실천적인' 것이 아니라 사태와 나타남을 보호하고 안전하게 한다. 그렇게 해서 그것들은 스스로를 내어 준다.

확신컨대, 이것은 분명 하이데거에게 거주함으로서의 사유와 존재케함이 직접적으로 탈은폐의 '작용'에서 서로 연관된다는 것을 의미한다. 비록 그러한 작용이 절대 직접적이거나 폭력적인 것은 아니지만 말이다. '하게함'과 '일으킴'은 더 직접적이고 촉각적인 이미지를 환기시키는 초기 저작에서 활용된 용어다. 둘 다 허용함, 부름, 그리고 줌의 의미로 후기 작품에서 사용되었다. 요컨대 존재를 여지없이 나타나게 하는 기회를 허용해 주는 것이 바로 그것이다. "하게 함은 탈은폐를 열린 장으로 데려옴을 의미한다. 이러한 탈은폐에서는 모종의 줌이, 달리 말해 현전-하게 함에서의 현전, 즉 존재를 주는 줌이 일어나고 있다."44 탈은폐는, 내다봄과 공명하는 언어로, 하이데거의 초기 작업에서 일어나는 폭력적인 것은 이제 '현전-하게 함'으로서의 사유를 통해 확인된다. 여기서 존재는 사유를 통해 분명해지는 공간이다. 하이데거는 사유의 능동성과 그 탈은폐 안에서의 종결에 대한 우아한 요약을 제시한다. "인간이 그 눈과 귀를 열고, 마음을 여는 곳이라면 어디든지, 인간은 성찰하고 애쓰고 건축하고 노동하며, 간청하고 감사하는

---

44. Heidegger, TB, 5.

일에 자신을 넘겨주고, 그는 그러한 자신을 이미 탈은폐로 데려온 모든 장소에서 발견한다."[45] 성찰적 사유는 존재자와 세계가 부름을 받고, 심지어는 간청하며, 나타나는 과정이며, 곧 열림과 복종으로 받아들여진다. 성찰적 사유의 '행함'은 세계 앞에서의 간청과 굴복에 속하는 것이다.

사유에 대한 후기 하이데거의 성찰은 이러한 개념의 성좌에 고정된다. 존재론적 차이를 희생시키지 않는 존재를 표현하려고 함에 있어, 하이데거는 계산적 사유로부터 '물러섬'을 통해 성찰적 사유에 도달해야 한다고 주장한다. 성찰적 사유는 존재 가까이 머무르는 능동적 과정이며, 존재의 현전함을 가능하게 하고, 그 나타남을 요청하는 과정 안에서 잠재적인 탈은폐를 보호한다. 이런 점에서, '세계'는 내다봄을 통해 지시되는 것이 아니라 성찰적 사유에서 나타나는 것이다. 다음으로, 하이데거는 인간의 지시로부터 멀어진, 성찰적 사유 안에서 나타나는, 존재하거나 또는 존재하지 않는 것을 향하는 '세계'에 관한 지시를 효과적으로 이행시킨다. 하이데거가 시 poetry에 대한 반성에서 진술한 것처럼, "세계의 성격이 내포하고 있는 것은 자기 자신의 열림이며, 그 모든 것의 총체는 객관적이지 않다."[46] 만일 '세계'가 하이데거의 후기 사유에서 어떤 의미를 갖는다면, 그것은 잠재적으로 사유를 통해 탈은폐된 것을 의미해야만 한다. 사유는 비-사유이며 계산적 사유를 회피하는 것으로 특징지어진다. 세계는 열어 밝히는 것으로서의 사유의 열림이며 무규정적인 영역의 열림을 의미하기에 이른다.

실천적 용어로, 이러한 지시는 우리 주변의 세계의 나타남을 대상화하고 개념화하는 특수한 사유방식으로부터 물러서기 위한 안정적 해결책

---

45. Heidegger, BW, 324.

46. Heidegger, PLT, 104. 또한, James Perotti, *Heidegger on the Divine : The Thinker, the Poet and God* (Athens, OH : Ohio University Press, 1974), 81을 보라. "인간은 존재가 명확해지는 장소(da)로서의 세계 안에 있다. 인간은 (존재를) 여는 열림 안에 거주한다. 세계는 인간이 거주하는 바로 그곳이다."

을 내포한다. 이런 일을 함에 있어서, 하이데거의 희망은 개념과 요구에 종속되지 않는 세계의 나타남을 가능하게 하는 비-객관적 사유를 통해 열린 공간이 주어지는 것이다. 우리는 존재는 말할 것도 없고 세계를 오로지 이러한 방식으로 이해하기 시작한다.

불행하게도, 하이데거의 사유의 철학은 앞선 사유와 안전케 하는 나타남을 정제하는 금욕적이고 윤리적인 과정이 일어나는 방식을 제대로 규정하지 못했다. 그에게 이렇게 사유되지 않은 부분과 나타남에 대한 돌봄이란 것은 공허한 지시만을 남긴 채로 있을 뿐이다. 이런 이유로, 하이데거의 사유는 우리가 우리 자신을 열어 줄 수 있고 존재론적 차이를 남김없이 사유하는 일을 시작할 수 있는 방식을 개념화하기 위해 시적인 것의 본성 및 시에게로 끊임없이 전향한다. 시 안에서, 하이데거는 사유가 나타나는 바를 확증하고 경험하는 바를 스스로 열어 주는 데 이르는 수단을 발견한다.

시와 시적 사유

나는 이제 후기 하이데거의 시에 대한 설명이 그의 사유에 대한 직관을 강화하는 더 유익한 보충이 된다고 주장하고 싶다. 말하자면, 성찰적 사유가 존재가 나타날 수 있는 열린 공간을 창조하고 유지해 낼 수 있어야만 한다는 그의 주목할 만한 통찰은 세계에 대한 긍정을 가능하게 하고 존재론적 차이를 보존한다. 요컨대, 하이데거의 후기 사유에서 시는 우리의 존재론적 차이에 관한 이해에 있어 필연적 요소로 주어진다. 그것은 대체로 사유보다 더 중요하게 여겨지며 사유 곁에서 특유의 역할을 담당한다. 이런 점에서, 시는 그것이 나타남을 위한 열린 공간을 보존하고 언어를 통해서 이 열린 공간을 유지하는 경우에 사유를 보완하기에 이른다. 시적 사유로 결합되는 시와 언어는 우리가 우리 주위세계에 대한 근본적 경험을 가능하게 하는 수단이 된다.

이 논증은 시의 역할과 사유의 역할 사이의 분명한 유비에 의존한다. 만일 시가 사유와 유사하면서도 상호보완적인 역할을 한다면, 오로지 시만이 성찰적 사유를 강화하고 보충할 수 있기 때문에 그런 것이다. 단언컨대, 이 유비는 언어에 관한 하이데거의 설명에서 가장 자명하다. 한 예로 다음 인용구는, 하이데거가 후기 사유에서 존재로, 그리고 언어로 이행하는 매끄러운 운동을 보여 준다.

> 그런데 무엇보다도 '있는' 것은 존재다. 사유는 인간의 본질과 맺는 존재의 관계를 성취한다. 사유는 존재로부터 사유를 넘겨주는 어떤 일로만 존재와의 관계를 형성하거나 일으키지 않는다. 이러한 제공은 사유 안에서 존재가 언어에 이른다는 사실로 나타난다. 언어는 존재의 집이다. 그 집 안에 인간이 거주한다.[47]

사유와 언어는 언어가 존재의 나타남으로의 도래를 표현하는 한 서로가 상호적으로 의존적이다. 언어는 존재가 나타나는 장소/때로서의 사건에서 동시에 보존되고 열린다. 따라서 '존재의 집'으로서의 언어는 그 안에서 우리의 존재와의 마주함이 요약되고, 열리며, 보존되는 결정적 장소가 된다. 사유 안에서 우리는 존재와 관계를 맺는다. 언어 안에서 이 관계는 보존되고 보호된다.

언어는 만일 그것이 어떤 식으로건 존재의 나타남을 위한 특권화된 자리를 구제하고 사유의 존재케 함이라는 요구를 가능하게 하는 한 존재를

---

47. Heidegger, BW, 217.

보존할 수 있다. 그것은 하이데거가 인정한 이 전형적 특징과 더불어 존재한다. "보여줌을 통해서, [언어는] 그 부분에 있어 드러냄aletheia의 지배에 의존하는, 나타나게 함의 의미에서의 보여줌을 이해한다."[48] 언어는 나타나게 함과 드러냄이며 마찬가지로 그 성질은 부름 및 부름 안에서 드러나는 것을 보존하는 능력에 의존한다. 그러므로 하이데거의 작업에서 최고의 예술 형태 – 그리고 언어의 형태 – 인 시는 일관적으로 "현전이 탈은폐하게 하는" 것으로 여겨진다.[49] 특별히 시에서 일어나는 정화 작용으로서의 언어가 나타남 안에서 허용되고 보호받는 장소로의 부름을 통해 일어나는 존재를 가능하게 한다. 시적인 것은 존재의 나타남의 돌봄 및 부름에서 비롯되는 사유가 의도하는 바를 동일하게 성취한다.

이러한 의도는 오직 시를 통해서만 현행적으로 성취되지 않는다. 시와 언어는 존재가 그 스스로 나타나거나 드러날 수 있는 열림 그 자체이다. 시는 언제나 나타남에 있어 잠재적인 것에 의존한다. "보여짐이 우리의 말함을 통해 성취될 때조차, 이것인 보여짐이나 지시함은 사태의 보여지게 함을 통해 전개된다."[50] 언어와 시는 존재의 나타남을 통해 존재론적 차이의 사유를 가능하게 하고 나타남을 해방시키는 수단이다. 이런 정신에 입각해서, 말함은 "보여줌이 지배하는" 장소다. "그것은 현존이 빛을 발하게 하도록 도래하게 하는 것이며, 사라지는 부재를 멀리하게 하는 것이다……. 그것은 부재로 억류되어 있는 것을 특수한 종류의 부재로 몰래 데리고 들어가서, 특수한 현전함으로 현전에 도래하는 것을 해방시킨다."[51] 언어와 시는 현시 내지 탈은폐를 위한 그 가능성을 위반하지 않음으로써 존재의 나

48. Heidegger, BW, 401.
49. Heidegger, BW, 326.
50. Heidegger, BW, 410.
51. Heidegger, BW, 413~14.

타남을 가능하게 한다. 이것은 하이데거의 초기 작업과는 반대로, 성찰적 사유의 핵심 성격에 존재하는 존재론적 차이를 보존하는 이점을 갖는다. 나타남 내지 나타나지-않음을 단순하게 받아들임에 있어, 언어는 존재가 스스로 나타나는 조건을 수립하지 않는다. 이런 점에서, 말하는 주체와 세계 사이의 차이가 유지된다.

따라서 언어에 대한 설명에서, 하이데거는 너무 많이 말함(말이 존재를 위반하는 것)과 침묵(부름에 응답하지 못하면 안 되기에) 사이의 결속 안에 언어를 위치시킨다. 그것은 하이데거가 **명명**하는 책임을 오로지 시적인 것에만 정립하려고 하는—그러므로 가장 중요한—이 난제 내부에 존재한다. 명명함에 있어, 시는 그 나타남을 계산하거나 정의하지 않고서 명명된 것을 요청한다. 그것은 존재로 주의를 기울임과 동시에 존재의 나타남을 보호한다. "이러한 명명함은 제목을 분배하는 것이 아니고, 또한 낱말들을 사용하는 것이 아니다. 그 명명은 말 속으로 부른다. 부름은 부름 받은 것을 더 가까이 데려온다……. 부름은 도래하도록 부른다. 따라서 부름은 이전에 부름 받지 않은 것의 현전을 가까움 속으로 데려온다."[52] 물론 명명함의 형식만으로는 충분치가 않다. 명명함에 대한 하이데거의 규정적 정의는 나타나는—존재하는—것을 위반하는 나타남에 대한 초대 없이 나타나는 것을 부르거나 초대하는 것을 뜻한다. "명명하는 부름은 이러한 도착으로 도래하는 사태들을 명한다. 그것은 사태들을 안으로 초대하고, 그렇기 때문에 그 사태들은 사태들로서의 인간을 드러낼 수 있다."[53]

---

52. Heidegger, PLT, 196. 또한, 하이데거의 부름에 대한 주장에 주목하자. Martin Heidegger, *Elucidations of Holderlin's Poetry* [EHP], trans. Keith Hoeller (Amherst, NY: Humanity Books, 2000), 215. "부름은 드러내고 탈은폐한다. 부름은 경험하게 하는 가리킴이다. 그러나 이런 가리킴이 이렇게 어떤 것을 경험하도록 함으로써, 명명되어야 할 것의 가까움으로부터 스스로 멀리 떨어져 있어야만 하는 것이라면, 그때 먼 것을 말하는 이런 말함은 저 멀리 떨어져 있는 것을 말하는 그런 말함으로서의 부름이 될 것이다……. 그 이름은 감추어져 있어야만 한다. 명명함은 탈은폐하는 부름인 동시에 일종의 은닉함이다."

또한, 표현 내지 명명함의 다른 형식보다 더 명확하게 명명함과 초대함의 과제를 수행하는 것이 바로 시다. 기술함 없이 명명함으로써, 시는 존재를 나타나게 해 준다. 하이데거는 시가 가장 순수하게 현시를 일으키는 플라톤의 '내비침' 개념과 시적인 것의 나타남으로서의 부름을 연관시킨다.[54] 그는 횔덜린에 대한 성찰에서 약간의 암시를 제시한다. "보이지 않는 것의 나타남을 허용하는 지시함으로서의 예술은 최고의 보여줌이다 그러한 보여줌의 토대와 정점이 다시금 그 자체로 시적 노래로서의 말함 안에서 펼쳐진다."[55] 무엇보다도 시는 보여줌, 아직 보이지 않는 봄 내지 의식으로 일어나는 능력이다. 물론 그것은 강압을 통해서가 아니라 부름, 물러남, 그리고 보존함의 지향적 과정을 통해서 이 일을 한다.

명명함의 본질과 가시성을 일으키는 일에 대한 하이데거의 회고적 사유는 시의 참된 의도를 드러낸다. 불러냄과 밝힘이 가시성과 비가시성 사이의 주름에 거하거나 종종 보이지 않는 것을 위한 공간을 연다 ─ 존재. 시인은 여전히 존재의 신비를 주재하는 동안 비가시성으로부터 그것을 불러내는 존재의 마술사가 된다. 하이데거는 다음과 같은 점을 아름답게 지적한다.

> 시인은 하늘의 청명한 모습과 하늘의 궤도와 공기의 모든 음향을 노랫말로 담아 부르며 그런 가운데 자신이 부른 것을 밝게 빛내 울려 퍼지게 한다……. 시인이 하늘의 모습들 안에서 불러내는 것은 실은 스스로를 은닉

53. Heidegger, PLT, 197.
54. 하이데거의 BW, 340을 보라. 또한, 이와 관련해서 BW, 414의 하이데거의 다음 진술도 참조하라. "내비침과 희미해짐은 보여 주는 말함에 의존한다. 그것은 부재로 억류되어 있는 것을 특수한 종류의 부재로 몰래 데리고 들어가서, 특수한 현전함으로 현전에 도래하는 것을 해방시킨다."
55. Heidegger, EHP, 186, 강조는 저자. 보이지 않는 것을 보이는 것으로 데려가는 메를로-퐁티의 후기 예술이론을 다음 장에서 주목하자.

하고 있는 그런 것이며, 그것은 스스로를 드러내는 가운데 바로 이렇게 스스로를 은닉하고 있는 것을 스스로를 은닉하고 있는 것으로서 나타나게 하는 것이다. 시인은 친숙한 나타남 안에서, 그 안으로 보일 수 없는 것이 그 자신으로 존재하는바 바로 그것으로 머물러 있지 않은 것을 스스로 보내온다 — 그것은 미지의 것이다.[56]

'부름'으로서의 시에 대한 하이데거의 수많은 참조는, 그가 나타나는 방식을 과잉규정하지 않으면서 나타남을 초대하는 능력으로서의 시를 일관적으로 요청하는 것처럼, 여기서 적절하게 나타난다. 이런 점에서, 시는 대체되지 않는 한, 인내와 물러남이라는 금욕적 과정을 지나칠 정도로 추구하는 것으로서 성찰적 사유의 기능을 흉내 낸다.

사중주의 거주와 드러냄

후기 하이데거의 언어와 시에 대한 설명의 중차대한 성격은, 오로지 순간적으로, 존재가 일어날 수 있고 가시적인 것이 될 수 있는 열린 공간을 정립하고 유지하는 명명함의 능력이다. 시적인 것에 대한 이러한 정의는, 존재가 안전해지고 찬미되는 '공간'(그럼에도 불구하고 이것은 절대 물리적 공간이 아니다)을 만들어 내는 능력을 통해 탁월하게 정의되는 시와 언어를 위한 지형학적 역할을 나타낸다. 시와 사유에 있어서, 세계는 그것이 나타남을 허락해 주기 때문에 나타난다. 이것은 기형적이지 않은 안전한 경험이라는 현상학 내부에서의 회복에 대한 요구, 그리고 주체와 나타나는 것 사이의 존재론적 차이를 보존하기 위한 철학적 요구에 모두 답한다.

거주^{dwelling}, 건축^{building}, 그리고 사중주에 대한 하이데거의 가장 추

---

56. Heidegger, PLT, 223.

상적인 – 그러므로 논쟁을 초래하는 – 사유는 그의 후기 사유에 한 자리를 점하는 건축물 내부에 존재한다. 왜냐하면 그것은 사태들이 시의 역할을 적절하게 의미하는 안전하고 환영받는 장소로서의 거주의 이미지이기 때문이다. 하이데거가 진술하는 것처럼, "시가 먼저 거주함이 되기 위한 거주를 초래한다. 시는 실질적으로 우리를 거주하게 하는 것이다. 그렇다면 우리는 무엇을 통해 장소를 건축하는 데 이르는가? 건축을 통해서다. 우리를 거주하게 하는 시적 창조는 일종의 건축이다."[57] 거주가 단순히 공간 안에서의 삶과 혼동되지는 말아야 한다. 그것은 사태들이 특수한 공간 안에서 환영받고 소중해지는 시적-존재의 상태를 지시한다. 이 공간은 부름과 초대함이라는 시적 작용을 통해 '건축되고', 또는 준비된다. 따라서 거주는 시를 통해 주어진 최초의 부름에 의존적이지만, 시는 마찬가지로 존재 가까이에 머무르고 존재의 나타남에 피신하기 위한 거주함의 능력에 의존한다. 공간의 본래적 성향은 우리가 존재를 위한 열림을 창조하고 그 드러남 가까이에 머무르는 데 있다. "우리는 언제나 우리가 현장과 사태 가까이, 또 항상 그 멀리에 머묾으로써 이미 그것들을 유지하는 그런 방식으로 공간을 통과한다."[58] 건축과 거주는 열린 장소 가까이에 머물고 나타남을 보호하는 능력에 기인하는 시와의 유익한 개념적 유비 관계를 갖는다. 이러한 시에 대한 개념적 자격부여를 더함으로써, 하이데거는 부름과 명명의 작용만이 아니라 그것들이 일어나는 것으로서의 나타남에 가까이-머묾이라는 작용으로 시적인 것을 형성한다.

이 본질적인 가까이 머무름과 은닉함이란 대지, 하늘, 인간(아마도 거주를 준비하는), 그리고 신성의 나타남을 보호하고 불러내는 거주의 능력을 나타내는 용어로, 하이데거의 애매모호한 '사중주'fourfold라는 개념 안에

---

57. Heidegger, PLT, 213.
58. Heidegger, BW, 359.

서 가장 통렬하게 의미를 나타낸다. 하이데거는 대지, 하늘, 그리고 신들이 들어갈 수 있는 공간을 예비하는 인간의 역할에 주목한다. "4의 이 단순한 열림을 우리는 사중주라고 부른다. 죽을 자는 거주를 통해 사중주 안에 존재한다. 그런데 거주의 기본적 성격은 안전하게 함이다……. 죽을 자는 그들이 구제한 땅에서 산다……. 적절하게 구제한다는 것은 어떤 것을 그 본질상 자유하게 한다는 것을 의미한다."[59] 이 경우 타동적으로, 사중주의 다른 세 일원이 도달하는 열린 장소를 예비하는 것이 시다. 시와 거주는 그것들이 언어와 청지기직으로 번역되는 성찰적 사유의 형식, 초대함과 보존함인 한, 사중주로 나타나게 한다. "땅을 구하고, 하늘을 받아들이고, 신성을 기다리며, 죽을 자를 개시하는 데 있어, 거주는 사중주의 사중적 보존으로 전유된다……. 그런데 사태들은 그것들 자체가 사태들로서 본질 안에 존재하게 되는 경우에만 사중주를 보호한다."[60] 거주와 존재케 함으로 말미암아, 우리는 땅, 하늘, 그리고 신성을 구제하고, 받아들이고, 기다린다. 하이데거에게 시적인 것과 거주는 이를 통해 우리가 우리 자신과는 다른 사유 내지 언어 안에서 우리에게 도래하는 것을 환영하는 활동성을 의미한다. 거주는 이런 점에서 시적으로, 긍정적으로 삶을 구원하는 과제의 일부가 된다.

하지만 하이데거가 나타남을 가능하게 하는 사중주를 환기시키는 발언을 할 때조차도, 그 정확한 본성은 매우 애매하다. 대지와 하늘은 상호적으로 의존하는 것처럼 빈번하게 주어진다. 각각은 타자의 존재함과 현시함을 뒷받침한다.[61] 그런데 하이데거의 '신성', 또는 '신적인 것들'이라는 개념은 쟁점을 흐리는 것처럼 보인다. 이것들은 대체 무엇인가? 시는 어떻게 그것들을 '불러내는가?' 이것들은 어떤 식으로 하이데거가 지속적으로 제시한 구체

---

59. Heidegger, BW, 352.
60. Heidegger, BW, 353.
61. Heidegger, EHP, 186을 보라.

적인 유목민적 거주 개념을 정초해 내는가? 제프 말파스가 이 혼돈을 잘 표현해 낸다. "사중주를 형성하는 네 요소 가운데 현대의 독자들에게 가장 큰 난점을 분명하게 제시하는 것이 신적인 것들이라는 것이다. 여기서 하이데거는 분명한 어조로 신비적이고 모호한 것을 존재하는 것으로 받아들인다."[62] 분명 하이데거는 유신론자가 아니다. 그런데 하이데거는 사중주의 주요 요소들 가운데 하나로 '신성'을 포함시킨다. 많은 이들이 이것을 하이데거의 사유의 낭만주의적 전회로 보는 반면, 나는 이 사중주로의 신성의 포섭이 시, 거주, 그리고 성찰적 사유에 관한 합리성의 한계를 드러낸다고 주장하고 싶다. 신성은 시와 사유를 통해 예비된 장소로 도래하는—분리성—신비다.

　　이는 내가 하이데거의 사중주에 관한 설명에서 강조할 수 있는 개념—이성적 사유의 한계설정에 관한 것과 계산적 사유를 전적으로 넘어서는 어떤 혁신에 관한 것—을 넘어선다. 많은 비평가가 하이데거의 후기 작업에서 신성의 사용을 정확하게 정의해 내려고 했지만, 나는 그런 편견 덕분에 논점이 상실된다고 믿는다. 오히려, 여기서 쟁점이 되는 것은 신성이 '누구'인지가 아니라 신성한 것이, 성스러운 것이 나타날 수 있는 장소, 선취될 수 없는 전적 타자의 안전한 장소를 시적 거주가 열어 준다는 사실이다. '신성'divinity, '신성성들'deities, '신적인 것들'gods, 그리고 '거룩함'the holy이라는 용어에 관한 하이데거의 다차원적 사용은, 일의적 의미가 부여되지 않는 정의definition 문제를 넘어서 부름을 받는 것이 무엇인지를 암시한다. 여기서 하이데거의 어조가 비이성주의의 경계에 있다는 점이 논점이 될 수 있다. 하나의 열린 장소를 불러내고 안전케 함에 있어, 시적 거주는 잠재적으로 비이성적이거나 성스러운 것을 열어 준다. 시의 부름이 부름을 받는 것을 미리 규정할 수는 없다. 그것은 어떤 나타나는 것을 열어 줄 수 있지만,

---

62. Malpas, 274.

심연에 있는, 외형이 변형되어 있거나 탈자적인 것을 열어 주어야 한다. 또한, 거주의 형식으로서의 시적 거주는 그것이 거룩한 것인 만큼 나타나는 것이 무엇이건 보호할 채비가 되어 있어야 한다. 하이데거의 신적인 것의 혁신은 전적으로 타자가 나타날 수 있는 바로 그 내부의 장소를 보호하고 방어하는 효과를 갖는다.

사중주의 네 요소는 성찰적 사유, 시, 그리고 거주의 논리를 견지하고 있다. 이뿐만 아니라 그것들은 전적으로 필연적인 것이다. 이러한 비이성적인 것과 성스러운 것이 없다면, 성찰적 사유와 시적 거주가 보존해야 하는 존재론적 차이를 존속시킬 수 없다. 땅, 하늘, 인간, 그리고 타자(들)는 자유나 독립이 위반되지 않는 서로 다른 것과의 해결할 수 없는 긴장 안에 정립되어야만 한다.[63] 사중주의 각 요소는 문자적으로 모두 다른 것(땅과 하늘, 죽을 자와 신성)에 의존해야만 한다. 시적이고 성찰적인 드러남의 본성을 통해 요구되는 것으로써, 그것들은 서로를 파괴하거나 고립시킬 수 없다. 따라서 한 요소가 다른 것에 앞서지는 않는다. 그것들은 차이 나는 것으로, 동등한 중요성을 갖는다.

적절하게도, 사중주의 요소들의 상호의존성은 이 지점에서 하이데거에 관한 나의 분석을 안내해 주었던 핵심 개념들을 복원한다. 그것은 바로 세계다. 하이데거의 초기 작업에서 세계가 '적합성의 총체'를 암시했던 것처럼, 현존재는 '적합성의 총체' 안에서의 내다봄, 시적 거주를 통해 개현되는 사중주를 통해 자신을 발견한다. 사중주는 인간이 빠지게 되는 곤경 속에 일어나는 관계의 상호의존적 결합이다. 하이데거는 이 점을 간결하게 설

---

63. Heidegger, PLT, 177을 보라. 그는 여기서 다음과 같이 진술한다. "넷의 각각은 이러한 일어나며-밝혀지는 방식을 따라 비추면서 다른 셋의 각각에게 자신을 건네며 놀이한다. 전유하는 비춤은 넷의 각각을 그것의 고유함으로 자유롭게 내어 주지만 자유로운 것들을 그것들의 본질적인 서로에게로 향한, 하나의 단순성으로 결속한다."

명한다. "땅과 하늘, 신성과 죽을 자의 단순한 단일체를 이루는 놀이를 반영하는 전유를 우리는 세계라고 부른다."[64] '세계'가 초기 작업에서 관계의 체계를 의미하는 것인 한, 인간과 타자는 사중주 내에서 서로 연관되는 일련의 관계들을 의미한다. 그런데 하이데거의 초기 세계 개념과 후기 사중주 개념 사이에는 결정적 차이들이 존재한다. 첫째, 가장 중요한 것처럼 보이는 것은 초기 작업에서의 세계가 인간 거주 및 의미와 궁극적으로 연관된다는 사실이다. 한편으로, 사중주는 인간의 사유와 시를 통해서 부분적으로 주어진다. 그것은 필연적인 역할을 하지만 불충분하다. 즉 사유하고 시 짓는 인간은 사중주의 다른 세 요소들을 나타나게 하는 역할을 한다. 이것은 초기 세계 개념을 통해 궁극적으로 혼잡스럽게 되어 버린 존재론적 차이를 보존한다. 둘째로, 초기 작업에서 세계는 내다봄과 드러남을 통해 현상학적으로만 주어질 수 있다. 그런데 사중주는 시적 명명과 보호함으로 나타나는 것을 지켜 주는 시적 거주를 통해서 자신을 내어 준다. 이러한 두 가지 결정적 차이와 더불어, 하이데거는 시적 거주를 통해 존재론적 차이를 보존하는 것처럼 보이는 후기 작업에서 사중주와 그에 연계된 은유로 초기 작업의 세계를 형식적으로 변경시켰다. 시적 거주는 그것을 통해서 존재가 고유한 타자성 안에서 초대되고 보존되는 수단 역할을 한다.

하이데거의 시와 사중주의 설명 안에서 중대한 가치를 갖는 것이 우리 자신 바깥에 있는 어떤 것의 출현을 위한 공간을 열어 주는 시, 사유, 그리고 거주로의 길이다. 인내어린 초대의 사유와 말함의 형식에 우리 자신을 내어줌으로써, 우리는 놀람과 예기치 않은 방식 안에서 우리 앞에 나타나는 것을 나타나게 해 준다. 더 나아가 하이데거가 제시한 거주의 유비를 통

<hr />

64. Heidegger, PLT, 177. 여기서 또한 다음 글을 주목하라. Julian Young, "Artwork and Sport-work : Heideggerian Reflections," *The Journal of Aesthetics and Art Criticism* 57, no. 2 (1999):269. "하이데거의 후기 철학에서……'세계'는 사중주와 동일시된다."

해 분명해지는 것처럼, 나타나는 것이 무엇이건 다음과 같은 것이 책임 있게 다루어져야만 한다. 시 그리고 사유와 더불어 나타남을 보존하는 윤리적 요구가 도래한다. 물론 이것은 우리와 다르고 우리 앞에 나타나는 언어, 말, 그리고 행위 안에서의 염려에 대한 단순한 요구가 존재한다. 사중주, 그리고 그것이 요구하는 책임은 이 관계를 함축한다. 더 일반적인 차원에서, 사중주와 책임에 대한 공통적 헌신에 의거해서 시와 사유를 연결시킴으로써, 하이데거는 예술로서의 삶 안에서 시적 거주를 핵심적인 것으로 만들고, 인식적이고 시적인 본래성을 조건으로 하는 존재의 구원을 형성해 낸다. 하이데거에게 긍정적인 것은 시와 성찰적 사유의 단순성에 의존한다. 따라서 시적 거주의 본성과 그것과 사유의 관계를 규정하는 것이 중요하다. 다음 장에서는 예술로서의 삶의 긍정적 차원을 조명한다.

전유와 사건: 시적 사유를 통해 명확해진 공간

하이데거의 후기 사유는 성찰적 사유에서 거주로 이행한다. 이러한 이행은 보호함의 비판적 역할 및 존재의 나타남 및/또는 사중주의 나타남으로 안내해 준다. 이 계기들은 하이데거의 후기 사유에서 열림과 잠재적 비합리성을 표시하는 애매한 개념이기도 하다. 하이데거의 초기 기획의 비판적 강조점에 있어, 사중주와 세계는 시와 성찰적 사유를 통해 나타나는 것이지 내다봄이나 시적 폭력을 통해서 나타나는 것이 아니다. 이 경우 세계는 우리 자신과 철저하게 다르고 경험의 다양한 차원에서 자신을 열어 주는 특수한 종류의 사유 안에서 나타나는 것이다. 이런 점에서, 하이데거는 우리가 우리 주변의 세계를 경험하는 – 포괄하는 – 데 이르는 탈-유신론적이고 탈-데카르트적인 시야를 보호할 수 있다.

이러한 하이데거의 후기 사유의 탈-형이상학적 차원은 내가 주장한 대로, 땅, 하늘, 신성, 그리고 죽을 자 – 요약하면 존재 – 가 시적 거주 내에서 나타나는 데 이르는 **방식**의 문제로 구체화된다. 이러한 나타남이 주어질 수 있는 '방식'의 열림은 다음과 같이 발견될 수 있다.

> 하지만 사유는 비-사유로의 탐색이자 물음으로서의 모험에 그치는 것이 아니다. 존재 사유로서의 본질 안에서의 사유는 존재를 통해 요청된다. 사유는 도달하는 것으로서의 존재와 연관된다. 사유 자체는 존재의 출현, 출현으로서의 존재에 결부된다…… . 인간을 위해 머무르고 머무르며 대기하는 이 존재의 출현은 때때로 언어를 일으키는데, 이것만이 사유의 과제이다.[65]

존재는 사유와 연관되며, 하이데거는 이를 '도달하는' 것, '출현하는' 것, 그리고 사유를 통해 명확해진 공간 안에 '머무르는' 것으로 일관성 있게 정의했다. 유사한 시간적 용어가 시와 존재의 관계에 적용된다. "그런데 시인들은 오직 그들이 현실적인 모든 것에 선행하는 것, 즉 도래하는 것을 말하는 경우에만 그들이 시를 짓기 이전에……존재하는 그것을 말할 수 있다. 시인들이 자신들의 본질 가운데 있을 때 그들은 예언자적이다."[66] 존재는 곧 '도래하는 것'으로, 시인들의 예언자적 능력을 통해 묘사되는 어떤 것으로 환기된다. 존재는 존재가 출현으로 나타나는 것, 사유와 시 안에 머무르고 도래하는 것으로 나타나는 것인 한, 사유 및 시와 연관된다. 시와 사유가 존재의 나타남을 보호하는 '방식'에 관한 물음을 열어줌으로써, 하이데거의 시간적 은유는 중요한 핵심을 제시한다. 존재나 사중주가 나타나

---

65. Heidegger, BW, 264.
66. Heidegger, EHP, 136. 또한, PLT, 139를 보라. "[시인은] 오히려 그의 말이 도래할 때에만 현존하게 되는 그런 미래로부터 다가오는 것이다. 이러한 도래가 순수하게 일어나면 일어날수록, 그만큼 더 머무름도 현재로 일어난다. 다가오는 것이 예언 속에서 숨겨진 채로 남아 있으면 있을수록, 그만큼 더 도래는 순수하게 존재한다."

고 머무는 한, 은폐로의 퇴락에서, 시적 거주 및 성찰적 사유를 통해 주어진 공간에서 그것들이 일어나는 사태를 '사건'이라고 부를 수 있다. 하이데거의 『철학에의 기여』 이후, 그는 명확해진 공간 내부에 기념적으로 존재가 나타나는 과정을 지시하기 위해 Ereignis(이는 보통 '사건' 내지 '전유의 사건'으로 번역된다[67])라는 말을 사용한다. 그가 진술한 대로, "사유는 전유의 사건을 통해서 결합하는 존재와 인간의 성좌를 이해하는 일이다."[68] 존재 사유 내지 존재의 말함은 사유와 시를 통해 존재가 분명하게 주어짐으로써 나타나게 되는 사건으로 서술된다. 또한, 이와 마찬가지로, 시와 사유는 사건 안에서 나타나지 않고서는 불충분한 것이 된다. 사유와 시는 전유와 수용의 사건을 통해 존재와 통합된다.

또한, 시와 사유가 철회, 부름, 보호 및 보존과 같은 다양한 의미를 드러내는 한, 사건은 하이데거의 작업을 통해 존재 경험이 발견되는 것을 의미하는 사건[Ereignis]이라는 다원적 용어로 드러난다. 말파스는 하이데거의 입장을 다음과 같이 요약한다. "하이데거 자신은 '사건' 안에 포함되는 것으로 다음의 것[세 요소]을 경청하는 것처럼 보인다. 사건/일어남의 이념, 모음/속함의 이념, 그리고 숨김/드러남의 이념."[69] 요컨대 말파스는 다음과 같이 말한다. "사건은 이러한 '드러나는 일어남'의 경험과 같은 어떤 것을 지시하는 것처럼 보인다."[70] '드러나는 일어남'처럼, 사건은 밝힘/부름/보호함 및 존재의 나타남/현시라는 동시다발적인 함께 도래함을 의미한다. 이런 점에

---

67. 하이데거가 사용하는 이 말을 명확하게 하기 위해 그는 TB, 19에서 다음과 같은 말을 덧붙인다. "사건은 전유 내지 전유의 사건으로 번역될 것이다. 그런데 우리는 사건이 그저 일어남이 아니라 일어남을 가능하게 하는 것이라는 점을 명심해야 한다."

68. Martin Heidegger, *Identity and Difference* [ID], tran, Joan Stambaugh (New York:Haper and Row, 1969), 40.

69. Malpas, 216.

70. Malpas, 218.

서, 인간과 존재는 시간적이라기보다 시적인 사건을 통해 연결된 것으로 말미암아 통합된다.[71] 하이데거를 통해서 사건―존재·세계·사중주―안에 나타나는 것에 대한 용어가 조합되는 일은 많은 즐거움을 준다. 그것은 그 특징인 타자성에 직면한 시적 사유의 독특성이다.

사건 안에서의 인간과 존재의 함께 도래함은 드러남의 사건에 대한 상호의존성의 신호이다. 인간과 존재는 그러한 사건 없이는 연결되지 않는다. 따라서 하이데거가 인정한 것처럼 사유(시와 마찬가지로)는 사건에 의존한다.

> 인간과 존재가 서로 그때마다 이미 자신의 본질에 도달하고 있는 그 영역 속으로 갑자기 진입해 들어가는 것이 곧 도약이다. 이러한 상호적 전유의 사건appropriation, Ereignis의 영역 속으로 진입해 들어가는 그런 도약이 처음으로 사유의 경험을 규정하고 정의한다.[72]

하이데거는 사건의 결정판이자 사유의 규정으로서 '상호적 전유'라는 말을 여기서 사용한다. 만일 이것이 본래적인 것이 된다면, 사유는 존재의 경험에 충실한 것으로 머물러야 한다. 역으로, 존재는 '고유한 것으로 도래하는' 사건에 의존한다.

> 참말의 보여줌 안에서 통찰하면, 사건은 발생으로도 일어난 일로도 표상될 수 없다. 오히려 사건은 오로지 참말의 가리킴 속에서 허용해 주는 것으로 경험될 수 있을 뿐이다……. 사건은 결코 다른 것으로부터 주어지는 어떤 결과가 아니라 열어줌이다. 이러한 열어줌의 건네주는 줌이 이제

---

71. Heidegger, ID, 37을 보라.
72. Heidegger, ID, 33.

처음으로 그것이 준다와 같은 것을 허용해 주는데, 이 그것이 준다는 또한 현전으로 자신의 고유함 속에 도달하기 위해 여전히 존재를 필요로 한다.[73]

사건은 분명해진 공간 안에 인간과 더불어 일어나는 존재자를 통해 존재를 '허용해 준다.' 그런데 이러한 공간은 고전적 의미에서의 '공간'도, 시간적 의미에서의 '발생'도 아니다. 오히려 사건은 비이성적이고 공간적이거나 시간적이지 않은 장소를 나타낸다. 이 장소에서 존재와 인간은 주어진 근거Ground이자 사유하는-존재자로서의 그 본성 자체에 있어 서로에 대한 상호의존성 안에서 마주한다. 우리는 사건을 통해서만 '사유'할 수 있고, 이와 유사하게 존재는 사건을 통해서만 나타남 안에서 자신을 내어 준다. 이 경우 시와 사유는 사유와 나타남의 가능성을 모두 보호한다.

만일 표상적 의미representational meaning가 사건에 주어질 수 있다면, 그것은 우리의 존재 경험 및 시와 사유의 본성에 그 정의상 여전히 핵심적인 것으로 남겨져 있는 체계적 시도를 넘어서 정립되는 사실이다. 하이데거는 이 점을 각주에서 잘 요약하고 있다. "그런데 사건은 본질적으로 타자인데, 왜냐하면 이것이 존재에 대한 모든 가능한 형이상학적 규정보다 더 풍요롭기 때문이다."[74] 사건이 오로지 부정적으로 정의될 수 있다고 하더라도 (비-공간적 공간, 비-시간적 사건으로서의) 사건은 인간과 존재가 시적 사유와 성찰적 사유 안에서 서로 드러나게 되는 우연한 발생을 의미한다. 본래적인 시와 사유는 사건 바깥에서는 사유될 수 없고 오로지 사건을 통해서만 사유될 수 있다. 이런 뜻밖의 운동에 있어, 하이데거는 초기 작업의 인간중심적 승리주의triumphalism를 전복시켰고 시와 사유를 인간과 존재가 함께 야

---

73. Heidegger, BW, 415.

74. Heidegger, BW, 417n.

기되는 비이성적 사건에 의존하게 만들었다. 존재는 시와 사유에 한정적인 것이 되고 시의 '발생'은 사유와 시의 종속적 발생을 밑받침으로 삼는다. 이런 점에서 우리는 사건 내에서 나타날 수 있는, 또는 나타나지 않을 수 있는 종속의 관계 놓인다. 세계에 대한 근본 경험은 세계 자체에 의존한다.

이 경우 사건은, 큰 어려움 없이, 사중주/세계에 대한 우리의 경험이 파생되는 순간/공간으로 여겨질 수 있다.[75] 이것은 후기 하이데거의 '세계' 개념에 독특한 탈–형이상학적 조직을 선사한다. 세계는 인간과 존재가 상호적 전유를 위해 함께 일어나는 무규정적 발생에 의존한다. 더 나아가 이러한 발생은 사건이라는 뜻밖의 기쁨에 자신을 넘겨주는 방식으로 부르고, 물러서고, 보호하는 사유와 시의 형식을 통해서만 주어진다. 사건은 우리가 세계를 근본적으로radically 경험하기 위해 들어가야만 하는 곳의 비이성적이고 모순적인 열림을 상징화한다. 사유하고 시적으로 거주하는 것은 존재의 발생을 초대하고 유지하기 위한 능력이 된다. 사유와 시는 비개연적이고 비계산적인 사건을 통해 세계와 마주하기 위한 용기와 연관된다. 그것들이 우리 앞에 나타나는 것이 무엇이건 그것에 대한 돌봄과 보호를 요구하는 것처럼 말이다. 세계에 대한 우리의 경험의 핵심에 사건을 위치시킴으로써, 하이데거는 경험의 요청과 본래적 긍정에 대한 요구를 철저화한다.

시적 사유

위의 논의는 하이데거의 후기철학의 전환점을 나타낸다. 사유/시를 형성하는 것은, 존재와 마찬가지로 사건에 의존한다. 하이데거는 존재 경험 안에서 인간 존재자의 특권을 효과적으로 박탈해 버린다. 존재를 경험하기 위해서, 우리는 성찰적 사유 및 시적 거주, 그리고 이런 것들에도 불구하

---

75. Malpas, 302를 보라. 또한, 그의 책 225면에 나오는, 사건 개념을 그래프로 해명한 도해를 보라.

고 존재의 나타남을 신뢰하지 않는 태도를 통해 사건으로 '들어가야' 한다. 이는 (인간과 존재가 판명하게 구별되면서도 명명할 수 없는 사건 안에서만 함께 도래하는) 존재론적 차이를 보존한다. 그리고 하이데거의 초기 세계 개념을 드러남의 성격을 갖는 시적인 발생으로 재정위하는 표면적인 이점을 가진다. 이는 또한 하이데거의 사유 개념을 형성하고 시가 사건에 의존하는 효과를 낳는다.

이 점에서, 나는 시와 사유를 판명하게 구분한다. 하지만 이것들의 공통의 과제는 존재의 나타남을 위한 분명한 공간을 지향한다. 그런데 이는 하이데거가 상호간의 과제를 확인시키기 위해 해당 용어를 서로 교환할 수 있게끔 사용하는 일을 우리가 이해하기 시작하는 **존재사건**^Ereignis^을 통해서 가능하다. 한 예로, "어떤 것의 흔적 위에 존재하는 모든 사유는 시를 짓는 것이며, 모든 시는 사유다. 말해지지 않은 것에서 이미 그 자체로 담보된 말함을 기초로 삼는 각기 다른 것과의 밀착, 사유의 말함은 감사다."[76] 그의 이력의 초기에 진술한 것처럼, "사유와 시는 그 자체로 근원적이고, 본질적이며, 그렇기 때문에 그것들은 언어가 인간의 입을 통해 말하는 최후의 말이다."[77] 우리가 하이데거의 언어에 대한 사유를 심각하게 받아들인다면, 시와 사유는 존재의 근원적 나타남의 경험을 목소리로 일으키는 기획 속에 통합된다. 동시에 그것은 존재 경험을 불러내고 보존한다. 양자 모두 실제로 사건에 공통적인 서약 안에 통합된다. 이런 점에서 시와 사유는 그 공통적 지향, 보충적 방법, 그리고 윤리적 요청 속에 효율적으로 합류될 수 있다. 나는 이러한 결합이 시적 사유로 주제화되어야 한다고 주장한다.

시와 사유의 결합은 각자가 서로 함께 확인할 수 있는 것이 되어야 한다는 것을 뜻하지 않는다. 하이데거는 시와 사유의 구별을 일관성 있게 주

---

76. Heidegger, BW, 425.
77. Heidegger, WCT, 128.

장한다. 비록 이것들이 공통의 목적에 헌신하고 서로 간에 보충적인 것이라고 하더라도 말이다. "시와 사유는 그것들이 그 본성의 판명성 안에서 판명하게 구별되는 한에서, 그리고 그런 경우에만 서로가 동시적으로 마주하게 된다."[78] 이러한 구별은, 시적 거주가 존재와의 시원적 만남을 보존하게 해 주는 초대, 명명, 그리고 안전하게 함의 형식인 한, 물러남, 부름, 그리고 물음의 작용으로서의 사유의 탁월한 역할을 보존한다. 하이데거가 진술한 것처럼, "하지만 바로 사유가 시를 형성하는 것이 아니라 언어의 원초적 말함 및 말하기이기 때문에, 그것은 시에 근접한 것으로 머물러야만 한다."[79] 또는 상호적으로, "시는 성스러운 것의 드러남을 보호하고 보존하기 위해 사유가를 필요로 한다."[80] 시와 사유는 존재의 가능한 나타남과 사건을 초대하기 위해 서로 '가까이 머물러야만' 한다. 이것은 의심의 여지없이 시와 사유가 판명한 것일 경우, 서로에게 의존적이라는 점을 의미한다. 시는 그것이 물러남과 계산적 사유의 해체를 필요로 하는 한에서 사유를 요청한다. 반면 사유는 시적 사유가 지닌 초대의 요소와 윤리적 요소를 요청한다. 오로지 이것들의 결합을 통해서 우리는 사건을 충만하게 기다린다.

따라서 나는 다른 이들이 행하는 것처럼 (최소한 인간의 목적에서) 존재의 나타남을 위한 충분조건을 공급하는 행위와 존재의 통합된 형식으로서의 성찰적 사유와 시적 거주의 결합을 옹호할 수 있다. 시적 사유는 존재의 나타남을 초대하고 준비하며 보호하고 보존하는 연결의 과제를 떠맡는다. 그것은 인간이 시적 사유를 통해 하이데거의 후기 사유에서의 존재

---

78. Heidegger, PLT, 216.

79. Heidegger, WCT, 135. 이 가운데 하이데거의 확장된 작업은 그가 다음과 같이 해설한 EHP의 횔덜린의 시에서 잘 나타난다. "사유가는 고향집 같지 않은 것, 집 같지 않은 것을 향해 사유한다. 이것이 그에게 이행의 국면이 되는 것은 아니다. 오히려 이것은 고향에 있는 그의 존재다. 다른 한편으로 시에 대해 묻는 것은 집과 같은 것을 시 안에 놓아두는 것을 기념적으로 묻는 것이다." Heidegger, EHP, 151.

80. Perotti, 108.

경험에 이른다는 것을 뜻한다. 따라서 우리는 하이데거가 시에서 주목한 것처럼, '사유하는 시'의 필연성에 이른다.

> 사유의 시적 성격은
> 여전히 베일에 가리어져 있다……

> 하지만 사유하는 시는 진리 안에 존재하는
> 존재의 장소론이다.

> 이 장소론이
> 존재의 실제적 현전의 행방을
> 말한다.[81]

시적 사유는 존재의 '장소론'topology이며, 이를 통해 우리는 존재가 나타나고 잠재적으로 거주하는 공간을 이해한다. 만일 이것이 시적 사유에서 사건에 이르는 좁은 길을 지시한다면, 그 명확해진 공간은 존재에 넘겨진다. 결합의 용어로서의 시적 사유는 사유함, 행위함, 말함 그리고 전적으로 다른 어떤 것에서 열리는 거주의 과제를 나타낸다. 하이데거에 의하면, '사유하는 시'를 통해서만, 우리는 무조건적이고 응답하는 방식으로 나타남을 경험하는 데 이른다.

하이데거가 일관성 있게 암시하는 것처럼, 이러한 시적 사유의 대상이라는 것은 결합 너머에 머무른다. 사건의 본성은 존재의 본성에 대한 수월한 동일화를 저지한다. 명명할 수 없는 사건은 스스로를 명명함에 대여해

---

81. Heidegger, PLT, 12.

주는 어떤 것을 야기할 수 없다. 하이데거가 반복적으로 진술한 것처럼, 존재가 특별히 사건을 통해 자신을 준다면, 그것은 지시 너머에 머무른다. 한 예로 하이데거는 이렇게 말한다. "그런데 만일 인간이 존재의 가까움으로 다시 한 번 자기의 길을 발견하는 자라면, 그는 먼저 이름 없음으로 존재해야만 한다."[82] 존재가 존재자의 '근거'로 말해질 수 있다고 하더라도, 그것은 계산되거나 사유될 수 없다. 사유에 자신을 내어 주는 것은 사유할 수 없는 것에 지나지 않는다. 사유의 근거는 그 자체로는 사유될 수가 없다. 존재는 그럼에도 불구하고 그 자체로 사유에 현전하는 "모든 사유의 가장 완전하게 충만한 비밀"에 지나지 않는다.[83]

이 경우 시적 사유는 모든 사유와 시를 근거 짓는 '비밀'을 사유하는 데 헌신한다. 하지만 이러한 헌신에도 불구하고, 시적 사유는 나타나는 것을 통합하거나 개념화하는 능력을 수행하지 못한다. 그것은 (비록 불완전하다 하더라도) 명명하는 일과 (부정적이라고 하더라도) 사유만 할 수 있다. 따라서 시적 사유는 판명한 내용이나 주제를 가짐으로써 적극적으로 해석될 수 없다. 시적 사유는 오히려 존재가 나타나는 수단을 잠정적으로만 안전하게 하는 방법이다. 근본적인 의미에서, 그것은 타자성이 나타나고 존재자가 보호되는 한 자신을 부여하는 특수한 종류의 경험에 대한 규정이다. 이것이 너무 추상적인 소리일 수 있지만, 하이데거가 시적 사유에 실제로 호소하는 것은 나타남이 다양한 현시 안에서 초대되고 찬미되는 일에 대한 긍정과 모험의 정신의 반영이다.

시적 사유에서, 하이데거는 존재의 출현과 보존을 위한 '발생'을 특권

---

82. Heidegger, BW, 223. 또한, 같은 책 234면을 보라. 하이데거는 다음과 같이 진술한다. "존재는 모든 존재자보다 더 멀리 있고, 인간에게는 다른 모든 존재자보다 더 가까이 있다. 그것은 바위, 짐승, 예술작품, 기계로 존재하며, 천사나 신으로도 존재한다."

83. Heidegger, WCT, 174.

화 하는 대신, 초기 작업에 나타났던 존재론적 차이를 효과적으로 지속시켰다. 시적 사유는 사유, 시, 그리고 거주의 작용을 결합함으로써, 드러남의 사건에 헌신된 총체적 노력이라는 것을 스스로 내보여 준다. 결국, 하이데거의 후기 사유는 내재성의 철저한 긍정이다. 그것은 나타날 수 있는 것이 무엇이건 간에, 그것을 예비하고, 보호한다. 구체적인 차원에서 — 하이데거가 개념에다가 특수성을 대여해 주지 않긴 하지만 — 이것은 선행적 계산이나 개념화 없이 세계를 기꺼이 경험하는 것을 가리킨다. 또한, 이는 그것이 진부하건 탈자적이건, 언어를 통해서 또는 단순히 고유한 것으로 경험을 보존하려는 의도와 더불어, 인사를 건네는 경험을 의미한다. 내가 다음 장에서 주장하겠지만, 이러한 태도는 먹거리, 우정, 그리고 노동이라는 매일의 경험에서 이점을 가질 수 있다. 더 일반적인 개념적 차원에서, 하이데거는 인식론과 미학의 결합을 통해서 나타남을 철저하게 긍정하는 예술적 삶을 위한 길을 시와 사유를 경유하는 가운데 보여 준다. 우리 주변의 세계를 영예롭게 하고 이해하기 위해, 하이데거는 우리가 사유와 예술의 본질을 도입해야만 한다고 주장한다.

결론

하이데거의 사유는 예술로서의 삶의 '긍정적' 계기에서 세밀한 중요성을 갖는다. 인식과 수용의 열린 공간에서 나타나는 것이 무엇이건 간에, 그의 사유에서 열림과 감사는 존재하는 것의 나타남에 대한 철저한 긍정으로 인해 절정에 이르게 되기 때문이다. 이 철저한 긍정은 시가 지닌 초대와 책임이라는 구성요소를 따라 해체적이고 성찰적인 본래적 사유의 성질을 의미하는 결합어인 시적 사유라는 개념 속에 정초된다. 사유와 존재자의 이러한 길은 (가능한) 드러남의 사건, 존재사건^{Ereignis}의 도움 아래 존재한다.
여기서 나타남은 시적인 순간 및 드러남의 순간에 우리 앞에 도래한다. 하이데거의 시적 사유는 그것이 기괴하건, 공포스럽건, 환상적이건 간에, 이 순간을 초청하고 환대한다. 이렇게 함으로써, 하이데거의 후기 사유는 주체와 대상의 본질적 구별 - 존재론적 차이 - 을 보존한다. 이를 통해서 대상은 더 이상, 아도르노가 말한 것처럼, 주체의 지향적 작용으로 대상을 망가뜨리는 동일성의 사유를 통해, 모호해지거나 왜곡되지 않는다. 이런 점에서 아도르노가 그 지속적 재개념화를 통해서 대상을 보존하고 미학을 통한 구원을 보존하려고 했던 것처럼, 하이데거는 그 고유한 방식으로 존재하는 것이 나타나게 함으로써 주체 바깥의 세계를 보존하려고 한다. 이런 의미에서 하이데거는, 아도르노와는 상이한 방법론에도 불구하고, 우리 주위의 세계를 구원해 내려고 한다는 점에서, 아도르노의 부정성을 긍정적으로 완성하려고 했다.

　　실천적 차원에서, 하이데거의 후기 사유는 선행적 개념화나 규정 없이 세계를 수용하고, 드러내 놓고 세계로 들어가는 해법에 이른다. 하이데거의 시적 사유는 피상적인 길이라기보다, 사유에 이르는 것으로서의 초대와 감사의 경험으로의 부름이다. 물론 하이데거는 이러한 경험에의 초대가 일어나는 방식을 특성화해 내지 않았다. 우리는 그것이 탈자적 경험의 가능성을 환영하는 일, 그리고 니체의 자유정신처럼, 우리 주위세계의 사건으로서의 비극조차도 감사하는 일이라는 특수한 사유방식으로부터 비롯한다는 점을 의도한다고 가정한다. 시적 사유는 이런 식으로 존재하며, 정신적이고 금욕적인 실천은 사유의 영감을 시적 거주 안에서 발견하는 일련의 정신적 실행을 통해 경험의 가능한 지평을 열고 사유를 예비하는 일을 지향한다.

　　하이데거가 예술로서의 삶에 기여한 바는 시적 사유라는 개념을 제시한 것이다. 시적 사유는 앞의 두 장의 내용에서 주장된 미학적 이성의 형식에 대한 긍정적 반박을 형성한다. 미학적 이성 안에서 우리는 객체를 그것의 왜곡과 고통 속에서 보려고 하며 이와 동시에 그러한 것들의 근본적인 구원과 전체성을 실현하려고 한다. 다른 한편으로 시적 사유는 대상을 사고되지 않은 것으로, 곧 그것을 개념과 무관하게 자신을 스스로 드러내게 하는 것으로 사유한다. 이런 점에서, 비판이론과 하이데거의 현상학은 내재성의 '구속적'redemptive 성격을 그 자체로 드러낸다. 이는 한편으로 지속적인 개념화와 개혁을 통해서, 다른 한편으로 수용과 철저한 긍정을 통해서 이루어진다. 우리 주위의 구속된 세계에 관한 이러한 이중적 강조는 저항과 긍정의 상호의존성을 나타낸다. 부정적 계기는 존재와 조우하는 시적 사유를 위한 필연적 공간을 만들어 내며, 반면 긍정적 계기는 저항의 필연성을 새롭게 한다. 비판이론이 해방으로 얻어 낸 것을, 하이데거의 사유는 경험에서 선사한다. 시적 사유는 부정적 사유가 저항하기 위한 근거를 갖기 때문에 그것을 긍정한다. 존재 경험이 없는, 예술로서의 삶의 부정적 계기는 우리 주위의 세계에 대한 경험과 긍정을 통해 활력을 얻는 것이 아니라, 해체적인 것이 된다. 사유하는 방식에 관한 규범적 개념으로서의 하이데거의 시적 사유라는 개념은 사유와 예술 간의 연결을 형식화하는 표면상의 결과를 낳는다. 앞서 아도르노와 마르쿠제가 대상에 대한 그들의 공통적인 충실성을 통해 사유와 예술을 통합된 것으로 파악했던 것처럼, 하이데거의 시적 사유는 사건에의 충실함을 통해 사유와 예술을 연결시킨다. 기능적으로, 시적 사유는 성찰적 실천으로서의 사유와 예술의 공통적 의도를 보여 준다. 말하자면 존재론적으로, 시적 사유는 존재의 부름, 마주함, 그리고 보존함 안에서 시와 사유의 내적 연결성을 드러낸다. 만일 내가 주장한 것처럼, 예술로서의 삶이 사유, 예술, 그리고 삶 사이의 결합에 연관된 일련의 담론으로 이해된다면, 이 경우 하이데거의 시적 사유라는 결합어의 사용은 우리가 충전적으로 존재를 파악하는 방식에 관한 간결한 규정이다.

예술로서의 삶에 관해서, 하이데거의 후기 사유에서 세계는 혁신적인 사유 개념 및 예술의 본질 개념에서 영감을 얻게 된 실천을 통해 이해되고 확증될 수 있다. 하이데거는 저항 대신에, 경험과 관조에 정초된 우리 주위 세계에 대한 철저한 자각을 제안한다. 분명 이것은 니체의 이상적 유형에서의 긍정에의 부름을 넘어선 운동이다. 이상적 유형이 경험에 '예'라고 말하는 반면, 하이데거는 그런 일을 시작할 수 있는 방식에 관한 지시방향을 보증한다. 곧 잠재적으로 사유하고 나타남을 보호하는 것으로 말이다. 이는 니체의 디오니소스적 열정을 결여하고 있긴 하지만 그것이 취할 수 있는 형식이 무엇이건, 용기 있게 경험을 포용하려는 잠재적 기쁨과 비극에 대한 냉철한 반성을 가능하게 한다. 위에서 자명하게 나타난 것처럼, 하이데거의 작업은 예술로서의 삶에 관한 것이지만 그 자체로 완성되는 것이 아니다. 하이데거가 시적 사유라는 개념을 통해 예술로서의 삶의 긍정적 계기에 형식을 부여한 반면, 그는 우리가 시적 사유를 통해 규정되는 방식 안에서 어떻게 살아가고 사유하는지에 관해서는 분명한 설명을 제시하지 않는다. 마르쿠제가 이론적 작업을 완성하기 위해 아도르노를 활용했던 것처럼, 다음 장에서 나는 하이데거의 후기 사유의 비판적 통찰을 확장하고 보충하는 방식으로 모리스 메를로-퐁티와 장-뤽 마리옹의 논의로 선회할 것이다. 메를로-퐁티의 신체에 관한 설명을 통해, 그리고 마리옹의 계시 개념을 통해, 하이데거의 시적 사유에 대한 통찰은 세계에 관한 철저한 경험을 지향하는 것으로 구체화된다. 동시에 그들의 시도는 이러한 구체화의 정신적 실천으로 이해될 수 있다. 만일 시적 사유가 예술로서의 삶 내부에 어떤 의미를 보유하는 것이라면, 그것은 우리가 우리 자신을 발견하는 신체 및 상호 연관된 세계에 대한 이해와 일치하는 방식으로 수행되어야만 한다. 다음 장에서는 이 개념들을 전개함으로써, 구체적인 저항의 작용을 보완하고, 정립하는 방식으로 예술로서의 삶의 긍정적·쾌락적 차원을 구상하는 데 도움을 줄 것이다.

미국 토착민이자 시인인 조이 하르요Joy Harjo의 시는, 아니타 엔드레제처럼, 토착민의 정체성과 현대인의 삶, 그리고 여성성 사이의 비판적 긴장을 자주 검토한다. 그럼에도 그녀의 시 가운데 다수는 그녀 주변의 세계를 영예롭게 하고 신성화하는 주제로 형성된다. 또한, 엔드레제처럼, 하르요의 시구 중 상당수가 회상이라는 주제로 채워진다. 주위세계에 대한 시적 수용을 통해서, 하르요는 자신의 세계를 살아 숨 쉬게 한다. 또한, 그녀는 지속적으로 다시-말하기와 구원을 위해 존재하는 과거를 애도한다.

하르요의 「독수리 시」는 그의 시적 사유 안에 환기된 하이데거적인 열림과 신비의 정신을 나타낸다. 영예로운 현재는 말들 너머에 놓인 비이성적인 것으로 자신을 열어 밝힌다. 이는 하르요가 주목한 것처럼, 우리의 이해를 넘어서 존재한다. 그것은 몸짓, 또는 아주 드물게 시 안에서만 표현되는 과잉이 존재한다는 것을 현실화하는 것을 의미한다.

> 기도로 당신 자신을 열어 보여 주오.
> 하늘에게, 땅에게, 태양에게, 달에게.
> 당신이라는 그 목소리에게.
> 그럼 더 많은 것을 이해하게 되지요.
> 볼 수 없고, 들을 수 없는 것들
> 꾸준히 자라나는 것, 그리고 언어들
> 순간들 말고는 알 수 있는 것이 없지요,
> 늘상 들리는 소리가 아닌
> 돌고 도는 몸짓도 있으니까요.[84]

---

84. 이 시는 조이 하르요의 허락 하에 인용되었다.

7장

메를로-퐁티와 마리옹에게서 존재 사유

들어가는 말

2장에서 나는 니체를 통해 이상적 삶 속에 긍정적이고 저항적인 요소들을 재미나게 혼합시키는 일을 기뻐하는 자로서의 춤추는 자의 이미지를 환기시켰다. 춤추는 자는 운동과 놀이를 통해 삶과 예술작품 속에서 발견되는 이질적인 요소들을 혼합해 낸다. 이 장에서 나는 이와 대립되는 것은 아니지만, 고유한 신체와 운동 작용을 통해 세계에 (또한 그녀 자신에게) 자신을 개방시키는 자로서의 춤추는 자의 개념을 다른 식으로 나타내려고 한다. 하이데거가 시적 사유를 통해 세계의 일어남을 일깨우려고 한 것처럼 춤추는 자는 운동을 통해 세계에 대한 긍정을 불러온다.

현대 미국의 춤을 정초한 사람 중 하나인 마사 그레이엄Martha Graham은 자신의 전 생애에 걸쳐 이러한 춤의 차원을 반영해 냈다. 그녀에게, "진정한 춤추는 자는 모두 다 독특한 운동의 억제, 곧 그(또는 그녀)의 전 존재를 활성화하는 강도를 갖는다. 그것은, 정신, 드라마적 강도, 또는 상상력이라고 일컬어질 수 있다."[1] 그레이엄에게 춤, 특별히 현대적 춤의 주요 기능 중 하나는, 침묵에도 불구하고, 예술가 자신의 존재를 '활성화하는' 것으로서의 '정신'을 표현하는 것이다. 이런 점에서, 춤은 자기와 자기의 다양한 분위기, 느낌, 그리고 표현방식을 열어 주는 것이다. 그녀가 아그네스 드 밀레Agnes de Mille에게 진술했던 것처럼, 우리는 춤추는 자로서, 이러한 영감의 '채널'을 열어야만 한다. "여기에 당신을 통해 행위로 번역되는 활력, 삶의 힘, 에너지, 민첩함이 존재한다. 왜냐하면 그 모든 시간은 오로지 너에게만 속한 것이기 때문이다. 이 표현은 유일무이하다. 그리고 만일 당신이 그것을 막는다면, 그것은 다른 매개체를 통해서는 절대 존재하지 못할 것이고, 상실될 것이다."[2] 춤은 제한적이긴 하지만, 표현을 위한 운동을 일으키고 표현을 갈구하는 자의 내면의 정신을 열어 준다.

그런데 그레이엄에게 춤은 삶의 방식으로서의 교훈이자 세계에의 열림이다. 일본에서 그에게 수여한 훈장인 보관장Order of the Precious Crown과 관련해서 그레이엄은 다음과 같은 말을 남겼다. "나는 내 인생 전부를 춤과 더불어 그리고 춤추는 사람으로 지냈다. 춤은 당신이 아주 강렬한 방식으로 삶을 활용하는 일을 가능하게 해 준다. 때로 그것은 불쾌하게 다가온다. 그럼에도 불구하고 춤은 피할 수 없는 일이다." 하이데거가 사건에 굴복하는 한 형식으로 시적 사유를 간청했던 것처럼, 그레이엄은 춤을 '삶'에 굴복하는 한 형식이라고 이야기한다. 그러한 굴복이 안락함을 보증해 주는 것은 아니다. 그것은 불쾌하고, 비극적이거나 심지어는 끔직한 무아지경 같은 것일 수도 있다. 그레이엄이 하이데거를 넘어서는, 그리고 하이데거와는 다

---

1. Martha Graham, "Dancer's Focus," in Barbara Morgan, *Martha Graham : Sixteen Dances in Photographs* (Dobbs Ferry, NY : Morgan and Morgan, 1980), 11.

2. Agnes de Mille, *Martha : The life and Work of Martha Graham* (New York : Random House, 1991), 264.

른 부분은 춤이 체화된 것이라는 사실이다. 그것은 단순한 말함이나 사유가 아니라 행함이다. 복종은 운동과 신체를 통해서 주어진다.

춤의 체화는, 그것이 더 풍부한 (또한 통상 더 추상적인) 표현 형식을 지닐 뿐만 아니라 신체를 통해 세계를 실제적으로 경험하고 나타남에 굴복하는 방식으로 자신을 공언하기 때문에 중요하다. 그레이엄이 밥 에드워즈와의 인터뷰에서 진술한 말을 들어 보자. "춤을 통해 말하는 악기는 생동하는 삶에서 말미암는 악기다. 그것은 인간 신체다. 신체라는 악기를 통해서 모든 경험의 주요소들이 현시된다. 그것은 삶, 죽음, 그리고 사람의 모든 문제들을 신체의 기억 속에서 지탱한다." 그레이엄은 움직임을 통해 정신과 세계를 경험할 수 있었다. 왜냐하면 우리가 세계와 소통하는 것 자체가 바로 움직임을 통해서이기 때문이다. 그것은 우리의 주위세계에 도달하고, 그 세계를 받아들이는 매개체다.

그런데 같은 인터뷰에서 그레이엄은 성취로서의 춤이라는 개념에서 체화를 넘어선다. 움직임에서 말미암는 춤은 세계에의 열림일 뿐만 아니라 '살아 있음'이라는 공연의 상징'이다. 이는 그녀가 차후 진술한 것처럼, '삶의 춤'이다. 그레이엄에게 '살아 있음이라는 공연'은 이중적 의미를 갖는다. 위에서 논의된 것처럼 그것은 모방이자 움직임과 체화를 통한 삶으로의 열림이다. 이와 다른 방식에서, 춤은 춤 자체를 통해 우리가 '살아 있음을 실천한다'는 것을 의미한다. 이로써 우리는 "일련의 헌신된 행위들, 물리적이거나 지적인 것들로부터 우리 존재의 성취, 의미, 정신의 만족을 형성한다. 우리는 어떤 영역에서 신적인 운동선수athlete of God가 된다." 물론 춤은 물리적 완전성의 차원을 요구하는데, 이러한 엄격함은 다른 일을 수행함으로써 얻을 수 있는 것이 아니다. 하지만 나는 그레이엄이 자신의 고유하면서도 우아한 몸짓에 본질적인 것으로 작용하는 엄격함을 넘어서길 원한다고 생각한다. 춤은 자기완성 및 정신적 만족을 얻기 위해 세계와 개방적으로 상호작용하는 방식을 상징화한다. 그것은 우리의 신체를 통해 정신에 이르는 길이면서 정신이 실천을 통해 성취되는 길에 대한 상징이다.

이것이 바로 체화의 이중적 목적이며 하이데거를 넘어 메를로-퐁티와 마리옹의 작업에서 언급되는 움직임의 의미를 기반으로 삼는 춤의 의미이다. 움직임을 통해서 우리는 우리 안에서, 그리고 우리 바깥에서 세계에 도달한다. 춤은 세계와의 체화된 회합을 상징화한다. 또한, 엄격한 실천에 더하여 춤에는 '살아 있음이라는 공연'을 온전하게 수행하기 위해 염려와 헌신이 요구된다는 점을 드러낸다. 이 두 가지 의미가 모두 받아들여질 경우, 움직임이란 것이 우리 자신을 세계에 개방시키고 구체적 실천을 통해 나타남을 수용하는 핵심 요소로 간주될 것이다. '삶의 춤'은 세계를 긍정함에 있어 우리를 도와줄 수 있는 어떤 것이다.

위에서 제시한 방향과 관련해서 본 장에서는 하이데거의 시적 사유 개념에 대한 통찰을 넘어 세계에 관해 더욱 체화된 구체적인 긍정적 경험을 향해 나아가는 것을 추구한다. 하이데거의 현상학이 시라는 작업을 통해 적절하게 개념화될 수 있는 반면, 메를로-퐁티와 마리옹의 작업은, 시 개념과 몸짓 및 체화 개념이 연결되는 춤과 같은 수행적 예술의 렌즈를 통해 이해되어야만 한다. 마르쿠제가 실천적으로 아도르노의 핵심 통찰을 확장시킨 것처럼, 메를로-퐁티와 마리옹은 시적 사유라는 기초적 개념을 세계에 대한 체화 및 매일의 경험으로 확장시켜 준다. 이런 점에서, 시적 사유라는 비판적 개념은 우리 삶의 다양한 국면들을 통해서 나타남을 환영하고 긍정하게 해 주는 체화된 시적 사유 개념이 더 팽창되는 사태를 포착하고 보존해 준다. 일상 속에서의 체화와 참여로서의 시적 사유를 이해하는 데 있어서, 본 장은 예술로서의 삶의 긍정적 차원이 어떻게 체험lived experience으로 통합될 수 있는지를 해명해 볼 것이다.

하이데거의 후기 사유에서 우리는 시적 사유가 존재론적 차이를 인식할 수 있는 방식, 그리고 그보다 더 중요한, 나타나는 것으로서의 세계를 수용하고 이러한 세계에 감사하는 방식을 개괄한다는 점을 살펴보았다. 규범적 개념으로서의 시적 사유라는 것은 존재가 진입할 수 있는 개방적이고 안전한 공간을 향해 작동한다. 그런데 이러한 비판적 힘에도 불구하고, 하이데거의 시적 사유 개념에는 보다 더 확고하면서도 실천적인 예술로서의 삶의 긍정적 차원을 부과하기 위해 더 많은 탐구를 요구하는 세 가지 비판적 간극gaps이 존재한다. 이는 다음과 같다. (1) 세계에 대한 탐구와 발견에서의 신체의 역할에 대한 충분한 설명 (2) 미처 드러나지 않은 특수한 미학적 경험의 영역을 남겨 두는 하이데거의 미학에서 시가 일관적으로 특권화되는 일 (3) 본질상 전적으로 부정적인 존재에 관한 설명. 나는 예술로서의 삶에 속하는 비판적이면서도 보충적인 메를로-퐁티의 목소리를 이 세 가지 간극 속에 부과하고 싶다.

하이데거의 통찰에 대한 강조와 완성으로서의 이러한 변경은, 지각의 역할에 관심을 두고 해명하는 메를로-퐁티의 현상학 개념을 통해 개시된다. 이러한 방법의 변경을 통해서, 메를로-퐁티는 주위세계에 대한 지각작용을 산출하는 과정에서의 신체의 역할이라는 현상학적 기획에 다시 초점을 맞출 수 있었다. 이런 식으로 이해되는 세계는 우리의 주위 환경으로의 지속적인 체화된 참여embodied engagement를 통해서 나타난다. 이러한 지각에 관한 쌍방향적 개념이 예술적 표현에 대한 메를로-퐁티의 설명을 강화시켜 준다. 이는 우리 주위세계에 대한 표현적 구성을 드러낸다. 이런 점에서, 체화된 지각은 언제나 이미 미학적이다. 이는 생생한 주위세계와의 창조적 상호작용이다.

이러한 통찰과 더불어, 나는 지각에 대한 메를로-퐁티의 구체화된 접근법이 하이데거의 시적 사유라는 개념과 잘 결합될 수 있다고 주장하는 바이다. 이렇게 함으로써, 시적 사유는 사유와 언어만이 아니라 우리가 우리 주위의 세계를 보고, 느끼고, 만들어가는 다양한 방식을 포괄하는 더욱 확장적인 개념이 된다. 따라서 체화된 시적 사유는 세계가 우리를 접촉하는 모든 방식을 통해 세계를 받아들이고 수용하는 한 가지 방식이다.

체화된 시적 사유라는 개념에 대해, 나는 또한 장-뤽 마리옹의 작업을 통해, 다음과 같은 한 가지 주장을 덧붙일 것이다. 그것은 바로 체화된 시적 사유 안에 전조된signaled 열림이 우리 주위세계를 압도해 버리는 어떤 경험을 하게 해 줄 수 있다는 것이다. 마리옹이 '드러남'과 같은 경험을 벼리어 내는 것과 관련해서, 나는 그러한 특정 경험이 개념화와 관련하는 우리의 능력을 압도할 수 있는 최소한의 지점일 수 있다는 점을 주장한다. 이러한 논증의 노선은 메를로-퐁티와 하이데거의 노선을 유지하는 것이다. 더흥미로운 것은, 이런 주장이 특정 경험이 변혁적이면서도 경이로운 것일 수 있음을 인정한다는 점이다. 예술로서의 삶이 내재성에 대한 긍정을 확고하게 견지하긴 하지만, 그것은 여전히 경외와 자기 초월의 가능성에 대한 여지를 열어 준다.

하이데거에서 메를로-퐁티, 어쩌면 마리옹까지 아우르는 이러한 운동은 예술로서의 삶에 대한 철저한 긍정을 위한 가능성을 조명한다. 만일 비판이론이 미래의 가능성을 더 심화하고 창조적으로 갱신시키는 공간을 열어 주는, 예술로서의 삶 내부의 저항적이고 개혁적인 추동력으로 간주된다면, 본 장의 내용은 예술적 자기 창조와 저항의 노력으로 무게중심과 의미를 옮겨가는 긍정적 계기로 받아들여질 수 있다. 우리가 하이데거의 사유에서 이해했던 것처럼, 시적 사유는 사유와 삶의 특정 형식 안에서 존재 경험, 궁극적으로는 나타나는 세계에 반응할 수 있는 느낌과 수용의 경험의 가능성을 열어 준다. 이 장에서 메를로-퐁티와 마리옹을 더 구성적으로 다뤄 보면, 이는 그러한 적극적 계기의 차원과 가능성을 더 상세하게 가다듬는 것이며 실천적인 것과 체험의 차원을 통합해 내는 방식에 대한 것이다. 앞으로 우리가 보게 되겠지만, 예술로서의 삶은 대안적 실재의 창조와 저항을 통해서만이 아니라 우리 삶의 다양한 생동하는 차원을 통해 세계를 경험하고 긍정하기 위한 노력을 실행한다.

위에서 언급한 대로, 이 장은 메를로-퐁티의 신체의 현상학을 개괄하고, 언어와 회화에 대한 그의 설명을 보충하는 가운데 전개될 것이다. 무엇인가를 느끼는 통전적integrated 신체는 지각이라는 수수께끼와 예술적 표현이라는 수수께끼로 나타날 것이다. 이런 점에서 지각은 감각적 경험의 다양한 요소들에 접촉하는 예술의 필수적인 과정이다. 이 논증의 호arc를 통해, 메를로-퐁티의 사유는 하이데거의 시적 사유 및 세계에 대한 환영과 수용이라는 그 핵심 주제의 과제를 구성적으로 강화시킬 것이다. 이 논지는 일상의 삶에서의 경이에 대한 가능성을 드러내는 주어짐의 작용을 설명하는 마리옹의 작업을 통해 포착될 것이다.

몇몇 예술작품을 통해 평소 주목받지 못했던 시야가 열리고 생생한 세계가 드러나는 것처럼, 메를로-퐁티와 마리옹의 작업은 시적 사유의 구체화된 형식이 복잡한 세계에 대한 풍요롭고도 다면적인 경험에 그 자신을 열어 보여 주는 방식을 나타낸다. 몸짓, 음식, 성과 같은 사소한 일상의 요소와 신체를 이해함에 있어, 이러한 것들은 세계에 우리 자신을 열어 보이는 통로와 같은 것이 되고, 이러한 예술적 삶의 차원은 내재성과 경험을 긍정하고 (또한 수용하는) 잠재적인 것을 보존한다. 매일의 삶은 갱신된 의미와 의의로 스며들게 된다. 비판이론이 저항과 미래를 통해 경험을 구제해 보려고 한 반면, 현상학은 세계와 우리의 체화된 관계를 밝혀내고 망각된 과거와 창조적 미래를 연계시킴으로써 의미를 복원해 낸다. 만일 우리가 니체가 암시한 것처럼 경험을 긍정한다면, 이는 세계에 대한 체화된 경험과 그것이 나타내는 가능성과의 연합에서 비롯되어야만 한다.

메를로-퐁티 : 표현적 신체-주체

지각장The Perceptual Field

메를로-퐁티의 사유는 핵심적인 회상에의 사로잡힘을 통해 시작된다. 후설과 하이데거가 세계와의 근원적 접촉을 드러내려고 했던 것처럼, 메를로-퐁티의 작업은 우리 주위의 세계와 우리가 마주치는 데 이르는 방식을 드러내려고 한다. 이런 점에서, 메를로-퐁티의 작업이 통상 명시하고 있는 것처럼, 그의 작업은 후설의 기획에 대한 완성이다. 다만 더 일반적으로 그것은 배후에 있거나 감춰져 있는 느낌, 직관, 그리고 감각으로 독자가 평범하게 돌아가는 시도라고 할 수 있다. 메를로-퐁티는 다음과 같이 세련되게 진술한다.

> 첫 번째 철학적 행위는 객관적 세계에 앞서는 체험의 세계로 귀환하는 것으로 나타난다. 왜냐하면 바로 그 세계에서 우리는 객관적 세계의 한계에 지나지 않는 이론적 세계의 기초를 파악할 수 있을 것이고, 사물의 구체적 모습을 되찾는 일을 파악할 수 있기 때문이다. 또한, 유기체가 세계를 다루는 그 개별적 방식을, 주체성이 역사 안에서 그 고유성을 되찾는 일을 파악할 수 있기 때문이다. 더 나아가 우리의 과제는 현상을 재발견하고 타인과 사물이 맨 먼저 우리에게 주어질 때 통과하는 체험의 층을 재발견하는 것이다……. 우리에게 현전하는 대상에 대한 관심 및 그것이 야기하는 합리적 전통에 대한 관심 안에서 사실과 지각을 망각하게 하는 그 술책을 깨트리고 지각을 새롭게 일깨우는 일이 바로 그것이다.[3]

---

3. Merleau-Ponty, PoP, 66.

이 구절에서 메를로-퐁티의 언어는 다른 이들과 마찬가지로 '일깨우기', '재발견하기', '복원하기'와 같은 용어로 채워져 있다. 이는 그의 기획의 시간적 차원의 명백한 표지이다. 메를로-퐁티는 과거를 부활시킴으로써 현재를 구제하려고 한다. 이러한 방향은 하이데거의 사유와 매우 유사한 것이긴 하지만, 이 구절에서부터 그의 기획, 곧 지각의 영역에 접근하는 것은 하이데거의 그것과는 전적으로 상이한 과제라는 점이 분명히 나타난다. 그럼에도 하이데거와 마찬가지로, 메를로-퐁티는 일차적으로 '객관적' 세계를 선-반성적인 것(하이데거가 '내다봄' 개념을 통해 그랬던 것처럼)에 후행하는 것으로 설정하려고 한다. 그는 이를 지각적 의식에 대한 탐구를 통해 수행하기 위한 계획을 세운다. 지각 안에서 과거는 일깨워지고 현재에 집중하게 된다.

후설과 하이데거가 각각 직관과 내다봄으로 논의를 시작한 반면, 메를로-퐁티는 그의 초기 작업에서 지각에 대한 분석을 통해 세계에 대한 이해를 수행하려고 한다. 이것의 더욱 중요한 의미는, 지각이 반성과 개념화에 앞서는 세계를 확증하고 복원하게 해 준다는 점이다. 특별히, 메를로-퐁티는 지각이 내다봄 자체인 세계를 인식하는 다른 형식을 정초하는 근원적 현상이라고 믿었다. 이윽고 그의 사유는 현상에서의 선-반성적 흡수에 근거한 우리의 세계 경험을 정초하는 방향으로 나아간다.

> 우리의 고유한 신체에 대한 지각과 외부 사물들에 대한 지각은 비-**정립적** 의식의 예, 곧 완전하게 규정된 대상들을 소유하지 못하는 의식의 예를 제공한다. 이는 그 자체로 설명되지 않는 **체험된 논리**, 그 자체로 명석하지 않고 어떤 자연적 신호의 경험에 의해서만 알려지는 **내재적 의미**이다.[4]

---

4. Merleau-Ponty, PoP, 57.

메를로-퐁티가 분명하게 제시하는 것처럼, 지각은 세계를 파악하는 비-객관적 방식이며, 의식 안에서 살아가거나 한 존재자를 정립하는 일에 앞서는 존재방식이자 '체험'이다. 의식은 세계 내에서의 우리의 원초적이면서 구체화된 운동에서 파생되는 것으로 보인다. 세계와 우리의 시원적 마주침은 의미와 충만한 규정성이 아직 의식 안에서 특성화되지 않은 순간의 분절을 성취하는 마주침이다. 이런 점에서, 의식과 인식은 주위세계에서 우리의 시원적 기반을 우리에게 부여하는 지각의 활동성에 의존한다.

세계를 의식하게 하는 일차 자료로서의 지각에 관한 메를로-퐁티의 주장은 그의 탐구 전체를 위한 단계 및 일차적 의미의 경험으로 우리를 '일깨우는' 더욱 일반적인 기획을 위한 단계를 설정한다. 만일 지각이 일차적이라면, 우리는 인식이 아닌 지각장에 대한 분석으로 논의를 시작해야만 한다. 이 장은 지각을 에워싸고 있으면서 세계를 보는 가능성을 열어 준다. 메를로-퐁티가 방법적으로 인정한 것처럼, "지각적인 '어떤 것'은 언제나 다른 어떤 것의 중심에 존재한다. 그것은 언제나 한 '장'의 일부를 형성한다."[5] 지각장은 차후에 메를로-퐁티에 의해서 "규정하는 내적 격막diaphram……우리의 반성과 지각이 세계 안에서 지향할 수 있는 것, 우리의 가능한 작용의 영역"으로 정의되며,[6] 이 정의는 지각과 세계 간의 명석한 연결을 가능하게 만든다. 지각은 우리를 한계에 이르게 하면서 동시에 우리가 움직이거나 우리 자신을 발견할 수 있는 가능성을 열어 준다. 지각장은 메를로-퐁티가 "전체 지각의 맥락"이라고 부른 것이며,[7] 하이데거의 '적합성의 총체'로서의 세계 개념과 분명한 공명을 이루는 개념이다. 하지만 지각장은 지각 안에서의 지각의 고유성을 고수하고, 도구, 사용, 또는 하이데거의 내

5. Merleau-Ponty, PoP, 4.

6. Merleau-Ponty, PoP, 92.

7. Merleau-Ponty, PoP, 9~10.

다봄 개념이 가지고 있는 다른 전원적 특징을 포기한다는 점에서 하이데거와 구별된다. 오히려 지각은 보여지고, 느껴지며, 인식되는 가능한 사태들의 장 내에서 기능하는 것으로 정의된다.

이것은 메를로-퐁티의 지각장 개념이 인간 가치에 대한 '의미' 내지 가능성과의 연결을 결여하고 있다는 점을 뜻하지 않는다. 하지만 메를로-퐁티는 지각과 신체에서 출발함으로써, 나의 운동, 자기 위치화, 그리고 봄, 소리, 냄새 등을 향한 구체화된 지향을 가능하게 하는 것으로서의 '의미' 구성을 재구축한다. 따라서 의미는 우리의 구체화된 지향이 지각장의 안내를 받을 수 있게 하는 수단이 되고, 이렇게 재정의된다.

> 내가 내 방향을 발견하고 그 방향들 가운데 위치를 잡기 위해 내 주위의 대상들을 재빠르게 바라볼 때, 즉각적으로 나는 순간적인 양상 안에서 세계를 파악하고 있다고 말할 수 있다. 나는 여기에 있는 문을 확인하고 저기에 있는 창문을 확인하며 또 저기 탁자가 있음을 확인한다. 이 모든 것들은 다른 장소를 향해 있는 실천적 지향의 안내자이자 소도구이며, 그러므로 그것들은 그저 나에게 의미들로 주어진다.[8]

여기서의 메를로-퐁티의 분석에도 불구하고, 그의 입장은 다른 많은 차원에서, 하이데거의 내다봄 개념과 공명을 이루지만 중대한 차이도 갖고 있다. 세계 내의 대상들은, 그것이 파악되는 것이건, 회피되는 것이건, 아니면 세계 내의 다른 대상을 위한 지각의 맥락을 제공하는 것이건, 신체의 운동을 위한 '소도구 및 안내자'로 주어진다. 대상들은 우리의 신체가 움직이고, 보고, 느끼고, 스스로를 발견하는 데서 종합적 전체를 형성한다. 잠재적 운

---

8. Merleau-Ponty, PoP, 50.

동을 향한 이러한 방향설정은 행위자를 위한 기회와 의미화를 통해서 유의미한 하나의 배경이 되는 효과를 가진다. 의미는 메를로-퐁티에 의해서 대상들의 보다 더 원초적인 의미를 나타내는 것이다. 즉 세계에서의 체화와 운동이 우리의 의미를 지도하고 방향을 설정하는 것으로 새롭게 정의된다. 메를로-퐁티가 제시한 이러한 의미의 재평가는 의식의 지시가 없어 세계를 지각하는 일을 할 수 없게끔 뇌의 손상을 입은 슈나이더라는 독일인 환자의 예(메를로-퐁티 자신 또는 심리학자가 참여하는 데서 이루어진 예)를 빈번하게 인용하는 부분에서 가장 자명해진다. 인지 불능의 특성을 가진 사람인 슈나이더는 그의 지각장 내에서 의미를 탐지할 수 없다. 세계는 그에게 그저 감각적 입력의 혼란으로 나타난다. "[슈나이더]에게 세계는 적절하게 맞춰진 것 내지 고정된 것으로만 존재한다. 반면 정상인에게 그 기투는 세계를 양극화하고, 방문객을 안내하는 박물관의 안내판처럼, 행위를 안내하는 다수의 신호들을 마술적으로 일으키는 것이다."9 메를로-퐁티는 계속해서 이렇게 말한다. "정상적 주체 안에서는 대상이 '말을 하고' 의미가 존재한다……"10 슈나이더의 조건은 주위 환경 안에서 의미와 의미작용을 탐지할 수 없다. '정상적인' 주체의 능력은 반성이나 심지어 자각도 없이 소유된다. 메를로-퐁티에게 정상적 행위자는 특정 대상들과 현상이 타자들에 더하여 의미가 있는 것으로 해석되는 존재자이다. 지각은 우리 주위의 세계를 의미와 무차별의 영역으로 양극화한다.

지각장 내에서 의미를 탐지하는 이 정상적 상태에 대해 메를로-퐁티는 "인상적 지각"이라는 칭호를 부여하는데,11 이 용어는 명시적으로 대상 자체 내의 '얼굴'을 탐지하는 이미지를 환기시킨다. 이와 관련해서, 의미는 메

---

9. Merleau-Ponty, PoP, 129.
10. Merleau-Ponty, PoP, 151.
11. Merleau-Ponty, PoP, 153.

를로-퐁티가 '지향적 호'intentional arc라고 부른 것을 통해 지각장 내에서 발견되고 구성된다. 여기서 지향적 호는 일련의 문화적, 감각적, 그리고 지성적 단서와 공명하는 구조와 대상을 하나의 환경 안에서 탐지하는 능력이다. 그가 진술한 대로, "욕망의 삶 내지 지각의 삶은 — 우리를 에워싼 우리의 과거, 미래, 인간 배경, 우리의 물리적·이데올로기적·도덕적 상황을 기획 투사하는……'지향적 호'를 통해 대응된다."[12] 지향적 호는 적어도 부분적으로 지각장의 구조 및 동일화된 대상들, 그리고 주체들로서의 우리에게 적합하고 구체적인 인상을 나타내는 집합들의 구성요소다. 지향적 호를 통해 각 대상이나 사건은 시간적, 이데올로기적, 또는 문화적 단서의 배치 안에서의 그 고유성을 따라 의미를 선사해 준다. 이러한 지각의 구성은 일관적인 '두께'를 각 지각의 사건에 부여한다. 지각의 사건은 심연, 색, 그리고 운동 같은 공적 단서를 통해서만 질서가 부여되는 것이 아니라 수많은 내적 (그리고 외적) 조건들에 적합한 대상들을 위한 환경을 훑어보는 지향적 호를 통해 의미와 가치를 선사해 준다.

따라서 지각은 의식에 알맞은 의미의 층들로 지각장을 조직해 내는 능력이다. 메를로-퐁티가 진술한 것처럼, "지각은 일군의 주어진 것을 따라 단번에 창조하는 작용, 즉 주어진 것이 가지고 있는 의미를 발견하는 작용일 뿐만 아니라 주어진 것이 의미를 가지게끔 하는 작용이다."[13] 지각 바깥의 세계는 '주어진 것'에서 주어지는 지각적 의식을 위한 무규정적 장이다. 지각은 선-반성적으로 이 주어진 것을 체화된 의미와 구조를 가지는 일관적인 장 속에 조직해 낸다. 지각이, 풍요로운 주어진 것의 환경 속에서 구조를 창조해 내거나 발견해 내는 시도인 한, 그것은 곧 세계에 인간을 전달하는 방식이자 세계의 감추어진 특정 양상 둘 다이다. 메를로-퐁티가 진술한 것처

---

12. Merleau-Ponty, PoP, 157.
13. Merleau-Ponty, PoP, 42.

럼, "나의 관점은 나에게 내가 그 전체성 안에서 세계로 침투하는 방식으로 나의 경험의 한계설정을 하지 않는 한, 나에게 존재한다."[14] 지각은 순간적으로 세계에 '침투한' 것을 지각하는 자가 수용하게 한다. 그것은 세계에 의미, 심연, 조직적 단서를 선사한다. 조직적 단서란 세계에 접근하게 해 줄 뿐만 아니라 보여지는 것, 구성된 것, 또는 지각된 것에 한계를 설정하는 운동을 위해 존재한다.

지각을 자발적 조직화의 선-반성적(또는 선-의식적) 과정 안에 정초해 넘으로써, 메를로-퐁티는 세계를 정의해 내야 한다는 의무를 지각의 한계와 지향을 정의해 내는 의무로 변경시켰다. 지각 안에서, 우리는 다면화되고 상호-연관된 일련의 지각적 단서를 따라 세계를 양극화한다. 이것은 우리에게 하나의 유의미한 종합으로 대상들과 사건들의 무규정적 지형을 부과하게 한다. 감각은 의미를 형성하는 작용이다. 메를로-퐁티에게 감각은 주위세계와 우리의 근원적 결집이 참여와 해석 가운데 하나라는 것을 암시해 준다. 더 냉정하게 말하자면, 그것은 세계 내에는 '가치-중립적인' 투입이 존재한다는 것을 암시한다.

더 나아가 위에서 분석되지 않은 채 남겨진 것은 세계와 우리의 지각적 참여 관계 안에서 행위자를 구성하는 것이다. 메를로-퐁티의 지각에 대한 설명에서는 누가 '주체가' 되는가? 이를 통해 우리가 우리 주위의 세계에 의미를 부여하고 해석하는 데 이른다는 것은 어떤 의미를 가지는가? 이 문제에 대해서, 그의 작업은 신체에 대한 설명으로 급격하게 선회한다. 이 설명은 지각에 대한 설명 및 우리와 세계와의 근원적인 접촉을 일깨우는 일을 시작하게 할 수 있는 방식에 대한 설명을 전부 다 풍요롭게 만든다.

---

14. Merleau-Ponty, PoP, 384. 또한, 78을 보라.

신체의 역할

앞서 제시된 주어진 것에 대한 선-반성적 조직화로서의 지각에 대한 설명은, 지각에 '대해서/의해서' 신체가 만들어 내는 일에 관한 탐구로서의 메를로-퐁티의 현상학에 진입하게 만든다. 지각은 신체를 세계 안에서 그 자체로 발견하기 위해 세계를 조직하는 것으로 주어진다. 이를 통해서 신체는 지각이 작동하는 수단이 되기도 한다. 신체는 메를로-퐁티의 사유 안에서 세계가 의존하고 있는 바로 그것이다. 신체가 그것에 대해 (그리고 그것을 통해) 지각이 작용하는 관계의 망을 형성함으로써, 메를로-퐁티는 지향성의 원천을 의식에서 신체 자체로 변경시켰다.[15] 그러므로 지향적 주체성을 대신해서, 메를로-퐁티는 다음과 같이 주장하게 된다. "나는 세계를 향해 일어나는 하나의 신체다."[16] 또한, 신체-주체로서의 의식의 지향성은 더 이상, 그것으로부터 다른 모든 반성의 형식들이 일어나게 되는 구체적 기체로 주어질 수가 없다. 신체는 메를로-퐁티 이전의 주체성 개념보다 더 큰 유동성을 일으키고 신체의 부분들 간의 교환의 정도를 더 크게 일어나게 한다.[17] 행위자를 의식이 아닌 신체 가운데 위치시킴으로써, 메를로-퐁티는 투과 가능한, 감각적이고, 촉발적인 매개 안에서 세계 내로의 우리의 투입을 효과적으로 근거 짓는다.

의식을 경유하는 신체의 역할에 대한 이러한 체계적 인정은 신체가 세계를 지각하는 데 이르는 방식에서처럼 메를로-퐁티의 규정을 지속해서 이어 나간다. 지각은 세계 안에서의 주체와 대상 간의 체화된 교환이다. 이는 주어진 것이 직관적 과정에서 단순하게 '도입되는' 수동적 과정이 아니다.

---

15. 이어지는 절에서 내가 분명하게 제시하겠지만, 신체-주체로서의 자기 개념은 예술로서의 삶에 매우 중요하다. 예술로서의 삶에서의 주체는 고립된 이성적 행위자가 아니라 행위자가 미학적 통일성을 일으켜야 하는 경쟁적 환경 및 담화 속에 휘말려 들어가는 신체-주체다.

16. Merleau-Ponty, PoP, 87.

17. 신체와 세계의 교환에 대한 검토로는 Merleau-Ponty, PoP, 112를 보라.

"지각하는 주체는……그가 그것의 열쇠를 미리 소유하지 못한 채로, 사물에 도달해야만 한다……. 또한 그는 자기 자신을 그의 존재의 심연에서 준비하게 만드는 절대적 타자에게 개방시킨다."[18] 이와 유사하게, 감각과 참여를 통해서 그 주변의 세계를 탐구하는 "정상적 주체는 지각을 통해 대상으로 관통해 들어간다."[19] 메를로-퐁티에게 지각은 '도달함'/관통과 '자기 자신을 개방함'이나 타자를 통해 '규제된' 존재 사이의 역동적 접힘fold으로 주어지는 것이다. 신체는 신체와 환경 사이에서 일어나는 유동적인 정보의 교환이다. 신체의 투과성과 경계성은 세계에 정보를 주고 병합시키는 일을 가능하게 한다. 신체를 전적으로 분리시키거나 세계와 신체를 동일시하지 않은 채로 말이다. 이와 동시에 운동과 설명을 통해 외부세계를 조사한다. 신체는 이를 통해 우리가 세계와 관련하게 되는 능동적 조직이다.

따라서 메를로-퐁티의 신체에 대한 분석은 변형시키고 흡수하며 세계 안으로 신체를 던지면서 참여하는 과정을 지각이 형성시킨다는 현상학적 결론을 낳는다. 이것은 최소한 암시적으로, 하이데거의 거주 개념에 대한 재독해로 볼 수도 있다. 거주는 세계와의 역동적 교환이며, 주거지로 지금 주어진 곳이다. "신체는 세계 내 존재의 매개체다. 그리고 살아 있는 하나의 생명체에게 있어, 신체를 소유한다는 것은 한정적인 환경 속에 얽히게 된다는 것을 뜻한다. 생명체는 바로 그러한 환경 속에서 특정한 기획투사를 통해 자기 자신을 확인하고 지속적으로 그러한 투사행위에 전념하게 된다."[20] 의미의 세계를 지각하고 형성하는 행위자로서의 우리의 신체는 세계와 교

---

18. Merleau-Ponty, PoP, 380.
19. Merleau-Ponty, PoP, 152. 또한, "Sensation, Judgment, and the Phenomenal Field," in *The Cambridge Companion to Merleau-Ponty*, eds. Taylor Carman and Mark Hansen (Cambridge:Cambridge University Press, 2005), 71:"지각은 정신에서의 정신적이거나 심리학적인 효과가 아니라, 세계 안에서의 신체의 가지적 방향설정이다."
20. Merleau-Ponty, PoP, 94.

섭하는 매개자이자 수단이다. 그것은 "대상을 지각하고 파악되는 대상을 향해 들어가는" 것으로서의 신체, "이러한 잠재성 내지 세계의 부분"으로서의 신체다.[21] 거주함이 대상들의 본성을 도입하고 그것들을 보호하는 것처럼, 신체는 주위세계를 관통해 들어가면서 주위세계를 탐구한다. 메를로-퐁티의 입장에서, 우리는 행위자와 의식이 주위세계로의 우리의 체화된 참여를 통해 규정되는 유효한 신체 주체다.

상호적인 체계로서의 신체는 역동적 환경과 상호작용하는 일원론적 단위로 이해되지 말아야 한다. 오히려 신체는 또한 환경과 상호작용하기 위해 ― 시각적, 촉각적, 청각적 등 ― 일군의 양상들을 통합하는 신체 자체로 상호작용 안에서 존재하는 것이다. 신체는 이 다양한 양상들을 현출하는 현실화이다(아래 내용을 보라).[22] 즉 현출하는emergent 것으로서의 신체는 감각적 입력들의 총합보다 더 크다. 그것은 감각들과 다른 해석의 단서를 하나의 전체로 모으는 행위자다. 메를로-퐁티가 진술한 것처럼, "따라서 나의 지각은 시각적, 촉각적, 그리고 청각적으로 주어진 것의 총합이 아니다. 나는 나의 전 존재와 더불어 총체적인 방식으로 지각한다. 나는 사물의 독특한 구조, 단번에 나의 모든 감각에서 말을 하는 독특한 존재방식을 파악한다."[23] 이 모든 감각들은 지각장 내에서 작용하고 이루어지는 지향과 더불어 신체를 통해 통합된다. 각 감각이나 신호는 환경과의 상호작용에 있어 타자와 분리될 수 없다. 모든 것은 세계 내의 의미를 구성하고 탐지하는 내부적이고 외부적인 상호작용의 복합망 속에 통합된다. 신체는 감각의 집단

---

21. Merleau-Ponty, PoP, 121.
22. 현출하는 지각에 대한 더 상세한 검토로는 나의 논고 "Merleau-Ponty and Emergent Perception," *Journal of the British Society for Phenomenology*, October 2011, 42 (3):290~304.
23. Merleau-Ponty, SNS, 50. 또한, PoP, 137을 보라. "정상 주체 안에 하나의 단일한 촉각 경험 및 시각 경험은 존재하지 않는다. 다만 거기에는 통전적 경험만이 존재한다. 이 경험에서 각 감각의 기여도를 측정하는 것은 불가능하다."

적 결합 및 지각행위의 다른 수단들처럼 말해질 수 있다.

이러한 신체에 관한 보다 더 체계적인 이해는 성과 지각에서의 성의 영향에 관한 메를로-퐁티의 분석에서 제일 잘 나타난다.[24] 만일 메를로-퐁티의 통합된 신체-주체에 대한 이론적 가정이 정확하다면, 이 경우 성은 행동과 사유의 다른 형태들을 따라서, 우리의 '지향적 호'를, 그리고 그 다음으로 개인적 부분의 기여보다 더 큰 전체 안에서의 우리의 지각장을 기능적으로 주조할 수 있다. 이러한 주장에 있어 메를로-퐁티가 선호한 경험적 증거는 뇌의 트라우마의 결과로 인해 "성적인 결단을 발휘하지 못하는" 슈나이더라는 인물 유형이다.[25] 따라서 그는 지각장에 대한 유의미한 종합을 만들어 낼 수 없다. 다른 과학적 연구 및 입증되지 않은 증거와 짝을 이루는 이 증거는 메를로-퐁티가 다음과 같이 주장하는 바를 따른다.

> 근원적 세계 안으로 생명을 불어넣고 외부 자극에 성적 가치나 의미를 부여하며 개개의 주체들에게 자신의 객관적 신체의 용도를 형성해 주는 에로스나 리비도가 존재해야만 하고, 이는 각 주체에서의 외부 자극 및 윤곽에 성적 가치나 의미를 부여한다. 슈나이더의 경우에 변화되는 것은 지각이나 성적 경험의 구조 자체이다.[26]

슈나이더의 사례는 지각과 성의 상호성을 보여 준다. 만일 지각이 '실패한다면', 이 경우 성적인 것은 그 결과로 고통을 겪는다. 결과적으로, 정상 주체의 지각은, 성이 부분적으로 대상들과 대상들의 일관적 의미를 향한 지향함에 영향을 미침으로써 지각장을 규정하는 것처럼, 그렇게 성을 통해

---

24. 이것은 예술로서의 삶에 대한 미셸 푸코의 사유에서도 마찬가지로 매우 중요한 대목이다.
25. Merleau-Ponty, PoP, 155.
26. Merleau-Ponty, PoP, 180.

깊이 영향을 받게 된다고 말해질 수 있다.[27]

　메를로-퐁티가 한 것처럼, 우리는 다음과 같이 더 강하게 주장할 수 있다. 지각은 성과 함께 주입된 단순한 지각이 아니다. 오히려 지각은 그 자체로 그 양자가 서로 분리될 수 없는 것으로서의 "성애적 지각"이다.[28] 통합된 체계로서의 성욕화된 주체는 성과 성애적 지각을 가지는 데서 일어나는 '하나의 신체'로 단적으로 다뤄질 수가 없다. 메를로-퐁티가 진술한 것처럼,

> 성과 실존 사이에는 상호침투가 존재한다. 말하자면, 실존이 성에 퍼지면 **역으로** 성이 실존에 퍼지고, 그래서 주어진 결단이나 행동에 대하여 성적 동기화의 부분과 다른 동기화의 부분을 정하는 것이 불가능하며, 결단이나 행동을 '성적' 또는 '비-성적'이라고 특징짓는 것이 불가능하다.[29]

지각장에서의 의미의 형성은 불가피하게 성애화된 지각을 통해 작용된 것으로, 이에 성과 신체가 서로 얽히게 된다. 메를로-퐁티 이전에 대부분의 현상학자들이 전적으로 침묵했던 현상, 이 성애라는 것은 지각의 경험의 다양한 분열을 통합하는 세계를 보는 방식이 된다. 성은 "여러 배경들에 그 뿌리를 두고 있고, 여러 경험들을 통해 수립된, 행동의 구조들을 획득하는, 정신신체적psychosomatic 주체가 향유하는 일반적 능력이다."[30]

　그런데 성과 신체에 대한 메를로-퐁티의 초점은 단순히 지각 안에서

---

27. Merleau-Ponty, PoP, 182: "우리는 성적 삶을 근원적 지향성으로 발견함과 동시에 지각·운동성·표상이라는 이 모든 '과정들'을, 환자에게는 허물어진 것이지만 정상인에게는 경험에 그 생명성과 다산성의 정도를 부여하는 '지향적 호'에 근거지음으로써 그 생명적 기원들을 발견한다."

28. Merleau-Ponty, PoP, 181.

29. Merleau-Ponty, PoP, 196.

30. Merleau-Ponty, PoP, 183.

성의 우위성을 수립하기 위해 주어지는 것이 아니다. 대신에, 그것은 신체를 통해 드러나는 다양한 방향설정의 양상들 간의 역동적 상호작용과 통전성integration의 강력한 예로 이해된다. 성이 지각에 본질적인 것처럼 음식, 냄새, 역사, 두려움, 실천 등도 그러하다.[31] 메를로-퐁티가 진술한 것처럼, "성에서부터 운동성과 지성에 이르는 인간의 모든 '기능들'은 엄밀하게 하나의 종합으로 통합되는데," 이처럼 "인간 안에 모든 것은 필연이다."[32] 물론 메를로-퐁티가 말하는 '하나의 종합'은 신체이다. 이를 통해 세계 내에서 '필수적인' 모든 단위가 통합되고, 확대되며, 여과된다. 성은 단지 복잡하면서도 자발적인 과정으로 들어가는 일군의 변양들 가운데 하나에 불과하다. 이를 통해서 우리는 지각장과 같은 어떤 것을 인식하는 데 이른다. 따라서 메를로-퐁티는 정확하게 다음과 같이 주장한다. "나의 신체는 인접한 기관들의 집합이 아니라, 그것이 실존의 응결된 국면인 한, 세계 내의 존재의 일반적 작용 속에 함께 결합되고 실행되는 모든 기능들이자 종합적 체계다."[33] 신체는 "모든 대상들이 그 안에서 엮이는 직조체"이며,[34] 심연, 조직, 그리고 의미를 가지기 위해 지각장에서 허용된 충동, 욕구, 그리고 싫증 등에 대한 일관적이고 통합적인 체계다. 신체는 '어떤 것에 대한' 지각이면서, 지각 자체의 단위이다. 그것은 인간 경험의 자료가 주어지는 지각의 의식에서 기능적으로 여과하고 주조한 지각의 결과다. 그것은 각 감각의 개별적 기여보다 더 큰 세계의 현실화된 지각 안으로 다양한 감각적 입력 값을 흡수하고

---

31. 한 예로 PoP, 185에서 다음과 같은 말을 들어 보자. "우리는 지각하기 전에, 관계의 삶에 이르기 전에, 시각에 의해 색과 빛에 속하기 전에, 청각에 의해 소리에 속하기 전에, 성에 의해 타인의 신체에 속하기 전에, 인간관계의 삶에 이르기 전에 영양분을 섭취하고 호흡해야 한다고 첨언할 것이다."

32. Merleau-Ponty, PoP, 197, 강조는 저자.

33. Merleau-Ponty, PoP, 272.

34. Merleau-Ponty, PoP, 273.

통합시킴으로써 그러한 체계가 된다. 이런 점에서 신체는 현출하는emergent 주체다.

현출하는 주체로서의 신체는 메를로-퐁티의 작업에서 잘 언급되지 않는 주제다. 하지만 그것은 그의 전체론으로서의 언어와 미학에 관한 설명에 본질적인 부분이 될 정도로 일관적으로 드러나는 주제다. 지각에 관한 메를로-퐁티의 설명은, 지각하는 주체로서의 신체가 공동적, 적대적, 그리고 보충적 양상들로 구성된 것을 하나의 전체로 통합하는 것으로 나타나는 신체가 되는 사실을 검토하는 방향으로 나아간다. 훗날 『자연』이란 제목으로 출간된 1957년 강의에서 메를로-퐁티가 진술한 내용을 보자. "유기체는 즉각적이면서 시간에 종속하는 미세한 사건들의 총합이 아니다. 그것은 전체적이고 거시적인 것의 매력을 가지고서 현상을 에워싼다."[35] 메를로-퐁티의 '전체의 매력'이라는 개념은 신체에 목적론적 역할을 부여하는 것으로 나타난다. 신체는 복합된 다양한 미세 부분들을 통합할 뿐만 아니라 그 고유한 권리상, 조직하고, 확대하며, 다양한 감각들을 조정하는 매개체를 유발시킨다.

오늘날의 여러 연구 성과들이 주목한 것처럼, 이러한 신체에 대한 설명은 강한 현출로 명확하게 지칭될 수 있다.[36] 강하게 현출하는 것으로서의 신

---

35. 메를로-퐁티의 『자연』 강의는 다음 글에서 재인용된 것임. Mark Hansen, "The Embryology of the (in)Visible" *The Cambridge Companion to Merleau-Ponty*, eds. Taylor Carman and Mark Hansen (Cambridge : Cambridge University Press, 2005), 238.

36. 현출하는 신체에 대한 특별한 언급과 관련해서는 다음 글들을 보라. 필립 클레이튼은 그의 최근 글에서 '심적-신체적' 통일체로서의 자기에 대해 말한다. Philip Clayton, *Adventures in the Spirit : God, World, and Divine Action*, ed. Zachary Simpson (Minneapolis, MN : Fortress Press, 2008). 현출 개념에 대한 일반적 설명으로는 다음 글들을 보라. *Re-Emergence of Emergence*, eds. Philip Clayton and Paul Davies (Oxford : Oxford University Press, 2006), Harold Morowitz, *The Emergence of Everything* (Oxford : Oxford University Press, 2002), Terence Deacon, *The Symbolic Species* (New York : W.W. Norton and Company, 1997), Robert Laughlin, *A Different Universe* (New York : Basic Books, 2006), and Philip Clayton, *Mind and Emergence* (Oxford : Oxford University Press, 2004).

체는 그 다양한 구성요소들을 조직함으로써가 아니라 다양한 그 요소들을 교환하는 가운데 인과성의 한 형식을 부가적으로 실행시킴으로써 나타날 수 있다. 메를로-퐁티가 『자연』 강의에서 진술한 것처럼, "유기체의 총체에 대한 탐구가 일어날 때, 총체성은 더 이상 심리학적 항으로는 기술할 수가 없다. 그것은 현출하는 것으로 나타난다. 우리는 이 하나의 결과로서의 부분 대 전체의 관계를 어떻게 이해하는가?"[37] 부분들로 환원할 수 없는 전체와 마찬가지로, 신체는 그 구성의 부분들에 의존하는 것으로, 동시에 그 고유한 인과성을 드러내는 것으로 이해되어야 한다. 이것은 신체가 존재론적으로 현출하는 것임을 의미하며,[38] 그것은 감각과 입력되는 것의 집

---

37. 메를로-퐁티의 글은 다음 문헌에서 재인용된 것임. Renaud Barbaras, "A Phenomenology of Life," in *The Cambridge Companion to Merleau-Ponty*, eds. Taylor Carman and Mark Hansen (Cambridge:Cambridge University Press, 2005), 223. 또한, 같은 장 216쪽에서는 다음과 같이 진술되어 있다. "유기체는 그 부분의 총체 그 이상의 것은 아니다. 거기에는 생명력이 없다. 그런데 그 삶이 이 부분들로 환원할 수 없는 한, 그것은 부분과는 다른 어떤 것이다."

38. 여기서 특별히 엘-하니와 페레이라를 인용함으로써 현출이라는 것을 요약해 내는 필립 클레이튼의 『정신과 현출』(*Mind and Emergence*)을 보라(『현출의 재-현출』[*The Re-Emergence of Emergence*]의 「도입부」, 2):

1. 존재론적 물리주의:공간-시간적 세계 내에 존재하는 모든 것은 물리학과 그 집합체를 통해 인식되는 기본적 속성이다.

2. 현출의 속성:물질적 입자들의 집합체는 적절한 조직적 복합성의 차원에 이르고, 참으로 기발한 속성이 이 복잡한 체계 내에서 현출한다.

3. 현출의 환원불가능성:현출하는 속성은 속성들이 그로부터 나타나는 저차원의 현상으로 환원할 수 없고, 그것으로부터 예측할 수도 없다.

4. 하향적 인과성:더 높은 차원의 실재는 더 낮은 차원의 구성요소들을 촉발시킨다.

그는 다음과 같이 현출을 정의한다. "주어진 체계가 현출한다고 말하는 것은, 그것이 설명적으로, 인과적으로, 따라서 존재론적으로 그것이 진화한 체계로는 환원될 수 없다는 것을 뜻한다."(Philip Clayton, "Emergence from Quantum Physics to Religion:A Critical Appraisal," *Re-Emergence*, 310) 존재론적 현출의 필수불가결함은 분명 하향적 인과성의 조건이다. 다시 말해 현출하는 속성(이를테면 신체)은 그 구성적 부분이 기상학적 총체로 수행할 수 없는 작업(지각 장의 붕괴)을 수행해야만 한다. 존재론적 현출에서 흥미로운 점은 의식의 뇌가 존재론적으로 뇌와 관련한 현출로 나타난다는 점을 진술하는 마이클 실베슈타인의 작업에서도 볼 수 있다. 특별히 Micheal Silberstein, "In Defense of Ontological Emergence and Mental Causation," in *Re-Emergence of Emergence*, eds. Philip Clayton and Paul Davies

합과는 다른 '것'이다. 그것은 더 긍정적인 의미로, 통합되는 지각의 종합으로 감각들을 모으고 흡수하며 다양한 감각들에 대한 매개성과 능력을 가지는 주체성이다.

지각 안에 함축된 현출하는 실재로서의 신체에 대해 논증함으로써, 메를로-퐁티는 하이데거의 초기 내다봄 개념에서 벗어나 현상학적 사유 개념으로 효과적으로 이행한다. 대신에, '사유'는 지각장을 구성하고, 다음에는 자신을 의식하는 통합된 신체적 지각 속에 정초된다. 선-반성적 현상으로서의 사유는 의식을 위해 마련된 세계를 위한 신체의 지속적인 여과와 구성으로 이해되어야 한다.[39] 이것은 반성의 과정을 통해서가 아니라 신체에 의해서 우리의 역사, 감각, 욕구, 그리고 이성적 목적의 현출하는 조정을 통해 일어난다.

메를로-퐁티의 신체 개념 – 그러므로 사유를 정초하는 것 – 은 초기 하이데거가 제시한 이전의 사유 개념을 효과적으로 대체할 수 있지만 하이데거의 시적 사유 개념을 대체하지 못한다. 하나의 개념으로서의 시적 사유는 사건 안에서의 존재의 발현을 보존하고, 보호하며, 초청하는 능력을 나타낸다. 메를로-퐁티의 신체 개념을 통해서 사고되는 시적 사유는 체화된 과정이 된다. 이를 통해 존재는 시적으로 '사유'되거나 '성찰'될 뿐만 아니라 지각 경험의 다양한 상호 연관된 차원들을 통해 보존되고, 보호되며, 초대를 받는다. 시적 사유를 대신한다기보다도, 메를로-퐁티의 신체 개념과 하

(Oxford:Oxford University Press), 203~26.

39. 의식하기를 가능하게 하는 일관적 장을 조정하고 만들어 내는 선-반성적 과정으로서의 이러한 '사유' 개념은 19세기 생물론에서 분명하게 존재했던 바이다. 특별히 니체의 사유에서 찾아볼 수 있다. 한 예로, Nietzsche, GS, 111 : "우리 뇌에서의 논리적 생각과 추론의 과정은 오늘날 단독적으로, 매우 비논리적이고 부당한 것으로 받아들여지는 충동들 가운데서의 투쟁 및 [역사적이고 신체적인] 과정에 상응한다. 우리는 일반적으로 이 투쟁의 결과만은 경험한다. 왜냐하면 이 원초적 메커니즘은 이제 너무나 빠르게 전개되고 매우 잘 감추어져 있기 때문이다."

이데거의 시적 사유 개념은 서로의 마주함을 통해 서로를 풍요롭게 한다. 우리는 먹기, 성애, 그리고 봄이 현상을 보호하고 초대하는 한, 이런 것들을 통해서 '시적으로 사유' 할 수 있다. 즉, 시적 사유의 성찰적인 책임의 차원은 세계로의 체화된 참여로 확장될 수 있다. 실제로, 지각 — 그러므로 세계 내 매개체 — 를 현출하는 활동성으로 이해함으로써, 메를로-퐁티의 작업은 다음과 같이 더 확장적인 시적 사유를 잠재적으로 형성해 낸 긍정적 결과이다. 이런 점에서 시적 사유는 사유와 시의 효과가 될 수 있을 뿐만 아니라 우리의 감각하는 신체를 통해서 세계와의 체계적 얽힘이 될 수 있다. 우리는 사유를 통해서만이 아니라 우리의 운동, 먹기, 성애 등을 통해서 나타남을 보호하고 초대할 수 있다.

분명한 것은 메를로-퐁티의 초기 현상학이 시적 사유의 규범적 지위를 제거하지 않는다는 점이다. 안정적이면서도 수용적인 나타남을 향한 성향과 마찬가지로, 시적 사유가 욕망할 수 있는 것으로 남겨진다. 오히려 메를로-퐁티의 사유가 시도하는 것은 의식 주체에서 신체-주체로 행위자를 변경시키는 것이다. 이렇게 함으로써, 나타나는 것을 제시하는 일로서의 나타남은 맛보고, 보고, 냄새를 맡고, 만지는 등의 행위를 포함한다. 메를로-퐁티의 신체-주체는 세계를 하이데거가 대면한 것보다 더 풍요로운 방식으로 파악한다. 이것은 나타남의 그 모든 잠재적 현시를 환영하는 보다 체화적이고 선-반성적인 성향을 시적 사유에서 형성하게 만드는 표면적 효과다.

나는 메를로-퐁티의 신체에 대한 설명과 지각장을 형성하는 신체의 역할이 하이데거의 후기 시적 사유 개념에 대한 보충제가 된다고 주장하고 싶다. 여기서 보충제란 성찰적 사유와 시적 거주 안에 보존되는 열림에 대한 부름과 보호를 통해 표지된 '물러섬'을 가능하게 하는 지각 장의 구성에 관한 발견이며 신체 그 자체이다. 따라서 체화된 시적 사유는 시적 사유와 세계와 사유의 관계에 대한 하이데거의 규범적 활용과 메를로-퐁티의 신체에 대한 현출적 설명을 통합하는 핵심 개념이 된다. 예술로서의 삶에서의 긍정적 세계 경험을 일깨우는 능력은 나타나는 세계를 유지하고 요청하는 체화된 작용을 통해 만들어진다.

더 나아가 실제적 결과로서의 체화된 시적 사유는 세계로의 일상적 참여를 통해서 하이데거가 지시한 철저한 긍정을 위한 잠재성을 견지하게끔 한다는 이점을 가진다. 시적 사유는 시와 성찰의 작용에 제한될 필요가 없으며, 세계로의 선-반성적 참여를 통해서 정의될 수 있다. 신체-주체처럼, 우리는 먹고, 움직이고, 보고, 탐구하는 일견 평범한 활동을 통해 자유롭고 책임 있게 세계에 참여할 수 있다. 이 경우 메를로-퐁티의 사유는 하이데거의 시적 사유라는 개념을 심화하고 철저화한다.

세계

만일 체화된 시적 사유가 예술로서의 삶 내부의 비판적 개념이 되는 것이라면, 이는 존재론적 차이를 '사유하는' 현상학적 의무와 경쟁함으로써 그렇게 되어야 한다. 다시 말해, 체화된 시적 사유는 지각의 주체와 지각된 세계 간의 비판적 차이를 인정해야 (내재화해야) 한다. 이런 식으로만 세계가 '일깨워지고', 아도르노적 의미에서의 구원이 일어난다. 메를로-퐁티의 존재 개념에 대한 논의가 이러한 분석의 한계를 넘어서는 와중에도, 체화된 시적 사유 안에 '무엇이' 나타나는지를 적어도 간략하게나마 확인하는 것이 중요하다. 이것은 예술로서의 삶에서의 긍정적 계기가 세계를 그 자체로 열어 주고, 수용하는 데 이르는 방식의 개념화를 통해 조금 더 가능해질 것이다.

분명, 지각의 현상에 대한 메를로-퐁티의 지속적인 분석은 지각과 세계 간의 관계에 대한 어떤 암시를 선사한다. 지각은, 신체와 신체의 배경의 '인상'을 향한 방향설정 사이의 매개를 통해서, 공간 내에서 주체를 지도해 줄 수 있는 주위환경으로부터 지각장을 구성적으로 개척해 간다. 잠정적 의미에서, 이것은 주체에게 나타나는 것으로서의 '세계'이다. 메를로-퐁티가 진술한 것처럼, 지각은 다음과 같은 이유로 현전한다. 그것은

> 우선 우리가 현재의 현실적·지각적 장, 세계와 접촉하는 표면 내지 그 표면이 세계 안에 지속적으로 뿌리내리고 있는 사태를 소유하기 때문에, 파도가 해변의 표류물을 둘러치듯 세계가 끊임없이 주체성을 공격하고 둘러싸기 때문에 그런 것이다. 모든 인식은 지각을 통해 열려진 지평 안에서 발생한다.[40]

지각은 하나의 장, 영속적이지 않은 지평을 연다. 여기서 우리는 우리 자신 및 우리의 신체를 공간 내에서 근거 지을 수 있다. 그런데 인간 지각을 향해 방향이 설정된 하나의 장은 우리 자신과 환경 사이의 '분리'를 내포하지 않는다. 실제로 지각장은 세계에로 열려 있는 우리 존재의 수단, 세계의 '파도'가 우리의 신체라는 해변을 씻어 낼 수 있는 유일한 수단이다.

그런데 지각장의 발견은 지각을 통해 발견된 지각장이 세계 자체, 또는 심지어 존재라는 점을 반드시 내포하지는 않는다. 실제로, 메를로-퐁티는 지각장을 세계와 일관적으로 구별해 낸다. 이러한 지각은 세계라는 의미작용의 더 큰 영역 내에서 신체를 인도하는 유의미한 형태를 구성하거나 '형성해 내는' 능력으로 분리된다. 메를로-퐁티의 말을 여기서 길게 인용해 보면 좋을 듯하다.

> 감각은 어떤 장에 속한다. 내가 시각적 장을 가진다고 말하는 것은 내가

---

40. Merleau-Ponty, PoP, 241.

나의 입지를 따라 존재자들, 가시적인 존재자들의 체계에 개방되고 그 체계에 접근하게 된다고 말하는 것과 같다. 여기서 존재자들은 내 입장에서 비롯된 노력과는 무관하게, 자연의 선물을 통해서, 그리고 일종의 원초적 결합에 의해 나의 시선을 이용한다……동시에 그것은 시각이 언젠가 한계를 가진다는 것, 나의 현실적 시야에서도 보이지 않는, 심지어 볼 수 없는 사물들의 지평이 있다는 것을 의미한다.[41]

지각은 한계 지어진 것 자체이면서 한계를 설정하는 것이며, '보이지 않는' 다른 것들을 남겨 두는 동안 의식에 대해 어떤 요소들을 선택하는 구체화된 세계로의 참여의 과정이다. 그것은 그 불완전성을 알려 주는 우리 지각장의 지속적인 변경이다. 만일 나의 지각장이 일관적으로 변형된다면, 이 경우 지각장은 지각 자체 '바깥의' 알려지지 않은 복잡한 환경을 나타낸다. 이 한계설정은 실체의 이중성이 아니라 그저 관점의 한계설정이며, 환경을 완전하게 관통하기에는 무능한 지각의 능력이다. 이것은 메를로-퐁티가 진술한 것처럼, 지각장과 세계 사이의 구별을 야기한다. "이 경우 처음 우리가 소유하는 것은 무엇일까? 주어지는 것을 아우르고 그것을 완전히 관통하는 종합적 통각과 더불어 잡다가 주어지지는 않는다. 다만 세계라는 배경에 대립하는 어떤 지각장이 있을 뿐이다."[42]

만일 지각장이 제한된다면, 그것에 대립하여, 그리고 그것을 통해서 '배경'이 세계로, 또는 메를로-퐁티의 후기 작업에 나오는 존재로 주어진다. 분명 이것은 하이데거의 초기 저술에 나오는 내다봄의 작용이나 후기 작품에서 존재에 관한 부정적 정의를 통해 드러나는 '세계'와는 다른 것이다. 메를로-퐁티의 초기저술에서 '세계'는 우리가 구성하는 지각장에 대립하는

41. Merleau-Ponty, PoP, 251.
42. Merleau-Ponty, PoP, 280.

총체성이다. 그것은 인간의 합리성이나 관심을 향해 탁월하게 방향을 설정하고 있는 것이 아니다. 따라서 메를로-퐁티는 세계에 대해 "우리의 모든 경험에 잔존하는 지평이고 언제나 현재 그 자체이며 모든 규정적 사유에 선재하는 것"이라고 말할 수 있었다.[43] 그는 지각장으로 세계를 몰락시키지 않는다. 메를로-퐁티는 『지각의 현상학』 후반부에 더욱 정확한 정의를 제시한다. "우리는 세계에 관한 경험을 가지는데, 이 경험은 각 사건을 전체로 규정해 버리는 관계들의 체계가 아니라 무궁무진한 사건의 종합이라는 열린 총체로 이해된다."[44] 메를로-퐁티에게 세계는 그것을 향해 우리의 신체를 지각장의 구성과 변형 속에 그 자체로 투사하는 열린 총체로 정의된다. 지각장은 세계 내에서 구성되는데, 이러한 구별은 메를로-퐁티의 작업에서 절대로 없어지지 않는다. 다만 세계는 확고부동하게 그것으로 지각이 지각장의 구성을 이끌어 내는 영원한 탄성spring으로 남겨진다.

따라서 세계에 대한 물음은 우리가 지각 '저편에 놓인' 것을 규정하는 방식에서 판명된다. 대부분의 해석자들에게, 메를로-퐁티의 초기 작품은 세계를 현상성과 동일시하는 것으로 간주된다. 세계는 지각을 통해 현상적인 것이 될 수 있다는 것이다. 하지만 이 현상성은 지각장 바깥에 남겨지며 그것을 조건 짓는다. 메를로-퐁티가 『지각의 현상학』에서 주장한 것처럼, 존재는 "그로부터 나의 고유한 경험들이 선취되는, 대도시의 소란스러움이 우리가 그 안에서 행하는 모든 것의 배경을 제시하는 것처럼 나의 삶의 지평에 속하는 광범위한 개별적인 것"이라고 말해질 수 있다.[45] 초기 작품에서 존재는 지속적으로 재조직하고, 그 안에서 움직이며, 내가 구성하는 지

---

43. Merleau-Ponty, PoP, 106.
44. Merleau-Ponty, PoP, 255. 또한, Merleau-Ponty, PoP, 450을 보라. "우리 주위의 세계는 우리가 종합하는 대상들의 체계가 아니라 우리가 스스로 기획하는 것을 향해, 우리에게 개방되는 사물들의 총체여야 한다."
45. Merleau-Ponty, PoP, 382.

각장 내에서의 나의 체화된 삶을 정초하는, 나의 지각적 삶에서의 배경이자 지평이다. 메를로-퐁티의 초기 사유에서 '우선적인' 것은 현상 세계이며, 체화된 지각이 일어나는 사물들의 관계적 총체다. 르노 바르바라스가 간결하게 진술한 것처럼, "바로 전체의 현상성이 현실이다."[46] 즉 존재와 세계는 존재하거나 존재할 수 없는 이 요소들이고, 체화된 지각에서 가능한 것이 된다.

메를로-퐁티는 이 규정을 『보이는 것과 보이지 않는 것』이라는 책으로 출간된, 그의 후기 존재론에서 거칠게 수용한다. 물론 거기에는 더 큰 의미심장한 뉘앙스가 담겨 있다. 사르트르Jean-Paul Sartre의 즉자en sui와 대자pour sui라는 개념에 반대해서, 메를로-퐁티는 존재의 실체화에 의존하지 않고, 봄과 가시성의 본성에 기반을 둔 존재 개념을 규정해 낸다. 다시금 현상성 내지 그 잠재적인 현상의 성격은 나타나는 것의 이해에 있어, 배후에서 드러나는 것, 체화된 지각에 있어 중요한 것이다. 이런 이해를 따라서, 존재는 순수 긍정성(또는 사르트르가 주장한 타자에서의 부정)이 아니라 가시성, 그리고 비가시성 안에서 잠재적으로 감추어져 있는 것의 부분이라고 메를로-퐁티는 주장한다.

> 우선적인 것은 무의 근거에 있어서의 충만하면서도 긍정적인 존재가 아니다. 그것은 각각이 분리되어 받아들여지는 나타남의 장이며, 이는 아마도 차후에 깨지거나 교차될 것인데……, 다만 나는 거기서 제일의 진리로 존재할 또 다른 것에 의해 대체될 것을 알고 있을 뿐이다. 왜냐하면 거기에 세계가 있고, 거기에 어떤 것 ─ 하나의 세계, 하나의 어떤 것이, 우선 무효화시키지 않기 위해 존재하기 때문이다.[47]

---

46. Barbaras, "A Phenomenology of Life," 225.

47. Merleau-Ponty, VI, 88.

존재는 근거도 부정도 아니다. 메를로-퐁티가 지각과 나타남에 천착한다는 점이 견지되는 가운데, 존재는 잠재적인 지각과 나타남의 장을 겹치게 하고, 일관적으로 혼합해 내며, '교차시키고', 동시에 시선에서 멀어지게 하는 것으로 사고되어야 한다. 존재는 순수한 실증성이 아니라 부재, 충만, 상호 교차하는 관점을 통해 표기된 잠재적 시선과 나타남의 장이다. 메를로-퐁티가 더욱 발전시킨 존재론에서, 존재는 지각의 작업 내지 지각의 고유한 작용을 통해 그 자체로 드러나거나 감추어지는 것이다.

메를로-퐁티의 사유의 핵심은 세계와 존재가 언제나 근거, 현상성 배후에 숨어 있는 것으로 정의된다는 점을 이해하는 것이다. 메를로-퐁티의 후기 작업에서, 존재는 '보이는 것'이면서 '보이지 않는 것'으로 갈라진다. 그것은 지각에 앞서 나타나며, 또한 자기 자신을 숨기거나 뒤로 물러서는 것이다. 보이는 것은 오로지 순간적으로만, 자기 자신을 나타남으로 이용할 수 있게 하는 감각적인 존재의 차원으로만 존재한다. 우리가 지각을 통해 성취하는 것은 존재의 한 가지 양상일 뿐이며, 우리는 그 두터운 겹에 끼어들 뿐이다. 메를로-퐁티는 다음과 같이 진술한다.

[지평은] 결국 존재의 이름이 '순수' 존재의 지평이 아니라 그것을 열어 주고, 내 앞에는 없지만 타자에 속해 있는 것들과 나의 봄의 상호교차 및 나의 작용의 상호교차에서 형성해내는 관계의 체계라는 이점을 형성한다……. 순수 존재 내지 대상의 맹목적 빛을 열어 주는 일과는 별개로, 우리의 삶은 천문학적 의미에서의, 대기가 된다…….[48]

지각이 전달하는 것은 '순수' 존재가 아니라 세계를 보이게 하기 위해 수렴

---

48. Merleau-Ponty, VI, 84.

되는 지각의 다중성이다. 우리가 거주하는 '대기'란 우리의 지각장과 타자들—우리를 세계 안으로 관통하게 해 주는 교차적 관점들—에 속해 있다.

물론 이것이 메를로-퐁티가 존재에 대한 이원론적 시각을 갖는다는 점을 뜻하지는 않는다. 오히려 그 반대다. 그의 존재론은 철저하면서도 체계적으로 일원론적이다. 그 가시성 자체가 현시되는 경우에 존재가 있을 뿐이다. 글렌 마지스가 말한 것처럼 존재는 "세계의 육적 펄프"고,[49] 또한, 매 순간 지각의 경험에 자신을 부과하는 유기적 발생 및 비-발생의 우주이다. 메를로-퐁티가 진술한 것처럼, "존재는 신비적이지 않다. 그것은 우리가 말할 수 있는 한, 우리의 삶, 우리의 학문, 우리의 철학이 거주하는 이 세계, 이 존재다."[50] 메를로-퐁티의 더 지각적이고 내재적인 방향설정으로 인해, 존재는 그저 우리가 지각을 통해 거주하고 참여하는 나타남과 비-나타남의 총체가 된다. 메를로-퐁티가 초기와 후기 저술에서 일관적으로 주장한 것처럼, 우리가 지각을 통해 봄과 느낌을 일으키는 일과 봄과 지각을 정초하는 일 사이에는 분명한 구별이 존재한다. 세계와 존재는 우리가 우리의 체화된 참여를 통해 구성하는 지각의 '세계들'과는 구별되면서 그것들을 지탱한다.

메를로-퐁티의 초기와 후기 존재론에 관한 이 짤막한 요약은 그의 지각의 현상학이 체화된 주체와 세계 간의 존재론적 차이를 충분히 인정하고 있다는 점을 명확하게 보여 준다. 체화된 지각은 지각장의 조건들에 세계나 존재를 종속시키는 것이 아니라 끝없이 한계 짓는 지각장을 현상적 실재성 내에서 열어 준다. 세계는 신체가 자신을 발견하고, 움직이며, 비반

---

49. Glen Mazis, "Matter, Dream, and the Murmurs among Things," in *Merleau-Ponty : Difference, Materiality, Painting,* ed. Veronique M. Foti (Atlantic Highlands, NJ : Humanities Press International, 1996), 80.

50. Merleau-Ponty, VI, 117.

성적으로 운동을 지도하는 유의미한 일련의 단서들을 만들어 내야만 '열린 총체'로 자신을 나타낸다. 메를로-퐁티의 지각 이론이 더욱 인간중심적인 해석을 견지할 수는 있지만, 인간들과 인간들 스스로를 발견하는 곳인 세계 사이의 존재론적 차이는 모호하지 않다.

더 나아가 이와 동등한 의미를 가지는 것으로, 메를로-퐁티의 존재론은 체화된 지각을 통해 보호되는 것이 곧 현상성이라는 점을 분명하게 제시한다. 세계로의 우리의 참여는 나타남 안에서 특권화된 관점을 우리에게 선사해 준다. 그것이 시각적이건, 촉각적이건, 청각적이건 간에 말이다. 지각이 우리에게 무제한적이거나 '순수한' 방식으로 존재를 허용해 주지 않는 한, 그것은 존재의 요소를 드러내고 그 자신이 보이게끔 열어 준다. 이런 점에서 체화된 지각은, 그것이 다양한 것들 가운데 하나의 관점임에도 불구하고, 우리가 우리 자신을 발견하게 해 주는 유기적 총체와 분리될 수 없다.

이제 나는 체화된 시적 사유라는 개념이 신체-주체를 통해 나타남을 단호하게 보호하고 보존하는 이미지를 일제히 환기시킴과 동시에 존재론적 차이에 친밀하게 다가간다는 점을 논증할 것이다. 주체와 나타나는 것 간의 엄밀한 구별을 유지함으로써, 메를로-퐁티는 세계를 우선적인 개념적 규정 바깥에서, 세계를 보이는 것으로 나타나게 한다.[51] 체화된 지각을 통해서 주체에 주어진 것은 보이게 되는 것으로서의 선-반성적 대상 경험이다. 체화된 시적 사유는 이 경험의 차원을 보존하거나 적어도 기억하기를 시도한다. 그렇지만 메를로-퐁티의 존재론에서 전조된 나타남-으로의-도래가 순수하게 시각적인 것으로 사고되지는 말아야 한다. 체화된 시적 사유를 통해서 보호받는 것은 미각, 촉각, 청각, 또는 시각으로 나타는 모든 것들이다. 세계는 우리의 모든 감각을 통해 우리에게 주어진다. 체화된 시

---

51. 주체가 선-반성적으로 대상들에 의미를 부여하는 것처럼, 나타남이 어떤 규정과 무관하게 있을 수 없다는 점이 위에서 분명해져야 한다.

적 사유에서 요청되는 것은 대상과의 선-반성적 흡수가 유지되고 보호되는 나타남을 향하는 성향이다.

따라서 체화된 시적 사유는 5장에서 마르쿠제가 세심하게 환기시켰던 감각적 미학에 접근하기 시작한다. 마르쿠제가 감각성과 쾌락의 재형성을 통해 사회의 구원을 추구했던 반면, 메를로-퐁티는 삶에 대한 회상, 삶으로의 이끌림, 나타남에 관한 선-반성적 경험을 통해 세계로의 일차적 참여를 일깨우기 시작한다. 신체-주체를 특권화함으로써 두 철학자는 대체로 우리 주위의 세계와의 구체적 마주침에 몰두하는 방향으로 이론적 과제를 효과적으로 이행시킨다. 마르쿠제에게, 신체-주체는 저항의 망이자 미학적 이성의 의무의 현실화가 된다. 메를로-퐁티에게, 신체는 우리가 그것을 통해 개념성에서의 변형에 앞서 세계로의 근원적 참여를 다시 살아가게 하는 매개이다. 비판이론과 현상학 모두 신체가 어떤 식으로 미학적 경험의 부정적 차원과 긍정적 차원을 위한 양가적 연결기반이 될 수 있는지, 그리고 그것이 어떻게 세계에 참여하게 될 수 있는지를 보여 준다.

지금까지 다뤄진 메를로-퐁티의 분석은 행위자를 신체 주체 쪽으로 재정위시키고, 세계를 그 자체로 보고 긍정하는 능력을 제시해 주지만, 체화된 시적 사유 안에서 알려지는 '시적인' 것이라는 개념을 적절하게 문제화하지 못한다. 만일 시적 사유의 개정을 위한 나의 논변이 작동 중이라면, 이 경우 그것은 체화된 미학으로 보충되어야만 한다. 앞으로 보게 되겠지만, 현상학적 주체가 구성하는 변형은 차후 미학적 탐구의 본성을 변경시킨다. 이것은 시와 거주라는 관념을 기반으로 삼아 형성된 개념에서 비롯된 시적 사유를 체화와 표현에 대한 새로운 주장을 기반으로 삼아 다시 한 번 변경시키는 결과를 낳는다.

언어의 구조

앞에서 보여 주었던 것처럼, 메를로-퐁티의 사유는 시적 사유에 대한 하이데거의 통찰의 확장이자 강화로 나타날 수 있다. 주체성과 세계의 구별을 유지하고 신체-주체의 핵심에 행위자를 둠으로써, 메를로-퐁티는 하이데거의 핵심 통찰의 상당수를 효과적으로 보존하고 강조한다. 물론 그 해결책이라는 것이 메를로-퐁티의 상이한 현상학적 방향설정을 통해 시적 사유가 변형되는 방식이긴 하지만 말이다. 이론의 여지는 있지만, 이것은 메를로-퐁티의 미학이론에서 가장 자명하게 나타나는 바이다. 그것은 하이데거의 사유를 비판적으로 확장시키는 일을 뒷받침한다. 이런 점에서 그것은 후기 하이데거의 사중주/세계/존재에 대한 부름, 보호, 그리고 보존의 수단으로서의 시 개념에 대한 보충이다. 이를 통해서 메를로-퐁티의 미학은 인간을 공통적인 표현 세계로 더 많이 참여하게 하는 수단으로 받아들여질 수 있다.

하이데거와 마찬가지로, 메를로-퐁티의 예술작품에 대한 설명은 언어 구조에 대한 분석으로 시작한다. 또한, 메를로-퐁티의 『지각의 현상학』에서의 처음 목적으로 인해, 언어는 근원적으로 지각을 통해 탐구된 세계에 대한 표현을 향한다. 메를로-퐁티가 진술한 것처럼, "말해진 말은 몸짓, 그리고 몸짓의 의미, 하나의 세계다."[52] 언어와 세계에 대한 의사소통 및 발화를 연결 짓는 일과 관련해서 그는 다음과 같이 말한다. "인간이 자신이나 자기 동료와 살아가는 관계를 수립하기 위해 언어를 사용하는 한, 그 언어는 더 이상 도구, 수단이 아니다. 그것은 세계 및 우리의 **동료와 우리를 통합하는 심적 연결, 내밀한 존재의 드러남**이자 현시이다."[53] 그러므로 발화, 언어는 신체를 통해 탐구된 세계에 대한 상호주관적 표현을 향한다. 그것은 상호적 경험의 세계를 만들어 냄으로써 타자와 우리를 통합시키고 세계의 '드러남'을

52. Merleau-Ponty, PoP, 214.
53. Merleau-Ponty, PoP, 228.

소통시킨다. 실제로, 발화와 언어는 지각과 의식 안에서 나 자신을 통해 느껴지는 '세계'를 '보는' 또 다른 능력을 설정한다.

언어는 의식의 상태를 직접적으로 소통하는 것이 아니라 언어의 총체적 효과를 통해 나의 세계에로 타자를 '나아가게' 함으로써 타자의 지각을 관통한다. 메를로-퐁티가 지적한 것처럼, "의미하는 사태들을 향해 나아가게 만드는 것이 언어다. 이런 식으로 언어는 작동하며, 우리에게서 자신을 감춘다. 언어의 승리는 그 자신을 없애는 것이다."[54] 언어는 "그 자체로 하나의 몸짓을 초월함"으로써 타자를 지향된 의미로 "나아가게 한다."[55] 이는 지각의 총체적인 의미작용을 발생시키기 위해 언어가 기호를 넘어서는 의미를 가능하게 함으로써 이루어진다. 메를로-퐁티의 언어 분석은 언어의 구조 자체가 언어 자체의 활동성을 통해 나의 세계로 그 언어의 수용자를 이행시킨다는 구조주의적 해석을 제시한다. 언어 내의 기호의 집합을 통해서, 그것은 발화자가 보는 것을 타자가 효과적으로 '보게끔' 만든다. 그것은 상호-주관적 지각의 세계를 공유한다.

이러한 메를로-퐁티의 언어 분석은 세 가지 이유에서 매우 중요하다. (1) 그것은 상호주관적 표현으로서의 ─ 따라서 예술 ─ 언어의 원초적 본성을 요구한다. (2) 그것은 지각의 경험에서 발견되는 것에 상응하는 공유된 세계로서의 언어의 내용을 나타낸다. (3) 그것은 지각처럼, 언어를 부분의 합보다 더 큰 전체로 이해한다. 메를로-퐁티가 일관적으로 언어를, 기호·공유된 의미·몸짓이 궁극적으로 상호주관적으로 공유될 수 있는 세계를 일으키는 전체적인 인상을 만들어 내는 "우주"에 비견한다는 것은 이 세 번째

---

54. Maurice Merleau-Ponty, *The Prose of the World* [PW], trans. John O'Neil, ed. Claude Lefort (Evanston, IL: Northwestern University Press, 1971), 10. 또한, 이 책에서 12면을 보면 PoP, 212에서 하는 말과 같은 언급이 나온다. "또한, 회오리바람(기호들) 그것과 더불어 내가 연결해 나갈 다른 의미를 향해 나를 쓸어버린다."

55. Merleau-Ponty, PW, 141.

요점과 관련한다.[56] 메를로-퐁티가 『간접언어와 침묵의 목소리』(후에 『세계의 산문』에 수록됨)에서 진술한 것처럼, "언어는 기호의 상호작용을 통해서만 이해되고, 분리되어 있는 그 각각은 모호하거나 평범하다. 그리고 그것은 오로지 타자들과 결합됨으로 말미암아 의미를 이룬다."[57] 신체가 감각의 집단적이고 현출하는 집합인 것처럼, 언어는 기호와 상징의 현출하는 상호작용이다. 언어는 오로지 하나의 전체로서, 지각을 소통시킨다.

언어는, 그 현출적 구조 때문에, 오로지 자기 자신을 초월하는 가운데 다양한 기호의 상호작용을 통해서 의미를 만들어 낼 수 있다. 메를로-퐁티의 초기 지각에서의 신체의 역할에 대한 설명과 유사하게, 이러한 언어에 대한 설명은 암시적으로나마 창발론적emergentist인 것이다. 언어는, 언어 전체가 부분으로 환원할 수 없는 것임에도, 부분들의 조정된 상호작용을 통해서 의미의 '우주'를 만들어 낸다. "한 기호의 표현능력은 한 체계 안에 있는 부분과 다른 기호들과의 공존에서 도출된다⋯⋯."[58] 메를로-퐁티는 그것이 의미작용이건, 말에 관한 것이건, 역사에 관한 것이건 간에, 언어의 의미를 그 다양한 부분들 간의 조정적이고 복합적인 상호작용에 고유하게 의존하는 것으로 이해하는 체계적 언어 이해를 표현했다. 실제로 우리는 언어의 다양한 구성요소들 사이의 상호작용과 시너지효과를 통해서 — 따라서 예술 — 언어 안에서만 의미를 얻는다. 『보이는 것과 보이지 않는 것』에서 메를로-퐁티는 "[말의] 의미는 빵에 바른 버터, 소리에서 흩어져 있는 '심적 실재'의 이차적 층과 같은 상용구가 아니다. 그것은 말해진 것의 총체, 말의 사슬의 모든 분화의 통합이다. 그것은 귀와 눈을 가진 사람들에게 말

---

56. 예를 들어 PW, 32 및 Merleau-Ponty, AR, 80을 보라.
57. Merleau-Ponty, AR, 79~80.
58. Merleau-Ponty, PW, 36. 또한, PW, 42를 보라. 여기서 메를로-퐁티는 다음과 같이 진술한다. "[기호들]은 기호의 집합을 통해서만 의미를 전달하는 데 성공한다. 마찬가지로 의사소통은 발화된 언어의 전체가 이해된 언어의 전체로 이행한다."

들로 주어진다."[59] 메를로-퐁티의 독특한 규정에서, 의미는 빵에 있는 버터와 같은 것이 아니라 빵, 버터, 파스타, 마늘, 그리고 레드와인의 '맛'이다. 그것은 지각 자체와 마찬가지로 언어 내에 삽입된 단서들과 다양한 기호들의 조정된 효과의 창발적 속성이다.

최소한, 메를로-퐁티의 구조주의적이고 창발적인 언어 이해는 언어(표현)와 신체(지각)의 기능적 유사성을 허용한다. 둘 다 세계 안에 우리의 자리를 만드는 것이며, 조정된 이해 수단들이다. 이와 유사하게 메를로-퐁티의 지각 개념은 체화되었으며, 선-반성적인 작용으로 '보기'를 의도하는 것으로 재정의된다. 그의 언어 개념은 상호주관적 수용을 위한 일련의 단서들을 조작하는 전체론적인 효과를 통해 '표현'을 재정의한다. 지각처럼 언어는 다양한 방식의 모음과 종합을 통해 일어나는 창조적 작용이다. 하지만 지각과는 달리 언어는 타자에게 우리의 지각장을 허용하고 동시에 상호-주관적 소통을 지향한다.

언어에서 회화와 신체로

메를로-퐁티의 언어에 대한 통찰은 그의 예술에 대한 설명에서 핵심적인 것이다. 표현의 본질에 대한 그의 가장 중요한 작업은 특별히 폴 세잔 Paul Cézanne의 작품, 곧 그의 회화에 대한 분석에 농축되어 있다. 왜냐하면 언어와 다르게 가시성이 가장 중요해지고, 지각과의 연결 및 그 원초적 역할이 명시적으로 나타나는 것이 또한 회화 안에서이기 때문이다. 회화가 언어의 의사소통적이고 전체론적인 특징을 모사하는 한, 그것은 더 큰 가시성과 표현으로 그 자신을 넘겨주며, 이를 통해 의미작용의 공유된 세계를 더 강력하게 소통시킨다.

---

59. Maurice Merleau-Ponty, *The Visible and the Invisible* [VI], trans. Alphonso Lingis, ed. Laude Lefort (Evanston, IL:Northwestern University Press, 1968), 155.

이러한 진술이 메를로-퐁티의 회화 분석은 언어에 관한 그의 작업과 연결되지 않는다고 말하는 것은 아니다. 오히려, 메를로-퐁티는 하이데거가 시와 언어를 연결시킨 것처럼, 언어와 회화 간의 개념적 연결을 분명하게 형성해 낸다. 또한, 표현의 논리의 가장 온전한 예시적 사례는 언어 안에서 가장 공통적으로 발견된다. 이런 식으로 메를로-퐁티는 표현을 통해 회화와 언어를 연결시킨다.

요컨대, 이러한 말이 지닌 최절정의 힘은 회화와 같은 방식으로 암묵적이고 암시적인 축적의 최고점일 뿐이다. 우리는 대부분의 양상 가운데 언어가 회화와 다르지 않다는 점을 인정하는 데서 출발해야 한다. 소설은 회화와 같은 방식으로 표현을 성취한다.[60]

언어와 회화 간의 연결에서 가장 중요한 것은 표현의 양식처럼, 그것들이 어떤 특징 속에서 현출한다는 점이다. 아도르노적인 언어로, 메를로-퐁티는 회화 자체를 다음과 같이 기술한다. "화가와 우리 사이의 소통은 평범한 대상에서는 발견되지 않는다. 그리고 기호의 성좌는 언제나 어디서나 자기 자신에게 선행하지 않는 의미를 향해 우리를 안내한다. 그런데 이러한 말은 언어에 적용되어야 한다."[61] 그것은 아도르노가 처음에 인식했던 것처럼, 회화의 전체 의미를 일으키는 회화 (또는 예술작품) 속에 있는 기호들의 '성좌'constellation이다. 언어처럼, 회화는 전체적 효과를 일으키기 위해 의도된 지각적이고 시각적인 단초들의 조화이다. 또한, 유비를 보태자면, 지각과 같이 회화는, 유의미한 전체 안으로 일련의 시각적 계기를 집어넣는 결단성이다.

---

60. Merleau-Ponty, PW, 88.
61. Merleau-Ponty, PW, 152.

따라서 현출하는 표현 형식으로서의 회화는 지각하는 신체와의 잠재적인 유사성을 드러낸다. 회화의 매개체는 유의미한 지각장을 만들어 내는 지각 작용과 유사하다. "회화의 통일성을 이루는 의미작용의 질서 내지 장은……신체가 세계와의 관계에서 개방되는 질서와 유사하다. 이 점에서 모든 몸짓의 사례는 전체의 양식 안에 참여한다."[62] 언어, 회화, 그리고 지각은 특정 '양식'에 대한 모든 표현이며, 체화된 효과를 위한 일련의 양상이나 요소를 조화시키는 수단이다. 양식화된 것으로서의 회화와 지각은 세계에 대한 상호주관적 의식을 만들어 낼 수 있는 창조와 표현의 탁월한 형식이기도 하다. 세계의 어떤 요소에 의미를 부여하고 타자들에 대한 지각을 부정하는 한에서, 지각은 표현이다. 이와 유사하게 회화는 지각의 의식을 위해 어떤 시각적 요소들을 고양시킨다. 회화와 지각의 표현적 통일성에 기인해서, 양자는 신체가 느끼고 체험하게 되는 새로운 지각장을 가능하게 하는 예술작품을 통해서 관계적 체계로 발생하는 통합된 표현으로 병합 – 예술의 천재의 사례에서 – 될 수 있다. 메를로-퐁티는 세잔에 대한 반추를 통해 이러한 예술의 힘을 반성한다.

우리는 대상들의 심연, 반듯함, 부드러움, 딱딱함을 본다. 세잔은 심지어 우리가 대상들의 향기를 본다고까지 주장한다. 만일 화가가 세계를 표현하는 자라면, 그가 시행한 색의 정렬은 이 분할할 수 없는 전체 내에서 드러나야 한다. 그렇지 않으면 그의 회화는 사태들 가운데 암시만 할 뿐이며 우리에게 실재적인 것에 관해 정의를 내리는 고압적 통일성, 현전, 파악할 수 없는 충만함을 부여하지 않을 것이다.[63]

---

62. Merleau-Ponty, PW, 81.
63. Merleau-Ponty, AR, 65.

회화는 지각장의 '통일성'을 표현하는 것이다. 회화는 세계를 '실재적인' 것이 되게 만드는 방식으로 감각에 관여하는 시각적 계기들의 총체를 통해 세계 안으로 보는 자를 '밀어 넣을' 수 있다. 실제로 다른 예술형식보다 회화가 더 잘 시행하는 것은 아마도 공유될 수 있는 지각된 시각 세계를 만들어 내는 일이다. 이러한 공유의 능력은 대체적으로 지각의 활동, 회화의 현출하는 구조를 통해 회화가 재창조하는 사실에 기인한다.

회화 및 회화와 언어와의 관계에 대한 메를로-퐁티의 검토 작업을 통해서, 그는 시각적 표현의 특권화된 형태로서의 회화가 신체에 참여할 수 있다고 주장하는데, 왜냐하면 시각적으로 현출하는 것으로서의 그러한 표현이 세계로 전환하는 신체라는 수단의 추출작업distillation이기 때문이다.[64] 조화의 관점에서, 색·조직·깊이·내용·상상력의 자유로운 놀이·회화는 지각장을 구성하는 각 계기에서 지각이 성취하는 것을 단번에 성취할 수 있다. 신체처럼 회화는 그 고유한 인식과 관련해서 신체를 요청하는 표현적 공간이다. "그것은 신체의 작용이며, 회화와 예술로 확대되는 최소한의 지각 안에서 시작한다……. 그것은 우리의 신체를 통해 존재한다. 우리는 예술로 진입하기 전에 일어나는 미세한 역사의 신체라는 일차적 경험을 가지고 있으며, 이 경험을 가진 우리의 신체를 통해 회화가 존재한다."[65] 이와 유사하게, 예술가 자신(이 경우에는 화가)은 그 고유한 신체와 지각장의 구성을 예술작품을 생산해 내기 위해 조작한다. 예술은 표현의 정제작업이면서 동시에 양식을 통해 세계로 도입된 지각장의 변형이다.[66] 예술은 지각적 신

---

64. 이것은 분명하게 지각장의 구성에서 봄을 특권화하고, 그의 후기 저서 『보이는 것과 보이지 않는 것』으로 나아가는 움직임이다. 나는 여기서 봄의 특권화가 메를로-퐁티의 신체의 현상학의 논리를 벗어난다고 주장하고 싶다. 하지만 이러한 비판이 그의 회화의 미학 자체를 손상시키는 것은 아니다.

65. Merleau-Ponty, PW, 83.

66. Merleau-Ponty, AR, 123을 보라. " '화가는 그와 더불의 그의 신체를 취한다'고 발레리는 말한다……. 그것은 예술가가 세계를 회화로 변화시키는 세계에 자신의 신체를 대여해 줌으로

체의 재창조이자 일깨움이다. 일군의 예술적 요소를 조정함으로써, 예술작품은 보는 자의 감각 안에서 지각이 그 고유한 신체 안에 성취되는 방식을 일깨운다.

이런 이유로 메를로-퐁티는 체화된 지각의 우위성을 경험하기 위해 보는 자에게 도움을 주는 특화된 수단인 회화, 그리고 예술적 표현 일반에 대해 빈번하게 이야기한다. 회화는 심연, 관점, 그리고 의미의 유의미한 종합안에서의 시각장의 몰락collapse을 재창조함으로써, 우리의 신체가 세계와의 연합을 성취하는 방식을 드러낸다. 또한, 그 침묵, 열림, 그리고 객관적 정의에 대한 저항이라는 수단을 통해서, 하이데거가 말했던 시적 사유를 통해 드러나는 것과 같은 원초적 세계를 회화를 통해 열어 준다. 실제로, 회화는 지각의 근원적 본성에의 열림 안에서 시를 가로지르는 장소의 특권을 향유한다. 이런 점에서 회화는, 최소한 메를로-퐁티에 의하면, 비록 선-반성적인 것이긴 하지만, 우리가 보고, 수용하는 세계에 이르는 방식을 우리에게 보여 주는 능력으로, 다른 예술보다 위에 있게 된다.

만일 그렇다면, 우리는 좀 거칠게는 하이데거의 시 이론에 대해 말한 것과 동일한 말로 시각예술에 대한 메를로-퐁티의 분석에 관해 이야기할 수 있어야 한다. 지각장의 몰락과 동시다발적 현출을 재창조하는 데 있어, 회화는 세계와의 소통의 상호적 강화 방식을 열어 주는 신체의 수단을 표현하고 환기시킨다. 분명, 메를로-퐁티의 회화 이론은 하이데거의 시 이론의 존재론적 흔적 그 이상의 것을 드러내지 않는다. 회화가 표면상 존재의 도래와 보존을 위해 안전한 공간을 열어 주는(사건Ereignis) 수단으로 주어

써 존재한다." 또한, 이 점과 관련해서 AR, 91을 보라. "보이는 모든 것과 동일한 의미를 향하는 회화의 지성적 벡터의 수렴점 x는 이미 화가의 지각 속에서 묘사된다. 그것은 화가가 지각하자마자 시작하는 일이다. 말하자면 그가 어떤 간극이나 틈, 형태와 근거, 위와 아래, 규범과 일탈을 사물들이 지닌 접근 불가능한 충만함 속에서 정렬할 때 곧장 일어난다."

지는 것은 아니다. 그럼에도 불구하고 세계를 통한 세계와의 상호작용에 대한 우리의 신체의 수단을 표현함으로써, 그리고 지각장을 정제함으로써, 회화는 그와 유사한 목적, 즉 반성에 선재하는 세계의 일깨움을 성취해 낸다.

예술과 사유의 역할, 2부

회화에 대한 메를로-퐁티의 이러한 강조에 대해, 나는 그가 여기서 '시적 사유'가 지각의 주체와 구별되는 근원적 현상에의 비판적 성향과 개방성을 명명한다고 주장하고 싶다.[67] 다만 그것이 '시'를 필연적으로 시적 사유가 성취되는 유일한 수단으로 지목하는 것은 아니다. 하이데거의 시적 사유 개념에서 중요한 것 – 이는 분명 메를로-퐁티의 회화에 대한 설명 속에 보존되어 있다 – 은 시와 나타남을 통해 신체-주체에 도래하는 세계의 부름과 가까이-거주함을 향하는 불가결한 성향이다. 만일 이 논증이 견지된다면, 이 경우 체화된 시적 사유는 환경과의 소통 및 체화된 표현을 드러내는 시의 바깥에서 표현의 형식을 요약해 내는, 더욱 확장적인 개념이 된다. 앞에서 행위자 개념이 신체-주체를 포괄하는 것으로, 또한 시적 사유의 지향이 선-반성적 세계를 포괄하는 것으로 확장되었던 것처럼, 부가적인 논증은 시적 사유가 세계와 우리의 근원적 마주함에 자신을 열어 주는 예술적 존재 방식 자체라는 사실을 형성해 줄 수 있다. 이런 점에서, 시적 사유는 근원적으로 발생하는 것에 자기 자신을 열어 주는 보다 더 일반적인 시도를 나타내 주지만, 그것은 체화된 지각 안에서 자주 상실되는 반면 회화적 표현에서 가장 생생하게 표현된다.

결국, 예술작품과 표현적 신체 사이의 연결이 메를로-퐁티의 작업 속

---

67. 이것은 표면상 존재사건(Ereignis)과 같은 것에 대한 요구를 보존한다. 여기서 존재가 불려지고, 탄원되며, '일어난다'고 하지만, 그것이 지각하는 주체의 해석적 차원에 종속되지는 않는다.

에 반드시 수립되어야 한다. 내가 암시했던 것처럼, 예술과 지각은 표현의 형식이다. 이 개념적 통일성으로 말미암아 체화된 지각의 활동성이 회화적 표현의 활동성에 연결될 수 있다. 이러한 연결은 메를로-퐁티의 표현에 대한 분석과 더불어 시작한다.

> 모든 지각, 그리고 그것을 전제하는 모든 행위, 요컨대 신체를 사용하는 모든 인간은 이미 원초적 표현이다. 이것은 지각이 그 의미와 사용규칙과 더불어 또 다른 장소에서 주어지는 기호들 속에 표현된 것을 대체하는 파생적 노동이 아니라 제일 먼저 기호를 기호로 구성하는 일차적 작용이라는 것을 의미한다. 지각은 표현된 것이 기호 안에 머무르게 한다. 그것이 이전의 어떤 관습을 통해서가 아니라 그것들의 정렬과 배치 자체의 교묘함을 통해서 이루어지는 것이긴 하지만 말이다. 그것은 아무것도 아닌 것 속에 하나의 의미를 끼워 넣는다……[68]

지각과 예술은 둘 다 우리의 '원초적 표현'의 일부다. 이것은 지각하는 주체가 세계와 소통하는 수단이다. 예술은 지각의 부분집합이거나 그 역이다. 오히려 지각과 예술은 메를로-퐁티에 의해 알려진 주체가 세계 내의 공간과 길을 발견하는 원초적 표현으로서의 더욱 확장적인 현상의 일부다. 지각은 그것이 무규정적인 세계 가운데 의미를 창조적으로 발견하는 한, 표현이다. 예술이 기호나 발작 안에서 성문화되는 한, 그것은 표현이고, 세계와 신체-주체의 마주함이다.

표현적 작용으로서의 회화는 체화된 지각으로 말해질 수 있다. 양자는 세계를 창조적으로 탐문하는 방식이다. 이런 점에서, 신체의 선-반성적 활

---

68. Merleau-Ponty, PW, 78.

동은 예술가의 활동과 병합한다. 메를로-퐁티는 유비를 통해서 이 논증에 비판적 요소를 부여한다. "예술가가 자신이 작업하는 소재의 섬유질 자체 속으로 자신의 양식을 방출해 내는 것처럼, 나는 내 신체를 움직인다. 근육과 신경계가 개입해야 한다거나 내가 이 행위의 도구를 찾아야 한다는 것조차 알지 못한 채로 말이다."[69] 신체가 행위로 존재하는 만큼 예술은 물질적인 것으로 존재한다. 하지만 나는 예술과 사유의 연결이 메를로-퐁티의 다음과 같은 보다 더 유비적인 진술 너머로 확장될 수 있다고 주장하고 싶다. 예술과 사유는 서로 유사해질 뿐만 아니라 하이데거의 시적 사유와 마찬가지로, 그것들이 서로 결합될 수 있는 통합된 표현 영역의 일부다. 한 예로, 회화의 차원에서 화가는 시각적 공간의 표현 속에 지각을 순전하게 도입하지 않는다. 화가에게 지각과 회화의 작용은 하나의 현상학적 장 — 회화적 지각 — 속으로 통합된다. 여기서 두 '작용'은 서로 구별할 수 없다. 다시 말해 지각은 표현과 동시적으로 일어난다. 하나는 다른 하나와 분리시킬 수 없다.

이 논증은 오해를 받아온 메를로-퐁티의 초기 작업의 신체의 본성에 관한 주장을 뒷받침해 줄 수 있다. "신체는 물리적 대상이 아니라 예술작품과 비견된다. 음악의 이념에 대한 묘사 내지 상은 색과 소리의 표현과는 다른 수단을 통해 소통할 수가 없다."[70] 신체와 예술은 세계와 우리의 회합을 표현한다. 신체는 유의미한 장의 구성을 통해서, 예술은 세계와 주술의 재창조를 통해서 자신을 표현한다. 이것들은 그 공통적 본성 안에서 표현의 형식으로 통합된다. 이것은 예술과 신체가 표현의 공통 형식으로 결합될

---

69. Merleau-Ponty, PW, 77.

70. Merleau-Ponty, PoP, 174. 또한, PoP, 175에도 유사한 부분이 있다. "이런 점에서 우리의 신체가 예술작품에 비견되는 것이다. 신체는 함께 변하는 어떤 항들에 대한 법칙이 아니라 살아 있는 의미들의 결합이다."

수 있는 그 둘 간의 더 큰 친밀성 - 메를로-퐁티 자신이 이 논증을 제시하지는 않았지만 - 을 암시한다. 이것을 나는 체화된 미학적 지각이라고 부른다. 이것은 세계 내의 신체의 방향설정을 일관성 있게 변형시키고 표현하는 하나의 존재방식 - 미학적 지각 - 으로 지각과 예술을 통합해 내는 예술가에게, 비록 배타적으로 그런 것은 아니지만, 분명하게 참이 된다.

나는 메를로-퐁티가 선호한 예술적으로 체화된 지각이라는 개념이 체화된 시적 사유라는 개념을 더 강화하는 데 활용될 수 있다고 주장하는 바이다. 내가 여기서 현출의 과정이라고 명명한 예술과 신체는 세계 - 원초적 표현 - 로의 보다 더 원초적인 참여에서 도출되는 것으로 이해되어야 한다. 예술적으로 체화된 지각 속으로 예술과 지각을 결합하는 것은 세계가 감각적이고 표현적인 양상의 집합을 통해서 지각되고, 해석되며, 창조된다는 사실을 표현한다. 이러한 더욱 일차적인 현상이 지각 자체를 넘어서 존재하는 배경 세계의 유의미한 종합을 조직하고 구축한다. 이러한 조망을 통해서 해석된 체화된 시적 사유는 세계로의 신체의 참여에 대한 의식과 수용을 지시하는 '수동적' 개념이 될 뿐만 아니라, 우리에게 보이고 우리가 거주하는 세계 안에서의 다양한 감각, 지성, 그리고 세계 자체를 요청하는 지속적이고 창조적인 마주침 속에서 '능동적인' 개념이 된다. 처음에 시적 사유 안에서 표지되는 긍정과 수용은 우리가 체화된 지각을 통해서 세계를 일으키는 근본적으로 창조적인 성향을 담아내는 것으로 확장된다. 세계와의 마주함을 통해서, 그것은 의미를 부여하고 양식화한다. 이러한 지각의 기초적인 예술적 속성은 체화된 시적 사유가 나타남을 초대하고, 환영하고 보호하는 능력으로 정의될 수 있게 해 준다. 다만 그러한 능력은 우리의 세계로의 창조적이고 통전적인 참여를 거쳐야 한다.

이러한 체화된 시적 사유 개념의 강화는 시와 참여가 더 근본적인 현상 - 신체 주체 - 의 지시를 받는 것으로 보이게 해 줄 뿐만 아니라 체화된 시적 사유를 더욱 실천적인 영향을 가지는 하나의 개념으로 보이게 하는 긍정적 결과를 갖는다. 하이데거의 시적 사유라는 개념이 분명 추상적인 것에 지나지 않고 사유와 인식의 작용을 정제하기 위해 잠재적으로 의미작용을 견지하는 것인 반면, 메를로-퐁티의 신체-주체에 관한 해석은 나타남으로의 우리의 참여가 신체적이고 창조적인 경험을 통합하게 만든다. 이런 점에서, 체화된 시적 사유는 우리의 감각에 관여하고 나타남을 얻고자 하는 일군의 활동들로 동화될 수 있다. 더욱 단순한 용어로, 체화된 시적 사유는 우리가 일상의 기초가 되는－시각·미각·촉각·후각－세계에 참여하는 다양한 방식을 포함하는 것으로 확장될 수 있다. 우리 주위를 보는 것, 우리가 행하는 먹고, 마시고, 일하는 것 등이 우리 주위를 아우르고 있다. 메를로-퐁티의 철학이, 하이데거의 규범적 성향과 혼합될 때, 그것은 세계에 대한 생생하면서도 선-반성적인 상태에서 일어나는 경험들을 다시 일깨우기를 갈망한다. 신체를 통해 세계를 증언하고 세계의 나타남을 보존함으로써, 메를로-퐁티는 보기, 느끼기, 먹기, 만지기라는 일상의 상세한 내용들이 우리 주위의 세계에 인사를 건네고 긍정하는 것을 경험할 수 있게 한다.

세계와 가시성에서의 현상성 및 잠재성을 동등시함에 있어서, 메를로-퐁티는 체화된 시적 사유에서 '나타나는' 것을 효과적으로 해명했다. 그것은 다름 아닌 내재성이다. 따라서 체화된 시적 사유는 가시성에서 펼쳐짐과 동시에 비가시성으로 물러서는 것과 같은 세계에 대한 표현 작용을, 보이고 느껴지면서도 보여지지 않는 경험의 차원 안에서 보는 일을 가능하게 하는 비판적 성향이다. 사실상, 체화된 시적 사유는 세계의 가시성으로의 도래에 대한 표현으로서의 일상과 평범한 것을 신성하게 만든다. 보이는 것을 부르고 보존하는 데서, 체화된 시적 사유는 감각 경험의 다양한 차원을 긍정한다. 우리는 우리의 총체적인 감각적 세계 경험을 통해 보이는 것으로 돌아가고, 그것을 부르며 보호함으로써 일상으로의 매혹을 복원하고 다시 일깨우기에 이른다.

　더 나아가 '예술적 지각' 안에서 미학과 사유를 결합하는 것을 인정함으로써, 메를로-퐁티는 세계에 대한 근원적 경험을 일깨우는 창조에 부여된 역할도 긍정한다. 예술적 지각이라는 렌즈를 통해 해석된 창조는 그저 만듦과 행함의 작용에 불과한 것이 아니다. 오히려 창조는 지각이나 미학의 의식에서 세계를 형성하고 주조하는 지각 작용과 같은 더욱 근본적인 방식으로 간주될 수 있다. 지각은 예술적 표상이 행하는 것처럼, 일관된 의미 영역으로 세계를 빠트린다. 이처럼 지각은 창조 행위 그 자체이며, 의미들이 배열되고, 재조직되며, 제거됨에서 비롯되는 활동이다. 4장과 5장에서 주장한 것처럼, 예술로서의 삶이 창조 작용을 통해 나타나는 것이라고 한다면, 메를로-퐁티를 통해 나타난 예술로서의 삶의 적극적 계기는 창조를 명백한 정치적 또는 사회적 행위로서만이 아니라 세계에 대한 봄을 수용하고 보존하는 형식으로 간주할 수도 있다. 창조는 구성적일 뿐만 아니라 수용적이다. 그것은 저항과 긍정 사이의 접힘[fold]에 놓여 있다.[71]

　본 장은 하이데거의 시적 사유에 관한 통찰을 더욱 실천적인 차원으로 확장하려는 의도와 더불어 시작되었다. 여기서 실천적인 차원이란, 마르쿠제의 작업처럼, 세계에 대한 매일의 경험에 의미와 가치를 부여하기 위한 효과를 일으킬 수 있는 가능성을 뜻한다. 이렇게 함으로써, 하이데거의 시적 사유 개념은 주위세계로의 체화된 참여를 통합하는, 메를로-퐁티의 신체-주체에 관한 비판적 통찰을 포함하는 것으로 팽창된다. 이 경우 체화된 시적 사유 개념은 세계와의 창조적, 예술적 마주침을 포함하는 것으로 확장된다. 여기서 우리는 세계를 수용할 뿐만 아니라 지각의 의미를 담아낸 경

_____

71. 다음 장에서 저항과 긍정/드러남이라는 주제를 도입하는 예술로서의 삶에서의 창조의 역할에 대한 더 완전한 분석이 제시될 것이므로 참조하라.

험을 일깨우기 위해 그 세계 안에서 행위한다.

여기서 하이데거와 메를로-퐁티를 '함께 사유하는' 것이 가장 풍요로운 결실을 안겨 주게 된다. 왜냐하면 하이데거는 존재 경험을 선취하는 규범적 성향을 제시하고, 메를로-퐁티는 시적 사유가 체화적이고, 표현적인 것이 되게 만들어 주고, 보이는 세계가 현시되도록 열어 주는 현상학적·미학적·존재론적 이해를 도입하기 때문이다. 체화된 시적 사유는 이 다양한 사유의 흐름을 예술로서의 삶 내부의 한 계기가 되도록 병합한다. 여기서 예술로서의 삶은 근원적 현상의 선-반성적 본성 및 존재론적 차이에 주목하는 봄과 거주함의 체화된 형식을 통해 보이는 세계를 경험하게 해 준다. 예술과 사유는 그 자체로 보이는 경험의 심연 – 또한 보이지 않는 것 – 을 열어 주는 영역 속에 합류된다. 예술로서의 삶에서의 적극적 계기는 우리 주위의 내재적이고 현상적인 세계를 – 긍정함으로써 – 경험하기 위한 가능성을 드러낸다.

이러한 운동은 세 가지 이유에서 중요하다. 우선 앞서 말했던 것처럼, 움직임·접촉·음식 먹기·마시기·봄을 통해 우리 일상의 체화된 세계로 참여하는 것은, 이러한 작용을 통해서 우리가 세계의 사건을 선-반성적으로 수용하고 환영하는 유일한 '장소'로 간주된다. 하이데거가 **존재사건**Ereignis이 일어나는 공간을 보호하기 위해 시적 사유를 활용했던 것처럼, 메를로-퐁티는 신체를 세계가 선-반성적 방식으로 우리에게 도래하는 장소로 이해한다. 이는 종종 세계를 평범한 것으로 간주하는 과정을 통해서 이루어진다. 우리가 보고, 먹고, 만지고, 탐구하는 것으로서의 평범한 것 말이다. 이 각각의 것들은, 현출하는 신체 내에서 그 부분의 합보다 더 큰 세계에 대한 경험을 일으키기 위해 통합된다. 체화된 시적 사유는 대상성의 구조에 경험들을 종속시키지 않음으로써 이러한 경험들에 우위를 부여하고 환영한다.

둘째로, 비판이론이 과거의 공포에 대한 자각을 통해 미래를 구제하려고 하는 반면, 메를로-퐁티의 작업은 객관적이고 반성적인 사유방식을 통해 잃어버린 경험들의 복원과 구원을 의식적으로 시도한다. 요컨대, 메를로-퐁티의 작업은 과거에 치워 두었던 경험을 다시 일깨움으로써 현재를 구원하려고 한다. 현상학에서 주어진 긍정이 비판이론에서 벼리어 낸 부정성과 관련하는 긍정인 것처럼, 현상학의 시간화의 방식도 긴장 속에 존재한다. 그것은 과거에 대한 구원을 시도한다. 반면 비판이론은 구속된 미래를 정립한다. 이렇게 함으로써, 양자 모두 시간의 정당화에 몰두한다.[72]

마지막으로, 창조와 표현을 동등시함에 있어, 메를로-퐁티는 그저 복원을 꾀하는 데 그치지 않고 예술적 삶의 긍정적 계기에 창조적인 기여를 제안한다. 니체의 자유정신이 세계를 긍정하기 위해 가상illusion을 유용한 것으로 만들어 내듯이, 메를로-퐁티는 창조를 우리가 지각과 예술을 통해서 세계로 우리 자신을 유의미하게 열어 놓는 과정으로 다시 파악한다. 지각과 예술은 중요한 수단이다. 이 수단을 통해서 우리는 우리의 세계 내 존재에 거주하는—[세계 내 존재를] 표현하는— 데 이른다. 이처럼 체화된 시적 사유는 창조의 형식 그 자체다. 이를 통해서 우리는 세계의 산문을 열게 된다. 이 창조성의 의미는 니체의 '유용한 가상' 개념에 새로워진 의미를 부여한다. 우리 자신의 바깥에 있는 무규정적 세계로의 개방으로서의 체화된 시적 사유는 우리가 우리 주위를 둘러싼 시적 우주를 긍정하기 위해 시작할 수 있는 한 가지 길이다. 아도르노의 형이상학 사용 및 마르쿠제의 환상에 대한 사용이 더 정의롭고 유쾌한 세계를 보호하기 위한 수단이었던 것처럼, 봄과 체화된 삶의 창조적 가상은 감수성으로 뛰어들게 되는 것으로서의 세계에 대한 봄을 보호하기 위한 수단이다.

---

72. 이런 점에서 두 요소를 결합하는 삶은 그것의 미래적이고 회고적인 차원들에서 시간을 구원하는 일에 기여하게 된다. 주장컨대, 이것은 탈-형이상학적 시대에서 내재성을 구출하는 또 다른 방식이다.

하나의 개념이자 가능한 존재방식으로서의 체화된 시적 사유는 수단들을 포착한다. 이를 통해서 우리는 우리의 체화된 경험으로 말미암아 드러나는 가시적이면서 감각적인 세계를 긍정하는 데 이른다. 이렇게 함으로써 우리의 신체는 다양하면서도 비-객관적인 것으로서의 세계를 보는 선-반성적 경험을 위한 담지자가 된다. 이런 점에서 세계는 최소한 개별적 경험 안에서 구제된다. 왜냐하면 개별적인, 체화된 시적 사유는 봄과 감성에서 도래할 수 있는 것에 자신을 주는 욕망을 규정하기 때문이다. 그것은 세계를 보는 신체와 표현의 역할을 인정함에 따라 이루어지는 시적 사유의 인내와 퇴거를 의미한다. 이러한 종속과 책임의 이중적 의미는 그것이 세속적인 것이건, 황홀한 것이건, 끔찍한 것이건 간에 나타남과 감성 안에 도래할 수 있는 것으로의 개방을 지시한다. 니체의 긍정에 대한 요청이 세계의 나타남에 대한 종속으로 철저화된다.

장-뤽 마리옹과 (내재적인) 계시의 가능성

존재론적 차이와 주어짐

나는 본 장을 통해서 하이데거와 메를로-퐁티의 통찰이 하나의 종합을 이루기 위해 함께 사고되어야만 한다는 입장을 펼쳤다. 여기서 종합은 예술로서의 삶 속에 있는 긍정적인 계기를 충만하게 표현하기 위한 시도이다. 하이데거와 메를로-퐁티의 세계 탐구를 한 쌍으로 짝을 지어 분석함으로써, 나는 체화된 시적 사유라는 개념을 축적하는 일련의 보충적 이념들을 발견해 냈다. 체화된 시적 사유는 '긍정'으로 지칭될 수 있다. 체화된 시적 사유는 신체를 통해서 보이는 세계 및 감각적인 세계에 우리의 경험상의 특권화된 위상을 허용하는 가운데, 그것들을 불러내고 보존한다. 이 부분에서 나는 체화된 시적 사유 안에서 경험된 세계가 선-반성적으로 보이는 것이 아닌 드러나는 것으로서 보여질 수 있는 것이라는 점을 주장하고 싶다. 체화된 시적 사유를 통해 수용된 것이 우리의 해석의 범주를 초과하는 것일 수 있고 전체로서의 감각 경험을 재구성하는 데로 인도해 줄 수도 있다. 체화된 시적 사유 내에서의 가능성으로서의 계시revelation(드러남)는 예술로서의 삶 내부의 변혁적 사건에 잠재하는 것이다.[73] 예술로서의 삶이 부정적이고 긍정적인 작용을 통해서 시간의 구속redemption 및 내재성에 자신을 넘겨주는 반면 현상학은 종교적 경험과 같은 어떤 것을 위한 가능성을 열어 준다.

나는 예술로서의 삶 내부에 계시를 위한 가능성을 정립할 필요가 없다는 것을 인정함과 더불어, 이어지는 짧은 후기를 제시하고 싶다. 내가 보여 주고 싶은 것은 체화된 시적 사유가 탈-개념화되는 타자성에 대한 급진적 경험과 해석의 범주를 재구성하는 타자성에 대한 급진적 경험을 그 자체로 열어 줄 수 있다는 사실이다. 어떤 면에서 이것은 종교적인 것의 가능성을 열어 주고, 또한 더 정확하게 말하자면 그것은 지금부터 제시되는 이론적 정초의 연장이기도 하다.

계시에 대한 현상학적 분석을 위한 진입점은 후설과 하이데거, 그리고 내가 주장하는바 메를로-퐁티의 작업에서 장-뤽 마리옹이 도출해 낸 개념적 실마리와 더불어 시작한다. 이 실마리는 주어짐이라는 개념이다. 다시 말해 이것은 나타남 안에서 세계를 통해 인간에게 '주어진' 것이다. 한 예로, 하이데거의 작업에서 우리는 '주어진 것'으로서의 존재의 본성에 이르는 탐구되지 않은 일련의 암시들을 본다. 예를 들어, 『존재와 시간』에서 하이데

---

73. 여기서 우리는 내가 사용한 계시의 세 가지 차원에 주목해야 한다. (1) 감각적 경험으로서의 계시, (2) 우리의 경험의 범주를 초과하는 계시 (3) 경험 자체에서의 우리의 해석 구조를 변형시키는 데 이르는 계시.

거는 이렇게 말한다. "우리가 현상을 마주하는 방식에 있어 주어지는 것과 설명 가능한 것이 '현상적'이라고 일컬어진다."[74] 하이데거의 초기 작품에서 '주어진'given 것은 내다봄 및 도구의 사용과 관련한다. 후기 작품은 단일한 경향을 다음과 같이 명시한다. 존재는 존재사건Ereignis안에서 '주어지는' 것 자체이다. 비록 그것이 시적 사유를 통해 열려진 장소에서 요청되고 보존되는 것이긴 하지만, 존재는 궁극적으로 자기 자신을 주는 것이면서 감추는 것이다. 이와 유사하게 메를로-퐁티의 초기 현상학적 작품들은 이렇게 말한다. 반성은 "주체에게 주어지는 세계"를 인정해야만 한다. "왜냐하면 주체는 그 자체로 주어지기 때문이다. 실재적인 것은 해석되거나 형성되는 것이 아니라 기술되어야만 한다."[75] 세계는 지각 안에서 주체에게 자신을 내어 준다. 이러한 주어짐givenness의 개념은 메를로-퐁티의 존재론에서 더 많이 추구되는데, 여기서 세계는 현상성 안에서 자신을 주체에게 주는 것과 동일시된다.[76] 이러한 독해에서 주어짐은, 언급되지는 않았지만, 하이데거의 초기 존재론과 메를로-퐁티의 후기 존재론의 일관적인 동기가 된다.

그럼에도 불구하고 하이데거나 메를로-퐁티가 현상이나 존재를 '스스로를 내어 준다'는 의미에서 충분하게 분석하지는 못했다. '스스로를 내어 준다'는 데 초점을 맞추기보다는 우리가 주어진 것을 어떻게 보고, 느끼고, 또는 인식하는지에 초점을 맞춘다. 여기서 채택된 관점은 주어짐이 아니라 주체성의 견지에서 비롯된다. 마리옹은 현상학적이고 존재론적인 전통 안에서 인정받지 못했던 주어짐의 의미에 주의를 기울임으로써, 자신의 현상학을 바로 이러한 논지의 빈틈 속에 설정한다. 만일 존재가 시적 사유를 통

---

74. Heidegger, BT, 32. 앞장에서 언급했던 하이데거의 es gibt의 빈번한 사용을 보라.
75. Merleau-Ponty, PoP, xi.
76. 이와 관련해서, 메를로-퐁티의 '있음'(there is, il y a)에 대한 사용을 보라(예를 들어 AR, 122를 보라). '있음'과 '주는 것'으로 번역될 수 있는 독일어 es gibt의 이중 의미에 대한 분명한 언어유희다. 의미에서의 이러한 유희는 하이데거를 통해 도입된다.

해 개방된 자리에서 자신을 주는 것이라면, 이 경우 주어짐은 해명을 요구한다. 이런 이유로, 마리옹은 새로운 현상학적 분석, "원본적으로 주어지는 현상의 직관 – 즉 **스스로 주어짐**self-giving – 으로 돌아가자"는 요구를 한다.[77] 이는 나타남을 통해서 자신을 주는 세계의 가능성을 위한 조건을 드러낸다. 이런 논증의 노선을 따라, 마리옹은 드러남의 가능성을 위한 조건의 진상을 파헤칠 수 있었다.

조금 더 제한된 의미에서 마리옹의 사유는, 그가 시도한 것처럼 현상학적 전통을 통해서 – 설명되지 않은 것임에도 불구하고 – 나타난 것으로서의 주어짐의 본성을 명명하고 이를 이해하려고 하는 일에 관해 큰 도움을 줄수 있다. 후설에 의해 시작된 계보 내에서 논의를 시작함으로써, 마리옹은 현상학 내에서의 "원리 중의 원리"가 주어짐이라고 주장한다.[78] 이 원리는 나타나는 것이 주체에게 자신을 주는 방식을 설명해 준다. 이러함 줌의 본성은 무조건적이다. "자기 자신을 주는 것은, 그것이 환원된 주어짐 안에서 그리고 그것을 통해서 주어지는 한, 그 정의상 절대적으로 자신을 준다. 자신을 준다는 것은, 이러한 주어진 것 안에서 우리가 그 정도와 방식을 구별한다고 하더라도, 타협 없이 인정되어야 한다. 모든 환원된 주어진 것은 주어진 것이거나 그렇지 않은 것이다."[79] '주어진 것'은 자신을 어떤 제한도 없이 현상성에게로 넘겨준다. 그것은 그 수용성을 고려하지 않는 나타남ap-pearence을 통해 주체에게 부과된다.[80] 더 나아가 주어짐은 주는 자와의 관

77. Kevin Hart, "Introduction," *Counter-Experience : Reading Jean-Luc Marion*, ed. Kevin Hart (Notre Dame, IN : University of Notre Dame Press, 2007), 13.

78. 이것은 후설의 『논리연구』에서 논박당한 인용구이다.

79. Jean-Luc Marion, *Being Given : Toward a Phenomenology of Givenness* [BG], trans. Jeffrey Kosky (Standard, CA : Stanford University Press, 2002), 17.

80. 마리옹이 BG, 76에서 주목했던 것처럼, 이것은 "교환의 유보"를 통해 일어난다. "만일 거기에 주어짐이 있다면, 그것은 교환의 유보를 내포한다. 따라서 그것은 충분근거율과 동일성의 관계를 끊어 버린다. 이는 형이상학 체계 내에서 경제가 뒤를 잇는 인과성의 네 가지 형식에

런성 없이도 느껴지거나 보여질 수 있다.[81] 따라서 주어짐은 주는 '자' 내지 받는 '자'와 무관하게 일어난다. 그것은 주는 자와 받는 자와는 별개로 존재하는 순수 현상이다.[82]

주어진 것에 관한 마리옹의 탐구는 주는 자 및 받는 자와 분리할 수 있는 것으로서의 나타남의 선물성을 지시하는 일반적 범주로서의 주어짐을 보여 준다. 주어짐은 그 수용에 앞서는 경험의 가능성을 위한 조건을 명명한다. 우리는 주어진 것 없이는 사건을 가질 수 없다. 체화된 시적 사유 안에서 받아들여진 것은, 그것이 종종 '존재' 내지 '세계'로 명명된다고 하더라도, 실제적인 주어짐이다. 주어짐은 그 자체로 나타남으로 인해 가능한 것으로 존재하며, 이론의 여지없이 본디 체화된 시적 사유 안에서의 그 수용에 대한 가능성으로 존재한다.

보이지 않는 것에서 출현하는 보이는 것으로서의 주어짐

순수하게 환원된 개념으로서의 마리옹의 주어짐 개념은 고도로 애매한 어떤 것으로 여겨질 수 있다. 주는 자와 받는 자 각각에게 선물로 '주어지게' 되는 그것은 무엇을 의미하는가? 그것이 주체 앞에서 노출되기 전에 '주어짐'을 본다는 것은 무엇을 의미하는가? 이런 이유로 마리옹은 주어짐의 본질을 더 충만하게 설명하기 위해서 가시성과 예술이라는 구체적 현상을 해명하려고 한다. 봄과 예술에 있어 주어짐이라는 개념은 나타나는 것이 어떤 것이든 자유롭게 수용되는 것으로 보여지고 더 구체화된다.

지나지 않는 것과 관련한다." 여기서 데리다의 작업에 대한 암시는 의도적이다. 마리옹의 작업은 데리다의 후기 작업에서 환기되는 '책임' 개념과 분명한 공명을 이룬다. 이 개념은 특별히 데리다의 다음 작품에서 비롯한다. *The Gift of Death*, trans. David Wills (Chicago: University of Chicago Press, 1996).

81. Marion, BG, 39를 보라.
82. 주는 자의 '괄호침' 개념에 대해서는 BG, 60을 보라.

결국 주어짐은 가시성의 현상을 통해 가장 잘 보여질 수 있다. 여기서 자신을 주는 것은 봄으로 그 자신을 변형시킨다. 즉 – 일반적 원리로서의 – 주어짐은 오로지 자신을 보이게 함으로써 나타난다. 마리옹은 보이는 '왜상'anamorphosis으로의 선물의 변형을 이루어 낸다. "보이는 것은 상호적으로 하나의 선물로서 나에게 도달한다. 왜냐하면 현상은 그 자체로 일어나고, 자신을 제공하며, 자신을 향해 야기되는 것이기 때문이다 – 그것은 그 자신 안에서 형태를 갖춘다. 나는 이 현상에 대한 신원확인을 자신을 줌과 동시에 자신을 왜상으로 보여 주는 선물을 준다는 말로 명명할 것이다."[83] 선물만이 보이는 것으로, 자신을 보여 주는 것으로 인식될 수 있다. 실제로 줌은 보여줌이다.[84] 선물은 가시성의 형태 안에서의 나타남 없이는 인식되거나 보여질 수가 없다. 다르게 말해서, 그것은 구체 없는 추상적 원리에 지나지 않는다. 따라서 마리옹은 메를로-퐁티처럼 "주어짐이 현상성의 모든 차원을 규정한다"고 진술할 수 있다.[85] 이처럼 현상성은 주어짐이 나타나는 수단으로 간주된다.

가시성에 대한 이러한 강조로 말미암아, 마리옹의 사유는 메를로-퐁티의 현상성의 존재론적 우선화를 분명하게 닮아 간다. 주어짐은 가시성을 통해 구체화되는 것으로 말해진다. 마리옹은 비가시성의 출현을 통해 주어짐의 – 봄으로의 – 도래를 설명한다. 따라서 모든 가시성은 그 가시성이 일어나기 전에 '다른 곳'에서 흔적을 드러낸다. "나타남 안에서 자신을 주는 것을 나타남으로 야기시키는 것은 보이는 것으로의 상승의 표시를 나타낸다.

83. Marion, BG, 117.

84. Marion, BG, 70을 보라.

85. Marion, BG, 26. Jean-Luc Marion, *In Excess : Studies in Saturated Phenomenon* [IE], trans. Robyn Horner and Vincent Berraud (New York : Fordham University Press, 2002), 23 : "따라서 나는 주어짐의 접힘(fold)에서 예외적인 나타남은 없다고 결론을 내린다. 비록 그것이 언제나 그 안에서 완전하게 현상의 펼쳐짐을 성취하는 것은 아니지만 말이다…… 그로부터 어떤 예외도 없는 주어짐의 무한정한 정도가 있을 수 있다."

자유롭고 자율적인 전진으로서 온 힘을 다하는 이러한 상승은 그 표시 안에서 '다른 곳'으로부터의 일어남의 설명을 탐지하게 된다."[86] 분명 '다른 곳'이라는 마리옹의 개념은 비가시성과의 간결한 유비에 한계를 설정한다는 점에서 너무 애매하다. 이 애매성은 다음과 같이 마리옹이 진술할 때 더욱 확장된다. "따라서 현상은 첫 번째 형상 – 형성되지 않은 – 에서 두 번째 형상으로의 이행을 통해서만 나타남 안에서 계승된다. 그것은 그 형태로 나타남의 외형을 고정시키기 때문에 그런 방식으로 알려진다."[87] 마리옹에게 현상은 '형성되지 않은' 최초 상태의 배경에서 현상의 나타남을 고정시키고 주어짐을 지각 안에 자리하게 하는 보이는 상태로 이행하는 것이다. 주어짐은 우리가 직관 안에서 발견되는 가시성에 상응하는 왜상적 최초 상태에서 제시된다. 더 단순하게, 주어짐은 그것이 그 자체로 보이는 것이 될 때까지 감추어진 것에 지나지 않는다.

마리옹의 왜상 분석은 "그러므로 보이지 않는 것이 보이는 것을 구성하고 배치한다"고 한 그의 회화 개념에서 중요한 견인차 역할을 발견한다.[88] 가시성의 순수 형식으로서의 회화는 형식, 구조, 그리고 내용의 도입을 통해 가시성을 만들어 내는 작용이다. 메를로-퐁티가 앞서 제시했던 것처럼, 회화는 대상을 가시성으로 견인하는 필연적 과정을 다시-만들어 낸다. 더 나아가 마리옹에게 가시성은 메를로-퐁티와 마찬가지로 비가시성과 비가시성으로부터 일어나는 '다른 곳'을 시사한다. 이런 점에서 회화는 세계를 보이지 않는 것의 영역에서 보이는 것의 영역으로 데려가는 작용이다. 회화는 왜상이다. 이것은 세계가 각 계기를 성취하는 재창조의 수단을 예

---

86. Marion, BG, 122.

87. Marion, BG, 123~24.

88. Jean-Luc Marion, *The Crossing of the Visible* [CV], trans. James Smith (Stanford, CA:Stanford University Press, 2004), 7.

술에 효과적으로 제시한다. 메를로-퐁티에게 예술이 감각적인 지각이 되었던 것처럼, 마리옹의 작업에서 예술은 주어짐의 세계를 시각적 현전화를 통해 감각적인 것이 되게 한다.

마리옹의 왜상 분석은 두 가지 연관된 결론을 도출시키게 해 준다. 첫째, 주어짐은 내재적 현상으로 간주된다. 주어짐의 나타남은 현상성을 통해서만 주어진다. 다시 말해 우리는 감각을 통해서만 주어짐을 경험할 수 있다. 그것은 외부 감각적 형태에서는 스스로를 내어 주지 않는다. 둘째, 첫 번째 결론을 기반으로 삼아 생각해 볼 때, 세계가 자신을 주는 방식은 형식, 색깔 등의 도입을 통해 회화가 세계를 주는 방식과 유사하다. 적어도 자신을 준다는 점에서 세계는 예술 안에서 발견되는 표현과 유사하다. 이것은 체화된 시적 사유가 세계의 주어짐에서 개방된다는 것을 의미한다. 그것은 세계가 가시성으로 도래함으로써 자신을 표현하는 방식에 효과적으로 개방된다.

계시와 포화된 현상

내가 위에서 기술한 체화된 시적 사유에 대한 개정이 경험의 부가적인 전망을 열어 줄 수 있지만, 그것이 체화된 시적 사유의 필연적 조건이 되는 것은 아니라고 나는 주장하고 싶다. 앞서 규정했던 것처럼, 체화된 시적 사유는 세계에 대한 수용과 긍정에 필연적인 배치를 충분하게 포착한다. 그런데 마리옹의 사유는 일반적으로 체화된 시적 사유 개념이 나타나는 것을 특성화하는 한, 그것을 효과적으로 보충한다. 더 중요한 것은, 마리옹의 주어짐에 대한 개념화에서 주어짐의 가능성이 개념화를 압도하는 형식으로 나타나게 된다는 점이다. 따라서 체화된 시적 사유는 현상의 나타남을 도입하기 위해 현상의 개념화를 의도적으로 제한한다. 마리옹은 그 자체로 개념화를 제한하는 현상의 어떤 형식이 존재한다고 주장한다. 이러한 현상을 마리옹은 '포화된 현상'saturated phenomenon이라고 부른다. 포화된 현상은 체화된 시적 사유를 계시의 가능성에 개방한다.

포화된 현상은 현상의 초과로 인해, 개념적 사유를 제한하고 성찰적 사유에 부과된 역할을 자동적으로 수행한다. 마리옹에게 그것들은 초과에서의 주어짐이다. 포화된 현상은 선-반성적으로만 수용될 수 있는 주어짐을 가시성으로 견인해 간다. 포화된 현상은 "개념을 결여한 직관이다."[89] 다시 말해 우리의 개념화나 특징지음의 능력을 압도하는 어떤 것이 나타난다. 포화된 현상은 "그러므로 지향, 개념, 그리고 지향된 것 상에서의 직관, 주어짐의 과잉"을 통해 특징지어진다.[90] 직관 안에 우리에게 주어진 것을 표상하거나 범주화하는 우리의 능력을 압도함으로써, 포화된 현상은 선-반성적으로만 수용될 수 있다. 포화된 현상은 우리의 표상 바깥에 있는 것으로, 순수한 주어짐으로, 순수 직관으로 그 자체로 주어진다.

포화된 현상은 미리 규정하는 모든 작용 및 관계 바깥에서 수립된다. 그것들은 감각에서 흘러넘치는 것으로, 그리고 지성이나 의식에 통합될 준비를 하는 것으로는 주어질 수 없는 것으로, (포화된 현상은 그 자체로 새로운 것으로 제시된다) 지성의 잠재적 '지평' 속에서는 전개되지 않는다. 이런 점에서, 포화된 현상은 하이데거적 의미에서 선-개념적인 것일 뿐만 아니라 현상의 나타남에 대한 이해를 선 반성적으로 효과적으로 괄호 치는 것으로 이해될 수 있다. 마리옹은 이 주장을 다음과 같이 반복한다.

여기서 지향성을 지닌 나는 하나의 지평을 통해 정의되는 대상으로 직관을 구성하거나 종합할 수가 없다. 종합 – 그것이 존재한다면 – 은 나 없이 그리고 나에 반해서 성취된다. 즉, 종합은 나의 모든 능동적 지향성에 앞서

89. Marion, BG, 198.
90. Marion, BG, 199.

서 그 발생과 계기를 부과하는 비대상 자체에서 도래한 수동적 종합과 같은 것이다······.91

포화된 현상은 지향성에 '앞서', 곧 현상을 개념들 안에서 보이는 것으로 고정시키기에 앞서 일어난다. 포화된 현상에 주어진 종합만이 현상 자체에서 일어난다. '수용자'는 그것의 현전화에서 효과적으로 유보된다. 포화된 현상은 개념적 장의 맥락 내에 현상을 자리매김시키기 위한 우리의 능력을 괄호 침으로써 순수한 현상으로서의 주어짐을 현전하게 하는 가능한 수단으로 정립된다.

　비개념적이거나 선-반성적인 것으로서의 포화된 현상은 의미작용, 언어, 그리고 심지어는 지향성 바깥에서 정립된다. 마리옹은 포화된 현상이 "의미들을 통합하거나 조직하기 위해 지배하지 않으면서, 각각이 똑같이 합법적이고 엄밀한 많은 의미 내지 의미들의 무한과 더불어 흘러넘치게 하는 것임이 분명하다"고 진술한다.92 따라서 포화된 현상의 현존에 한 가지 존재적인 단서는 우리가 앞서 어떤 것을 경험하지 못한 채로 가지는 감각, 경이 내지 놀람의 감정이고, 그것은 표면상 개념적이고 지각적인 경험의 범주를 범람한다. "포화된 현상은 모든 직관적 주어짐이, 그 가능한 부분들이 헤아려지지 않고, 따라서 선취되지도 못한다는 사실을 통해 성취되는 놀람이라는 반응을 가장 흔하게 부과한다."93 다른 말로 하면 마리옹은 포화된 현상을 "경탄"이란 형식의 도래로 말하고,94 "기대되지 않은 노에마적 넘침"이며,95 또한, "경험의 유비를 회피한다"고 표현한다.96 포화된 현상은 양

---

91. Marion, BG, 226.

92. Marion, IE, 112.

93. Marion, BG, 202.

94. Marion, BG, 203.

과 비인과성을 통해서 경이를 성취한다. 그것들은 역사, 선재하는 것, 또는 사전경고 없이 시각적 형식을 압도함으로써 나타난다. 더 나아가 그것들은 두려움, 놀람, 그리고 경이를 수반한다. 왜냐하면 우리는 포화된 현상을 이해하기 위한 지성의 범주를 가지지 못하고, 그것은 전적으로 새로운 것으로 나타나기 때문이다.

포화된 현상이 두려움과 놀람을 받아들이는 한, 그것은 개념화되거나 말해질 수 없다. 그것은 효과적으로 의미작용을 회피한다. "이러한 사건은 사실상 즉각 자기 자신을 준다." 그것은 말하기 위한 목소리 없이 우리에게 남겨진다. 또한 그것을 회피하기 위한 어떤 방식과도 무관하게 우리에게 남겨진다…….[97] 우리는 포화된 현상에 포획되고(다시 말해 우리는 그 심연 안에서 비로소 자신을 찾을 수 있다), 순수한 주어짐과 화해하기를 강요받는다. 개념적이거나 지각적인 종합을 성취하려는 우리의 능력을 잠재적으로 넘어서 버림으로써, 포화된 현상은 현상학이 방법 안에서 염원하는 바를 성취한다. 그것은 바로 순수한 주어짐이 보이는 형식으로 나타나는 수용자의 환원이다. 마리옹은 순수하게 주어지는 어떤 것의 심연에서의 넘어섬과 경외감의 의미에 대한 최종적 표현을 부여한다. "순수한 주어짐은 그것을 받아들이는 의식에 이른다―심지어는 충돌한다. 그것은 주어짐이 스크린에 충돌하는 순간에만 나타난다. 이 충돌 이전에는, 주어짐이 단순하게 나타나지를 않는다."[98]

마리옹의 포화된 현상 개념은 체화된 시적 사유 안에 하나의 가능성

95. Marion, IE, 116.

96. Marion, BG, 206. 또한, RG, 201과 하트의 글 23을 보라. 여기서 하트는 포화된 현상에 대해 다음과 같이 진술한다. "나에게 놀라움을 일으키고 내가 항상 환영할 수는 없는 유한성의 경험을 나에게 부여하는 것."

97. Marion, IE, 44.

98. Marion, BG, 151.

을, 즉 우리가 감각 경험에 개방되고 나타남을 환영하면, 이 경우 나타나는 것은 그것이 무엇이건 간에 압도하고, 놀라워하고, 또는 경외감을 느끼는 형식 속에 작용할 수 있다는 사실을 나타낸다. 마리옹이 기술한 주어짐은 중립적 개념이다. 그리고 잠재적 개념화에 대한 초과인 주어짐의 형식으로서의 포화된 현상도 똑같이 중립적이다. 포화된 것으로 나타나며 경외 속에서 받아들여지는 것이 무엇이건 간에 그것은 경이나 두려움을 줄 수 있다. 체화된 시적 사유는 평범하거나 포화된 것으로 나타날 수 있는 주어짐을 기꺼이 받아들이고자 한다. 그것은 개념화를 역으로 가능하게 하거나 모든 개념의 초과 안에서 나타난다. 포화 안에서, 우리는 나타남이 가정할 수 있고, 체화된 시적 사유 내에서 확증되는 극단적 형식을 잠재적으로 이해한다.

계시

마리옹은 포화된 현상의 다양한 형태, 즉 예술작품, 역사적 사건, 살(메를로-퐁티의 후기 개념과 분명한 근친성을 가지는 개념), 그리고 아이콘(또는 얼굴)을 탐구한다. 이러한 포화된 현상의 각각의 형식들은 이미지나 나타남이 경외나 공포를 받아들이고 그 자체로 압도적인 항으로 현전하기 위한 능력을 통해 특징지어진다. 특별히 예술작품은, 순수한 가시성으로 응집되고 짜여짐으로써, 어떤 가능한 수용성을 초과하는 방식으로 이미지를 현전하게 할 수 있다. 마리옹의 왜상 개념처럼, 그것은 개념들을 넘어서는 봄으로 도래하는 세계의 일차적 예를 표상하는 예술작품이다.

마리옹은 예술작품을 포함해서, 앞서 제시된 포화의 네 가지 방식을 종합하는 포화의 다섯 번째 양상이 존재한다고 믿는데, 그것이 바로 계시revelation이다.[99] 계시는 순수 주어짐으로서의 나타남을 통해 종합을 넘어서는―역사적, 인상적, 시각적, 그리고 체화된 것―다각적 차원 안에서의 압도적 경험이다. 그것은 그 절정의 기능을 통해서 주어짐이라는 탁월한 현상으로 정립된다. "따라서 계시 현상은 처음부터 줄곧 어떠한 방해도 없이 내가 추구하는 것으로서의 현상의 단일하면서도 유일한 형태 안에 공식적으로 기입된다."[100] 계시는 다음과 같이 논의된 포화된 것의 모든 특징을 드러낸다. 초과를 통해서 감각적 직관을 압도하는 것, 단일한 장소, 사건, 그리고 주어짐의 지속적인 잔여의 시공간을 통합하는 것이 바로 그 특징이다. 계시는 주어짐의 유genus의 예시이자 경험 안에서의 지속적 가능성으로 정립된다.

그런데 예술작품에 관한 그의 기술과는 다르게, 마리옹의 저술들은 계시에 관한 다양한 구체적 예시들을 제시하지 않는다. 주어진 것들은 일반적으로 본성상 성서에 관한 것들이다. 그런데 이것은 오해다. 마리옹은 '계시'를 기술함에 있어 종교적 실존의 사실을 설명하려고 시도하지 않지만 지각적이고 체화된 경험의 다양한 양상을 종합하는 실존 일반, 잠재적 실재성을 설명하려고 시도한다. 결국 마리옹은 프리드리히 셸링의 계시에 대한 이해를 인용한다. "이 사건에 관해서, 그것은 더 이상 확증될 수는 없지만 발생되고, 일어나는 것이다. 다시 말해 그것은 원초적 사실……, 탁월한 일어남의 사실이다."[101] "탁월한 일어남"으로서의 계시는 의미작용을 거부하고 개념성을 압도해 버리는 보다 더 일반적인 경험의 형태로 주어진다. 실제로, 마리옹이 그의 여러 작업에서 명확하게 제시한 것처럼, 계시는 모든 경험 안에서의 가능성으로 주어진다. 그것은 와인을 마시고, 정원을 가꾸고, 타인을 만지거나 죽음을 증언하는 일을 통해서 주어진다. 계시는 매일의 경험의 항구적 가능성으로 주어지고, 본성이나 기원에 있어서는 종교적일 필요가 없다.

---

99. Marion, BG, 235.
100. Marion, BG, 236.
101. Marion, BG, 141.

마리옹은 드러남의 절대적 실재성을 옹호하려고 하지 않는다. 포화된 현상의 다른 형식들을 모으는 포화된 현상으로써, 현상학적 방법을 견지하는 가운데, 마리옹은 감각적 형식 안에서의 계시의 나타남을 통해 그것의 경험의 가능성을 위한 조건을 개괄해 내려고 한다. 계시가 포화된 현상의 가능한 경험으로 받아들여진다고 하더라도, 그것은 여전히 현상성과 나타남의 조건에 종속된다. 드러남은 감각적 직관의 형식으로 수용되어야만 한다. 마리옹은 성스러움의 경험에 대해서 유사한 언급을 하고 있다.

> 우리의 접근에 허용된 봄이라는 척도를 따라, 오로지 보이는 것만 보이기 때문에, 성스러움은 절대 보이지 않는다. 그럼에도 모든 광경은 시각적 경험, 즉 가지적이거나 감각적인 하나의 직관의 대상의 경험의 조건에 그 자체로 종속됨으로써 가시성에 이른다……[102]

'성스러움'이 보여지는 것이 아니지만, 성스러움의 흔적(아마도 드러남)만은 가시성의 조건에 '자신을 종속시킴'으로써 받아들여질 수 있다. 심지어 개념을 지배하고 가능하게 하는 것으로서의 드러남은 최초의 주어짐에서 가시성으로의 왜상 변화anamorphosis를 겪을 수 있다. 계시는 오직 하나의 보이는 것으로서만 주체에 앞서 나타날 수 있고 개념성을 압도해 버릴 수 있다. 이것은 틀림없는 다음과 같은 단서와 더불어 도래한다. 계시와 같은 것으로서─최소한 사후적으로─보여질 수 있는 세계에 대한 경험을 수용하기 위해서, 세계의 경험을 받아들이기 위해, 우리는 내재적 나타남에 종속되어야만 한다. 내재성의 수용을 통해서만 계시가 발생한다.

계시가 가시성을 통해 제한되는 한, 그것은 또한 예술작품과의 유비적

---

102. Marion, CV, 66~67.

이고 기능적인 관계를 정립한다.[103] 마리옹은 예술을 드러남과 유사한 것, 혹은 드러남의 경험으로 이끄는 것이라고 말한다. 회화는 계시 자체가 아니라 보이는 것으로서의 그것 자체를 넘어 '보이지 않는' 것에 이르는데, 여기서 계시와 예술 배후에 있는 시원적 주어짐은 유사한 것이다.[104] 마리옹이 예술과 계시 간의 단순한 동일화를 부정하는 반면, 또한 그는 모든 가시성을 초래하는 보이지 않는 주어짐을 지시하며 서로 관련을 맺는 것으로 자신을 보여 주는 예술 현상과 계시 현상의 구성적 평행성을 명시한다. 이런 점에서, 마리옹은 예술작품의 수용과 계시의 의식적 관계를 벼리어 낸다. 하이데거와 메를로-퐁티와 마찬가지로, 마리옹에게서도 하나의 특수한 현상학적 관점이 예술을 통해서 가장 잘 드러난다.

하지만 예술과 계시의 유비는 제한적이다. 분명 예술은 드러남의 경험을 위해 필연적인 것이긴 하지만 그것은 불충분한 조건이다. 그것은 계시의 경험의 역사적·개인적·시각적 차원에서 비롯하는 좁은 시야보다 더 큰 정도의 포화와 과잉결정을 용인하는 초월이다. 이론의 여지는 있지만 드러남은 그 모든 형식 안에서 포화의 현출하는 현실화이다. 포화가 총체적 지배력을 보여 준다는 의미에 대해 마리옹은 이렇게 말한다.

공간에 있어, 포화된 현상은 그 직관의 쇄도로 나를 삼켜 버린다. 시간에 있어, 포화된 현상은 언제나 이미 거기서 일어나는 해석과 더불어 나에게서 선행한다. 나는 자아축(축으로서의 나)으로서의 선재성을 상실하고 자기 자신을 확인해 낼 수가 없다. 이러한 구성할 수 없는 현상의 전개를 받아들이는 일 이외에는 할 일이 없다.[105]

---

103. 예를 들어 Marion, CV, 43 이하를 보라.
104. Marion, CV, 45.
105. Marion, BG, 217.

마리옹의 어조는 분명 디오니소스적이다. 계시의 경험은 지각하는 사람을 '삼켜 버리고', 자아의 동일성을 박탈하며, 자아를 개인적·역사적·시각적 경험의 한계로 밀어 넣는다. 계시의 경험에서, 우리는 자신을 넘어 더 큰 어떤 것에 대한 경험으로 내몰리며 탈개체화된다. 우리의 감각적 직관을 압도하는 드러남을 통해서 자기의 환원이 성취된다. 이렇게 함으로써, 계시는 예술적 황홀경, 아이콘적 경이 등을 넘어서며 개별자를 그 자체로 넘어서게 밀어 넣는 경험을 명명하게 한다. 이런 점에서, 계시는 실존의 비합리성과 초과에 자신을 종속시키는 니체의 디오니소스적 충동에 접근하기 시작한다.

이러한 동일성의 침몰의 더 많은 증거가 계시의 경험의 효과에 관한 마리옹의 작업에서 다양한 논점으로 주어진다. 그것이 일상의 경험에서 발생할 수 있다고 하더라도,[106] 계시는 해석과 느낌에 대한 구성틀 자체를 대체하는 역동적인 지각의 현상이다. 우리의 지평은 계시의 경험을 통해 효과적으로 대체된다. "사건은 오랜 현상을 재조직하는 가운데 새로운 계열을 초래한다. 여기에 폭력이 없는 것은 아니다. 하지만 권리상 사건들은 지평을 열어젖혀야 한다."[107] 실제로, 마리옹의 계시의 효과에 대한 개념화 작업은 우리의 역사, 실존, 그리고 목적을 보고 지각하기 위한 구조를 계시 안에서 대체시키는, 계시에 관한 조금 더 신학적인 해석과 일관성을 이룬다. 한 예로 리처드 니버Richard Niebuhr는 다음과 같이 진술한다. "우리가 계시에 관해 말할 때, 그것은 어떤 것이 우리의 모든 사유를 조건 짓고, 또한 이 발생을 통해 우리가 존재, 고통, 행위, 그리고 우리의 잠재성이라는 이 모든 것을 이해할 수 있게 하는 우리의 역사 안에서 어떤 것이 일어나게 되었다

---

106. 포화된 현상의 '일상성'에 관해서는 Jean-Luc Marion, "The Banality of Saturation [BS]," in *Counter-Experiences: Reading Jean-Luc Marion*, ed., Kevin Hart (Notre Dame, IN: University of Notre Dame Press, 2007), 390 이하를 보라.

107. Marion, BG, 172.

는 것을 의미한다."[108] 마리옹과 니버의 신학적 저의에도 불구하고, 그들은 여전히 계시 안에서의 현상학적 가능성을 포착한다. 즉, 지각의 경험을 압도하는 결과로서의 해석의 변경에 관한 경험이 바로 그것이다. 우리가 도출하기를 원하는 신학적 결론이 무엇이건 우리는 **사후적으로 존재한다**. 계시에 관한 마리옹의 설명에서 중요한 것은 우리의 지각을 범람하는 현상에 대한 옹호이며, 이를 통해서 그는 미래 현상이 지각되는 방식을 철저하게 변경시킨다. 실제로, 한 특수한 현상에 몰두하게 되는 일 가운데서, 우리는 해석의 변경을 경험할 수밖에 없다. 계시의 경험은 결국 변형의 경험이다.

계시에 관한 이러한 규정과 관련해서, 나는 마리옹의 계시의 경험이라는 개념이 체화된 시적 사유에 대한 유용한 보충제 역할을 한다고 주장하고 싶다. 체화된 시적 사유가 내용을 특성화하지 않고, 현상의 잠재적 지평이 나타남에 관한 신체적 부름과 보호를 통해 밝혀지는 한, 그것은 포화 곧 계시의 경험에 개방적인 것으로 남겨진다. 체화된 시적 사유는 평범한-또는 비범한-현상의 본질만큼이나 불가지한 것이다. 더 나아가 예술 작품과 계시의 유비적이고 기능적인 관계 때문에, 본질상 '예술적인' 사유 형식은 계시를 사유하는 가시적 수단에 지나지 않는다. 예술작품이 포화에서 자신을 개방하는 한, 예술작품 내에 있는 긍정적 요소를 그 자체로 모형화하는 사유방식 또한 일어난다. 왜냐하면 마리옹에게서 계시는 언제나 현상 내에 기재된 것이기 때문에, 계시는 체화된 시적 사유 내에 있는 항구적 가능성에 지나지 않는다. 여기서 체화된 시적 사유는 특별히 선-반 성적 감각 경험의 가능성을 보유하고 있다. 마리옹에 의하면, 모든 계시는 경험이 그 본질상 선-반성적인 방식으로 개념적 범주들을 압도하는 감각적 직관에 대해 잠재적이다.

---

108. H. Richard Niebuhr, *The Meaning of Revelation* (New York: The Macmillan Company, 1960), 138.

만일 어떤 일이 일어난다면, 여기서 계시가 허용하는 것 – 그리고 허용할 수 있는 것 – 은 주어짐을 압도하는 하나의 경험이자 내재적 가시성을 통한 지각장의 포화이다. 이것은 종교적 경험을 필요로 하지 않는다. 비록 그것이 종교적 해석 및 일반적으로 종교적 경험과 연계된 종교적 감성에 그 자체로 개방적인 것이긴 하지만 말이다. 그런데, 엄밀하게 말해서, 계시는 감각적 수용을 압도하는 형식으로, 보이지 않는 것의 보이는 것 속으로서의 소급을 보여 주는 해석할 수 없는 지각만을 부여한다. 이러한 경험은 종교적인 것으로 쉽게 받아들여질 수 있다. 하지만 메를로-퐁티를 다룬 대목에서 확인했던 것처럼, 그것은 언제나 인간 규정의 초과 안에 존재하는 내재적 세계의 펼쳐짐으로 간주될 수 있다.[109] 이런 점에서, 계시는 그저 주위세계를 압도하는 직관을 위한 수용성을 명명한다. 계시를 통해서, 우리는 가시적인 – 또한 내재적인 – 경험이 전통적으로 종교적인 것과 연계될 수 있는 의미로 채워질 수 있는 방식들을 보는 데 이른다.

마리옹의 사유가 성취하는 것은, 조금 더 일반적인 의미에서, 체화된 시적 사유와 예술로서의 삶의 구조 내에 있는 – 가능한 경험에의 종속, 두려움, 자기 변형, 인격적 동일성의 상실 – 종교적인 것을 위해 일반적으로 남겨진 감정의 기입이다. 체화된 시적 사유는 우리의 체화된 주체성을 통해서 선-반성적으로 나타남을 받아들이기 위해 특수한 윤리적·인식론적 성향을 정의한다. 이러한 성향에 기인해서, 개념적 해석을 넘어서는 하나의 경험을 일으키기 위해 계시와 같은 어떤 것의 가능성을 본래적으로 용인한다. 이것은 계시가 실재성을 현전하게 하거나 종교적 고행의 형식으로서의 체화된 시적 사유를 나타낸다는 것을 의미하지 않는다. 오히려, 나는 계시와 같은 어떤 것이 일어난다면, 이 경우 체화된 시적 사유는 그 수용을 위해 필연적인

---

109. 이러한 조금 더 내재적인 규정은 예술로서의 삶의 탈-형이상학적 본질에 관한 더 큰 친근성을 갖는다.

선행조건이라는 점을 주장하고 싶다. 이처럼 체화된 시적 사유는 계시와 같은 어떤 것의 가능성으로의 단호한 개방성이다.

이런 점에서, 계시가 체화된 시적 사유 내에 포함되는 것으로 이해될 필요가 없다고 해도, 그것은 나타남에 대해 열려 있으며 비-객관적인 특수한 사유방식과 행위방식을 통해 선취된다. 만일 그렇다면, 이 경우 계시는 타자성에 대한 근본적인 경험, 자기 변형, 그리고 나타남 속에 머무름을 가능하게 하는 체화된 시적 사유의 극단적 가능성을 나타낸다. 니체의 긍정의 정신을 견지하는 가운데, 계시의 가능성에 그 자체로 개방된 성향은 탈자적이고, 고통스러운, 또는 변형적이라 할 수 있는 경험에 종속되면서 이 경험을 수용한다.

결론:예술적 삶 안에서 체화된 시적 사유

이 장과 앞서 전개했던 내용들은 예술로서의 삶에서의 긍정적 계기를 개념화하기 위해서, 선-반성적 '세계'에 대한 후기-후설의 전통과 그 성찰에서 비롯된 통찰이 함께 사고되어야만 한다는 의무와 더불어 시작했다. 하이데거, 메를로-퐁티, 그리고 마리옹과 더불어, 나는 감각적 나타남을 초대하고 환영하며, 또한 긍정할 수 있는 장소로서의 통전적 신체를 이해하는 체화된 시적 사유라는 개념에 대해 강조했다. 마리옹의 작업과 더불어, 계시는 체화된 시적 사유 내에서 하나의 가능성이 된다. 여기서 체화된 시적 사유는 내재적 세계에 대한 철저한 긍정을 허용한다. 이렇게 함으로써, 체화된 시적 사유는 내재성이 긍정되고 잠재적으로 그것이 성스러운 것으로 간주되는 가시적인 세계를 향한 성향으로 자신을 나타낸다. 체화된 시적 사유는 내재적인 보이는 세계 안에서 종교적인 것과 전통적으로 연계되어 있는 의미를 재기입하는 하나의 수단이 된다.

이러한 이유에서, 체화된 시적 사유는 비-객관적 공간을 통해서 나타나는 긍정에 분명하게 할애된다. 보이고, 느껴지며, 또는 들리는 것이 무엇이건 그것들은 주위세계로의 창조적 참여를 통해서 수용되고 보호받는다. 체화된 시적 사유가 내재성에 귀속되는 것과 마찬가지로 그것은 시간의 구속에 귀속된다. 세계로의 선-반성적인 체화된 방향설정을 복원하기를 시도함으로써, 체화된 시적 사유는 객관적 사유를 통해 변형되기 전에 감각 경험을 일깨우고 회복시키려는 신실한 시도이다. 이 경우 현상학은 인간의 범주에서의 변형과 무관하게 세계를 용인하는 개인적·집단적 과거를 복원해냄으로써 현재에 무게중심을 둔다.

이러한 두 가지 구속의 긴장사항, 즉 내재성과 시간의 긴장사항은 감각 경험을 일깨우려고 하는 세계에 관한 체화적이고 통전적인 관점을 통해 성취된다. 실천적 용어로 말하자면, 이것은 비-객관적인 방식으로 노동, 먹거리, 마실 것, 보이는 것에 접근함으로써 성취될 수 있다. 또는 더 단순하게 보면, 체화된 시적 사유는 어떤 일이 일어나건 수용과 보호라는 의도를 가진 모든 형식으로 경험에 자신을 개방하는 사유다. 이러한 경험들은 생생하고, 놀라우며, 평범하거나 계시적인 것일 수 있다. 그런데 이러한 긍정은 우리의 세계에 대한 체화된 경험 내에서 수용된 것과 초대된 것을 통해서 도래한다.

윤리적인 의미에서, 나는 이러한 경향들이 용기처럼 나타날 수 있는 어떤 것을 통해 결합되고 나타남을 견지하는 것이라고 구성적으로 정의하고 싶다. 폴 틸리히Paul Tillich가 『존재에의 용기』에서 주장했던 것처럼, 용기는 실존 내지 비-실존의 가능성을 열기 위한 지속적 성향이다. 그것의 심연은 예술, 내성, 또는 계시 안에서 도래할 수 있는 어떤 것이다. 이러한 개방성은 죽음이나 공포의 잠재성(그리고 실재성)에도 불구하고 경험을 긍정하는 형식을 받아들인다.

용기는 비-존재의 사실에도 불구하고 존재에 대한 자기 긍정이다. 그것은
전체를 포용하는 부분 내지 개별적 자기성 안에서 자기 자신을 긍정함으
로써 자신에 대한 비-존재의 불안을 받아들이는 개별적 자기의 행위이다.
용기는 언제나 위험을 담고 있다. 그것은 언제나 비-존재의 위협을 받는
다…….[110]

틸리히는 존재와 비-존재의 기술적 영역 내에 용기를 위치시킨다. 그런데
틸리히의 용기 개념은 감각적 경험에 이르는 것이 무엇이건 그것에 기꺼이
종속되는 데 적응하기 위해 변형될 수 있다. 이것은 종속의 비판적 성질, 의
지의 결단, 반응성, 그리고 나타나는 것을 향한 책임을 일으킨다. 용기는 우
리의 이해 바깥에 놓여 있는 것과 마주하기 위한 결의에 찬 욕망을 가리킨
다. 또한, 그것은 어쩌면 자기의 의미, 우리의 위상과 행위의 의미를 무마하
는 능력을 우리 자신 안에 붙잡아 둠으로써 어떤 것에 압도당하는 결의에
찬 욕망을 의미한다.[111]

체화된 시적 사유가 궁극적으로 의미하는 것은 구체적인 신체-주체로
서의 경험을 마주하고 긍정하기 위한 용기이다. 이러한 행위는 기쁨을 주거
나 아름다운 것만을 기꺼이 느끼는 일만이 아니라 비극적이거나 공포스러
운 일까지도 느끼기를 의도한다. 하이데거와 메를로-퐁티에 의하면, 오로

---

110. Paul Tillich, *The Courage to Be* (Glasgow: William Collins and Sons, 1984), 151. 존재와
비-존재의 내밀한 연결은 다음과 같은 규정으로 나타난다. 41면을 보라. "존재 자체의 해석
에 열쇠가 되는 용기에 대해 말할 때, 우리는 이 열쇠가 존재의 문을 열 때, 존재, 존재의 부
정, 존재의 통일을 동시에 발견하게 된다고 말할 수 있다."
111. 틸리히에게 이러한 자기의 침식은 비 존재의 형식 안에서 도래하지만, 마리옹의 포화된 현상
개념은 압도적 긍정성이 자기나 자기의 자리의 의미를 변형시킬 수 있는 가능성을 견지한다.

지 이러한 방식으로만 우리는 우리의 범주들에 일치하는 세계에 관한 하나의 관점에 이른다. 이런 식으로 세계는 자기만의 고유한 방식으로 정립된다. 마리옹에 의하면, 이는 다음과 같이 우리가 우리의 합리화를 위한 능력들을 압도하는 경험에 굴복할 수 있는 용기를 통해서 가능해진다. 즉 잠재적으로 변형 가능한 것은 경험을 통해 극복하려는 단호한 개방성을 위한 요구와 결부된다.

체화된 시적 사유가 예술로서의 삶에 기여하는 바는 경험에 대한 긍정을 향한 윤리적이고 인식론적인 성향에 있다. 여기서 경험에 대한 긍정은 우리가 주위세계에 참여하는 창조적인 방식과 통전적인 신체-주체를 인정하는 것과 같은 것이다. 아도르노와 마르쿠제의 작업은 미학적 이성의 확장을 통해서, 구체적인 사회적·개인적 개혁의 기획을 통해서 세계를 구원해 내려고 한다. 체화된 시적 사유는 세계의 타자성을 유지하고 보존함으로써 세계를 구원해 내려고 한다. 예술로서의 삶의 한 차원은 사회적 구성의 구체적 행위를 통해 저항하는 반면, 또 다른 차원은 주위세계에서 체화된 세계로의 참된 참여를 통해서 긍정에 이른다. 체화된 시적 사유는 예술작품 안에서 발견되는 감각적 세계의 표현 및 감각적 세계로의 개방성에 대한 팽창과 마찬가지로 실존을 긍정하기 위한 니체의 가르침에 대한 철저한 충족으로 정립된다.

앞서 본 것처럼, 이것은 사유와 미학의 관계의 강화를 통해 일어난다. 아도르노와 마르쿠제에게서 사유와 예술은 실존을 위한 대안의 부정성과 구상에서의 기능적 헌신을 일깨운다. 현상학에서 사유와 예술은 세계에 관한 선-반성적 경험을 체험하기 위해 일어나는 기획 속에 결합된다. 비판이론이 변증법 내부의 전복에 그친 반면, 현상학은 변증법적 사유를 전적으로 넘어서기 위해 시도한다. 양쪽 모두 대체로 미학의 본질에 대한 인식론적·윤리적 과제를 결합해 냄으로써 그러한 시도를 감행한다. 현상학의 차원에서 나타남에 참여하고, 나타남을 초대하고 보호하는 미학적 정신은 대상성과 개념성을 넘어선 사유의 과제와 결합된다. 이러한 인식론, 윤리학, 그리고 미학을 통해서 현상학은 우리 자신 바깥의 세계를 – 고찰, 구제 – 긍정하려고 한다.

이러한 핵심적 모티프는 이상적 삶이라는 니체의 근원적 개념과 같은 선상에 있다. 체화된 시적 사유 안에서 우리는 예술 내부의 긍정적 차원 및 실존과의 창조적 화해를 위한 니체의 요구에 충실한 '사유'의 형식을 갖는다. 세계를 다르게 보고 거주하는 데 있어서, 우리는 일상의 삶에서 '세계의 시' – 가시성에 도달함으로써 세계 자체를 표현하는 방식 – 를 표현하는 일을 시작하고 긍정한다. 어린아이라는 논지, 하이데거와 메를로-퐁티에게서 규칙적으로 일어나는 모티프는 니체의 '변형' 안에 잠재적으로 묘사되어 있다. 이는 니체와 현상학 간의 연속성을 드러낸다. "어린 아이의 표현방식은, 그것이 참으로 창조적인 몸짓으로 한 예술가에 의해 의도적으로 다시 포착된다면, 정반대로, 우리의 유한함이 세계의 존재에 개방되고 시가 생성되는 일을 통해서 우리에게 비밀스런 공명을 일으킨다."[112] 여기서 니체가 말했던 '철저한 긍정'은 우리의 현재적 실재 개념을 어지럽히거나 뒤흔들 수 있는 경험에 직면한 어린아이가 지닌 것과 같은 개방성과 용기이다. 현상학에서 긍정은 우리의 고유한 경험 안에서 나타나거나 나타날 수 없는 것을 통해 경험에 충실하게 머무르기 위한 성향으로 받아들여진다. 비록 그 경험이 압도적인 어떤 것이라고 하더라도 말이다.

체화된 시적 사유 안에서 요구된 것은 금욕주의에 가까운, 경험에 대한 우리의 개념적 한계설정을 제한하기 위한 충실한 시도이다. 그것은 이러

---

112. Merleau-Ponty, PW, 151. 예를 들어 Heidegger, EHP, 78.

한 경험이 일어날 때, 나타남에 대한 책임을 받아들이기 위한 충실한 시도 이다. 마사 그레이엄을 상기하기 위해 이것은 우리의 신체와 운동에 의한 세계로의 개방성을 지시한다. 그런데 그것은 세계로의 일관적인 체화된 참여로 의식적으로 들어가려는 헌신적 실천이다. 이런 점에서, 예술로서의 삶에서의 긍정적 계기는 '삶에 대한 수행'에 가까이 다가가기 위해 도래한다.

철저한 긍정의 도입과 그 의미에 대한 비판적 진전에도 불구하고, 현상학은 이러한 이론이 생동하는 방식과 관련해서 몇 가지 단서를 부여한다. 앞서 나온 비판이론처럼, 현상학에 대한 성찰은 우리가 해야 하는 것에 대한 비판적 통찰을 제공한다. 하지만 그것은 우리가 어떻게 우리의 일상의 삶으로의 나타남을 향한 책임, 용기, 창조성을 통합해 내느냐에 대한 구체적인 지침을 주지 못한다. 따라서 다음 두 장의 과제는 예술적 삶의 적극적 차원과 부정적 차원을 모두 열어 주는 방식과 더불어 우리가 살아가는 법을 구체화하는 것이다. 비판이론과 현상학은 미학이 예술로서의 삶 안에서 저항적이고 긍정적인 계기들을 해명하는 데 도움을 주는 방식을 조명하는데 유익하다. 하지만 미학적 이성과 체화된 시적 사유는 일상의 삶 속에 있는 복잡 미묘한 사안들 속에 작동할 수 있는 방식을 정의하기 위한 미학적 윤리의 과제에 지나지 않는다. 미학적 윤리와 더불어, 예술로서의 삶은 과거, 현재, 그리고 미래를 긍정하는 창조적 삶으로의 미학적 판단의 적극적이고 부정적인 계기들을 결합하는 수단이 된다.

4부   창조

Creation

8장
알베르 카뮈의 삶-예술가

윤리로의 이행

앞서 우리는 미학의 저항적이고 긍정적인 차원과 예술적으로 삶을 드러내는 일에 큰 초점을 두었다. 이제 필수적인 것은 예술적으로 살아가는 방식에 대한 분류다. 다시 말해 우리는 앞에서 제시한 미학과 미학의 실행 형식을 어떻게 일관적인 존재방식으로 번역해 낼 수 있을까? 이에 미학이론과 그 잠재적 적용에 대한 물음은 우리의 일상적 삶 속에서 미학을 현실화하기 위해 잠재적인 것으로 선회한다. 앞에서 제시한 탐구는 예술과 예술적 생산의 본성에 대한 지속적 반성을 통해 알려지는 존재방식, 미학적 윤리를 요구한다. 우리는 어떻게 예술적으로 살아가는가? 어떻게 우리는 저항과 긍정의 형식을 선택하고, 숙고하고, 먹고, 관계를 맺으며, 사랑하는, 그리고 세계 내로 이동하는 방식으로 통합해 낼 수 있는가? 요컨대, 우리는 어떻게 미학적 반성에 구체화된 비판과 의미를 우리의 일상적 삶 속으로 흡수해 낼 수 있을까?

예술적 삶을 위해 이러한 탐구로 진입하는 것은 대안적인 윤리 개념을 요구한다. 윤리를 신이나 이성에 의해 주어진 규범적 표준에 대한 규정이나 행동의 규칙에 대한 일반적 규정으로 이해하는 것 대신에, 이 장은 미셸 푸코의 영감을 따라 윤리에 대한 더 넓은 정의를 가정한다. 이 윤리는 우리가 타자와의 관계, 자기 자신과의 관계를 문제화하는 방식 및 자신을 주체로 구성하는 방식에 관한 것이다. 이러한 작업 정의는 다음 두 장에서 해명될 것이다. 그런데 이러한 정의는 윤리적 의무를 행동과 추론의 규칙으로부터 도덕적이거나 이성적일 필요가 없는 규준에 부합하는 행위와 사유의 다양한 방식에 대한 문제화로 변경해 낸다. 이것은 타자 및 자기 자신과 관련해서 행위하고 사유하는 데 이르는 방식을 알려 주는 미학의 가능성을 남겨 둔다. 이런 점에서 윤리는 우리의 고유한 삶의 다양한 양상을 통해서 우리가 예술적으로 살아가거나 예술적 자기가 되는 방식을 전략적으로 평가하기 위한 수단이다. 따라서 미학적 윤리는 미학적 변형을 위한 가능한 장소로서의 우리의 성, 식습관, 우정을 향한 직접적 관심을 환기한다.

예술로서의 삶의 더 구체적인 차원을 보기 위한 이러한 움직임은 앞서 제시했던 이론적 토대를 포기하지 않는다. 오히려, 니체가 예술과 학문의 갈등하는 영역을 잠재적으로 매개시키는 이상적 유형을 정립했던 것처럼, 이 장은 그러한 생각을 따라서, 예술과 미학 내에 있는 자명한 긴장을 구체화할 수 있는 방식을 이해하기 위한 시도이다. 다시 말해, 이후로 규정될 실천praxis은, 일상적 삶과 자기 구성의 실천의 맥락 내에 그 방식을 설정해 내는, 비판이론과 현상학에서 해명되는 부정성과 긍정의 판명한 계기를 보존한다. 예술작품을 구성하는 일에 관한 보다 더 이론적인 탐구 대신에, 미학적 윤리는 미학적 반성을 통해 알려지는 삶의 다양한 양상들과 우리의 관계를 문제화함으로써 예술적 삶을 수행할 수 있는 방식을 정의해 내려고 한다. 이런 점에서, 우리는 의미, 저항, 그리고 창조성을 세계와 자기성의 구성

안으로 진입시키는 데 이를 수 있다.

앞서 제시했던 내용들에 대한 충실성과는 별개로, 앞으로 다룰 카뮈와 푸코의 이론은 비판이론과 현상학에서 구상한 한계들을 기반으로 삼아 전개된다.

1. 신체-주체 및 저항과 긍정의 두 형태들을 창조하기 위해 그 주체의 잠재성에 천착함

2. 미학적 사유의 기회를 강화하는 일상적 실천과 그 역할에 대한 집약적 반성

3. 객관주의적 사유를 퇴거시키기

4. 새로운 삶과 사유의 방식의 생산에서 환상, 창조, 그리고 가상을 위한 비판적 역할

5. 예술의 양가적 본성에 대한 인정. 부정적인 것과 긍정적인 것 안에서 드러나는 예술

6. 시간과 공간의 차원을 통해 내재성을 구속하기 위한 시도.

7. 예술적 생산과 반성의 자율성에 대한 인정.

8. 미학이론을 미학적 실천으로 번역하기 위한 지속적 요구. 예술적 사유가 예술적 삶을 요구한다.

이 여덟 가지 영역은 예술로서의 삶과 미학적 윤리를 위한 일치점만이 아니라 그것의 일반 논리를 지시한다. 더 정확하게 말하자면 이렇다. 비판이론과 현상학 사이에 표기된 유사성은 삶의 기술이 관여해야만 하는 공유된 반성의 영역을 개괄해 낸다. 신체와 신체의 다양한 실천, 창조와 환상의 역할, 예술의 자율성과 본성, 시간의 의미, 그리고 미학적 실존을 위한 새로운 요구는 예술적 윤리를 묘사하는 윤곽을 모두 추적한다.

만일 예술로서의 삶의 윤리가 통합적 기능을 갖는다면, 위의 논지들은 미학의 영향과 전개 속에서 미학적인 일군의 경험에 잠재하는 것을 열어

주는 거주, 봄, 사유, 창조, 그리고 행위의 구체적 실천을 지시한다. 이와 관련한 논리를 통해 알려지는 것과 관련해서, 우리는 일상적 경험을 미학적 변형을 위한 장면으로 변형해 내기 위해 예술적 삶을 구성하는 과정을 시작할 수 있다. 우리는 미학이론과 예술로서의 삶의 모든 특징들인 신체, 자기 창조, 자율성, 저항, 그리고 긍정에 지속적인 주의를 기울임으로써 예술적 주체가 된다. 우리는 우리의 고유한 실존의 확장성과 섬세함 가운데 예술의 본질을 구체화함으로써 예술적 삶을 살아간다.

나는 이러한 비판적 공간에 알베르 카뮈와 미셸 푸코를 정립해 보려고 한다. 이 장은 비판이론과 현상학의 구성적 차원과 니체를 통해서 암시된 미학 윤리를 더 완전하게 규정하는 기능을 수행할 것이다. 카뮈와 푸코에게서 보다 더 현격한 실천적 차원은 캐릭터 연구와 역사적 실례를 통해 삶을 부각시키는 것이다. 양자 모두 예술로서의 삶이 따라올 수 있는 잠재적 경로를 암시한다. 두 경우에, 예술적 삶은 미래와 과거의 의미와 심연을 발견하는 미학적 자기를 만들어 내기 위해 현재에 대한 요구들에 깊이 관여하는 것이다.

이러한 예술로서의 삶에 결정적으로 구체적인 차원은 **전략적 사유** 개념으로 카뮈와 푸코 사이를 결부시킴으로써 조명된다. 이후 펼쳐질 내용에서, 카뮈와 푸코는 비판이론가와 현상학자가 하는 것처럼, 사유의 근거를 이해해 보려고 하지 않는다. 오히려 그들은 사유가 정직하게 미학적으로 삶에 대한 전체적인 윤리적 기획의 일부로 전개될 수 있는 방식에 관심을 둔다. 이것은 카뮈와 푸코를 통해 저항과 긍정의 전략을 규정하기 위한 잠재적 변형과 해방의 영역을 진단하게 한다. 진단과 규정에 대한 이러한 이중적 기예를 통해서, 미학적 윤리는 우리 삶이 예술에 중요한 긍정적·부정적·윤리적 계기들을 창발적으로 현실화하는 예술로서의 삶의 비판적 계기를 형성하는 데 이른다. 우리 삶과 실제적 자아는 미학과 실천적 부분들의 합보다 더 커지게 된다. 또한, 예술적 삶은 그 고유한 힘과 특성을 안고 있다.

카뮈의 삶-예술가

알베르 카뮈의 작품은 파시즘에 대항한 투쟁, 알제리 독립 운동, 전후 유럽의 갈등에서 유래한다. 또한 그의 작품은 우리가 갈등, 고통, 아름다움, 그리고 우애의 세계에서 살아가는 방식을 표현하기 위한 시도이다. 동시대 사람들의 일반적인 경향과는 다르게, 카뮈는 삶과 존재의 가능성을 위한 조건들을 규정하는 것이 아니라 인간성의 현재 조건들을 기반으로 삼아 윤리를 정의하려고 했다. 그가 진술했던 것처럼, "여기서 중요한 것은 사태들의 기원으로 돌아가는 것이 아니라 사태 안에서 살아가기 위한 방식을 알기 위해 존재하는 세계로 돌아가는 것이다."[1] 또한, 20세기에, 우리가 사는 방식에 관한 물음은 주로 카뮈를 둘러싼 역사적 사건을 통해 규정된다. 전쟁, 빈곤, 공산주의, 고통이 바로 그 사건들이다. 따라서 "어떻게 사는가"에 대한 물음은 "어떻게 은총 없이 정의 없이 살아가는가?"로 변질된다.[2]

이 장의 남은 부분은 소설과 연극에서 나타나는 카뮈의 캐릭터 연구와 카뮈의 철학적 작품에 대한 분석을 통해 전개된다. 특별히, 카뮈의 초기와 후기 작업에서 그의 부조리와 반항 개념을 매우 간략하게 기재함으로써, 우리는 전략적 변형을 위한 영역 및 명확한 저항점의 발전을 본다. 이것

---

1. Albert Camus, *The Rebel* [R], trans. Anthony Bower (New York: Penguin Books, 1971), 12. 또한, Avi Sagi, *Albert Camus and the Philosophy of the Absurd*, trans. Batya Stein (New York: Rodopi Press, 2002), 29: "[카뮈의] 전체 작업의 유도-동기는 여전히 다음과 같은 물음을 가지고 이의를 제기한다. 우리는 이 세상에서 어떻게 살아야 하는가? 인간 실존의 가치는 무엇인가?"

2. Camus, R, 192.

은 카뮈의 사유의 세 가지 규범적 특징에 대한 분석을 통해 도출된다. 그 세 가지 특징이란 그의 '자오선에서 생각하기', 예술과 예술가의 역할, 그리고 소설과 연극의 다양한 캐릭터들의 특징들을 통합하는 것이다. 이 모든 것들은 저항, 절제, 그리고 연대성을 기반으로 삼는 미학적 삶을 집단적으로 지시한다. 이러한 단편적인 접근을 통해서, 우리는 그녀의 고유한 일상적 삶 속에서 미학을 매개하는 이상적인 윤리적·예술적 성격의 출현을 이해한다.

부조리와 반항에 대한 짧은 개관

카뮈의 초기 사유 및 후기 사유는 억압과 가능한 저항의 장소에 대한 그의 인식을 일관성 있게 형성했다. 그의 초기 사유에서(1947년 『페스트』의 출간 이전에 선을 보인 작품), 억압의 원천, 그리고 저항은 부조리다. 그의 후기 사유에서 저항은 비록 겸허한 방식이긴 하지만, 대립을 이루어야만 한다는 의미에서의 반항이다.

많은 점에서, 카뮈의 부조리 개념은 '구토' 혹은 무, 인간 의식과 지향적 대상들 간의 존재론적 분리라는 사르트르의 개념을 전부 담고 있다. 카뮈는 『시시포스의 신화』에서 특별히, 인간과 의식의 대상 간의 분열을 분명하게 선언한다. "인간과 인간의 삶의 이러한 분리, 행위자와 그의 배경의 분리가 바로 부조리에 대한 느낌이다."[3] 이론의 여지는 있지만 카뮈는 삶에서의 사건들의 흐름과 행위자 간의 존재론적 차이보다 더 넓게 부조리를 정의한다. 실제로, 이러한 존재론적 차이는 단순히 더 일반적인 현상—세계의 비합리적이고 무차별적인 본성—의 징후이다. 카뮈가 분명하게 진술한 것처럼, "내가 이해하는 데 실패한 것은 무-의미다. 세계는 이러한 비합리적인 것과 더

---

3. Albert Camus, *The Myth of Sisyphus and Other Essays* [MS], trans. Justin O'Brien (New York: Vintage Books, 1991), 6.

붙어 사람이 사는 곳이다. 내가 이해하지 못하는 단일한 의미를 가지는 세계 자체는 그저 방대할 정도로 비합리적이다."4 그런데 카뮈는 이러한 주장의 정확한 지위를 특징짓지 않는다. 사태의 비합리성은 인간 의식의 성격적 특징일 수도 있고 세계와 인간 의식의 마주함의 특징일 수도 있다. 대신에, 카뮈는 더 일반적이고 특성화된 의미로, 세계 안에서의 무관심의 의미를 가리키기를 의도한다.

이러한 주장은 가치중립적인 것이 아니다. 비합리적 징후로서의 부조리는 피조물이 겪는 세계에 대한 무관심에 내속한다. "세계의 원초적 적대감이 천 년을 가로질러 우리와 마주하는 것으로 떠오른다……세계의 빽빽함과 낯섦음이 부조리다."5 부조리는 적대감과 무관심을 통해 표기된다. 세계는 '낯설고', 비합리적이며, 혹은 심지어 잔인한 것으로 나타난다. 이것은 부조리가 현실에 대한 정당한 특징이 아니라 현실에 부가적이며, 만들어진 피조물들의 요구와 희망을 마주하기 위한 현실의 실패에 상응한다는 점을 내포한다. 카뮈가 주장한 것처럼, 부조리는 우리의 합리적 기대와 무심한 현실이 마주할 때 그 가운데서 일어난다. "부조리는 인간의 욕구와 이치에 맞지 않는 세계의 침묵 간의 이러한 대면에서 탄생한다."6 세계는 우리의 욕구와 마주하고, 때로는 비참한 침묵과 더불어 소리친다. 인간과 모든 피조물은 영감과 응답 사이의 통일을 열망하는데, 왜냐하면 거기에는 종종 아

---

4. Camus, MS, 27.
5. Camus, MS, 14. 또한, Alba Amoia, *Albert Camus* (New York : Continuum Publishing, 1989), 82 : "부조리는 신체의 죽음에 대한 반발이다. 삶의 긴밀함과 낯섦, 인간에 대한 인간의 비인성에 직면하는 구토와 불안……. 부조리는 또한 인간의 가장 깊은 부분을 휘젓는 사랑에 미친 듯한 욕망과 비합리적 세계의 대면이다. 곧 그와 더불어 인간의 외침과 비합리적 침묵의 대면이다."
6. Camus, MS, 28. 또한, Camus, MS, 21을 보라. 마찬가지로 Brian Masters, *Camus : A Study* (Totowa, NJ : Rowman and Littlefield, 1974), 39 : "그것은 응집과 질성에 대한 인간의 욕구와 부조리를 구성하는 세계의 완고한 무질서 및 비일관성 간의 이 영원한 불일치다."

무것도 존재하지 않기 때문이다.[7]

부조리는 우리가 세계에 할당할 수 있는 범주가 아니다. 그것은 인간과 세계의 마주함의 산물이다. 그것은 인간의 열망과 실존의 현실 사이에 존재하는 분리를 의미하는 합리적 개념이다. 따라서 저항점으로서의 부조리는 우주의 특징이 아니다. 세계는 그저 존재하는 것이다. 부조리는 인간의 열망과 우리 스스로 발견하는 환경 사이에 존재하는 심연을 의미하는 관계적 범주다. 부조리는 그것이 합리성을 경멸하기 때문이 아니라 그것이 합리적 설계 전체 바깥에서 정립된 것이기 때문에 비합리적이다. 이처럼, 부조리는 인간의 절망, 고통, 그리고 열망의 심연 속에서 투쟁할 수 있는 분명한 저항점을 제공한다.

이러한 더욱 추상적인 부조리 개념은 이전의 유럽사 300년에 걸쳐 논쟁을 일으킨 불의와 탈취에 대한 그의 연구를 통해, 삶에 이르는 것으로서의 반항 개념을 통해 확장되고 그 본 모습을 바꾼다. 카뮈의 반항 개념은 더 높은 인간성의 이름으로 세계에 대해 뒤로 물러서는 — 원래 니체가 암시한 — 움직임, '형이상학적 반항'에 대한 그의 기록과 더불어 시작한다. 이 반발은 신의 이름으로 창조에 반발하는 것이 아니다. 오히려 이 반발은 인간성의 이름으로 세계, 역사, 신에 대해 반발한다. "형이상학적 반항은 이를 통해서 인간이 자신의 조건과 창조 전체에 항의한다는 것을 의미한다."[8] 이런 점에서, "인간에게서 반항은 대상으로 다뤄지는 일과 단순한 역사적 항목으로 환원되기를 거부하는 것이다. 그것은 권력의 세계를 회피하는, 모든 인간에게 공통적인 본성에 관한 긍정이다."[9]

---

7. Camus, MS, 50. "[부조리는] 욕망하는 정신과 실망스런 세계 간의 결별, 통일성을 위한 나의 향수, 이것들을 함께 묶어 버리는 이 파편화된 우주와 모순이다."

8. Camus, R, 29.

9. Camus, R, 216.

부조리의 형태처럼 형이상학적 반항은 역사, 유한성, 그리고 어떤 중요한 의미의 상실이 인간 의지와 생물학적 고통의 불안정에 개별 대상을 종속시키기를 공모한다. 따라서 반항과 부조리를 위한 저항의 장소는 부조리한 유한한 실존과 역사적 우연성의 비합리적 지시에 지나지 않는다. 그런데 '부조리'에 관한 『반항하는 인간』에서의 분석은 카뮈의 초기 작품의 그것과는 구별된다. 초기 저작에서 부조리가 일관적으로 인간과 세계 사이의 비합리적이고 존재론적인 관계로 주어지는 반면, 『반항하는 인간』에서의 '부조리'는 역사적으로 조건화된 순응적인 것인데, 왜냐하면 부조리 자체가 조건과 같은 것이 아닌 한, 비합리성과 고통의 특징이 현대 서구의 역사를 통해 변경되었기 때문이다. 그러므로 형이상학적 반항에서, 이 반항은 창조를 확대해서 저항하는 것이 아니라 비합리성을 예시하는 불의의 역사적 구조에 대해 전략적으로 반항한다.

　　이것은 반항을 위한 조건에 대한 조금 더 미묘한 차이를 가지는 접근인데, 이러한 접근과 부조리가 구체적이고 정치적인 구조 속에서 정초되는 것으로 도래하는 방식은 반항과 혁명 간의 카뮈의 세심한 구별을 통해 이행된다. 일반적인 역사적 현상으로서의 반항은 인간에 대한 대상화와 전체화에 관한 거부다. 또한, 그것은 부조리에 저항하는 반면, 고통과 비합리성을 위한 도관conduits의 역할을 하는 구체적인 사회 정치적 구조를 통해서 시행된다. 다른 한편으로 혁명은 이러한 거부가 성취되는 방식에 관한 합리적 한계설정에 복종하지 않는 역사적 질서에 대한 총체적 거부다. 이런 점에서, '모든 것이 허용된다'고 한 도스토예프스키Fyodor Mikhailovich Dostoevskii의 이반은 합리적 한계에 복종하지 않는 혁명적 에토스의 상징적 표상이다.

　　반항, 그 본래성의 원초적 양상은 순수하게 역사적인 개념을 정당화하지 않는다. 반항의 요구는 통일성이고, 역사적 혁명의 요구는 총체성이다……. 반항은 더더욱 완벽하게 존재하는 한 창조에 헌신하게 된다. 혁명은 더욱더 완벽한 부정을 위한 결과들을 만들어 내게 한다.[10]

이러한 구별을 다루면서, 카뮈는 파시즘, 소비에트 연방체계, 식민지 억압의 부적절함과 비합리성을 해소하려고 하면서, 여전히 억압의 구조에 대한 적정하고 창조적인 반항의 덕을 지지한다. 반항은 특정한 부조리의 형식을 현시하는 일에 반하는 저항의 가치를 지지하고, 그 반면에, 카뮈의 초기 작업에서 선구적 형태로 여러 번 등장하는 혁명은 인간성의 가치를 거부하는 전체적인 창조 질서를 거부한다.

　이 분석은 혁명의 부적절하고 파괴적인 형식과 관련한 반항의 이상적 형태에 대한 카뮈의 일관적 병치를 구체화한다. 양자 모두 부조리에 대한 저항의 형식과 무의미한 우주의 본래적인 가치를 지지하기 위한 소망과 같은 정신을 공유한다. 그런데 전략적 윤리로서의 반항은 명확한 한계설정에 복종하고 부조리에 저항한다. 여기서 한계설정과 부조리는 구체적이면서도 정밀한 저항의 장소에 역사적으로 매개된다. 반항은 세계에 존재해야 하는 방식에 대한 전략적 시각을 지지하기를 원하는 저항적이고 창조적인 저항의 형식이다.[11] 카뮈는 반항의 모순적 본성을 우아하게 진술한다.

반항이 파괴로 나타날 때, 그것은 비논리적이라고 말하는 것이 가능해진다. 인간 조건의 통일성을 요구하는 것은 삶의 힘이지 죽음의 힘이 아니다. 그것의 가장 심오한 논리는 파괴의 논리가 아니다. 그것은 창조의 논리다. 본래적으로 존재하기 위한 반항의 운동은 그것이 존속하고 있는 모순의

---

10. Camus, R, 217.
11. 이후 살펴보겠지만, 이러한 카뮈의 사유의 차원은 비판이론의 작업, 특별히 그 작업의 유토피아적이고 형이상학적인 양상에 개방적이다.

항을 절대 포기하지 말아야 한다. 그것은 허무주의적 해석이 반항 속에 고립되는 아니오와 마찬가지로 그것이 담고 있는 예에 충실해야만 한다. 반항의 논리는 인간의 조건의 불의함에 포함되지 않는 정의를 뒷받침하려는 것이면서, 보편적인 오류를 증대시키지 않기 위해서 밋밋한 언어를 내세우는 것, 그리고 인간의 비참함에도 불구하고 행복을 위해 승부수를 던지는 것이다.[12]

반항은 거부와 창조 간의 지속적 모순에 매달려야 한다. 반항은 만일 그것이 세계에 다시 긍정적인 질서를 부여하고 정의에 대한 증진을 일으킬 경우에만 인간의 비합리적 고통을 거부한다.

　따라서 카뮈의 부조리 개념은 인간과 세계의 관계를 해명하는 기능을 할 뿐만 아니라 더 중요한 것은 카뮈의 후기 사유에서 그 자체로 발견되는 인간과 역사적·사회적 구조 사이의 저항의 실제적 행위를 지시한다. 부조리에 대한 포용이 모든 행위의 궁극적 실패를 긍정하는 데 이르는 반면, 반면, 이는 또한 저항의 구체적 장소와 반항의 고유한 항목을 직시하는 수단을 제공한다. 요컨대, 부조리, 그리고 역사적 예시화에서 나타나는 카뮈의 적응 개념은 역사와 생물학적 실재에 그 자체로 화해를 야기하는 더 전략적인 윤리를 위한 정초작업을 설정한다. 이것에 반대하는 전복이나 종속과는 무관하게 말이다.

자오선에서의 사유

　만일 내가 주장한 대로, 카뮈의 '윤리'가 부조리나 비합리적 세계와 연관되는 방식의 문제화를 기반으로 삼는다면, 부조리에 대한 응답으로서

---

12. Camus, 249.

윤리적 행위의 일차적 초점은 특정한 사회정치적 장소들에서의 저항이다. 전복이나 허무주의적 굴종으로 진화하지 않는 형식으로 부조리에 저항하기 위해서, 저항과 창조의 구체적 행위방식을 규정하는 것에 더하여, 우리는 부조리가 역사 속에서 취해지는 방식을 해명할 수 있어야 한다. 다시 말해 카뮈의 윤리는 (1) 부조리의 예시에 대한 해명, (2) 적합한 행동 방식에 대한 규정이라는 두 가지 사유에 대한 요구를 형성해 낸다. 미학적 윤리는 진단에 관한 것이면서 동시에 규정적인 것이 된다.

카뮈에게서 일차적인 사유의 구성요소는 주로 부조리에 대한 의식을 고수하기 위한 요구와 '투명성'에 대한 일관된 강조를 통해서 정의된다. 『시시포스의 신화』에서 가장 빈번하게 발견되는 투명성은 희망과 인간의 욕구가 세계를 통해 유예되는 방식과 마주함으로써 부조리를 지속적으로 재발견하는 명법이다.

> 나 자신과 세계에 대한 낯설음은, 이를 옹호함과 동시에 이를 그 자체로 부정하는 사유로만 무장되어 있다. 정복욕은 정복욕의 습격을 거부하는 벽에 우연히 부딪힘으로써, 이를 인식하고 이로부터 살아가기를 거부함으로써만 평화를 가질 수 있다는 이런 식의 조건은 대체 무엇인가?······따라서 이런 점에서 지성도 세계가 부조리하다고 나에게 말한다.[13]

카뮈는 우리가 지속적으로 인간 욕구 그리고 침묵과 마주하는 존재방식으로 돌아가기를 요구한다. 이러한 사유 개념은 "처음부터 다시 보고, 주목하고, 의식을 집중시키는 것을 배우는 것"인데, 이것은 카뮈가 주장한바, "모든 생각과 이미지를 특권화된 계기로 돌려놓는 것"과 같은 것이다.[14] 이

---

13. Camus, MS, 20.
14. Camus, MS, 26.

는 사유가 기억을 통해서 존재하건, 아니면 앞서 보여 주었던 것처럼 경험의 강도와 부요함을 보존하는 봄과 삶의 방식을 구성함으로써 이르는 것이건 간에, 우리의 경험을 다시-살아냄을 의미한다.[15]

카뮈의 투명성 개념은 사유와 행동에서 절제를 규정하는 일에 관여하는 이차적 사유 양상을 위한 토대를 형성한다. 한계의 발견과 한계의 규정 간의 연결은 『반항하는 인간』에서 명확하게 나타난다. 부조리에 대한 적절한 응답이 투명성의 작용과 더불어 시작된다. "혁명의 정신은, 만일 그것이 살아 있는 것으로 남아 있으려면, 반항의 원천으로 다시 돌아가고 그 기원에 충실한 유일한 사유의 체계에서 그 영감을 도출해야만 한다. 그것은 한계를 인정하는 사유다."[16] "한계를 인정하는 사유"는 카뮈의 초기 저작에서 요청되는 투명한 사유다. 그런데 부조리의 경우처럼 한계에 대한 인정은 이제 역사 구조와 혁명의 정치 내에서 관찰된다. 우리의 '한계'는 더 이상 인간의 열망에 대한 추상적 부정이 아니라 인간의 존엄성에 대한 억압이다.

반항은 인간이 범주적으로 관용할 수 없는 것으로 간주하는 조건들에 대한 굴종을 거부하기 때문에, 그리고 또한 그의 입장이 정당화되었다고 혼동해서 확신을 갖게 되기 때문에, 그 고유한 정신에 있어 그가 '……할 권리가 있다'고 생각하기 때문에 반항한다. 이런 점에서 반항하는 노예는 '예'이면서 동시에 '아니오'라고 말한다. 그는 한계가 있음과 이 한계를 넘어서는 특정한 것들의 실존을 의심한다—보존하기를 원한다—는 점을 긍정한다.[17]

---

15. Camus, MS, 54를 보라.
16. Camus, R, 258.
17. Camus, R, 19.

카뮈가 가리키는 한계는 의심의 여지없이 인간 고통의 부정적 한계설정과 인간 존엄의 긍정적 한계설정이다. 규범적으로 실행되는 사유는 반항하는 정신을 갱신하기 위해 이러한 한계설정으로 지속적으로 돌아가야만 하고 이러한 한계를 인정해야 한다.

이러한 인정은 그 자체로 사유의 다른 형식을 규정한다. 이 형식은 본성상 진단적인 것이 아니다. 우리의 한계에 대한 의식은 허무주의와 총체성 "사이에" 그 자체로 위치하는 사유의 토대를 형성한다.[18] 그러므로 우리는 "지성이 분명하게 드러날 수 있는 중간 경로에 머무는" 카뮈의 상투적 표현을 이해할 수 있다.[19] 한계에 대한 우리의 인정은 사유를 위한 선택지를 효과적으로 구획 짓는다. 우리는 투명성을 통해서만이 아니라 우리가 사유를 구성하는 방식을 통해서 우리의 한계에 복종해야 한다.

그것은 분명 절제의 이중적 의미와 더불어 — 드러난 것이면서 규정된 것으로 — 존재한다. 이는 고유한 사유를 통해서 카뮈가 규칙적으로 암시한 '긴장'에 대해 말하는 바를 생각하는 가운데 나온 것이다. 사유는 창조와 파괴, 반항과 전복, 일관적 행위와 허무주의 간의 모순을 고수하는 것이다. 전복과 허무주의의 다른 형식에 대한 일차적 실패는 그 내적 본성의 결과가 아니라 한계에 대한 사유가 함축하는 긴장을 이해하고 따르는 일에 대한 실패, 무절제의 문제다.

카뮈의 '자오선에서의 사유'에 대한 명령은 인간을 적절하게 사유하게 하는 규정적 요소와 진단적 구성요소(투명성) 내에서 견지된다. 겸허한 이성의 지시를 따라서, 반항은 모든 것을 부정하지 않는다. 오히려 우리는 행위의 가능한 극단과 우리의 관계를 일관적으로 문제화해야만 하며 우리의

---

18. Camus, *Resistance, Rebellion, and Death* [RRD], trans. Justin O'Brien (New York : Vintage Books, 1960), 247.

19. Camus, MS, 40.

8장 알베르 카뮈의 삶-예술가 **353**

존엄과 타자의 존엄을 보존하는 방식으로 행위한다. 사유는 본성상 전략적인 것이 되고, 순차적으로 부조리의 윤리는 부조리한 세계를 통해 제시된 선택들에 작용하고 이를 해명하면서 윤리가 된다.

예술과 예술가의 역할

부조리를 통해 부과된 극단적인 어떤 것과 주체 사이의 관계를 문제화하는 사유의 역할에 대한 반성은, 사유를 한계설정과 초과가 동시에 일어나는 세계에서 살아가는 방식에 대한 윤리를 모색하는 것으로 이해하는 카뮈의 의도를 전조한다. 카뮈의 작업은 부조리에 대한 분석과 사유 형식에 대한 규정이 우리가 살아가는 방식을 탐구하는 그의 의도에 불충분한 것임을 인정한다. 사유와 세계의 관계는 이러한 행위의 결과가 아니다. 그것은 행위할 수 있는 방식을 충분히 주제화하지 못한다. 그것은 전략적이거나 겸허한 사유가 전개될 수 있는 방식을 탐문하지도 않는다. '자오선에서의 사유'로만 주어진 사유에 대한 카뮈의 규정은 공허한 것에 지나지 않는다.

이런 이유로 카뮈는 예술과 예술가의 역할을 사유, 부조리, 그리고 구체적 행위방식 간의 관계를 더 완전하게 기술하는 방식으로 제시한다. 예술과 예술가 모두 그 본성상 우리가 사는 방식에 관한 근본적 실마리를 제공한다.

자율성

카뮈를 통해 예술에게 부여된 가장 중요한 특징은 그것이 사유에서 높은 지위를 가지는 것으로 가정된다는 점이다. 예술은 세계 내 변화와 정의를 위한 능력을 지탱해 주는 사유와 표현방식으로 정립된다. 이론의 여지는 있지만, 카뮈는 그의 동시대인 아도르노처럼, 예술적 생산의 자율성을 확고하게 견지하기 때문에 고상한 예술 개념을 지지한다. 예를 들어, 카 뮈는 이렇게 말한다. "……나는 예술에 대한 가능한 최고의 이념을 가지고 있다. 나는 예술을 그것이 너무 고귀하기 때문에 다른 어떤 것에 종속시키 기는 데 동의할 수 없다는 점을 분명히 함으로써 그것을 높은 자리에 놓는 다."[20] 부조리와 사회적 질병에 대한 가능한 치료제로서의 예술의 지위는 역사, 시장, 또는 직접적인 정치적 관심으로부터의 자유로서의 예술의 자 율성에 상호적으로 의존한다. 카뮈가 『반항하는 인간』에서 진술한 것처럼, 예술은 불화에 지나지 않는다. 왜냐하면 그것은 역사 바깥에 머무르기 때 문이다. "역사의 경로 바깥에 아름다움을 창조해 냄으로써, 예술은 오로지 이성적 활동성을 지연시킨다. 역사 자체를 절대적 아름다움으로 변형시키 는 것이 바로 그것이다."[21]

불행하게도, 아도르노와 달리, 카뮈는 예술이 자율적인 작업으로 머 무르는 방식이나 예술적 자율성을 위한 필연적 조건을 특성화하는 방식을 정확하게 진술하지 않는다. 오히려, 아도르노의 보다 더 계획적인 진술처럼, 그는 역사에 종속당한 예술이 선전propaganda이나 순수 부정이 된다고 주 장한다. 따라서 사유처럼, 예술은 순수 부정성과 순수 긍정성을 매개하는 자리에 남아 있어야만 한다. "만일 예술이 우리 사회의 다수가 원하는 것에 그 자체로 적응한다면, 예술은 무의미한 재창조일 것이다. 만일 그것이 사 회를 맹목적으로 거부한다면, 예술가가 자신의 꿈속에 도피처를 두기로 마 음을 먹는다면, 예술은 부정 이외에 아무것도 표현하지 못할 것이다."[22] 사 유처럼, 예술은 중간 길을 확고하게 지지함으로써 그 자체로 유지된다. 비

---

20. Albert Camus, *Lyrical and Critical Essays* [LCE], trans. Ellen Conroy Kennedy, ed. Philip Thody (New York : Vintage Books, 1968), 353.
21. Camus, R, 220.
22. Camus, RRD, 253.

판이론에서와 마찬가지로, 예술은 역사를 부정하거나 넘어서는 것으로서가 아니라 그 내부에서부터 역사를 변형시키고 역사 내에 머무름으로써 자율적인 것으로 남겨지게 된다.

창조

예술작품은 역사와 현실의 변형과 편입을 통해 자율적인 것으로 남겨지게 된다. 자율성은 현실을 이데올로기에 종속시키지 않으면서 현실을 묘사하기 위한 욕구를 심각하게 받아들이는 예술적 생산의 특징이다. 물론 자율성에 대한 이러한 정의는 카뮈의 미학의 이차적인 비판적 양상을 형성하는 예술적 생산의 사실에 의존한다.

카뮈에게, 예술은 단순한 재생산이 아니라,[23] 그가 더 일반적인 창조의 범주 아래 끌어모은 양식에서 비롯하는 세계에 대한 선택적 표상이다. 그는 다음과 같이 진술한다.

한 가지 원리가 모든 창작자에게 공통적인 것으로 남아 있게 된다. 양식화, 그것은 현실의 형식을 현실에 부여하는 현실과 정신의 동시적 실존을 능가한다. 양식을 통해서, 창조적인 것이 세계를 재구성한다. 그리고 언제나 약간의 왜곡과 더불어 재구성한다. 그 왜곡은 예술과 항의의 표시이다.[24]

정신이 비판이론적인 미학에서 물질과 정신의 대면으로 통했던 것처럼, 양식화는 예술가가 물질적으로 주어진 것을 병합하고 변형하는 방식이다. 메를로-퐁티가 보여 주었던 것처럼, '양식'은 우리의 지각이 지각장을 변형시키는 방식의 재창조다.

---

23. 예를 들어 Camus, R, 65를 보라.
24. Camus, R, 236.

카뮈의 미학은, 비판이론이나 현상학의 작업에서 하는 것처럼, 세부적인 양식에 대한 분석에 의존하지 않는다. 오히려, 카뮈의 양식화에 대한 설명은 예술적 생산이 이전에 부재했던 요소를 사유와 세계 안으로 도입하는 본래적인 창조 과정이다. 카뮈는 새로운 '우주'를 위하는 반항과 창조를 통해 창조성 개념을 구성한다.

모든 반항 속에는 통일성에 대한 형이상학적 요구에서 통일성을 포착하지 못하는 불가능성과 대체적 우주의 구성이 발견된다. 이런 관점에서, 반항은 우주의 구성자다. 이것이 또한 예술을 정의한다. 반항에 대한 요구는 실질적으로, 그리고 부분적으로 미학적인 요구다.[25]

반항은 우주를 조직하는 방식이다. 카뮈가 믿는 이러한 특징은 예술작품을 통해 가장 명확하게 예시된다. 따라서 예술적 생산은 허무주의와 굴복 사이에서 만들어지는 본래적인 반항의 작용에 연결될 뿐만 아니라 더 중요하게는, 창조적 반항이 운신할 수 있는 대안적인 우주를 직시하는 것이기도 하다.[26] 이런 점에서, 부조리를 해명하고 잠재적인 행위 방식을 개괄하기 위한 전략적 요구는 예술적 생산이 산출되는 창조성의 동일한 형태에 의존한다. 사유처럼, 예술은 현실에 대한 대안적인 시각의 창조에 의존한다.

연대성

카뮈의 윤리에 더 일반적으로 기입된 예술은 예술과 예술가의 핵심 특

---

25. Camus, R, 221. 또한, RRD, 264를 보라. "어떤 점에서 예술은 덧없고 불완전한 요소를 지닌 이 세계에 대한 반항이다. 그렇기 때문에 예술은 자신이 느끼는 감정의 원천인 현실을 간직하지 않을 수 없으면서도 그 현실에 또 다른 형태를 부여하길 의도한다."
26. 여기서 형이상학과 환상이라는 비판이론적인 개념과의 공명에 주목하자.

징으로서의 '연대성'solidarity에 대한 빈번한 활용을 통해 가장 잘 나타난다. 그가 자율적이고 창조적인 예술을 부르짖었던 것과 더불어, 카뮈는 동시에 예술의 중심과 예술가의 삶에 연대성의 윤리를 증진시킨다. 여기서 카뮈는 자율성에 관한 자신의 초기의 진술과 모순되는 것처럼 보이는 진술을 내놓는다. "현재의 가정을 반대하며, 고독solicitude에 대한 권리를 가지지 않는 자가 존재한다면, 바로 그가 예술가이다. 예술은 독백적일 수 없다."[27] 그런데 이러한 모순은 예술 내에 비판적 긴장을 설정한다. 이는 또한 처음에 비판이론에서 나타났던 바이기도 하다. 자율적이면서 해방적인 것임과 동시에 부정적이고 조화되지 않는 예술에 대한 요구가 바로 그것이다.

카뮈는 그의 고유한 사유에서 이러한 움직임을 분명하게 인식한다. 이는 그의 작업이 보다 유아론적인 『이방인』에서 『시시포스의 신화』의 전복하는 개인으로, 끝으로는 『반항하는 인간』에서의 반항 내의 연대성을 위한 요구로 이행했던 것에서 볼 수 있다.[28] 물론, 카뮈가 현상학적으로 반항경험에 대한 연대성을 발견한 곳은 『반항하는 인간』에서다. "반항은 모든 인간이 제일의 가치를 정초하는 공통 근거다. 나는 반항한다. 그러므로 우리는 존재한다."[29] 연대성이라는 논지는 예술작품에 대한 카뮈의 반성 속에 반향된다. 여기서 예술작품은 세계 내의 자유와 행복을 증진시키기 위한 연대적 노력의 일부다.[30]

따라서 카뮈는 순수하게 추상적인 예술작품 개념을 거부한다. 만일 예

---

27. Camus, RRD, 257.
28. Camus, LCE, 339를 보라. "만일 『이방인』에서 『페스트』로의 진화가 있다면, 그것은 연대성과 참여의 방향 안에 존재한다."
29. Camus, R, 28. 또한, 27을 보라. "인간의 연대성은 반항에 정초되고, 반항은 이 연대성을 통해서만 정당화될 수 있다. 반항에서 이 연대성의 의미는 카뮈의 『페스트』에서 가장 현격하게 드러난다."
30. Camus, RRD, 240을 보라. "예술의 의도, 삶의 의도는 오로지 모든 인간과 세계 안에서 발견되는 자유와 책임의 총합을 증대시키는 것이 되어야 한다."

술이 현실에 정직해지려면, 예술은 인간이 부조리에 대항하여 저항 속에서 힘을 합치는 형식을 탐문해야 한다. 이것은 **예술을 위한 예술**l'art pour l'art을 거부하는 데 이른다.

> 예술을 위한 예술의 거짓은 인간의 고통을 모르는 체하다가 응분의 보복을 받고 말았습니다. 그러나 현실주의자의 거짓은 만인이 현재 당하고 있는 불행을 용기 있게 인정하려 하지만 그 불행을 심각하게 배반합니다. 왜냐하면 그것은 미래에 올 행복을 위해서 오늘날의 불행을 이용하는데, 우리로서는 아무것도 아는 바 없는 그 미래의 행복은 온갖 종류의 기만을 가능하게 하기 때문입니다.[31]

카뮈는 예술을 위한 예술이 '행복한 미래 상태'를 영화롭게 하고 현재의 포악함을 용납하는 '현실적 거짓'과 병합된다고 본다. 사유에 대한 카뮈의 설명처럼, 그것은 예술을 정립하는 이중적 속박으로 존재한다. 예술은 인간성에 대한 투쟁을 완전하게 포기한 악의 결속에 불과한 것이 아니므로, 현재의 질병을 용인하는, 완벽하게 화해를 이룬 미래를 위한 유토피아적 요구에 굴복할 수 없다. 오히려, 예술은 도피주의적 미래와 여전히 자율적인 것으로 머무르기를 동시에 거부하는 한편 현재를 비판해야 한다. 다시금 예술은 그 조건에 굴종하지 않으면서 현재의 고통과 결합하는 **중간 길**이다.

현전하는 현실을 동시적으로 비난하는 이 자율적 생산의 이미지는 예술가 자신의 이미지에 상관한다. 노벨상 수상 소감에서, 카뮈는 다음과 같이 "목소리 높여 외침"으로써 현재를 비난하는 예술가의 의무를 구성한다.

---

31. Camus, RRD, 263.

우리는 만인 공통의 불행에서 벗어날 수 없으며 예술가로서의 존재 이유가 우리에게 있다면 그것은 말할 수 없는 사람들을 위하여 우리의 힘이 닿는 한 목소리 높여 외치는 것임을 알아야겠습니다. 과연 우리는 이 순간에도 고통을 당하고 있는 모든 사람을 위해서 입을 열어야 합니다. 그들을 억압하고 있는 국가나 당파가 과거나 미래에 있어서 얼마나 위대한 것이었느냐 하는 것은 문제가 되지 않습니다. 예술가에게는 가해자가 특권화되지 않습니다.[32]

브레히트의 '희망을 갖지 못한 사람들을 위해 희망하는 우리'(마르쿠제의 『일차원적 인간』의 결론부로 활용된 인용구)라는 말을 연상시키는 가운데, 카뮈는 권력에 대해 진리를 말함으로써 타인과의 – 심지어는 반항할 수조차 없는 사람들과의 – 연대로 권력에 반항하기 위해 예술가를 호출한다. 카뮈에게 투쟁과 예술가의 직접적 연관이 무엇인지 상세하게 제시되지는 않는다. 다만 카뮈의 자전적 이야기를 통해서, 우리는 "목소리 높여 외침"이라는 것이 저널리즘적, 예술적, 그리고 직접적으로 정치적인 노력과 다양하게 연관되어 있다고 추정할 수 있다. 하지만 우리는 예술가의 고유한 노력이, 그것이 자율적으로 남겨진다 해도, 카뮈의 후반부 생애를 통해서 요구된 비판적 논의를 제공할 수 있다고 추측할 수는 있다. 이런 점에서, "소설의 세계는 인간의 가장 깊은 소망을 추구한다는 점에서, 우리가 사는 세계에 대한 유일한 개선이다"라는 말은,[33] 예술적 생산을 위한 의무일 뿐만 아니라 저항의 운동과의 연결 속에서 예술가의 연대적 작업을 구상하는 방식을 나타낸다. 예술가로서의 예술가는 예술작품의 적절하면서도 자율적인 본성을 확고하게 보호함으로써 저항의 노력을 결합해 낸다. 예술작품은 연

---

32. Camus, RRD, 267.
33. Camus, R, 228. 여기서 나타나는 아도르노의 형이상학 개념과의 명확한 유사성에 주목하자.

대적 반항의 가능성을 위한 조건을 묘사함으로써 이루어지는 현실에 대한 고유한 모방과 부분적 연대 투쟁을 통해서 현재의 현실을 비판함으로써 "목소리를 높여 외치는" 것이다. 예술은 고통받는 인간성과 그 가능한 연대성을 묘사함으로써 고통당하는 인간성의 해방에 기여한다.[34]

하지만 이것이 예술가가 한 인간으로써 투쟁에 직접적으로 관여하는 일을 못하게 가로막지는 않는다. 따라서 예술가로서의 예술가가 자율적 존재로 머물러야 하는 반면, 카뮈는 그것을 의무로 이해한다. 불가피하지 않다면, 인간-존재로서의 예술가는 억압과 부조리의 형태에 반대하는 투쟁 속에서 결합한다. "오늘날 모든 것이 변화되고 있고 침묵조차 위험한 함축을 갖고 있습니다. 선택에서 기권해 버리는 계기는 그 자체로 선택으로 조망되고 그 자체로 형벌 내지 찬미가 됩니다. 예술가는 무계획적으로 활용됩니다."[35] 예술작품이 대안의 상상과 인간성의 해방을 통해서 간접적으로 투쟁하기 위해 기여하는 신성한 것으로 남겨져야만 하는 반면, 예술가 자체는 집단적 저항의 일부가 될 수 있고 종종 그렇게 되어야만 한다.

그렇다면, 연대가 반항과 저항의 결과인 한, 그것은 예술작품의 일부이자 예술가의 삶의 일부가 될 수 있고, 통상 그렇게 되어야만 한다. 예술작품에서, 연대성은 예술이 탐문하고 변형시키는 세계 자체의 일부로 묘사되어야 한다. 예술가 자신에게, 연대성은 한 인격으로서의 예술가가 부조리에 대해 가정하는 투쟁을 정초한다. 하지만 두 차원에서, 필수적인 연결점이 저항의 행위와 예술적 생산의 본질 사이에 수립된다. 만일 내가 주장해 온 것처럼, 예술이 카뮈의 윤리의 필수적인 구성요소가 되는 것이라면, 이 경우 예술은 예술가가 발견하는, 긍정성과 부정성 사이에서 균형이 잡힌 저항의 연대적 형식에 참여함으로써 그렇게 되어야 한다.[36]

---

34. Camus, RRD, 241을 보라.
35. Camus, RRD, 249.

위에서 예시된 자율적인 것으로서의 예술작품과 연대로서의 예술가 사이의 비판적 긴장은 카뮈의 후기 작업을 통해서 핵심 동기를 형성한다. 예술작품과 예술가의 구별을 제시함으로써, 카뮈는 결과적으로 그의 작품 속에서 작동하는 두 가지 '긴장'을 만들어 냈다. (1) 자율적인 예술작품과 거기에 헌신된 저자 간의 긴장 (2) 헌신된 예술가와 자율적인 예술작품을 만들어 내기 위한 욕구 사이의 긴장.

전자의 긴장은 자율성과 헌신 간의 긴장으로서의 예술작품에 대한 카뮈의 검토 속에서 가장 자명해진다. 천재의 작품들은 이러한 긴장을 견지하며 세계에 대한 대안적 시각을 사유하라고 요청한다.

> 가장 위대한 작품은 언제나⋯⋯현실과 그 현실에 맞선 인간의 거부 사이의 평형상태를 유지하는 작품일 것입니다. 현실과 현실에 대한 거부는 서로가 서로를 끊임없이 분출하게 만드는 것인데 이 분출이야말로 기쁘면서도 찢어질 듯 고통스러운 인생 그 자체의 분출입니다. 그리하여 이따금씩 새로운 세계가 불쑥 태어납니다. 그것은 우리가 늘 보는 세계와 다르면서도 같은, 특수하면서도 보편적인 세계입니다. 동시에 그것은 천재의 힘과 허기증이 잠시나마 일으킨, 무구한 불안정성으로 가득 찬 세계입니다.[37]

비판이론적인 미학과 관련하는 경우와 마찬가지로, 본래적 예술작품은 예술작품의 요소와 보편성으로부터 나타나는 특수성의 허용 사이의 평형상태를 유지하는 것이다. 카뮈가 진술한 것처럼, 본래적 예술작품은 현실에

---

36. 여기서 우리는 마르쿠제와의 유사성에 주목할 수 있다. 또한, 예술로서의 삶에서 저항을 위해 설계된 비판적 역할에도 주목할 수 있다.
37. Camus, RRD, 265.

대한 유지와 현실에 대한 거부를 담고 있다. 그렇게 함으로써 예술작품 내에 '상이한 세계'가 나타날 수 있다. 만일 예술이 부조리를 이해하고 저항하는 방식으로 성취되는 것이라면, 그것은 예술의 긍정적이고 부정적인 요소들의 균형을 잡음으로써 그렇게 해야만 한다. "예술을 동시다발적으로 고양하고 부정하는 활동성이다……. 예술적 창조는 세계에 대한 거부와 통일성을 위한 요구다. 하지만 예술적 창조는 세계가 결여하고 있는 것에 대한 해명과 때로는 어떤 세계의 이름으로 세계를 거부한다."[38]

여기서 니체, 비판이론가들, 그리고 현상학자들이 모두 예술에 대한 미학을 지지한 반면, 카뮈는 헌신과 저항의 논지에 초점을 맞춤으로써, 윤리적 미학을 제시한다는 점은 분명한 사실이다.[39] 예술작품에서 자율성과 연대성 간의 긴장을 강조함으로써, 카뮈는 미학적 수용과 생산의 윤리적 차원을 효과적으로 문제화한다.

이 경우 예술작품에서 카뮈가 검토한 긴장이 예술가의 역할에 대한 그의 검토로 이어진다는 사실은 결코 우연이 아니다. 만일 미학이 윤리를 문제화한다면, 이 경우 미학의 요구는 예술가의 삶에 반영되어야 한다. 이러한 논리로의 이행은 카뮈를 통해 다음과 같이 표명된다.

예술은 실제로 존재하는 현실에 대한 완전한 거부 내지 완전한 수용이 아닙니다. 그것은 거부이면서 동시에 수용입니다. 그것은 거부인 동시에 수용이기 때문에 양극 사이에서 영원히 다시 시작되는 찢어짐일 수밖에 없습니다. 예술가는 현실을 부정할 수 없고 다만 현실의 영원토록 끝나지 않는 양상 속에서 현실에 대한 물음에 영원토록 엮이는, 그러한 애매성의 상

---

38. Camus, R, 219.
39. '윤리적'이란 여기서 위의 의미, 즉 자기 자신과 타자의 관계를 문제화하는 수단으로 도입된다.

태 속에 지속적으로 거주합니다.[40]

하나의 비판적 운동 안에서, 예술가는 예술작품의 애매성과 긴장을 자신의 고유한 삶으로 이항시킨다. 카뮈가 윤리적 미학을 지지하는 한, 예술가와 예술작품 내에서의 긴장의 모방에 대한 그의 초점은 **미학적 윤리의 정리**, 즉 예술작품 속에 정립된 문제들을 전달받는 자기의 행위와 문제화의 형식을 요구한다. 이러한 윤리적인 것의 미학화는 다음과 같이 더욱 자명해지게 된다.

> 우리의 여분의 시간 가운데 전투적인 존재가 되는 것은 불가능합니다. 그러므로 오늘날의 예술가는 만일 그가 상아탑에 머무르거나 불임 상태에 머무르면, 그리고 자신의 시간을 정치적 장 주변부에서 보낸다면, 비현실적인 존재가 되고 맙니다. 그렇지만 둘 사이에는 참된 예술에 대한 열렬한 길이 놓입니다. 작가는 자신의 시간의 드라마를 충분히 인식해야만 하고 자신이 할 수 있거나 그렇게 하는 방식을 인식하는 매 순간에 편입해야만 하는 것처럼 보입니다. 하지만 그 작가는 때때로 우리의 역사와 관련해서 어떤 간극을 유지하거나 제 위치로 돌아가야만 합니다.[41]

예술가는 인간성을 위한 투쟁에 결합하고 "우리의 역사와 관련한 어떤 간극"을 남겨둘 것을 요구받는다. 즉 예술작품처럼, 예술가는 비판적이면서 해방적인 목소리를 제공하는 데 필수적인 헌신의 형식과 자율성 사이의 평형관계를 유지해야만 한다. 사유와 예술작품처럼, 예술가는 연대성과 자율성 간의 매개적 위치를 견지한다.

---

40. Camus, RRD, 264.
41. Camus, RRD, 238.

확신컨대, 카뮈가 예술가를 위해 개괄한 입지가 모든 사람을 위해 작정된 것은 아니다. 예술가는 특별히 개별자로 정립된다. 그의 작업은 헌신과 자율성 간의 평형상태를 요구한다. 예술가의 작업은 저항의 본성 때문만이 아니라 그 스스로 어떤 운동과 화해하기를 거부하는 예술가 자신 때문에 위험한 것이 된다. 이 안정적인 부정이 예술가의 자율성을 구성한다. 이뿐만 아니라 그것은 특정한 저항의 형식으로부터 예술가 스스로 부과한 배제를 암시한다. 카뮈는 이렇게 진술한다. "다만 실질적으로 헌신된 작가란 전투에 참여하기를 거부하지 않으면서도, 최소한 정규군에는 가입하지 않은 채 용병으로 머무르는 자입니다. 그가 아름다움 속에서 발견하는 교훈은, 이를 공정하게 이끌어 내자면, 이기성이 아니라 어려운 형제애라는 교훈입니다."[42] 물론 카뮈가 덧붙인 것처럼, '용병'에게서조차, 우리는 억압에 대한 구체적 투쟁 속에서 발견되는 형제애를 경험할 수 있다. 실제로, 카뮈가 후기에 인정한 것처럼, 예술가를 통해 요구된 자율성은 박애 및 형제애로 이끄는 직접적 개입의 형식에서 발견될 수 있다. "다만 우리가 살아가는 데 부딪히는 벽이 아닌 다른 문을, 출구를 찾지 맙시다. 대신에 전투가 한창일 때 한 번쯤 숨을 돌리도록 합시다."[43]

예술작품으로부터의 이행 가운데 주어지는, 이렇게 지속적으로 균형을 잡는 행위는 예술가의 형식에 필연적인 것으로 간주되며, 이러한 자율성과 연대성은 서로 강화되기에 이른다.[44] 혁명과 창조성, 멀어짐과 헌신 사이에 있는 예술에 자명해진 긴장을 직접적으로 반영하는 예술가의 삶을 옹

---

42. Camus, RRD, 267.

43. Camus, RRD, 272.

44. Donald Lazere, *The Unique Creation of Albert Camus* (New Haven, CT : Yale University Press, 1973), xi : "카뮈는 그의 역사적 계기의 정신적이고 사회적인 문제 속에서의 예술가적 감수성의 군사적 참여를 옹호하고 실천했다……카뮈의 입장에서, 당파적 헌신과 자율적인, 복잡한 문학적 창조는 상호 배타적이라기보다 서로를 강화시킨다……."

호함에 있어, 카뮈는 우리가 대체로 어떻게 미학적 규준을 따라 살아가고 있는지에 대한 재평가 및 미학적 윤리를 지지하는 논증을 펼친다. 예술가는 예술작품 안에서 발견되는 자율성과 창조성을 통해서 절제된 저항과 깊은 사유 가운데 살아가는 윤리적 의무를 혼합한다. 카뮈는 또한 예술과 예술가의 영역을 다음과 같이 균일하게 혼합시킨다. "다른 모든 이들처럼, 예술가는 가능한 죽지 말고 자신의 노를 저어 가야 한다. 다시 말해 살면서 창조하기를 지속해야 한다."[45]

카뮈의 부조리 개념과 사유의 이상적 형태 개념을 통해 생각해 볼 때, 하나의 모상이 카뮈의 작품에서 이상적 주체의 출현을 일으킨다. 세계와 가능한 저항의 구체적 장소와 우리의 관계를 문제화함으로써, 겸허함을 기반으로 한 전략적 사유를 지지함으로써, 그리고 예술가가 살아 내야만 하고 창조해야만 하는 일련의 긴장들을 정립함으로써, 카뮈의 이상적 형태는 저항, 연대성, 그리고 자율성을 기반으로 삼는 삶을 개념화하고 적용하기 위해 사유를 사용하는 자로 나타나기 시작한다. 예술가의 삶에서, 구체적 행위 방식은 긍정적이거나 저항적일 수 있는 것을 개괄하고 규정한다. 예술가는 일관적으로 자신과 세계와의 관계 및 다양한 행위들이 경험의 다양한 차원들을 극복하고, 긍정하고, 혹은 재창조하기 위해 구상될 수 있는 방식을 문제화한다. 요컨대, 카뮈의 윤리는 예술가의 윤리, 미학적 윤리가 된다.

예술의 자율적, 연대적, 긍정적, 부정적 요소들에서 조화를 이뤄 내는 일과 겸허함의 이상적 성격은 카뮈의 문학적 등장인물 묘사에서 수행된다. 여기서 하나의 이상적 형태ー삶-예술가ー가 미학적 윤리를 전개한다. 이 미학적 윤리는 저항, 의미, 그리고 등장인물 창조를 지향하는 삶 속으로 미학

---

45. Camus, RRD, 250.

적 반성의 대립축들을 혼합하는 일을 가능하게 한다.

등장인물의 성격

앞서 언급했던 것처럼, 그의 부조리 이론 속에 정초된 카뮈의 윤리, 겸허한 사유 형식에 대한 요청, 그리고 자율성, 창조성, 연대성의 미학은 예술가의 형태를 연합해 내기 시작한다. 예술가는 미학적 반성과 체험을 통해 구성된 명료한 추론과 전략의 형식을 통해 다양한 경험의 차원을 통합하는 형태를 일원화하는 것으로 간주된다. 또한, 우리가 일상의 고유한 삶으로 미학을 변형시킬 수 있는 최상의 가능한 예로 주어지는 것이 예술가이다.

이런 식이라면, 카뮈의 문학 작품은 추방, 고통, 부조리나 판단으로 탄탄히 전개된 주제들을 검토하는 수단에 그치는 것이 아니라 예술적 삶의 다양한 차원을 묘사하는 일련의 성격이나 형태들의 전개를 통한 예술가의 형태에 대한 탐문으로 간주될 수 있다. 이전의 니체와 같이, 카뮈는 미학적 삶에 대한 그의 보다 핵심적인 직관을 한곳에 모아 예술적 삶이 현시될 수 있는 다양한 방식을 보여 주는 일련의 '이상적 유형'을 전개시키고 싶어 한다.[46]

이어지는 내용에서 우리는 '삶의 양식' 각각을 표상해 낼 수 있는 탐문의 단서와 같은 유형으로서 등장인물의 성격에 대한 카뮈의 고유한 자기 이해를 도입한다. 이처럼, 나는 예술적 삶을 구성할 수 있는 것을 나타내는 일련의 등장인물에 관한 카뮈의 성격 묘사를 탐구해 볼 것이다. 여기서 나타나는 것은 실질적인 삶의 상세한 부분들로 미학의 요구를 번역해 내는, 우리가 미학적으로 살아가는 방식에 대한 잠재적 시야이다.

---

46. Camus, MS, 90~91을 보라.

리유

첫 번째 등장인물은 『페스트』에서 죽음의 자리에 처한 수천 명의 오랑 시 시민들의 시중을 드는 페스트 사건의 기록자 베르나르 리유 박사다. 리유는 페스트의 시작을 맨 처음 받아들인 사람 중 하나로, 현실에 반항해야 하는 주체이면서 현실의 비참한 무관심을 인정하는 카뮈 소설의 부조리한 영웅이 된다.[47] 리유의 반항을 그의 의사로서의 의무 수행과 분리시킬 수 없다고 해도, 이는 리유가 반항하는 '추상'과 단조로움에 맞서는 일이다. 거기에는 사태에 대한 리유의 거부라는 희미한 빛이 존재한다. 그는 자신을 제3의 인격 안에 반영시킨다. 이런 부조리에도 불구하고 세계의 불의는 자명해진다. "그것은 자기가 몸담고 사는 세상에 지쳐 버렸으면서도 동료 인간에 대한 관심은 여전히 가지고 있으며 자기 딴에는 불의와의 타협을 거부하기로 결심한 한 인간의 발언이었다."[48]

『페스트』에 나오는 모든 인물들의 성격 가운데, 리유는 무관심하고 완고한 적에 대항하여 싸우는 지속적인 과제에 가장 헌신적이다. 그런데 이러한 노동은 그 행위의 최종 상태에 관한 충만한 이해나 견해와 함께 시행되는 것이 아니다. 우리는 우리의 성공을 절대 보증하지 못하고 그러한 성공조차도 덧없는 것 그 이상도 이하도 아니다. 그럼에도 불구하고, 리유는 자신의 친구들과의 대화 및 투사 타루와의 대화에서 인정한 것처럼, 최종 결과에 대한 완전한 이해의 결여에도 불구하고 페스트에 반항하는 인간의 책무를 지고 있다. "이 세상의 모든 악에서 참인 것은 페스트에 있어서도 참이다. 하긴 몇몇 사람을 스스로 들고 일어나게 하는 구실도 한다. 그런데 그 병으로 인해서 겪게 되는 비참함과 고통을 볼 때, 단념하면서도 페스트를 용인한다는 것은 미친 사람이나 눈먼 사람이나 비참한 사람의 태도일

---

47. Camus, P, 81을 보라.
48. Camus, P, 13.

수밖에 없다."[49] 리유는 페스트가 "몇몇 사람을 스스로 들고 일어나게 하는" 것이라는 점을 인정하는 반면, 또한 이러한 자기 초월이 그가 지속적으로 페스트에 저항하는 행위를 행함으로써 악만이 아니라 인간성에 직면하는 역할을 수행하게 된다는 점을 인정한다.

스스로 사리사욕을 초월한 리유의 독백은 카뮈가 소설의 장치 중 하나인 장 밥티스트 클라망스를 활용한 것처럼,[50] 저항의 의도가 구원이나 영원한 정당화가 아니라는 점을 넌지시 인정한다. 내재적 현상으로서의 부조리는 이러한 선택지를 한결같이 유지하게 한다. 오히려 리유가 인정한 것처럼, 행위의 유일한 합리적 형식은 "이미 창조되어 있는 세상에 맞서 싸움"으로써 존재한다.[51] 행위의 형이상학적 의미를 벗겨 냄으로써, 리유는 자연의 부조리와 변덕스럽고 임의적인 체계의 불가능성에 대해 반항한다. 페스트에 대한 리유의 충실하면서도 힘든 노동은 초월적 의미 속에 정초되는 것이 아니라 예수회 신부 파늘루와의 대화에서 반영한 것처럼, 인간의 건강이라는 가장 겸허하면서도 내재적인 목적을 지향한다.

"아닙니다 신부님. 나는 사랑이라는 것에 대해 다르게 생각합니다. 어린애

---

49. Camus, P, 113.
50. Camus, "The Fall," trans. Justin O'Brien, in *The Plague* [P], *the Fall* [F], *Exile and the Kingdom* [EK], and *Selected Essays* (New York: Alfred A. Knopf, 2004), 특별히 339를 보라. 여기서 암스테르담의 밋밋한 배경에 반감을 품은 클라망스는 다음과 같이 말한다. "그러나 이제 연민 따위 없다고 말할 수는 없습니다. 빌어먹을, 그러기는커녕 오히려 더 쉴 새 없이 이것에 관해 떠들어 대고 있지요. 다만, 너는 누구에게도 무죄판결을 내리지 않는 것뿐입니다. 죄 없이 죽어간 희생양을 놓고 온갖 종류의 재판관들이 모여 득실거립니다. 그리스도 편도 있고, 적그리스도 편도 있지만 이 둘은 고난실에서 화해했던 한패입니다……이렇듯, 모두가 재판관이므로 너 나 할 것 없이 우리는 서로 타인 앞에서 죄인인 겁니다. 우리 식으로 비열하게 말하면, 모두가 그리스도여서 영문도 모른 채 한 명씩 십자가에 못 박히는 것이지요. 내가, 이 클라망스라는 사람이 출구를 찾지 못했다면, 유일한 해결책인 진리를 찾지 못했다면, 어쨌든 우리는 모두 그리되었을 겁니다……."
51. Camus, P, 114.

들마저도 고문당하도록 창조해 놓은 이 세상이라면 나는 그냥 그것을 거부하겠습니다……. 우리는 신성모독과 기도를 넘어서 우리를 한데 묶어주는 그 무엇을 위해서 함께 일하고 있습니다. 그것만이 중요합니다."

파늘루가 리유의 곁에 앉았다. 그는 깊이 감동을 받은 것 같았다.

"맞습니다, 맞고요"라고 말했다. "당신도 인간의 구원을 위해서 일하고 있습니다."

리유는 애써 웃었다.

"인간의 구원은 나에게 너무 거창한 말입니다. 그렇게까지 원대한 포부는 없습니다. 나는 인간의 건강에 관심이 있습니다. 나에게는 건강이 최우선의 문제입니다."[52]

구원이 문제라는 이 신부의 의미부여에 대한 리유의 미묘한 반항에서, 그는 초월적이거나 구원에 관한 의미에 호소하지 않고서 부조리에 반항할 수 있는 인물의 성격을 제시한다. 부조리에 대한 반항에서, 우리는 '건강'만을 소망할 수 있고 리유와 같은 인물을 통해 규정된 총체적 노동을 통해 이러한 건강이 성취될 수 있다.

결국 자연과 인간성의 힘에 대한 엄숙한 저항을 위한 적법화 내지 정당화를 기대할 수 있는 자는 아무도 없다. 비이성적인 적들 가운데서, 우리는 우리의 반항에 대한 이성적 정당화를 기대할 수 없다. 또한, 리유는 승리에 대한 보증이나 논리의 결여에도 불구하고 투쟁을 지속한다. 이것은 타루와의 교류에서도 포착된다.

[리유] "세계의 질서는 죽음에 의해 형성되는 것이니만큼, 아마 신에게는 사

---

52. Camus, P, 192~93. 이는 푸코의 '자기에의 배려'(다음 장을 보라)라는 개념과 평행을 이룬다는 점에서 중요하다.

람들이 자신을 믿어 주지 않는 편이 더 나을지도 모릅니다. 그리고 신은 그렇게 침묵하고 있는 하늘을 올려다보지 말고 있는 힘을 다해서 죽음과 싸우기를 더 바랄지도 모를 일이지요."

타루는 고개를 끄덕였다.

"이해는 갑니다. 하지만 선생님이 말하는 승리는 늘 일시적인 것이지요. 그게 전부입니다."

리유의 얼굴이 어두워졌다.

"그래요, 알고 있어요. 하지만 투쟁을 포기할 이유는 없지요."

"이유가 없다는 데, 저도 동의합니다……."

"하지만 저는 이 페스트가 선생님에게 어떤 의미를 가지는 것인지 그려 볼 수 있습니다."

"그래요. 끝없는 패배에 불과하지요."[53]

리유는 카뮈의 시시포스처럼, 자신의 행위의 무익함을 인정한다. 그럼에도, 이러한 투쟁에서, 무엇보다도 중요한 의미의 결여가 나타남에도 불구하고, 리유는 인간에게서 존엄과 삶을 강탈하는 실존의 질서에 대한 과감한 반항을 무덤에서도 지속한다.

만일 그렇다면, 카뮈의 이상적 유형 대부분이 돈키호테적인 것은 아니다. 리유의 성격을 형성하는 데는 목적이나 정당화에 대한 비판적 결여만 존재한다. 리유가 헌신하는 정의의 형태는 절대 완전하게 완성되지 않을 것이다. 리유는 이 사실을 인지하는 가운데 정의를 위해 일한다. 리유와 다른 인물들이 이러한 행위가 반항 개념 속에 정초된다는 것을 재빠르게 지적하는 반면, 리유는 자신이 그렇게 행위하는 이유를 불분명한 것으로 남겨

---

53. Camus, P, 115.

둔다. 그는 반항이 그의 '인정'heart의 결과이며 리유의 성격에 내재하는 것이라는 어떤 암시를 선사한다.

> 게다가, 그[리유]는 환상을 많이 품지도 않았고, 피로 때문에 갖고 있던 환상조차도 잃어버렸다. 왜냐하면, 언제 끝날지도 모르는 그 기간 중에 자기가 맡은 역할이 이미 병을 고치는 것이 아니라는 것을 알고 있었으니 말이다. 그의 역할은 진단하는 일이다. 탐지하는 것, 보는 것, 기술하는 것, 등록하는 것, 그리고 비난하는 것, 이런 것들이 그의 현재 기능이었다……. "참 인정이 없군요." 하고 누군가 어느 날 그에게 말했다. 천만에, 그는 인정이 있는 사람이었다. 그 인정으로 해서 그는 매일 스무 시간을, 살기 위해서 태어난 사람들이 죽어 가는 광경을 참고 볼 수 있었던 것이다. 그 인정으로 해서 그는 매일 같은 일을 다시 시작할 수가 있는 것이었다. 이제 그에게는 꼭 그만큼의 인정밖에는 남은 것이 없었던 것이다. 그러니 그 정도의 인정이 어떻게 사람을 살리기에 충분할 수 있겠는가?[54]

리유의 '인정'은 가까운 장래에 해당 과업에 대한 구체적인 헌신을 상징화하는 데 이른다. 리유에서 비롯하는 완고한 저항이 압도적인 적들의 한복판에서 지속적으로 부각된다. 이러한 해명은 리유의 작업의 근거를 설명해 주지 않는다. 결국 카뮈가 보여 주려고 한 것처럼, "근거"란 존재하지 않는다.[55] 투쟁 속에서 덧없는 발판을 얻기 위해 타자들을 따라 싸우는 싸움과 부조리의 그 모든 형식 안에서 부조리에 저항하는 성격의 형성만이 존재한다. 리유에게 중요한 것은 그의 행위에 대한 이성적인 설명이 아니라 형이상학적 질서를 요구하지 않으면서 비인간성에 저항하는 자기 구성이다. 리

---

54. Camus, P, 169.
55. Sagi, 49를 보라.

유가 진술한 것처럼, "내가 관심을 두는 것은 인간이다."[56]

의사의 차분하면서도 안정적인 저항에서, 우리는 논리나 합리성에서가 아니라 성격 형성의 미학적 이상과 연대성, 의무, 그리고 지속성이라는 참여적 개념에 그 자체로 근거를 두는 반항의 윤리를 목도한다. 페스트의 부조리한 시작에 대한 리유의 응답은 종교적이거나 논리적이거나 정당화되는 성질의 것이 아니다. 대신에 그것은 겸허하면서도 엄숙한 투쟁을 통해서 불의에 자연적으로 응답하는 구성의 파생물이다.

타루/디에고/셰르아/스키피오

반항을 통해 획득된 리유의 특징은 카뮈의 작품을 통해 나타나는, 부조리나 비인간성의 모든 형식에 대한 개방적이고 안정적인 도전 속에 행위하는 인물들의 형태에서 더욱 고양된다. 『페스트』의 타루, 『칼리굴라』의 케레아와 스키피오, 『계엄령』의 디에고를 통해서, 카뮈는 부조리를 나타내는 자신들의 삶이나 타인들의 삶을 희생시켜 부조리에 격렬하게 반대하는 일련의 인물들을 창조한다. 따라서 진지한 반항은 부조리한 폭정이나 순교에 근접한 채 불안정하게 흔들린다.[57]

칼리굴라나 정복자와 같은 형태와의 이러한 인접 관계는 인물들의 성격 자체를 통해 수용된다. 한 예로, 스키피오는 폭군 칼리굴라와의 인격적·철학적 근접성을 보여 주고,[58] 리유의 친구이자 『페스트』의 보건대의

---

56. Camus, P, 226.

57. 예를 들어, Albert Camus, "Caligula [C]," in *Caligula and Three Other Plays*, trans. Stuart Gilbert (New York: Vintage Books, 1958), 43. 여기서 칼리굴라는 반항의 논리가 부적절한 것을 향하는 경향이 있다는 점을 인정한다. "나는 그저 신들의 뒤를 쫓는 유일한 방식이 있음을 깨달았다. 모두에게 필요한 것은 신들만큼 잔인해지는 것이다." 이와 똑같이 중요한 것은 "우리는 언제나 누군가에게 대가를 지불하는 일에서 자유롭다"(Camus, C, 28)는 칼리굴라의 주장이다. 칼리굴라의 잔인한 특성─케레아와 스키피오에 의한 암살─은 저항과 노골적 폭력 간의 근친성을 보여 준다.

신비적인 조직자, 타루는 오랑 시에서의 오랜 여정으로 이미 페스트에 감염되고 말았다는 사실을 깨닫기에 이르는 의사로 등장한다.

> 그때, 나는 깨달았습니다. 나야말로 나의 온 힘과 정신을 기울여 바로 그 페스트와 싸운다고 생각하며 살아온 그 오랜 세월 동안 내가 끊임없이 페스트를 앓고 있었다는 것을 말입니다. 나는 내가 간접적으로 인간 수천 명의 죽음에 동의했다는 것, 필연적으로 그러한 죽음에 이르도록 만든 행위나 원칙들을 선이라고 인정함으로써 나 자신이 그러한 죽음을 야기하기까지 했다는 것을 알았습니다.[59]

타루 및 타루 같은 인물들은 부조리에 대항하여 격렬하면서도 반항적으로 반응할 수 있다. 왜냐하면 그들은 그 논리를 인정하기 때문이다. 이런 점에서, 그들에게는 고유한 논리가 있다. 리유보다 더 많은 인물, 장 밥티스트 클라망스 같은 유형의 이들보다 더 많은 인물,[60] 곧 타루, 스키피오, 그리고 여타의 인물들이 부조리와 싸우기 위해 그들 스스로 부조리를 기꺼이 받아들이는 자들로 등장한다.

이러한 부조리의 습득을 살펴볼 때, 타루 및 여타 인물들이 시행한 저항에 심지어 리우에게서 나타나는 것 그 이상의 자기희생과 악이 존재한다는 것은 그리 놀라운 일이 아니다. 타루의 "공감의 경로"는,[61] 그를 보건대를

---

58. Camus, C, 67.

59. Camus, P, 222.

60. 예를 들어, 클라망스의 "고백", 심판-회개를 보라. F, 335. 여기서 그는 결과적으로 모든 죄를 스스로 떠맡는다. "게다가, 우리는 누구도 깨끗하다고 주장할 수 없다. 반면에 우리는 분명 모두가 죄인이라고 말할 수 있다. 모은 인간은 다른 모든 이들의 죄를 입증한다. 이것이 나의 믿음이고 소망이다……. 신은 죄나 벌을 만들 필요가 없다. 우리의 동료 인간은 우리 스스로의 도움을 받는 것으로 충분하다."

61. Camus, P, 225.

편성하는 일로 이끈다. 이것은 페스트와 직접적인 접촉을 하게 만들고, 그들을 지속적인 위험 가운데 살게 한다. 그런데, 타루의 부조리의 본질에 대한 이해, 특별히 페스트에 대한 이해는 "죽음이란 나와 같은 사람에겐 아무것도 의미하지 않는다"는 단언을 하게 해 준다.[62] 케레아처럼, 칼리굴라의 미래 암살자 중 한 명은 다음과 말한다. "생명을 잃는다는 것은 큰 문제가 아니다. 시간이 오면 나는 나의 것을 잃어버릴 용기를 가질 것이다. 하지만 용납할 수 없는 것은, 존재를 위한 이유가 없다고 말하는 것, 우리의 삶에서 의미를 빼앗아 가 버리는 것을 목도하는 것이다. 인간은 삶을 위한 이유 없이는 살아갈 수 없다."[63] 타루만이 아니라, 케레아, 디에고, 스키피오는 부조리와의 싸움 속에 결속한다. 이렇게 함으로써, 그들은 지속적으로 자신의 삶을 위험에 빠트린다. 이는 그들 모두가 인정하는 것처럼, 부조리의 본질에 대한 이해와는 별개로, 그들은 그들의 행위 ― 가능한 희생 ― 가 그들이 살아가는, 타인의 고통에 대한 가능한 완충제로서의 부조리한 세계의 필연적 결과라는 점을 깨닫는 데 이른다.

그런데 이러한 저항과 가능한 희생이 우리가 자연적 질서상에서 승리할 수 있다거나 부조리를 누그러뜨리는 희망 속에서 이루어진다는 것을 뜻하지는 않는다. 오히려, 타루, 스키피오, 케레아와 디에고가 떠맡은 희생, 노동, 그리고 폭력적 저항은 리유처럼, 저항이 자신의 고유한 자기 생성의 파생물인 성격 형성의 양상을 나타낸다. 리유와의 또 다른 대화에서, 타루는 다음과 같이 말한다.

"결국에", 라며 타루는 솔직한 어조로 말했다. "내 관심사는, 어떻게 하면 성인이 되는가 하는 것입니다."

---

62. Camus, P, 109.
63. Camus, C, 21.

"그런데 신은 믿지 않으면서요?"

"바로 그렇기 때문이죠. 오늘날 내가 아는 단 하나의 구체적인 문제는 인간은 신 없이 성인이 될 수 있는가 하는 것입니다."[64]

타루의 입장은 카뮈의 이상적 유형 전반, 특별히 부조리에 대한 반항으로 자신을 희생시키는 자들 – 신 없는 성스러움 – 에게 요구된 것이 된다. 다시 말해 구원이나 정당화의 가능성이 없는 성스러움 말이다. 타루가 그의 행위와 기록에서 주목한 것처럼, 이러한 성스러움의 형성은 폭력의 가능성 및 '자애로운 악마주의'의 가능성과 더불어 편안함을 느껴야만 한다. "아마도……우리는 성스러움의 근사치까지만 살 수 있는 모양이다. 그렇다면 겸손하고 자애로운 어떤 악마주의로 만족해야만 할 것이다."[65]

그들의 희생과 의무가 성격 형성의 구성요소인 한, 디에고, 케레아, 스키피오, 그리고 타루는 자신의 고유한 행복 및 타자의 행복과 집단적으로 연관되는 데 적합한 것처럼 보인다. 이념화와 동시에, 각 인물들은 쾌락 및 자율성과 완강한 반항의 균형을 잡는 자로 묘사되고, 이러한 균형에도 불구하고, 리유의 생애에서 보듯, 그것은 언제나 반항과 투쟁으로 전환된다. 한 예로 케레아는 이렇게 말한다. "내가 원하는 것이란 그저 사는 것, 행복해지는 것이다. 내 생각에 우리가 부조리를 그 논리적 결론으로 밀어 넣는다면, 그것은 가능한 것이다."[66] 그녀는 행복의 출현을 위한 창조적 공간을 해방시키는 필연적 수단으로서의 투쟁을 본질적인 것으로 이해할 뿐만 아

---

64. Camus, P, 225.

65. Camus, P, 242.

66. Camus, C, 51. 디에고의 페스트와 자기 비서에 대한 혹평을 보라. Albert Camus, "State of Siege [SS]," in *Caligula and Three Other Plays*, 143: "이것이 바로 내가 너의 우울한 예언을 믿지 않는 이유다. 나는 행복하기에는 너무 바쁘다. 그리고 내 직무는 바로 이것이다. 평화를 요청하고 도처에 선이 만연해지는 것."

니라, 그것을 부조리에 대한 저항의 형식으로 이해한다.[67] 만일 우리가 부조리를 충실하게 생각한다면, 행복이 허용되지 않는다. 따라서 『페스트』에서 반항의 가장 위대한 행위는 보건대의 형성이나 도피처 마련이라는 랑베르의 무익한 노력이 아니라 투쟁의 한가운데 선 타루와 리유의 즐겁고도 느긋한 수영이다. 둘에게 수영은 도피의 수단으로 주어지는 것이 아니라 페스트와의 싸움에 다시금 스스로 들어가기 전에 이루어지는 갱신의 수단이다. 리유는 수영 전에 이렇게 말한다. "정말이지 페스트 속에서만 살아야 한다는 것은 너무 바보 같은 일이예요. 물론 인간은 희생자들을 위해 싸워야 합니다. 그러나 사실 아무것도 사랑하지 않게 된다면 투쟁은 해서 뭐합니까?"[68] 이러한 행복은 투명하다. 또한, 쾌락에 부과된 한계에 대해서도 인식하고 있다. 수영을 하려는 찰나, 리유는 "그의 친구의 얼굴에서, 심지어는 그 살인행위도 잊지 않고 있는, 똑같은 행복감을 엿볼 수 있었다."[69] 페스트의 창궐 상황에서조차, 친구들 간의 일상적 수영 활동에 대한 카뮈의 우아한 묘사는 일시적이긴 하지만, 행복이 투쟁 중에도 가능하다는 점을 현실화시킨다. 리유와 타루의 수영은, 부조리 한가운데서, 모든 사람들의 우정, 행복, 즐거운 저항의 형식을 위한 하나의 모형이 된다.

몇 분 동안 그들은 같은 리듬, 같은 힘으로 세상을 멀리 떠나, 단 둘이서 마침내 도시와 페스트에서 해방되어 전진했다……. 그들은 다시 옷을 주워 입고, 발길을 돌렸다. 말 한마디 입 밖에 내지 않았지만, 그들은 완전히 같은 심정이었고, 그 밤의 추억은 그들에게 매우 소중한 것이었다.[70]

---

67. 여기서, 마르쿠제와의 연결점에 주목하라. 그의 유쾌한 "예술작품으로서의 사회/개인"은 저항 자체의 형식으로 간주된다.

68. Camus, P, 226.

69. Camus, P, 227.

70. Camus, P, 228.

이러한 우정과 행복의 활력과 더불어, 그리고 이러한 것들에 대한 일시적인 인정과 더불어, 타루는 디에고처럼, 페스트로 인해 며칠 후 사망한다. 그런데, 이러한 죽음과의 투쟁 중에도, 타루는 타인들의 몸과 지속적으로 씨름하면서 겪은 페스트 전투에서 내비친 것과 같은, 웃음을 던진다.[71] 이렇게 함으로써, 카뮈는 냉소적이고, 우정 어린, 자기희생적이며 행복한 이상적 저항에 대한 투명한 묘사를 선사한다. 타루·스키피오·케레아·디에고와 같은 인물을 통해 주어진 집단적 이미지는, 그 성격상 겸허하게, 자율적으로, 그리고 심지어 부조리에 대한 깊은 인정에서 비롯하는 형제애에 입각해서 행위하는 능력을 통해 정의된다. 자기희생이 결국 네 인물의 특정한 차원이 되는 반면, 이 인물들은 그들이 삶을 고수하는 방식과 인간성에 대한 연합을 통해 정의된다.

> 인간이 페스트와 인생의 노름에서 얻을 수 있는 것이라고는 그것에 관한 앎과 추억뿐이다. 그런데 타루는 아마 그런 것을 내기에서 이기는 것이라고 말했던 모양이다……. 그런데 내기에 이긴다는 것, 그것이 결국 이런 것을 말하는 것이라면, 단지 자기가 알고 있는 것, 추억에 남는 것만을 지니고 살아갈 뿐, 희망하는 것은 다 잃어야 하니, 그 얼마나 괴로운 일이겠는가! 타루는 아마 그렇게 살아왔던 모양이라 환상이 없는 삶이 얼마나 메마른 삶인지를 잘 알고 있었던 것 같다.[72]

그랑/질베르 조나스

카뮈의 전기를 보면, 우리는 그가 타루, 디에고, 케레아, 스키피오와 같은 인물을 가장 고상한 시선으로 바라보고 있다고 생각할 수 있다. 각 인

---

71. Camus, P, 250을 보라.
72. Camus, P, 256.

물들에게는 충실하게 살아가는 – 죽어가는 – 고귀한 성격에서 비롯하는 우애, 깊은 저항, 자율성, 실존에의 신실함이 혼재한다. 그런데 역설적으로, 카뮈는 자신의 작품에서 더 돈키호테 같고, 더 특이하게 보이는 양상을 가진 두 인물에게 더 큰 찬사를 보낸다. 『페스트』의 조제프 그랑과 『일하는 중인 예술가』의 질베르 조나스다.

두 인물의 성격 속에서 칭찬할 수 있는 것으로 나타나는 것은 자율성, 창조성, 연대성, 그리고 단순하고 정직한 삶의 궤도 안에서 드러나는 겸손함의 충실하면서도 완전한 혼합이다. 한 예로, 이웃 코타르가 시도한 자살을 막은 다음, 그랑은 리유에게 "이웃을 도와야 하지 않겠어요?"라고 말하며,[73] 밤새 그 남자를 지켜보기로 약속한다. 동료 인간에 대한 그랑의 협력은 단순하면서도 위축되지 않는다. 보건대와 일하기로 한 그의 자기희생적 결정에서 다시 드러나는 데서 보듯 그는 조용한 해결책을 보여 준다. 리유가 진술한 것처럼,

> ……리유나 타루 이상으로, 그랑은 보건대를 살아 움직이게 하는 조용한 미덕의 실질적 체화를 선보였다. 그는 자신이 지닌 신의로 주저 없이 '예'라고 말했다……. 뜨거운 마음으로 리유가 그에게 감사의 뜻을 표하자, 그는 놀라서 말했다. "제일 어려운 일도 아닌걸요! 페스트가 생겼으니 막아야 한다는 건 분명한 이치입니다."[74]

흥미롭게도, 보건대에 대한 그랑의 헌신은 리유나 타루의 작업과 같은 수준의 위험에 연루되지 않는다. 그랑은 보건위생 노동자나 '최전선'의 의사가 아니라 회계사, 책 지킴이, 일반적인 보조로 일한다. 조용한 자율성과 연대

---

73. Camus, P, 20.
74. Camus, P, 120.

성의 감각 덕분에, 그랑은 자신이 할 수 있는 일을 한다.

이러한 자율성의 감각은, 만일 이것이 전적으로 부조리, 문학적 기획에 불과한 것이 아니라면, 이는 그랑의 지속성 속에 가장 정직하게 반영되어 있다. 문자로건 말로건, 혹은 그의 가장 부조리한 노동으로건, 그랑은 지속적으로 자신을 표현하기 위한 완벽한 말을 찾기 위해 시도한다. 그랑은 스스로 소설을 쓰면서 첫 문장을 끊임없이 다시 쓰는데, 원고에서 다음 글귀를 소리 내 읽는다. "5월의 어느 아름다운 아침에, 우아한 여인 하나가 기막힌 밤색 암컷 말에 올라 앉아 불로뉴 숲 속의 꽃이 만발한 오솔길을 누비고 있었다."[75] 『페스트』 전반에 걸쳐, 이 문장은 다시 쓰이고, 수정되며, 형용사, 접속사, 그리고 동사가 독특한 문학적 효과를 전달하기 위해 미묘하게 변화된다. 여기서 독특한 문학적 효과는 하나의 문장만을 기반으로 출판사가 그 소설의 가치를 인정해 주는 원인이 될 수 있다.

> "의사 선생님, 내가 원하는 것은 이런 겁니다. 원고가 출판사로 넘어가는 날, 그 출판업자가 그것을 읽고 자리에서 일어서면서 자기네 사원들에게, '여러분, 모자를 벗으시오!'라고 해 주면 좋겠어요."……"그럼요." 그랑은 "작품은……완전무결해야 합니다"라는 말을 덧붙였다. "며칠 저녁, 몇 주일 동안 꼬박 단어 하나 붙잡고, 그저 단순한 접속사 하나 때문에!"[76]

프랑스어로 말의 등에 올라탄 여성을 묘사하는 완전한 단어를 쓰려고 하는 그랑의 시도는 부조리하다. 물론 그랑 자신은 이러한 사실에서 벗어날 수 없다. 그런데 이것은 그랑이 부조리한 창작을 위해 내몰리는, 달성할 수 없는 미학적 완전성의 항구적 추구다.

---

75. Camus, P, 94.
76. Camus, P, 92.

이러한 완벽주의적 동기는 그랑의 창조성이 더 큰 인격의 특성, 즉 스스로를 완벽하게 표현해 내지 못하는 그의 무능함이라는 징후를 나타낸다는 사실로 인해 거짓이 되고 만다. 이는 그가 의사에게 진술한 것과 같은 말이다. "오 의사 선생님……나는 나 자신을 표현하는 법을 배우고 싶어요!"[77] 불로뉴 숲을 따라 달리는 말에 올라탄 한 여성에 대한 그랑의 반복적인 규정 작업은 표현의 완전성에 도달하기 위한 그의 욕망의 연장이다. 즉, 그것은 리유의 의무적인 작업과 타루와 여타 인물들의 자기희생을 유형화하는 노동과 헌신의 형태로 형성되어야만 하는 하는 표현이다. 리유가 진술한 것처럼, "여하튼 조제프 그랑이 영위하고 있는 거의 고행에 가까운 생활은 실제로 이런 근심에서 그를 해방시켜 주었다……. 그는 여전히 자신의 말을 찾고 있었다."[78] 그랑의 일은 표현의 아스케시스[고행]에 버금간다. 표현에 대한 그의 작업은 자신에 대한 일관적 노동에 이른다. 그것은 말하기, 글쓰기, 그가 스스로 헌신한—헌신하지 않은—다양한 과제에 대한 항구적 주의를 요구한다. 그랑의 완전성에 대한 어리석은 추구는 그의 고유한 성격 형성의 일부이고, 타자, 말, 그리고 자신과의 관계를 문제화하기 위한 두드러진 미학적 탐색—소설에서 시작하는 문장을 쓰는 것—을 사용하는 일의 일부이다. 따라서, 우리는 리유가 한 것처럼, "그랑의 작업은 '인격의 성장'과 연결된다"는 말로 결론을 내릴 수 있다.[79]

그런데 첫 문장에 대한 그랑의 작업은 주로 열린 결말과 끝나지 않는 과정이라는 미학적 매개를 통한 인격의 발전을 함축한다. 리유가 그랑의 문장의 마지막 원고를 볼 때 내린 그랑의 명령은 "태워 버려요!"였다.[80] 그

---

77. Camus, P, 44.

78. Camus, P, 44.

79. Camus, P, 41.

80. Camus, P, 233. 또한, David Carroll, "Rethinking the Absurd: *Le Mythe De Sisyphe*," in *The Cambridge Companion to Camus*, ed. Edward J. Hughes (Cambridge: Cambridge

랑의 창조는 자신의 작업의 일부로써, 결말을 의도하지 않았음은 물론이고 절대 결말을 내릴 수도 없는 것이다. 그랑의 성격에서 중요한 것은 완전한 자기표현 및 자율성, 창조성, 그리고 연대성 간의 균형이라는 타자와의 관계에 참여하는 미학적 과제를 통해 산출되는 효과들의 체계이다. 그랑의 성격이 리유, 타루, 또는 다른 인물들처럼 고귀하거나 자기희생적이지는 않다고 하더라도, 그의 성격은 이상하게도 자율성과 연대성의 미묘한 균형에 있어 존경할 만한 것이다.[81]

연대성과 자율성 간의 긴장에 대한 그랑의 천착과 유사한 모습이 바로 예술가 질베르 조나스의 삶이다. 순결하지만 찬란한 예술적 표현이 친구들과 팬들의 사랑에서 비롯한다. 그들은 조나스의 작품을 보기 위해 조나스의 작은 아파트에 운집한다. 결국, 조나스의 '별'은 군중을 끌어모은 천재처럼 바래진다. 그랑처럼, 완벽한 예술작품, 조나스의 삶과 예술작품을 그 자체로 요약할 수 있는 것에 대한 부조리한 요구에 이른다. 조나스가 인정한 대로, "그는 지금 그가 볼 수 있는 대로, 그저 예술의 비밀이 아닌 비밀을 비로소 파악해야 한다."[82] 이러한 요구는 조나스를, 그를 둘러싼 사람들로부터 고립시켜 작은 아파트 구석으로 내몬다. 어두운 작은 테라스 구석에서, 조나스는 조그만 거실을 짓고, 결국 그의 별을 발견한다. 조나스는 자신의 삶과 예술작품에서 타자를 위한 요구를 재발견한다. 카뮈는 연대성과 자율적인 예술적 창조 사이의 긴장으로 내던져진 예술가의 모상을 부여한다. "[친구와 극성팬]이 이탈하고, 그는 그저 공허한 고독만을 가질 수 있었

University Press, 2007), 61 : "부조리한 '인간'은 무엇보다도 예술가 즉 예술의 궁극적 기획, 종결된 작품을 생산하는 일을 절대 충족시키지 못하는 예술가에 불과하다."

81. Lazere, 39. "카뮈의 예술적 활동에 대한 묘사에 관한 풍자적 면모를 가지고 있음에도 불구하고, 그랑은 예술가에 대한 카뮈의 이상을 구체화하고 있다. 여기서 예술가의 삶은 인간의 조건을 완화하는 데 도움을 주는 사회적 연대성과 예술을 통해서 표현되는 고독 사이에서 변동을 거듭한다."

82. Camus, EK, 453.

다. 그는 그들을 자신의 그림만큼 사랑했다. 왜냐하면 그들은 그 시절 세상에 살아 있는 유일한 존재들이었기 때문이다."[83]

조나스는, 바야흐로 광인이 되고, 삶이 붕괴한 다음, 거실 중앙에 있는 자신의 동굴에서 소멸되어야 했다. 조나스의 작업을 홀로 보호했던 그의 아내는 결국 "고독하거나 연대하거나" 라는 말이 적힌,[84] 삭막한 흰 캔버스를 발견한다. 그 말은 서로 분리될 수 없는 것이다. 조나스의 작은 그림에는 조나스와 카뮈의 상이한 이상적 유형에 살아 숨 쉬는 비판적 긴장이 압축되어 있다. 우정과 고립 사이의 항구적 긴장 속에 만들어진 예술을 목표로 삼은 조나스, 그의 자기 의식적 표현과 소박함은 예술가 자신이 살아가는 세계와 자신과의 모순적 관계를 요약한다. 조나스가 보여 준 것처럼, 이러한 모순감은 양식화될 수 있는 것이지만 절대 완전하게 해결되지 않는다.

그랑과 조나스에서 유사하게 나타나는 활력은 그들이 타자, 저항, 예술작품 자체 및 가장 특별하게는 그들이 자기 자신과의 관계를 문제화하는 하나의 수단으로 예술작품과 창작을 사용하는 방식이다. 부조리한 예술작품과 그것이 요구하는 완전성은 자기희생의 아스케시스[고행], 조용한 헌신, 열린 결말을 지닌 생산물이라는 부조리한 이상에 대한 충실성을 요청한다. 흥미롭게도, 이러한 이상은 타루, 디에고, 혹은 시시포스보다는 그랑과 조나스의 돈키호테적 행동 속에 더 잘 유형화된다. 리유가 페스트에 대한 그의 이야기에서 나타내는 것처럼,

> 인간이 소위 영웅이라는 것의 전례와 본보기를 정립하고 싶어 한다는 것이 사실의 문제라면, 그리고 반드시 이 이야기 속에 한 사람의 영웅이 있어야 한다면, 이야기하는 자는 바로 이 보잘것없고 모호한 영웅[그랑], 가

83. Camus, EK, 447.
84. Camus, EK, 455.

진 것이라고는 약간의 선량한 마음과 아무리 봐도 우스꽝스럽기만 한 이 상밖에 없는 이 영웅을 여기에 제시하고자 한다.[85]

리유의 이야기와 그랑 및 조나스라는 등장인물을 통해 수렴된 카뮈의 입장은 다른 데서 더 잘 예시된 고귀한 자기희생이나 완전성이 아니다. 그것들은 우리가 성격 형성 및 예술적 창조라는 부조리한 기획과 관련해서 균형을 잡으려는 노력을 할 수 있는 능력을 부여한다. 조나스와 그랑의 독특한 성취는 작품의 수가 아니라 독립적인 삶이다. 그것은 미학과 경험의 긍정적인 헌신적 차원들, 연대성과 자율성 사이의 역설에 예술적 표현을 부과한다.

삶-예술가

카뮈의 다양한 인물 묘사에서 삶-예술가의 작업의 집단적 면모 및 일군의 금욕적이고 미학적인 실천을 통해 이루어지는 인물의 발전에 대한 면모가 나타난다. 삶-예술가는 창조적·고립적·연대적·저항적 실천에 착수하고 아스케시스[고행]와 연계된 자신의 반항의 한계와 위험을 인정하는 가운데, 그러한 실천들을 자기 안으로 통합한다. 이 작업은 쾌락의 강화 내지 예술적 생산의 기획을 통해 해명된다. 요컨대, 삶-예술가는 우리의 일상적 삶에 적용된 본래적 예술작품을 의미화하는 자격을 부여하는 미학적 윤리를 실천한다. 카뮈에게, 이는 '삶의 기술'로 추출될 수 있다. "아마도 우리는 파악하기 어려운 다양한 부조리에 대한 느낌이 지성의, 삶의 기술의, 또는 예술 자체의 세계와 밀접하게 연관된다는 점을 넘어설 수 있어야 한다."[86]

---

85. Camus, P, 123.
86. Camus, MS, 12. 또한, Camus, R, 49를 보라. "낭만주의의 진전에서부터, 예술가의 과제는 세계를 창조하거나 자신의 고유한 아름다움을 고양시키는 것이 될 뿐만 아니라 하나의 태도

리유, 타루, 케레아, 스키피오, 그랑, 그리고 조나스라는 인물의 일련의 예시들은 미학적 규준이 우리 삶에 적용될 수 있는 방식과 같은 것을 선사한다. 즉, 우리가 절망과 고통의 상황에서 창조성, 자율성, 그리고 연대성의 예술적 성질을 전개하는 방식 말이다. 이러한 창조적이고 전략적인 전개를 지시하는 핵심 항목은 인격, 마음, 성스러움, 혹은 성격의 발전이다.

따라서 우리가 우리의 삶 속에 다양한 미학적 양상을 도입하는 방식에 관한 문제는 현재에 대한 진단과 미래를 위한 규정의 진단을 요구하는 전략적이고 창조적인 과제이다. 결국, 카뮈는 학문이 예술적 창조의 요구를 위한 '조절 장치'로 사고되어야만 한다는 니체의 초기 인식과 결을 같이 하는, "창조자이자 사유가"로서의 예술가에 대해 말한다.[87]

부조리한 예술작품이 가능해지기 위해서, 작품의 가장 투명한 형식 안에서 이루어지는 사유는 작품과 연관되어야만 한다. 동시에 그 사유는 지성을 규제하는 것으로 나타나야만 한다⋯⋯. 부조리한 작품은 이러한 한계 및 구체적인 것이 그것 자체만을 의미하는 예술에 대해 의식하는 예술가를 요구한다.[88]

사유는 그 한계를 초과하려는 창조적 충동을 제한하는 힘이다.[89] 적개심과 무시의 현재적 설정에 대한 이해 및 경험의 본성 속에 삽입된 사유는 성격과 에피소드의 형성 및 일군의 저항과 쾌락의 형성을 향해 창조적 충동의 직관을 전략적으로 적용할 수 있다. 삶의 기술은 예술의 불가피한 초과

를 정의하는 것이 될 것이다. 따라서 예술가는 하나의 모형이 되고 예술이 자신의 윤리라고 하는 하나의 예를 스스로 제시한다."

87. Camus, MS, 96.
88. Camus, MS, 97.
89. 예를 들어 칼리굴라의 성격에서 중대하게 결여된 요소다.

로 퇴보하지 않으면서 예술의 통찰을 전략적으로 적용하는 겸허한 예술이 된다.

그런데 저항, 연대성, 그리고 자율적 창조라는 실천의 전략적 배치는 창조 자체를 위해 실행되는 것이 아니다. 오히려, 각각은 일군의 일상적 실천을 통해 부조리를 극복하는 개별화된 자기 창조를 향해 투사된다. 카뮈가 인정한 것처럼, "부조리한 인간은 힘의 극대화를 형성해 낼 훈련을 발견한다……. 창조한다는 것은 이처럼 우리의 운명에 형태를 부여하는 것이다."90 따라서 등장인물의 성격은 사람들이 창조하는 삶을 통해서 그 운명을 형성한다. 그것이 보건대를 형성하고, 완전한 부조리의 문장을 만드는 것이건 혹은 의사로서의 의무를 수행하는 자유로운 결의이건 간에 말이다. 각각 인정하는 것처럼, 성격 형성과 개별화의 과제가 궁극적으로 보건활동의 정당화를 이루지는 못한다. 그것은 죄, 지옥, 고통, 또는 불의에서 자유로운 것이 아니다.

이 경우, 자기 창조는 그것이 착수하는 행위와 그 안으로 돌입하는 역사적 투쟁을 충분히 파악해야 한다. "역사와 씨름하는 반항은 우리가 존재하지 않는 존재를 만들어 내기 위해서 죽고 죽이는 일 대신에, 우리가 존재하는 바를 창조해 내기 위해 살게 하고 살아야만 한다는 사실을 덧붙인다."91 우리가 존재하는 방식을 창조하거나 더 적절하게는, 우리가 되는 방식을 창조하는 것은 현재에 대한 지속적인 진단과 현재의 한계를 초과하지 않는 실천을 일으킨다. 이처럼, 타루, 디에고, 또는 케레아와 스키피오 같은 인물은 이성의 한계를 넘어서지 못한다. 그들은 현재를 위해 필연적인 것을 단순하게 용납한다. 이것은 우리가 부여한 "초인간적 과제"다.92 다시 말해

---

90. Camus, MS, 117.

91. Camus, P, 218.

92. Camus, LCE, 135를 보라. "인간으로서 우리의 과제는 자유로운 영혼들의 무한한 괴로움을

이 과제는 정의할 수 없는 미규정적 미래의 이름으로 현재를 극복하는 것이다. 부조리의 한계 내에서 살아가는 것은 생성을 위해 자기 자신을 넘어서는 것을 의미한다. 카뮈는 역사 및 미래와의 이러한 역동적 관계를 다음과 같이 요약한다. "아마도 역사는 하나의 목적을 가질 수 있다. 그런데 우리의 과제는 목적을 종결시키는 것이 아니라 우리가 참된 것을 알아 간다는 이미지 안에서, 그것을 창조하는 것이다……우리는 모든 역사를 거부할 수 있고 바다와 별의 세계를 수용할 수 있다."[93]

따라서 삶의 기술은 저항의 기술이자 긍정의 기술이 된다. 우리가 반항적이면서도 겸허한 일상적 실천을 만들어 내는 것처럼, 우리는 현재와 미래 속에 창조하는 우리의 고유한 실존과 세계를 동시적으로 정당화한다. 미래에 대한 실질적 호의는 현재에 모든 것을 주는 데 달려 있다. "아마도 역사는 종말을 가질 수도 있다. 하지만 우리의 과제는 우리가 아닌 참된 것의 이미지 속에서 역사를 종결짓는 것이 아니라 역사를 창조하는 것이다……. 우리는 모든 역사를 거부할 수 있고 바다와 별의 세계를 받아들일 수 있다."[94] 창조는 이러한 창조를 미래 속에 생성해 내기 위한 비판적 공간을 열어 주는 일을 현실화하는 와중에 자기 자신을 현재에 충만하게 헌신시키는 일을 불러온다. 창조적 저항, 연대성, 그리고 자율적 생산의 행위는 성격 형성의 지속적 과정과 미래의 신성화에 기여하는 와중에 현재를 신성화하고 긍정한다.

카뮈의 인물들의 삶이 보여 준 것처럼, 저항, 연대성, 그리고 자율적 창

잠잠하게 할 몇 안 되는 원리들을 발견하는 것이다. 우리는 갈가리 찢어 버린 것을 수리해야 한다. 그리고 분명히 불의한 세계 안에서 다시 정의를 상상할 수 있어야만 하며, 한 세기의 비참함을 통해서 독살된 사람들에게 다시금 하나의 의미로서의 행복을 부여해야만 한다. 자연적으로, 그것은 초인적 과제다. 그런데 초인은 오랜 시간 동안 그러한 과제를 성취하기 위해 애쓰는 인간이다. 그것이 전부다."

93. Camus, R, 241.
94. Camus, R, 268.

조가 현재를 긍정하고 미래를 위한 가능성을 드러내는 이중적 운동으로 착수된다. 그런데 이러한 행위는 문자적 의미에서 영웅적인 것이 아니다. 리유, 타루, 그랑, 케레아, 그리고 스키피오를 통해 형성된 자기희생의 행위들은 세계 안에 그들의 역할을 적합하게 하는 것, 그리고 자기들이 할 수 있는 일과 그 자신을 충만하게 일치하려는 전략의 결의이다. 혹은 카뮈가 진술한 것처럼, 그들은 일상적 실천 속에서 미학적 의도의 공명을 보기 위한 전략적이고 훈련된 노력, '고행'을 실천한다.

> 인내와 투명성의 집단 가운데, 창조가 가장 효과적이다. 그것은 인간의 단독적 존엄성에 대한 충격적인 증거이다. 여기서 자신의 조건에 대한 완강한 반발, 지속적인 노력은 쓸모없는 것으로 간주된다. 그것은 일상적 노력, 자기 지배, 진리의 한계, 척도, 그리고 힘에 대한 정밀한 평가를 요구한다. 그것이 고행을 구성한다……. 하지만 아마도 위대한 예술작품은 한 인간에 대해 요구된 시련만큼의, 그리고 한 인간 자신의 유령을 극복하기 위해 그에게 제공한 기회만큼 큰 중요성을 가지지는 않는다. 예술작품은 이러한 요인들만큼 인간의 헐벗은 실재에 가까이 다가서지 못한다.[95]

만일 우리가 살아가는 방식에 대해 예술에서 단서를 얻게 된다면, 이 경우 단서가 되는 것은 생동하는 예술 자체가 아니라 예술이 타자와 겸허함, 창조, 그리고 그것이 요구하는 자기 초월과 맺는 관계를 문제화하는 방식이다. 예술적 삶은 역사적인 억압의 장소, 연대적 저항의 형식, 그리고 갱신의 원천으로 떠맡은 창조적 작업과 우리의 관계를 문제화한다. 그뿐만 아니라, 그것은 마르쿠제 및 메를로-퐁티의 정신 아래, 봄과 삶에 대한 더 평범

---

95. Camus, MS, 115.

한 실천을 강조한다. 우리의 식습관, 성애, 운동, 그리고 우리가 사는 방식이 그러한 실천이다. 실제로, 만일 '삶의 기술'이 저항적이고 창조적인 것이 된다면, 조제프 그랑의 작업처럼 크고 작은 것 양자 모두를 통해서 그렇게 되어야만 한다.

> 그런데 자신의 삶의 지속, 자신이 지은 집, 인류의 존엄에 스스로 헌신한 자는 땅에 헌신하고 거기에 씨를 뿌리고 세상을 다시금 유지시키면서 땅으로부터 수확물을 거둔다.[96]

---

96. Camus, R, 266.

9장

푸코의 실존의 미학

들어가는 말

인도 과학자이자 활동가 반다나 시바^{Vandana Shiva}는 리유, 타루, 심지어는 조제프 그랑이 지닌 특징 및 과제와 유사한 내용을 다수 드러낸다. 반다나 시바는 식량 주권, 유기농 농사, 그리고 빈곤 문제에 관심을 가지며, 비정부 기관, 비영리 집단, 그리고 학술 기관과 함께 지속 가능한 농업 및 자기 통치를 증진시키기 위한 지칠 줄 모르는 활동을 하고 있다. 과학자 시바는 살충제의 사용을 근절하고, 여성의 건강과 복지를 증진시키며, 세계 도처에서 전통적인 농업 작물의 유전자 변형에 저항하는 일들을 하고 있다.

분명 그녀의 이야기는 예시적이기는 하나 이례적인 것은 아니다. 그녀의 행동주의와 저항은 공동체와 세계를 더 좋은 곳으로 만들기 위해 일하는 수많은 개인 속에 반영되어 있다. 하지만 시바가 보여 주는 것은 예술로서의 삶으로 규정되는 형식적 성질을 가지는 저항과 자기 형성의 특수한 존재방식이다. 니체의 자유정신처럼, 시바는 이론물리학의 학술 연구에서 민중 활동가가 되기 위한 연구, 대안마련, 과학 정책 제시로 이행하면서 다양한 정체성을 지속적으로 만들어 냈다. 또한, 마르쿠제가 해방된 사회, 그리고 더 정의로운 사회를 요청한 것과 유사하게, 시바는 유기농 농사를 지원하고 생명 경작 노선을 보존하기 위한 종자검사를 시행하고 있으며, 소작농에 대한 탈취에 항의하는 등, 건설적인 저항 행위와 부정적인 저항 행위 모두에 관여하고 있다.

이러한 과제는 정치적인 이상ideals 및 종교적인 이상, 이 양자를 통해 활기를 갖게 된다. 시바의 근본적인 영감은 창조적 비-협력satyagraha의 개념이다. 이것은 현재의 농업 및 정부 정책에 대한 창조적 이탈과 적극적 대안 제시를 가능하게 한다. 이러한 일들은 개인들이 자기 식량을 생산하고 swadeshi 스스로를 통치하는swaraj 개인들을 돕는 작은 의미와 더불어 진행된다. 전략적으로, 식량 주권은 정치적 주권, 매일의 일상에 기반을 둔 자기의 고유한 삶을 결정하는 능력에 이른다. 더 나아가 시바가 떠맡고 있는 쟁점들은 분명 다음과 같이 연관된다. 식량 정책에서의 변화는 이 변화들이 의존하고 있는 토지, 물, 그리고 사람에 영향을 미친다. 시바에 의하면 생태학적 정의가 사회 정의이다.

이렇게 더욱 쟁점화된 전략적 목적들은 노동, 공동체, 삶의 기쁨을 긍정하는 형식과 균형을 이룬다. 그녀의 시론 중 「노동이 예배다」에서, 시바는 우리가 "잘 먹고 잘 일해야 한다"고 선언한다. "자기 자신에 대한 배타적 보상을 요구하지 않으며 이기심을 극복하기 위해······ 우리는 다소하dasoha의 정신으로 우리의 노동의 과실을 분배해야만 한다. 노동은 카야카Kayaka, 또는 거룩한 노동 및 예배가 되어야만 할 것이다······. 그것은 사라나스Saranas가 카야카 내지는 헌신된 노동이 천국이었다고 한 바로 그 의미에서만 존재한다." 이러한 의무를 통해 균형이 잡힌 유쾌한 의도가 바로 그녀가 주장하는 바이다. 카뮈의 등장인물 묘사와 마찬가지로, 시바는 자율적이고 유쾌한 저항의 행위와 연대의 협력을 혼합한다. 간디의 "올바른 삶"이라는 개념에 힘입어, 시바는 정의, 공정성, 그리고 영예로운 타자의 대리인을 지향하는 삶을 주장한다.

이때 우리는 시바가 규정하고 살아가는 바가 니체의 자유정신의 즐거운 학문과 다르지 않은 '기쁨의 저항'의 형식이라고 주장할 수 있다. 물론 시바가 철저하게 긍정론적인 용어나 미학의 의도를 공언하는 것은 아니다. 그녀의 삶과 작업은 공동체의 쾌락 및 잘 일하는 것을 저항의 행위와 혼합해 낸다. 동료 활동가에게 조언을 하면서 시바는 다음과 같은 말을 건넨다. "활기차게 사는 것이 투쟁 속에서 기쁨을 갖게 한다. 투쟁 자체에서 과도한 부담을 가져서는 안 된다. 인간성을 즐겨야지 정치적 행동주의가 인간성을 탈인간화해서는 안 된다. 열정적인 참여를 위해서는 열정적으로 참여하는 동안 조금 떨어져 있어야 한다." 열정적 분리와 기쁨의 저항이라는 동기는 동시다발적인 것이면서도 분리되는 것으로, 이것들에 관해 시바의 행동주의가 언급하는 바는 잠재적으로 예술로서의 삶을 위해 유용한 것처럼 보인다. 시바의 삶을 통해서 우리는 저항과 긍정, 공동체와 자율성, 이와 동시에 부정성과 구성주의의 이중적인 미학적 의무를 이해한다. 그녀 이전의 디덜러스와 다른 이들처럼, 시바의 노동과 삶은 일견 대립적인 의무 사이에 있는 지점에 놓인다.

반다나 시바가 예술로서의 삶에 대한 검토에 기여하는 바는 대립적 의무가 일상적 삶과 투쟁daily life and struggle의 노동 속으로 통합되는 방식을 이해하는 데서 나타난다. 시바가 성취한 것처럼 보이는 것은, 다른 많은 이들처럼, 우리의 '노동'이 저항 행위 자체이며, 기쁨, 그리고 인도주의적이며 연대적인 열정적 참여의 형식이라는 점이다. 이것은 카뮈가 보여 주었고, 푸코도 보여 준 어떤 순간에 주어진 선택에 대한 전략적 자각이다. 이는 시바가 그녀의 자서전에서 예시한 것처럼, 새로운 동일성의 전유와 자기 형성의 신실한 행위를 요구한다. 예술로서의 삶을 통해 고안된 삶은 적어도 시바와 같은 인물들을 통해 최소한 부분적으로 성취된다. 이는 실로 다양한 자기 자신 및 다양한 정체성을 겪어 나가기를 요구한다.

물론 시바의 교육상의 자기 발견적 방식의 활용과 관련해서는 문제가 존재한다. 그녀의 정치적, 사회적, 또는 개인적 지향이 미학적 관심을 통해 활성화된다는 증거는 거의 없다. 실제로 그녀의 영감은 일견 더욱 인간주의적이고 종교적인 것처럼 보인다. 이런 점에서 그녀의 예시적 기능은 제한적이다. 하지만 시바 및 시바와 같은 다른 많은 이들이 보여 주는 것은 전체로서의 삶의 맥락 안에서 일견 대립하는 것처럼 보이는 의무들의 균형을 잡기 위한 가능성이다. 예술로서의 삶이 '더하는', 또는 최소한 변형시키는 것은 이러한 삶을 위한 지향과 기획을 조형하기 위해 사용되어야 하는 의식적 구조다. 시바와 같은 사람의 삶과 작업은 이런 점에서 예술로서의 삶의 현실화를 위한 필연적 조건으로 받아들여질 수 있다. 물론 여기서 반성의 다양한 형식이 요구될 수 있기는 하지만 말이다.

카뮈의 등장인물이 묘사하고 있고, 반다나 시바의 삶이 보여 주는 것처럼, 우리가 우리의 일상의 삶으로 미학을 통합해 낼 수 있는 방식은 다양하다. 디에고와 타로 같은 유형은 실존의 비합리성에 명백하게 반발하는 반면, 시바는 저항과 구성에 대한 기획을 작동시키고, 조나스와 조제프 그랑은 겸손한 이타주의의 삶과 소박한 예술적 추구를 양식화하는 것처럼 보인다. 그런데 각각의 형태는 자율성, 연대, 그리고 창조성이라는 미학적 주제를 매일의 삶의 구조 속에서 엮어 내는 삶의 양식을 성취한다. 푸코가 주장한 것처럼, 주어진 자기self가 부재하는 경우, "우리는 우리 자신을 예술작품으로 창조해야 한다." 여기서 우리가 우리 자신에게 행하는 작업은 발견에 대한 것이 아니라 우리 자신을 예술작품으로 효과적으로 형성해 내는 "창조

적 활동"의 형식에 속한다.[1]

이러한 등장인물들의 허구적이면서도 예시적인 본성은, 어쩔 수 없이 그들의 희귀함을 착각하게 만든다. 저항과 긍정처럼, 특수한 미학적 주제들 사이에서 균형을 유지하는 삶이 하나의 예술작품에 적용되는 완벽주의와 기예를 동시에 성취하고 요구하기란 어려운 일이다. 실제로, 이러한 성격들이 수행하는 것은 고유한 삶의 다양한 차원들에 주의를 집중함으로써 이루어지는 자기 구성이다. 각각의 개인들이 시간상에서 주형해 내는 것은 약력, 일련의 추구, 또는 종류가 다른 과업이 아니라 예술작품의 애매한 본성에서 도래하는 지향과 영감을 갖춘 인간의 **총체적 작업**이다.

더 나아가 니체의 후기 사유에서 자명하게 나타났던 것처럼, '미학'의 이중적 의미는 그랑 같은 허구적 형태 및 반다나 시바에게서 나타나는 실제적 투쟁 속에 함축된 어떤 것에서 작동한다. 여기에 미학의 보다 더 도구적인 의미가 존재한다. 이 미학은 우리의 매일의 과업을 위한 지향과 영감으로 통합된 저항과 긍정으로서의 특정한 예술적 특징을 지시한다. 여기에 포이에시스[제작] 내지 아이스테시스[감각]라는 미학의 두 번째 의미가 있다. 이것은 통합, 진단, 그리고 자기 형성의 능동적 과정이다. 이러한 미학의 더 실존적인 사용은 미학적 전체로서의 자기 형성에 할애된다. 이는 자기를 특정한 미학적 관심의 대체와 현시를 위한 매개로 이해한다.

미셸 푸코의 중기, 후기 사유는,[2] 처음에 카뮈가 검토한 이 다양한 주제들의 강화를 나타낸다. 일반적으로 푸코의 사유는 카뮈에서, 그리고 더 일반적으로는 예술로서의 삶에서, 즉 우리가 사유와 행위의 과정에 예술의

---

1. Michel Foucault, *Ethics : Subjectivity and Truth* [E], trans., Robert Hurley and others. Essential Works of Foucault, 1954~1984, ed., Paul Rabinow, Vol. 1 (New York : The New Press, 1977), 252.

2. 표면적으로, 1972년 『감시와 처벌』에서 그의 사망 때까지의 저작들.

통찰을 어떻게 적용할 수 있느냐 하는 문제 속에 정립된 주제들을 추적한다. 그런데 푸코는 변증법적 추론의 강화나 사태 자체로의 귀환이 아니라 카뮈에 대한 나의 분석에서 제시한 것처럼, 예술과 미학이 타자, 우리 자신, 그리고 세계와 우리의 관계를 문제화하는 수단으로 활용될 수 있는 윤리와 방법들을 통해 이러한 일을 시행한다. 이것은 총체적 작업으로서의 우리의 삶을 양식화하고 변형시키는 일을 향하는 포이에시스[제작]과 관련해서, 위에서 도입했던 미학의 두 번째 의미의 이행을 함축한다. 푸코가 우리에게 보여 주려고 한 것은 카뮈와 유사하게, 우리의 삶의 맥락 내에서 2부와 3부에서 발견되는 미학적 명령을 이행시킬 수 있는 방식이다.

　카뮈가 그랬던 것처럼, 미학적 윤리 개념에 대한 푸코의 통찰은 선형적이거나 체계적인 것이 아니다. 이는 권력과 주체성의 문제에 천착한 푸코가 그리스를 주제로 삼은 후기 저술들에서 존재방식이나 실존의 미학의 본성에 대한 최종 기획을 그의 죽음으로 인해 완성시키지 못한 측면 때문에 일어난 일이다. 따라서 카뮈와는 별개로, 이 장은 푸코의 사유를 '푸코적' 규정 안에서 재구성한다. 다시 말해 이는 푸코의 고유한 사유 속에서 문제화되고 추적되는 영역을 표기함으로써, 그리고 그 스스로 기술했던 '실존의 미학'과 연관된 방식을 보여줌으로써 이루어진다. 실제적으로, 이것은 카뮈의 부조리 개념과 더불어, 푸코의 권력 개념, 전략적 사유 개념, 자기 창조의 그리스-로마적 형식에 대한 분석을 탐구한다는 것을 의미한다. 이 작업을 통해 나타날 것은 진단과 규정, 주어진 상황의 윤곽을 정확하게 서술하는 능력과 자기의 형성 및 성격의 형성을 지향하는 행위를 규정하는 능력 사이의 이중 운동이다. 전체적인 결과는 실존의 다양한 구성요소들이 저항적이고 긍정적인 개인을 훈육하고 규제하며 창조하는 데 사용되는 자기의 고행이다.

　더 일반적으로 이 분석에서 나타나는 것은 더 구체적인 예술적 윤리 개념이다. 비판이론과 현상학을 통해 표기된 분석의 장과 다양한 강제사항들을 분리시키는 방식은 예술로서의 삶 속에 통합되어 도래할 수 있다. 카뮈와 마찬가지로, 푸코의 작업이 보다 더 일관적인 예술 개념이나 미학 개념을 결여하고 있긴 하지만, 그의 윤리는 특별히 긍정적이고 부정적인 요소들과 관련하는 특수한 미학이 매일의 삶의 다양한 양상들 속에서 배치될 수 있는 방식을 명확하게 보여 준다. 이는 카뮈와 비슷하게, 억압의 구조가 우리와 맺고 있는 관계를 문제화하고, 그러한 관계를 생산하거나 열어 주는 잠재적 원천을 조명해 냄으로써 수행되는 작업이다. 이제부터 보여 주겠지만, 이러한 원천은 신체에 투여된 주의의 강화, 진리와 쾌락의 관계의 강화를 표상하며, 앞에서 비판적으로 선취된 방식으로, 예술로서의 삶이라는 더 일반적인 개념을 향한 길을 조명한다. 비판이론과 현상학은 도구적인 미학 개념을 제공하는 반면, 푸코는 특정한 미학적 의무의 통합을 가능하게 하는 자기의 포이에시스[제작]과 관련해서 미학의 더 넓은 의미를 규정한다.

푸코의 작업이 예술로서의 삶에 부여하는 바는 미학적 이성과 체화된 시적 사유를 위한 요구를 통합할 수 있는 더 넓은 미학 개념이다. 이는 일상적 삶의 다양한 구성요소에 주의를 기울이고, 이 요소들에 가치와 의미를 부여함으로써 이루어진다. 그러므로 우리의 식사·성욕·타자와의 관계·노동은 자기 규제, 실험, 그리고 창조의 장소로 나타난다. 이러한 일상적 삶의 다양한 차원을 통해서, 우리는 한편으로 세계에 저항하고, 다른 한편으로 세계를 긍정하는 새로운 자기를 창조해 낸다. 푸코의 사유는 마르쿠제와 메를로-퐁티의 고행이라는 주제의 강화를 나타낸다. 또한, 이들은 새로운 동일성을 창조하는 가공된 것이면서도 구체화된 실천을 향해 나아간다. 또한, 자기 창조를 통해서, 그것은 비판이론과 현상학을 통해 나타나는 예술로서의 삶의 시간적 차원을 강화한다. 우리는 현재에 저항하고 미래에 가치를 부여하기 위해 과거의 눈을 가지고 창조를 감행한다.

예술로서의 삶의 두 축이 균형을 잡는 방식이 바로 지금 명확해져야 하겠지만, 그렇다고 이것이 개념적인 것은 아니다. 대신에 푸코의 작업이 지지하는 것은 경계, 자기 보호, 그리고 무엇보다도 자기 형성의 기예를 통해 성취되는 실존적이고 윤리적인 종합이다. 따라서 미학적 윤리는 이성적이거나 종교적인 규범의 이익 속에 활기차면서도 예술적인 종합을 옹호하는, 목적론적이거나 신학적인 윤리의 창조적 반대-축이다. 조금 더 적극적인 의미에서, 미학적 윤리가 행위와 나타남의 영역을 즉각적으로 변경시키는 일을 인정한다고 하더라도, 그것은 새로운 존재방식을 버리어 내는 즉흥적 활동과 예술적 수완을 가능하게 한다. 우리 자신에 대해서 예술작품에 규범적으로 주어지는 주의와 기술의 동일한 차원에 초점을 맞춤으로써, 우리는 오로지 일시적으로만 예술작품이 될 수 있다.

권력과 저항

권력과 자기구성

푸코의 규범적 윤리 개념에 대한 분석은 위에서 카뮈가 보여 주었던 것처럼, 가능성이 저항과 실존을 위해 존재할 경우에 관련해서, 그리고 현대에 인간이 제한되는 방식과 관련해서 규정되어야만 한다. 만일 이것이 카뮈나 푸코에게서 의미를 갖는다면, 윤리는, 지배적인 사유, 행위, 그리고 억압 방식에 대한 창조적 반응으로 규정되어야만 한다. 카뮈에게서 창조적 저항의 원천은 일반적으로 부조리를 통해, 더 근래의 역사적 사례로는 반항을 통해 일어난다. 푸코에게서 윤리적 판단을 위한 전략적 배경은 권력관계에 대한 분석이다. 권력에 대해서, 푸코는 우리가 행위하고 저항할 수 있는 전략적 지형을 구성해 낼 수 있었다.

푸코에게 '권력'이란, 어떤 이는 권력을 '소유하고' 다른 이는 그렇지 못한다는 의미에서의 전통적인 실체-지향적 권력 개념을 가리키지 않는다. 또한, 그것은 통치자, 심리치료자, 또는 교수와 같은 한 인격에게 귀속시킬 수 있는 성질의 것도 아니다. 이러한 더욱 전통적인 권력 개념은 푸코에게 다음과 같이 요약된다.

> 이러한 권력은 원천의 면에서 빈약하고, 좀처럼 조치를 취하지 않고, 사용되는 전술도 단조롭고, 계략을 부릴 줄 모르며, 언제나 어쩔 수 없이 되풀이되는 것 같기 때문이다. 더 나아가 그것은 부정적인 차원에서의 힘밖에 없는 권력이고, 어떤 것도 만들어 낼 수 없는 상태에서 오로지 한계만을 부과하기 일쑤여서 기본적으로 반-에너지이다.[3]

전통적인 권력 개념은 권력이 근본적으로 억압적이라는 점을 함의한다. 그러한 권력 개념은 타자들에게 제한을 가하는 특정 행위들을 비난한다. 이것은 일반적으로 그 기원에서 '위에서 아래로'의 이행이라는 점에 합의하며, 바로 그러한 방식으로 권력의 고유한 실행을 유지하는 데 열중한다.

이러한 보다 군주제적이고 지역화된 권력 개념은 주로 권력관계의 본성에 대한 푸코의 더욱 적극적인 직관을 위한 도약대를 형성한다. "권력에 대해서, 나는 '권력'을 주어진 체제에 대해 시민들의 종속을 추구하는 일군의 제도들과 메커니즘으로 이해하지 않는다."[4] 권력은 한 인간, 행위자, 또는 제도가 부정적이거나 억압적인 방식으로만 소유할 수 있고 휘두를 수

---

3. Michel Foucault, *The History of Sexuality : An Introduction* [WK], trans., Robert Hurley (New York : Vintage Books, 1990), 85.
4. Foucault, WK, 92.

있는 소유물로 파악되지 않는다. 부정적인 방식으로 규정된다면, 권력관계는 억압의 형식을 통해서만 작용하지 않는 행위의 비-지역적이고 비-통치적인 형식일 수 있다. 권력관계는 통제가 아닌 조작과 훈육을 통해서 작동한다.[5]

만일 권력에 대한 이러한 잠정적인 정의가 논리적으로 일관적인 것이 된다면, 전통적인 권력 개념을 대체해야만 한다. 이러한 개념에 반하여 윤리와 주체성의 형식도 재규정된다. 따라서 첫 단계로, 푸코는 권력의 적용의 자리를 대체한다. 정확한 세금, 고문, 또는 조공을 통해 신체만을 부정적으로 억압하는 대신에, 푸코의 권력관계라는 개념은 사유와 물질에 모두 적용되는 것으로, 인간의 신체와 영혼(신체-주체)에 더 역동적으로 작동한다.[6] 신체화되는 현상과 인식론적인 현상 모두에서, 권력관계는 개인이 행위하고 사유하는 방식, 신체가 정신의 내적 작동형태와 연관되는 방식, 그리고 정신이 신체에 미치는 효과를 생산하는 방식 전부와 연관된다. 요컨대, 권력관계는 영향의 총체가 기호, 운동, 또는 의례ritual를 통해 한 인격 속에서 이행되고 연계되는 수단으로 주어진다. "그런데 신체는 또한 직접적으로 정치의 장에 들어가 있어서 권력관계는 신체에 직접적인 영향을 미치게 되었다. 말하자면 그것은 신체를 공격하고, 신체에 낙인을 찍고, 훈련을 시키고, 고통을 주며, 노역을 강제하고, 의식을 강요하고, 여러 가지 기호를 부여한다."[7] 메를로-퐁티의 사유와 푸코의 친근성으로 인해, 그는 권력관계를 신체와 정신을 상호인격적이고 정치적인 관계의 핵심에 놓는 수단으

---

5. Foucault, *Power/Knowledge : Selected Interviews and Other Writings, 1972~1977* [PK], ed., Colin Gordon (New York : Pantheon Books, 1980), 105.

6. Foucault, *Discipline and Punish : The Birth of the Prison* [DP], trans., Alain Sheridan (New York : Vintage Books, 1979), 16을 보라. 여기서 그는 이렇게 진술한다. "그것은 더 이상 신체가 아니기 때문에, 영혼임에 틀림없다. 신체에 가해진 속죄 행위는 마음, 사유, 의지, 경향성에 깊히 작용하는 처벌을 통해 대체되어야만 한다."

7. Foucault, DP, 25.

로 이해한다. 마르쿠제와 메를로-퐁티와 마찬가지로, 푸코는 그의 행위에서 신체-주체에 관한 탁월한 분석을 시행한다.

이 개념은 인접하는 관념을 통해 비판적으로 개정된다. 즉 부조리처럼, 권력은 두 행위들 간의 관계로, 즉 그것이 인격적이건, 제도적이건, 정치적이건 간에, 그것은 일관적으로 그러한 행위들 간의 관계로 주어진다. 권력은 소유와 비-소유 간의 이중성으로 권력을 정립하는 군주제적 모형과 대조되는 힘의 관계들로 파악된다. 다시 말해, 오히려 "권력은 우선 출현 영역에 내재하면서 하나의 조직된 전체를 구성하는 세력 관계들의 다양성이고, 끊임없는 투쟁과 충돌을 거쳐 그것들을 변화시키고 강화하며 역전시키는 과정으로 존재한다⋯⋯."[8] 분명 이것은 권력관계가 직접적이거나 억압적일 뿐만 아니라(이를테면 통치가 특정 행위를 제한한다는 것) 일차적으로는 전략적이고, 미묘하며, 또는 조작적이라는 것을 뜻한다. 권력은 관계들 자체를 통해서 주어진 선택의 범위 아래서 작동한다.[9] 관계적인 권력을 형성해 냄으로써, 푸코는 권력을 일방향적 억압 가운데 하나인 것으로서의 권력에서 행위자들이 서로와의 항구적인 투쟁 안에 존재하는 다차원적이고 다계층적인 전략적 지형에 속하는 것으로 그 작동 영역을 변경시켰다. 권력을 소유하는 군주제가 더 이상 존재하지 않는 것처럼, "모든 권력관계에서 자유로운 지점은 없다."[10] 권력은 권력과 관계가 이 안에서 획득되는 한 편재한다.

---

8. Foucault, WK, 92.

9. 이것은 푸코가 WK, 93에서 보여 주었던 것처럼 권력관계가 편재한다는 것을 의미한다. "권력은 편재. 그러나 이것은 권력이 그것 자체의 결코 무너지지 않을 통일성 아래 모든 것을 재편성할 특권을 가지기 때문이 아니라 매 순간 모든 상황에서 또는 더 정확하게 말해서 한 지점에서 다른 지점으로 관계가 맺어지는 경우라면 어느 때라도 권력이 나타나기 때문이다. 권력은 도처에 있다. 그것은 권력이 모든 것을 포괄하기 때문이 아니라 도처에서 발생하기 때문이다."

10. Foucault, E, 167. 또한, Foucault, PK, 89를 보라.

이것은 권력이 효과적으로 탈중심화되는 관계적이고, 편재하며, 전략적이고 파생적인 수단으로 권력을 이해하는 푸코의 면모다. 권력관계는 가능한 관계 및 상대적 배치의 풍경을 가로질러 분배된다. 이것은 '하향식'으로 이루어지는 권력 개념을 물리친다. 푸코는 권력이 "모세관",[11] "세포",[12] 그리고 "비평등적인 움직이는 관계들의 상호작용 속에 있는 셀 수 없는 지점들에서 실행된다"[13]는 점을 잘 보여 준다. 권력관계는 미시적이고 미시적인 규모의 분석에서 작동하는 분배된 행위자를 통해 작동한다. 이런 점에서, 푸코의 반복된 생물학적 묘사는 다음과 같이 이루어지는 경향이 있다. 권력관계는 세포의 작동처럼, 느슨하게 조정되고 그 파생형식과 배치에 있어 상대적으로 자율적인 다양한 망의 집합을 통해 작동한다. 권력관계의 작동은 "자연과 다양한 차원의 망"을 기반으로 삼아 작동하는 "여러 요소의 다중적인 망"으로 제일 잘 묘사된다.[14] 푸코의 권력관계 이론은 권력이 도입한 다양한 행위자와 전략 및 기예들 간의 복잡하면서도 이원론적이지 않은 상호작용을 기반으로 삼는다. 우리 모두가 이 기반을 통해 행위를 하게 되는 다양한 가변적·전략적 지형이 형성된다.

푸코의 권력에 대한 재검토는 권력관계의 일반적 본성에 국한되지 않는다. 만일 권력이 작동한다면, 그것은 상호작용을 통해서만 작용하지 않으며, 일군의 효과들을 통해 신체와 영혼의 활동성을 대체해야 하는 것으

---

11. Foucault, PK, 96.

12. Foucault, DP, 149.

13. Foucault, WK, 94. 또한, 다음 글의 언급을 보라. Pirkko Makula and Richard Pringle, *Foucault, Sport, and Excercise* (London : Routledge, 2006), 37. "[권력은] 다양한 사회적 관계망을 통해 분산되는 형태로 흩어지면서 특별히 도처에 존재함과 동시에 아무 데도 없다."

14. Foucault, DP, 307. 또한, Foucault, PK, 98을 보라. "권력은 순환하는 어떤 것, 또는 사슬의 형태로만 기능하는 어떤 것으로 분석되어야만 한다. 그것은 누구의 손에 있는 것도, 부의 일부 내지 상품으로 전유되는 것도 아니며, 여기저기에 지역화되는 것도 절대 아니다. 권력은 망과 같은 조직체를 통해 도입되고 실행된다……. 다시 말해 개인들은 적용점이 아니라 권력의 담지자다."

로 작용한다. 따라서 권력은 가족, 성 등을 **통해서만이** 아니라 신체와 신체의 잠재적 운동에서 작동한다.[15] 권력이 섬세한 차원에서 효율적으로 이루어지는 것이라면, 그것은 시간의 지출, 일상적 삶의 의례, 그리고 이러한 활동성이 표상되는 방식을 통해서 이루어진다. 권력은 더 이상 직접적 개입을 통해서 작동하는 것이 아니다. 그것은 "개별적으로 그것을 '퍼뜨리는' 식으로 작동하며, 미묘한 강압, 메커니즘 자체 – 운동·몸짓·태도·신속함 – 의 차원에서 존속되어 획득되는 것으로 작동한다. 즉 능동적 신체에 대한 무한한 권력이 바로 그것이다."[16] 신체는 가족, 우리의 일상, 수축 등을 통해서 열리는 권력의 다양한 작용을 위한 장소다. 권력은 우리의 습관, 몸짓, 말의 미묘한 강요를 통해서 작동한다. 실제로 권력은 우리가 살아가고, 움직이고, 우리의 존재를 소유하는 데 이르는 다양한 가능한 수단들을 통과하는 "무한정한 관통의 노선"[17]을 인정한다.[18] 만일 권력이 다양한 전략에 의해서 그리고 다양한 영역을 가로질러 분산된다면, 이 경우 권력의 기예와 그 적용의 장소는 다양해지는 것처럼 보인다. 신체와 신체의 행위, 봄, 섭취, 그리고 배설의 방식에서, 그리고 정신과 정신의 표상, 의미화, 표현방식에서 그렇게 다양해진다.

이러한 권력관계의 가장 잘 알려진 예는 제도적 형벌 모형으로서의 파놉티콘에 대한 푸코의 검토 작업 및 그의 다양한 강의에서 등장하는 '통치

---

15. Foucault, DP, 128을 보라. "처벌의 적용점은 표상이 아니라 신체, 시간, 매일의 몸짓과 행동이며, 또한 영혼도 그것이 습관의 자리에 있는 한 그 적용점에 속한다. 행동의 원리로서의 신체와 영혼은 지금 처벌의 개입을 위해 제안된 요소를 형성한다."

16. Foucault, DP, 137.

17. Foucault, WK, 42.

18. Foucault, DP, 26을 보라. "신체에 실행되는 권력은 속성이 아닌 전략으로 파악된다. 즉 그것의 지배 효과는 '전유'가 아니라 성향, 책략, 전술, 기술, 기능으로 귀착된다. 우리는 우리가 소유할 수 있는 특권보다는 그 안에서의 관계망, 항구적 긴장, 활동성을 해독해야 한다. 또한, 우리는 그 모형을 영토 정복이나 거래를 규제하는 계약보다는 지속적 전투의 모형으로 받아들여야 한다."

성'에 대한 분석에서 찾아볼 수 있다. 이 두 가지 예는 푸코의 권력관계 이론의 비판적 정점을 나타낸다. 만일 권력관계가 우리의 운동·습관·존재방식을 통해 신체와 관련해서 작용한다면, 이 경우 이러한 관계의 의도는 훈육일 뿐만 아니라 더 미묘하게는 사유와 행위 안에서의 주체의 규범화이기도 하다. "훈육 기관에서의 모든 심급을 관할하고 모든 요점들을 가로지르는 지속적 형벌이 비교를 시도하고, 선별하며, 위계화하고, 동질화하며, 배제한다. 요컨대 그것은 **규범화한다**."[19] 우리의 신체와 사유에 대한 파놉티콘적 시선에 적응함으로써, 신체와 사유, 현대의 권력 형식은 정상적 주체가 특정한 제도적이고 문화적인 지시에 부합하여 살아가게 하고 삶과 사유를 만들어 내게 하는 효과적인 수단을 창조한다. 신체에 관한 권력의 정상화 작용은 진보된 산업사회의 일반적 기능을 뒷받침할 수 있도록 하기 위해 주체를 구성한 일반적 전략을 지지한다. 하지만 아도르노와 마르쿠제의 작업과는 대조적으로, 정상화하는 사회는 순전히 억압과 제도적 이익을 통해 작동하지 않는다. 대신에 정상성은 사회의 모든 구성요소를 통해 받아들여지는 과제이다. 여기서 사회의 모든 구성요소는 '정박점' 역할을 하면서 이어진다. 정상 주체의 생산은 모든 것에 대해 모든 것에서 작동하는 것이지, 변증법 이론에서처럼 특수자에 대해 보편자로 작동하는 것이 아니다.

따라서 주체가 그 고유한 종속 안에서 공모할 수 있는 한, 프로이트의 '내투사'introjection라는 개념에 대한 마르쿠제의 적용방식을 통해 제안된 것처럼, 그러한 종속의 원천은 푸코의 사유에서 현대적인 조작과 규범화의 형식을 적응시키기 위한 것으로 의미심장하게 대체된다. 이제 한 주체는 다양한 담론, 힘의 장, 그리고 관계들의 분할된 작용을 통해 규범화된다. 또한, 가장 중요한 것은, 권력관계가 순수하게 부정적이거나 억압적으로 작용

---

19. Foucault, DP, 183.

하지 않는다는 점이다. 권력관계는 특정한 방식으로 작용하거나 행동하도록 사람들을 자극하는 규범성의 생산적이고 발생적인 형식이다. 이를 통해서 이루어지는 일차적 수단은 쾌락과 희열의 형식과 짝을 이룸으로써 존재한다. 권력은 규범화된다. 왜냐하면 권력이 생산하는 규범성의 형식이 쾌락을 일으키거나 흥미를 유발시키기 때문이다. 따라서 오로지 부정적이고 억압적인 용어로 권력에 대해 말하는 비판이론적인 성향에 반하는 권력관계는 "권력과 쾌락의 영속적인 나선"을 통해 작용하는 것으로 보인다.[20] 또는 "희열-처벌"의 에워쌈을 통해 작용하는 것으로도 보인다.[21] 권력관계는 주체들을 규범화할 수 있다. 왜냐하면 권력관계가 만들어 내는 규범성과 주체성의 형식이 우리에게 쾌락을 부여하기 때문이다.

규범성의 생산을 위한 선도적 개념으로서 권력-쾌락이라는 개념을 도입하는 것과 더불어, 푸코는 사회와 정치가 욕구들을 생산하고 운영하기 위해 운용하는 방법들에 대한 비판이론적인 이해를 의미 있게 진전시킨다. 사회는 특정한 본능과 행동을 억압하며 타자를 생산하고 정제하기 위해 고안된 전략과 기예의 확산적 배치를 통해 정상 주체를 만들어 낸다. 이런 점에서, 권력은 궁극적으로 생산적이다. 그것은 복잡한 효과의 다양성을 통해서 규범성을 만들어 낸다. "쾌락과 권력은 서로를 배제하지도 철회하지도 않는다. 이것들은 서로를 강화하고 겹치면서 함께 추구된다. 쾌락과 권력은 흥분과 자극의 복합적 메커니즘과 장치를 통해 함께 연결된다."[22] 권력과 쾌락을 적대적으로 보는 입장(마르쿠제의 『에로스와 문명』이라는 작품)에 서지 않는 푸코는 쾌락을 복잡한 권력관계의 지향이 성취되는 수단으로 이해한다. 우리의 성욕은 그저 억압되거나 협소해진 것이 아니다. 성

---

20. Foucault, WK, 45.
21. Foucault, DP, 180.
22. Foucault, WK, 48.

은 권력과 쾌락의 얽힘을 통해 구성되고 규범화된다. 하지만 이러한 설명은 억압의 역할을 감소시키지 않는다. 그것은 단순히 이를 통해서 권력이 현대 사회의 규범성을 성취하게끔 작동되는 기예의 영역을 팽창시킨다. "권력을 선으로 만드는 것, 그러한 권력을 수용하게 하는 것은 아니오라고 말하는 힘으로 우리를 짓누르는 것이 아니라 사물들을 가로지르고 생산하는 사실이다. 그것은 쾌락을 유발하고, 지식을 형성하며, 담론을 만들어 낸다."[23]

만일 권력이 생산적이고, 권력의 지향이 개인들의 규범화라고 한다면, 결과적으로 개인은 권력관계의 생산 그 자체이다. 푸코는 이것을 그의 권력 이론의 논리적 결과로 받아들인다. "권력은 생산한다. 그것은 실재를 생산한다. 그것은 대상의 영역과 진리의 의례를 생산한다. 우리에 대해 획득될 수 있는 개인과 지식은 이 생산에 속한다."[24] 사회의 파놉티콘적 구조는 생산적이고 전적으로 통합적인 개인들을 만들어 내기 위해 작동한다. 그런데 지배 이해관계의 소유자들은 더 이상 '문화산업'이 아니라 권력이 순간적으로 구체화될 수 있거나 구체화될 수 없이 분배된 이해관계를 갖는다. 정상 주체는 "세심하게 조직된다."[25] 이는 이해관계와 전략의 환경에서 비롯된다. 또한, 그/그녀는 생산물임과 동시에 규범성의 생산자이자 연계점이다.[26] 존재의 쾌락 형태를 통해서 살아가는 것과 그 형태를 흩어놓는 데 있어, 개인은 규범화하는 기예의 넓은 복합체 내에 있는 마디가 된다.

따라서 부조리의 형식과 통제된 현실의 형태를 각각 인간의 욕구·원

---

23. Foucault, 119. 또한, Timothy O'Leary, *Foucault : The Art of Ethics* (New York : Continuum, 2002), 24을 보라. "푸코에게서 성을 억압하고, 거기에 침묵하고 부정하는 것보다는 성을 인용하고, 편취하고, 생산하고, 규범화하며 '지배하는' 일을 통해 작동시키는 권력의 상을 전개시키는 일이 가능하게 된다."

24. Foucault, DP, 194. 한 예로 Foucault, DP, 170을 보라.

25. Foucault, DP, 217.

26. Foucault, PK, 98을 보라.

함·욕망에 대한 부정적 강제사항으로 간주했던 카뮈 및 비판이론과는 다르게, 푸코는 개인을 단순한 억압의 희생자 내지 행위자에 머무는 자로 보지 않고 규범화하는 기예의 드넓은 배치 안에 자신을 생산하는 자로 보며, 이것을 가능하게 하는 권력에 대한 더욱 세부적인 – 어쩌면 현실적인 – 설명을 부여한다. 만일 카뮈의 부조리에 관한 설명이 생물학적이고 역사적인 실재와의 관계를 문제화한 것이라고 말해질 수 있다면, 푸코의 권력 이론은 급진화된 비판을 시도한다. 그것은 쾌락의 모든 형식과 우리의 관계를, 심지어는 '자기'의 의미와 우리의 가정을 조작 기관 및 정상적 개인의 전략적 생산기관으로까지 이해한다. 권력관계는 자기 구성의 특정 관계에만 한계를 설정하지 않는다(권력관계가 작동한다). 그것들은 일차적으로 삶, 봄, 그리고 사유의 규범화된 형식으로 개인들을 부추기는 수단의 역할을 한다. 권력관계에 대한 푸코의 분석은 신체가 강제력과 생산형식과의 제휴를 야기하는 방식 및 신체와 사회 간의 복잡한 조화라는 쟁점을 문제화한다.

푸코의 권력에 대한 설명과 정상적 개인의 생산에 대한 분석은 여전히 주체가 자기 자신을 구성하는 데 이르는 방식에 대한 더 큰 윤리적 관심 아래 존재한다. 이런 이유로 푸코의 권력이론은 필연적으로 정상 개인들을 생산하는 데 활용되는 기예들 내에 있는 또 다른 차원에 주목한다. 우리는 오로지 자신들에 대한 창조에 내속하는 기예들을 검토함으로써, 전략적 사유 개념이 권력관계를 통해 자기 구성을 전도할 수 있는 방식을 더 명확하게 이해하는 방향으로 나아갈 수 있다. 왜냐하면, 푸코가 개인들이 권력관계 내에서 구성되는 방식을 검토함으로써 그 관계의 전복을 위한 최소한의 조건을 드러내기 때문이다. 푸코에게 저항은 권력의 작동에 대한 정확한 진단 가운데 서술된다.

결국, 개인들이 현대 사회 속에서 창조되는 일차적인 수단은 자기의 생산에서 적합성을 갖는 '지식'과 '진리'의 형식들의 생산과 성취를 통해 존재한다. 푸코의 분석은, 권력이 생산적일 경우, 그것이 쾌락과 규범성만이 아니라 인식 자체를 생산하는 것이 된다는 일반적 주장으로 시작한다. "권력은 인식을 생산한다…… 권력과 인식은 직접적으로 서로를 함축한다…… 여기에 인식의 장의 상관적 구성이 없이는 권력관계가 존재하지 않는다……"27 『지식의 고고학』과 『말과 사물』이라는 작품 덕분에, 푸코는 진리의 영역과 권력의 기능 사이의 상호관계를 인식하게 된다. 담론은 대상들, 특권화된 분석방식, 이러한 분석이 실천되는 공동체를 관찰하는 특정 방식 내에서 인식의 영역을 열어 주는 수단의 역할을 한다. 생산되고, 대체되며, 전달되는 인식과 권력의 구조 간의 상호 관계가 바로 여기에 존재한다. "'진리'는 진리를 만들어 내고 유지하는 권력체계와의 순환관계 속에 연결되고, 진리를 유발시키고 확장하는 권력의 효과들과 연결된다. 이것이 진리의 '체제'다."28 진리가 권력관계에 영향을 미치는 것처럼 권력은 진리를 생산한다. 권력은 사회적 신체 내에 참된 담론들을 만들어 내고 담론들을 끼워 넣음으로써 작동한다. 여기서 담론들이 포착되고 표현되며 다른 참된 담론의 주체가 형성된다.

권력은 참된 담론의 생산을 통해 작동한다. 이를 통해 지식의 형태를 만들어 냄으로써 규범성이 고안될 수 있고 구성될 수 있다. 실제로 지식의 생산은 언제나 전략적이고 목적 지향적이다. 지식은 그 순환성과 효과들을 통해서 규범적 개인들을 만들어 낸다. 푸코는 여기서 규범화 개념과 신체를 관련시킨다. "권력의 새로운 메커니즘을 위한 표적을 생성함에 있어, 신체는 새로운 지식 형태를 제공하게 된다. 그것은 물리학이라기보다는 실

---

27. Foucault, DP, 27.
28. Foucault, PK, 133. 또한, Foucault, PK, 93을 보라. "우리는 권력을 통한 진리의 생산에 종속되며, 진리의 생산에 의존하지 않고서는 권력을 실행할 수 없다."

천의 신체이다. 곧 동물적 정신으로 주입된 것이라기보다는 권위를 통해 조작된 신체다……"[29] 신체를 대상으로 이해함으로써, '참된 담론'은 신체가 떠맡을 수 있는 운동 범위와 표현 방식을 효과적으로 생산하고 제한하게 된다. 동일한 논리를 주체성의 생산에 적용해 볼 수 있다.[30] 참된 담론은 특정한 추론적 경계들 내에 존재하는 개인들을 만들어 내는 생산적 효과이자 제한요소다. 지식은 담론에 순응하는 존재방식과 특정 개인들의 생산을 가능하게 한다. 이런 점에서, 진리는 푸코에게 기술적이고 예언적인 기능을 갖는다.

이러한 논쟁은, 푸코의 규범화에 대한 분석과 짝을 이룰 때, 현대적 주체에 대한 일관적인 견해를 형성하는 데 이른다. 현대적 주체는 일련의 기예들을 통해 만들어진다. 자기 자신에 대한 진리들을 생산하는 가장 탁월한 존재, 이것의 지향점은 규범성과 생산성의 무법적 형태들이다. 신체와 정신은 자율적으로 규범화하는 한 개인을 생산하는 것을 추구하는 장치들의 다중성을 위한 장소들이다. 인간이 실존하는 범위 내에서 일어나는 힘들의 놀이를 통해서, 개인은 권력관계에서의 고정된 지점을 제공하는 인간에 대한 담론, 쾌락, 그리고 규범성의 형식을 만들어 내고 참여한다. 권력은, 최소한 그것이 작동하는 것인 한, 인식되고 욕망이 가능한 효과들을 갖는 지식의 고정된 형태와 장을 따라서 자기 자신을 구성해 내는 개인들을 만들어 냄으로써, 가장 훌륭한 수준으로 작동한다.

그럼에도 불구하고, 푸코의 권력 분석에는 야누스의 얼굴이 존재한다. 권

---

29. Foucault, DP, 155.

30. Edward Mcgushin, *Foucault's Askesis : An Introduction to the Philosophical Life* (Evanston, IL : Northwestern University Press, 2007), xx를 보라. "[담론]은 개인들이 진리를 향하도록 공간-시간적 세계를 배치하고 특정 진리를 제작해 냄으로써만 우리를 참되게 한다."

력이 담론, 규범성, 그리고 다른 기예들을 통해 주체성을 구성하는 한, 권력은 힘들이 다양한 개인들 내에 뿌리내릴 경우에만 획득되는 힘들의 놀이를 존재자에게 허용한다. 무엇보다도, 권력은 주체들 간의 전략적 상호작용이다. 대부분의 경우, 이러한 상호작용은 담론, 쾌락, 제도적 구조, 그리고 개별성들을 만들어 낸다. 그런데 전략적 상호작용으로서의 이러한 상호작용은 저항의 마디를 생산한다.

푸코가 군주제적 권력 모형을 효과적으로 '무효화'하고, 이를 통해서 권력을 분산시키며, 지역화하고, 그것을 아래에서 위로 나아가게 했던 것처럼, 그는 권력관계가 미시적 차원에서 작동하고 유한한 연계의 무한한 수에 의존적이라는 점을 보여 주었다. 무자비하고 안정적인 것 대신에, "이러한 권력관계는 유동적이고, 변형될 수 있으며, 최종적으로 고정되지 않는다."[31] 권력관계는 언제나 움직이고, 변경하며, 생산해 낸다. 그리고 이렇게 함으로써, 권력관계는 지식과 쾌락이 우발적인 것으로 나타날 수 있는 지점과 무력함을 소유한다. 권력과 관련한 푸코의 작품 일부는 탈신화화와 탈신비화에 대한 것이다. 권력관계는 고정될 수 없는 것이고 움직일 수 있는 것이다. 만일 권력관계가 개인들 간의 구체적인 전략적 관계들을 통해 분배되고 작동하는 것으로 간주된다면 말이다. "특정한 연약함이 실존의 근저 자체에서 발견된다. 그것은 심지어 어쩌면 무엇보다도 가장 친숙한 그 양상 안에서, 우리의 신체와 매일의 행동에 연관되어 있다."[32] 권력과 지식의 본성, 그리고 권력과 지식의 자율적 연계성에 근거한 의존성의 구성된 본성을 고려할 때, 이 모든 것들은 일관적으로 약화되고 재정의되는 취약한 것이 된다.

푸코의 권력 분석은, 카뮈의 사유 개념과 유사한 것으로, 개인들이 만

---

31. Foucault, E, 292.
32. Foucault, PK, 80. 또한, McGushin, 18을 보라.

들어지는 방식과 이러한 상황이 변형되거나 약화될 수 있는 방식을 모두 예증하기 위해 설계된 진단적 절차다. 따라서 푸코의 분석은 카뮈의 것 그 이상이다. 이뿐만 아니라 푸코는 권력관계에 내재하는 균열들을 보여 주려고 한다. 또한, 그는 저항이 그 자체로 권력관계에 내속한다는 점을 보여 줄 수 있다. 권력관계는 지속하는 전략적 상호작용을 기반으로 삼기 때문에, 우리는 언제나 주어진 전략적 상황에 저항하거나 그것을 수정하기 위한 능력을 가진다. 푸코는 이렇게 진술한다. "만일 저항이 존재하지 않았다면, 권력관계도 있을 수 없다. 왜냐하면 그것은 단순히 복종의 문제일 수 있기 때문이다. 당신은 당신이 원하는 것을 행하지 못하는 상황을 지시하기 위해 권력관계를 사용해야만 한다."[33] 권력에 대해, 파놉티콘적, 분산적, 지속적인 존재가 되기 위해, 권력은 정박점으로서의 개인의 다중성의 작동에 의존해야만 한다. 이러한 개인들이 권력에 뿌리박은 경우, 그 개인들은 변형과 연계의 장소이기도 하다. 개인들은 권력의 작용에 단순히 복종하는 것에만 그치지 않는다. 따라서 저항은 권력의 작용에 내속한다. 비록 이러한 저항이 통상 잠정적이거나 빈약한 것이라도 말이다. 그렇다고 하더라도 푸코는, 그의 분석을 통해서, 다음과 같은 점을 인정해야만 한다. "여기에는 저항의 다수성이 존재한다……. 가능한, 필연적인, 비개연적인 저항들이 바로 그것이다. 자발적이고, 야만적이며, 연대적인 것, 협정에 의한 것, 사납거나 폭력적인 것도 있다. 여전히 타협, 이익에 민감한 것, 또는 희생적인 것도 있다……."[34] 왜냐하면 권력은 저항들만큼이나 기예들의 다중성을 통

---

33. Foucault, E, 167. 또한, PK, 142를 보라. "저항 없는 권력관계는 존재하지 않는다……."
34. Foucault, WK, 96. 이와 관련해서는 푸코의 다음 인터뷰를 보라. *Foucault Live (Interviews, 1961~1984)* [FL] (New York : Semiotext(e), 1996), 224. 여기서 질문자는 이렇게 묻는다. "Q : '거기 권력이 있고, 저항이 있다.' 이는 결론적으로 거의 동어반복에 가까운 말이 아닌가……." 푸코는 이렇게 답한다. "물론이다. 나는 권력에 직면한 저항의 실체를 정립하지 않는다. 나는 그저 이렇게 말할 뿐이다. 권력관계가 있는 한, 저항의 가능성도 있다. 우리는 절대로 권력에 사로잡히는 것이 아니다. 우리는 언제나 정확한 전략을 따라서 그리고 조건을

해서 작동하기 때문이다. 저항은 무력할 수도, 굴종적일 수도, 또는 자기 이익적일 수도 있다. 그것은 카뮈가 보여 준 것처럼, 연대적이고, 자율적이거나, 창조적인 것일 수도 있다. 푸코의 분석에서 독특한 것은 권력관계 내에서의 저항과 생산성이 매순간 서로 간의 역학, 적대, 그리고 협력적 상승작용의synergistic 긴장 속에 존재한다는 것이다.[35] 저항은 권력을 창조하고 약화시키는 역할을 한다.

푸코의 권력분석과 그 근저에 있는 편재성은 저항을 위한 가능성을 문제시하는 반면, 개인적 주체성을 규범화하고 구성하는 유형화된 관계들에서 확산하는 저항의 실재성을 실제로 드러내고, 이 실재성에 잠재적인 것을 드러낸다. 저항은 언제나 권력관계의 구성요소다. 물론 그 표현형태가 언제나 담론의 지배적 형식에서 일탈하는 것은 아니다. 이와 똑같이 중요한 것은 푸코에 앞서 카뮈와 푸코의 저항 개념을 연결시키는 상실된 저항의 구성요소다. 권력에 대한 인터뷰에서 질문자는 푸코에게 이렇게 묻는다. "저항한다는 것은 단순히 부정이 아닌 창조적 과정이다. 상황을 창조하고 재창조하는 것, 상황을 변화시키는 것은 실제로 그 과정의 능동적 일원이 된다는 것인가?" 이에 푸코는 답한다. "그렇다. 바로 그것이 내가 제시한 방식이다."[36] 저항은 창조적이다. 왜냐하면 권력이 개인들과 행동들의 생산을 통해서 작동하기 때문이다. 권력관계 내에서의 저항은 부정적일 수 있고, 비-참여적(앞서 시바의 경우처럼)이거나 생산 자체일 수도 있다. 더 일반적으로, 모든 권력관계는 창조와 재창조, 특수한 과정 내에서의 능동적 참여에 의존한다. 이것이 저항의 약화를 의미하는 것은 아니다. 그것은 저항

규정하면서 권력의 지배력을 변형시킬 수 있다."

35. 이것은 권력에 대한 비판이론적인 설명에 상반된다. 여기서 권력은 언제나 변증법적 구조 내에 존재한다.

36. Foucault, E, 168.

이 대체에 의존하는 한에서, 어느 정도는 담론 형태나 전략적 상황에 의존하는 한에서, 단지 저항이 필연적으로 창조적이라는 것을 의미한다.

푸코가 던진 물음, 곧 예술로서의 삶은 곧 저항이 잠재적으로 권력관계 내에서 만들어지는 방식으로 선회한다. 만일 우리가 창조적 저항을 하나의 사실로 전제한다면, 다음과 같은 물음이 제기된다. '우리는 어떤 식으로 규범화된 자기에서의 권력의 지배력에 저항하는가?' 권력에 대한 푸코의 분석은 개인들의 생산과 저항에 내재하는 역학들과 권력관계를 통해 개인들이 구성되는 수단들을 남김없이 문제화했다. 그것은 이 문제화가 권력, 쾌락, 진리, 그리고 저항이 겹쳐진 망들을 통해 조직된 규범화된 자기를 약화시키려고 하는 윤리 속에 구성적으로 배치될 수 있는 방식으로 간주되는 것처럼 보인다. 저항의 창조적 형식을 정확하게 서술하는 일은, 푸코가 더욱 중요하게 보는 기획 – 우리는 어떻게 우리 자신을 하나의 총체적 작품으로 형성해 내는 데 이르는가 – 의 일반 구조를 규정하는 데 도움을 줄 것이다.

권력을 통해 사유하기

앞서 카뮈가 했던 것처럼, 권력관계의 풍경을 개괄하고 창조성의 적합한 형식들을 선별하는 수단으로서의 전략적 사유의 활용에 대한 푸코의 설명을 서술해 봄으로써, 우리는 '실존의 미학'에 대한 그의 규범적 기획의 외형을 이해할 수 있다. 카뮈가 부조리의 일반적이고 역사적인 형식들에 대한 전술적 반응과 관련해서, 삶-예술가의 작품 개념에 기반을 두고 있었던 것처럼, 푸코의 후기 기획은 개인의 주체성을 규범화하고 산출하는 일군의 전략에 대한 창조적 저항 형식으로 이해되어야 한다. 또한, 카뮈의 경우처럼, 푸코가 제시한 전략적 사유 형식은 진단적이고 규정적인 기능들을 갖는다. 진단과 관련해서, 푸코의 규범적 사유 개념은 앞에서 추적한 권력의 계보학적 궤도를 재창조하는 사유 형식을 지지하는 데 의존한다. 카뮈가 부조리에 대한 현상학적 경험을 다시 해 나갈 것을 주장했던 것처럼, 푸코는 개인들을 규범화하는 방식과 권력의 운동을 탐문하는 사유방식을 요청한다. 본질상, 우리는 권력이 전술적 저항을 통해 반항에 직면하게 되는 우발적인 개별성들을 만들어 내는 인식을 일으켜야만 한다. 푸코는 이러한 실천적인 요구를 다음과 같이 진술한다.

> 우리에게 보편적·필연적·의무적으로 주어진 것은 무엇이며, 그것이 무엇이건 특징적인 것, 우연적인 것, 그리고 임의적 강제의 산물에 의해 점거된 장소는 어떤 것인가? 요컨대 논점은 필연적 한계설정의 형식에서 행해진 비판을 실천적 비판으로 변형시키는 것이다……37

구성된 주체에서의 도덕적 긴장점, 역사적 우발성, 그리고 도덕적 분개를 개괄하는 이론적 기획은 모든 것을 창조적 저항의 형식으로 자기 자신을 변형해 내는 '실천적 비판'에 복속시킨다. 비판은 우발성과 제약의 구조에 대한 이론적 이해가 행위와 자기 의식적 저항에 대한 실천적 관심으로 물러나는 일반적인 진단의 절차다.38

그런데 더 정확하게 보면, 푸코의 비판 개념은 우리가 역사적 우발성이나 부적합성의 예들을 탐지하는 일반적 절차가 되기를 단순하게 지향하는 것이 아니다. 오히려, 푸코가 지지하는 비판적 기획은 니체적 의미에서의 계보학으로 이해된다. 담론과 권력을 놀이 속으로 끌어오는 권력의 역학과 특

---

37. Foucault, E, 315.

38. Foucault, *Michel Foucault : Politics, Philosophy, Culture* [PPC] (New York : Routledge, 1988), 155를 보라. "비판은 사유를 번성시키는 문제이고 그것을 변화시키려는 문제다. 사태가 우리가 믿는 것처럼 자명한 것이 아니라는 것을 보여 주고, 자명한 것으로 수용된 바를 보기 위해 더는 그것을 그 자체로 수용하지 않을 것이다. 비판을 실천하는 것은 간단한 몸짓을 난해하게 만드는 문제입니다."

정 담론의 역사적 형성을 개괄하는 것이 바로 계보학이다.[39] 계보학적 분석은 담론의 개별성과 형식을 구성하기 위해 도입된 권력관계 및 다양한 기예의 분석이다. 푸코에게, 개인의 구성은 계보학적 기획 속에서 최고 정점에 위치한다. 그것은 바로 거기서 현대적인 권력의 형식이 작동하는 기체와 같은 것이다. "우리는 주체들이 점진적으로, 진보적으로, 실재적으로, 그리고 물질적으로 유기체·힘들·에너지·물질적인 것·욕망·사유 등의 다양체를 통해 구성되는 방식을 발견하려고 해야 한다."[40] 계보학이 권력에 대한 검토인 한, 그것은 시간상에서의 주체성의 구성과 규범화에 대한 검토다. 따라서 비판을 위한 더 일반적인 의무는 주체성이 현대사회에서 성취되는 다양한 수단들에 대한 특정한 분석으로 선회한다.

만일 그렇다면, 이 경우 푸코의 진단적 사유라는 것은 현대사회에서 개념으로서의 개별성을 구성하는 다양한 전략들과 동기들을 추적하는 계보학적 절차로 사고될 수 있다. 말하자면 우리의 고유한 개별성을 구성하는 데 이르러야만 하는 특정한 힘과 같다. 따라서 계보학은 "주체 자체를 제거하는, 다시 말해 역사적 구조 내에서 주체의 구성을 설명할 수 있는 분석에 이르는 구성하는 주체를 필요 없게 하는" 시도다.[41] 그런데 주체를 '필요 없게 하는' 일은, 만일 그것이 주체성이 역사적 구성물이라는 것을 현실화하는 진단적이고 해체적인 기획을 뒷받침하는 것이라면 공허한 관념에 불과하다. 계보학적 기획은 "더 이상 우리가 존재하고, 행하고, 또는 생각하는

---

39. Pirkko Markula and Richard Pringle, *Foucault, Sport, and Excercise* (London:Routledge, 2006), 32 각주를 보라. 푸코에게 계보학은 " '우리를 위해 가치를 지니고 존재하기를 지속하는' 인식 대상이나 사회적 실천을 이해하는 데 도움을 주는 권력과 신체·담론·역사 간의 관계에 대한 검토이다."

40. Foucault, PK, 97. 또한, Foucault, E, 3 을 보라. 여기에서 계보학은 "우리가 우리 자신을 구성하고 우리가 행하고, 사유하고 말하는 바의 주체로 우리 자신을 인식하는 사건들에 대한 하나의 역사적인 탐구"로 구성된다.

41. Foucault, PK, 117.

것으로서의 존재, 행위, 또는 사유와는 다른 가능성"을 고려하면서, "우리가 우리 존재를 만들어 내는" 그러한 자기 안에서 구성되고 심겨진 주체성의 특정 형식으로부터 자기를 해방시키는 것이다.[42] 다시 말해 계보학은 우리 존재로부터 우리 자신을 자유롭게 하는 치유의 목적을 뒷받침해야 한다. 즉 그것은 구성된 자기를 거부하기 위한 잠재성을 드러내기 위해 자기의 구성을 새롭게 조명한다.

계보학적 기획에 대한 푸코의 묘사는 그의 윤리에서의 비판적 사유 양상에 대한 충분한 서술description을 시행한다. 사유는 진단적 과정이고, 여기서 규범화의 장소, 곧 가능한 저항의 장소가 세밀하게 나타나며, 실천적 적용을 위해 사유가 준비된다. 기술하는 일을 위해 남겨진 것은 사유에 관한 푸코의 규범적 설명이 지닌 **창조적** 차원이다. 그것은 자기에 대한 참된 담론을 창조하려고 한다. 순수하게 학문적인 탐구로서의 진단은 불충분한 것이다. 그것은 특정한 권력관계를 약화시키고 우리의 고유한 기관을 개관하는 저항의 구성적 형식과 짝을 이루어야만 한다. 이러한 이중적 운동을 통해서, 푸코의 윤리는 창조를 통한 저항, 긍정성과 부정성 사이의 균형에 걸쳐 있다.

푸코의 창조성 개념은 권력에 대한 분석에서 도출될 수 있다. 이것은 푸코의 진리 개념과 권력의 기계화에 저항하는 새로운 자기를 생산하기 위해 활용될 수 있는 방식을 통해 시작한다. 만일 지식이 권력을 통해 생산되고 권력의 생산물이라면, 지식은 힘의 관계를 허무는 데 활용될 수 있다. 따라서 계보학적 기획의 일부분은 주체성이 세심하게 조직되는 방식만이 아니라 진리가 시간상에서 개별성들을 창조하는 방식이기도 하다. 푸코는 이 절차에 의문을 품으면서 다음과 같이 기술한다.

---

42. Foucault, E, 315~16.

왜 신화가 아닌 진리인가? 왜 가상이 아닌 진리인가? 그리고 오류와 대립되는 것으로서의 어떤 진리를 발견하기 위해 시도하는 대신에, 그것은 니체를 통해 정립된 문제를 포착하는 데 더 관심을 둘 수 있게 하는 것이라고 나는 생각한다. 우리 사회에서 '진리'는 어떤 식으로 우리를 절대적으로 속박하는 일에 그 가치를 부여했을까?[43]

여기서 푸코의 물음은 부분적으로 수사학적이다. 만일 실제로 '진리'가 주체만큼 우연적인 것이라면, 이 경우 진리는 허구의 정점의 자리를 점유한다. 따라서 푸코의 계보학 개념 배후에 있는 인식론적 물음은 '이것이 참인가?' 하는 것이 아니라 '어떤 효과가 이러한 진리를 낳았는가?' 내지 '주체성의 어떤 형태가 이러한 담론을 만들어 내는가?'이다. 이러한 물음의 형식은 인식에 대립되는 것으로서의 조금 더 실천적인 지향을 갖는다. 진리의 생산에 대해 물음으로써 우리는 사회적, 정치적, 그리고 문화적 관심에 대한 분석의 의무로 이행한다.[44] 다양한 관점에서 푸코의 물음은 우리가 붙잡고 있는 '진리들'에 대한 재검토를 강요한다. 왜 우리는 진리들에 그토록 많은 무게를 부여하는가? 만일 진리들이 허구와 같은 것이라면 다른 것은 왜 허구가 아닌가?

그러므로 진리에 대한 계보학적 비판은 삶과 사유의 특수한 방식들 속에 특정 진리와 진리의 사례화의 형성이라는 사회-정치적 결과들을 드러내기를 지향한다. 이러한 분석은 이차적으로 더 중요한 기능을 뒷받침한다. 그런데 그것은 위에서 들쭉날쭉 언급된 인용구 속에서 부분적으로 주

---

43. Foucault, PPC, 107.
44. Foucault, PK, 113을 보라. "그것은 진리를 모든 권력체계로부터 해방시키는 문제(그것은 키메라일 수 있다. 왜냐하면 진리는 이미 권력이기 때문이다)가 아니라 헤게모니, 사회적, 경제적, 문화적 형식으로부터 진리권력을 떼어 내기 위한 문제이다. 진리는 현 시대에 바로 이 안에서 작동한다."

어져 있다. 즉, 만일 진리가 하나의 기능을 갖는다면, 그것은 허구와 어깨를 나란히 한다. 이와 같이 만일 진리가 조직되는 것이라면,[45] 허구는 진리와 동일한 기능을 담당하는 조직화일 것이다.

> 내가 보기에 진리 안에는 허구를 형성하는, 즉 허구의 담론이 갖는 진리의 효과들을 유발하는, 그리고 진리의 담론이 아직 존재하지 않는 어떤 것을 창조하며, '조직하고', 거기서 '허구를 일으키는' 일을 위해 곧 허구를 형성시킬 가능성이 존재하는 것 같다. 우리는 참을 형성하는 정치적 실재에서 출발하는 역사를 '허구화하며', 하나의 역사적 진리에서 시작해서 아직은 존재하지 않는 정치적 전망을 '허구화해낸다.'[46]

우리가 진리를 위한 필연적인 조건들을 도출해 내는 일로부터 진리의 효과들의 윤곽을 그려내는 일을 검토하는 방식으로 진리의 풍경을 대체함으로써, 푸코는 명제가 '참'인지 아닌지에 대한 여부와 무관한 중립적인 진리관을 제시했다. 진리는 권력관계 내에서 생산되기에 우발적이다. 한편으로 진리는 명석하고 판명한 '진리' 개념들을 무너뜨리는 효과를 갖는다. 다른 한편으로 그것은 더 구성적인 기능을 갖는다. 우리는 진리와 같은 역할을 하는 허구를, 곧 규범성, 사태 등의 형식을 일으키는 담론의 장을 만들어 냄으로써 조직할 수 있다. 권력관계를 통해서 구성된 허구를 통해 살아가는 대신에, 우리는 우리 자신에 대한 허구를 통해 살아가며 특정한 매개체를 비틀 수 있다. 다른 진리들과 마찬가지로, 이러한 허구들은 삶과 사유의 방

---

45. 비록 복잡하고 통상 비-지시적 과정임에도 불구하고.
46. Foucault, FL, 213. Timothy O'Leary, *Foucault : The Art of Ethics* (New York : Continuum, 2002), 101에서도 다음과 같이 조명하고 있다. "하지만 허구는 단순히 사건들에 대한 잘못된 혹은 부정확한 말하기가 아니다. 허구는 생산, 창조, 현실의 변형이다. 허구는 명사이면서 동시에 동사다."

식을 대체하고 조명하기 위한 능력을 갖는다.[47]

지향적으로 구성된 진리들의 역할에 대한 이러한 보다 더 구성적인 설명은 저항의 수단으로서의 허구의 형식의 창조적 배치에 대한 푸코의 변호를 뒷받침한다. 우리는 앞으로를 내다보는 효과를 지닌 하나의 허구를 만들어 냄으로써 정상화하는 특정 담론들에 저항할 수 있다.[48] 우리는 진리를 현재의 현실로서가 아니라 미래의 가능성으로 창조해 낸다. 푸코는 이러한 진리 관념을 작가로서의 자기 개념을 통해서 구성해 낸다.

> 실제로, 내가 하려고 하는 것은……존재할 수 있는 특정 현실에 대한 해석, 읽기를 작동시키는 것이고, 한편으로 이 해석은 몇 가지 진리의 효과들을 생산해 낼 수 있다. 다른 한편으로 이러한 진리의 효과들은 가능한 투쟁 내에 개입될 수 있다. 그러므로 진리를 말하기란 진리가 수용 가능한 것이 될 수 있게 하는 것이다.[49]

'진리를 말하기'에서, 우리는 행위와 저항의 미래의 형식을 위한 규정이자 현재 상황에 대한 진단의 역할을 하는 하나의 허구를 실제로 창조해 낸다. 예술작품에 있는 '정직한 가상'honest illusion이라는 니체의 개념과의 유비, 형이상학과 환상이라는 비판이론적인 개념과의 유비, 그리고 현상학적 '표현' 개념과의 유비가 여기서 명백해진다. 우리는 허구와 가상을 우리의 세계를 보거나 구성하는 다양한 방식을 성취하기 위한 수단으로 사용한다.[50] 진리-말하기는 여기 우리가 살고 싶어 하는 세계에서 하나의 진리를

---

47. 구성된 진리 개념 및 파르헤지아 개념(이후 나오는 구절을 보라)에 대한 더 자세한 논의는 나의 최근 논문을 보라. "The Truths we Tell Ourselves: Foucault on *Parrhesia*," *Foucault Studies* (2012), 13:99~115.
48. 여기서 시간적 차원은, 예술로서의 삶과 마찬가지로 푸코에게 중요한 것이다.
49. Foucault, FL, 261.

말하는 생산적 과제가 된다. 시간적으로, 우리가 말하는 진리는 미래에서 효과들을 가지기를 지향한다. 그리고 그것은 필연적으로 현재와의 직접적 대응을 가지지는 않는다. 진리는 미래의 특수한 동일성을 현실화하는 일을 뒷받침하는 데 주어진 도구적 가치이다.

미래에서의 새로운 현실을 발생시키는 비판적 담론의 형성을 위해 가상-으로서의-진리를 사용하는 것은─현재에 관한 진단과 미래를 위해 허구적인 것들을 규정하는 것으로서의─사유가 우리의 주체성이나 사회-정치적 상황을 재배치하는 더 넓은 과제에 종속된다는 사실을 암묵적으로 가정한다. 앞서 카뮈가 그랬던 것처럼, 사유는 권력관계 속에 말려든 실천들을 조명하고 창조하는 역할을 뒷받침하는 전략적 기능을 갖는다. 이는 또한 자기와 세계를 재배치하는 상상력의 노력 속에 함축된다. 푸코는 이론을 '프로그램 세트'로 사용하는 일을 통해서 그의 사유의 이중적 차원에 관해 말한다. 여기서 "구성된 이론은 하나의 체계가 아니라 권력관계를 둘러싼 투쟁이자 권력관계의 특성의 도구, 논리이다……."[51] 따라서 허구와 가상의 사용은 그 고유한 목적을 위해 활용되지 않는다. 특수한 역학을 조명하거나 투쟁의 양상을 현실화하기 위한 허구의 창조적 배치는 권력관계의 대체에 관한 더 큰 관심의 일부다. 사유를 각기 사회 해방에 대한 더 큰 관심과 세계 경험에 대한 관심의 일부로 간주했던 비판이론 및 현상학과 유사하게, 푸코는 규범성의 형식에 저항하는 더 큰 윤리적 관심의 일부로 사용되는 사유 형식을 구성해 낸다. 이런 점에서, 진리는 실제적 사태를 반영할

---

50. 이런 점에서, 진리와 가상의 형식에 대한 창조적 배치는 예술로서의 삶의 비판적 특징으로 간주된다.
51. Foucault, PK, 145. O'Leary, 96. 여기서도 이론 개념을 도구와 같은 것으로 이해한다. 이는 푸코가 그의 역사적 분석에서 몇몇 자료를 창조적으로 해석하는 일에 대해 비난을 받을 수 있는 근거의 일부다. "푸코는 분명 역사에 대한 서술을 과거에 대한 충실한 기록으로 파악하지 않는다. 그에게 과거는 국가라기보다는 또 다른 도구에 불과하다. 여기서 그에게 도구는 미래를 위해 현재에 개입하기 위한 방편으로 작용한다."

필요를 느끼지 않는다. 우리는 자기 자신에 대한 진리와 우리의 투쟁에 대한 진리를 생산한다. 그것들은 특정 실천의 맥락 내에서 미래에 현실화될 수 있는 것들이다. 푸코가 한 저명한 인터뷰에서 진술한 것처럼, "내가 하려고 하는 것은 우리의 과거사에 대한 지식과 우리의 현실 사이의 조화를 유발한다. 만일 내가 성공한다면, 이것은 우리의 현재 역사 속에서 실질적인 효과를 가질 것이다. 나의 희망은 내 책들이 쓰인 다음에 참이 되는 것이다 — 쓰기 전이 아니라……. 나는 나의 책의 진리가 미래에 도래하기를 희망한다."[52] 따라서 이러한 사유 개념과 진리에 부과된 미래의 역할은 현재의 투쟁을 긍정하는 수단으로, 니체의 미래에 대한 염원에 더 가까워진다. 더 나아가 그것은 규범화하는 담론에 저항하는 더 큰 윤리적 기획 내에 인식론적 사유과제를 기입한다. 우리가 규범성에 직면하고 권력관계를 전략적으로 대체하는 방식은 **잠재적으로** 대체와 실천적 행위를 위한 비판적 공간을 창조하는 우리 자신 및 우리 세계의 참된 담론의 창조를 통해 존재한다. 이런 점에서, 진리는 현재에 저항하는 일과 미래에서의 진리의 현실화를 요구하는 발화행위라는 이중적 의미에서 윤리적이다. 푸코의 윤리는 사유를 전략적으로 평가하는 더 큰 과제를 뒷받침하는 데 '사용된다.' 그것은 또한 투쟁과 반대를 위해, 윤리적 주체로서의 자기 자신의 구성의 일부분으로 자신을 배치하는 사유방식이다.

따라서 윤리적 주체가 된다는 것은 특정한 권력관계에 대해 우리의 관계를 문제화하는 일과 동시에 권력-지식의 기능을 대체하는 역할을 할 수 있는 허구나 가상을 만들어 내는 일 사이의 이중적 운동을 함축한다. 진리는 우리가 우리 스스로를 발견해 내기 위해 권력관계 속에 우리를 연관 짓는 더 큰 실험적 과정의 일부이다.[53] 니체의 '위험하게 살기'라는 개념과 더

---

52. Foucault, FL, 301. 강조는 저자.

53. Edward McGushin, 16. 여기서 이러한 사유의 차원은 다음과 같이 요약한다. "[사유는] 세

불어, 사유는 우리가 실제로 그것을 통해서 살아가는 다수의 허구나 '진리들'이 절대 현실화될 수 없다는 인식 및 위험과 함께 각인된 모험이다. 푸코의 윤리는 그것이 고도로 실험적인 한 오류의 가능성을 지속적으로 심판한다. 진리에 대한 선포는 사태들과 진리의 잠재적 결착일 뿐만 아니라 그것들의 현실화를 일으키는 데서 나타나야 한다. 또한, 그것은 현실화될 수 있는 방식에 대한 비판적 검토를 요구한다. 어떤 '진리'는, 만일 그것이 현재 사태와 다르다면, 위험과 실험주의라는 요소와 더불어 나타난다.

권력관계에 대한 정교화된 분석 내에서 사유의 진단적이고 규정적인 기능을 모두 활용함으로써, 푸코는 윤리가 취할 수 있는 일반적인 형식을 효과적으로 해명했다. 윤리는 우리가 참여한 사회-정치적 투쟁과 우리의 동일성의 구성 안에 도입된 다양한 기예와 전략에 관한 비판적·계보학적 평가일 수 있다. 그것은 비판적으로 특정 권력관계들을 약화시키는 새로운 담론과 실천의 방식을 도입할 수 있다. 내가 제안한 것처럼, 이 운동은 니체와 카뮈의 미학적 윤리에 대한 해명으로 이해되었다. 이처럼 푸코의 사유 개념은 세계와의 관계를 문제화하는 방식이다. 또한, 그것은 '창조성'이 윤리적 숙고의 맥락, 즉 현재 사태들에 저항하는 새로운 관계들과 동일성들의 구성 안에서 무엇을 의미할 수 있는지를 더 풍부하게 상세화하는 방식을 성공적으로 해명한다. 푸코는 다음과 같이 진술한다.

우리 자신의 한계에서 행해지는 이러한 작업은 한편으로 역사적 탐구의 영역을 열어 주고 다른 한편으로 실재성, 동시대의 실재성에 대한 검토 속에 자신을 밀어 넣는다. 변화가 가능함과 동시에 욕망할 수 있는 가능한

계를 새롭게 발명한다 ─ 이는 새로운 종류의 관계, 새로운 실천을 창조하고, 옛날의 실천 및 관계에 새로운 의미를 할당하는 것이다. 이는 응답이 아니라 해결책이다. 오히려, 사유는 문제를 열어 주고 이에 대한 많은 가능한 해법을 위한 조건을 준비하는 활동이다."

지점을 파악하고, 이 변화가 취해야 하는 정확한 형식을 규정하기 위해서 말이다.[54]

푸코는 새로운 존재방식에 대한 정확한 진단과 규정이 한 '작품'의 형식이라고 민첩하게 지적하고 있다. 그는 우리 자신을 변형하는 새로운 진리들의 창조가 특정한 앎의 방식에 대항하는 것만이 아니라, 여기에 더하여 우리의 주체성과 실천을 대체하기 위한 욕망을 제시한다고 본다. 여기서 우리가 제시한 진리를 따르는 주체성과 실천은 미래 속에서 희망되는 어떤 효과들을 갖는다.

아마도, 이런 이유로 푸코의 윤리는 경험과 실험주의 사이의 의미의 분할을 가로지른다. 우리가 자신에 대해 행하는 작업은 세계와 권력관계에 대한 새로운 경험들을 일으키는 효과를 가지는 진리 안에서의 실험이다. 저항한다는 것은 새로운 진리들을 발견하고 창조하는 인지적 과정일 뿐만 아니라 우리 자신의 삶 속에 (미래에 현실화될 진리로서의) 특수한 허구를 능동적으로 탐구하고 실험하는 과정이기도 하다. 그것은 내가 지금 주목하는 이러한 허구들의 내용, 기능, 그리고 배치 가운데 존재한다.

주체 되기

앞의 두 부분에서, 우리는 현재의 권력관계와 권력관계가 새로운 진리의 의도적 생산을 통해 대체될 수 있는 잠재적인 방식을 이해하기 위한 다양한 길을 상세하게 제시했다. 하지만 앞서 카뮈가 제시한 것처럼, 윤리적 반성(부조리 혹은 권력)과 전략적 도구로서의 사유의 사용을 위한 출발점에 대한 분석은 미학적 윤리를 실천하는 방식을 고안하는 데는 불충분한

---

54. Foucault, E, 316.

것에 지나지 않는다. 카뮈의 경우에, 이것은 윤리적 삶의 이념화로서의 성격에 대한 사용을 탐구하는 일임과 동시에 미학이론의 상세화를 요구하는 것이다. 다른 한편으로, 푸코에게 미학적 윤리는 창조적이고 저항적인 주체성의 새로운 형식의 구성으로 작동한다. 마지막 분석에서, 주체성의 창조는 규범화와 지배의 전략에 저항하는 특정한 자기의 실천과 실행을 요청한다. 이 새로운 동일성은 우리가 세계를 보는 방식, 쾌락, 그리고 규범성의 관계를 대체하는 주체성의 새로운 형식을 일으킨다. 더 나아가 이것들의 형성은 미학, 자기에 대한 포이에시스[제작]의 더 일반적인 형식 여하에 달려 있다.

따라서 푸코의 윤리의 구성적 차원은 자기와 세계를 상호적으로 변형해 내는 자기와 세계에 관한 참된 담론들을 만들어 내기 위한 호소와 더불어 시작한다. 진리 창조를 위한 이러한 규범적 명령은 푸코 사유의 또 다른 탈-형이상학적 차원에 의존한다. 근대주의적 주체의 사면이 바로 그것이다. 주체성에 대한 전통적 이해에 반대해서, 푸코는 주체를 다양한 담론들, 실천들, 그리고 권력관계들에 기인하는—자기 자신 내지 타자에 의거하는—하나의 구성물로 본다. 푸코의 분석은 "진리 놀이, 권력의 실천 등의 특정 실천들을 통해……하나 내지 또 다른 특정한 형식 안에서 주체가 그 자체로 어떻게 구성되는지"를 보여 주려고 한다.[55] 자기 자신에 관한 참된 담론들을 만들어 내기 위해서, 우리는 권력망 내지는 특정 담론들을 통한 창조적 형성에 종속되는 유동하는 '자기'를 전제해야만 한다. 저항점은 이러한 형성으로부터 주체를 방어하는 것이 아니다. 오히려, 자기 자신에 대한 참된 담론들을 만들어 내기 위한 푸코의 요구는, 우리의 고유한 통제 내에서 담

---

55. Foucault, E, 290. 이와 관련해서, 맑스주의적인 유물론적 주체에 대한 푸코의 거부를 보라. PK, 58. "[맑스주의] 이데올로기를 우위에 두는 이러한 분석과 관련해서 나를 곤란하게 만드는 것은 인간 주체가 고전 철학을 통해 도입되고, 권력을 잡히는 것으로 사고되는 의식과 더불어 수여된 모형의 노선에 전제된다는 점이다."

론들을 규범화하고 위치시키는 데서 벗어난 행위의 장소를 비틀어 보는 일과 관련한다.

이를 통해서 허구의 사용과 '참된' 담론들은 우리가 자신을 창조하는 작업을 시작하는 수단이 된다. 허구들은 "자기 자신을 자유롭게 하는 것을 가능하게 하는" 기능을 할 뿐만 아니라,[56] 우리가 새로운 주체가 되기 시작하는 실천의 일부분이다. 이것은 우리가 사유 과정을 통해서 규범화의 형식에 저항하는 것을 의도하며, 뿐만 아니라 권력, 진리, 그리고 쾌락이 우리의 '자기'를 규범화하는 방식을 능동적으로 변형시키는 것, 우리의 자기 구성 안에서 능동적 행위자가 되는 것을 의미한다.[57] [58] 우리 자신에 관한 참된 담론들을 창조하기 위해 우리에게 호소하는 일과 구성된 주체성의 본성을 인식하는 일에서, 푸코는 윤리의 물음을 윤리적 자기 구성의 일환으로 전환시켰다. 우리가 작용하는 방식은 우리의 생성을 통해 정의된다. 우리는 권력관계들을 변형시키는 의식적이고 창조적인 주체들을 생성해 낼 뿐만 아니라, 더 중요하게는, 자기 구성의 작업이 권력관계들을 변형하는 데 본질적인 것으로 이해된다. 앞서 카뮈에게서 보았듯, 창조는 저항의 고유한 형

---

56. Foucault, *The Use of Pleasure: Volume 2 of the History of Sexuality* [UP], trans., Robert Hurley (New York: Vintage Books, 1985), 8.
57. O'Leary, 109를 보라. "주체는 주어진 것도 아니고 필연적인 조건도 아니다. 그것은 권력/진리/자기라는 삼각형의 작은 틈이다……."
58. 두말할 필요도 없이, 이 개념은 주체성의 형식을 특성화하는 한 예술로서의 삶이라는 비판적 결과를 가진다. 우리는 이 형식을, 푸코를 통해 요청된 자기 창조의 기술을 실천하기 위해 가정해야만 한다. 어쩌면 카뮈가 그랬던 것처럼, 자기가 자기의 고유한 삶을 창조적으로 변형시키는 형식은 단적으로 주어진다. 푸코의 비판은 더욱 급진적이다. 그것은 자기가 자기 지향적이고 타자 지향적인 행위 형식을 통해 자기 구성을 흔쾌히 받아들일 것을 요구한다. 이 것이 체화된 시적 사유에 대한 현상학적 요청 내지 부정적 합리성에 대한 비판적 요청을 제거하지 않는 한, 그것은 적어도 주체성이 부정적 사유 내지 존재 경험 각각에서 활용할 수 있는 합리적이거나 체화된 주체의 전제를 넘어서 확장되지는 않는다. 긍정적으로, 그것은 정태적이거나 고정되는 것으로 지각된 자기의 다양한 차원 — '성애', 쾌락, 혹은 삶의 방식 — 이 가능한 변형의 장소로 간주된다는 것을 의미한다.

식이다. 푸코의 윤리는 자기 창조의 실천에 달려 있다.

저항을 위한 이러한 자기 창조의 동기는 형식적으로 『성의 역사』 2, 3
권에서의 '주체화의 방식'에 대한 푸코의 규정 속에서 볼 수 있다. 이 책 1권
및 이와 관련한 글과 인터뷰가 탈-성욕화 및 탈-규범화를 위한 더 큰 투쟁
의 범위에 속하는 저항과 전술의 수단으로서의 쾌락의 활용에 주목한 반
면, 2권과 3권은 저항의 형식에 그 자체로 존재하는 주체성의 대안적 형식
들의 조직화에 더 주목한다. 이러한 자기 형성의 강조가 쾌락을 위한 의무
를 면제해 주지는 않는다. 오히려 그것은 쾌락의 활용을 자기동일성의 새로
운 긍정적 형식과 대안적 담론을 창조하는 수단으로 본다. 이렇게 함으로
써, 그것은 삶과 존재의 새로운 방식을 다시 직시하기 위한 수단으로서의
체화된 주체성을 적극적으로 재구성한다. 그런데 쾌락을 활용할 수 있는
신체라는 주제는 푸코의 '후기' 윤리 속에서 저항적인 주체성을 창조하는
방식을 재평가하기 위한 더 일반적인 기획의 일부로 이해된다. 따라서 후기
저술은 자기 자신에 대한 참된 담론의 창조와 저항·쾌락·주체성을 더 일
관적인 평행적 개념으로 발전시키려고 한다. 우리가 보여 주겠지만, 자기의
이러한 새로운 실천들은 의식적인 자기 변형 및 삶을 위한 새로운 미학적
기예들의 상세화를 가능하게 한다.

자기의 실천

그리스-로마의 자기 배려

넓게 말해서, 푸코의 후기 작업이 탈-규범화와 저항의 작업을 문제화
하기 위한 결연한 시도로 간주될 수 있다면, 『성의 역사』의 마지막 두 권,
『자기에의 배려』, 『쾌락의 활용』은 자기 구성을 통해서 탈-규범화와 저항,

그리고 자기 자신을 주체로 형성하는 데 이르는 방식을 구성하기 위한 푸코의 시도라고 할 수 있다. 이는 자기 구성을 통해 우리가 저항적인 존재가 되고, 자신을 스스로 지도하며, 우리 자신에 대한 적극적인 참된 담론을 만들어 내는 방법이 되는 그리스-로마의 성윤리에 대한 푸코의 분석을 통해 이루어진다. 실제로, 자기에 대한 그리스-로마의 기술은 특정한 규준을 사용함으로써 우리의 주체성을 변형하는 데 활용될 수 있는 기예들의 집합을 검토하는 데 용이하다. 이러한 기예들은, 더 일반적으로 말해서 예술적 삶을 만들어 내기 위해 사용되는 도구들이다.

그리스-로마의 윤리로 자기에 대한 탐구를 시작하는 데 있어, 푸코는 자기 구성과 탈-규범화를 직접적으로 요청하는 윤리적 관계의 네 가지 차원을 다음과 같이 개괄한다. (1) 문제화되는 '윤리적 실체'의 개괄(주의를 요구하는 특정 행위들은 무엇인가?) (2) 사람들이 윤리적 실체를 다루는 방식(나는 어떻게 윤리적 실체로 반응해야 하는가? 이러한 행위를 통해서 생성하는 나는 누구인가?) (3) 특수한 행위 내지 일련의 행위들을 수행하기 위해 요구되는 작업 (4) 모든 윤리적 행위의 목적론.[59] 그리스-로마 시대의 '윤리'는 문제화, 종속화, 그리고 의례화의 방식들을 통해서 자기 자신을 의식적 주체로 지속적으로 창조해 내는 의도적인 수단들로 형성된다. 윤리에 대한 이러한 정의는, 우리가 윤리를 일관적 전략과 관련해서 통합된 행위의 장으로 이해할 수 있는 방식을 보여 준다. 이처럼 윤리는 문제화되고, 도식화되며, 어떤 작용을 받는 것으로 정의된다. 그리스-로마 윤리에 대한 푸코의 일반적 기술은 미학적 의미를 통한 자기 형성을 지향하는 현대의 미학적 윤리의 원형으로 제시된다.

---

59. 윤리적 종속의 네 가지 차원에 대한 탁월한 논의로는, 다음 문헌을 보라. Marli Huijer, "The Aesthetics of Existence in the Work of Michel Foucault," *Philosophy & Social Criticism* 25, no. 2 (1999):69~70. 마찬가지로 O'Leary, 12를 보라.

이러한 방법론적 틀을 검토함과 더불어, 이제부터 우리는 윤리적으로 스스로 구성되는 주체를 성취하기 위해 활용되는 그리스-로마의 윤리적 양식화와 기예들의 몇 가지 차원들을 검토한다. 카뮈가 앞서 제시했던 것처럼, 이러한 분석은 자기에 대한 작업을 설명하는 일에 예술적 생산을 주도적인 은유로 도입하는 윤리적 삶의 종합적 시야 가운데서 그 정점에 이른다. 특별히, 자기는 다양한 방식들 — 먹기, 타자와 자기의 관계, 그리고 자기 규제의 성질 — 을 통해 변형되는 총체적인 작업으로 여겨지게 된다.

그리스인들

초기 (소크라테스 및 고전 시대에서 처음 유래한) 그리스 윤리에 대한 푸코의 탐구는 "아프로디지아"aphrodisia라는 행위의 "윤리적 실체", 곧 "행위, 욕망, 그리고 쾌락"과 같은 행위에 대한 인식으로 시작한다.[60] 이것들은 성뿐만 아니라 주체에 대한 특정한 일련의 쾌락과 연구들을 이용하는 모든 행위들도 구성한다. 그리스 윤리는 쾌락을 둘러싼 힘들의 놀이에 초점을 맞추고, 적절한 행위의 형태·합리화·의례화가 포함된 상세한 주제들을 지닌 주체를 형성했다. 이러한 복잡한 문제화를 통해서 행위, 욕망, 그리고 쾌락은 삶과 행위의 모든 형식들에 대한 엄밀한 주의를 요구하는 "힘의 존재론"[61]에서 정점을 이루는 세 가지 연결점으로서의 "순환적 형태" 속에서 연결된다.

푸코는 그리스도교적 죄 개념과 신체의 타락 및 아프로디지아에 대한 그리스인들의 초점을 시종일관 구별해 낸다. 아프로디지아에서, 우리는 자연적 악이나 자연의 결과에 대한 형이상학적·실체적 설명을 가진 것이 아니라 주체에 대해 설정한 쾌락의 행위들의 잠재성 및 윤리적·사회적 요구들

---

60. Foucault, E. 266.
61. Foucault, UP, 43.

에 대한 인식을 가지고 있을 뿐이다. 따라서 우리는 두려움이나 비난으로 이러한 행위들에 접근하는 것이 아니라, 특정한 상황과 환경에서 그것을 충분히 조정할 수 있는 방법과 이 행위들이 생산하는 결과들의 작용에 대한 세심한 주의를 통해 이러한 행위들에 접근한다. 이것이 바로 푸코가 '자기에의 배려'로 번역해 낸 경계, 합리화, 그리고 인식의 의미다. 그리스 윤리의 윤리적 실체가 아프로디지아라면, 윤리가 관여하는 작용은 항구적인 배려와 주의를 통해서 다루어진다. 푸코가 다음과 같이 진술한 것처럼 말이다. "그러므로 자기 자신에게 관여한다는 것은 삶을 위한 순간적인 예비사항이 아니다. 그것은 삶의 형식이다."[62] 자기 자신에 대한 염려는 우리 삶의 다양한 힘들과 우리의 주체성을 변형하는 방식들을 주시하고, 여기에 관여하기 위한 일관적인 윤리적 요구가 된다.

만일 자기에의 배려가 아프로디지아를 통해서 만들어진 다양한 쾌락과 요구들을 충분히 다루는 것이었다면, 그것은 문화적 규범화, 의료화, 내지 고백을 통해서가 아니라 일련의 쾌락과 욕망을 이용하는 한 주체로서의 자기 자신에 대한 지속적인 관여를 통해서 존재할 수 있다. 결과적으로, 자기에의 배려는 자신의 삶의 테크네[기예]techne tou biou, "삶의 방식"에 대한 기술과 같은 것을 일관성 있게 지적한다.[63] 그 이전에 마르쿠제와 하이데거처럼, 푸코는 테크네[기예]에 대한 이해를 그의 기획에서 중요한 것으로 이해한다. 또한, 마르쿠제와 하이데거처럼, 테크네[기예]는 순수하게 도구적인 근거들 (기술 이전의 것으로서의)로 이해되는 것이 아니라 특수한 소재에 대한 한 예술가의 작업을 지시하는 미학적 개념으로 이해된다. 마르쿠제에게 생산의 소재는 예술적 개인이나 사회가 된다. 푸코에게 이러한 테크네[기예]의 미학화는 다음과 같이 통합된다. 테크네[기예]는 이제 자신의[64] 욕망, 쾌락, 그리

---

62. Foucault, 96.

63. Foucault, 260.

고 행동 방식에 대한 윤리적 주체의 작업으로 간주된다. 따라서 자기에의 배려는 "실질적 만족의 삶을 생산할 수 있는 자연적 경제"를 산출하는 고유한 행동, 곧 깎기, 정제, 그리고 조각의 은유를 요청하는 관념, 기술-제작이다.[65]

이러한 기예는 욕망과 쾌락의 작업을 문제화하고 정제하는 방식을 지속적으로 지도하는 일군의 기술들, 지식의 형태, 사고 과정을 일관적으로 요청한다.[66] 주체는 자기에 대한 한 가지 테크네[기예]를 수행할 수 있다. 이는, 이를테면 '신체에 대한 관계들' 내지 '진리에 대한 관계'에 더 세심한 주의를 생성함으로써 가능하다. 이 관계들은 쾌락에 관한, 정신에 관한 경험의 차원들, 혹은 체화된 경험의 차원들에 대하여 물음이 제기될 수 있는 장소이다.[67] 따라서 그리스-로마의 성적 실천을 검토하기 위한 푸코의 최초의 지시사항은 실천의 전체 복합체, 자기 검토, 그리고 성에 대해 주목하는 방식을 참조한다. 여기서 성은 한 부분일 뿐이다. 우리의 신체, 사유, 그리고 행위에 대한 이러한 더 일반적인 주목 방식은 그리스 윤리에서의 먹을 것, 마실 것, 그리고 성에 부여했던 관심에 반영되어 있다.

음식, 포도주, 그리고 여성과 소년과의 관계가 유사 윤리적 소재를 구성한다. 그것들은 자연적이지만 언제나 초과하는 경향을 갖는 힘을 이용한다. 또한, 그것들은 모두 동일한 물음을 제기한다. 이러한 쾌락, 욕망, 그리고 행위의 역학을 어떻게 '사용해야' 하고, 또 사용할 수 있는가? 즉 그것은

---

64. 불행하게도, 그리스인들에게 윤리적 주체는 한쪽 성에 국한된 것으로 간주되었다. 내가 니체와 더불어 빈번하게 수행했던 것처럼, 나는 여기서 그러한 특수성을 견지했다. 그럼에도, 푸코의 윤리가, 예술로서의 삶의 윤리와 마찬가지로, 성-중립적 방향설정을 가질 수 있다는 점에 주목하라.

65. Foucault, UP, 73.

66. Foucault, E, 269를 보라.

67. Foucault, UP, 23을 보라.

올바른 사용에 대한 물음이다.[68]

성이 현대의 쾌락, 욕망, 그리고 사유의 장소로 검토된 것처럼, 먹는 것, 마시는 것, 그리고 운동과 연관된 행위들은, 이에 대한 절제, 균형, 그리고 조화에 관여하는 행위의 형식 및 주의를 요구하는 잠재적 쾌락의 장소들을 구성한다. 우리는 이러한 행위 방식을 비난하거나 촉발시키는 것이 아니다. 오히려 그것들은 주체와 주체의 자기 구성을 촉발하는 방식들에 대한 주목과 '올바른 사용'을 통해서 구성된다. 자기에의 배려에 대한 푸코의 인식은 '올바름', 특이성, 그리고 섬세한 조절이라는 쟁점들을 야기하는 식생활, 운동, 성, 그리고 행위와 같은 "복잡하면서도 규제된 행동의 전 영역"을 지시한다.[69] 이러한 세부 항목들에 부과된 정치적 중요성을 이해했던 마르쿠제의 작업 및 다양한 신체적 쾌락과 욕망이 지각장을 구성한다고 본 메를로-퐁티와 일치점을 보여 주는 푸코는, 그리스에 대한 분석을 통해서, 특정한 체화된 쾌락의 잠재성 및 인식과 양식화에 대한 요구를 이해한다. 음식, 운동, 성, 그리고 노동에 있어, 정치적이고 현상학적인 것이 교차한다.

평범한 것에서 숭고한 것에 이르는 경험의 범위가 쾌락을 확장하고 통제할 수 있는 자기 기예 및 자기 생산을 향해 설정된 전체 기관의 초점이 된다. 한 예로 음식은 강렬한 쾌락과 극단적 초과(예를 들어 폭식, 질병, 또는 쾌변)를 일으키는 것으로 가장 큰 이목을 집중시킨다.[70] 신체의 테크네[기예]의 일부는 음식을 통해 만들어진 쾌락과 음식이 쾌락의 실존을 만들어 내는 데 도움을 주는 다양한 방식을 향해 작용하게 된다. 이런 이유로, 그리스 윤리는 타이밍, 전달, 그리고 음식의 질, 특별히 이것들과 자기, 계절,

---

68. Foucault, UP, 51~52.

69. Foucault, E, 95.

70. Foucault, E, 253를 보라.

그리고 다른 쾌락과의 관계에 초점을 맞추었다.[71] 주의는 특정 쾌락들을 규제하고 해방하는 수단으로서의 식생활을 향한다. 우리는 우리의 식사를 주체인 신체에게 쾌락을 정제하는 수단으로 이해한다.

성과 마찬가지로, 식사에 대한 주목은 자기과 자기를 둘러싼 세계와 관련하는 개별자의 행동이라는 보다 더 큰 관심에 힘입어 수행된다. 사람들은 신체를 문제화하기 위한 더 일반적인 노력과 신체와 아프로디지아와의 관계의 일부로 식사를 정제했다. 이러한 더 일반적인 문제제기는 푸코에게 '양생술'로 이해되기에 이른다.

> '식생활' 자체 – 양생술 – 가 인간 행동을 개념화할 수 있는 근본 범주가 되었다는 점은 분명하다. 그것은 우리의 실존을 운영하는 방식을 특징지었으며, 일련의 규칙들이 행동을 위해 첨부되는 것을 가능하게 한다. 또한, 그것은 보존되어야만 하고 순응하기 위한 권리였던 본성에 지표화된 행동에 대한 문제화의 방식이었다. 양생술은 삶에 대한 총체적 기술이었다.[72]

테크네[기예]라는 개념은 신체에 관여하는, 곧 쾌락을 경험하며 통제하는 다양한 방식에 참여하는 '삶의 기술', 양생술의 형성으로 선회한다. 따라서 우리의 식생활은 "신체와 개인의 매일의 관계에 대한 기술"로 이해되었다.[73] 반면 경제는 가족과 관계하는 기술, 소년과 관계하는 기술로서의 성애로 이해되었다. '양생술'에 대한 푸코의 활용은 테크네[기예]로서의 기술을 효과적으로 재정의했다. 기술은 노동이나 인공물이 아니라 특수한 효과를 창조

---

71. Foucault, E, 259: "음식에 관해서, 그것은 기후, 계절, 공기의 습함이나 건조 및 음식의 무미 건조함 등의 관계였다. 그것들이 요리되는 방식은 매우 적었다. 이러한 성질에 관해서 더 많은 특징이 존재한다. 그것은 요리하는 기술이 아니다. 그것은 선택의 문제였다."
72. Foucault, UP, 101.
73. Foucault, UP, 93.

하기 위해 제시된 일련의 실천, 과정이다.[74] 마르쿠제의 테크네[기예] 개념으로 인해, '삶의 기술'은 지속적인 주의, 의례화, 그리고 사유를 통해 자기 자신을 창조하는 과정으로 주어진다. 기술로서의 예술로의 이러한 이행은 그리스 윤리를 정의하는 수단으로서의 양생술에 대한 푸코의 빈번한 도입 속에서 엿보인다.

> 양생술은 인간의 물리적 삶에서의 수많은 요소, 또는 최소한 자유로운 인간의 수많은 요소를 설명해야 한다. 이것이 매일매일, 아침부터 밤까지, 아침에 일어나서 밤에 침상에 갈 때까지를 의도한다……. 양생술은 신체와의 관계에 문제를 제기했고, 신체에의 염려를 통해 규정된 형식들, 선택지들, 그리고 변양들을 갖는 삶의 방식들을 발전시켰다.[75]

이런 점에서, 양생술은 그의 후기 작품에서 포이에시스[제작]에 관한 무엇보다 더 중요한 관심을 효과적으로 재진술한다. 양생술, 또는 삶의 기예는 특정한 의무(그리스인들의 경우에는 절제)를 따라서 매일의 삶의 욕망과 섬세하게 조정된 세부사항들에 할애된 기술이다.

이에 그리스 윤리의 삶의 기예는 자기와 신체, 영혼, 그리고 환경과 자기의 관계를 향해 설정된 경계, 정제, 그리고 생산의 항구적인 노력으로 여겨지게 된다.[76] '기예'는 여기서 특정 목적을 향한 쾌락의 지도와 양생술, 통제, 분배와 자기 생산의 창조적 실천으로 정의된다. 이러한 반성체계와 양생술의 체계는 푸코에게서 '실존의 미학'으로 지칭된다. "도식적으로 말해서, 우리는 쾌락에 관한 고대의 고전적인 도덕적 반성이 행위의 성문화나

---

74. 이 개념은 다음 글에서 세부적으로 탐구되었다. O'Leary, 127.
75. Foucault, UP, 101~2.
76. 우리는 여기서 마르쿠제와 메를로-퐁티에게서 전개된 신체 개념과의 공명에 주목해야 한다.

주체의 해석학을 향하는 것이 아니라 실존의 미학과 태도의 양식화를 향하는 것이었다고 말할 수 있다."[77] '실존의 미학'으로 산다는 것은 창조적이고 양식적인 것으로서의 '미학' 개념에 대한 의존성을 지시한다. 그것은 개별화되면서 특성화된 일련의 양생술과 자기 자체를 만들어 낸다. 미학적 자기는 지속적인 노력을 통해 만들어지는 산물이다.

푸코의 실존의 미학에 대한 규정이 지시하는 것은 예술작품의 본성(1부와 2부에서 본 것처럼)이 아닌 우리의 삶과 자기에 적용되는 기술을 향하는 더 일반적인 미학 개념이다. 이러한 자기 기술은 특정 행위와 욕망의 잠재성을 현상학적으로, 그리고 정치적으로 인식하며 그것들을 다른 – 외적 – 규준을 따라 규제하게 한다. 더 일반적인 차원에서, 이것은 체화된 주체성과 그것의 정치적 현상학적 의미에 대한 인식, 규제에 대한 마르쿠제·메를로-퐁티의 요구와 푸코의 실존의 미학 간의 수렴점을 암시한다. 그런데 푸코와 더불어, 우리는 저항과 권력관계의 작용과 행동의 관계, 그리고 이러한 행동들을 규제하는 일에 관한 더 헌신적인 관심을 갖는다.

자기 미학에 대한 이러한 명령은 우리의 욕구와 쾌락을 생동하는 실존의 수많은 양상을 통해 다루는 방식으로 보인다. 또한, 문제화·적응·'올바른 사용'을 위한 요구 덕분에, 자기에의 배려는 사유와 행위에서의 절제를 향하는 일군의 실천이다.[78] 중대한 가치에 속하는 것은 어떤 행위들에서의 초과점들 간의 조화로운 균형을 발견하는 합리적 과정이었다. 따라서,

절제는 법체계나 성문화된 행동에 대한 복종의 형태를 취할 수 없다. 그것

---

77. Foucault, UP, 92.
78. 물론 이것은 아리스토텔레스의 『니코마코스 윤리학』을 통해 가장 명시적으로 형성된 주제다.

은 쾌락을 무효화하는 원리의 역할을 할 수 없다. 그것은 욕구를 기반으로 삼은 쾌락들의 '사용'을 통해 자기 제한을 가능하게 하는 쾌락의 실천, 기예다……[79]

자기의 테크네[기예]는 아프로디지아가 결부된 초과점들의 인정과 상황적 추론의 기술을 통해서 주체의 행위의 절제를 위해 작용한다. 그것은 자기 자신의 절제와 주의를 요구하는, 행위와 쾌락을 확인하는 것이다. 이러한 자기 한계설정, 자기 규제, 그리고 자기 군주제의 형식은 일관적으로 자기 통치의 형식으로 간주된다. 그것은 욕망과 자기 사이의 고유한 관계를 정립한다. 궁극적으로, 양생술을 구성하는 것은 자기 지배의 행위에 의존한다.

그런데 자기 자신과의 올바르고 정당한 관계를 정립하는 일이 온화한 자기 지배의 형식에 불과한 것으로 간주되어서는 안 된다. 다시 말해 그것은 욕구들의 조화, 신체에의 집중, 잠재적으로 압도하는 쾌락의 현전에 대한 제한으로 간주될 수 없다. 각 상황은 우리가 "자기 자신과의 결투"를 준비해야만 하는 순간을 요청한다.[80] 실제로, 자기 통치와 절제는 푸코에게 쾌락과 욕망의 초과에 굴종하지 않으면서 절제 가능한 쾌락의 실존을 빚어내기 위해서 자신과 싸우는 고민의 작업으로 이해된다. 삶의 기예의 일부는 "욕망과 쾌락의 영역에서의 지배를 성취하고 투쟁이나 저항을 가능하게 하는 자기 지배의 능동적 형식을 통해 더욱 강하게 특징지어진다."[81] 만일 우리가 자기를 빚어 낸다면, 이 경우 그러한 기술은 변함없이 자기 투쟁과 연관된다. 여기서 자기 투쟁은 우리의 양생술을 특정한 욕망의 제거와

---

79. Foucault, UP, 57. 또한, 62, 91을 보라.
80. Foucault, UP, 68.
81. Foucault, UP, 64. 또한, Foucault, UP, 70을 보라. "개인은 '지배-종속', '명령-복종', '지배-온순' 형태와 관련해서 자기와의 관계를 구축해야만 한다……. 이것은 쾌락의 윤리적 실천에서 주체의 '전제적인' 구조로 일컬어지는 것이다."

타자들에 대한 추구를 향해 나아가도록 하는 계기다. 우리는 우리 자신을 전략적으로 이해해야만 한다. 확신컨대, 이것은 이성이 – 곧 사유가 – 쾌락을 제한하고 강화하는 중요한 역할을 하는 기능들의 위계를 지시한다. "절제는 로고스가 인간 존재 안에서 최상의 위치, 그것이 욕망을 종속시키고 행동을 규제할 수 있게 하는 최상의 위치를 점유한다는 것을 함축한다."[82]

삶의 기술을 실천하기 위해, 푸코는 그리스인들이 매일의 삶의 세부적인 것을 규제할 뿐만 아니라 우리의 쾌락, 욕망, 그리고 관계를 지배하기 위해 이성과 전략적 사유를 활용하는 자기 지배의 복잡한 형식을 통해 그러한 일을 행한다는 점을 관찰한다. 푸코의 검토에서 분명해진 것은 테크네[기예]가 쾌락과 욕망에 대한 상황적 자기의식에 연루된 다차원적 개념이라는 사실이다. 이는 그러한 의도를 일으키는 지배적 능력과 특수한 목적(아름다운 삶, 예술로서의 삶 등)을 지향한다. 이러한 세 가지 하위 복합체를 통해서, 삶의 기술은 자기를 하나의 표층으로 효과적으로 이해한다. 그러한 표층에 어떤 도덕적 명령이나 미학적 명령이 시간의 흐름 속에서 부과될 수 있다. 여기서 시간의 흐름은 우리의 체화된 주체성을 거친다.

헬레니즘적 자기 실천

푸코의 『쾌락의 활용』은 『자기에의 배려』와 동시에 발간되었고, 각각 그리스-로마 윤리와 고대 후기의 자기 양식화를 검토한다. 이 작품들의 시대 구분이 두 가지 물음들 사이의 불연속성을 제시하는 반면, 푸코의 분석은 두 연구가 해석학적으로, 그리고 실체적으로 서로 유사하다는 점을 암시한다. 해석학적으로 양자는 규범화하는 담론들의 주입교육으로 모형화되지 않는 자기 구성의 형식들을 이해하기 위한 일반적 노력의 일부다. 실

---

82. Foucault, UP, 86.

질적으로, 고대 후기 그리스-로마의 윤리는 철학적으로 볼 때 그리스의 고전적 소크라테스적 시기의 윤리와 연속적인 것으로 보인다. 실제로, 헬레니즘 시기는 고대 그리스의 자기 배려라는 다양한 주제의 강화를 나타낸다. 또한, 이처럼 자기 배려라는 주제의 강화는 푸코가 실존의 미학이라는 개념을 더욱 더 상세하게 발전시키는 것을 가능하게 한다. 이러한 자기 배려라는 주제가 강화되었기 때문에, 실존의 미학은 삶의 기술을 일상적 사유와 타자와의 관계에서 전달하기 위한 능력으로 개념화될 것이다.

예를 들어, 자기에의 배려라는 개념은 푸코에게서 『자기에의 배려』, 『쾌락의 활용』에서 주어진 것과 동일한 용어로 기술된다. '자기의 도야'는 다음과 같이 주어진다. "이 경우 실존의 기술 — 다양한 형식의 삶의 테크네[기예] — 은 원리상 '자기 자신의 돌보기'를 해야 한다는 말로 점철된다."[83] 자기에의 배려에 대한 이러한 규정은 그리스인들과 반대되는 것이 아니라, 푸코가 보여 준 것처럼, 그리스인들의 문제제기의 강화이다. 우리의 행위, 식이요법, 가족과의 관계, 그리고 정치적 행동은 여전히 엄밀하게는 일련의 형성, 지식, 그리고 의례화를 사용하는 일에 연관된다. 실제로, 그리스-로마의 윤리는 이러한 주제에 대한 더 큰 주목을 반영하게 된다. 아프로디지아는 배려, 경계, 그리고 실천에 더 많이 관련되는 것이다. 한 예로, 식사를 통해서, "일반적인 원리가 동일한 것에 지나지 않는다는 점이 분명해진다. 기껏 원리들은 더 세부적으로 전개되고, 정제된다. 그것들은 삶을 더 엄격하게 구성하는 일을 제시했다. 그리고 더 일관적으로 신체에 더 조심스럽게 주의를 집중시키기를 간청했다."[84] 그것은 초기 그리스 윤리를 변형시키기보다, 그리스-로마 시대에 신체의 다양한 초과에 대한 절제·주의·문제화라는

---

83. Foucault, *The Care of the Self: Volume 3 of the History of Sexuality* [CS], trans., Robert Hurley (New York: Vintage Books, 1986), 43.

84. Foucault, CS, 103.

주제를 극대화시켰다. 그것이 가정에 관여하는 것이건, 소년과의 관계에 관여하는 것이건, 아니면 식사의 쾌락 및 과잉에 관여하는 것이건 간에, 그리스-로마의 윤리에는 그리스의 선조들이 공통적으로 선점한 것들이 반영되어 있다.[85]

강화된 관여의 영역은 자기 점검에 대한 것이었다.[86] 초기 그리스 윤리는 자기 배려의 수단으로서의 자기 통치를 도입했던 반면, 그리스 로마 시대는 우리가 실천, 경계, 그리고 주의를 통해서 자기를 점검하고 변형하는 방식과 연관된 담론의 급증을 드러낸다. 자기 인식과 연관된 담론의 양적 팽창 및 이러한 강화와 관련해서, 자기 점검이라는 새로운 방법이 도래했다. '자신을 검사하는 일', 대화, 그리고 우정에 대한 초기 그리스의 기예가 '자기 서술', 성찰, 그리고 의식적인 내적 경향의 실천에 부가된다. 이러한 기예의 팽창에 주목하는 푸코는 특별히 마르쿠스 아우렐리우스의 자기반성 개념을 반성한다. "자기 자신 내부로 돌아가는 것과 우리에게 맡겨진 '부'를 검토하는 것에 대해서, 우리는 자신을 때때로 읽을 수 있는 일종의 책으로 소유해야 한다."[87] 초기 그리스부터 고대 후기에 이르기까지 변화하는 것은 자기의 다양한 실천과 다양한 수준에 부여된 주의의 집중이다. 이제 우리는 더 이상 그저 상황적으로 사고하지 않는다. 우리는 상황적 사고를 기록하고 그 의미를 반성한다. 우리는 그저 투쟁과 실천을 통한 '자신과의 충돌'에 머무르지 않는다. 부가적으로 우리는 성찰을 통해 자기의 다양한 차원을 탐구한다.[88] 자기 점검의 여타의 실천을 따라서, 성찰은, 이를 통해서 우

---

85. 한 예로 Foucault, CS, 57을 보라.

86. Foucault, CS, 60.

87. Foucault, E, 101.

88. 이 성찰이 다음과 같이 반영되어 있다. Foucault, CS, 50~1: "[성찰은] 자기 자신과 공통적인 것, 과거의 날을 회고하는 일, 우리의 과거 삶의 전반을 우리 눈앞에 두는 것, 자기 자신을 인식하는 일을 [일으킨다]. 그것은 합리적 행동의 기본 원리를 재발견하기 위해, 본질적인 것으

리가 자기 구성과 삶의 기술의 더 큰 맥락 내에서 우리의 고유한 역사와 실천을 보는 데 이르는 수단으로 간주된다. 만일 우리가 대체와 변형을 위한 비판적 공간들을 개괄해 낸다면, 우리는 자기 자신의 생성의 작업을 시작할 수 있다. 이러한 과제는 자기 점검의 성찰과 실천에서 출발한다.

그런데 이것은 고백의 실천이 아니다. 푸코가 "눈에 보이는 표상 기저에 있는……자기"를 발견하기 위해 시도하는 차후의 실천으로부터 그리스-로마의 자기 점검의 경계를 설정한다는 것은 분명하다. 오히려, 성찰과 글쓰기의 실천은 "주체의 자유롭고 합리적인 선택에 의존할 수 있는 자기와의 관계를 수용하기 위해, 표상된 것과 자기 자신 사이의 관계를 평가"하기 위해 존재한다.[89] 우리는 우리의 사유와 행위를, 사유와 행위가 유지되고, 변형되며, '자유로운 합리적 선택'의 규준을 따라 포기되어야 하는 바를 규정하기 위해 점검하는 것이다. 그 의무는 '자기를 발견하는 일' 가운데 하나가 아니라, 자기가 되는 것을 돕는 실천과 과정을 정의하는 일 가운데 하나다. 이것은 타당화와 실험의 기나긴 과정이다. "우리는 우리의 고유한 표상, 사유를 조심스럽게 점검하는 환전상, 금속·무게·모형을 재는 환전상이 되어야만 한다."[90] 자기 점검은 자기 폭로 및 솔직함의 행위를 통한 자기의 생산을 향하게 된다. 우리는 우리의 (희망찬 저항적) 주체성의 생산에 기여하고 우리의 매일의 삶을 구성하는 실천의 다양한 구성요소들을 점검함으로써 자기가 될 수 있고, 삶의 기술을 실천할 수 있다.

성찰의 보다 더 내적인 과정에 더하여, 이러한 실천은 외재성의 형식도 요구한다. 이와 관련해서 '자기 서술'이 핵심 논지가 되었다. 자기 서술에서,

---

로 환원된 삶을 관조함으로써, 영감을 제공하는 교훈과 예시를 통해 일어나는 일이다." 또한, CS, 63을 보라.

89. Foucault, CS, 64.

90. Foucault, E, 240.

우리는 우리의 사고, 욕망, 자기 생성의 윤곽을 따라가기 위한 시도로서의 양생술을 기록한다. 우리의 미묘한 변형, 행위, 그리고 수용된 진리를 상세하게 그려 봄으로써, 우리는 우리의 고유한 자기 생성을 — 차후에는 행위자를 — 인식하게 된다. 푸코가 진술한 것처럼, "글쓰기는 아스케시스[금욕] 전체를 이끄는 과정 속에서 본질적인 단계를 구성한다. 즉 참으로 인정되어 수용된 담론들을 합리적 행위의 원리로 형식화하는 것……그것은 진리를 에토스로 변형시키는 매개이다."[91] 우리의 사유와 행위를 기록하고, 입증하고, 측정함으로써, 우리는 그것들을 적법한 변형적 행위 방식으로 바꾸는 작업을 시작할 수 있다. 자기 서술은 자기 생성의 과정에 내재한다. 만일 그것이 자기 자신에 대한 배려의 강화와 모든 사유방식과 행위방식의 방향설정을 표상하는 것이라면 말이다. 그것은 푸코에 의하면, "기이한 양생술에 의해 방해를 받는, 신체와 정신의 혼란"으로 주체를 안내한다.[92]

그리스-로마의 윤리는, 합리성, 건강, 자기 결정과 성찰의 실천, 그리고 자기에 대한 확장된 강조와 더불어, 초기 그리스 시대에 규정된 자기 배려와 자기 기술의 과정을 강화시켰다. 자기 서술과 성찰은 특별히, 자기 형성과 생산의 작용을 더 심각하게 받아들이는 윤리의 비판적 구성요소가 되었다.[93] 물론, 자기는 자신의 고유한 사유를 자기 서술을 통해 텍스트로 번역해 낼 수 있다. 그런데 자기는 본질적으로 여전히 일군의 실천을 통해 지속적으로 변형된 유순한 구조를 갖는다. 여기서 성찰과 자기 서술은 한 부분에 불과하다. 자기는 실천의 주체로 간주된다. 그것은 자기 분석을 통해

---

91. Foucault, E, 209.

92. Foucault, CS, 41.

93. McGushin, 97에서 주목하듯이, 그리스-로마 시대도 그 방향설정이 '윤리-시적'인 것이었다. "이러한 실천은 본질적으로 윤리-시적이었다. 그들은 자기를 해석하지 않고, 자기를 꾸민다. 그들은 텍스트를 읽는 것으로 자기에 접근하는 것이 아니라 형성되는 소재로서의 자기에 접근한다."

발견된 텍스트성이나 고백의 담론을 핵심으로 가지지 않는다. 자기 담론의 지향점은 자기 발견이 아니라 자기 생성을 위한 새로운 경기장에 대한 전략적 묘사이다.

이러한 초기 그리스의 실천의 극대화는, 푸코에 의하면, 그리스-로마 시대에 가족의 삶과 사회적 관계들의 삶으로까지 결정적으로 확장된다. 초기 그리스 윤리가 경제적 관계 아래 있는 가족세대에 한정되고 소년과의 관계에 더 넓은 관심을 기울이는 반면, 그리스-로마의 윤리는 의무나 친척 관계의 구조를 통해서는 규정되지 않는 관계에 더하여, 가족세대의 관계를 더 크게 문제화했다. "[자기에의 배려는 친족, 우정, 그리고 의무라는 관습적 관계의 전체 모둠 속에서 준비된 근거를 발견한다……. 자기에의 배려 – 혹은 타자들이 그 스스로를 배려해야 하는 그 배려에 헌신하는 것 – 는 사회적 관계의 강화로 나타난다."[94] 실제로, 그리스-로마의 자기 배려는 우리가 더욱 명예롭고, 교묘하게, 또는 정당하게 행위할 수 있는 방식과 인간의 사회성의 다양한 차원들을 더 깊이 분석했다. 이것은 초기 그리스 시대에서 비롯된 시민권에 대한 많은 담론을 현저하게 확장시켰다. 이제, 자기에의 배려는 폴리스의 더 나은 시민들을 생성하기 위한 필수적인 예비적 조건으로서만이 아니라 더 나은 인간 존재가 되는 과정의 일부로 여겨지기도 했다.

여기서 주목해야 하는 것은 결혼과 혼인상의 관계에 대한 새로운 발견이다. 초기 그리스에서, 성인 남자와 소년의 관계는 중대한 주목을 받았다. 그것이 철학적 삶의 역동을 더 많이 해명하고 멘토와 멘티의 관계에 문제를 제기하는 한에서 말이다. 그리스-로마 시대에, 초점은 부부 관계로 이동하게 된다. 이 관계에서 서로의 삶은 더 정의롭고 평등한 행동방식에 대한

---

94. Foucault, CS, 52~53.

규정 및 자기 변형을 위한 장소였다. 푸코가 진술한 것처럼, "결혼의 기술은 배우자로 행동하기 위한 합리적 방식에 불과한 것이 아니다……. 그것은 한 사람으로 함께 살고 존재하는 방식이다. 결혼은 부부 각각이 그 또는 그녀의 삶을 이끌어 주고, 거기서 함께 그들이 공통의 실존을 형성하는 특정한 행동 양식을 요청한다."[95] 성인 남자-소년의 관계에서 요구되는 양식은 부부 관계를 통해 효과적으로 병합된다. 우리는 이제 결혼 안에서 의식적으로 강한 가족을 만들고 한 여성과 견고한 관계를 맺는 방식으로 행동하는 것이다. 노동, 구혼, 성교, 그리고 요리의 구분을 위한 일반적 약호는, 결혼을 자기 형성의 탁월한 장소 가운데 하나로 간주하는 일반적 담론의 일부를 형성시켰다. 헬레니즘 시기에 부부 관계는, 또는 더 일반적으로 나와 타자의 관계는 자기 변형과 테크네[기예]를 위한 잠재적 장소로 간주되었다.

이렇게 부부 관계에 대한 강력하면서도 상대적으로 새로운 주목은 그리스-로마 윤리에서의 더 일반적인 경향 – 타자에 대한 더 심오한 인정 – 의 예시가 된다. "자기에 대한 관심의 강화는 타자에 대한 가치설정과 긴밀하게 연결된다."[96] 초기 그리스 윤리가 타자와 나의 관계의 장소로서 성인 남자와 소년의 관계 및 폴리스에 초점을 맞춘 반면, 그리스-로마 윤리는 결혼, 우정, 그리고 친척 관계를 통해 타자와의 관계를 더 넓게 문제화하려고 한다. 우리는 자기를 드러내는 일로 타자와의 관계를 이해하는 데 이르러야 하고 그렇게 해서 잠재적 변형과 자기 양식화에도 이른다. 푸코는 이 "새로운 실존의 양식"을 "자기로의 퇴거"가 아니라 "아내, 타자, 사건, 시민적이고 정치적인 활동 – 그리고 쾌락의 주체로 자신을 간주하는 다양한 방식 – 과의 관계 속에서 자신을 파악하는 새로운 방식"으로 기술한다.[97]

---

95. Foucault, CS, 160.
96. Foucault, CS, 149.

초기 그리스 윤리가 '자기로의 퇴거'를 사례화할 수 없었던 반면, 그리스-로마 윤리에서는 신을 포함한 나와 타자의 관계가 더 깊숙하게 문제적인 것이 되고, 더 많은 반성과 행위를 필요로 하는 스토아, 에피쿠로스, 그리고 신플라톤주의와 분명하게 관련한다. 우리는 다음과 같이 관여된 영역 및 기예를 팽창함으로써만 자신을 배려한다. 우리의 성찰, 자기 서술, 양식화된 결혼, 타자와의 정의로운 행위, 그리고 로고스로의 더 새로워진 관심집중은 기예화되고 영예로워진 자기가 되기 위한 더 큰 노력을 구성해 낸다.

자기와 타자에 대한 더 큰 주의는 우리가 예술적 주체가 되기 위해 할애해야 하는 시간의 양적 강화를 지시한다. 자기가 된다는 것은 총체적인 노동을 요구하는 기예가 된다 — 삶의 기예가 효과적으로 우리의 '삶'을 생성해 낸다. 푸코는 다음과 같이 진술한다. "또한, 자기 자신과 관련하는 일에서, 배려epimeleia는 노동을 함축한다. 그 일에는 시간이 걸린다. 또한, 자기에게 할애되어야 하는 우리의 하루하루 내지 우리의 삶의 비율을 규정하는 것이 이러한 자기 도야의 큰 문제 중 하나이다."[98] 그리스-로마 윤리와 관련해서 우리는 자기 기술이 우리의 삶의 모든 양상으로 통합되어야 하는 방식을 보기 시작한다. 음식, 식이요법, 운동, 노동, 성, 그리고 우리의 관계는 자기 구성과 탁월성에서 일어나는 더 큰 노력의 일부분이다. 그리스-로마 시대가 초기 그리스에서 지시한 자기 배려를 강화하는 한, 그것은 실존의 수많은 양상 속에 삶의 기예를 위한 가능한 장소의 증진된 통전성을 드러낸다. 만일 우리가 예술적 주체, 곧 자기의 테크네[기예]를 실천하는 자가 되려면, 우리는 이제 우리 삶의 모든 양상에 대한 의식적이고 경계를 늦추지 않은 주의를 통해서 그렇게 되어야 한다.

이때, 마르쿠제 및 메를로-퐁티와 공명하는 그리스-로마의 자기 기술

---

97. Foucault, CS, 71.
98. Foucault, CS, 50.

에 관한 푸코의 역사적 작업은 비판이론과 현상학에 도입된 더 일반적인 문제제기를 강화한다. 만일 그리스인들과 로마인들이, 최소한 개념적으로, 자기를 변형하는 방식을 표상한다면, 그들은 우리가 착수한 다양한 관계들과 행동들에 조심스럽게 접근함으로써 그렇게 한다. 이것들은 자신과 타자에 대한 우리의 관계를 모두 기록하고, 정당화하고, 변형하는 자기의식과 자기 훈육의 전체 기술, 테크네[기예]를 통합적으로 사용하게 된다.

물론 이 분석은 그러한 미학적 활동을 위한 목적을 결정되지 않은 채로 남겨둔다. 앞서 제시된 논의는 그리스-로마 윤리의 '실체', 즉 아프로디지아와 그 파생물, 쾌락과 욕망을 기술한다. 그것은 행위의 수단, 즉 자기 배려와 그 배려에 관여하는 기술을 평가한다. 푸코는 실존의 미학의 의도에 있어 분명 애매한 면모를 갖고 있다. 이런 점에 주목해 보면 다소간 불만족스러운 점이 드러날 수 있다. 이런 점에서, 목적론은 자기 구성이자 자기의 창조다. "목적론은 자기 자신에 대한 지배였다."[99] 이것은 그 본질적 기획과 마찬가지로, 자기 배려에서의 전략적 방향설정을 승인하는 일반적인 규정을 정의한다. '자기 자신을 다스린다'는 것은 미학적 주체가 어떤 자기 기술의 결과로 간주될 수 있는지 규정하지 않는다. 이 물음은 우리가 주체가 되는가 되지 못하는가에 대한 것이 아니라 우리가 미학적 주체처럼 된다는 것이 무엇인지, 즉 실존의 미학의 의도가 무엇인지에 대한 것이다.

불행하게도, 이 문제에 대해서, 푸코는 명확한 답을 주지 않는다. 한 예로 『쾌락의 활용』에서, 푸코는 미학적 주체를 위한 하나의 의도가 "자신의 덧없는 실존을 넘어 지속할 수 있는 하나의 작품으로 자신의 삶을 만들어 내는" 것일 수 있다고 진술한다.[100] 그런데 자기의 다양한 실천이란 "가장 우아하면서도 숙달된 가능한 형식을 실존에 부여하는"[101] 것으로, 혹은

---

99. Foucault, E, 267.
100. Foucault, UP, 139.

"아름다운 삶을 살기 위해"[102] 제시되었다는 점에서 푸코가 승인한 입장에 상응한다. 그런데 푸코에게 '우아한'이라는 용어나 '아름다운'이라는 용어는 그리스-로마 시대에 의도한 것을 명확하게 제시하는 용어들이 아니며, 하물며 아름다운 삶이나 즐거운 삶으로 간주될 수 있는 것도 아니다. 이것은 이러한 삶을 넘어 '지속할 수 있는' 자기의 무규정적 본성과 짝을 이루고, 대답되지 않은 목적론의 물음을 남겨둔다.

이것은 내가 주장해 온 것처럼, 대체로 예술작품이나 전략적 생산을 통해서가 아니라 테크네[기예]와 포이에시스[제작]을 통해서 '미학'을 이해하려는 푸코의 시도에 빚을 지고 있다. 만일 '예술[기예 ─ 옮긴이]'과 '미학'이 일괄적으로 창조적이고 양식적인 과제로 이해된다면 ─ 이는 미학적 판단의 긍정적이고 부정적인 차원에 반하여, 특정한 인식론적 내용 내지 정치적 내용을 드러내는 것과 같은 것이 아니다 ─ 이 경우 실존의 미학의 '의도'는 자기 정제와 자기 형성의 과정을 통해서 효과적으로 나타날 수 있다. 우리는 우리 삶에 형태를 부여함으로써 미학적 실존을 갖는다. 그런데 이 형식은 그 권리상 절대 규정되는 것이 아니며, 혹은 '미학'이 되지도 않는다. 우리의 삶은 실존의 미학속에서 아름다워질 수 있다. 하지만 그 원리상의 의도는 미나 조화가 아니다. 그것은 자기 형성과 완전성의 끝없이 열린 과정 속으로의 참여다.

따라서 자기에 대한 헬레니즘적 실천에 관한 푸코의 분석에서 우리가 취해야 하는 것은 그 시대 동안 착수된 실천과 문제화라는 합주곡이다. 푸코가 목적론이라는 쟁점에 침묵한 것처럼 보이는 반면, 그의 분석은 미학적 삶의 구조에 관하여 어떤 암시를 부여한다. 이런 점에서, 실존의 미학은 욕망, 쾌락, 그리고 여타 다른 것들로의 신체-주체의 참여를 통해서 실존의 다양한 차원을 조정하기 위해 자기 양식이 지닌 전체 기예를 사용하는 것

---

101. Foucault, UP, 251.
102. Foucault, E, 254와 E, 266을 보라.

이다. 실천적 의미에서, 이것은 우리의 전체 삶이 자기 생산을 향하게 된다는 것을 의미한다. 우리가 스스로 먹고, 일하고, 사랑하고, 생각하는 방식은 특수한 이상을 따르는 자기 변형을 위한 장소가 된다(이것이 바로 내가 분석한 예술적 삶이다). 푸코의 분석은 새로운 삶의 형식을 실험적으로 만들어 내기 위한 잠재적 함축과 이러한 실천적 착수를 우리에게 안내한다.

실존의 미학

　푸코는 그리스-로마 윤리에 대한 자신의 분석을 내놓은 후 우리 곁을 떠났다. 자신의 전체 저작에 대한 요약과 배치 작업을 학자들에게 남겨둔 채 말이다. 일반적 수준에서, 헬레니즘 윤리에 관한 푸코의 작업은 규범화하는 담론을 통한 주체의 구성, 그리고 권력에 대한 그의 초기의 분석에서 설정된 문제들에 대한 응답으로 규정될 수 있다. 즉 그리스 윤리에 대한 푸코의 재구성은 권력의 현대적 형성을 재구성할 뿐만 아니라(또한 그 우발성을 드러낸다) 더 중요하게, 그것은 자기 자신에 대해 규범화한 담론을 주입하지 않고서 자기 자신을 주체로 구성하는 데 이를 수 있는 방식을 드러낸다. 그리스-로마의 실존의 미학에 대한 탐구는, 그것이 규범화한 실천을 전복하는 데 활용될 수 있는 일군의 기예와 사유방식을 공교하게 하는 한, 푸코에게 매우 중요한 것으로 작용한다.

　하지만 이것은 예술로서의 삶과 푸코의 관련성에 대한 물음에 답을 주지 않는다. 혹은 그의 분석이 동시대에 '미학적으로 사는' 것이 무엇을 의미할 수 있는지 완전하게 해명해 주지는 못한다. 그리스인들에 대한 계보학적 검토는 미학적 윤리에서 발견될 수 있는 방법에 대한 물음에 필연적인 것이지만 충분한 것은 아니다. 이런 이유에서 이 마지막 장은 푸코적인 미학적 윤리의 잠재적 차원을 재구성하기 위한 시도로 정립되었으며 또한 그것이 예술로서의 삶 내에 세워질 수 있는 방식을 정립한다. 이것은 우선 미학적으로 산다는 것이 무엇을 의미하는지, 또한 다음으로 이러한 재구성이 예술로서의 삶에서 어떻게 적합한지를 규명한다.

처음에 푸코는 그리스-로마 윤리를 우리의 현대적 상황에 곧장 적용하기를 집요하게 거부했다는 사실에 주목하는 것이 중요하다. 이 생각과 관련해서, 푸코는 이렇게 진술한다. "어떤 한 순간에 한 다른 사람을 통해서 제기된 또 다른 문제에 대한 해결책에서 문제에 대한 해결책을 발견할 수는 없다."[103] 그리스-로마 윤리가 특별히 소년과의 관계에 대해 혐오감을 일으킨다는 강조점이 비-규범화된 윤리의 현대적 형식으로 규정될 수는 없다. 그리스-로마 윤리에서 중요한 것은 실천과 사유의 특정 행위에 대한 윤리적 실체의 관계 및 윤리적 실체를 "생각하는 것" 내지 "문제화하는 것"에 대한 접근이다.[104] 그리스인과 로마인 들에 대한 푸코의 분석은 규범성이나 동일성의 형태로 퇴락하지 않으면서 신체, 신체와 타자들과의 관계, 영혼, 그리고 세계에 대해 사유하는 데 이를 수 있는 다양한 방식들을 조명한다.

이러한 적정한 한계설정과 더불어, 우리에게 남겨진 것은 인식이다. 이 인식은 예술적으로 살아감에 있어 타자들과의 관계에 집중하면서, 규범화의 구조에 저항하는 자기 구성에 최소한의 도움을 주기 위해 제시된 일련의 실천을 내포한다. 이와 더불어 자기 자신을 정제하고 재차 작동시키는 기예 속에 지속적으로 연관된다는 점에 대한 인식도 남아 있다. 이러한 "자기의 기예"는 "자기에 대한 물음……그 보편적 형식과 연결에 대한 물음을 둘러싼 실존의 기예에 대한 발전은, 그것을 통해서 자기 자신에 대한 통제를 유발하는 절차, 그리고 자기 자신에 대한 완전한 우월성을 정립할 수 있

---

103. Foucault, E, 256. 또한, McGushin, 53을 보라: "푸코는 현대철학이 망각했던 고대의 진리들을 갱신하거나 상실된 과거를 복원하기 위해 애써야만 한다는 이념에 대해 빈번하게 경고를 보냈다. 더 나아가, 그는 그만큼 고대의 윤리가 총체적으로 비난을 받아 왔다는 점은 분명하다고 보았다."
104. Franek, 117을 보라.

는 방식과 관련해서 타자와 함께 정립할 수 있고 타자와 더불어 정립되어야 한다."[105] 만일 이러한 사태가 푸코적인 미학적 윤리로 존재한다면, 그것은 일련의 문제화와 전략적 상호작용을 통해 작용하는 것이어야만 한다. 우리는 신체, 정신, 가족, 폴리스와 우리의 관계, 그리고 스토아와 신플라톤주의와의 관계, 우주와 우리의 관계를 문제화해야만 한다. 이것들이 바로 잠재적인 변형, 저항, 그리고 투쟁의 모든 장소가 된다. 저항에 대한 초기 푸코의 작업에 대해 독해할 때, 이러한 윤리의 전체 의도는 저항적이고 창조적인 총제적 자기 구성이 될 것이다.

더 나아가, 적용과 저항의 장소들에 대한 문제화는 만일 그것이 운동, 사고, 성찰, 글쓰기, 친절함의 행위, 요리에의 집중 등을 통해서 자기에 대한 지속적 작업을 포함하는 더 큰 전략적 자기 개념 내에 성립된다면, 성공적인 것일 수 있다. 우리의 삶 전체는 강렬한 의식과 변형을 모두 가진 주체가 되는 것이다. 푸코는 이러한 작업을 "윤리-시적"인 것으로서의 실천을 통해 이루어지는 것으로,[106] 더 빈번하게는 훈련으로서의 아스케시스와 같은 것으로 지시한다. 푸코에게 아스케시스는 "우리가 절대 행복하게 도달할 수 없는 것으로 나타난다. 그것은 우리가 자기 스스로를 변형시키거나 자기를 형성하기 위해 수행하는 작업"을 가리킨다.[107] 조금 더 수도사적인 방향설정에서 비롯하는 훈련으로서의 아스케시스 개념을 개관함으로써, 푸코는 이 용어를 지배, 투쟁, 그리고 경계를 통해서 자기를 점진적으로 정제하고 완전하게 하는 그리스-로마 윤리 속에서 착수된 일반적 형식으로 해석한다. 요컨대, 아스케시스[훈련]은, 주체가 자신을 구성하기를 추구하는 일련의 실천을 요약해 내는 것으로, 푸코의 '양생술'에 대한 규정과 가까운 용어

---

105. Foucault, CS, 238~39.
106. Foucault, UP, 13. 또한, McGushin, 134를 보라.
107. Foucault, E, 137. 또한, E, 282를 보라.

로 정의될 수 있다. 아스케시스[훈련]은, 더 나아가 사유를 통해 정의된 투쟁의 일부로, "이를 통해서 우리가 행위의 지속적인 원리로 진리를 변형하고, 흡수하고, 획득할 수 있는 일련의 실천이다. 알레테이아[진리]^{Aletheia}는 에토스[윤리]가 된다."[108] 아스케시스[훈련]은 우리의 활동성, 사유, 그리고 욕망에 주의 깊은 시선을 고정함으로써 작동한다. 또한, 이 경우 훈련은 시간의 흐름 속에서 이러한 요소들을 변형해 낸다. 금욕의 윤리는 우리가 특수한 이념을 따라 자기 자신을 주조할 수 있는 방식을 향해 일관적으로 방향을 설정하게 된다.

위에서 푸코가 말한 '진리'는 이중적 의미, 즉 우리의 고유한 행위와 역사에 대한 진리로 작용하는 것으로, 그리고 우리가 자기 자신이 되기 위해서 자신에게 말하는 허구와 같은 것으로 간주되어야 한다.[109] 앞서 저항에 대해 말하는 대목에서 보여 주었던 것처럼, 푸코는 진리 개념을 도구화했다. 이처럼 우리는 진리들을, 곧 자기를 위한 새로운 이상을 지시하기 위해, 미래 속에서 효과를 가지고 자기를 만들어 내는 것으로 **사용한다**. 만일 우리가 실천과 관계에 관해 정직해질 수 있다면, 우리는 자기 형성의 아스케시스[절제]만을 실천할 수 있다. 여기서 실천과 관계는 우리 자신이 되기 위해 일관적인 이념을 형성하는 것에 더하여, 자신을 강제하고, 규범화하고, 기쁘게 하는 것들이다. 나는 이것이 자기 허구화의 실천과 시간의 흐름 속에서 새로운 저항의 동일성을 창조하는 데 달려 있다고 주장하고 싶다. 이런 정신에 입각해서, 푸코는 "삶의 기술"이란 "자신에게서 비롯하는 자기의 아스케시스[훈련]으로 이해되어야 하는 것으로, 절제 없이 습득될" 수는 없다는 점을 인정한다.[110] 이러한 훈련의 의도와 규제는 시간을 지나면서 진리를

---

108. Foucault, E, 239. 또한, McGushin, xiii를 보라.
109. 위에서 상세하게 설명된 것, 즉 허구, 환상, 그리고 지각의 가상과 같은 것.
110. Foucault, E, 208. 또한, 273을 보라.

통한 지도와 안내를 따르는 것이다. 무엇보다도 삶을 형성하는 것은 자기에 대한 자기의 작업, 자기 변형을 도와줄 수 있는 자기 도야의 형식이다.

미학적 삶에 주어진 이러한 개인적 방향설정을 삶에서의 다양한 '양식'이 나타나는 『자기에의 배려』에서 도입했다는 점은 놀라운 사실이 아니다.[111] 여기에 실존의 미학을 현실화하기 위한 많은 다양한 방식이 존재한다. 푸코가 실존의 미학과 저항에 자신의 통찰을 결합하기 위한 종합적 진술을 만들어 내지 않았다는 점을 통해서, 나는 실존의 미학의 의도와 내용이 진리들로부터 파생되고 전략적 진단과 창조적 규정의 과정을 통해 도래한다고 주장하고 싶다. 예술로서의 삶에서, 이러한 진단적·규정적 진리들은 예술작품에 대한 통찰을 통해 획득된다.

실존의 미학을 위한 현대적 형식이나 목적의 쟁점에 진입할 때, 푸코 자신은 예술적 삶을 자기 실험이나 '양식'을 통해서 정의하는 경향을 보여 준다. 한 예로 "윤리의 계보학"이라는 인터뷰에서, 푸코는 자주 형식에 관한 물음을 뒤로 미루고 양식에 관한 물음을 지향한다. 또 다른 인터뷰에서,[112] 그는 다음과 같이 말한다.

> 따라서 매순간, 절대 존재한다고 말할 수 없는 어떤 것에 하나의 색채, 형식과 강도를 부과하기를 시도하고 있다. 그것은 삶의 기술이다. 삶의 기술은 심리학을 제거하는 것이면서, 자기 자신 및 타자와 더불어, 개별성, 존재자, 관계들, 명명할 수 없는 성질을 만들어 내는 것이다……. 하나의 실존은 완전하고 숭고한 작품일 수 있다.[113]

---

111. Foucault, CS, 218.
112. Foucault, E, 262를 보라. 여기서 푸코는 니체에게 동의한다. Nietzsche, GS, 290. 그것은 "지난한 실천과 일상적 노동"을 통해서 우리의 삶에 양식을 부여하는 것이다.
113. Foucault, FL, 317.

여기서, '삶의 기술'은 드넓은 양식 개념에 직접적으로 연결된다. 여기에 삶의 "색채", "형식", 그리고 "강도"를 부여하는 것은 "완전하고 숭고한 작품일 수 있는" 실존으로 인도한다. 양생술, 테크네[기예], 그리고 실존의 미학에 대한 푸코의 검토에서 보았던 것처럼, 삶의 기술은 시간상에서 우리의 삶에 특수한 질서를 부과하기 위한 능력을 통해 정의된다. 푸코는 그리스-로마 윤리에 대한 분석에서, 실존이 더 많은 쾌락을 일으키는, 강렬한, 혹은 그 실존이 완전할 수 있는 방식에 관한 어떤 단서를 부여한다. 하지만 위에서 인용된 대목에는, 우리 삶의 현실과 새로운 동일성의 생산에 할애되는 기술 craft인 자기의 테크네[기예]의 핵심에 더 '미학적인' 몰두가 암시되어 있다. 다른 인터뷰에서, 푸코는 자기의 아스케시스[절제]가, '미학'이 창조적이면서 형식을 부여하는 것으로 해석되는 미학적 삶만이 아니라 예술작품을 적극적으로 모사하는 삶까지도 생산해 낼 가능성을 암시하는 것처럼 보인다. 그는 이러한 긴장을 다음과 같이 다시금 진술한다.

> 내가 강조하는 것은, 우리 사회에서, 예술이 대상들에만 연관되고 개인이나 삶에 연관되지 않는 어떤 것이 되었다는 사실이다. 그런 예술은 예술가인 전문가들을 통해 특수화되거나 시행된 어떤 것이다. 그런데 모든 사람의 삶이 하나의 예술작품일 수는 없을까? 등잔이나 집은 예술의 대상이 되는데, 왜 우리의 삶은 예술의 대상이 되면 안 되는가?[114]

또 이렇게 말한다.

> 내가 행간을 통해 의도한 바는, 사람들이 행동의 규칙을 스스로 설정할

---

114. Foucault, E, 261.

뿐만 아니라 그들의 독자적인 존재 자체를 특정 미학적 가치를 수반함과 동시에 특정 양식의 규준을 마주하며 자신을 하나의 **작품**으로 바꾸기 위해 스스로를 변형시키게 하는 의도적이고 자발적인 행위들에 대한 강조였다.115

삶의 기예에 관한 푸코의 진술에서 분명한 것은 우리의 삶이 예술작품과 긍정적으로 닮아 있는 것이라는 사실이다. 그런데 이는 특수한 미학적 가치들을 소유한다는 의미에서 그런 것이 아니다(이는 앞의 다른 장에서 다룬 주제다). 오히려 푸코에게 예술작품에 한정된 것은 그것들이 상상적으로 생산된 것이라는 사실이다. 더 나아가, 그것들은 내용, 양식 등의 조작을 요구하는 마음의 형식적 의도와 더불어 구성된다. 이런 점에서, 우리의 삶은 그것들이 (아마도 다른 미학적 규준을 따르는, 특정 진리들의 생산을 통해) 지시를 받고, 양식화되며, 실험적인 한, 유사 예술작품에 이를 수 있다. 이러한 집단적 조립, 정제, 그리고 실험은 푸코에 의해 일관적으로 도입된(니체가 암시한) 두 번째 미학 개념인 '삶의 기예'art of living의 고유한 영역이다.

미학을 규정하는 이 두 가지 방식들 – 예술작품과 삶의 기예에서 모두 발견되는 것으로서의 – 사이에서 일어나는 망설임은 푸코의 미학적 윤리의 비판적 차원을 드러낸다. 그 방식들은 예술작품을 기반으로 삼기보다는 **예술가**의 작품을 기반으로 삼는다. 실존의 미학의 '미학적' 차원은 일차적으로 예술적 산물의 창조적 양상으로부터 수집된 것이고, 이차적으로는 예술작품에서 수집된 것이다. 또한, 더더욱 예술작품은 총체적 작품으로서의 그 작품의 본성 전체와 양식화라는 구성적 차원을 요청하기 위한 은유로 도

---

115. Foucault, UP, 10~11.

입되었다.[116] 푸코의 미학을 궁극적으로 특징짓는 것은 행위 형식과 새로운 담론의 배치와 문제화, 전략화의 실천을 통한 자기 구성이다. 우리는 자신을 예술작품에서 형성해 낸 바로 그 자기로 만들어 내기 위해 작업할 수 있지만, 이것은 푸코에게서 최종적으로는 열린 선택지로 남게 된다. 이는 푸코가 어떤 예술작품을 구성하는 것인지 이러한 동화작용이 어떻게 일어날 수 있는지를 절대 규정하지 않은 것과 동일한 노선이다. 예술작품의 가치는 특정 미학적 규준을 따라 완성되고 통합되며, 구성된 어떤 것을 향해 우리를 지시하는 능력 속에 놓인다. 이러한 동일한 가치들은 우리의 고유한 삶에 적용되어야 한다.

만일 앞의 논증이 정확하다면, 푸코의 윤리의 중요성은 스스로 선택한 목적을 따라 개인적 요소들을 일관적으로 변형시킨다는 통합된 목적을 향하는 자기 형성에 의거한 미학적 윤리에 대한 이해를 추구하는 데로 나아간다. 윤리학을 通해서, 우리는 (자기 창조를 통해서) 저항하는 해방적 자기를 만들어 내기 위해 특정 담론·행동 방식·허구를 배치해 낸다. 푸코가 미학적 삶의 형식만을 규정한다는 사실이 주어짐으로써, 우리는 아마도 다른 미학적 담론들 ─ 비판이론과 현상학에서 발견된 것들과 같은 것 ─ 을 조망해야만 한다. 만일 우리가 자기 형성을 넘어서 이러한 윤리에 일관적 목적을 설정하거나 예술적 노선을 따라 자기 자신을 부가적으로 구성하기로 선택한다면 말이다. 그런데 푸코가 그 결과상 명확하게 보여 준 바를 제시할 때, 그것은 다음과 같다. 우리는 일시적이긴 하지만 자기를 만들어 낸다. 그것은 저항, 새로운 쾌락, 그리고 통합에 대한 실험이다.

---

116. O'Leary, 86을 보라. 여기서 그는 "푸코가 인터뷰에서 한 조금 부주의한 몇몇 진술과는 반대로, 우리는 『성의 역사』 2, 3권에 대한 면밀한 독해가 푸코 자신의 연구에 의해서, '실존의 미학'이 그 방식('미학/시학/기예')보다는 그 의도(그것은 분명 아름다움의 형성이 아니다)를 따라서 미학이라는 점을 오롯이 보여 줄 수 있다고 말할 수 있다."

푸코가 자신의 마지막 논고들 가운데 하나에서, 19세기 후반의 댄디들에 주목하며 그들이 자기 자신을 예술작품으로 전환시키려는 노력들을 검토하려고 했다는 점을 참작해야 할 것 같다.[117] 자기 이전의 카뮈처럼, 푸코는 보들레르가 예술가 콩스탕탱 기의 특징에 대한 묘사에서 가장 경이적으로 보여 주었던 구체적 외관, 삶-예술가의 모습을 통해 미학적 주체 – 즉 자신을 하나의 완전한 작품으로 만들어 내는 존재 – 를 고안해 내려고 시도했다(2장을 보라). 미학적 윤리를 위한 가능한 이상적 유형으로서 댄디는 담론과 아름다움의 지배적 방식 내에서, 그리고 이 방식에 대항하여 자신을 정교하게 만든다. 푸코에게 댄디는 "자신을 발명해 내려고 하는 인간이다. 이 현대성은 '인간을 자신의 고유한 존재에서 해방시키지' 않는다. 그것은 인간을 자신을 생산하는 과제에 직면하도록 강요한다."[118] 더 나아가, 댄디는 푸코가 자신의 고유한 미학적 윤리를 옹호하는 전략적 사유형식으로 이해되어야 한다. 따라서 댄디는 "현재와 인간의 관계, 인간의 역사적 존재방식, 그리고 자율적 주체로서의 자기 구성을……동시에 문제화하는 것"이다.[119] 실제로, 댄디는 안정적으로 푸코적 과제의 한 가지 특수한 차원을 수행한다. 그는 완벽하고, 통전적이면서, 무엇보다도 창조된 어떤 것으로서의 자기를 형성하기 위해 자기에 대한 전략적이고 미학적인 방향설정을 활용한다.

푸코는 댄디를 자신의 고유한 기획에 분명하게 포개 놓는다. 댄디는 현재의 문제화와 자기 형성의 기술을 실천한다. 그런데 댄디의 작업은 권력의 놀이에 주목하거나 푸코가 그리스-로마 윤리에 대한 분석에서 전개한 금욕 생활을 형성하지 않는다. 이런 점에서, 푸코가 자기의 기예를 검토하기 위해 그리스인과 로마인을 '사용했던' 것처럼, 댄디즘에 대한 활용도 도구적

---

117. Foucault, E, 310과 그 이하를 보라.
118. Foucault, E, 312.
119. Foucault, E, 312.

가치를 갖는다. 댄디란 본성상 미학적인 행위 – 일련의 행위들 – 를 통해서 근대성에 저항하기 위한 가능성을 드러낸다. 분명히, 댄디스트들을 통해 적용된 '미학'은 피상적이면서 나르시시즘적이다. 그런데 푸코는 이러한 요소들을 거부하고, 대신에 그리스에 관한 그의 작업에서 보듯, 자기 구성의 독특한 형식을 지향하는 특정한 기술들의 도입을 통해 반응하고 현재를 문제화하는 수단으로 댄디즘을 이해하는 것처럼 보인다. 댄디들은 자기 변형의 실체라는 점에서 중요한 것이 아니다. 그들은 미학적 자기 변형을 통해 현재를 이해하고 반응한다는 점에서 중요하다.

니체와 카뮈가 인정한 것처럼, 푸코가 옹호하는 미학적 윤리의 형식을 위한 역사적 선례가 존재하는 것은 아니다. 니체에게 미학적 윤리의 형식은 예술적 삶의 현실화가 일시적으로 지연된 이상적 유형 속에서의 미학적 윤리의 구체화를 의미한다. 카뮈에게, 이것은 성격 묘사에서 그 가능성을 고안해 냄을 의미한다. 푸코에게 이것은 다양한 계보학 – 그리스, 로마, 댄디의 계보학 – 을 종합적 전체로 함께 사유함을 의미한다. 비록 이러한 종합이 개념적일 수는 있지만, 니체와 카뮈처럼 철학적 페르소나philosophical persona가 있을 수는 없다.

이러한 개념적 종합에 대해, 나는 이것이 푸코가 말년에 빈번하게 썼던 주제, '자기의 테크놀로지'라는 개념을 사용하는 데서 그 형태의 윤곽을 드러낸다고 주장하고 싶다. 자기의 테크놀로지는 현대의 미학적 윤리의 출현에 대한 푸코의 가장 종합적인 통찰을 제공한다. 그는 자기의 테크네[기예]를 "자기 자신에게 목적과 수단을 부여하기 위한 삶의 방식, 실존의 선택, 우리의 행동을 규제하기 위한 방식에 대한 반성"과 같은 것으로 기술한다.[120] 이러한 규정은 '양생술'에 대한 푸코의 규정 및 실존의 미학과 매우 유사하다.

---

120. Foucault, E, 89.

하지만, '자기의 테크놀로지'를 구별해 내는 것은 그것의 규범적 지위다. 그 것은 역사적 검토가 아니라 자기 형성을 위해 우리가 할 수 있는 어떤 것이 다. 결국에, 그는 자기 형성을 향하는 것들, 자기의 테크놀로지에 연관된 기 예들techniques에 초점을 맞춘다.

> 자신의 고유한 수단들, 고유한 신체에 작용하는 여러 가지 것들, 고유한 영혼, 고유한 사상, 행동을 통해 개인에게 영향을 미치게 하는 기술들은, 이런 점에서 자신을 변혁하고, 변형하는 일과 관련하며, 또한 완전성·행 복·순수성·초자연적 권력의 특정 상태에 이르는 일과 관련한다.[121]

이러한 기술이 유도해 내는 것은 특수한 한 목적에 이르기 위한 자기 검증 과 변형의 방법이다(푸코는 여기서 미학적인 용어를 부과한다). 위에서 인 용한 인용구 모두 자기의 테크놀로지의 전략적이고 기술적인 차원을 예증 한다. 그것은 변형을 위한 가능성을 상세하게 그려 주고 있으며, 이 경우 우 리는 특정 기술을 통해서 정신, 신체, 그리고 자기 변형의 의도를 가진 행위 를 조작한다. 실존의 미학과 더불어, 자기의 테크네[기예]는 고행과 자기 지시 적 과정을 통해서 우리의 일상적 삶의 창조적인 변형을 가능하게 한다.

하지만 자기의 테크놀로지는 불완전한 것일 수 있다. 만일 쾌락, 행복, 또는 덕의 증가와 미학적 삶을 단순하게 동등시한다면 말이다. 실제로, 권 력과 저항에 대한 푸코의 이해를 통해, 자기의 테크놀로지는 다른 개인들 을 강제하는 지식 및 권력의 형식과 마찬가지로 담론을 규범화하는 데 저 항하는 것으로 간주되어야만 한다. 케빈 톰슨Kevin Thompson은 자기의 테 크놀로지가 "우리 자신을 돌보고, 우리의 고유한 운명을 벼리어 내며, 우리

---

121. Foucault, E, 117. 또한, E, 225를 보라.

의 삶을 통치하기 위한 과제"를 재생시킴으로써, "현대적인 파시스트적 삶"에 대한 저항의 형식이 되어야만 한다고 본다.[122] 즉, 권력 구조와 작용에 대한 저항은 자기 형성과 탈-규범화의 과제를 통해서 발생하는 것이다. 우리가 학습했던 것의 "과오를 알아차리고" 혹은 우리가 생성한 것에 "어울리지 않음"으로써,[123] 우리는 자기와 다른 개별자들을 규범화하려고 하는 권력의 다양한 망 내에서 강화된 저항점을 형성한다. 마르쿠제가 체계로부터의 퇴거의 구성적 형식을 제안했던 것처럼, 푸코는 손상된 세계로부터 퇴거하기 위한 부정적이고 긍정적인 수단으로서 다음과 같은 자기 형성을 옹호한다. 쾌락의 증가, 자기의 형성, 활용 가능한 문화적 기술의 저장소에 대한 조작. 각각은 지배의 형식, 고통의 형식, 그리고 억압의 형식에 내재적으로 저항하는 노력의 구성요소다. 우리는 생성함으로써 저항한다. 창조적 삶은 저항적 삶이다. 우리는 저항적이면서 적극적으로 창조적인 존재방식과 동일성을 생산하는 일을 지속하기 위해 자기의 테크네[기예]를 도입함으로써 권력의 놀이에 효과적으로 저항한다.

현대의 미학 윤리는 저항에 추가적인 차원을 더한다. 그런데 그것은 아도르노, 마르쿠제, 카뮈, 심지어는 하이데거의 작업에서 망각될 수 없는 것이고, 선견지명을 담고 있다. 그것은 바로 지배의 최소화이다. 특별히 그리스인과 댄디즘에서 미학적 윤리는, 마르쿠제가 과잉 생산에 추가한 것처럼, 살기 위한 수단과 외적 자원의 배치에 있어 엘리트를 통해 실행되는 귀족적 윤리다. 따라서 윤리적 필요는 부정적인 것일 뿐만 아니라 긍정적인 것 - 규범성의 형식에 대한 저항 - 이기도 하다. 그것은 타자의 고통을 최소화하는 삶의 형식의 규정이다. 자기의 테크놀로지는 '가능한 적은 지배와

---

122. Kevin Thompson, "Form of Resistance: Foucault on Tactical Reversal and Self-Formation," *Continental Philosophy Review* 36 (2003): 131.

123. McGushin, 106을 보라.

더불어 이러한 권력 놀이를 행하기' 위한 전략적 방향설정이다. 푸코는 다음과 같이 말한다. "나는 실제로 이것이 정부의 기술 남용에 대항하는 비판적 사고의 권리를 위한 정치적 투쟁과 윤리적 관심을 암시한다고 믿는다……"[124] 전략적 사유의 일부는 권력의 다양한 행렬들을 구성하는 우연성의 개관임과 동시에 저항점의 묘사일 뿐만 아니라 권력의 역동이 "주요 위험"이라는 점을 규정하는 것이기도 하다.[125] 따라서 자기의 테크놀로지는, 그것이 자기 형성을 통해서 착수한 권력관계 자체 속에 일관적으로 삽입된 지배를 위한 가능성에 관여하는 경우에만 윤리적인(단순한 윤리학이 아니다) 것이 될 수 있다.

카뮈처럼, 푸코의 미학적 윤리는 그것이 쾌락을 나타내고 자유하게 하는 것인 한에서만 저항적인 것으로 남는다. 따라서 우리는 자유성과 연대에 대한 카뮈적 개념으로 쾌락의 범주에 대한 푸코의 구성과 지배의 최소화를 그려볼 수 있어야 한다. 확실히 권력·규범성·저항을 위한 선택에 대한 푸코의 분석이 카뮈보다 더 정교하고 섬세한 것이긴 하지만, 그 시사점은 카뮈의 그것과 매우 유사하다. 결국, 미학적 윤리를 실천하기 위해 카뮈가 그의 등장인물 묘사에서 보여 준 것, 그리고 푸코가 계보학을 통해 보여 준 것과 같이, 우리는 탈-규범화된 (그러므로 저항적인) '윤리적인' 자기, 그리고 자기 생산의 무한정한 과정을 필요로 하는 데 주목하는 자기의 창조를 향하는 일과 관련해서 우리 삶의 다양한 양상들로 일련의 창조적 실천을 전략상 통합해 내야 한다.

요컨대, 자기의 테크놀로지는 그리스인, 로마인, 19세기의 댄디들에게서 가장 집약적으로 발견되는 특정 기술을 통해서 새로운 동일성을 벼리어 내는 것이다. 그런데 귀족 윤리 대신에, 자기의 테크놀로지가 옹호하는

---

124. Foucault, E, 298~99. 또한, O'Leary, 158을 보라.
125. Foucault, E, 256.

것은 고통의 최소화, 자기 자신에게 적용하는 기술의 증가, 쾌락과 감각의 새로운 형식의 발견을 지향하는 윤리다. 분명 푸코는 이러한 의도를 완전하게 특성화하거나 우리가 이러한 개념에 이르는 방식을 규정하지 못했다. 그런데 푸코가 도입한 것은 우리의 고유한 실존을 일관적으로 문제화하는 실존의 미학의 현대적 형식이다. 이는 어떤 일반적인 윤리적 목적을 위한 시야를 견지한 채 이루어진다. 이것은 윤리적 축들 – 음식, 노동, 성, 타인과의 관계 – 을 상상적 변형·실험화·허구화하는 장소들로 이해함으로써 자기에 대한 창조를 가능하게 한다. 그 마지막 결과물은 궁극적으로 미학적 탐구를 통해 촉발되는 특정한 미학적 목적을 지향하는 자기라는 총체적 작품이다.

비록 그의 생애의 마지막 시기에만 해명된 것이긴 하지만, 푸코의 '자기의 테크놀로지' 개념은, 이를 그리스인, 댄디즘에 대한 분석, 그리고 권력에 대한 그의 작품을 독해할 때, 그러한 그의 작업을 미학적 윤리로 현대화하는 데 (충분한 것은 아니지만) 필수적인 기능의 종합을 가능하게 한다. 문화적이고 역사적인 기술의 저장고를 사용함으로써, 우리는 자율성과 고통의 한계설정을 지향하는 일군의 방법을 통해 자기를 형성한다. 이것은 로마인들처럼, 우리의 삶의 모든 양상들 – 식이요법, 운동, 결혼, 정치polis, 우정, 그리고 노동 – 과 관련하는 아스케시스[절제]와 테크네[기예]를 요구한다. 삶의 기술은, 자기의 테크놀로지라는 렌즈를 통해 볼 때, 우리가 어떤 것이 되도록 우리를 생성해 내기 위해 도입할 수 있는 쾌락과 기예를 선택하고, 정제하며, 채굴하는 과정이 된다.

이것은 위에서 본 것처럼, 미학의 이중적인 의미에 의존한다. 한편으로 예술작품은 창조, 통일성, 그리고 양식의 부과를 위한 은유로 사용된다. 두 번째로, 더 중요한 의미로, 푸코는 다양한 용어들을 사용한다. 양생술, 삶의 기술, 아스케시스[절제], 테크네[기예], 포이에시스[제작], 실존의 미학이 바로 그

것이다. 이것들이 다소간 상이한 의미들을 가진다고 하더라도, 일반적으로
이 모든 것들은 혁명이나 단념을 통해서가 아니라 삶의 다양한 차원을 통
합하고 변형하는 자기를 주조함으로써 권력의 행렬들을 창조적으로 주조
하기 위한 항구적 배치를 지시한다. 예술작품처럼, 이것은 특수한 양식화
된 의도를 지닌 총체적 노력을 요구한다. 이러한 의도는 특정한 미학적 탐
구를 통해 활성화될 수 있다. 예를 들어 그것은 예술에 대한 이론적이며 현
상학적인 비판적 접근 속에서 발견된다. 부분적으로 그것은 자기 허구화의
노력을 통해 획득될 수 있다. 여기서 자기 허구화는 창조적 갱신을 위한 공
간을 자기 안에서 바라봄으로써 미래에 의미를 부여하는 것이다.

결론

　　카뮈와 푸코에 대한 나의 분석은, 우리가 비판이론과 현상학에서 본
미학적 의무들이 현시해 내는 일에서 착수할 수 있는 방식들을 보여 주었
다. 두 사상가와 더불어 우리는 저항, 완벽주의, 전략적 사고, 자기 변형의
기예, 그리고 자기 형성이라는 논지들의 발전을 본다. 우리는 윤리적 과제
를 해명하는 하나의 수단으로서의 창조성-으로서의-미학에 대한 활용을
목도한다. 여기서 윤리적 과제란 우리 자신, 우리의 삶을 예술에 대한 원초
적인 창조적 전념으로의 참여와 같은 어떤 것으로 만들어 내는 일을 말한
다. 실제로, 카뮈와 푸코가 통합해 낸 것은 매일의 삶의 다양한 양상을 통
해서 자기 자신을 주체로 형성하는 일에 관한 현저한 관심이다. 우리의 성
격을 생산하고 도야하는 수단으로 일상을 – 때로는 비일상적인 것을 – 활용
함으로써, 우리는 자기 자신을 특수한 욕망의 의도를 성취하는 통일성을
지닌 총체적인 작품으로 형성해 낼 수 있다. 우리는 카뮈와 푸코를 통해서

미학적 삶을 위한 특수한 이상을 특화할 뿐만 아니라, 이들을 통해서 자기 생산, 자율성, 그리고 연대가 그 자체로 저항적이고 쾌락적이라는 것을 인정할 수 있다. 우리의 삶에 특수한 기술을 적용함으로써, 우리는 자기 해방의 구체적 실천, 긍정적 실험, 그리고 삶의 규범화된, 또는 억압된 형식에의 저항에 참여한다.

물론 두 사상가들 사이에는 명확한 차이가 존재한다. 이를테면 권력에 대한 푸코의 분석은 엄밀하면서도 부정확한 카뮈의 부조리 개념 및 반항 개념보다 더 전략적인 사유를 그 자체로 도입한다. 또한, 그 분석은 더더욱 탈-형이상학적이다. 더 나아가 그리스-로마 윤리에 대한 푸코의 계보학적 재구성은 우리가 생동하는 경험의 다양한 차원을 문제화하기 위해 들여올 수 있는 방법과 자기 형성에 도입할 수 있는 더 공통적인 기술을 드러낸다. 한편으로, 카뮈의 미학적 윤리는 그 형상에 있어 더 명확하게 '미학적'이다. 그것은 예술작품과 예술가에 대한 분석에서 직접적으로 수집된 것처럼 보인다. 이처럼 카뮈의 성격 묘사는 삶-예술가 개념을 푸코의 계보학이 했던 것보다 더 충만하게 구체화한다. 비록 푸코의 자기의 테크놀로지라는 개념이 그리스·로마·댄디에 의존함으로써, '삶의 기술'에 대한 종합적 모상을 줄 수 있기는 하지만 말이다.

앞에서 본 것처럼, 우리는 미학적 윤리를 정확하게 서술하기 위해 카뮈와 푸코를 함께 사유해야만 한다. 권력과 저항에 대한 푸코의 세련된 분석을 결합함으로써, 카뮈의 성격 연구와 카뮈의 보다 더 직접적인 미학적 윤리와 더불어, 그리스-로마 윤리의 재구성의 노선에서, 우리는 미학적 윤리에 대한 더 명확한 모상을 보기 시작한다. 이러한 항목 아래, 미학적 윤리는 대체될 수 있는 경험의 차원과 마찬가지로 우리 자신이 발견하는 권력의 다양한 망들을 문제화하는 수단으로 전략적 사고를 사용하는 것 같다. 이러한 장소는 미학적 노선을 따라 창조적 변형을 위해 이용할 수 있다. 여기서 우리는 창조성, 자율성, 그리고 연대성의 일반적인 미학적 범주를 쾌락적이면서 지배를 최소화하는 특정한 실천에 집중시킨다. 이러한 실천의 목적은 이탈의 형식으로서의 현재와 허구적인 새로운 현실로서의 미래에 존재하는 미학적 가치를 갖는 총체적 작품으로서의 자기의 생산이다. 미학적 삶은 창조성, 자율성, 연대성, 자기 구성, 그리고 매일의 실천에서의 양식의 부과이다. 미학적 삶은 창조성·자율성·연대·자기 구성 그리고 조제프 그랑이 했던 것처럼, 매일의 실천과 주어짐 속에 내재해 있는 양식의 부과와 같은 미학적 반성의 다양한 축들을 구체화하는 것이다. 우리가 할 수 있는 것은 자기 형성과 저항에 불가결한 것처럼 보이는 이러한 실천들이다.

미학적 삶이 도달하는 곳은, 실천적 의미에서, 특수한 모형을 따라 우리 삶의 일상적 요구를 분석하고 변형하기 위한 한결같은 노력이다. 그랑과 같은 형태들에서 보듯, 우리의 취미와 책무는 창조적 갱신과 변형을 위한 장소의 탐색이다. 타루, 반다나 시바와 같은 형태들과 더불어, 고통과 지배를 최소화하는 일에 참여할 수 있는 더 많은 우주적 투쟁이 존재한다. 이 형태들의 두 유형이 드러내는 것은, 자기 형성이 크고 작은 행위들 속에서 일어날 수 있다는 점에 대한 인정이다. 푸코에게서 볼 수 있었던바, 그 필수적인 조건은 전체적인 미학적 목적을 염두에 둠과 더불어 자기에 대한 항구적이면서도 끊임없는 작업이다. 앞의 장에서 우리는 체화된 시적 사유와 미학적 추론의 형식 안에서 두 가지 특수한 미학적 필요성을 특화했다. 카뮈와 푸코가 우리에게 제시한 것은, 미학의 보다 더 포괄적인 사용을 통해서, 미학의 총체적 목적을 따라 우리의 주체성을 변형하기 위한 방법이다—자기의 테크네[기예].

내가 지금까지 논증한 것처럼, 이러한 미학의 보다 더 일반적인 의미는 니체의 포이에시스[제작] 개념과 구성적인 유사성을 갖는다. 니체가 가상으로서의 예술이라는 시원적 개념에 대해 분명한 논증을 제시한 반면, 또한 그는 직접적으로 이상적인 유형을 통해서, 종합, 정제, 그리고 등장인물 형성의 기예인 이차적인 미학 개념에 대해서도 논증을 제시했다. 바로 이 개념을 카뮈와 푸코가 분명하게 상기시키고 있다. '삶의 기술'은 본질적으로 다르면서도 종종 서로 경쟁하는 삶의 요구들을 하나의 미학적 비전을 따라 재기발랄하게 뒤섞고, 형태화하고 재형성하는 것이다. 이상적인 유형들이 '이중의 뇌', 예술과 과학의 요구들, 디오니소스와 아폴론의 실존의 요소들을 종합해 냈던 것처럼 말이다. 그런데 이러한 종합은 논리적으로나 개념적으로 성취되는 것이 아니다. 그 대신에, 니체가 원래 시사했던 것처럼, 우리는 자기 자신을 신체-주체로 정향하는 일종의 기술을 통해서 우리의 삶을 양식화한다. 이러한 개념은 전통적인 이성적 주체로서의 자기에 대한 개념화를 특정한 미학적 의무가 부과될 수 있는 체화된 표면으로 변경시킨다.

더 나아가, 앞의 내용을 통해서 전개된 논지와 공명하는, 미학적 윤리에서 형성된 자기는, 미래 속으로 자기를 창조함으로써 현재에 가치를 부여한다. 푸코의 경우에, 이것은 현재와 우리의 관계를 변혁시키는 미래에 대한 저항적 시각을 만들어 내는 것을 의미한다. 자기 자신과의 관계를 변형해 내기 위해 자기를 형성하고, 특정 진리, 담론을 만들어 냄으로써, 우리는 시간 자체에 가치를 부여한다. 미래는 우리가 만들어 낸 열린 공간이기 때문에 비로소 가치를 갖는다. 아도르노와 마르쿠제처럼, 미학적 윤리에서 구원의 일차적 '공간'은 시간이다. 창조 행위 자체가 내재성에 가치를 부여한다.

마지막으로, 니체와 예술로서의 삶의 일반적 건축술과의 공명 안에서, 미학적 윤리는 저항과 긍정이라는 한 쌍의 미학적 요구를 균형 잡기 위해 시도된 것이다. 한 예로 카뮈의 성격은 반항과 (때로 부조리한) 쾌락의 삶을 살면서, 미학적 의무의 투쟁을 혼합한다. 이와 유사하게, 푸코의 자기의 테크놀로지는 지배의 최소화만이 아니라 의식적으로 잘 먹고, 마시고, 만지는 쾌락을 해방시키는 쪽으로 탁월하게 방향을 설정했다. 이 최종적 의미에서, 미학적 윤리는 일견 예술작품 내에서 발견되는 대립적 축들을 현시하려고 하는 한, 참된 미학으로 자신을 보여 준다.

자명한 것은, 카뮈와 푸코에 의해 전개된 미학적 윤리가 예술로서의 삶 속에서 윤리적인 계기를 명확하게 규정하고 있지만, 그것이 그들이 규정한 윤리에 정초를 마련하기 위해 미학에 대한 충분한 시야를 제공하지는 않는다는 점이다. 이것은 '미학' 개념에 대한 푸코의 애매성과 예술적 생산과 가장 온전하게 연결된 항으로서의 예술작품에 대한 카뮈와 푸코의 집단적 정의 속에서 가장 분명하게 나타난다. 카뮈에게, 이것은 미학적 주제들의 핵심 배열을 긴장 가운데 견지하는 자로서의 삶-예술가에 대한 다소간 협소하면서도 일반적인 정의에 기인한다. 푸코에게, 이것은 그가 테크네[기예], 포이에시스[제작], 그리고 아스케시스[절제]를 통해 '미학'을 지속적으로 정의해 간다는 것을 의미한다. 이런 점에서 카뮈와 푸코의 작업은 예술로서의 삶 내부의 필연적이지만 불충분한 계기를 남겨 두고 있다. 카뮈와 푸코의 미학적 윤리는 그것이 앞서 본 대로 미학에 대한 충분한 설명과 짝을 이룬다면 완성적인 것이 될 수 있다.

그러므로 카뮈와 푸코의 검토는 예술로서의 삶 속에 있는 윤리적 계기를 보여 준다. 인물 형성은 우리의 사유와 삶의 방식을 소비하는 일차적 선취에 적합한 계기가 된다. 삶-예술가는 세계에 대한 미시적이면서도 거시적인 시각을 정의, 쾌락, 그리고 해방에 더 큰 의미를 부여하게 하는 봄, 삶, 그리고 사유의 구체적 방식으로 함께 번역할 수 있다. 이러한 시각은 일상적 삶의 양상들을 통해 성취된다. 그 양상들은 예술적 삶에 대한 기여를 통해 그 중요성과 의미를 부여받는다. 하지만 동시에, 카뮈와 푸코의 검토는 보다 더 철저한 미학의 비전을 위한 필연성을 드러낸다. 여기서 미학의 비전은 한정적인 하나의 미학적 의도를 가지는 일상의 실천과 기술의 형성과 자기 생산을 지도하는 것이다. 그것은 우리가 예술로서의 삶을 전체로 보기 시작한 비판이론과 현상학 속에서 발견되는 예술작품과 이성의 본성을 따라서 카뮈와 푸코의 미학적 윤리를 함께 사유함으로써만 존재한다. 예술로서의 삶 속의 부정적 계기를 통해서 우리는 특수성, 형이상학, 그리고 예술적 자기/사회에 대한 필요를 본다. 예술로서의 삶에서의 긍정적 계기를 통해서 우리는 나타남에 대한 체화된 수용을 위한 필요를 본다. 미학적 윤리를 통해서 우리는 미학적 시각이 일상적 삶 속에서 현시되는 방식을 본다. 예술작품에 명백하게 드러나는 긴장 가운데서만 정초되는 미학적 윤리는 예술로서의 삶에 본질적인 긍정적이고 부정적인 계기들을 현시하는 데 이를 수 있다.

이러한 보다 더 일반적인 차원에서, 카뮈가 만든 허구적 등장인물이, 반다나 시바라는 인물만큼이나 가장 교훈적인 것이 될 수 있다. 이러한 형태들이 보여 주는 것은 때로 정치적이거나 때로 철저하게 긍정적인, 일련의 관심들과는 다른 종류의 것이다. 오히려 시바, 타루, 그리고 고독한 예술가 조나스도 그 자체로 저항적이면서 긍정적인 성격들을 전개했다. 분명 그들은 논리가 아닌 삶의 기술의 지시를 받는 성격-형성을 지닌 '총체적 작품'이다. 물론 이러한 형태들은 절대 완전한 것이 아니다. 하지만 이것이 우리의 논점은 아니다. 각 형태는 삶의 기술로서의 실험이고, 시간적으로 그것은, 각 부분들보다 더 큰 어떤 것을 만들어 내기 위한 시도이다.

10장

예술로서의 삶

예술로서의 삶은, 최소한 여기서 두 가지 방식으로 제시될 수 있다. 첫째, 그것은 과거 150년 전부터 존재했던 여러 사상가들에게서 반영된 일련의 상호연관적 동기와 주제이다. 둘째, 그것은 잠재적이고 규범적인 윤리학과 실존적으로 연관되어 제시될 수 있다. 전자에서, 예술로서의 삶은 반성의 수단이자 일련의 공유된 관심을 보여 주는 역사적-철학적 현상이다. 하지만 그것은 필연적으로 일관적인 철학적 위상을 설정하지 않는다. 이런 논점에 대해, 나는 부분적으로 동의한다. 예술로서의 삶은 분명, 그것이 일련의 관심, 잠재적 치료제, 그리고 양식을 드러내는 한, 역사적-철학적 현상이다. 그런데 나는 탐구된 개념들이 여기서 공유된 관심 영역을 표상할 뿐만 아니라 일관적인 윤리적 정립으로 규정될 수 있다고 주장했다.

물론, 이 책에서 보여 주었던 것처럼, 예술로서의 삶이라는 규범적 개념을 진전시키는 위상은 이러한 과제가 일견 관련이 없는 명령의 배열의 균형을 잡는 일과 연관된다고 말해야만 한다. 예를 들어 아도르노가 풍부하게 제시한 것으로서 비판적 사유의 형식은 하이데거의 시적 사유 개념으로 종합될 수도 사라질 수도 없다. 몇몇 사람들이 인정할 수 있는바, 예술로서의 삶 속에서 발견되는 여타의 대립들이 많이 존재한다. 불행하게도, 이러한 대립들을 붕괴시키는 것은 각 입장의 일관성과 통합성을 해칠 수 있다. 나의 판단으로는, 비판이론과 현상학 내부에 발견되는 핵심 개념들을 개념적으로 연결 짓는 형식적인 방식은 존재하지 않는다. 최소한 내가 설명한 방식으로는 그렇다.

여기서 주어진 것, 요구된 것, 그리고 내가 제시하려고 한 것은 예술과 예술적 삶 속에서 발견되는 이질적인 축들을 종합하는 대안적인 방식이다. 이것은 본서를 통해서 춤추기, 기술, 예술가적 기교, 그리고 완벽주의라는 서로 연관된 주제들을 활용하는 대단히 중요한 개념, 곧 삶의 기예라는 것으로 나타났다. 한편으로 삶의 기예는 미학적 명령을 따라 우리의 삶을 주조하는 특이한 시도를 공언한다. 다른 한편으로, 그것은 우리의 삶의 맥락 내에 예술작품의 이질적인 축들을 긴장 가운데 드러낸다. 삶의 기예는 좋건 나쁘건, 그 일관성이 개념들을 통해서가 아니라 복합적인 삶의 과업을 통해서 성취된다는 인식을 나타낸다. 이런 점에서, 카뮈의 부조리한 영웅인 그랑과 조나스는 예술로서의 삶의 중심에 놓인 명확한 모순과 긴장을 암시한다. 이런 점에서, 비판이론과 현상학이라는 상이한 철학, 그리고 그것들이 일으키는 사유, 봄, 그리고 삶의 형식은 분리된 것으로 남아 있지만 예술로서의 삶에 대한 좋은 도구가 된다.

다음으로, 나는 예술로서의 삶이라는 규범적 개념의 윤곽과 이로부터 도출되는 영감, 공명, 공유된 주제들을 개괄한다. 이러한 예술로서의 삶에 관한 보다 더 구성적인 개념은 앞에서 제시한 역사적-철학적 분석에 의존한다. 이뿐만 아니라 나의 작업은 한 개인이나 하나의 사유학파의 개별적인 기여를 넘어서는 종합적인 예술로서의 삶을 나타내기 위한 시도다.

위에서 언급된 더 강한 의미의 예술로서의 삶은 우리의 삶, 봄, 그리고 사유를 통해서, 사유 안에서 미학을 실현시키기 위한 지속적인 시도이다. 이것은 우리가 우리의 존재의 윤곽과 존재의 차원을 형성하는 방식 안으로 예술작품의 본질을 통합해 내는 것을 의미한다. 그것은 자기라는 전체적 기획 속에서의 저항과 긍정의 작용, 부정적이고 긍정적인 사유의 형식, 실존의 각 양상의 체계적 통합이다. 예술적 삶 속에서 나타나는 것은, 성공적인 모든 예술작품에서와 마찬가지로, 예술작품의 생산의 흔적 속에 나타나는, 그 부분들의 합보다 더 큰 것으로 남아 있는 자율적 창조이다.

이러한 '부분들'은 본래적인 예술작품들 내에 자명하게 속해 있는 세 가지 구성요소다. 세계에 대한 부정적이고 상상적인 재창조, 감각 경험으로의 개방, 그리고 예술적 창조에 연루된 기예가 바로 그것이다. 예술작품의 이 세 가지 차원은, 삶의 형식, 즉 일상적인 삶의 구조 안에서 이러한 이질적인 요소들을 화해시키려고 시도하는 창조적인 삶의 방식으로서의 예술로서의 삶을 부과한다. 이렇게 함으로써, 우리의 삶은, 그 영감, 내용, 그리고 구성에 있어 예술작품의 본질과 유사한 것이 되는 데 이른다. 예술적 삶의 부정적이고 긍정적인 차원들은 우리 주위세계의 (내재적) 구속과 그 긍정, 적절한 사유방식, 그리고 세계를 수용하고 세계에 저항하기 위해 착수될 수 있는 구체적 행위들을 위한 소재를 공급한다. 이러한 것들은 성격-형성과 자기 형성의 시학, 섬세한 기술의 주체인 자기 속으로 통합된다.

역사적인 의미에서, 예술적 삶은 19세기와 20세기에 선포된 ─ 그리고 실현된 ─ 신의 죽음과 마찬가지로 18, 19세기의 미학적 담론을 통해 창조된 공간 속에서 형성될 수 있다. 그 가운데 어떤 것은 상실되지만, 앞서 검토된 것들은 예술을 어떤 치료수단을 소유한 것으로 이해한다. 이러한 부재 한 가운데에서, 예술로서의 삶이 수여한 것은 저항 행위를 통해서 다양한 삶을 위한 공간을 벼리어 낸 실존의 다양한 차원들을 신성화하고 긍정하게 하는 사유방식과 기예들의 저장이다. 예술적 삶이 긍정적이면서도 잠재적으로 계시적인 것이라는 점에서, 그것은 규범화, 운영, 그리고 객관화의 형식에 반하는, 저항적이면서도 부정적인 것이어야만 한다. 이 이중적 의미에서, 예술로서의 삶은 신을 퇴거시킨 다음에 자기와 세계를 구속하는 일을 시행한다.

삶에 미학을 적용시키기 위한 최초의 동기는 '대상'의 구속 및 재발견에 대한 윤리적 헌신 속에 놓인다. 여기서 대상은 사유, 느낌, 그리고 경험 속에서 주체로서의 우리와 대립하는 것이다. 비판이론 및 현상학 모두 대상을 복원시키기 위한 시도에 우위성을 둔다. 이를 위해 비판이론은 동일성의 이성에 반대하는 사유를 감행하고, 현상학에서는 왜곡되기 이전의 대상을 드러내기 위한 조건을 남김없이 보여 준다. 이러한 윤리적 지시는 대상의 고유한 동일성과 독립성을 복원하기 위한 수단을 예술과 미학 내부에서 보여줌으로써 수행된다. 또한, 그것은 개혁, 수용, 그리고 정의를 위한 구체적인 개인적·사회적 명령으로 변형된 비판적 의도를 예술과 미학 내부에서 보여줌으로써 수행된다. 이것이 성취하는 바는 대상을 구속하는 이중적 (또한 화해할 수 없는) 시도이다. 이중적 시도란, 사유 및 삶의 부당하면서도 낡아빠진 형식의 해체, 그리고 대상을 보고, 느끼고, 해방시키는 새로운 방식의 구성이다.

이러한 구속의 어조에 더해지는 것은 예술로서의 삶의 시간에 대한 재평가이다. 여기서 과거, 현재, 그리고 미래는 긍정적인 가치와 무게를 가지게 된다. 세계를 향한 잃어버린 방향설정을 복원하려는 시도를 함에 있어, 현상학은 본래적으로 현대에 무게중심을 두기 위해 과거의 생생함을 평가한다. 다른 한편으로, 비판이론은 현재 속 의미를 투사하는 것을 허용하기 위해 형이상학적으로 개혁된 미래를 전망한다. 또한, 미학적 윤리는, 그것의 모든 것에 선재하는 기능에 있어서, 자기를 미래 속에서 창조되는 것으로 보는 반면, 과거를 권력과 부조리의 관계를 분석하는 수단으로 간주한다. 세 가지 계기들의 누진적 효과가 시간을 선사해 준다. 여기서 메를로-퐁티가 진술한 것처럼, 현재는 언제나 과거와 미래의 가치를 담고 있는 '두꺼움'이다. 이 경우 시간은 예술로서의 삶에서의 의미의 중요한 장소로 간주된다. 그것이 이미 복원된 것이건 복원되어야 하는 것이건, 충족의 요구 속에 이미 정립된 것이건 정립되어야 할 것이건 간에 말이다. 시간에 대한 니체의 근원적 직관 덕분에, 예술로서의 삶은 복원, 진단, 그리고 창조 작용을 통해 시간적인 것을 구제하려고 한다.

탈-형이상학적 역할로 인해, 예술로서의 삶은 시간과 공간을 넘어서는 것을 추구하지 않는 한 시간과 공간을 구제하기 위한 의식적인 시도가 되는 것으로 나타난다. 주위세계와 시간의 흐름은 그 자체로 가치 있는 것으로 간주된다. 어떤 점에서, 시간과 공간의 가치는 도구적이다. 시간과 공간은, 예술적 삶을 위해, 이를 통한 삶의 기술이 수행되는 매개이다. 잃어버린 의미와 가능한 미래의 구속의 여지를 따라 가치를 부여받는 시간, 주위세계의 원초적 지위에 대한 적극적 방향설정을 통해서, 예술로서의 삶은 시간과 공간을 내적으로 중요한 것으로 보는 누적의 효과를 갖는다.

예술적 삶은 미학을 통해 알려진 산물로 우리의 삶을 전환시킴으로써 이러한 구속의 기능성을 수행한다. 그것은 우둔한 단순화와 같은 것으로 소유될 수 있는 예술작품이 아니다. 이는 예술작품 내에 내재한 본질적 요소들을 드러내기를 의도한다. 부정성, 긍정, 그리고 창조가 바로 그 본질적 요소다. 스티븐 디덜러스가 그리스도교의 부재나 명백한 구조의 부재와 무관한 창조를 수행했던 것처럼, 예술로서의 삶 내부에서 발견되는 부정성은 언제나 긍정적·창조적 운동을 통해 균형을 잡는다. 비판이론에서 정체성 사유의 해체는 유토피아적 형이상학 및 새로운 사회나 개인으로 인도한다. 현상학에서의 객관적 사유에 대한 부정은 신체-주체와 계시 수용성에 대한 재평가로 인도한다. 예술로서의 삶에서의 부재는 창조를 정초한다. 양자 모두 서로에 의존하는 가운데 균형을 잡을 경우 더 강하게 진술된다. 예술적 삶은, 카뮈로 인해, 창조적이면서 자율적이고, 세계와 마주하기 위한 사유와 삶의 새로운 형식을 지속적으로 도입하는 연속적 과정이 된다. 양자 모두 예술작품의 본질을 그 자체로 모형화한다. 또한, 그것들은 미학적 개입을 위한 장소 안으로 일상의 다양한 구성요소들을 변형시키려고 하는 삶을 생산하는 대단히 중요한 기획에 기여한다.

위에서 피력한 것은 니체의 작업에서 자명해졌다. 그것은 예술로서의 삶을 통해 호소된 이중적 미학 개념이다. 이런 점에서, 미학은 예술작품의 본질을 지시한다. 미학에 대한 이러한 독해는 비판적이고 긍정적인 능력, 주체의 작업을 해체하거나 세계를 환영하고 이해하는 새로운 영역을 개현하는 일을 예술작품의 내부에서 바라본다. 미학에 대한 이러한 정의는 더 일반적으로 '미학'을 통해 일으킨 감각적이고 윤리적인 요소들을 포함시키기 위해 확장될 수 있다. 이러한 개념들은 니체가 명확하게 제시한 것처럼, 예술작품의 가상적 본성의 일부이자 그것들을 둘러싼 세계의 상상적이고 감각적인 재구성의 일부이다. 또 다른 의미로 보면, 미학은 더 일반적인 창조, 혼합, 그리고 정제의 일반적인 기술을 지시한다. 니체, 카뮈, 그리고 푸코에게서 나타났던 것처럼, 이러한 더 일반적인 미학 개념은 예술가의 창조적인 작업을 통해 영감을 받고 일군의 항목 — 아스케시스[금욕]·포이에시스[시학]·테크네[기예]·'삶의 기술'·'실존의 미학' — 을 통해 알려지기에 이른다. 전체로서의 이 요소들은 우리의 삶을 예술작품을 통해 요구된 창조적이고 완벽주의적인 노력을 요하는 총체적 작품으로 보기 위한 특이한 시도를 나타낸다. 또한, 더 형식적인 의미에서, 그것은 우리의 일상적 삶에서, 미학의 첫째 의미, 예술작품의 본질을 모으고, 종합하고, 현시하는 기술, 곧 자기의 시학이다.

두 번째로, 니체가 주목한 더 중요한 창조적 과정은 새로운 동일성, 가면, 그리고 가치의 생산을 요구한다. 그것은 푸코가 이해한 것처럼, 자기 자신에 대한 창조적 허구화, 새로운 동일성과 존재방식을 생산하기 위한 수단으로서의 환상과 가면의 도입을 요청할 수 있다. 예술로서의 삶은 현재 속에서의 세계의 사건과 표현이나 해방된 공간의 생산이 아니다. 그것은 때로 생성을 하기 위해 해방과 긍정의 작용에 의존하는 자기의 허구적 생산이다. 궁극적으로 삶의 기술 속에서 '생산된' 것은 실험으로 존재하는, 짧은 기간 지속하는 것으로서의 가치를 갖는 자기 내지 성격이다. 그런데 이러한 자기의 가치는 그저 잠정적인 것이 아니다. 창조로서의 자기는 미래에 대한 평가, 저항하는 규범화로의 헌신, 그리고 끝없는 창조성의 과정에 대한 재기발랄한 인정을 수반한다.

규범적 입장으로서의 예술로서의 삶의 한계를 정하는 것은 창조성을 특권화하고 종합을 시도하는 방식이다. 의미와 관련해서, 예술로서의 삶은 발견되거나 주어지는 어떤 것이 아닌 것을 허용한다. 그것은 창조, 유형화, 그리고 제거 과정의 결과이다. 우리는 우리의 삶에 유용한 일군의 기술들을 적용시키는 일을 지속하는 것이 아니다. 우리는 자기 자신에 '대항하는' 생각을 해야 하고, 지속적으로 재전략화해야 한다. 그리고 미래를 위한 새로운 시야를 여는 데 이르러야 한다. 결국, 자기는 찾아지고, 발견되고, 조작되거나 고백되는 것이 아니다. 예술로서의 삶에서, 자기는 자기 자신과 세계를 체화된 사유방식과 실천을 통해서 형성해 내는 합리적 신체-주체다. 이 자기는 그 자체로 미학적 명령에서 모형화되어 감각화된, 계시적이고 전략적인 행동방식을 통해 지속적으로 (다시) 만들어진다. 따라서 니체의 이상적 유형이 전조되어 있는 예술로서의 삶은 자기 창조와 변형의 실험적 과정이다.

내가 앞서 암시했던 것처럼, 예술로서의 삶에서 요구된 자기 창조는 미학적 이성을 위한 비판이론적인 요구와 체화된 시적 사유를 위한 현상학적 요구라는 이질적 명령과 더불어 씨름해야만 한다. 양자 모두 예술작품의 명료하고 합리적인 분석과 현대사회의 요구 속에 정초된다. 따라서 종합을 위한 요구 대신에, 예술로서의 삶은, 사유가 표현의 형식 안에서 다양하게 기능화되어야 한다는 요구와 더불어 도래한다. 이런 점에서, '이중 두뇌'를 소유한 것으로서의 자유정신에 대한 초기 니체의 검토작업은 이상적 주체가 되기 위해서, 우리가 다양한 형식으로 사유할 수 있어야 한다고 말하고 있다. 니체에게 이는 '차갑고'도 '뜨거운' 사유의 요소들을 의미한다. 니체 이후, 이것은 부정적·긍정적·전략적 사유형식들 간의 긴장을 지연시킬 수 있다는 것을 의미한다. 예술적으로 생각하기 위해, 우리는 체험의 맥락 속에서 항상 이질적이지만 잠재적으로는 화해 가능한 사유형식들 사이에서 기꺼이 흔들려야 하고 또한 흔들릴 수 있어야 한다.

이는 적어도, 예술로서의 삶이라는 구성적 개념을 위해서, 우리의 자기 구성은 삶의 기술을 통해서 우리의 구체적인 삶의 양상들 속으로 사유와 행동의 형식들을 **통합**하기 위한 지속적 노력을 기반으로 삼는다는 것을 의미한다. 이것은 본성상 특정 실천들의 다면적인 가능성을 수반한다(또는 전제한다). 연대성의 행위는 정당하면서도 상호주관적인 것이다. 창조성의 행위는 저항적이면서 시적이다. 만일 예술로서의 삶이 현실화되기 위한 것이라면, 그것은 저항적이고 긍정적인 행위들을 전략적으로 정의함으로써, 그리고 그 행위들을 우리의 고유한 삶 속에 전개함으로써 이루어져야 한다. 이것은 실천 형식들의 일관적 문제화 및 경험에 관한 저항과 긍정을 위해 정립된 가능성을 통해서 일어난다. 예술적 삶은 다형적 형식을 '생각'할 수 있고, 동시에 그것은 삶의 기술을 통해서 자기 생산으로 정위된 통합적 방식을 작용한다.

예술적 삶은 예술로서의 삶 속에서 구별되는 계기들을 통합하는 삶이다. 그러므로 예술적 삶은 고립된 철학적 과제일 수 없다. 또한, 그것은 독자적으로 계시적, 저항적, 또는 창조적인 것으로 각각 구별되어 나타나지 않는다. 오히려, 예술적 삶은 앞서 나타난 세 가지 판명한 미학적 초점들 — 특수성과 감각성, 체화와 수용, 창조성과 자기형성 — 을 구체화하기 위한 노력을 견지한다. 이는 진단, 규정, 그리고 실험화의 과정을 통해 이루어진다. 그것은 예술로서의 삶을 위한 기초를 형성하는 다형태적인 사유와 삶의 방식의 통합적 전개이다. 이것은 예술로서의 삶에서 성취된 종합이 총체적으로 비개념적이라는 것을 의미한다. 이것이 철학적으로 불만족스러운 것일 수 있는 반면, 그것은 실천적 참여를 특권화하는 긍정적 효과 및 시간상에서 자기를 창조하고 정제하는 어려운 기술을 갖는다. 반복하자면, 예술로서의 삶에서 중요한 것은 삶의 기술이다. 그것은 우리의 고유한 삶 내부에 특정한 미학적 방향을 실행하고 그 한계를 설정하는 능력이다.

따라서 나는 개별적으로 예술로서의 삶에서의 긍정적, 부정적, 그리고 윤리적 계기들을 개괄하는 세 가지 '궤도들'을 제시했다. 각 계기는 정의를 위한 미학적 필수요소, 경험, 그리고 창조성에 대한 감사로 채워진 자기와 세계를 창조하는 전체적 과정의 일부로 간주될 수 있다. 각 계기가 다른 역할을 하긴 하지만, 각각은 전체로서의 예술적 삶에 필수적이다. 정의, 특수성, 그리고 감각성에 대한 비판이론적인 요구가 창조적이고 윤리적인 개입을 위한 필수적 공간을 연다. 세계와 계시에 대한 사유와 개방성을 넘어서 사유하기 위한 현상학적 요구는 일상적 삶의 내재적 실재성의 긍정을 허용한다. 또한, 카뮈와 푸코의 미학적 윤리는 비판이론과 현상학의 미학이 현재의 현실과 관련해서 전개될 수 있고 균형을 잡을 수 있는 구체적 방식을 보여 준다. 여기서, 미학적 윤리, 실존의 포이에시스[시학]은 예술작품 내에서 발견되는 이중적 축을 현실화한다.

그것은 예술로서의 삶의 핵심을 형성하는 문제화, 저항, 창조, 그리고 개방성의 발생이자 항구적 작업이다. 만일 예술로서의 삶이 규범화와 통합, 유물론, 또는 이론중심주의의 형식에 대한 유의미하면서도 실행 가능한 대안으로 이해된다면, 그것은 주위세계를 긍정하고 일상적 삶을 신성화하는 실천과 기술들을 발견함으로써 이루어져야 한다. 예술로서의 삶에 대한 무신경한 규정과는 대조적으로, 그것은 자기 자신을 아름답게 하고, 더 잘 사랑하고, 더 좋은 음식을 만들고, 신비적인, 혹은 사회적인 반항을 형성하기 위한 시도가 아니다. 다시 말해 그것은 삶의 방식, 총체적이고 통합적인 작품을 형성하기 위한 일관적인 시도이다. 이것은 지배를 최소화함과 동시에 우리가 창조한 세계를 심각하게 받아들인다. 또한, 그것은 삶을 개방성과 감사로 채우고 각각을 총체적 노력의 필수적인 부분 ─ 성격의 형성 ─ 으로 이해한다.

그것은 잠재적으로 예술로서의 삶이 영원한 정당화 없이 삶을 유의미한 것으로 만들어 주는 독특한 삶의 방식 및 존재방식으로 간주되게 하는 매일의 삶을 변형해 내는 시도다. 예를 들어 요리를 한다는 것은 쾌락을 주는 음식을 만들고 선택하고 선별하는 윤리적인 기술로 다시 구상되어야 한다. 운동은 탈-규범화한 신체에 관여하는 수단이다. 결혼과 우정은 비-규범화된, 유쾌한 연대적인 관계들을 담는 그릇이다. 우리의 정치적 삶, 문화적 삶, 여가 생활, 그리고 예술적 헌신은 저항과 창조의 장소다. 또한, 우리의 작업은 쾌락과 창조성의 원천일 수 있다. 각각에 대해서, 우리는 저항적이고 계시적인 실천들을 도야하기를 시도한다. 이처럼 우리의 삶 ─ 이는 삶을 구성하는 것을 괴리시키는 양태가 아니다 ─ 은 저항과 긍정의 형식 그 자체, 미학적 창조 그 자체다. 그것은 예술로서의 삶의 차원인 미학적 청사진의 실행, 우리의 실존의 다양한 양상들에 대한 매끄러운 조화다.

각 장에서 제시한 성격 묘사 ─ 니체의 이상적 유형, 르네 마그리트, 아니타 엔드레제, 카뮈의 성격, 기타 등등 ─ 는 삶-예술가의 '작업'을 개념화하는 방식을 우리에게 보여 준다. 들뢰즈가 정확하게 주목했던 것처럼, 하나의 유형은 신체에 생각을 기입하고, 일련의 개념들이 현실화되는 방식을 이해하는 수단이다. 앞서 묘사된 것들은 전부, 이런 점에서, 미완의 기획이다. 그것들은 예술적 삶 본성을 충만하게 규정하지 못한다. 그런데 각각이 드러내는 것은 예술로서의 삶의 특수한 양상이다. 각 유형들이 부분보다 더 큰 전체로 받아들여질 때, 살아 있는 형식 안에서 예술로서의 삶을 표상할 수 있다.

가장 중요한 것은, 이러한 형태들이 보여 주는 바가, 곧 예술로서의 삶이 허구와 현실의 동등한 부분들이라는 점이다. 예술로서의 삶이 특정 미학적 개념들을 매일의 체험으로 번역해 내길 요구하는 한, 그것은 미래의 자기와 세계의 새로운 형태의 지속적 생산을 통해 작동한다. 상상을 통해 열린 공간은 일상 속으로 예술의 본질을 조직하기 위한 실천적 시도를 가능하게 한다. 이런 이유로, 니체와 카뮈의 허구화된 이념들, 혹은 실제로 내가 허구화해 낸 형태들이 예술로서의 삶이 무엇이며, 그것이 무엇이 될 수 있는지를 구상하는 유일한 방식이 되는 것은 아니다.

긴 구상시간뿐만 아니라 완성을 위해 요구된 많은 작업을 모두 신세지고 있는 이 기획은 결코 완전히 갚을 수 없을 것 같은 무수한 빚을 졌다. 이 기획은 나의 동료들, 멘토들과 부모님, 그리고 그들의 끝없는 사랑, 지원 그리고 유머 없이 가능하지 않았을 것이다. 불충분하긴 하지만, 나는 예술로서의 삶에 대한 나의 작업에 앞선, 그리고 이 작업을 둘러싼 수년간의 우정과 지원에 대해 다음의 사람들에게 감사밖에 할 수 있는 것이 없다.

태드 벡만Tad Beckman. 그와의 셀 수 없는 대화와 그가 주었던 생생한 사례에서 예술로서의 삶에 대한 생각이 태어났다. 다음의 지면들에서 어떤 점에서든 그가 영향을 미치지 않은 것은 거의 없다.

필립 클래이튼Philip Clayton. 그의 지도, 조언 그리고 우정은 매우 귀중했었다. 필립은 내가 더 좋은 저자, 학자 그리고 전문가가 되도록 독려했으며, 가장 중요하게는, 매일 나에게 더 좋은 사람이 되는 법을 보여 주었다.

나의 어머니, 팸 심슨Pam Simpson. 그녀의 끝없는 사랑과 지원은 나로 하여금 삶 그 자체가 예술적일 수 있음을 볼 수 있게 만들었다.

나의 아버지, 게리 심슨Gary Simpson. 그는 나에게 세계가 우리가 받아들이는 것보다 더 복잡하다는 것을, 그리고 중요한 것은 진리임을 보여 주었다.

나의 친구들과 가족:개리와 켈시 부부Gary and Kelsie Grubitz, 슈완 스프릭커Shaun Spreacker, 벤 오도넬Ben O'Donnell, 케이스 바샴Keith Basham, 폴 매닝Paul Manning, 브렌트 부히스Brent Voorhees, 리차드 밀러Richard Miller, 애비 패리쉬Abby Parish, 그리고 나의 친척과 다른 많은 사람. 그들의 유머와 사랑은 이

기획을 즐겁고 특별한 것으로 만들었다.

그리고 이 기획 동안 나는 많은 다른 대화상대자를 요청했는데, 롤란드 파버Roland Faber는 이 기획의 모든 단계들에 대해 귀중한 논평들을 해주었다. 제이슨 맥마틴Jason McMartin은 늘 그렇듯 나의 여러 가지 횡설수설한 글들에 대해 매우 귀중한 조언을 주었다. 린제이 맥도널드Lindsay McDonald는 예술로서의 삶에 대한 아이디어가 생각났을 때 나로 하여금 계속해서 그 가치를 시적으로 생생하게 이해할 수 있도록 독려했다. 오웬 웨어Owen Ware와의 대화는 이 기획의 초안에 대한 틀을 잡는 데 도움을 주었다. 엘리노어 설리반Eleanor Sullivan과 알란 허킨스Alan Hawkins는 이 기획에 뿌리를 내렸던 사색의 씨앗들을 나에게 심어 주었다.

사라 코크리Sarah Coakley 교수는 다음의 작업 중 어느 것도 정확하게 감독하지는 않았지만, 이 기획은 그녀의 너그러움과 시간이 없이는 완성될 수 없었을 것이다.

이 책의 유래가 된 나의 학위논문의 완성을 위한 재정지원은 내가 진심을 다해 감사하는 하버드 대학과 클레어몬트 대학원Claremont Graduate University에서 받았다.

6장을 시작하는 시, 「트윈 레이크의 노을」을 제시할 수 있었던 것은 2012년 애리조나 대학 출판사에서 『나비 달』Butterfly Moon이라는 이름의 새 단편소설을 출간한 아니타 엔드레제의 호의 덕분이다. 그녀는 이전에 『황혼의 중심에서』At the Helm of Twilight(Broken Moon Press, 2000)과 『해에 불을, 달에 물을 던지며』Throwing Fire at the Sun, Water at the Moon(University of Arisona Press)라는 책들을 출간했다. 6장에서 또한 「독수리 호수」Eagle Lake라는 시가 등장하는 것도 저자인 조이 하르요 덕분이다.

이 책은 또한 지원, 열정, 그리고 책의 범위과 한계들에 대한 관심을 제공했던 렉싱튼 북스Lexington Books의 편집자 야나 호쥐스-클릭Jana Hodges-

Kluck의 정교한 교정을 받았다. 그녀의 전문지식은 대단히 고마웠다.

마지막으로 나의 동반자이자 삶에 대한 진정한 예술가인 켄지^{Kenzie}. 그는 이 기획에 의미와 형태를 부여했고 또한 이 기획이 가질 수 있는 모든 아름다움을 제공했다. 당신의 인내와 사랑, 이해는 내가 쓴 모든 단어의 인도자였습니다. 우리 둘이 계속해서 함께 창조할 수 있기를.

:: 보충 문헌

Baker, Stephen. *Autoaesthetics:Strategies of the Self After Nietzsche*. Atlantic Highlands, NJ:Humanities Press, 1992.

Davidson, Arnold, "Ethics as Ascetics:Foucault, the History of Ethics, and Ancient Thought." In *The Cambridge Companion to Foucault*, edited by Gary Gutting, 115-40. Cambridge:Cambridge University Press, 1994.

Grana, Cesar. *Modernity and its Discontents:French society and the French Man of Letters in the Nineteenth Century*. New York:Harper, 1967.

Greenblatt, Stephen. *Renaissance Self-Fashioning:From More to Shakespeare*. Chicago:University of Chicago Press, 1983.

Habermas, Jürgen. *The Philosophical Discourse of Modernity:Twelve Lectures*, trans., Frederick G. Lawrence. Cambridge, MA:MIT Press, 1990.

Hadot, Pierre. *Philosophy as a way of Life:Spiritual Exercises from Socrates to Foucault*, ed., Arnold Davidson, trans., Michael Chase. Oxford:Blackwell, 1995.

Hattingh, J.P. "Living One's Life as a Work of Art." *South African Journal of Philosophy* 15, no. 2 (1996):60-72

Honneth, Axel. "Foucault and Adorno:Two Forms of the Critique of Modernity." In *Theodor W. Adorno:Critical Evaluations in Cultural Theory*, edited by Simon Jarvis, 90-100. New Yock:Routledge, 2007.

Nehamas, Alexander. *Nietzsche:Life as Literature*. Cambridge, MA:Harvard University Press, 1985 [알렉산더 네하마스, 『니체:문학으로서 삶』, 김종갑 옮김, 연암서가, 2013].

_____. *The Art of Living:Socratic Reflections from Plate to Foucault*. Berkeley, CA:University of California Press, 1998.

Ridley, Aaron. *Nietzsche's Conscience:Six Character Studies from the Genealogy*. Ithaca, NY:Cornell University Press, 1998.

Rorty, Richard. *Essays on Heidegger and Others:Philosophical Papers II*. Cambridge:Cambridge University Press, 1991.

Shusterman, Richard. "Somaesthetics and Care of the Self:The Case of Foucault." *The Monist* 83, no. 4 (2000):530-51.

Taylor, Charles. *The Ethics of Authenticity*. Cambridge, MA:Harvard University Press, 1992.

Ure, Michael. "Senecan Moods:Foucault and Nietzsche on the Art of the Self." *Foucault Studies* 4 (2007):19-52.

Whitebrook, Joel. *Perversion and Utopia:A Study in Psychoanalysis and Critical Theory*. Cambridge, MA:MIT Press, 1996.

Wolf, Susan. *Meaning and Life and Why it Matters*. Princeton, NJ:Princeton University Press, 2010 [수전 울프, 『삶이란 무엇인가』, 박세연 옮김, 엘도라도, 2014].

Adorno, Theodor. *Negative Dialectics.* Translated by E.B. Ashton. New York:Continuum Press, 1990 [테오도르 아도르노, 『부정변증법』, 홍승용 옮김, 한길사, 2005].

_____. *Aesthetic Theory.* Translated by Robert Hullot-Kentor. Minneapolis:University of Minnesota Press, 1997 [테오도르 아도르노, 『미학이론』, 홍승용 옮김, 문학과지성사, 1997].

_____. *Critical Models:Interventions and Catchwords.* Translated by Henry Pickford. New York:Columbia University Press, 2005.

_____. *Minima Moralia:Reflections on a Damaged Life.* Translated by E.F.N. Jephcott. New York:Verso Press, 2005 [테오도르 아도르노, 『미니마 모랄리아 ─ 상처받은 삶에서 나온 성찰』, 김유동 옮김, 길, 2005].

_____. *Philosophy of New Music.* Translated by Robert Hullot-Kentor. Minneapolis, MN:University of Minnesota Press, 2006 [테오도르 아도르노, 『신음악의 철학』, 문병호·김방현 옮김, 세창출판사, 2012].

_____. "Letters to Walter Benjamin." Pp. 110-33 in *Aesthetics and Politics.* New York:Verso Press, 2007 [이순예, 「아도르노 '더' 깊이 읽기 ⑤ ─ 벤야민에게 보낸 편지」, 『아도르노 ─ 현실이 이론보다 더 엄정하다』, 한길사, 2015].

Barbaras, Renaud. *The Being of the Phenomenon:Merleau-Ponty's Ontology.* Translated by Ted Toadvine and Leonard Lawlor. Bloomington, IN:Indiana University Press, 2004.

Baudelaire, Charles. *Selected Writings on Art and Literature.* Translated by P.E. Charvet. New York:Penguin Books, 1992 [이 책에 수록된 문헌 중에서 「현대의 삶을 그리는 화가」는 다음 책에 번역본이 있다. 양효실·샤를 보들레르, 『샤를 보들레르:현대의 삶을 그리는 화가』, 정혜용 옮김, 은행나무, 2014].

Camus, Albert. *Caligula and Three Other Plays.* Translated by Stuart Gilbert. New York:Vintage Books, 1958 [알베르 카뮈, 「칼리굴라」, 『알베르 카뮈 전집』 1, 김화영 옮김, 책세상, 2010; 「오해」, 『알베르 카뮈 전집』 3, 김화영 옮김, 책세상, 2010; 「정의의 사람들」, 『알베르 카뮈 전집』 4, 김화영 옮김, 책세상, 2010; 「계엄령」, 『알베르 카뮈 전집』 4, 김화영 옮김, 책세상, 2010].

_____. *Resistance, Rebellion, and Death.* Translated by Justin O'Brien. New York:Vintage Books, 1960.

_____. *Lyrical and Critical Essays.* Translated by Ellen Conroy Kennedy. Edited by Philip Thody. New York:Vintage Books, 1968 [알베르 카뮈, 「결혼」, 『알베르 카뮈 전집』 1, 김화영 옮김, 책세상, 2010; 『알베르 카뮈 전집』 7, 김화영 옮김, 책세상, 2010]

_____. *The Rebel.* Translated by Anthony Bower. New York:Penguin Books, 1971 [알베르 카뮈, 「반항하는 인간」, 『알베르 카뮈 전집 특별판』 5, 김화영 옮김, 책세상, 2010].

_____. *The Myth of Sisyphus and Other Essays.* Translated by Justin O'Brien. New York:Vintage Books, 1991 [이 책에 수록된 문헌 중에서 『시시포스 신화』의 한국어판은 다음과 같다. 알베르 카뮈, 『시시포스 신화』, 오영민 옮김, 연암서가, 2014].

_____. "The Plague." Pp. 1-272 in *The Plague, the Fall, Exile and the Kingdom, and Selected Essays.* New York:Alfred A. Knopf, 2004 [알베르 카뮈, 『페스트』, 유호식 옮김, 문학동네, 2015].

_____. "The Fall." Pp. 273-356 in *The Plague, the Fall, Exile and the Kingdom, and Selected Essays.* New York:Alfred A. Knopf, 2004 [알베르 카뮈, 『전락』, 이휘영 옮김, 문예출판사, 2015].

_____. "Exile and the Kingdom." Pp. 357-488 in *The Plague, the Fall, Exile and the Kingdom, and Selected Essays.* New York:Alfred A. Knopf, 2004.

Clayton, Philip. *Mind and Emergence.* Oxford:Oxford University Press, 2004.

Clayton, Philip and Paul Davies, editors. *The Re-Emergence of Emergence:The Emergentist Hypothesis from Science to Religion.* Oxford:Oxford University Press, 2006.

d'Aurevilly, J.A. Barbey. *Of Dandyism and of George Brummell.* Translated by D. Ainslie:Dent Publishing, 1897 [쥘 바르베 도르비이, 『멋쟁이 남자들의 이야기 댄디즘』, 고봉만 옮김, 이봄, 2014].

Deleuze, Gilles, and Felix Guattari. *What Is Philosophy?* Translated by Hugh Tomlinson and Graham Burchell. New York:Colombia University Press, 1994 [질 들뢰즈·펠릭스 가타리, 『철학이란 무엇인가』, 이정임·윤정임 옮김, 현대미학사, 1995].

Derrida, Jacques. *The Gift of Death.* Translated by David Wills. Chicago:University of Chicago Press, 1996.

_____. *The Politics of Friendship.* Translated by George Collins. New York:Verso Press, 2005.

Eco, Umberto and Girolamo de Michele. *History of Beauty.* Translated by Alastair McEwen. Edited by Umberto Eco. New York:Rizzoli, 2004 [움베르토 에코, 『미의 역사』, 이현경 옮김, 열린책들, 2005].

Foucault, Michel. *Language, Counter-Memory, Practice:Selected Essays and Interviews.* Translated by Donald F. Bouchard and Sherry Simon. Edited by Donald F. Bouchard. Ithaca, NY:Cornell University Press, 1977.

_____. *Discipline and Punish:The Birth of the Prison.* Translated by Alan Sheridan. New York:Vintage Books, 1979 [미셸 푸코, 『감시와 처벌 — 감옥의 탄생』, 오생근 옮김, 나남출판, 2016].

_____. *Power/Knowledge:Selected Interviews and Other Writings, 1972-1977.* Edited by Colin Gordon. New York:Pantheon Books, 1980.

_____. *Michel Foucault:Politics, Philosophy, Culture.* Edited by Lawrence D. Kritzman. New York:Routledge, 1988.

_____. *The Use of Pleasure:Volume 2 of the History of Sexuality.* Translated by Robert Hurley. New York:Vintage Books, 1990. [미셸 푸코, 『성의 역사 — 제2권 쾌락의 활용』, 신은영·문경자 옮김, 나남출판, 2004].

_____. *The Care of the Self:Volume 3 of the History of Sexuality.* Translated by Robert Hurley. New York:Vintage Books, 1990 [미셸 푸코, 『성의 역사 — 제3권 자기에의 배려』, 이영목 옮김, 나남출판, 2004].

_____. *The History of Sexuality:An Introduction.* Translated by Robert Hurley. Vol. 1. New York:Vintage Books, 1990 [미셸 푸코, 『성의 역사 — 제1권 지식의 의지』, 이규현 옮김, 나남출판, 2010].

_____. *Foucault Live (Interviews, 1961-1984)*. Edited by Sylvere Lotringer. New York: Semiotext(e), 1996.

_____. *Ethics: Subjectivity and Truth*. Translated by Robert Hurley et. al. Edited by Paul Rabinow. Vol. 1, *Essential Works of Foucault, 1954-1984*. New York: The New Press, 1997.

_____. *Aesthetics, Method, and Epistemology*. Translated by Robert Hurley et. al. Edited by James D. Faubion. Vol. 2, Essential Works of Foucault, 1954-1984. New York: The New Press, 1998.

Halliburton, David. *Poetic Thinking: An Approach to Heidegger*. Chicago: University of Chicago Press, 1981.

Heidegger, Martin. *Discourse on Thinking*. Translated by John Anderson and E. Hans Freund. New York: Harper Torchbooks, 1966.

_____. *What Is a Thing?* Translated by W.B. Barton Jr. and Vera Deutsch. Chicago: Henry Regnery Company, 1967

_____. *What Is Called Thinking?* Translated by J. Glenn Gray. New York: Harper Torchbooks, 1968 [마르틴 하이데거, 『사유란 무엇인가』, 권순홍 옮김, 길, 2005].

_____. *Identity and Difference*. Translated by Joan Stambaugh. New York City: Harper and Row, 1969 [마르틴 하이데거, 『동일성과 차이』, 신상희 옮김, 민음사, 2000].

_____. *Poetry, Language, Thought*. Translated by Albert Hofstadter. San Francisco: Harper and Row, 1971 [수록된 글들 중 번역되어 있는 글들의 출처는 다음과 같다.「예술작품의 기원」, 『숲길』, 나남, 2008;「무엇을 위한 시인인가」, 『숲길』, 나남, 2008;「건축함 거주함 사유함」, 『강연과 논문』, 이기상·신상희·박찬국 옮김, 이학사, 2008;「사물」, 『강연과 논문』, 이기상·신상희·박찬국 옮김, 이학사, 2008;「언어」, 『언어로의 도상에서』, 신상희 옮김, 나남, 2012;「…… 인간은 시적으로 거주한다……」, 『강연과 논문』, 이기상·신상희·박찬국 옮김, 이학사, 2008].

_____. *An Introduction to Metaphysics*. Translated by Ralph Manheim. New Haven, CT: Yale University Press, 1987 [마르틴 하이데거, 『형이상학 입문』, 박휘근 옮김, 문예출판사, 1994].

_____. *Basic Writings*. Edited by David Farrell Krell. San Francisco, CA: Harper Collins, 1993 [수록된 글들 중 번역되어 있는 글들의 출처는 다음과 같다.:「존재와 시간 서문」, 『존재와 시간』, 이기상 옮김, 까치, 1998;「형이상학이란 무엇인가」, 『이정표 1』, 신상희 옮김, 한길사, 2005;「진리의 본질에 관하여」, 『이정표 2』, 이선일 옮김, 한길사, 2005;「예술작품의 기원」, 『숲길』, 나남, 2008;「휴머니즘 서간」, 『이정표 2』, 이선일 옮김, 한길사, 2005;「기술에 대한 물음」, 『강연과 논문』, 이기상·신상희·박찬국 옮김, 이학사, 2008;「건축함 거주함 사유함」, 『강연과 논문』, 이기상·신상희·박찬국 옮김, 이학사, 2008;「사유란 무엇을 말하는가」, 『강연과 논문』, 이기상·신상희·박찬국 옮김, 이학사, 2008;「언어에 이르는 길」, 『언어로의 도상에서』, 신상희 옮김, 나남, 2012;「철학의 종말과 사유의 과제」, 『사유의 사태로』, 문동규·신상희 옮김, 길, 2008].

_____. *Being and Time*. Translated by Joan Stambaugh. New York: State University of New York Press, 1996 [마르틴 하이데거, 『존재와 시간』, 이기상 옮김, 까치, 1998].

_____. *Elucidations of Hölderlin's Poetry*. Translated by Keith Hoeller. Amherst, NY: Humanity Books, 2000 [마르틴 하이데거, 『횔덜린 시의 해명』, 신상희 옮김, 아카넷, 2009].

_____. *Poetry, Language, Thought*. Edited by Albert Hofstadter. New York: Harper Collins, 2002.

_____. *On Time and Being*. Translated by Joan Stambaugh. Chicago : University of Chicago Press, 2002 [마르틴 하이데거, 『사유의 사태로』, 문동규·신상희 옮김, 길, 2008].

Hicks, Steven and Alan Rosenberg. "Nietzsche and Untimeliness : The 'Philosopher of the Future' as the Figure of Disruptive Wisdom." *Journal of Nietzsche Studies* 25 (2003) : 1-34.

Horkheimer, Max, and Theodor Adorno. *Dialectic of Enlightenment : Philosophical Fragments*. Translated by Edmund Jephcott. Stanford, CA : Stanford University Press, 2002 [테오도르 아도르노·M. 호르크하이머, 『계몽의 변증법』, 김유동 옮김, 문학과지성사, 2001].

Husserl, Edmund. *Ideas Pertaining to a Pure Phenomenology or a Phenomenological Philosophy : First Book*. Translated by F. Kersten. Norwell, MA : Kluwer Academic Publishers, 1983 [에드문트 후설, 『순수현상학과 현상학적 철학의 이념들 1』, 이종훈 옮김, 한길사, 2009].

Kellner, Douglas. *Herbert Marcuse and the Crisis of Marxism*. London : MacMillan, 1984.

_____. "Herbert Marcuse and the Vicissitudes of Critical Theory." Pp. 1-34 in *Towards a Critical Theory of Society*, edited by Douglas Kellner. New York : Routledge, 1998.

_____. "Marcuse, Art, and Liberation." Pp. 1-70 in *Art and Liberation*, edited by Douglas Kellner. New York : Routledge, 2007.

Kofman, Sarah. *Nietzsche and Metaphor*. Translated by Duncan Large. Stanford, CA : Stanford University Press, 1993.

Lampert, Laurence. "Beyond Good and Evil : Nietzsche's 'Free Spirit' Mask." *International Studies in Philosophy* 16, no. 2 (1984) : 41-51.

Malpas, Jeff. *Heidegger's Topology : Being, Place, World*. Cambridge, MA : The MIT Press, 2006.

Marcuse, Herbert. *Reason and Revolution : Hegel and the Rise of Social Theory*. Boston : Beacon Press, 1966 [헤르베르트 마르쿠제, 『이성과 혁명』, 김현일 옮김, 중원문화사, 2011].

_____. *An Essay on Liberation*. Boston : Beacon Press, 1969 [헤르베르트 마르쿠제, 『해방론』, 김택, 울력, 2004].

_____. *Counterrevolution and Revolt*. Boston : Beacon Press, 1972 [헤르베르트 마르쿠제, 『반혁명과 반역』, 풀빛, 1984].

_____. *Eros and Civilization*. Boston : Beacon Press, 1974 [헤르베르트 마르쿠제, 『에로스와 문명』, 김인환 옮김, 나남출판, 2004].

_____. *The Aesthetic Dimension : Toward a Critique of Marxist Aesthetics*. Boston : Beacon Press, 1978 [헤르베르트 마르쿠제, 『미학과 문화』, 최현 옮김, 범우사, 1989에 수록].

_____. *Negations : Essays in Critical Theory*. Translated by Jeremy Shapiro. London : Free Association Books, 1988.

_____. *One-Dimensional Man : Studies in the Ideology of Advanced Industrial Society*. Boston : Beacon Press, 1991 [헤르베르트 마르쿠제, 『일차원적 인간』, 박병진 옮김, 한마음사, 2009].

_____. *Towards a Critical Theory of Society*. Edited by Douglas Kellner. Vol. 2, Collected Papers of Herbert Marcuse. New York : Routledge, 1998.

_____. *The New Left and the 1960s*. Edited by Douglas Kellner. Vol. 3, *Collected Papers of Herbert Marcuse*. New York : Routledge, 2005.

_____. *Art and Liberation*. Edited by Douglas Kellner. Vol. 4, *Collected Papers of Herbert Marcuse*. New York : Routledge, 2007.

_____. *A Study on Authority.* New York : Verso Press, 2008.

Marion, Jean-Luc. *Reduction and Givenness : Investigations of Husserl, Heidegger, and Phenomenology.* Translated by Thomas Carlson. Evanston, IL : Northwestern University Press, 1998.

_____. *In Excess : Studies in Saturated Phenomena.* Translated by Robyn Horner and Vincent Berraud. New York : Fordham University Press, 2002.

_____. *Being Given : Toward a Phenomenology of Givenness.* Translated by Jeffrey Kosky. Stanford, CA : Stanford University Press, 2002.

_____. *The Crossing of the Visible.* Translated by James Smith. Stanford, CA : Stanford University Press, 2004.

_____. "The Banality of Saturation." Pp. 383-418 in *Counter-Experiences : Reading Jean-Luc Marion*, edited by Kevin Hart. Notre Dame, IN : University of Notre Dame Press, 2007.

McGushin, Edward. *Foucault's Askesis : An Introduction to the Philosophical Life.* Evanston, IL : Northwestern University Press, 2007.

Menke, Christoph. *The Sovereignty of Art.* Translated by Neil Solomon. Cambridge, MA : MIT Press, 1998.

Merleau-Ponty, Maurice. *Signs.* Translated by Richard C. McCleary. Evanston, IL : Northwestern University Press, 1964.

_____. *Sense and Non-Sense.* Translated by Hubert L. Dreyfus and Patricia Allen Dreyfus. Evanston, IL : Northwestern University Press, 1964 [모리스 메를로 퐁티, 『의미와 무의미』, 서광사, 1990].

_____. *The Visible and the Invisible.* Translated by Alphonso Lingis. Edited by Claude Lefort. Evanston, IL : Northwestern University Press, 1968 [모리스 메를로 퐁티, 『보이는 것과 보이지 않는 것』, 남수인 옮김, 동문선, 2004].

_____. *The Prose of the World.* Translated by John O'Neill. Edited by Claude Lefort. Evanston, IL : Northwestern University Press, 1971.

_____. *The Merleau-Ponty Aesthetics Reader : Philosophy and Painting.* Edited by Galen Johnson. Evanston, IL : Northwestern University Press, 1993.

_____. *Phenomenology of Perception.* Translated by Colin Smith. New York : Routledge, 2002 [모리스 메를로 퐁티, 『지각의 현상학』, 류의근 옮김, 문학과지성사, 2002].

Moers, Ellen. *The Dandy : Brummell to Beerbohm.* New York : Viking Press, 1960.

Morgan, Alastair. *Adorno's Concept of Life.* New York : Continuum Press, 2007.

Nietzsche, Friedrich. *Early Greek Philosophy and Other Essays.* Translated by Oscar Levy. Edited by Oscar Levy. New York : Russell & Russell, Inc., 1964.

_____. *The Birth of Tragedy and the Case of Wagner. 1872 and 1888.* Translated by Walter Kaufmann. New York : Vintage Books, 1967 [프리드리히 니체, 『비극의 탄생』, 박찬국 옮김, 아카넷, 2007; 「바그너의 경우」, 『니체전집』 15, 백승영 옮김, 2002].

_____. *The Will to Power.* 1905. Translated by Walter Kaufmann and R.J. Hollingdale. Edited by Walter Kaufmann. New York : Vintage Books, 1968 [프리드리히 니체, 『권력에의 의지』, 강수남 옮김, 청하 1988].

_____. *On the Genealogy of Morals and Ecce Homo.* 1888 and 1911. Translated by Walter

Kaufmann and R.J. Hollingdale. Edited by Walter Kaufmann. New York:Vintage Books, 1969 [프리드리히 니체, 『도덕의 계보학』, 홍성광 옮김, 연암서가, 2011; 「이 사람을 보라」, 『니체전집 15』, 백승영 옮김, 2002].

_____. The Gay Science. 1882. Translated by Walter Kaufmann. New York:Vintage Books, 1974 [프리드리히 니체, 「즐거운 학문」, 『니체전집 12』, 안성찬·홍사현 옮김, 2005].

_____. Thus Spoke Zarathustra. 1884. Translated by Walter Kaufmann. New York:Penguin Books, 1978 [프리드리히 니체, 『차라투스트라는 이렇게 말했다』, 김인순 옮김, 열린책들, 2015].

_____. Human, All Too Human:A Book for Free Spirits. 1878. Translated by Marion Faber and Stephen Lehmann. Lincoln, NE:University of Nebraska Press, 1984 [프리드리히 니체, 『인간적인 너무나 인간적인』 1~2, 김미기 옮김, 책세상, 2001/2].

_____. Beyond Good and Evil:Prelude to a Philosophy of the Future. 1886. Translated by Walter Kaufmann. New York:Vintage Books, 1989 [프리드리히 니체, 「선악의 저편」, 『니체전집 14』, 김정현 옮김, 2002].

_____. Twilight of the Idols. 1888. Translated by R.J. Hollingdale. New York:Penguin Books, 1990 [프리드리히 니체, 『우상의 황혼』, 박찬국 옮김, 아카넷, 2015].

_____. Untimely Meditations. 1876. Translated by R.J. Hollingdale. Cambridge:Cambridge University Press, 1997 [프리드리히 니체, 「반시대적 고찰」, 『니체전집 2』, 이진우 옮김, 2005].

_____. Daybreak:Thoughts on the Prejudices of Morality. 1880. Translated by R.J. Hollingdale. Edited by Maudemarie Clark and Brian Leiter. Cambridge:Cambridge University Press, 1997 [프리드리히 니체, 「아침놀」, 『니체전집 10』, 박찬국 옮김, 2004].

_____. Philosophy in the Tragic Age of the Greeks. Translated by Marianne Cowan. Washington, DC:Regnery Publishing, 1998 [프리드리히 니체, 「그리스 비극 시대의 철학」, 『니체전집 5』, 책세상, 2002].

_____. Sämtliche Werke:Kritische Studienausgabe in 15 Bänden. Edited by Giorgio Colli and Mazzino Montinari. 15 vols. Munich:Deutscher Tauschenbusch Verlag, 1999 [프리드리히 니체의 모든 글들에 대해서는 기본적으로 책세상에서 나온 니체 전집을 참고할 것].

O'Leary, Timothy. Foucault:The Art of Ethics. New York:Continuum, 2002.

Perotti, James. Heidegger on the Divine:The Thinker, the Poet and God. Athens, OH:Ohio University Press, 1974.

Pine, Richard. The Dandy and the Herald:Manners, Mind and Morals from Brummell to Durrell. New York:St. Martin's Press, 1988.

Stone, Alison. "Adorno and the Disenchantment of Nature." Philosophy and Social Criticism 32, no. 2 (2006):231-53.

Thompson, Kevin. "Forms of Resistance:Foucault on Tactical Reversal and Self-Formation." Continental Philosophy Review 36 (2003):113-38.

이 책의 저자 재커리 심슨은 현재 오클라호마 과학예술대학교^{USAO}의 철학 및 종교 연구학과 교수로 재직하고 있다. 그는 미국 클레어몬트대학교에서 박사학위를 받고, 하버드대학교 박사후연구원을 역임했으며, 종교철학, 예술철학, 19~20세기 유럽철학에 이르기까지 다양한 분야에서 성과를 내고 있는 학자이다. 심슨의 책 『예술로서의 삶』은 2009년 클레어몬트대학교에서 통과된 그의 박사학위논문을 다듬어낸 것으로, 현대유럽철학의 중대한 주제 가운데 하나인 예술적 주체성을 예술적 삶이라는 개념적 계기 아래 파악해 낸 작품이다.

저자는 댄디즘과 니체에서부터, 아도르노, 마르쿠제, 하이데거, 메를로-퐁티, 마리옹, 카뮈, 푸코에 이르기까지 기라성 같은 학자 여러 명을 예술적 주체성이라는 차원으로 모아들여 능숙한 솜씨로 묶어 낸다. 물론 이런 식의 연구가 가진 한계는 있다. 하나의 계기 아래 다양한 철학자들을 단숨에 엮다 보니 생기는 다소간의 단순화라든가 결함들이 눈에 밟힌다. 예를 들어 장-뤽 마리옹의 보이지 않는 것에 대한 통찰을 메를로-퐁티의 철학과 너무 쉽게 연결시킨다거나 종교적 주체성과 예술적 주체성의 간극을 깊이 성찰하지 못한 대목들은 번역을 하면서도 우리를 불편하게 했다.

하지만 이런 식의 단점에도 불구하고 우리가 이 책을 꿋꿋하게 번역해 낸 것은 한 권의 연구서가 가지는 장점과 긍정적 가치가 단점을 충분히 가릴 수 있다는 점 때문이다. 그 대표적 장점은 다름 아닌 참신함이 될 것이다. 예술적 주체성은 분명 현대철학에서의 주체 물음을 논의할 때 빼놓을 수 없는 계기이다. 앞서 열거한 철학자들이 예술가 내지 예술 작품의 특성

을 주체의 삶 속에 내재화하기를 깊이 열망했다는 점에서 예술적 주체성은
'근대적 주체 이후 어떤 인간이 도래하는가?'에 대한 주목할 만한 해법 가
운데 하나가 될 수 있다. 이런 점에서 비슷한 철학적 가치를 추구하는 학자
들을 하나로 묶는 작업은 분명 필요한 일이고 흥미로운 작업일 수 있지만
쉬운 일은 아니다. 그런데 저자 심슨은 매우 대담하게 이들의 작업을 최소
한 명시적으로는 위계화하지 않는 가운데 예술적 삶을 추구하기 위한 다
양한 계기를 펼쳐 낸다. 니체의 논의를 바탕으로 제시하는 마르쿠제의 해
방과 구원을 추구하는 예술적-변혁적 인간, 카뮈의 삶-예술가, 푸코의 실
존의 미학 등이 모두 그러한 계기라고 할 수 있다. 이러한 계기들을 펼쳐 보
여 주는 것은 말처럼 쉬운 일이 아니다. 모두 해당 철학자들에 대한 일정
수준 이상의 이해와 예술적 삶이 무엇인지에 대한 물음이 동반되어야 하
는데, 저자는 바로 그러한 물음과 이해의 결합을 추구하고 예술적 삶을 위
한 철학적 계기를 각 철학자들에게서 독창적으로 추출해 낸다.

　이 책의 이점은 비단 여기서 끝나지 않는다. 우리가 보기에 더 중요한
이점은, 이 세상의 답답한 현실, 곧 자본이나 권력, 부당한 권위에 종속되지
않고서 삶을 살아간다는 것이 얼마나 고귀한 일인지에 대한 저자의 깊은
인식이 이 책의 문제의식으로 처음부터 끝까지 오롯이 자리잡고 있다는 점
이다. 그렇기 때문에, 저자는 철학자들의 이론을 논의하면서도 현실 속에
서 예술적 삶을 몸소 보여 주고 있는 화가, 뮤지션, 시인, 정치가, 댄서 등의
예를 곳곳에 심어 놓으며 독자들로 하여금 자신의 문제의식에 대한 실제적
공감을 유발시키고 있다. 이런 점에서 독자들은 이 책을 읽어 나가는 가운
데 패배주의나 기회주의에 사로잡히지 않으면서 자기에게 주어진 삶을 아
름답게 가꿔나가는 것이 어떻게 가능한지를 조금이나마 상상해 볼 수 있
을 것이다. 우리는 이것이 바로 이 책이 가진 더 큰 미덕이라고 생각한다.

　언제나 그렇지만 번역을 하고 나면 두려움과 떨림이 엄습한다. 본서

의 내용을 최소한 우리말로 알아들을 수 있게끔 잘 표현해 냈는지, 곡해는 없는지, 그래서 의도하지 않게 여러 사람들에게 민폐를 끼치는 것은 아닌지 반성한다. 하지만 그러한 두려움에 사로잡혀 한 권의 책을 세상에 내놓는 고귀한 일을 중단할 수는 없는 노릇이다. 부족하더라도 얼마간의 오류가 있더라도 다소간의 비판을 받더라도, 이 세상의 도서관을 채울 수 있는 가치 있는 책 한 권이 사람들에게 읽힐 수 있도록 펼쳐지는 것이 더 중요한 일이기에 주제 넘는 일을 시도하고 말았다. 무엇보다도 갈무리 출판사의 책을 선정하는 선견지명과 권유가 이 책의 출판을 위한 중요한 동기가 되었고, 신뢰하는 사람들 간의 협업이 이 작업을 끝맺을 수 있는 힘이 되었다. 이 책을 미리 읽어 준 사람들, 그리고 직접적이지는 않지만 힘이 되어 준 가족과 친구들이 있지만, 그 모든 사람들의 이름을 일일이 거론하기에는 페이지가 모자랄 것이다. 직접 호명하지는 않지만 문자로 나타나지 않은 수없이 많은 사람들의 도움이 이 책의 출간을 가능하게 만들었다. 다시 한번 그 모든 이들에게 감사와 사랑의 메시지를 전한다. 앞으로도 우리들은 그리 크지 않은 협량한 재능이지만, 사람들에게 유익을 줄 수 있는 여러 방도를 계속 모색해 갈 것이다. 우리는 아직 살아 있기에 보고, 듣고, 배우고, 또 무엇인가를 말해야 한다.

2015년 9월

옮긴이 김동규·윤동민

ㄱ

가타리, 펠릭스(Guattari, Félix) 56
괴테, 요한 볼프강 폰(Goethe, Johann Wolfgang von) 59, 60, 212
그랑, 조제프(Grand, Joseph) 378~385, 388~390, 393, 394, 461, 466
그레이, 도리안(Gray, Dorian) 36
그레이엄, 마사(Graham, Martha) 266~268, 338
기, 콩스탕탱(Guys, Constantin) 37, 42, 453

ㄴ

니버, 리처드(Niebuhr, Richard) 330, 331
니체, 프리드리히(Nietzsche, Friedrich Wilhelm) 21, 25, 26, 30, 32, 33, 40, 50~67, 69~96, 98~111, 115~118, 122, 123, 136, 158, 159, 162, 176, 206, 208, 210, 211, 217, 219, 222, 262, 264, 266, 272, 288, 314, 315, 330, 333, 336, 337, 341, 343, 347, 363, 367, 385, 390, 392, 394, 416, 418, 420, 421, 449, 451, 454, 461, 462, 469~472, 474, 475, 479, 484~487

ㄷ

도르비이, 쥘 바르베(d'Aurevilly, Jules Barbey) 33, 38, 41, 43, 481
도스토예프스키, 표도르(Dostoevskii, Fyodor Mikhailovich) 348
들라크루아, 외젠(Delacroix, Eugène) 43
들뢰즈, 질(Deleuze, Gilles) 55~57, 71, 75, 100, 475, 481
디덜러스, 스티븐(Daedalus, Steven) 14~16, 52, 211, 392, 469

ㄹ

라이츠, 찰스(Reitz, Charles) 182
로젠베르그, 앨런(Rosenberg, Alan) 61
리유, 베르나르(Rieux, Bernard) 368~377, 379, 381~385, 388, 390

ㅁ

마그리트, 르네(Magritte, René) 113~115, 117, 122, 162, 163, 474
마르쿠제, 헤르베르트(Marcuse, Herbert) 7, 21, 26, 27, 116~124, 128, 131, 132, 136, 137, 139, 144, 145, 148, 149, 152, 154, 156, 157, 162, 164, 166~212, 215~217, 222, 263, 264, 269, 298, 312, 314, 336, 360, 362, 377, 388, 391, 396, 400, 403, 404, 428, 430, 432, 433, 442, 456, 462, 483, 486, 487
마리옹, 장-뤽(Marion, Jean-Luc) 27, 125, 218, 223, 229, 230, 264, 266, 269, 271, 272, 315~333, 335, 336, 486
말파스, 제프(Malpas, Jeff) 231, 248, 253
맑스, 칼(Marx, Karl) 125, 168~171, 174, 177, 181, 192, 199
맥클린, 노먼(Maclean, Norman) 30, 31
메를로-퐁티, 모리스(Merleau-Ponty, Maurice) 21, 27, 218, 220, 221, 223, 244, 264, 266, 269~317, 320~322, 326, 329, 332, 333, 335, 337, 356, 388, 396, 399, 400, 430, 432, 433, 442, 469, 484, 486
모어스, 엘렌(Moers, Ellen) 34, 37, 38
모이어스, 빌(Moyers, Bill) 200
밀레, 아그네스 드(Mille, Agnes de) 267

ㅂ

바그너, 리하르트(Wagner, Richard) 59, 70, 90, 484
바르바라스, 르노(Barbaras, Renaud) 294
바움가르텐, 알렉산데르 고트리프(Baumgarten, Alexander Gottlieb) 16
바타이유, 조르쥬(Bataille, Georges) 23, 50
벤야민, 발터(Benjamin, Walter) 141, 480
보들레르, 샤를(Baudelaire, Charles-Pierre) 21, 33~35, 37~44, 453, 480
부브너, 루디거(Bubner, Rudiger) 151
브루멜, 조지(Brummell, George) 33

비어봄, 맥스(Beerbohm, Max) 41
비트겐슈타인, 루트비히(Wittgenstein, Ludwig) 122

ㅅ

사르트르, 장-폴(Sartre, Jean-Paul) 294, 345
살리스, 존(Sallis, John) 63
세잔, 폴(Cézanne, Paul) 302, 304
셸링, 프리드리히(Schelling, Friedrich Wilhelm Joseph von) 16, 327
쇤베르크, 아르놀트(Schönberg, Arnold) 141
쇼펜하우어, 아르투르(Schopenhauer, Arthur) 17, 59
슈트라우스, 다비드(Strauss, David) 59
스탠튼, 더나(Stanton, Donna) 44, 46, 47
스트라빈스키, 이고르(Stravinsky, Igor) 141
시바, 반다나(Shiva, Vandana) 390~394, 411, 461, 464
실러, 프리드리히(Schiller, Friedrich von) 16, 52, 53, 65, 82

ㅇ

아도르노, 테오도르(Adorno, Theodor Wiesengrund) 7, 21, 26, 27, 33, 77, 113, 117~143, 146~162, 164~169, 171, 173, 174, 178, 182, 184~187, 191, 197, 208~211, 214, 216, 217, 220, 222, 262~264, 269, 303, 314, 336, 355, 360, 403, 456, 462, 480
아리스토텔레스(Aristotle) 433
아우렐리우스, 마르쿠스(Aurelius, Marcus) 437
에코, 움베르토(Eco, Umberto) 41, 481
엔드레제, 아니타(Endrezze, Anita) 214~216, 219, 265, 474, 477
와일드, 오스카(Wilde, Oscar) 33, 36, 46, 47
융, 칼(Jung, Carl) 23

ㅈ

조나스, 질베르(Jonas, Gilbert) 378, 379, 382~385, 393, 464, 466
조이스, 제임스(Joyce, James) 14, 15

ㅋ

카뮈, 알베르(Camus, Albert) 21, 28, 29, 116, 176, 340, 342~369, 371~373, 376~379, 382~388, 391~397, 406, 409~412, 419, 421~424, 427, 453~457, 459~464, 466, 470, 473, 475, 480, 481, 486, 487
칸트, 임마누엘(Kant, immanuel) 16, 18~20, 42, 52, 65, 77, 124, 169, 223
칼비노, 이탈로(Calvino, Italo) 23
켈너, 더글라스(Kellner, Douglas) 197
코프만, 사라(Kofman, Sarah) 55, 57, 109
쿠르베, 귀스타브(Courbet, Gustave) 114
클라망스, 장 밥티스트(Clamence, Jean Baptiste) 369, 374
클레이튼, 필립(Clayton, Philip) 286, 287
키에르케고르, 쇠렌(Kierkegaard, Sören) 17

ㅌ

타루(Tarrou) 368, 370, 371, 373~379, 381~383, 385, 386, 388, 390, 461, 464
톰슨, 케빈(Thompson, Kevin) 455
틸리히, 폴(Tillich, Paul) 334, 335

ㅍ

푸코, 미셸(Foucault, Michel Paul) 7, 21, 28, 29, 32, 33, 46, 116, 172, 190, 283, 341~343, 370, 390, 392~464, 470, 471, 473, 481, 486, 487
프로이트, 지그문트(Freud, Sigmund) 168, 171, 172, 174, 177, 195, 403
피히테, 요한 고틀리프(Fichte, Johann Gottlieb) 16

ㅎ

하르요, 조이(Harjo, Joy) 265
하버마스, 위르겐(Habermas, Jürgen) 167
하이데거, 마르틴(Heidegger, Martin) 20, 21, 27, 130, 214, 218~264, 266, 267, 269~276, 281, 288~290, 292, 299, 303, 306, 307, 309, 311~313, 315~317, 329, 333, 335, 337, 428, 456, 465, 482, 483, 486
헤겔, 게오르크 빌헬름 프리드리히(Hegel, George Wilhelm Friedrich) 6, 17, 19, 20, 52, 123, 124,

125, 142, 169

호르크하이머, 막스(Horkheimer, Max) 118, 121,
　483

호웰스, 버나드(Howells, Bernard) 34, 39, 41

화이트헤드, 알프레드 노스(Whitehead, Alfred
　North) 184

횔덜린, 프리드리히(Hölderlin, Friedrich) 244,
　258, 482

후설, 에드문트(Husserl, Edmund) 224, 230, 273,
　274, 316, 318, 333, 483

힉스, 스티븐(Hicks, Steven) 61

ㄱ

가상(illusion) 25, 54, 58, 62, 66~68, 70, 74~83, 85, 86, 90~92, 96, 97, 102, 103, 105, 108~110, 115~117, 123, 132, 144~148, 151, 159, 162, 173, 199, 205, 314, 342, 416, 418~420, 448, 461

『간접언어와 침묵의 목소리』(Le langage indirect et les voix du silence, 메를로-퐁티) 301

감각성(sensuality) 167, 187~192, 194~197, 201, 207, 298, 473

감각성으로서의 미학(aesthetics-as-sensuality) 27, 188

감사(gratitude) 18, 238, 257, 261, 262, 270, 379, 473, 474, 476, 477, 488

〈강간〉(The Rape, 마그리트) 162, 163

개념화(conceptualize, conceptualization) 55, 56, 60, 61, 116, 118, 125, 126, 131, 144, 145, 150, 152, 153, 159, 160, 165, 168, 184, 208, 231, 236, 238~240, 260~263, 269, 271, 274, 290, 316, 322, 323, 325, 326, 330, 333, 366, 431, 436, 462, 475

개인(individual) 6, 8, 21, 27, 44, 53, 54, 58, 59, 64, 69, 74, 81, 83~85, 120, 164, 168, 170, 171, 173, 174, 176~184, 189, 192, 193, 195, 199~203, 207, 208, 210, 211, 215, 217, 358, 377, 390, 391, 394, 395, 399, 401, 405~414, 428, 431, 434, 450, 455, 466

개혁(reformation) 23, 118, 131, 151, 152, 154, 157~159, 164, 168, 182~184, 188, 197, 198, 201~203, 205~208, 214, 215, 217, 221, 222, 263, 336, 468

객관성(objectivity) 220~222

객관주의적 사유(objectivist thinking) 219, 220, 342

거주(habitation) 158, 223, 225, 230, 232, 237~239, 241, 245~251, 253, 256, 258, 259, 261, 262, 281, 282, 289, 296, 298, 307, 310, 313, 314, 337, 343, 364, 482

건축(building) 228, 229, 237, 238, 245, 246

건축물 246

건축술(architectonic, architectonics) 25, 54, 62, 116, 462

겸허한 사유(moderate thinking) 354, 367

경계(vigilance) 209, 236, 248, 397, 408, 428, 432, 436~438, 442, 447

경외(awe) 37, 60, 76, 271, 325, 326

경탄(bedazzlement) 324

계보학(genealogy, genealogical) 59, 103, 412~416, 421, 445, 449, 454, 460, 485

계산적 사유(calculative thinking) 236, 237, 239, 248, 258

계시(revelation) 7, 25, 27, 223, 224, 264, 315, 316, 322, 323, 326~334, 468, 469, 471, 473, 474

『계엄령』(L'État de Siège, 카뮈) 373, 480

고통(suffering) 20, 38, 63, 75, 88, 118, 127, 128, 132, 134, 135, 139, 146, 149, 151~156, 159~161, 165~167, 174, 178, 184, 189, 191, 196, 199, 203, 206, 209, 210, 212, 217, 263, 283, 330, 344, 347, 348, 350, 353, 359, 360, 361, 367, 368, 375, 385, 386, 399, 456

공간(space) 7, 14, 23, 29, 63, 79, 120, 123, 127, 148, 158~160, 181, 183, 194, 204, 211, 217, 218, 222, 223, 238, 240, 244~247, 250~253, 255~257, 259, 261, 263, 270, 271, 287, 290, 291, 305, 306, 308, 309, 313, 329, 334, 342, 343, 376, 387, 408, 420, 438, 459, 462, 467, 469, 471, 473, 475

공동체(community) 8, 165, 177, 178, 194, 390, 391, 392, 407

공산주의(communism) 114, 344

공포(horror) 22, 113, 116, 145, 146, 208, 314, 326, 334

과거(past) 18, 23, 24, 25, 29, 50, 72, 87, 89, 97, 108, 118, 145, 155, 173, 211, 224, 265, 272, 274, 278, 313, 334, 338, 343, 360, 397, 419, 437, 446, 465, 468, 469

과학기술(technology) 21, 121, 167, 181, 192~200, 203, 208

관리(administer) 22, 26, 119, 120, 147, 148, 178, 180, 186, 199, 201, 205, 238

관조(contemplation) 67, 96, 153, 154, 236, 264, 438

광기(madness) 61, 92

광란(frenzy) 64

구원, 구속(redemption) 23, 60, 65, 67, 87, 88, 92, 100, 101, 121, 132, 133, 148, 153~155, 158~162, 164, 165, 182, 187, 191, 207, 211, 212, 215~217, 247, 251, 262, 263, 265, 290, 298, 314, 316, 334, 336, 342, 369, 370, 376, 462, 467~469, 487

굴복(prostration) 67, 68, 239, 267, 268, 336, 357, 359

권력(power) 16, 347, 360, 395, 397~416, 420, 422~424, 445, 453, 455~460, 469, 487

권력관계(power relation) 397~412, 414, 415, 417, 419~424, 433, 457

규범화(normalization) 403~408, 411~415, 420, 423, 424, 428, 435, 445, 446, 448, 455, 456, 460, 468, 471, 474

규정(determination) 23, 35, 45, 50, 54, 58, 68, 72, 102, 118, 120, 134, 136, 137, 140, 150, 160~163, 165, 166, 173, 179, 188, 196, 197, 203, 209, 216, 218, 220, 223, 233, 234, 238, 240, 248, 251, 254, 255, 260, 262, 264, 274, 275, 280, 282, 283, 293, 294, 297, 302, 315, 320, 323, 331, 332, 335, 341, 343, 344, 351~354, 366, 370, 381, 385, 390, 392, 395~397, 412, 418, 419, 422, 425, 432, 433, 436, 438~447, 449, 451, 452, 454, 456~458, 463, 465, 473~475

그리스 비극(Greek tragedy) 61~64, 67, 73, 75, 99, 485

『그리스 비극 시대의 철학』(Philosophy in the Tragic Age of the Greeks, 니체) 61, 62, 67, 73, 99, 485

극복(overcome) 82, 122, 123, 148, 162, 172, 174, 175, 178, 182, 195, 201, 220, 223, 336, 366, 386~388, 391

극작가(dramatist) 67

근대성(modernity) 44, 454

금욕주의(asceticism) 38, 46, 108, 337

긍정(positivity, affirmation) 18, 23, 25~30, 52, 54, 55, 61, 62, 68, 74, 77, 83, 86, 88, 89, 92, 93, 95, 97, 98, 101~103, 107~111, 129, 156, 159, 166, 210~212, 214, 216~219, 240, 256, 260, 261, 263, 264, 266, 269, 271, 272, 290, 298, 310~315, 322, 333~338, 340~343, 347, 350, 352, 366, 387, 388, 391, 392, 394, 396, 420, 462, 467, 469, 471~474

기소(indictment) 151, 152, 154, 169, 204

기술(technique, techne) 387, 397, 402, 424, 426, 428, 429, 431~434, 436, 439, 441~443, 450, 453~458, 460, 462, 464, 466, 467, 470, 471, 473, 474

기예(art, techne) 60, 343, 394, 397, 401, 402, 404~406, 408~410, 414, 421, 425~427, 429, 430, 432, 434, 437, 442, 444~446, 452, 453, 458, 459, 467, 468

기호(sign) 47, 300~303, 308, 399

긴장(tension) 55, 62, 64, 65, 69, 70, 89, 101, 118, 121, 123, 124, 128, 133~136, 139, 141, 142, 144, 146, 161, 177, 185, 217, 249, 265, 314, 341, 353, 358, 362~366, 382, 383, 402, 411, 450, 463, 464, 466, 472

꿈(dream) 43, 62~64, 66, 67, 173, 174, 185, 355

ㄴ

나르시시즘(narcissism) 36, 38, 47, 49, 138, 454

나타남(appearance) 155, 216, 217~219, 230, 234, 235, 237~247, 251~253, 255, 257~262, 264, 268, 269, 289, 294~298, 307, 310, 311, 315, 316, 318~323, 326, 328, 331~334, 337, 338, 397, 464

내다봄(circumspection) 226, 228~230, 232, 234, 238, 239, 249~251, 274~276, 288, 292, 317

내재성(immanence) 23, 27, 158, 261, 263, 271, 272, 311, 314, 316, 328, 333, 334, 342, 462

내투사(introjection) 403

노동(work) 89, 129, 179, 200, 202, 217, 238, 261, 308, 334, 368~370, 375, 380, 381, 391, 392, 396, 430, 441, 442, 449, 458

『니코마코스 윤리학』(Ethica Nicomachea, 아리스 토텔레스) 433

ㄷ

다소하(dasoha) 391

대상화(objectivation) 22, 122, 126, 133, 136, 219, 236, 348
데카르트적 주체(Cartesian subject) 53, 121
도구적 합리성(instrumental rationality) 208
『도덕의 계보학』(*On the Genealogy of Morals*, 니체) 59, 103, 485
도취(Rausch) 63, 65, 68, 70, 75, 103, 104, 115, 116
동일성(identity) 32, 45, 48, 52, 53, 66, 110, 121~124, 126, 127, 129, 130, 141, 148~150, 198, 262, 318, 330, 332, 392, 396, 419, 421, 423, 425, 446, 448, 450, 456, 457, 468, 471, 482
동일성의 사유(identitarian thought) 126, 127, 130, 262
동일화하는 주체(identifying subject) 131, 152
디오니소스(Dionysus) 25, 56, 60, 62~70, 81, 84, 91, 94, 98, 101, 102, 104, 108, 109, 115, 211, 222, 264, 330, 462
『디오니소스 찬가』(*Dionysian Dithyrambs*, 니체) 91

ㄹ

로고스(logos) 227, 228, 233, 435, 442

ㅁ

『말과 사물』(*Les mots et les choses*, 푸코) 407
맑스주의(Marxism) 27, 168, 171, 198~202, 423
모방(mimesis) 48, 52, 132~134, 138, 140, 143, 145, 150, 268, 361, 364
목적론(teleology) 39, 286, 397, 426, 443, 444
무관심(indifference) 37, 41, 47, 48, 100, 346, 368
물러섬(step back) 236, 237, 239, 289
『미니마 모랄리아』(*Minima Moralia*, 아도르노) 126, 144, 153, 480
『미학이론』(*Aesthetic Theory*, 아도르노) 5, 27, 140, 142, 480
미학적 감수성(aesthetic sensibility) 195, 196, 203, 204, 210
미학적 공간(aesthetic space) 63
미학적 명령(aesthetic imperatives) 5, 6, 8, 33, 123, 206, 210, 395, 435, 466, 471
미학적 변형(aesthetic transformation) 186, 205, 341, 343
미학적 사유(aesthetic thinking, thought) 29, 159, 342
미학적 사회(aesthetic society) 192, 194, 200
미학적 양식화(aesthetic stylization) 143
미학적 에토스(aesthetic ethos) 197, 198
미학적 완전성(aesthetic perfection) 380
미학적 윤리(aesthetic ethics) 28, 29, 338, 340~343, 351, 364, 366, 384, 395, 397, 421~423, 426, 445, 447, 451~454, 456~458, 460, 462~464, 468, 473
미학적 의식(aesthetic consciousness) 198~200
미학적 이성(aesthetic reason) 118, 152~155, 157~160, 165, 166, 168, 188, 191, 193, 198, 204, 216, 217, 263, 298, 336, 338, 396, 471
미학적 자기(aesthetic self) 343, 433
미학적 지각(aesthetic perception) 103, 188, 310
『미학적 차원』(*The Aesthetic Dimension*, 마르쿠제) 190
미학적 추론(aesthetic reasoning) 117, 118, 157, 161, 162, 184, 188, 190, 191, 194, 196, 197, 203, 206~209, 216, 218, 224, 461
미학적 해방(aesthetic liberation) 205
민주주의(democracy) 16, 20, 21, 40~42, 45

ㅂ

『반시대적 고찰들』(*Untimely Meditations*, 니체) 61
반항(revolt) 344, 345, 347~350, 352, 353, 355, 357, 358, 360, 361, 368~373, 376, 377, 384, 386, 387, 397, 413, 460, 462, 474, 480
『반항하는 인간』(*The Rebel*, 카뮈) 348, 352, 355, 358, 480
『반혁명과 저항』(*Counter-Revolution and Revolt*, 마르쿠제) 185
「방랑자와 그의 그림자」(Der Wanderer und sein Schatten, 니체) 70
배려 370, 425, 428~430, 433, 435~437, 439, 440, 442, 443, 449, 481
변증법(dialectics) 6, 53, 82, 117, 122~130, 132~137, 140~144, 146~149, 151, 157, 159, 160, 167, 169, 178, 181, 185, 190~192, 197, 198, 200~202, 210, 336, 395, 403, 411, 483

변증법적 사유(dialectical thought) 124, 127, 128, 336

『보이는 것과 보이지 않는 것』(*The Visible and the Invisible*, 메를로-퐁티) 294, 301, 305, 484

봄(vision, seeing) 29, 157, 219, 244, 276, 289, 294~296, 305, 312~315, 319, 320, 326, 328, 343, 352, 388, 402, 406, 463, 466, 467

부르주아(bourgeois) 114, 170, 171, 175, 201, 202

부름(calling) 216, 218, 230, 233, 234, 236, 238, 239, 242~245, 246, 248, 253, 258, 262~264, 289, 299, 307, 331

부자유(unfreedom) 120, 145, 147, 178

부재(absent, absence) 14, 15, 22, 28, 31, 101, 103, 118, 147, 156, 157, 160~165, 215, 242, 244, 295, 357, 393, 467, 469, 470

부정(renunciation) 25, 41, 47, 86, 89, 92, 107, 110, 122, 126, 156, 211, 214, 368, 459

부정 변증법(Negative Dialectics) 126~129, 132, 140, 143, 144, 146, 167, 185

부정성(negativity) 114, 117, 118, 122, 123, 128, 148, 157, 159, 162, 167, 176, 187, 188, 190~192, 197, 206~208, 211, 217, 262, 314, 336, 341, 355, 361, 392, 415, 469

부정의 미학(negative aesthetics) 191

『부정의 변증법』(*Negative Dialectics*, 아도르노) 126, 127, 140, 144

부정적인 사유(negative thought) 26, 113, 122, 138, 159, 263

부조리(absurd) 115, 165, 344~352, 354, 355, 357, 359, 361, 363, 366~370, 372~378, 380, 382~387, 395, 397, 400, 405, 406, 412, 413, 422, 460, 462, 466, 469

분배(distribution) 170, 178, 182, 243, 401, 405, 409, 432

비극배우(tragedian) 65, 67~69

비극 예술가(tragic artist) 62, 64, 65, 67, 69

「비도덕적 의미에서의 진리와 거짓에 관하여」(On Truth and Falsity in an Extra-Moral Sense, 니체) 58

비동일성(nonidentity) 124, 128

비밀(secret) 127, 150, 260, 337, 382

비판성(criticality) 54, 91, 92, 147, 148

비판적 사유(critical thought) 86, 111, 117, 118, 139, 141, 154, 160, 162, 185, 216, 415, 465

비판적 의식(critical consciousness) 168, 181, 183, 185, 197, 198, 210

비합리적 세계(irrational world) 346, 350

비-협력(satyagraha) 391

ㅅ

사건(event, Ereignis) 27, 51, 107, 164, 192, 206, 219, 220, 234, 241, 251, 253~263, 267, 278, 279, 286, 288, 293, 307, 313, 316, 317, 319, 325~327, 330, 344, 345, 368, 417, 441, 471

사중주(fourfold) 245~252, 254, 256, 299

살아있는 예술(living art) 45, 192

삶-예술가(life artist) 23, 49, 50, 98, 340, 344, 366, 384, 412, 453, 460, 463, 475, 487

삶의 기술, 삶의 기예, 삶의 예술(art of living) 6, 26, 96, 97, 98, 104, 106, 107, 108, 110, 111, 115, 116, 193, 196, 342, 384, 385, 387, 389, 428, 431, 432, 434~436, 438, 442, 448~451, 458, 460, 462, 464, 466, 469~473

상상력(imagination) 19, 43, 73, 85, 163, 165, 166, 173~176, 184~186, 189, 194, 195, 197, 198, 208, 210, 266, 305, 419

상실 15, 16, 21, 22, 40, 53, 88, 156, 163, 194, 222, 248, 267, 307, 329, 332

상호의존(reciprocal dependence) 20, 57, 108, 152, 204, 249, 254, 255, 263

『새로운 음악 철학』(*Philosophy of New Music*, 아도르노) 134

생산성(productivity) 170, 171, 194, 408, 411

선물(gift) 232~234, 292, 319, 320

『선악의 저편』(*Beyond Good and Evil*, 니체) 61, 86, 98, 102, 485

성스러움(Holy) 33, 110, 140, 163, 172, 272, 283~285, 328, 341, 376, 385, 396, 402, 404, 405, 426, 427, 429~431, 442, 458

성애적 지각(erotic perception) 284

『성의 역사』(*The History of Sexuality*, 푸코) 425, 452, 481

성좌(constellation) 126, 127, 129~131, 134, 140, 142, 148, 150, 152, 154, 159, 160, 210, 216, 217,

239, 253, 303

성찰적 사유(meditative thinking) 130, 217, 219, 235~ 237, 239~241, 243, 245, 247~249, 251, 253, 255, 256, 258, 289, 323

『세계의 산문』(*The Prose of the World*, 메를로-퐁티) 301

소외 22, 141, 149, 153, 199

손상 117, 135, 148, 149, 155, 158, 160, 221, 222, 277, 305, 456

수도사(monastics) 17, 38, 39, 447

『시시포스의 신화』(*Le Mythe de Sisyphe*, 카뮈) 345, 351, 358

시인(poet) 25, 44, 65, 67, 74, 83, 91, 92, 96, 97, 105, 158, 228, 244, 245, 252, 265, 487

시적 거주(poetic dwelling) 248~251, 253, 256, 258, 262, 289

시적 사유(poetic thinking) 27, 214, 217~219, 223, 224, 240, 251, 254~267, 269~272, 288~290, 297~299, 306, 307, 309~317, 319, 322, 323, 325, 326, 331~338, 396, 424, 461, 465, 472

시학(poetic) 6, 452, 467, 470, 473

신비(mystery) 21, 30, 37, 55, 64, 218, 244, 374, 474

신체(body) 27, 29, 43, 47, 56, 57, 60, 95, 140, 172, 176, 210, 219~221, 223, 264, 266, 268~270, 272~274, 276, 279~291, 293, 296~299, 301, 302, 304~313, 315, 331, 333, 335, 336, 338, 342, 343, 346, 396, 399~403, 406~409, 414, 425, 427, 429~432, 434, 436, 439, 444, 446, 447, 455, 462, 469, 471, 474, 475

신체-주체(body-subject) 273, 280, 283, 289, 290, 297~299, 307, 308, 311, 312, 335, 336, 342, 399, 400, 444, 462, 469, 471

신학(theology) 15, 153, 154, 155, 158, 187, 330, 331, 397

실존의 미학(aesthetics of existence) 390, 395, 412, 432, 433, 436, 443~445, 449~452, 454, 455, 458, 470, 487

실증주의(positivism) 61, 69, 70, 76, 77, 78, 82, 90, 126

심연(abyss) 63, 64, 67, 94, 104, 108, 116, 215, 216, 249, 278, 279, 281, 285, 304, 306, 313, 325, 334,

343, 347

ㅇ

아스케시스(askesis) 209, 381, 383, 384, 439, 447, 448, 450, 458, 463, 470

『아침놀』(*Daybreak*, 니체) 61, 70, 71, 75, 91, 485

아폴론(Apollo) 62~64, 66~70, 81, 94, 101, 102, 109, 116, 117, 222, 462

아프로디지아(aphrodisia) 427, 428, 431, 434, 436, 443

약속(promise) 101, 117, 146, 156~158, 226, 379

양생술(regimen) 431~434, 439, 447, 450, 454, 458

양식화(stylize) 135, 136, 141~145, 150, 155, 160, 161, 304, 310, 356, 357, 383, 393, 395, 427, 430, 433, 435, 441, 442, 451, 459, 462

『에로스와 문명』(*Eros and Civilization*, 마르쿠제) 174, 404, 483

연대, 연대성(solidarity) 28, 180, 194, 345, 357, 358, 360, 361, 363~367, 373, 379, 382~388, 461, 472

영웅주의(heroism) 40, 44, 91

예술가-소설(artist-novel) 168, 175~177, 194

예술가-소설가 176

예술을 위한 예술(l'art pour l'art) 45, 104, 359

예술작품으로서의 사회(society as a work of art) 11, 167, 191, 193, 194, 197, 377

예술적 모형(artistic model) 55

예술적 생산(artistic production) 340, 342, 354, 356, 357, 360, 361, 384, 427, 463

예술적 윤리(artistic ethics) 342, 395

예술적 주체(artistic subject) 343, 442, 486, 487

예술적 지각(artistic perception) 312

완벽주의(perfectionism) 28, 48, 381, 394, 459, 466, 470

왜곡(distortion) 153, 216, 262, 263, 356, 468

왜상(anamorphosis) 320~322, 326, 328

외재성(exterality) 438

용기(courage) 218, 256, 264, 334~338, 359, 375

우위성(primacy) 123~127, 129, 150, 160, 162, 225, 285, 306, 468

우주(universe) 21, 60, 69, 174, 188, 296, 300, 301,

314, 347, 349, 357, 447, 461

위험하게 살기(living dangerously) 420

유물론(materialism) 69, 77, 169, 423, 474

유토피아(utopia) 113, 115, 117, 122, 154, 155, 159~161, 185, 187, 189, 194, 198, 207, 216, 349, 359

유한성(finitude) 126, 325, 348

윤리(ethics) 5, 8, 15, 18, 19, 28, 49, 50, 124, 127, 129, 130, 132, 139, 152, 161, 190, 206, 217~219, 222, 224, 237, 240, 251, 257, 258, 332, 334, 336, 337, 338, 340~345, 349~351, 354, 357, 358, 361, 363, 364, 366, 367, 373, 384, 395~397, 399, 406, 412, 415, 419~430, 432~437, 439~443, 445~454, 456~460, 462~465, 468, 470, 473, 474

윤리의 계보학(geneology of ethics) 449

음악(music) 64, 80, 106, 129, 134, 135, 141, 164, 214, 215, 309

응답(response) 21, 22, 26, 31, 164, 166, 219, 230, 232, 233, 235, 236, 243, 259, 346, 350, 352, 373, 421, 445

의례(ritual) 8, 37, 184, 399, 402, 405, 426, 427, 432, 436

『이 사람을 보라』(Ecce Homo, 니체) 58, 98, 99, 110, 206, 485

이상적 유형(ideal types) 25, 28, 40, 51, 54, 60, 61, 62, 69, 70, 79~81, 83, 85~87, 92~95, 98~105, 107~110, 115, 117, 159, 176, 206, 211, 264, 341, 367, 371, 376, 383, 453, 454, 462, 471

이중 두뇌(double brain) 79~82, 92, 472

『인간적인 너무나 인간적인』(Human, All Too Human, 니체) 51, 61, 70, 71, 75, 79, 89, 91, 485

인상적 지각(physiognomic perceptioin) 277

『일차원적 인간』(One-Dimensional Man, 니체) 360, 483

『일하는 중인 예술가』(The Artist at Work, 카뮈) 379

『있는 그대로의 초현실주의』(Surrealism in Full Sunlight, 마그리트) 114

ㅈ

자기 검토, 자기 점검(self-examination) 429

자기 구성(self-construction) 29, 47, 341, 372, 394, 406, 424~426, 430, 435, 438, 442, 443, 446, 447, 452~454, 461, 472

자기 규정 118

자기 기만(self-deception) 63, 67, 68, 70, 91, 92

자기 기술, 자기 기예(self-craft) 430, 434, 442, 443, 446, 453~456, 461

자기 문화(self-culture) 80

자기 반성(self-reflection) 85, 129

자기 발견(self-discovery) 393, 440

자기 배려(self-care) 425, 436, 437, 439, 440, 442, 443

자기 변형(self-transformation) 332, 333, 425, 441, 445, 449, 454, 455, 459

자기 생산(self-production) 40, 107, 406, 430, 432, 438, 445, 457, 460, 461, 464, 472

자기 생성(self-becoming) 375, 439, 440

자기 서술(self-writing) 437~439, 442

자기 소거(self-removal) 230

자기 소비(self-consuming) 105

자기 실험(self-experiment) 98, 105, 107, 111, 449

자기에의 배려 428~430, 433, 436, 440

『자기에의 배려』(The Care of the Self, 푸코) 370, 425, 428, 435, 436, 440, 449, 481

자기완성(self-perfection) 37, 104~106, 108, 109, 268

자기 의식(self-consciousness) 36, 37, 62, 68, 81, 126, 150, 383, 413

자기 인식(self-knowledge) 437

자기 입법(self-legislation) 52

자기 점검, 자기 검토(self-examination) 437, 438

자기 정제(self-refinement) 444

자기 제작(self-poeisis) 106, 396, 423

자기 지배(self-mastery) 388, 434, 435

자기 창조(self-creation) 16, 34, 53, 54, 106, 110, 271, 343, 386, 395, 396, 424, 425, 443, 452, 457, 471

자기 초월(self-transcendence) 271, 369, 388

자기 통치(self-government) 390, 434, 437

자기 평가(self-assessments) 58

자기 표현(self-presentation) 33~35, 37, 42

자기 허구화(self-fictioning) 448, 459

자기 형성(self-formation) 46, 60, 100, 110, 390, 392, 394, 397, 425, 426, 439, 441, 444, 448, 452, 453, 455~457, 459~461, 467

자기 확신(self-confidence) 42, 128

자기 훈육(self-discipline) 443

『자연』(The Nature, 메를로-퐁티) 286, 287

자오선(meridian) 345, 350, 353, 354

자유정신(free spirit) 25, 71~74, 78, 80, 83, 84, 90, 93, 94, 99~101, 105, 110, 115, 217, 262, 314, 390, 392, 472

자율성(autonomy) 18, 21, 28, 30, 31, 48, 52, 114, 117, 136~138, 146, 148, 150, 152, 173, 185~188, 190, 198, 216, 217, 342, 343, 354~356, 358, 362~367, 376, 379, 380, 382, 384, 385, 392, 393, 458, 460, 461

잔여(residue) 327

저항(resistance) 14~16, 18, 21~23, 25, 26, 28, 29, 54, 55, 92, 113~115, 117~123, 125~127, 131, 135, 137~139, 147, 148, 159, 162, 167~169, 172, 176, 177, 183~185, 189, 191, 204, 207, 208, 210~212, 215~217, 219, 263, 264, 266, 271, 272, 298, 306, 312, 336, 338, 340~345, 347~351, 359~363, 365, 366, 369, 370, 372~375, 377~379, 383~397, 406, 409~413, 415, 418~426, 433, 434, 438, 446~449, 452, 454~457, 459~462, 464, 467, 471~474

전략적 사유(strategic thinking) 28, 343, 366, 395, 406, 412, 435, 460

전복(reverse) 123, 128, 172, 183, 255, 336, 350, 351, 353, 358, 406, 445

전유(appropriation) 91, 98, 99, 101, 108, 109, 132, 134, 139, 142, 171, 178, 192, 247, 249~251, 253, 254, 256, 392, 401, 402

전체의 매력(allure of the whole) 286

전체화(totalization) 127, 129, 140, 205, 348

절망(distress) 39, 345, 352, 353, 366, 430, 432, 433~436, 448

『젊은 예술가의 초상』(A portrait of the artist as a young man, 조이스) 14

정직한 가상(honest illusion) 418

제작(poeisis) 106, 210, 394, 396, 408, 429, 458, 461, 463

조작(manipulation) 120, 121, 136, 137, 172, 176, 196, 229, 236, 399, 403, 406, 456

존재 경험(experience of Being) 253, 255~258, 263, 271, 313, 424

존재론적 차이(ontological difference) 230, 231, 235, 236, 239, 240, 242, 243, 245, 249, 250, 257, 261, 262, 270, 290, 296, 297, 313, 315, 345

『존재에의 용기』(The Courage to Be, 틸리히) 334

『존재와 시간』(Being and Time, 하이데거) 219, 225~227, 231, 235, 316, 482

존재의 목동(the shepherd of Being) 231

주어짐(giveness) 219, 230, 253, 272, 315~329, 332, 452, 461

주위세계(surrounding world) 224~226, 241, 262, 265, 268, 270, 271, 275, 279, 282, 312, 332, 334, 336, 467, 469, 474

주체성(subjectivity) 124, 128, 131, 132, 135, 138, 140, 141, 143, 144, 148, 157, 273, 280, 291, 299, 317, 332, 395, 399, 404, 408, 409, 411, 412, 414~416, 422~426, 428, 433, 435, 438, 461, 486, 487

줌(giveness) 238, 254, 318, 320

『즐거운 학문』(The Gay Science, 니체) 61, 83, 86, 90, 91, 485

지각(perception) 27, 123, 135, 174, 188, 218, 221, 223, 270, 272~297, 299~310, 312, 314, 317, 321, 322, 324, 325, 327, 330~332, 356, 448, 484

『지각의 현상학』(Phenomenology of Perception, 메를로-퐁티) 293, 299, 484

지배적인 사유(dominant thought) 130, 397

『지식의 고고학』(L'Archéologie du savoir, 푸코) 407

지양(Aufhebung) 123, 125, 187, 205

지향적 호 278, 283, 284

직관(intuition) 25, 54, 55, 98, 103, 123, 150, 186, 218, 229, 240, 273, 274, 280, 318, 321, 323, 324, 327~332, 367, 385, 398, 469

진단(diagnosis) 121, 154, 177, 343, 353, 372, 385, 386, 394, 395, 406, 410, 412~415, 418, 419, 421, 422, 449, 469, 473

진리(truth) 58, 63, 78, 81, 82, 84, 85, 91, 92, 110, 141, 144, 153, 171, 174, 188, 190, 231, 259, 294,

360, 369, 388, 396, 405, 407, 408, 412, 415~424,
429, 439, 446, 448, 449, 451, 462, 482
진보된 산업사회(advanced industrial society)
120, 138, 146, 148, 160, 170~172, 177, 180, 183,
185, 186, 192~194, 198, 202, 207, 208

ㅊ

『차라투스트라는 이렇게 말했다』(*Thus Spoke
Zarathustra*, 니체) 61, 83, 86, 88~91, 94, 95,
99, 100, 485
창조성(creativity) 28, 98, 105, 108, 122, 173, 211,
314, 338, 341, 357, 365~367, 379, 381, 382, 385,
393, 412, 415, 421, 459, 461, 471~474
천재(genius) 42~45, 65, 73, 74, 156, 304, 362, 382
『철학에의 기여』(*Contributions to Philosophy*, 하
이데거) 231, 253
『철학이란 무엇인가』(*What Is Philosophy?*, 들뢰
즈·가타리) 56, 481
『철학적 단편에 부치는 비학문적인 해석』(*Afslut-
tende uvidenskabelig Efterskrift til de philoso-
phiske Smuler*, 키에르케고르) 17
체험(experience) 20, 29, 83, 126, 207, 215~218,
223, 237, 269, 272~275, 304, 336, 367, 472, 475
체화된 미학적 지각(embodied aesthetic percep-
tion) 310
체화된 시적 사유(embodied poetic thinking) 27,
223, 269, 271, 289, 290, 297, 298, 307, 310~316,
319, 322, 323, 325, 326, 331~338, 396, 424, 461,
472
체화된 지각(embodied perception) 270, 294,
296, 297, 306~308, 310
체화된 참여(embodied engagement) 270, 282,
289, 296, 312, 338
초과(excess) 27, 50, 150, 152, 180, 224, 316, 323,
326, 327, 330, 332, 354, 385, 386, 429, 430, 434,
436
초대(invitation) 233, 243~247, 250, 256, 258,
260~262, 289, 310, 333, 337
초월성(transcendence) 135, 147, 158, 175, 201
초월적 주체(transcendental subject) 121
추모, 회상(remembrance) 155, 174, 212, 222,
224, 265, 273, 298

춤(dance) 25, 82, 83, 93~95, 98, 266~269
춤추는 자(dancer) 95, 266, 267
치유(therapy) 22, 65, 121, 154, 156, 157, 216, 221,
230, 235, 415
침묵(silence) 14, 155, 219, 243, 267, 284, 301,
306, 346, 351, 361, 371, 405, 444

ㅋ

『칼리굴라』(*Caligula*, 카뮈) 373, 480
『쾌락의 활용』(*The Use of Pleasure : Volume 2 of
the History of Sexuality*, 푸코) 425, 435, 436,
443, 481

ㅌ

타율성(heteronomy) 131, 182
타자(other) 15, 26, 29, 47, 118, 128, 129, 131, 140,
145, 225, 247~249, 255, 277, 281, 282, 294~296,
299~302, 304, 341, 354, 363, 372, 376, 381~383,
388, 392, 395, 396, 398, 404, 423, 424, 427, 435,
436, 440~443, 446, 447, 449, 456
탈성화(desexualize) 172
탈신비화(demystify) 136, 409
탈은폐(unconcealment) 228, 229, 238, 239, 242,
243
탈인간화(dehumanize) 179, 181, 392
테크네(techne) 15, 195, 197, 206, 210, 228, 428~
432, 434~436, 441~444, 450, 454~456, 458,
461, 463, 470
통제(control, rule) 38, 39, 48, 73, 78, 121, 133,
228, 399, 405, 423, 430~432, 446
투명성(lucidity) 351~353, 388
투쟁(struggle) 20, 66, 84, 133, 185, 194, 204,
228, 288, 344, 359~361, 364, 365, 370~373,
376~378, 386, 392, 394, 400, 418~421, 425, 434,
437, 447, 448, 457, 461, 462
「트윈 레이크의 노을」(Sunset at Twin Lake, 엔드
레제) 214, 215, 477

ㅍ

파괴(destruction) 21, 52, 70, 78, 80, 83, 91, 100,
101, 103, 123, 128, 144, 156, 177, 196, 203, 249,
349, 353

파놉티콘(panopticon) 402, 403, 405, 410

『판단력 비판』(*Kritik der Urteilskraft*, 칸트) 16, 52, 65

『페스트』(*The Plague*, 카뮈) 345, 358, 368, 373, 377~380, 481

포기(abandonment) 49, 64, 124, 132, 138, 156, 185, 186, 222, 236, 276, 341, 350, 359, 371, 438

포이에시스(poiesis) 96, 98, 206, 394~396, 432, 444, 458, 461, 463, 470, 473

포화된 현상(saturated phenomena) 322~330, 335

폭력(violence) 49, 165, 167, 177, 209, 227~231, 238, 251, 330, 373, 375, 376, 410

표상주의(representationalism) 145

ㅎ

「하늘을 사랑한 소녀」(The Girl Who Loved The Sky, 엔드레제) 215

학문(science, Wissenschaft) 17, 18, 61, 69, 70, 76~83, 86, 89~100, 102, 107~110, 115~117, 121~123, 182, 193, 195~198, 210, 296, 341, 385, 392, 415, 485

학자(scholar) 37, 60, 69, 78, 81, 90, 100, 445, 476, 486, 487

합리성(rationality) 19, 62, 64, 69, 70, 81, 115~117, 143, 171, 178, 181, 184~186, 189, 196, 197, 201, 202, 207, 208, 248, 292, 347, 373, 424, 439

해방(liberation) 25, 60, 64, 66, 71, 80, 110, 118, 120, 131, 132, 145, 150, 171, 178~182, 185, 187, 190~192, 194, 195, 200~202, 204~206, 208, 210, 211, 215, 228, 235, 242, 244, 263, 343, 358, 361, 364, 376, 377, 381, 391, 415, 416, 419, 431, 452, 453, 460, 463, 468, 471, 487

『해방에 대하여』(*An Essay on Liberation*, 마르쿠제) 187, 205, 483

해체(deconstruction) 25, 54, 55, 77, 98, 110, 111, 117, 120, 122, 123, 148, 162, 207, 208, 210, 211, 217, 258, 261, 263, 414, 468, 469, 470

행복(happiness) 82, 156, 169~172, 174, 177, 179, 182, 184, 188, 191, 212, 220, 350, 358, 359, 376~378, 387, 447, 455

허구(fiction) 60, 76, 103, 110, 136, 144, 145, 202, 394, 416~422, 424, 448, 452, 461, 464, 471, 475

허구화(fictionalize) 7, 60, 417, 448, 458, 459, 471, 475

허무주의(nihilism) 22, 88, 165, 350, 351, 353, 357

혁명(revolution) 114, 115, 123, 146, 168, 176, 178, 180~184, 185~187, 188~191, 193, 198, 199, 201, 202, 207, 208, 210, 348, 349, 352, 365, 483

혁명적 주체(revolutionary subject) 176, 181, 191, 198~200

현상성(phenomenality) 293~295, 297, 311, 317, 318, 320, 322, 328

현실 원칙(reality principle) 171, 195, 197

현존재(Dasein) 225, 226, 229~231, 234, 249

『형이상학 입문』(*An Introduction to Metaphysics*, 하이데거) 226, 230, 235, 482

화해(reconciliation) 26, 143, 144, 161, 165, 174, 175, 177, 190, 198, 325, 337, 350, 359, 365, 369, 467, 468, 472

회복(recovery) 16, 17, 22, 23, 40, 93, 120, 121, 123, 124, 126~128, 155~157, 160, 163, 172, 178, 188, 190, 193, 201, 202, 209, 210, 222, 245, 334

회화(paint) 272, 302~309, 321, 322, 329

훈련(exercise) 39, 46, 48, 60, 386, 388, 399, 448

훈육(discipline) 395, 399, 403, 443

희망(hope) 73, 117, 122, 126, 127, 146~148, 150, 155~157, 164~168, 179, 183, 200, 202, 207, 209, 212, 240, 346, 351, 360, 375, 378, 156, 420, 422

『힘에의 의지』(*The Will to Power*, 니체) 61, 484